全过程工程咨询指南丛书

天 津 理 工 大 学
中国建设监理协会 组织编写
一砖一瓦科技有限公司

城市地下空间综合应用项目
全过程工程咨询
实施指南

上册：地铁

主编：尹贻林　张倩　陆鑫　李美　杨先贺　周晓杰
主编单位：天津理工大学

中国建筑工业出版社

图书在版编目（CIP）数据

城市地下空间综合应用项目全过程工程咨询实施指南.上册，地铁／尹贻林等主编.—北京：中国建筑工业出版社，2020.8

（全过程工程咨询指南丛书）

ISBN 978-7-112-25444-6

Ⅰ.①城… Ⅱ.①尹… Ⅲ.①地下铁道—铁路工程—咨询服务—指南 Ⅳ.①F407.9-62

中国版本图书馆CIP数据核字（2020）第264279号

责任编辑：张智芊 朱晓瑜 宋 凯 张礼庆
责任校对：张惠雯

全过程工程咨询指南丛书
城市地下空间综合应用项目全过程工程咨询实施指南
天津理工大学 组织编写
*
中国建筑工业出版社出版、发行（北京海淀三里河路9号）
各地新华书店、建筑书店经销
逸品书装设计制版
北京市密东印刷有限公司印刷
*

开本：787毫米×1092毫米 1/16 印张：34¾ 字数：658千字
2020年12月第一版 2020年12月第一次印刷
定价：**115.00**元（上、下册）
ISBN 978-7-112-25444-6
（36390）

版权所有 翻印必究
如有印装质量问题，可寄本社图书出版中心退换
（邮政编码100037）

中国重大工程技术"走出去"投资模式与管控智库资助
天津市高校人文社会科学重点研究基地"投资与工程造价研究中心"资助
贵州省本科高校一流师资团队建设"工程管理教学团队"资助
贵州省本科高校一流教学平台建设"数字建筑（BIM）实践教学平台"资助

本书编委会名单

主　　编：尹贻林　张　倩　陆　鑫　李　美　杨先贺　周晓杰
副 主 编：朱成爱　尹　航　林　庆　李孝林　李明洋
编　　委（以姓氏笔画排序）：

　　　　　马文雄　王　翔　王文学　毛慧敏　尹　航　尹贻林
　　　　　龙　亮　叶　静　申　宇　朱成爱　乔俊杰　刘　贺
　　　　　刘文禹　刘晓月　李　美　李孝林　李明洋　李佳恬
　　　　　李雅静　杨子寒　杨先贺　肖婉怡　宋海波　张　倩
　　　　　张　静　陆　鑫　陈凌辉　苗璧昕　林　庆　周晓杰
　　　　　赵　欣　高明娜　董　然　韩　轶　程　帆　程　露
　　　　　温杰贤　赖俊榕　解文雯　樊莹莹　薛浩然　穆昭荣

主编单位：天津理工大学

丛书总序：

中国特色工程咨询：从跟跑、并跑到领跑

一、中国项目管理的发展历程

1985年，中国出版了两部项目管理的书，第一部是企业管理出版社的《项目管理》，美国人约翰·宾写的；另一部是中国建筑工业出版社出版的《工程项目管理》，是同济大学丁士昭教授写的。两本书各有优劣，其中《项目管理》一书的作者约翰·宾先生是美国著名的工程公司柏克德公司的项目经理，1970年曾在中国引进八套合成氨系统的成都工厂担任EPC项目经理，给当时去项目视察的某国家领导人留下深刻印象。1978年中国改革开放，与美国合作建立大连企业管理培训中心，中方领导点名要约翰·宾先生任教，美方顺水推舟任命约翰·宾先生担任美方教务长。

（一）项目管理思想在中国的传播

约翰·宾先生的《项目管理》明确告诉大家项目管理的三大目标：工期控制、成本控制、质量控制，以及三大控制工具：网络法CPM、工作分解结构WBS和文件分发表。这三大控制目标和三大控制工具支撑了早期即1985年前后中国项目管理的普及和发展。1988年约翰·宾先生访问天津大学，时任技术经济与系统工程系主任的徐大图教授在天南街一个饭馆宴请他，我在场作陪。1987年中国施工企业管理协会组织编写《施工企业管理手册》，我负责撰写"项目管理"一章。

（二）建设监理制

丁士昭先生的《工程项目管理》则介绍了德国的施工项目管理，这本书比约翰·宾先生的书厚了一倍，多介绍了项目管理组织和项目控制方法。1986年，丁先生据此向上海市和建设部建议实行"建设监理制"，先后被上海市和建设部采

纳，1987年中国正式实施建设监理制，与项目法人责任制、项目合同制、招投标制并称中国建设领域的"四制"。后来随着项目法施工的兴起，中国已经形成了业主的项目管理即监理制，承包商的项目管理为项目法施工。1988年春节前，徐大图教授带领我在建设部三号楼招待所住了一周，起草的监理工程师考试方案被监理司认可。年后建设部发文由天津大学、同济大学、重庆建工学院同时开展监理工程师培训，三个月一期，取得结业证即可上岗。两年后正式开考，我任其考试教材之二《建设工程合同管理》副主编，撰写"施工合同管理"一章。

（三）项目法施工在中国兴起

1986年，时任国务院副总理兼国家教委主任的李鹏同志发明码电报给直属高校，要求土木工程系学习鲁布革水电站建设项目日本承包商大成公司的项目管理经验。他把日本大成公司在鲁布革项目成功的经验归结为：项目管理、工程合同管理（含招标和索赔）和工程经济学（含造价）的成功，要求各高校在土木工程系或管理学专业开设上述课程。1987年初在郑州的一次会议上国家计委施工司下达任务给天津大学管理工程系，要求总结鲁布革经验，拨科研经费20万元。当时天津大学张乃如等教师五次前往云南鲁布革工地，采集了大量素材。为与业主方项目管理区分，定名为"项目法施工"，主要内容是：前后方分离/前方成立施工项目部，后方设立基地；内部设立两个独立核算市场/施工机械租赁市场和劳务市场；严密的合同与索赔制度；项目部为扁平组织结构；公司为矩阵或地区总部组织结构。进入1990年前后，项目法施工在中国广泛应用，尤其是在原石油部系统应用最为成功，当时吐哈油田等新建油田均采用项目法施工获得成功。我当时任天津大学技术经济与系统工程系办公室主任，组织黄东兵教授编辑了《项目法施工》一书。

（四）代建制的崛起

朱镕基同志1998年任国务院总理，力促中美贸易协定于1999年圣诞节前签署，扫清了加入WTO的最大障碍。又经一年半与欧盟谈妥通信与保险业的条约，于2001年率中国加入了WTO。但是议定书虽然同意中国暂缓加入GPA（政府采购协议），但要求中国区分政府投资工程与私人投资工程，并采取不同管理体制。为落实此项承诺，当时建设部成立以建筑业司张鲁风司长为组长的"政府投资工程管理体制改革研究"课题组，我是其中一员。经过两年美国、德国、新加坡、中国香港等国家和地区的调研；又在国内对重庆、成都、西安、合肥等地的建设系统调研，形成了基本思路。我当时归纳发达国家政府投资项目管理的理念是：

"为了保证公平，宁愿牺牲效率"，又高度评价重庆的"投建管用分离"的作法。根据PMC（项目管理承包）和PMA（项目管理咨询）的经验提出政府投资项目应实行"代建制"，得到国务院的肯定。从2003年起推广，在北京奥运会工程中大显身手；在深圳演变成工务署；在四川省则形成我心目中理想的"代建制"，即代业主实施项目管理。

（五）项目经济评价方法与参数

1980年，建设项目科学决策、民主决策的呼声越来越高，国家决定引入世界银行（WB）和联合国工业发展组织（UNIDO）的以等值计算和折现为基础的项目经济评价方法。由建设部标准定额研究所于守法副所长牵头，天津大学等一批高校和研究机构参与。当时，中国已经引进了工程经济学等理论并且在高校开设课程。同济大学黄渝祥教授编著了《费用效益分析》影响很大，但是国家重点是对有经营性的工业项目进行财务评价，黄先生主导的政府投资项目评价问题尚未提到议事日程。1990年，国家发布《建设项目经济评价方法与参数》，中国建设项目科学决策的基础至此奠定了基础。

二、政府投资管控：从被动控制到主动控制

政府投资评审与工程造价咨询产业一样，其核心就是政府投资管控。所谓控制，必先设定控制标准。英国DBB以分项工程所需工料数据即工程量清单作标准控制投资，美国EPC则以有序的市场竞争挤出真实成本，用合同总价控制投资，中国计划经济时期使用定额为标准控制投资，近年来采用工程量清单控制投资。

纠偏是管控的主旋律，古典控制论鼻祖维纳提出了反馈的设计，信息反馈就是指控制系统把投资实施过程中的数据输送到判断器，又把判断结论返送回来的动作。政府投资评审系统就是一种典型的古典控制系统，其本质是通过信息反馈来揭示实际与计划之间的差异，并采取纠偏措施，使政府投资稳定在预定的计划状态内。全世界的投资管控都是循着反馈纠偏控制的思路设计的控制系统。

纠错防弊的内部控制是投资管控的基本方法，项目内部控制措施通常包括项目风险控制、授权审批的内部牵制等。工程造价咨询机构应当结合风险评估结果，采用主动控制（预防）与被动控制（纠偏）相结合的控制措施，将风险控制在投资计划之内。并通过内部牵制机制，实现项目纵向审批上下牵制，项目横向复核纠偏左右制约，相互监督，实现纠错防弊的管控功能。从宏观看，国家设立财

政投资评审体系就是政府对投资进行内部控制的重大举措。

(一) DBB分工范式下的政府投资管控

目前，我国一直沿用三十年前创制的"四制"，即招投标制、项目法人制、工程合同制和建设监理制。上述制度的经济学机理就是DBB发承包模式，即设计D、招标B、施工B三个阶段分立的发承包方式，英国称它为传统模式。因其形成业主/咨询机构/承包商三足鼎立状，也称其为三角模式，对应最著名合同条件为FIDIC红皮书。中国1983年在鲁布革水电站项目采用，1987年由丁士昭先生倡导引入称建设监理制，利用咨询机构消除承包商对发包人的信息优势，引入专业的顾问服务提高项目管理绩效。政府投资评审机构就是各级政府的投资管控顾问机构，近年来发挥了重要的作用。近三十年来投资评审机构总结了基于DBB模式的投资管控经验如下：

1. DBB变更是失控的主因

据统计DBB模式35%的失控由变更引起。有四种变更：第一是业主的需求改变；第二种是设计错误；第三是施工困难或不利现场；第四是承包商合理化建议。DBB前三种变更均应由业主承担价款改变的风险，第四种则应按价值工程条款评估，批准后跟承包商分成获利。顾问机构要注意承包商与设计人合谋人为制造变更获利，更应从前期入手抓设计优化。

2. 管控的重点在前期

英国的价值管理之父凯利和伍同两人不约而同地发现投资管控的重点在前期，工程造价咨询机构应该把主要精力放在前期。采用的方法有价值工程、LCC和可施工性分析，尤其是工业项目或大型土木工程项目，采用新技术、新工艺、新材料的项目效果尤为显著。据统计，应用可施工性分析可缩短工期10%以上，减少投资5%以上，BIM是可施工性分析的利器。

3. 闭口合同意味着项目价值折损

中国香港地区在20世纪一直采用闭口总价包死合同，但是1999年发生政府房屋署公屋天颂苑"短桩"事件，承包商为避免损失，每根桩都短15m以上，直至房屋沉降不均才败露。事件导致拆除公屋，损失达2.5亿港元以上。后来中国香港地区政府成立调查组，给出报告，认为总价包干合同是帮凶之一，建议地下工程不宜闭口，应据实结算。承包商不可能自掏腰包弥补工程费用不足。

(二) 其他行业的政府投资管控

投资评审机构主要针对各级政府财政投资项目进行投资管控，除自身积累了大量经验和案例外，也对其他仍实行纵向管理的各行业投资管控进行了全面借鉴。

1. 施工图预算回归

公路工程投资管控创造了零号工程量清单，即初步设计完成后招标；施工图设计完成后招标人召集设计人、咨询方、承包商会商，最终出一份各方认可的工程量清单。这份清单称零号工程量清单，支付与结算均按照清单量计算。这种方法的本质是模仿施工图预算，把设计细节做到可施工程度，出工程量清单，按中标单价制定总价，实行总价包干。

2. 三峡投资管控

1992年，三峡工程静态投资概算为900.9亿元，三峡总工期为17年，考虑到物价上涨和利息因素，最终动态投资达到1800亿元。利息执行央行的利率，物价上涨因素则由国家计委（国家发展改革委）委托咨询公司根据当年的工作内容确定物价篮子的材料品种和权重，根据统计局的物价数据测算一篮子物价指数，乘以当年静态投资计划数即为当年动态投资额，国家据此下拨投资。

3. 高铁投资管控

铁路有两个特殊环节，一个是概算检算，相当于施工图预算，检算不能超概算；另一个是概算清理，相当于竣工结算，两算责任主体均为勘察设计方。概算清理可增加部分包括变更、量差、政策性调整、新增等，如有异议提交主管部门鉴定中心处理。这种管控依赖定额，所以铁道定额所能获得巨额定额编制补助。这种管控无须咨询机构，勘设人是管控的第三方。

（三）政府投资管控的理论问题

1. 政府投资管控的柔性

为了应对未来的不确定性，缔约成本很高。为了降低缔约成本，中外均为合同注入柔性，即合同再谈判机制。最容易理解的柔性表现为：暂估价。如材料暂估价和专业工程暂估价都是为了加速缔约而设置的再谈判机制。合同的再谈判又分事件级与项目级两类。变更、调价、索赔均为事件级；和解、调解则属于项目级再谈判。政府投资评审机构掌握柔性则必执专业之牛耳。

2. 招标两难

中国的招标早期采用低价中标原则，出现了赢者诅咒现象，即由于投标人的乐观偏见和对招标人套牢产生的敲竹杠行为；后来采用综合评估法，又出现合谋与围标现象，即价格卡特尔（垄断合谋）。这就是招标两难，政府投资管控对解决两难问题提出信任解决方案。首先，政府应建立信任规制，其次招标人按信任级别确定招标竞争烈度，配合上相应柔性等级的合同条件。

3. 赢者诅咒

低价中标破坏项目价值和市场秩序，这个结论在理论上没有说服力。低价中标损害项目和市场根本利益的现象叫赢者诅咒，它破坏的机理是：招标人的逆向选择，即买方宁愿出低价选择一个反正也信不过的人，造成建筑市场劣币驱逐良币；投标人的道德风险，即卖方机会主义行为利用买方的漏洞获利。解决赢者诅咒的良方就是信任，用多次博弈克服机会主义。

4. 政府投资管控的激励

政府投资管控一般沿着监管和激励两条进路设计，监管难度大，成本高，所以1980年后重视激励进路。项目激励与公司激励不同，因无剩余索取权，所以不能使用产权激励。项目的激励有四种，第一是信任，产生柔性风险分担效应；第二是公平，产生参照点效应；第三是关系，产生声誉效应；第四是权力，产生位势差效应。上述效应均可改善项目管理绩效。

5. 政府投资管控的状态补偿

假设合同签订期是状态0，无风险执行是状态1，风险造成偏离是状态2，一般在状态0时就必须预测到状态2，并约定状态2的价格。但纠结于缔约，成本加大，则应在合同中约定再谈判：一旦出现风险导致的状态2，只需确定状态2与状态1的差异并由买方予以补偿即可。工程合同的再谈判包括变更、索赔与调价，由发包人弥补状态差异，承包人完成项目，项目成功。

（四）新形势下的政府投资管控

中国经济进入新常态后，经济增长方式由过去的投资拉动需求模式转变为供应侧改革模式。具体改革措施为在基础设施投资领域实施政府与社会资本合作即PPP模式，在发承包模式中实施设计采购施工一体化模式即EPC。新的建设方式要求政府投资管控与时俱进，在观念和手段上全面创新。

1. EPC是基于信任的集成范式

三角模式零和博弈色彩太浓，发承包双方对抗。于是出现了EPC设计采购施工集成模式，采用FIDIC银皮书。EPC的基础是合作，合作的前提是信任，信任表现为双方不利用对方的漏洞。因此，EPC也称交钥匙工程，付款与结算按约定总价及程序，一般不再审核。中国推行EPC缺乏信任基础，故用EPC集成之形，施严格管控之实，称为中国特色EPC。

2. PPP的投资管控

政府与社会资本合作模式的投资管控为我们提出了新的挑战，第一PPP模式中项目控制权基本交给社会资本方，社会资本方对投资管控无积极性，但对成本控制有动力；第二为吸引社会资本中央同意两标并一标，施工不招标，则对概算的精度提出更高要求；第三PPP一般采用EPC，支付与结算方式改变，政府投资管控无抓手。针对上述三个难题，政府投资评审部门唯有抓住可行性研究不放，提高可研深度，建议采用初步可研和工程可行性研究两阶段可研以提高精度。另外迅速建立已完工程数据库，作为PPP项目投资管控的标杆。

3. 政府投资管控专业人士的格局

政府投资管控专业人士与工程造价咨询企业的领袖一样应具备三种素质，其一是企业管理能力，包括战略、内部控制与激励、经营与市场、质量与成本等；其二是投资管控能力，必须有强烈的为委托人提供投资管控顾问服务的意识；其三是为项目增值的能力，要利用VM、LCC等工具优化项目。具备这三种素质的咨询机构领袖就会有宏大的格局，必然带领团队走向成功。

4. PPP项目全生命周期投资管控

PPP项目实质上属于政府投资项目，表面上看是社会资本投资并支付工程款，实质上是政府授予特许经营权并延期多次支付的投资行为。因为政府在提供公共品中采用PPP方式，确实向社会资本转移了大部分风险，其代价是向社会资本让渡了项目的大部分控制权。那么PPP项目的投资管控就具有了非常特殊的形式和内容，即通过可用性和绩效考核两种形式进行，考核标准是物有所值。从可用性评价看，主要是评价资产是否虚化。两标并一标后的利润可以算是资产形成，但设计优化形成的节约能否形成资产争议很大，如果虚报冒领、偷工减料形成资产则绝对不能允许。政府对可用性评价的控制手段主要是投资评审和投资审计，通过扣减社会资本履约保函和扣减可用性资产额（从而扣减可用性付费）来实现目的。至于绩效考核则主要是考核以设计参数为基础制定的运营绩效考核指标实现程度进行的。

三、中国特色工程咨询的创新

从定额概预算到工程造价管理，初步引进四制（招标、合同、监理、项目法人制），建立监理和监理工程师制度、工程造价咨询和造价工程师制度属于跟跑；推行2003版、2008版、2013版清单计价规范，发布标准施工招标文件，推行代建制和全过程工程造价咨询属于并跑；取消工程咨询企业隔离墙，实行公共项目数据面板化，定额指标数据化，推行大标段招标，推行PPP项目两标并一标，推动全过程工程咨询属于领跑。

中国特色是中国领跑世界的关键所在，全盘西化或拒绝西方都无法领跑，只有兼收并蓄博采众长才能形成中国特色的工程咨询理论体系和实操规范。目前看，中国特色工程咨询主要有：定额与价格信息结合的计价依据、估概算审批制、信任型招投标、刚性合同与重新结算制等。这些中国工程咨询元素镶嵌在工程量清单BOQ和FIDIC合同体系、ICB竞争性招标和单价合同之中形成崭新的具有鲜明中国特色的工程咨询管理体系。我们凭这一套理论与实操体系，在中国庞大的建设工程现场不断加以实践，就具备领跑世界的能力和可行性。

刚性合同与重新结算制具有特别鲜明的中国特色，本来《建设工程工程量清单计价规范》GB 50500—2013吸取了《标准施工招标文件》向FIDIC靠拢的原则，明确规定结算工程量是历次计量支付的累积，也就是从量支付原则。但是《标准施工招标文件》和《建设工程工程量清单计价规范》GB 50500—2013均要求承包商在竣工验收同时向业主报送竣工结算，由业主自行或委托咨询方审查，这就是重新结算制度。刚性合同就是不开口合同，对承包商损害非常大，但是承包商非但没倒闭反而日益壮大，个中原因就是重新结算制度为刚性合同注入了柔性。重新结算使承包商获得了讨价还价的机会和筹码，使承包商赢得了部分预期的施工利润。

信任型招标是东亚特有的招标，其形式是嵌入信任要件的公开竞争性招标，脱胎于国际竞争性招标ICB。这种东亚独有的信任型招标的特点是业主利用招标寻找可信任的承包商的变化形态，尤其是EPC发包时，业主必须寻找一个称心如意的承包商，方可弥补因控制权让度产生的失控风险。信任型招标部分满足了业主对中标人信任的要求，从而对项目成功起到了积极的作用。信任型招标主要表现为三个方面，第一是资格预审更多地注入业主对信任的要求，第二是评标办法中注入业主对最希望中标人的能力要求，第三是通过入库或短名单注入业主对目标中标人的影响。信任型招标的本质是发包人对中标承包人信任要求的表现；信任型招标对项目成功的影响是通过信任激励起作用的；信任型招标必须适当约束，否则会滑入腐败的陷阱。

估概算审批制也是中国特色的工程造价管理的重要组成部分，主要服从于政府投资项目投资管控和宏观调控计划平衡的需要。投资估算是可行性研究的重要组成，设计概算是初步设计的必备内容，政府投资项目两者都必须经过相应层级计划行政管理部门的审批，非政府投资项目则采用备案或核准制。经批准的项目估概算应作为后一程序的控制目标，如可研估算作为设计概算的控制目标，设计概算作为招标控制价的编制依据且为项目投资的总控目标。估概算审批制是依据一系列部门规章的规定及《政府投资条例》有关规定设立的，具有法定性。与估概算审批制关联的是财政投资评审制度，各地根据估概算审批制度又纷纷建立财政投资评审中心，负责政府投资项目各项支出的评审；审计部门也加入了对政府投资项目的财政支出审计，从而共同构建了完整的中国特色的估概算审批制。

定额与价格信息结合的计价依据是最具中国特色的工程咨询，定额源起于向苏联学习的新中国成立初期，但可追溯至美国科学管理之父泰罗的定额管理思想。改造后的定额是在一定工法的前提下把每单位分部分项工程的生产要素（人工时、机械台班、建筑材料）消耗量指标化，并由授权机构经过一定程序批准后发布。定额用于分析并确定分部分项工程的消耗量，与价格信息配合形成单价。价格信息就是定期调查人工时、机械台班、建筑材料的市场平均价格，并经过一定程序由授权机构指定的媒体（媒介）发布。定额是国家发布，本质上是一种公共产品，全社会都可以利用，从而提高了社会经济系统的运行效率。定额现时被人诟病的根源在于三十年未重新测定消耗量，与实际消耗存在较大误差，但是中国工程咨询专业人士通过招标纠正了大部分误差。定额经过重新测定和调校可以起到科学决策的作用，也是财政投资效率审计的测度标准。至于价格信息则应通过大数据技术的应用实现高效、正确、及时和精确。

祝贺《全过程工程咨询指南丛书》顺利出版，祝福中国特色的工程咨询制度行稳致远，攀登高峰。

天津理工大学教授、国家级教学名师
公共项目与工程造价研究所所长
中国重大工程技术"走出去"投资模式与管控智库主席
2020年7月10日

目 录
CONTENTS

绪　论 ·· 001

1 第1章　地铁项目全过程工程咨询概论　008
1.1 地铁项目概述 ·· 008
1.2 地铁项目技术指标分析 ······································ 009
1.3 地铁项目全过程工程咨询服务需求分析 ················ 014
1.4 全过程工程咨询服务理念和服务模式 ··················· 017

2 第2章　可研阶段项目管理　024
2.1 可研评审流程 ·· 024
2.2 可研评审内容 ·· 025
2.3 地铁项目可研评审要点 ······································ 028

3 第3章　勘察阶段项目管理　045
3.1 结构设计和工法 ··· 045
3.2 不良地质及特殊性岩土 ······································ 046
3.3 岩土参数及工程措施建议 ··································· 047
3.4 地铁项目勘察审查要点 ······································ 047

4 第4章　设计阶段项目管理　060
4.1 总成本构成分析 ··· 060
4.2 主要成本构成分析 ·· 067
4.3 设计方案比选 ·· 076
4.4 设计优化 ·· 105

4.5 限额设计 ··· 108
4.6 设计的可施工性 ··· 110
4.7 设计概算审查方法及内容 ··· 115
4.8 地铁项目设计审查要点 ·· 116

第5章 招标采购阶段项目管理 125
5.1 招标管理要点 ·· 125
5.2 评标管理要点 ·· 144
5.3 承包商选择 ·· 147

第6章 施工阶段项目管理 155
6.1 质量管理 ··· 155
6.2 进度管理 ··· 177
6.3 投资管理 ··· 199

第7章 竣工阶段 220
7.1 系统联调阶段咨询重难点及应对措施 ····················· 220
7.2 试运行咨询重难点及应对措施 ································ 228
7.3 结算阶段重难点及应对措施 ···································· 237

附录A 土建与建筑设备安装工程的单位/子单位
　　　工程、分部/子分部工程和分项工程的划分 ·········· 240
附录B 轨道交通系统设备安装工程的单位工程、
　　　分部、子分部工程和分项工程的划分 ··················· 258
附录C 轨道工程的单位/子单位工程、
　　　分部工程和分项工程的划分 ································ 260
附录D 声屏障工程的分部工程、分项工程的划分 ········· 261

绪　论

1. 城市地下空间的定义及特点

在岩层或土层中,天然形成或经人工开发形成的空间称为地下空间,而城市地下空间就是指地表以下或地层内部能够开发利用的空间,它是城市现代化的产物,是对城市开发建设饱和的空间发展,是向地表下的延伸。通过对地下空间进行适当的兴建或改造工程,使其应用于人们的生活、生产、交通、防灾、战争防护和环境保护等方面。

随着城市化发展的日益加快,土地资源缺乏、交通流量拥堵、空气污染严重等现象愈发显现,城市地下空间开发利用同步加快发展则成为必然。地下空间作为一种新的自然资源进行开发和利用,已成为一些国家和地区的发展趋势。与地面建筑内部空间相比,地下空间既有优势也有缺点。

地下空间具有以下几方面的优点:

(1) 气密性、遮蔽性、隔声性均良好,并能起到改善和保护环境的效果。与地面建筑相比,地下建筑外观比较隐蔽,这满足了许多建筑的特定需求,如建在地下的野生动物研究所和动物园等,为了保护历史环境的地下建筑,以及地下书店、图书馆、活动中心等,它们不需要有多华丽的外部结构,只需要在充分发挥使用价值的同时,还能够起到节约自然资源和保护环境的作用。

(2) 空间开挖有很大的灵活性,增加地面的开放空间,满足节约用地的要求,提高环境效益。地下修建的建筑物顶部,可以开发成公园或城市广场,不仅可以让人们有更多的户外休闲娱乐的场所,放松身心,缓解压力,提高精神上的满足感,也能提高种植面积,改善日益恶化的城市环境,保证人们的身体健康。

(3) 空间可综合利用,提高城市运行效率和人们生活的便利性。市政基础设施大量在地下修建(如电气、管道、地下交通等),既减少了这些设施本身对地上空间的阻碍,又缓解了高密度地区、高峰时刻的交通压力。地下空间的开发也可以使居住区、工作区和商业区三者的距离更加接近，缩短了交通时间，降低能源消耗，提高城市的运行效率和人们的幸福指数。

（4）恒温，能较好地绝热和蓄热，达到节能降耗要求，温湿度稳定，同时具有良好的地下水保持性。地下建筑可以有效地保护能源，主要体现在两个方面：其一，地下空间周围介质是岩石和土壤，因此内部的热量不易散失，具有良好的热稳定性。据统计，地下空间的埋置越深，封闭性越强，其热稳定性越好，也越节能。节能效益主要体现在：减少热渗透、冬季热量的损失和气温的日变动量，以及增大夏季大地的冷却能等。其二，在雨水充足的季节，将多余的雨水贮存在地下，用于枯水季节，节约能源的同时又可以发挥巨大的作用。

（5）隐蔽防护性好，能经受和抵御武器的破坏，满足重点设防城市的基本战略要求。地下建筑物既能保护人们免受自然灾害（如抗爆、抗震、防火、防毒、防风、防洪等作用），又可以抵御破坏、攻击、核战争等威胁，增强国防实力。事实上，与地上空间相比，地下空间受周围岩石和土壤的保护，因为周围岩体抗力的作用，结构变形小，具有良好的抗动力荷载性能，因而当遇到灾害时，地下空间的破坏程度比地上空间小得多。通常来说，地震波的振幅越大，离地震源的距离越远，地震加速度会随着深度的增大迅速减弱，危害性也就越小。因而地下结构比地面结构抗震性更好，可减少地震带来的危害。很多地下建筑物的建设将人防工程和地下空间开发利用相结合，不但充分利用了地下空间资源，而且完善了地下防护空间体系。

（6）隔离噪声和震动，抗震性能强。由于地下建筑绝大部分都在地下，只有极少部分露出地面，很好地与地上空间隔离，几乎不受外界环境的影响，因此，可以更好地隔离地面噪声和震动。

（7）减少维修管理成本。地下结构的建设主要采用高质量的防水、隔热混凝土材料，耐久性好，因此大大降低了维修管理的需要，减轻了维修管理成本。

地下空间的缺点：

地下空间的缺点主要表现在对人身心上的影响。地下空间与地面隔绝，空气稀薄，没有自然光线照射，气候不能自己调节，使身处其中的人有身体不适的感觉产生，影响情绪和心情。这些问题已引起人们的关注，并开展研究寻找解决的方法，以保证人们在地下空间能更好地生产和生活。

（1）建筑空间上下多层重叠。

人的移动距离增大产生的影响以及地下空间自身固有的影响，例如地下水脉切断、崩塌、埋没的危险性事件。

（2）修筑地下空间场所的限制。

人和物的出入、通风、采光等,需设置开口。

(3)过度集中的弊病。

(4)地下开挖、建筑施工难度加大。

(5)硬地层的开挖;土砂的搬运;崩塌事故的增加。

2.城市地下空间开发应用的重要性 [①]

近年来,中国城市空间需求急剧膨胀与空间资源有限这一矛盾日益突出[②]。人口的快速膨胀导致城市空间的过度拥挤、住房紧张、就业岗位竞争激烈、教育与医疗保障压力过大,严重影响了城市人口的生活质量。19世纪末,人们很难想象世界将出现人口超过百万的城市,然而到2019年仅中国就有130个城市人口超过100万,城市都具有惊人的人口密度。尽管人口密集是几乎所有城市共同的特征,因为聚集本来就是城市的根本特征。然而,在一定的发展水平限制下,城市的聚集并不是无限制的,当城市人口远远超出了城市本来所能容纳的人口数量时,便会出现拥挤不堪的现象,城市各种设施超负荷运转,人工环境不堪重负。可以说,人口数量庞大、人口密度过高是引发各类城市问题的导火索。同时交通和环境问题也已经成为城市发展中最突出、最紧迫,同时也是最棘手的问题。

城市功能布局混乱、运行效率低下,现代社会的发展,使城市功能日益多样化、复杂化,导致原有的传统城市空间布局和现代城市功能不能相互适应,不仅使城市各种功能在用地和空间紊乱的情况下不能协调运转,而且也造成了城市土地和空间资源的浪费。

城市基础设施落后,城市使用建筑空间和基础设施建设不平衡。城市人口的增长和空间规模的扩大,对城市基础设施的供应能力提出了更高的要求,而城市基础设施的更新换代,需要很大的建设投资和较长的建设周期。城市基础设施能力的不足已成为严重影响城市功能的显著问题。

随着城市化水平的不断提高,城市数量、规模和城镇人口比重也不断增长,资源短缺和能源紧张成为制约城市发展的普遍问题。如何维持和促进人类社会的可持续发展,在城市建设和发展领域,人们关注到地下空间——这一人类一直拥有且迄今为止尚未被大规模开发利用的自然资源,是具有重要的战略意义。

---

① 油新华,何光尧,王强勋,等.我国城市地下空间利用现状及发展趋势[J].隧道建设(中英文),2019,39(2):173-188.

② 孟炜.科学开发地下空间 促进城市可持续发展[J].武汉建设,2006(3):10-13.

城市地下空间开发包括地下人行通道、地铁、地下公路、地下商业街和地下物流等交通、商业设施，以及综合管廊、城市蓄洪等市政设施。城市地下空间开发利用是缓解城市资源匮乏、改善环境状况及提升居民生活品质的重要途径，主要体现在以下几方面：

（1）地下空间的开发利用可以有效缓解生存空间危机

随着世界人口的增长和生活水平的提高，人类对于生存空间的总需求量在不断攀升，在现有条件下，陆地表面空间的容纳能力和人口增长的问题、城市空间的扩容和城市建设用地供给的矛盾问题，加之自然条件日益恶化、自然资源渐趋枯竭的现实，都对人类生存空间提出了挑战，这些都是摆在人们面前的生存空间危机。从生活空间方面看，要容纳不断增长的人口并提高原有人口的生活质量，需要大量土地的支持，这无疑将给我国本已十分有限的可耕地造成巨大的压力，因此，必须寻求在不占用或少占用土地的情况下拓展生活空间的途径，否则不但会影响我国城市化的进程，制约国民经济的发展。地下空间的开发利用就成为未来城市化拓展的方向，地下空间的利用在扩展人类生存空间方面，就目前来看是可行的。

（2）利用地下空间可以缓解应对城市发展中遇到的困难和挑战

城市地下空间的开发利用可以有效缓解在传统的城市发展过程中遇到的一些困难和挑战，例如人口增长的压力、能源枯竭的危机、环境危机、自然和战争灾害等。地下空间的开发利用不但能够大量减少对可耕地的占用，且地下建筑物相对而言能节省大量的能源，对外部环境的污染较小，在防灾减害方面也有着天然的优势，使之能在化解城市现代化过程中出现的诸多矛盾方面发挥重要的作用。

（3）地下空间可以促进城市现代化发展

地下空间的开发利用可以在实现城市"现代化"过程中起到重要的推动作用，主要表现在：

①实现城市空间的三维式拓展，节约土地资源，提高土地的利用效率，保证城市可持续发展；

②缓解城市传统发展模式中出现的各种矛盾；

③能有效保护和改善城市现有的生态环境；

④可将水、能源的贮存和循环使用系统建于地下，既节省了地面空间，又能促进循环经济的发展；

⑤完善的地下防灾体系在城市遭受自然和人为灾害时能为城市提供安全保障，提高城市的生存能力；

⑥集约化发展和可持续发展是城市发展的目标，地下空间的开发利用为实现这一目标提供了可能。

3. 地铁、综合管廊项目全过程工程咨询模式建设的意义 [①]

近十年来，随着我国社会经济的发展和城镇化进程的快速推进，伴随着城市立体化再开发的进程，促使城市向集约化和可持续化方向发展，地下综合体建设迅速展开。它统筹地面和地下协调发展，合理利用地下空间。地下空间的综合化主要是指建设大型公共地下空间工程，综合交通、商业、储存、娱乐和市政等多功能，将城市土地资源最高效能化利用，成为解决城市交通和环境等问题的有效途径之一，将是未来地下空间开发的重要模式。地下综合体建设是城市地下空间开发的重要部分。

一方面，地下空间综合化极大地改善和拓展了城市空间形态，做到生态环境协调，还可一站式满足居民出行、用餐、购物、学习和娱乐等多项需求，极大的便捷了居民生活；另一方面，地下空间综合化开发利用带来了新的经济增长点，实现了社会效益和新增经济效益最大化。例如，轨道交通通过沿线物业开发、上盖物业以及周边地下空间互联互通获得经营收入，带动了地铁沿线房地产业的发展和地下商业交通的开发利用。实现地下空间的综合化，城市立体空间协同发展，其前提条件是建立地上地下一体化的城市总体规划，将地上地下空间作为一个整体，综合考虑城市功能布局，充分发挥地上地下空间各自的优势。同时，还需保证轨道交通、商业娱乐和市政消防等统一设计、有序建设和协同运营。而随着我国城市地下空间的开发和利用工作全面展开，市政综合管廊作为城市地下空间利用的重要组成部分取得了重要发展，作为管线新的敷设形式的地下综合管廊，同时为提升管线建设水平，保障市政管线的安全运行提供有力保障。

我国城市地下空间开发前景广阔，需求与规模巨大，以轨道交通、综合管廊等为代表的地下空间开发利用发展迅速。在发展地下交通、降低城市大气污染的同时，还应提倡建设城市地下市政管线公用隧道，将自来水、排污管、供热管、电缆和通信线路纳入其中，可缩短路线长度达30%，还易于检查和修理，不影响地面土地的使用。有条件的城市还可发展地下垃圾处理系统，消除垃圾"围城"现象。城市轨道交通的建设必将大规模、有序化地推进地下空间资源的开发利用，地铁建设推进了城市定向、有序的发展；城市基础设施的更新必将会推动综合管廊的建设与地下空间的开发利用。近年来，随着中国经济持续快速发展与

[①] 王波.城市地下空间开发利用问题的探索与实践[D].北京：中国地质大学（北京），2013.

城市化水平的提高，中国城市地下空间开发利用得到了大发展，其主要成就表现在：一是城市地铁建设的快速发展带动了城市地下空间资源的大规模开发利用。地铁建设推进了城市定向、有序的发展，并带动地铁沿线房地产业的发展和地下商业交通的开发利用；二是城市高层建筑的"上天入地"推进了城市空间的立体开发；三是充分开发利用地下空间资源的防护潜能，提高了城市综合防灾抗毁能力；四是城市地下空间的开发利用已步入法制化轨道。

"十三五"期间成为中国基础设施重大工程建设的重要阶段，而地下空间作为城市基础设施的主要载体，在城市发展中的地位愈显重要，发展势头迅猛。其中，以地铁为主导的地下交通设施、以综合管廊为主导的地下市政设施，其建设规模、建造水平、运营维护等全生命周期的各个环节已赶超世界。目前我国地下空间开发利用还在法律法规、城市规划、管理协调机制、投融资模式、开发保护和信息共享等方面存在不足。为适应地下空间智慧化、绿色化、深层次和综合化发展的大趋势，除了创新地下空间开发的理论体系和关键技术外，还需综合管理、统筹规划、创新投融资及收益模式，并结合国情完善相应的政策和法律法规。

随着2017年国务院办公厅印发的《关于促进建筑业持续健康发展的意见》（国办发〔2017〕19号），鼓励工程咨询企业开展全过程工程咨询业务，在全国针对各类型项目也掀起了对全过程工程咨询探索与实践的热潮。随着咨询业的不断进步和发展，国际化将是日后发展趋势。如何打开国际咨询市场，与国际接轨，需要更多地向城市地下空间开发工程项目发展全过程工程咨询，进而提升知名度，走出国内市场。而为深化投融资体制改革，提升固定资产投资决策科学化水平，进一步完善工程建设组织模式，提高投资效益、工程建设质量和运营效率，2019年3月15日《国家发展改革委 住房和城乡建设部关于推进全过程工程咨询服务发展的指导意见》正式出台，至此全过程工程咨询全面展开。

作为投资规模大、施工难度高、进度要求紧的大体量地铁、综合管廊热点项目，为了保证项目成功及项目管理成功，咨询机构更是需要从全过程咨询角度介入，对地铁和综合管廊项目的开展提供从始至终的服务，更好地服务业主。因此，为了达到项目整体目标，需要加强对地铁、综合管廊项目的全生命周期管理，做好以"策划、管控、增值"集成式的全过程工程咨询模式项目，对项目从前期决策、设计、招投标、实施，到后期运维等各个阶段进行分析，使整个项目生命周期的每个阶段相互衔接、有机结合，从而保障项目的成功。

目前，国内尚未出现关于地铁及综合管廊项目全过程咨询服务的书籍，本书共分为上、下两册，分别将地铁项目和综合管廊项目从全过程工程咨询的角度重点撰写各阶段咨询管控要点,以案例作为实务标杆,详细阐述如何开展项目的全过程工程咨询业务,为解决项目现阶段管理条块分割无法打通、专业壁垒多的问题具有一定的指导意义。本书旨在为处在迷茫探索中的工程咨询企业在地铁、综合管廊项目中提供有效的标杆内容支持,可作为编写相关项目方案的借鉴书籍。

第1章 地铁项目全过程工程咨询概论

1.1 地铁项目概述

1.1.1 地铁项目的定义

地铁是指线路一般设置在城市地下空间隧道内,部分可能设置在地面以上或者高架上,速度快、运量大,依靠电力牵引的城市地下轨道基础交通设施。

1.1.2 地铁项目的技术特性

(1)速度高

与常规公共交通相比,地铁有较高的运行速度、较高的启制动加速度,多数采用高站台,上下车方便,列车停站时间短,缩短了乘客出行时间。

(2)运量大

地铁列车编组通常车辆数量较多,且行车速度高,行车时间间隔短,因而具有较强的运输能力。

(3)准时

地铁一般是在专用车道上运行,不产生线路堵塞现象,并且不易受气候影响,列车能按运行图进行,运行时间较可靠。

(4)安全

地铁一般在专用车道上运行,没有平交道口,不受其他交通工具的干扰,加上配有先进的通信信号系统,极少发生交通事故。

(5)舒适

地铁运行平稳,车辆、车站内设施条件较好,乘客乘坐会感觉比较舒适。

(6)节能

地铁一般采用电气牵引或其他新型能源驱动,而且轮轨摩擦阻力小,与其他公共交通工具相比更节省能源。

（7）节省土地

地铁可以充分利用地下、地上空间，不占用地面街道，能有效缓解地面道路拥挤、堵塞状况，提高了土地利用价值，并改善城市景观。

（8）环保

地铁一般采用电气牵引或其他新能源驱动，与其他公共交通工具相比不产生废气污染。由于在线路和车辆上采用了各种降噪措施，噪声污染也得到有效控制。

1.2 地铁项目技术指标分析

1.2.1 土建工程造价指标

土建工程造价是地铁成本最主要的组成部分，其造价对线路造价有着决定性影响。根据成本分析的结论，因各种敷设方式所占比例不同，地铁系统土建工程公里造价为0.4亿～2亿元。其中地下线路土建公里造价为2亿元。

（1）车站

地铁车站造价与敷设方式、规模、施工方法、结构形式、地质条件等因素相关，在一般的地质条件下，车站造价指标如表1-1、表1-2所示。参照国内地铁车站规模，地下二层车站建筑面积取为10000m^2，三层车站取为15000m^2。

对于高架车站，车站造价与车站站桥结合形式及规模有关，而地面车站造价仅与车站规模有关，高架车站和地面车站规模均取为6000m^2。

地下车站造价参考表　　表1-1

工法	围护方法	结构形式	埋深（m）	造价（元/m^2）	造价（万元/座）
明挖	连续墙	二层	3～4	7835	7800
明挖	连续墙	三层	3～4	8932	13400
明挖	钻孔灌注桩	二层	3～4	5824	5800
明挖	钻孔灌注桩	三层	3～4	6121	9200
暗挖	中洞法	二层	6～8	9301	9300
暗挖	洞桩法	二层	6～10	9780	9800

地上车站造价参考表　　表1-2

车站形式	造价（元/m^2）	造价（万元/座）
高架车站建桥合一式	4320	2600
高架车站建桥分离式	3237	1900
地面车站	1526	900

（2）区间

区间造价与敷设方式、施工方法密切相关。

对地下区间工程,其造价与施工方法、围护结构、断面形式有关,采用公里造价为指标。地下区间公里造价在4000万～10000万元之间,如表1-3所示。

地下区间造价参考表　　　　　表1-3

工法	围护结构	断面形式或面积	公里造价（万元）
明挖	钻孔灌注桩	单洞双线	8500
	土钉墙	单洞双线	6700
暗挖	—	≤35m²	4000
	—	80m²	8400
盾构	—	单洞单线	4500

对于高架区间,其造价与桥梁形式、土质有关,采用公里造价为指标,如表1-4所示,高架区间造价为3000万～6000万元/km。

高架区间造价参考表　　　　　表1-4

桥梁形式	土质	公里造价（万元）
现浇预应力混凝土箱型梁	一般土	3200
	软土	3700
	一般土	3200
	软土	3800
钢混结合梁	一般土	5100
	软土	5700
预制Ⅰ型结合梁	一般土	3100
	软土	3800

一般的地质条件下,地面区间公里造价为400万元。

1.2.2 车辆造价指标

根据统计得到的国内城市轨道交通车辆购置成本,表1-5给出各类车辆的造价指标作为参考。

这里的车辆价格以国内部分线路已购置车辆的价格为参照,具有宏观的指导意义。我国已建及在建的大部分线路,除了北京市以外,都采用了铝合金A型车,从表中可以看出国产A型车价格仅为进口车辆的67%,实现国产化之后每辆车可节约500万元。我国现有运营中的B型车多为国产的普通耐候钢车辆，造价仅为500万元，从几十年的运营历史看，其各项性能满足条件。实现国产化后的铝合金B型车造价为650万元，不锈钢和铝合金C型车造价分别为500万元和900万元。

不同类型车辆参考价格表　　　　　　　表1-5

车辆类型	是否国产	用材	造价（万元/辆）
A型车	国产	铝合金	850
	进口	铝合金	1200
B型车	国产	耐候钢	500
	国产	铝合金	650
C型车	国产	不锈钢	500
	国产	铝合金	900

注：国产与进口以国产化率是否达到70%作为区分。

1.2.3 机电设备造价指标

（1）供电

机电设备造价指标与其选型、国产化程度等因素相关。这里参考中档国产设备及部分中档进口设备的招标价格，给出各系统设备的造价参考指标（表1-6）。

不同供电系统造价参考表　　　　　　　表1-6

项目		电压等级	单位	造价（万元）
变电所	主变电所（地上）	—	座	7500
	主变电所（地下）	—	座	9300
	牵引降压混合变电所	750	座	1200
		1500	座	1500
	降压变电所	750	座	500
		1500	座	650
接触网	地下	1500	条·km	160
	地上	1500	条·km	140
第三轨（钢铝复合）		750	条·km	210
动力照明	地下车站	—	站	1000
	地上车站	—	站	370
	区间	—	km	340

供电系统造价差别主要与外部电源供电方式，集中式供电需要主变电所，主变电所造价近亿元，分散式供电则不需要此项成本。

（2）通信

地铁通信系统由专用通信、警用通信和商用通信3个子系统组成，其中不同通信系统公里造价如表1-7所示。

不同通信系统造价参考表　　　　表1-7

通信子系统	850万元
警用通信	390万元
商用通信	370万元
合计	1610万元

（3）信号

地铁信号系统按照闭塞方式可以分为三种：固定闭塞、移动闭塞、准移动闭塞。信号系统造价与线路敷设方式关系不大，较为稳定，其中不同信号系统造价指标如表1-8所示。

不同信号系统造价参考表　　　　表1-8

信号系统闭塞方式	信号系统公里造价（万元）
固定	600
准移动	1200
移动	1400

（4）综合监控系统

综合监控系统主要包括车站综合监控系统、控制中心综合监控系统和车辆段综合监控系统。其中综合监控系统造价指标如表1-9所示。

综合监控系统造价参考表　　　　表1-9

综合监控系统	造价（万元/座）
车站	148
控制中心	1479
车辆段	138

（5）防灾报警系统

防灾报警系统分为控制中心防灾报警系统、地下车站防灾报警系统、地上车站防灾报警系统和区间防灾报警系统。其中地下车站防灾报警系统又可分为

FAS、BAS独立设置和联动设置两种（表1-10）。

防灾报警系统造价参考表　　　　　　　　　　表1-10

防灾报警系统	造价
控制中心	148万元/座
地下车站（FAS、BAS独立设置）	213万元/座
地下车站（FAS、BAS联动设置）	140万元/座
地上车站	55万元/座
地下区间	80万元/km

（6）设备及环境监控系统

设备及环境监控系统可分为地下车站设备与环境监控系统、地上车站设备与环境监控系统、区间设备与环境监控系统（表1-11）。

设备及环境监控系统造价参考表　　　　　　　　表1-11

设备及环境监控系统	造价（万元/座）
地下车站	261
地上车站	56
地上区间	25

（7）通风空调机采暖系统

车站暖通系统以站为单位，区间暖通系统以两站间的一个区段为单位（表1-12）。

通风空调与采暖系统造价参考表　　　　　　　　表1-12

暖通系统	造价
地下车站闭式集成系统	1218万元/座
地下车站屏蔽门系统	850万元/座
地上车站	95万元/座
区间	108万元/区段

（8）给水排水及消防系统

分为地下车站、地上车站、区间给水排水及消防系统和气体灭火系统（表1-13）。

（9）自动售检票系统

每座车站自动售检票系统造价为767万元。

给水排水及消防系统造价参考表　　　　表1-13

给水排水及消防系统	造价
地下车站	252万元/座
地上车站	109万元/座
区间	83万元/km
气体灭火系统	187万元/座

（10）屏蔽门造价指标

选取国产中高档产品作为参考（表1-14）。

屏蔽门造价参考表　　　　表1-14

屏蔽门及安全门系统	造价（万元/滑动单元）
全高	12.4
半高	12.9

依据此标准，一个标准的2层地下车站，设置全高安全门及屏蔽门的成本为800万元。

1.3 地铁项目全过程工程咨询服务需求分析

1.3.1 全过程工程咨询的发展轨迹

20世纪90年代中期之前，受首个世行援助项目"鲁布革冲击"的影响，我国开始在工程项目中逐渐推行与国际接轨的四项重要制度，即项目法人责任制、招标投标制、工程监理制和合同管理制。由此，我国逐步确立了建设业主的项目法人地位，项目法人对项目投资、立项、设计、招标、造价、施工管理、竣工验收等全过程负责。在1996年强制推行工程监理制度之前，一个工程项目除了将投资咨询、勘察设计委托给咨询和勘察设计单位承担外，项目的招标、造价及项目管理一般都是业主的内部职能——称之为"业主自管"模式。

1988年，我国开始试点监理制，1996年正式颁布《工程建设监理规定》，实行强制性监理制度。初期，监理职责曾体现出全过程项目管理的特点，即所谓"三控制、两管理、一协调"，初衷是希望在一定程度上代行"业主自管"职能。后来实施中，一方面由于没有坚持国际通行标准，使得监理企业技术含量及权威性不足，另一方面由于后来推行造价咨询、招标代理制度，使监理的投资控制和项目管理职能被削弱，逐步导致监理形同虚设，演变成甲方的"质量员""安全员"，造成工程咨询服务的制度性分割——这被专业人士称为所谓的工程咨询服务"碎片化"模式。

大量"碎片化"案例研究证明，在此模式下，描述标的物的"项目定义文件"由设计、招标代理、造价咨询等机构分别完成，建设意图由各家"分体式"表述，使得工程项目从源头上就存在大量的"错、漏、碰、缺"，必然造成后期变更增多、工期延误、建筑品质降低等各种弊端。同时，五方乃至七方责任主体对工程共同负责却难以追责，造成业主疲于协调，各干系方内耗加大，项目利益受损。这种"碎片化"模式已进入发展的瓶颈期，受到广大业主的诟病。

2017年2月21日，国务院办公厅印发了《关于促进建筑业持续健康发展的意见》(国办发〔2017〕19号)，明确要求完善工程建设组织模式，培育全过程工程咨询，这是在建筑工程全产业链中首次明确提出"全过程工程咨询"这一概念。主旨是为了适应发展社会主义市场经济和建设项目市场国际化需要，培育全过程工程咨询是提高工程建设管理和咨询服务水平，保证工程质量和投资效益的重要举措。随后，5月2日，住房和城乡建设部下发了《关于开展全过程工程咨询试点工作的通知》(建市〔2017〕101号)，正式启动了全过程工程咨询试点工作，整个行业掀起了一股全过程工程咨询研讨热。

全过程工程咨询服务试点推广，目的是深化工程建设组织管理模式改革，提升我国工程咨询行业"供给侧"的内在素质，让咨询回归咨询的本质，与国际模式接轨，参与"一带一路"建设。在我国建筑业体制下，全过程工程咨询包括的范围如图1-1所示。咨询服务提供商可根据业主委托需要提供全部或部分咨询服务。

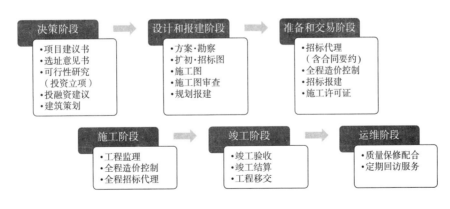

图1-1　全过程工程咨询范围

1.3.2 全过程工程咨询服务需求

全过程工程咨询服务基本上分为：项目决策咨询服务、项目设计咨询服务、项目招投标咨询服务、项目施工咨询服务、项目竣工验收咨询服务5个阶段，各个阶段咨询服务工作的内容和重点不同。

在项目决策咨询服务阶段，全过程工程咨询服务工作主要包括工程建设的规划咨询、投资咨询等任务，包括需求分析与评估、投资决策、建立项目目标、可行性研究、编制财务计划、方案设计、编写项目实施计划等。在前期策划实施过程中，从事工程咨询服务的企业要充分发掘业主的真正需求，越早介入越好。由于咨询方都是专业人员，具备专业的知识、技能和经验，而且对于项目的理解与业主也会有所不同，及早介入不仅能将业主的长期战略贯彻到项目中，而且能够提供专业的意见，及时对项目策划过程中出现的偏差进行纠正。

项目设计阶段是工程项目建设中承上启下的重要阶段，也是建设项目投资控制的关键阶段。这一阶段要充分调动各专业技术力量，加强各业务之间的合作与配合，将专业技术、造价控制、施工实施等方面的知识贯穿到设计工作的全过程。在这一阶段，工程咨询服务企业通过为建设方提供优质的造价咨询服务实现对工程造价的控制，在设计环节和施工环节之间发挥着桥梁作用。工程咨询服务企业应努力贯彻使用限额设计的理念，并积极推进设计人员在符合初步设计总概算条件下优化施工图，使施工图在满足技术要点和建设方使用要求的前提下，做到造价最省、设计最优。

在项目招投标阶段，工程咨询服务企业要在公正、公平和公开的前提下选择报价合理、技术实力强、信誉良好和管理水平较高的承包单位，使建设工程项目的投资和回报更趋合理。在充分理解业主意图的基础上，发挥咨询机构技术的专业性和集成性，合理编制工程标底和工程量清单，编制招标书和招标文件，确定评标、定标的基本原则和方式，对投标报价进行科学合理分析，为建设方选择中标单位提供理论和事实依据，并协助建设方签订工程合同。此外，还要做好设备、材料的采购招投标咨询服务工作，利用自身专业技术力量编制技术规格书，并对设备、材料供应商的技术、商务等方面进行评判，为建设方的采购工作把好关。

在项目施工过程中，工程咨询服务企业要对工程质量、安全、进度、费用等进行控制，及时回答施工单位提出的各种问题，并积极协调好各利益方的关系。此外，对工程建设过程中产生的设计变更要严格把控，并对项目的全过程投资进度进行分析，制定工程费用控制预案。

竣工验收是项目建设全过程的最后一个环节，工程咨询服务企业在这个阶段要核对工程是否符合合同条件和要求、是否符合竣工验收标准等。由于工程咨询企业全过程跟踪了项目，对项目建设过程中发生的变更、客观环境的变化等因素已经比较熟悉。因此，在这一阶段，工程咨询机构的结算、评估等工作更容易做到合理、公平、公正，也更容易得到项目各方的认可。

1.4 全过程工程咨询服务理念和服务模式

1.4.1 全过程工程咨询服务理念

(1) 全过程工程咨询相关概念

根据目前国家和有关省市的最新政策文件，并参考FIDIC等有关国际专业组织惯例，本书对全过程工程咨询的相关概念定义如下：

1) 全过程工程咨询

全过程工程咨询是指对项目从前期决策至运营全过程提供组织、管理、经济、技术和法务等各有关方面的工程咨询服务，包括全过程项目管理以及前期决策咨询、规划、勘察、设计、造价咨询、招标代理、监理、运行维护咨询以及BIM咨询等专业咨询服务。全过程工程咨询服务可采用多种组织方式，由投资人委托一家单位负责或牵头，为项目前期决策至运营持续提供局部或整体解决方案以及管理服务。

2) 全过程工程咨询单位

全过程工程咨询单位是指建设项目全过程工程咨询服务的提供方。全过程工程咨询单位应具有国家现行法律规定的与工程规模和委托工作内容相适应的工程咨询、规划、勘察、设计、监理、招标代理、造价咨询等一项或多项资质（或资信），可以是独立咨询单位或咨询单位组成的联合体。

3) 全过程工程咨询总咨询师和专业咨询工程师

总咨询师是指全过程工程咨询单位委派并经投资人确认的，应取得工程建设类注册执业资格或具有工程类、工程经济类高级及以上职称，并具有相关能力和经验为建设项目提供全过程工程咨询的项目总负责人。总咨询师应具有良好的职业道德和执业信用记录，遵纪守法、廉洁奉公、作风正派、责任心强；有承担项目全过程工程咨询任务相适应的专业技术管理、经济和法律等知识体系。

专业咨询工程师是指具备相应资格和能力，在总咨询师管理协调下，开展全过程工程咨询服务的相关专业人士。专业咨询工程师主要包括（但不限于）：注册建筑师、勘察设计注册工程师、注册造价工程师、注册监理工程师、注册建造师、咨询工程师（投资）等及相关执业人员。

本书认为，全过程工程咨询是"咨询型代建"，应以全过程项目管理为核心，以项目策划为灵魂，以总咨询师为负责人，以资源整合为抓手，全面集成前期决策咨询、规划咨询、勘察、设计、造价咨询、监理、招标代理、运行维护咨询以及BIM咨询等专业咨询服务，为建设项目提供全方位、全要素的咨询服务，实现项目增值和项目目标。

（2）全过程工程咨询的价值

推行全过程工程咨询有助于实现建设项目绿色、可持续发展，解决项目利益相关方的冲突矛盾，打造求同存异的工作环境，有利于维护良好的生态环境和减少污染的建设项目；推行全过程工程咨询有助于建设项目继承传统文化，实现传统文化的创造性转化、创新性发展，有利于传统与当代文化的相融相通；推行全过程工程咨询有助于建设项目进行集约管理，全过程工程咨询将集约思想融入建设项目中，充分发挥全过程工程咨询的作用，有利于提高建设项目的质量和效率，使建设资源的运用更加科学、合理、节约；推行全过程工程咨询有助于更好的提升建设项目价值，提高工程建设管理水平，提升行业集中度，保证建设项目获取最大的经济和使用效益。

在建设项目咨询服务过程中，全过程工程咨询一方面通过协调管理打破过程中的信息与资源壁垒，提高沟通效率，保证项目顺利运营，达成建设项目边际效益最大化的目标；另一方面实现工程咨询机构转型升级，增强综合实力，加快与国际建设管理服务方式接轨，是适应社会主义市场经济发展的必然要求。

1）提高投资效益，打破条块分割

采用投资人单次招标的方式，使得其时间成本、交易成本远低于传统模式下设计、造价、监理等参建单位多次发包的成本。由一家咨询单位或者采用联合体的形式通过总咨询师的协调管理，将咨询服务覆盖工程建设全过程，包含传统模式下设计、造价、监理等各专业咨询单位的职责义务。这种高度整合各阶段的服务内容，一方面，将更有利于实现全过程投资控制，有效解决各阶段各专业之间的条块分割问题；另一方面，通过限额设计、优化设计和精细化管理等措施提高投资收益，确保项目投资目标的实现。

2）保障项目合规，助力政府监管

当前建设市场还不完善，监管需加强，一些地方存在违规审批、违规拆迁、违法出让土地等损害群众利益的问题，扰乱了社会主义市场经济秩序。通过全过程工程咨询与管理，能够集约整合社会资源对建设项目进行有效监管，为政府提供强有力的全过程监管措施；由总咨询师统一指导梳理建设项目全过程的报批流程、资料，避免出现错报、漏报现象，有利于规范建筑市场秩序、减少违法违规行为。

3）加强风控预防，降低项目风险

发挥全过程管理优势，通过强化管控决策、投资、过程、运营、自然、社会等风险，对于项目而言，有效降低决策失误、投资失控的概率，减少生产安全事故；对于社会而言，也可避免自然环境的破坏，保护生态，有效集约利用资源，减少浪费。

4）提高项目品质，增强行业价值

①不同专业咨询工程师组成咨询团队参与全过程工程咨询，各专业咨询工作统筹安排，分工协作，可极大提高服务质量和项目品质，弥补了多个单一服务团队下可能出现的管理疏漏和缺陷。

②有利于激发专业咨询工程师的主动性、积极性和创造性，促进新技术、新工艺和新方法的应用。

③响应党的十九大的号召，培养具备国际视野的人才，促进行业转型升级，提高工程咨询行业国际竞争力；借助"一带一路"的机会平台，支持工程咨询行业走出去，在国际建设项目中立足。

④可吸引优秀的国际化人才，促进行业的可持续性发展。

(3) 全过程工程咨询的原则和特点

1）全过程工程咨询的原则

①独立。独立是指全过程工程咨询单位应具有独立的法人地位，不受其他方面偏好、意图的干扰，独立自主地执业，对完成的咨询成果独立承担法律责任。全过程工程咨询单位的独立性，是其从事市场中介服务的法律基础，是坚持客观、公正立场的前提条件，是赢得社会信任的重要因素。

②科学。科学是指全过程工程咨询的依据、方法和过程应具有科学性。全过程工程咨询要求实事求是，了解并反映客观、真实的情况，据实比选，据理论证，不弄虚作假；要求符合科学的工作程序、咨询标准和行为规范，不违背客观规律；要求体现科学发展观，运用科学的理论、方法、知识和技术，使咨询成果经得住时间和历史的检验。全过程工程咨询科学化的程度，决定全过程工程咨询服务的水准和质量，进而决定咨询成果是否可信、可靠、可用。

③公正。公正是指在全过程工程咨询工作中，坚持原则，坚持公正立场。全过程工程咨询的公正性，并非无原则地调和或折中，也不是简单地在矛盾的双方保持中立。在投资人、全过程工程咨询单位、承包人三者关系中，全过程工程咨询单位不论是为投资人服务还是为承包人服务，都要替委托方着想，但这并不意

味着盲从委托方的所有想法和意见。当委托方的想法和意见不正确时,全过程工程咨询单位及其咨询工程师应敢于提出不同意见,或在授权范围内进行协调或裁决,支持意见正确的另一方。特别是对不符合国家法律法规、宏观规划、政策的项目,要敢于提出并坚持不同意见,帮助委托方优化方案,甚至做出否定的咨询结论。这既是对国家、社会和人民负责,也是对委托方负责,因为不符合宏观要求的盲目发展,不可能取得长久的经济和社会效益,最终可能成为委托方的历史包袱。因此,全过程工程咨询是原则性、政策性很强的工作,既要忠实地为委托方服务,又不能完全以委托方满意度作为评价工作好坏的唯一标准。全过程工程咨询单位及总咨询师、专业咨询工程师要恪守职业道德,不应为了自身利益,丧失原则性。

2)全过程工程咨询的特点

全过程工程咨询的特点主要表现在以下几个方面:

①每一项全过程工程咨询任务都是一次性、单独的任务,只有类似而没有重复。

②全过程工程咨询是高度智慧化服务,需要多学科知识、技术、经验、方法和信息的集成及创新。

③全过程工程咨询牵涉面广,包括政治、经济、技术、社会、环境、文化等领域,需要协调和处理方方面面的关系,考虑各种复杂多变的因素。

④投资项目受相关条件的约束较大,全过程工程咨询结论是充分分析、研究各方面约束条件和风险的结果,可以是肯定的结论,也可以是否定的结论。结论为项目可不可行的评估报告,也可以是质量优秀的咨询报告。

⑤全过程工程咨询成果应具有预测性、前瞻性,其质量优劣除了全过程工程咨询单位自我评价外,还要接受委托方或外部的验收评价,要经受时间和历史的检验。

⑥全过程工程咨询提供智力服务,咨询成果(产出品)属非物质产品。

1.4.2 全过程工程咨询服务对象及服务模式

(1)全过程工程咨询的服务对象

由于全过程工程咨询服务的空间范围、专业领域和业务内容极其广泛,全过程工程咨询服务对象也相当广泛,主要服务对象有:

1)为投资人服务

①为政府投资人服务。全过程工程咨询单位接受政府部门、机构委托,为其出资的建设项目、课题研究提供服务,包括(但不限于):(a)规划咨询,即规划

研究、规划评估等；(b)重点研究综合、区域、专项发展规划，内容包括发展目标、发展战略、经济结构、产业政策、规模布局等；(c)项目评估，以项目可行性研究评估为主，重点评价项目的目标、效益和风险；(d)工程勘察设计，包括工程勘察、方案设计、初步设计、施工图设计等；(e)工程造价管理、招标代理、合同管理、工程监理等；(f)项目后评价，通过对项目投入运营后的评价，重点评价目标、效益和项目的可持续能力，总结经验教训；(g)政策咨询，即宏观专题研究。从宏观层面研究地区或行业的发展目标、产业政策、经济结构、规模布局、可持续发展等问题，为政策的调整和完善服务。

②为银行贷款人服务。全过程工程咨询单位为贷款银行服务，常见的形式是受银行的委托，对申请贷款的项目进行评估。受委托的全过程工程咨询单位必须满足与该项目有关各方没有任何商业利益和隶属关系的条件。全过程工程咨询单位的咨询服务，有利于帮助银行理清贷款项目的工艺方案和投资估算的准确性，并对项目的财务指标再次核算或进行敏感性分析，帮助分析项目投资的效益和风险。银行要求全过程工程咨询单位及其咨询工程师保持独立，不受投资人和项目其他有关当事人的影响，提出客观、公正的报告。独立的项目评估报告，是银行贷款决策的重要参考依据。

③为国际组织投资人服务。国际组织是指跨国的金融、援助机构，包括世界银行和联合国开发计划署、粮农组织，以及其他地区性开发机构（如亚洲基础设施投资银行、亚洲开发银行、泛美开发银行、非洲开发银行等）。这一类机构的贷款基本上用于援助发展中国家，为世行等国际金融组织提供的咨询服务，包括全过程工程咨询单位或专业咨询工程师作为本地咨询专家，受聘参与在华贷款及技术援助项目咨询服务；投标参与这些机构在其他国家或地区贷款及技术援助项目的咨询服务。

④为企业及其他投资人服务。随着我国社会主义市场经济的发展和成熟，多元投资主体的投融资格局的形成，国有企业投资自主权不断扩大，民营投资者融资能力增强，国外投资者大量涌入，扩大了全过程工程咨询的服务对象和服务内容。他们除了需要全过程工程咨询单位按照工程项目程序提供常规的咨询服务，更加关注投资的直接目的和投资时机，更加关注项目的财务和经济效益，更加关注投资的风险。因此，对于不同的投资人，全过程工程咨询服务的内容、重点和深度也有所不同。

2）为承包人服务

承包人是指为工程项目提供材料、设备的厂商和负责土建与设备安装工程的施工单位等。投资人多采用招标（竞争性）的方式选择承包商，以期在保证较高技术水平和质量的前提下争取较低的工程造价。对于大中型项目，一般设备制造厂、施工单位都和全过程工程咨询单位合作参与工程投标。此时，全过程工程咨询单位是作为投标者的分包商为之提供技术服务。由于实力较雄厚，可以和设备制造咨询单位分包工艺系统设计、生产流程设计以及不属于承包人制造的设备选型与成套任务编制设备材料清册、工作进度计划等，有时还要协助澄清有关技术问题，如果承包人以项目交钥匙的方式总承包工程，全过程工程咨询单位还要承担土建工程设计、安装工程设计，并且协助承包商编制成本估算、投标估价，同时帮助编制现场组织机构网络图、施工进度计划和设备安装计划，参与设备的检验与验收，参加整套系统调试、试生产等。全过程工程咨询单位以分包商身份承担工程项目咨询，直接服务对象是工程的承包商或总承包商，咨询合同只在咨询单位和承包商之间签订。

（2）全过程工程咨询服务模式

全过程工程咨询单位可根据投资人的委托，独立承担项目全过程全部专业咨询服务，全面整合项目建设过程中所需的投资咨询、勘察、设计、造价咨询、招标代理、监理、运营维护咨询、BIM咨询以及全过程工程项目管理等咨询服务业务；也可提供菜单式服务，即"1+N"模式，"1"是指全过程工程项目管理，"N"包括但不限于投资咨询、勘察、设计、造价咨询、招标代理、监理、运营维护咨询、BIM咨询等专业咨询（表1-15）。

全过程工程咨询"1+N"模式　　　　　　　　　　　　表1-15

"1"：全过程工程项目管理	"N"：全过程各专业咨询		
全过程项目策划、计划统筹、报建报批、勘察管理、设计管理、合同管理、投资管理、招标采购管理、现场实施管理、参建单位管理、验收管理等工作	BIM技术辅助	投资咨询 工程勘察 工程设计 招标采购 造价咨询 工程监理	运营维护咨询

（3）全过程工程咨询服务内容

根据国务院办公厅《关于促进建筑业持续健康发展的意见》（国办发〔2017〕19号）的文件精神，同时结合《工程咨询行业管理办法》（2017年第9号令）等文件的规定，全过程工程咨询企业可为项目提供全过程工程项目管理以及建设可行性研究、项目实施总体策划、工程规划、工程勘察、工程设计、工程监理、造价咨询、招标代理、BIM咨询及项目运行维护管理等全方位的全过程工程咨询服务。

全过程工程咨询应以建设项目为载体，将项目各阶段所需要的咨询产品和内容结合，形成全过程工程咨询概览图（见图1-1）。概览图将咨询产品和建设项目有机联系起来，使建设项目全过程工程咨询流程和建设项目的工作流程相呼应、明确了全过程工程咨询产品是为实现优质建设项目产品服务的。

考虑到管理模式的不断创新，概览图明晰了影响项目质量的工作或相关机构的最晚介入时点要求，明确全过程工程咨询单位、运营人最晚介入的时点和可以介入的时点；说明了除传统工程发包模式外的其他EPC、PMC、PMA等不同模式的最早发包时间和条件，将PPP的融资模式提前到决策阶段研究；将建设项目工作流程中的初步设计完成时、开工时、验收移交时和生命结束并拆除时的造价作为投资控制的监控点。将全过程各阶段的过程咨询成果联系起来，解决了现阶段条块分割无法打通的问题，实现了全过程工程咨询目标。

①决策阶段通过了解研究项目利益相关方的需求，确定优质建设项目的目标，汇集优质建设项目评判标准。通过项目建议书、可行性研究报告、评估报告等形成建设项目的咨询成果，为设计阶段提供基础。

②设计阶段对决策阶段形成的研究成果进行深化和修正，将项目利益相关方的需求以及优质建设项目目标转化成设计图纸、概预算报告等咨询成果，为发承包阶段选择承包人提供指导方向。

③发承包阶段结合决策、设计阶段的咨询成果，通过招标策划、合约规划、招标过程服务等咨询工作，对优质建设项目选择承包人的条件、资质、能力等指标进行策划。并形成招标文件、合同条款、工程量清单、招标控制价等咨询成果，为实施阶段顺利开展工程建设提供控制和管理的依据。

④实施阶段根据发承包阶段形成的合同文件约定进行成本、质量、进度的控制，合同和信息的管理，全面组织协调各参与方，最终完成建设项目实体。在实施过程中，及时整理工程资料，为竣工阶段的验收、移交做准备。

⑤竣工阶段通过验收检验是否按照合同约定履约完成。最后将验收合格的建设项目以及相关资料移交给运营人，为运营阶段提供保障。

⑥运营阶段对建设项目进行评价，评价其是否是优质建设项目。通过运营使其建设项目体现优质建设项目的价值，实现决策阶段设定的建设目标。最后把运营人的运营需求进行总结，并反馈到下一个项目的决策阶段，使建设项目的前期决策具有更充分的依据。

因此，全过程工程咨询不是传统的碎片化、分阶段的咨询服务，而是由一个具有目标明确的各类专业人员组成的集合体，通过统一规划、分工实施、协调管理、沟通融通，来提供综合性咨询服务。全过程工程咨询单位能有效提高建设项目质量与进度，从而能更好地完成优质建设项目的目标。

第2章 可研阶段项目管理

2.1 可研评审流程

可研评审一般由发展改革委下属咨询院或者委托第三方评审机构组织，组织者从专家库中随机抽取各专业（经济、技术等）相关专家参加评审，邀请并通知发展改革委相关人员、政府职能部门（土地、规划、环保等）相关人员、建设单位相关人员、可研编制单位相关人员按时间参加评审会。

2.1.1 可研评审的大致流程

①组织者通知项目可行性研究报告编制单位准备好可研报告文本（份数视参会人员而定），并请设计单位相关设计人员参会。

②组织者确定参会人员名单（专家人数5人以上，单数）。

③预定会议场地（如需要）。

④确定会议时间和地点。

⑤邀请相关专家和相关单位人员参会，落实好评审会需要的相关设备、材料等。

⑥会议当天布置好会场，并准备好签到表让专家及参会人员签到。

⑦主持者主持评审会会议。

⑧进行会议议程。

⑨编制单位根据专家评审意见修改完善可行性研究报告。

⑩编制单位将修改好的可研报告送交评审单位负责人校核。

⑪评审单位出具校核意见。

⑫编制单位根据校核意见再次修改完善，修改完善后装订可研报告最终稿送交业主。

2.1.2 评审会会议议程

①组织者介绍与会人员情况。
②请几位专家推选出一位专家组组长。
③请发展和改革委领导讲话。
④由建设单位介绍项目情况。
⑤可研编制单位汇报可研编制情况。
⑥请各位专家对该项目可行性研究报告进行点评,请相关参会单位提出意见,并由编制单位解释记录。
⑦各专业评委写评审意见。
⑧组织者收集统计评审意见。
⑨请专家组组长宣读专家评审意见。
⑩各相关领导总结讲话。
⑪散会,编制单位收集意见,进行可研修改完善。

2.2 可研评审内容

2.2.1 关于项目必要性

①项目建设必要性概述。对项目建设的必要性进行概括,要有针对性。
②项目建设与批准的规划符合性的评审。
《可行性研究报告》(或《可行性研究报告(修订版)》)是否依据城市总体规划,地区或有关专业规划对本项目必要性做出了论证(没有规划的,是否提出了规划性意见),论证的深度、适宜性、有效性如何。

2.2.2 关于建设标准

《可行性研究报告》(或《可行性研究报告(修订版)》)提出的建设标准与国家及地方规范、标准、规定(如用地面积、建筑面积及面积分配、绿地面积、人均指标、单位造价、道路等级等)进行对比;是否对符合国家及地方规范、标准、规定进行论证,论证及其依据是否充分。

2.2.3 关于建设内容及规模

①评审后确定的建设内容及规模。用文字描述,并与投资估算表保持一致。
②建设内容及规模论证分析的评审。

《可行性研究报告》(或《可行性研究报告(修订版)》)是否对本项目建设内容及规模做出论证,论证是否充分。就建设规模与相关建设标准进行对比分析,说明其是否符合标准规定。同时对《可行性研究报告》(或《可行性研究报告(修订版)》)提出的建设内容及规模与项目立项批复情况对比是否存在差异、主要差异有哪些,是否说明差异的原因和理由。

2.2.4 关于项目选址及配套条件

①项目地址基本情况。

②项目选址的规划和国土依据。项目选址地点,是否取得了规划部门的意见;是否取得了国土部门的意见。

③项目地勘和适合建设情况。

④项目现场踏勘情况。

⑤项目选址评审结论。

《可行性研究报告》(或《可行性研究报告(修订版)》)是否对选址和配套情况做出比选论证,比选论证的全面性、科学性如何。

2.2.5 关于建设方案

(1)项目主要建设方案

阐述项目采用的主要技术方案。

(2)重大设计方案比选论证的评审

《可行性研究报告》(或《可行性研究报告(修订版)》)是否进行了两个以上方案的技术经济比较,在技术先进性、投资、效益、风险等方面的比较论证是否全面科学,推荐方案的依据和理由是否充分。

2.2.6 关于环境保护

①环境影响和治理措施论证的评审。《可行性研究报告》(或《可行性研究报告(修订版)》)是否对项目有关环境影响做出测评,是否提出有关治理措施,测评的详细程度、适应性如何,措施是否可行。

②项目环境影响评价及批复情况的评审。项目是否得到环保部门相关意见。

2.2.7 关于消防和职业安全、卫生(职业安全、卫生—生产性项目适用)

《可行性研究报告》(或《可行性研究报告(修订版)》)是否对项目消防、职业安全、卫生情况做出论证,是否提出相应措施,论证是否全面、措施是否可行。

2.2.8 关于节能和节约土地

1）节能评审。《可行性研究报告》(或《可行性研究报告(修订版)》)是否对项目节水、节能情况做出论证，包括耗能标准和节能规范、能源状况、耗能量、能耗指标、节能措施等，论证是否全面、计算是否正确、措施是否可行。

2）节约土地评审。《可行性研究报告》(或《可行性研究报告(修订版)》)是否对项目节约土地情况做出论证，是否提出相应措施，论证是否全面、措施是否可行。

2.2.9 关于项目管理方案

1）项目组织结构的评审。《可行性研究报告》(或《可行性研究报告(修订版)》)是否构建了项目组织结构，构建的组织结构是否适合项目特点，对后期工作指导性如何。

2）投资、进度、质量、安全管理方案的评审。《可行性研究报告》(或《可行性研究报告(修订版)》)是否对项目投资、进度、质量、安全管理进行论述，措施是否可行，对后期工作指导性如何。特别是：①政府及相关部门对建设工期的要求。②项目的合理工期，以及实现要求工期的具体措施。

3）项目招标方案的评审。《可行性研究报告》(或《可行性研究报告(修订版)》)是否对项目招标事项(招标范围、招标组织形式、招标方式、其他有关内容)进行了论述、是否可行，对后期工作指导性如何。

2.2.10 关于投资估算和资金筹措

1）投资估算的评审。《可行性研究报告》(或《可行性研究报告(修订版)》)估算依据是否正确、编制深度是否充分，采用估算指标是否合理，有无漏项，工程量是否有误，计算是否准确，最终确定的投资估算(在复审《可行性研究报告(修订本)》后以《投资估算评审对照表》反映)。较送审可研报告调整情况如下：范式为：较送审投资估算审减(增)××万元，主要包括：①工程费用调减(增)××万元，主要调整内容为××。②工程建设其他费用调减(增)××万元，主要调整内容及原因为××。③预备费调减(增)××万元，主要调整内容为：××。④建设期利息调减(增)××万元。⑤其他。

2）资金落实论证情况的评审。《可行性研究报告》(或《可行性研究报告(修订版)》)提出的项目融资方案是否合理、可行，是否提出资金落实情况的依据。

2.2.11 关于财务评价

《可行性研究报告》(或《可行性研究报告(修订版)》)是否对项目盈利、还贷能力(盈利项目适用)或项目服务期经营、维护费用(非盈利项目适用)做出分析、估算,分析是否全面,估算是否可靠,是否提出优化建议或经营措施建议,建议是否科学、合理、可行。

2.2.12 关于国民经济和社会效益评价

《可行性研究报告》(或《可行性研究报告(修订版)》)是否在社会调查的基础上进行了国民经济和社会效益评价,评价依据是否充分,评价是否全面具体。

2.2.13 关于项目风险分析

《可行性研究报告》(或《可行性研究报告(修订版)》)是否对项目实施的政策与环境、拆迁安置、经营管理、投融资、公共安全等风险做出分析并提出应对措施,分析是否全面,措施是否科学、合理、可行。

2.3 地铁项目可研评审要点

地铁项目可研评审要点如表2-1所示。

表 2-1

地铁项目可研评审要点

序号	可研编制内容		评审内容	评审依据	评审标准
一	项目建设背景	**总论** • 工程背景 • 编制依据 • 任务与范围 • 主要研究内容及结论 • 相关专题研究结论	《可行性研究报告（修订版）》或《可行性研究报告（修订版）》是否对本项目建设内容及规模做出论证，论证是否充分。就建设规模与相关建设标准进行对比分析，说明其是否符合标准规定。同时对《可行性研究报告（修订版）》(或《可行性研究报告（修订版）》) 提出的建设内容及规模是否存在差异，主要差异对比是否有哪些，主要的原因和理由	1.《城市地铁工程项目建设标准》。 2.《城市地铁工程设计文件编制深度规定（征求意见稿）》可行性研究报告分城市地铁工程可行性研究报告文件编制深度	1. 对本项目建设内容及规模做出论证，论证充分。 2. 符合标准规定。 3. 对《可行性研究报告》提出的建设内容及规模与项目批复情况进行差异对比，并已详细说明差异的原因和理由
		建设必要性 • 城市规划概况 • 城市总体规划概述 • 城市交通现状与规划概述 • 地铁线网规划与建设规划 • 项目功能定位 • 建设的必要性	1. 对项目建设的必要性进行概括，要有针对性。 2.《可行性研究报告（修订版）》评审、是否依据城市总体规划、地区有关专业规划对本项目必要性做出论证（没有规划的），是否提出了规划性意见，论证的深度、适宜性、有效性如何	1. 城市总体规划或有关专业规划。 2.《城市地铁工程设计文件编制深度规定（征求意见稿）》可行性研究报告分城市地铁工程可行性研究报告文件编制深度	1. 对项目建设的必要性进行有针对性的概括。 2. 依据城市总体规划、地区或有关专业规划（没有规划的）做出论证，是否对本项目必要性达到论证的深度目适宜有效
		工程建设条件 • 自然条件与工程地质、水文地质 • 城市自然地理现状、城市地形与地貌 • 工程地质条件与评价	1. 项目地址基本情况。 2. 项目选址地点，是否取得了规划和国土部门的意见；是否取得了国土部门的意见	1. 项目选址规划和国土依据，项目地址和适合建设情况。 2.《城市地铁工程设计文件编制深度规定（征求意见稿）》可行性研究报告分城市地铁工程可行性研究报告文件编制深度	对选址和配套条件情况做出比选论证，论证全面科学

续表

序号	可研编制内容		评审内容	评审依据	评审标准
一	项目建设背景	•水文地质条件与评价 •沿线各类工程的地质和水文地址分析与评价 •场地地震灾害评价 •场地地质灾害评价 •防洪条件评价 •环境工程地质评价 •下阶段工作计划和建议	意见。 3.项目地勘和适合建设情况。 4.项目现场踏勘情况。 5.项目选址评审结论。 《可行性研究报告》(或《可行性研究报告(修订版)》)是否对选址和配套条件情况做出比选论证，比选论证的全面性、科学性如何	分城市地铁工程可行性研究报告文件编制深度	
二	项目技术条件	客流预测 •预测年限与范围 •预测依据及相关资料 •城市客运交通的现状与规划分析 •预测方法与技术路线 •客流预测结果 •客流特征与可信度分析	1.客流预测依据是否有效真实。 2.预测方法是否科学合理。 3.相关资料是否真实可靠	1.《城市地铁设计规范》GB 50157(建标104)。 2.《地铁设计规范》及客流预测相关资料。 3.《城市地铁工程设计文件编制深度规定(征求意见稿)》第一部分城市地铁工程可行性研究报告文件编制深度	1.客流预测依据有效真实。 2.预测方法科学合理。 3.相关资料真实可靠
		主要编制原则及技术标准 •编制原则 •技术标准	《可行性研究报告》(或《可行性研究报告(修订版)》)是否满足地铁建设相关技术标准	1.《地铁设计规范》GB 50157、《城市地铁工程项目建设标准》(建标104)。 2.《城市地铁工程设计文件编制深度规定(征求意见稿)》第一部分城市地铁工程可行性研究报告文件编制深度	技术标准满足地铁建设相关技术标准

续表

序号	可研编制内容	评审内容	评审依据	评审标准
二	**行车组织与运营管理** • 工程概况 • 主要编制原则及依据 • 客流特征分析 • 系统制式及列车编组 • 运营交路 • 配线 • 运营计划 • 列车牵引计算 • 配线能力核算 • 运营管理 • 运营要求评价	对项目在综合交通体系、地铁线网中的功能定位、运输能力、旅行速度、发车间隔、舒适度、换乘便捷性及运营管理是否满足相关技术标准	1.《地铁设计规范》GB 50157、《城市地铁工程项目建设标准》（建标104）。 2.《城市地铁工程可行性研究报告深度规定（征求意见稿）》第一部分城市地铁工程可行性研究报告文件编制深度	项目在综合交通体系、地铁线网中的功能定位、运输能力、旅行速度、发车间隔、舒适度、换乘便捷性等是否明确，运营管理满足地铁相关技术标准
三	项目建设方案 / **车辆选型** • 选型基本原则 • 车辆使用条件 • 车辆选型分析 • 车辆编组形式 • 主要技术参数 • 附图	1. 项目主要建设方案 阐述项目采用的主要技术方案。 2. 重大设计方案比选论证的评审 《可行性研究报告》(或《可行性研究报告(修订版)》)是否进行了两个以上方案的技术经济比较、在技术先进性、投资、效益、风险等方面的比较论证是否全面科学，推荐方案的依据和理由是否充分	《城市地铁工程设计文件编制深度规定（征求意见稿）》第一部分城市地铁工程可行性研究报告文件编制深度	1. 项目采用的主要技术方案阐述详细清晰。 2. 对于重大设计方案的比选论证进行两个以上方案的技术经济比较、在投资、效益、风险等的比较论证全面科学，推荐方案的依据和理由充分合理

续表

序号		可研编制内容	评审内容	评审依据	评审标准
三	项目建设方案 土建工程方案	**限界** • 编制遵循的标准及规范 • 限界制定原则与内容 • 各种设备和管线布置原则 • 制定限界的主要技术参数 • 区间及车站建筑限界 • 区间疏散平台铺设方式及限界要求 • 附图	1. 是否详细阐述该项目采用的主要技术方案。 2. 是否进行两个以上方案的技术经济比较，对技术先进性、投资、效益和风险等方面的比较依据和理由是否科学，推荐方案的比较依据和理由是否充分	《城市地铁工程设计文件编制深度规定（征求意见稿）》第一部分 城市地铁工程可行性研究报告文件编制深度	1. 项目采用的主要技术方案阐述详细清晰。 2. 对于重大设计方案进行两个以上方案的比选论证评审进行比较，在技术、投资、效益、风险等的比较论证全面科学，推荐方案的依据和理由充分合理
		线路 • 主要编制原则及技术标准 • 线路概况 • 沿线现状及规划概况 • 线路总体方案比选 • 线路平、纵断面设计 • 车站分布方案 • 辅助线分布 • 附图	1. 是否详细阐述该项目采用的主要技术方案。 2. 是否进行两个以上方案的技术经济比较，对技术先进性、投资、效益和风险等方面的比较依据和理由是否科学，推荐方案的比较依据和理由是否充分	《城市地铁工程设计文件编制深度规定（征求意见稿）》第一部分 城市地铁工程可行性研究报告文件编制深度	1. 项目采用的主要技术方案阐述详细清晰。 2. 对于重大设计方案进行两个以上方案的比选论证评审进行比较，在技术、投资、效益、风险等的比较论证全面科学，推荐方案的依据和理由充分合理

续表

序号		可研编制内容	评审内容	评审依据	评审标准
三	项目建设方案 土建工程方案	**轨道** • 设计依据及设计范围 • 主要编制原则及技术标准 • 轨道结构及主要设备的方案研究 • 轨道减振降噪措施 • 杂散电流防护措施 • 无缝线路 • 铺轨基地及施工组织设计 • 轨道附属设施 • 工务维修组织机构及定员 • 附图	1.是否详细阐述该项目采用的主要技术方案。 2.是否进行两个以上方案的技术先进性、对技术经济比较，投资、效益和风险等方面的比较依据和理由是否科学，推荐方案的依据和理由是否充分	《城市地铁工程设计文件编制深度规定（征求意见稿）》第一部分城市地铁工程可行性研究报告文件编制深度	1.项目采用的主要技术方案阐述详细清晰。 2.对于重大设计方案进行两个以上方案的比选论证比较，在技术、投资、效益、风险等方面论证全面科学，推荐方案的依据和理由充分合理
		路基工程 • 主要编制原则及技术标准 • 路基面形状和宽度 • 基床、路堤、路堑 • 地基处理 • 路基排水与路基防护 • 特殊路基及支挡结构 • 过渡段与工后沉降 • 附图	1.是否详细阐述该项目采用的主要技术方案。 2.是否进行两个以上方案的技术先进性、对技术经济比较，投资、效益和风险等方面的比较依据和理由是否科学，推荐方案的依据和理由是否充分	《城市地铁工程设计文件编制深度规定（征求意见稿）》第一部分城市地铁工程可行性研究报告文件编制深度	1.项目采用的主要技术方案阐述详细清晰。 2.对于重大设计方案进行两个以上方案的比选论证比较，在技术、投资、效益、风险等方面论证全面科学，推荐方案的依据和理由充分合理
		车站建筑 • 车站主要设计原则及技术标准 • 车站主要功能组成及规模 • 车站形式研究 • 重要车站方案设计	1.是否详细阐述该项目采用的主要技术方案。 2.是否进行两个以上方案的技术先进性、对技术经济比较，投资、效益和风险等方面的比较依据和理由是否科学，推荐方案的依据和理由是否充分	《城市地铁工程设计文件编制深度规定（征求意见稿）》第一部分城市地铁工程可行性研究报告文件编制深度	1.项目采用的主要技术方案阐述详细清晰。 2.对于重大设计方案进行两个以上方案的比选论证比较，在技术、投资、效益、风险等方面论证全面科学，推荐方案的依据和理由充分合理

续表

序号	可研编制内容		评审内容	评审依据	评审标准
三	项目建设方案	土建工程方案	・车站特征表 ・车站及相邻地块物业开发 ・车站建筑防火与防淹设计 ・车站无障碍设计 ・车站建筑装修和环境设计标准 ・附图		学、推荐方案的依据和理由充分 效益、风险等方面的比较论证全面科学，推荐方案的依据和理由充分合理
		地下结构 ・工程概况 ・主要编制原则及技术标准 ・地下车站结构 ・地下区间结构 ・地下结构防水与耐久性 ・存在的问题和建议 ・附图	1.是否详细阐述该项目采用的主要技术方案。 2.是否进行两个以上方案的比较，对技术先进性、投资、经济效益和风险等方面的比较论证是否科学，推荐方案的依据和理由是否充分	《城市地铁工程设计文件编制深度规定（征求意见稿）》第一部分 城市地铁工程可行性研究报告文件编制深度	1.项目采用的主要技术方案阐述详细清晰。 2.对于重大设计方案进行两个以上方案的比较论证，在技术、投资、技术经济比较、在技术、投资、效益、风险等方面的比较论证全面科学，推荐方案的依据和理由充分合理
		高架结构 ・工程概况及工程主要特点 ・主要编制原则及技术标准 ・高架车站结构 ・高架区间 ・附图	1.是否详细阐述该项目采用的主要技术方案。 2.是否进行两个以上方案的比较，对技术先进性、投资、经济效益和风险等方面的比较论证是否科学，推荐方案的依据和理由是否充分	《城市地铁工程设计文件编制深度规定（征求意见稿）》第一部分 城市地铁工程可行性研究报告文件编制深度	1.项目采用的主要技术方案阐述详细清晰。 2.对于重大设计方案进行两个以上方案的比较论证，在技术、投资、技术经济比较、在技术、投资、效益、风险等方面的比较论证全面科学，推荐方案的依据和理由充分合理

续表

序号	可研编制内容		评审内容	评审依据	评审标准
三	项目建设方案	设备系统方案	**供电** • 工程概况 • 主要编制原则及技术标准 • 系统构成与功能 • 外部电源方案 • 主变电所或电源开闭所的设置 • 中压网络与供电系统方案 • 牵引变电所、降压变电所的设置 • 牵引网制式的选择 • 电力监控 • 杂散电流腐蚀防护、接地与过电压保护 • 动力照明配电 • 主要设备选型原则 • 附图	1.是否详细阐述该项目采用的主要技术方案。 2.是否进行两个以上方案的技术先进性、投资、效益和风险等方面的比较论证的依据和理由是否科学，推荐方案的依据和理由是否充分	《城市地铁工程设计文件编制深度规定（征求意见稿）》第一部分城市地铁工程可行性研究报告文件编制深度	1.项目采用的主要技术方案阐述详细清晰 2.对于重大设计方案进行两个以上方案的比选论证评审，对技术经济比较、风险等方案的比较论证全面科学，推荐方案的依据和理由充分合理
			通风、空调与供暖 • 主要编制原则及技术标准 • 系统构成与功能 • 控制方案比选 • 控制及运行模式 • 主要设备选型 • 附图	1.是否详细阐述该项目采用的主要技术方案。 2.是否进行两个以上方案的技术先进性、投资、效益和风险等方面的比较论证的依据和理由是否科学，推荐方案的依据和理由是否充分	《城市地铁工程设计文件编制深度规定（征求意见稿）》第一部分城市地铁工程可行性研究报告文件编制深度	1.项目采用的主要技术方案阐述详细清晰 2.对于重大设计方案进行两个以上方案的比选论证评审，对技术经济比较、风险等方案的比较论证全面科学，推荐方案的依据和理由充分合理

续表

序号		可研编制内容	评审内容	评审依据	评审标准
三	项目建设方案 设备系统方案	**给水排水和消防** • 主要编制原则及技术标准 • 沿线市政给水排水管网现状及规划情况 • 生产、生活及消防给水系统 • 排水系统 • 灭火系统 • 主要设备选型 • 附图	1. 是否详细阐述项目采用的主要技术方案。 2. 是否进行两个以上方案的技术经济比较，对技术先进性、投资、效益和风险等方面的依据和理由是否科学、充分	《城市地铁工程设计文件编制深度规定（征求意见稿）》第一部分 城市地铁工程可行性研究报告文件编制深度	1. 项目采用的主要技术方案阐述详细清晰 2. 对于重大设计方案进行两个以上方案的比选论证评比较，在技术、投资、经济比较、效益、风险等方面的比较论证全面科学，推荐方案的依据和理由充分合理
		通信（含乘客信息系统） • 概述 • 主要编制原则及技术标准 • 系统功能 • 系统方案及系统构成 • 附图	1. 是否详细阐述该项目采用的主要技术方案。 2. 是否进行两个以上方案的技术经济比较，对技术先进性、投资、效益和风险等方面的依据和理由是否科学、充分	《城市地铁工程设计文件编制深度规定（征求意见稿）》第一部分 城市地铁工程可行性研究报告文件编制深度	1. 项目采用的主要技术方案阐述详细清晰 2. 对于重大设计方案进行两个以上方案的比选论证评比较，在技术、投资、经济比较、效益、风险等方面的比较论证全面科学，推荐方案的依据和理由充分合理
		信号 • 概述 • 系统编制原则及技术标准 • 系统功能与系统构成 • 系统控制模式 • 附图	1. 是否详细阐述该项目采用的主要技术方案。 2. 是否进行两个以上方案的技术经济比较，对技术先进性、投资、效益和风险等方面的依据和理由是否科学、充分	《城市地铁工程设计文件编制深度规定（征求意见稿）》第一部分 城市地铁工程可行性研究报告文件编制深度	1. 项目采用的主要技术方案阐述详细清晰 2. 对于重大设计方案进行两个以上方案的比选论证评比较，在技术、投资、经济比较、效益、风险等方面的比较论证全面科学，推荐方案的依据和理由充分合理

续表

序号		可研编制内容	评审内容	评审依据	评审标准
三	项目建设方案	**综合监控** • 概述 • 主要编制原则及技术标准 • 系统构成及功能 • 与相关方案比选 • 系统接口 • 主要设备选型原则 • 附图	1.是否详细阐述该项目采用的主要技术方案。 2.是否进行两个以上方案的技术先进性、投资、经济比较，对技术先进性、投资、效益和风险等方面的比较论证依据和理由是否充分	《城市地铁工程设计文件编制深度规定（征求意见稿）》第一部分城市地铁工程可行性研究报告文件编制深度	1.项目采用的主要技术方案阐述详细清晰。 2.对于重大设计方案进行两个以上方案的比较论证评审的比选方案的技术经济比较，在技术、投资、效益、风险等方面的比较论证全面科学，推荐方案的依据和理由充分合理
		火灾自动报警与环境与设备监控 • 概述 • 主要编制原则及技术标准 • 系统功能与构成 • 系统方案比选及接口 • 主要设备选型原则 • 附图	1.是否详细阐述该项目采用的主要技术方案。 2.是否进行两个以上方案的技术先进性、投资、效益和风险等方面的比较论证依据和理由是否充分	《城市地铁工程设计文件编制深度规定（征求意见稿）》第一部分城市地铁工程可行性研究报告文件编制深度	1.项目采用的主要技术方案阐述详细清晰。 2.对于重大设计方案进行两个以上方案的比较论证评审的比选方案的技术经济比较，在技术、投资、效益、风险等方面的比较论证全面科学，推荐方案的依据和理由充分合理
		自动售票检票 • 概述 • 票制与运营管理模式 • 系统构成及功能 • 系统方案比选 • 主要设备选型及配置 • 附图	1.是否详细阐述该项目采用的主要技术方案。 2.是否进行两个以上方案的技术先进性、投资、效益和风险等方面的比较论证依据和理由是否充分	《城市地铁工程设计文件编制深度规定（征求意见稿）》第一部分城市地铁工程可行性研究报告文件编制深度	1.项目采用的主要技术方案阐述详细清晰。 2.对于重大设计方案进行两个以上方案的比较论证评审的比选方案的技术经济比较，在技术、投资、效益、风险等方面的比较论证全面科学，推荐方案的依据和理由充分合理

续表

序号	可研编制内容	评审内容	评审依据	评审标准
三 项目建设方案 设备系统方案	**车站设备** • 自动扶梯及电梯 • 站台门 • 概述 • 主要编制原则及技术标准 • 系统构成及功能 • 设备选型及配置	1. 是否详细阐述该项目采用的主要技术方案。 2. 是否进行两个以上方案的技术比较，对技术先进性、投资、效益和风险等方面的比较依据和理由是否科学、充分	《城市地铁工程设计文件编制深度规定（征求意见稿）》第一部分城市地铁工程可行性研究报告文件编制深度	1. 项目采用的主要技术方案阐述详细清晰。 2. 对于重大设计方案进行两个以上方案的比选论证评审的比较论证全面科学，风险等方面的技术经济比较、效益、投资、推荐方案的依据和理由充分合理
	车辆综合基地 • 概述 • 主要基础资料 • 分布及功能定位 • 任务范围及总体规模 • 选址 • 总平面布置方案及主要设施 • 主要工艺设备配置 • 相关专业技术标准及原则 • 组织机构与定员 • 主要经济技术指标	1. 是否详细阐述该项目采用的主要技术方案。 2. 是否进行两个以上方案的技术比较，对技术先进性、投资、效益和风险等方面的比较依据和理由是否科学、充分	《城市地铁工程设计文件编制深度规定（征求意见稿）》第一部分城市地铁工程可行性研究报告文件编制深度	1. 项目采用的主要技术方案阐述详细清晰。 2. 对于重大设计方案进行两个以上方案的比选论证评审的比较论证全面科学，风险等方面的技术经济比较、效益、投资、推荐方案的依据和理由充分合理
	运营控制中心 • 概述 • 主要设计原则 • 中心功能定位 • 中心选址		《城市地铁工程设计文件编制深度规定（征求意见稿）》第一部分城市地铁工程可行性研究报告文件编制深度	1. 项目采用的主要技术方案阐述详细清晰。 2. 对于重大设计方案进行两个以上方案的比选论证评审的比较论证全面科学，风险等方面的技术经济比较、投资、

续表

序号	可研编制内容	评审内容	评审依据	评审标准
三	项目建设方案 设备系统方案			
	・工艺设计 ・相关专业设计 ・主要技术经济指标	学,推荐方案的依据和理由是否充分		效益、风险等方案的比较论证全面科学,推荐方案的依据和理由充分合理
	车辆及机电设备国产化 ・国产化原则与要求 ・车辆 ・信号系统 ・通信系统 ・供电系统 ・车站其他设备系统 ・国产化方案及供需市场分析 ・初步"打包"方案与采购计划 ・国产化计算清单分析	1.是否详细阐述该项目采用的主要技术方案。 2.是否进行两个以上方案的技术经济比较、对技术先进性、投资、效益和风险等方面的比较论证依据和理由是否充分	《城市地铁工程设计文件编制深度规定(征求意见稿)》第一部分 城市地铁工程可行性研究报告文件编制深度	1.项目采用的主要技术方案阐述详细清晰。 2.对于重大设计方案进行两个以上方案的比较选论证评审进行比较,在技术、投资、效益、风险等方案的比较论证全面科学,推荐方案的依据和理由充分合理
	安防系统 ・概述 ・门禁系统 ・周边防范 ・安检设施 ・附图	1.是否详细阐述该项目采用的主要技术方案。 2.是否进行两个以上方案的技术经济比较、对技术先进性、投资、效益和风险等方面的比较论证依据和理由是否充分	《城市地铁工程设计文件编制深度规定(征求意见稿)》第一部分 城市地铁工程可行性研究报告文件编制深度	1.项目采用的主要技术方案阐述详细清晰。 2.对于重大设计方案进行两个以上方案的比较选论证评审进行比较,在技术、投资、效益、风险等方案的比较论证全面科学,推荐方案的依据和理由充分合理

续表

序号		可研编制内容	评审内容	评审依据	评审标准
四	项目建设组织实施方案	**管理组织机构及定员** • 建设管理方案 • 运营管理机构与项目法人 • 公司组织机构设置方案 • 公司组织定员 • 机构适应性评价 • 人员培训	《可行性研究报告》(或《可行性研究报告(修订版)》)是否对项目组织结构，构建的组织结构是否适合项目特点，对后期工作是否具有指导性如何	《城市地铁工程设计文件编制深度规定(征求意见稿)》第一部分城市地铁工程可行性研究报告文件编制深度	已构建了项目组织结构，构建的组织结构适合项目特点，对后期工作具有指导性
		工程筹划 • 工程概况 • 工程建设总工期及总进度 • 工程实施前期准备 • 工程进度计划安排 • 全线工程建设重难点分析及专题研究 • 施工用地 • 地下管线迁改 • 道路交通疏解 • 征地、拆迁及安置补偿 • 试运营实施计划	《可行性研究报告》(或《可行性研究报告(修订版)》)是否对项目投资、进度、质量、安全管理进行论述、措施是否可行，对后期工作指导性如何。特别是： (1)政府及相关部门对建设工期的要求。 (2)项目的合理工期，以及实现要求工期的具体措施	《城市地铁工程设计文件编制深度规定(征求意见稿)》第一部分城市地铁工程可行性研究报告文件编制深度	对项目投资、进度、质量、安全管理已进行论述，对后期工作具有指导性。特别是： (1)政府及相关部门对建设工期的要求。 (2)项目的合理工期，以及实现要求工期的具体措施
		征收补偿及安置方案 • 征收原则、数量及费用测算 • 征收补偿及安置方案	《可行性研究报告》(或《可行性研究报告(修订版)》)针对征收补偿措施是否准确可行	《城市地铁工程设计文件编制深度规定(征求意见稿)》第一部分城市地铁工程可行性研究报告文件编制深度	针对征收补偿措施准确可行

续表

序号	可研编制内容		评审内容	评审依据	评审标准
四	项目建设方案	组织实施方式	**工程招投标** • 招标原则 • 招标范围 • 招标组织形式与方式 • 招标及采购方案	《可行性研究报告》(或《可行性研究报告(修订版)》)是否对项目招标事项（招标范围、招标组织形式、招标方式、其他有关内容）进行了论述，是否可行，对后期工作指导性如何	《城市地铁工程设计文件编制深度规定(征求意见稿)》第一部分 城市地铁工程可行性研究报告文件编制深度	对项目招标事项（招标范围、招标组织形式、招标方式、其他有关内容）进行了论述，对后期工作具有指导性
		社会稳定	**社会稳定风险分析** • 编制依据 • 风险调查 • 风险识别 • 风险估计 • 风险防范和化解措施 • 风险等级 • 风险分析结论	《可行性研究报告》(或《可行性研究报告(修订版)》)是否对项目实施的政策与环境、拆迁安置、经营管理、投融资、公共安全等风险做出应对措施，分析是否全面，措施是否科学、合理，可行	《城市地铁工程设计文件编制深度规定(征求意见稿)》第一部分 城市地铁工程可行性研究报告文件编制深度	对项目实施的政策与环境、拆迁安置、经营管理、投融资、公共安全等风险提出应对措施并分析，分析全面，措施科学、合理、可行
		节约能源	**节约能源** • 编制依据、相关国家政策法规 • 当地能源状况与节能减排控制 • 本项目的能耗情况 • 节能措施	1.节能评审 《可行性研究报告》(或《可行性研究报告(修订版)》)是否对项目节水、节能情况做出论证，包括能源规范、能耗标准和节能量，能耗指标、能源状况、节能措施等，是否全面，计算是否正确，措施是否可行。 2.节约土地评审 《可行性研究报告》(或《可行性研究报告(修订版)》)是否对项目节	《城市地铁工程设计文件编制深度规定(征求意见稿)》第一部分 城市地铁工程可行性研究报告文件编制深度	1.对项目节水、节能情况做出详细论证，包括能源规范、能耗状况、能耗指标、节能措施等，论证全面，计算正确，措施可行。 2.对项目节约土地情况做出论证，并提出相应措施，论证全面，措施可行

续表

序号	可研编制内容	评审内容	评审依据	评审标准
四	**节约能源**			
	文物保护 • 沿线文物分布情况 • 工程对文物影响分析 • 文物保护措施	约土地情况做出论证，是否提出相应措施，论证是否全面，措施是否可行		
	防灾及人防工程 • 防灾 • 人防工程	1. 环境影响和治理措施论证的评审。《可行性研究报告》(或《可行性研究报告(修订版)》)是否对项目有关环境影响做出测评，测评的详细程度，适应性如何，措施是否可行 2. 项目是否得到环保部门的评审、项目环境影响评价及批复情况相关意见	《城市地铁工程设计文件编制深度规定(征求意见稿)》第一部分城市地铁工程可行性研究报告文件编制深度	1. 对项目有关环境影响做出测评，提出有关治理措施，措评详细，具有一定的适应性，措施可行 2. 项目环境影响评价及批复情况的评审。项目已得到环保部门相关意见
	环境保护 • 环境现状 • 工程对环境影响分析 • 环境保护措施			
五	**项目综合性分析**			
	效益分析			
	投资估算与资金筹措 • 投资估算 • 资金筹措	1. 投资估算的评审。《可行性研究报告》(或《可行性研究报告(修订版)》)估算依据是否充分，编制深度是否合理，采用指标是否正确，有无漏项，工程量是否有误，计算是否准确，最终估算是否正确	《城市地铁工程设计文件编制深度规定(征求意见稿)》第一部分城市地铁工程可行性研究报告文件编制深度	1. 估算依据正确，编制深度充分，采用估算指标合理，无漏项，工程量无误，计算准确 2. 提出的项目融资方案合理、可行，提出资金落实情况的依据

续表

序号		可研编制内容	评审内容	评审依据	评审标准
五	项目综合性分析				确定的投资估算《可行性研究报告（在复审〈修订本〉后以《投资估算评审对照表》反映）。 2.《可行性研究报告（修订版）》或《可行性研究报告（修订版）》提出的项目融资方案是否合理、可行，是否提出资金落实情况的依据	
	财务效益分析	财务分析 • 财务分析依据及价格的采用 • 基础数据 • 财务费用效益估算 • 财务费用效益分析 • 不确定性分析 • 财务评价结论及建议 • 附表	《可行性研究报告（修订版）》或《可行性研究报告（修订版）》是否对项目盈利、或项目服务期经营（非盈利项目适用）做出分析、估算，是否提出优化建议或经营措施建议、建议是否科学、合理、可行	《城市地铁工程设计文件编制深度规定（征求意见稿）》城市地铁工程可行性研究报告文件编制深度	对项目盈利、还贷能力（盈利项目适用），或项目服务期经营（非盈利项目适用）做出分析、估算、分析全面，估算可靠，提出优化建议、建议科学、合理、可行
	经济费用效益分析	经济费用效益分析 • 经济费用效益分析原则 • 经济费用估算 • 经济效益估算 • 经济费用效益分析 • 敏感性分析 • 经济费用效益分析结论 • 附表	《可行性研究报告（修订版）》或《可行性研究报告（修订版）》是否对项目费用以及经济效益做出分析、估算，是否提出优化建议或经营措施建议、建议是否科学、合理、可行	《城市地铁工程设计文件编制深度规定（征求意见稿）》城市地铁工程可行性研究报告文件编制深度	1.对项目费用以及经济效益做出分析、估算。 2.分析全面、建议可靠、估算可靠，已提出优化建议或经营措施建议、建议科学、合理、可行

续表

序号		可研编制内容	评审内容	评审依据	评审标准
五	社会分析	**社会效益分析** • 评价目的 • 社会效益分析 • 社会风险分析 • 社会评价结论	《可行性研究报告》(或《可行性研究报告(修订版)》)是否在社会调查的基础上进行了国民经济和社会效益评价，评价依据是否充分，评价是否全面具体	《城市地铁工程设计文件编制深度规定(征求意见稿)》第一部分 城市地铁工程可行性研究报告文件编制深度	在社会调查的基础上进行了国民经济和社会效益评价，评价依据充分，评价全面具体
	风险分析	**风险分析** • 风险管理概述及风险分析的目的 • 风险分析的依据及方法 • 风险分析分类及评价标准 • 项目风险识别 • 项目风险评价 • 风险的应对措施 • 风险分析结论与建议	《可行性研究报告》(或《可行性研究报告(修订版)》)是否对项目实施的政策与环境，拆迁安置，经营管理，投融资、公共安全等风险做出分析并提出应对措施，分析是否全面，措施是否科学，合理，可行	《城市地铁工程设计文件编制深度规定(征求意见稿)》第一部分 城市地铁工程可行性研究报告文件编制深度	对项目实施的政策与环境，拆迁安置，经营管理，投融资、公共安全等风险做出分析并提出应对措施，分析全面，措施科学，合理，可行
	项目综合性分析	**《建设规划》符合性分析** • 《建设规划》中有关本工程的结论与《建设规划》的比较数据 • 差异性分析论证结论与建议与《建设规划》的符合性 **结论与建议** • 结论 • 建议	《可行性研究报告》(或《可行性研究报告(修订版)》)是否满足报批要求	《城市地铁工程设计文件编制深度规定(征求意见稿)》第一部分 城市地铁工程可行性研究报告文件编制深度	《可行性研究报告》(或《可行性研究报告(修订版)》)满足报批要求

第3章 勘察阶段项目管理

3.1 结构设计和工法

3.1.1 明挖法与盖挖法

对于明挖法和盖挖法，勘探孔一般布置于结构边线外2m左右，明挖通道、风道等钻孔可沿其中心线布置；结构外侧1倍开挖深度范围宜布置钻孔。岩土工程勘察需查明岩土分层及厚度，查明基岩产状、起伏及坡度情况，查明不良地质，查明地下水类型、水位、水量、补给来源、渗透性、对混凝土及钢结构的腐蚀性，判断管涌、浮托破坏的可能性，判断砂层的液化特征，判断基坑降水的可能性，进行土石可挖性分级，评价环境对基坑开挖施工的承受能力，提供围护结构（桩、墙、土钉、锚杆）及永久性桩基设计所需的岩土参数（如重度、抗剪强度、泊松比、无侧限抗压强度、静止侧压力系数、基床系数、桩基承载力特征值、岩土与锚固体的粘结强度等），提供工程地质纵横断面等。

3.1.2 盾构法

对于盾构法，勘探孔沿线路两侧交错布置于隧道外3~5m。岩土工程勘察需查明地层构造、层序以及地层中洞穴、透镜体和障碍物分布。对于软土、松散砂层、含漂石、卵石地层、高粉黏粒含量地层、掌子面软硬不均地层及硬岩地层等对盾构机具选择和施工有重大影响的地层，应重点勘察。查明硬岩的节理发育情况和岩体基本质量分级；查明地下水位、渗透系数、腐蚀性，估算掌子面涌水量（作为衡量隧道失稳后破坏后果的一个参考指标）；提供力学计算和盾构机、刀具选型所需的岩土物理、力学参数；进行土石可挖性分级并提供工程地质纵横断面。对于矿山法，勘察孔尽量布置在开挖范围外侧3~5m。岩土工程勘察最首要的任务是进行准确的隧道围岩分级。另外，勘察还应着重查明水文地质条件，估算隧道单位长度（可按1m或10m）的涌水量；查明构造破碎带、含水松散围岩、膨胀性围岩、岩溶、遇水软化崩解围岩以及可能产生岩爆的围岩；进行土石可挖性分级并提供工程地质纵横断面。对于冻结法施工，另需提供地层含水量、地下水流速、开挖范围岩土层温度及热物理指标等。

3.2 不良地质及特殊性岩土

对于地区地质条件复杂，影响地铁工程的不良地质作用较多，如断裂、岩溶（溶蚀及空洞）、采空区、花岗岩残积层及风化带、球状风化、风化深槽、软土、硬岩等。断裂带岩体破碎，桩基设计时应尽量绕避，无法绕避时应穿过断裂带；由于断裂带地下水活动复杂，对地下隧道施工威胁较大，勘察阶段应查明断裂带的范围、产状、构造破碎情况及富水性。断裂的活动性对地铁工程可能会造成一定程度的影响，必要时应进行断裂专题勘察，为设计考虑是否需对结构进行特殊处理提供资料。

3.2.1 采空区

采空区对地铁工程的不利影响主要表现在采空区垮塌引起地面塌陷和开裂，以及采空区上部岩体产生破坏和变形，引起地铁隧道下沉和断裂。由于采空区的平面位置及空间状况对线路在线路敷设方案及工法选择上有着极大的影响，应通过调查、勘察等手段查明采空区的范围和深度，为线路的设计和施工提供依据。

3.2.2 硬岩

硬岩对盾构机的选型及工法有重大影响。一般在岩石天然单轴抗压强度高于80MPa时宜选用单刃盘型滚刀，同时结合岩石强度和节理裂隙发育情况设计滚刀间距。盾构机在硬岩地层中掘进时，刀具磨损严重，有时甚至损坏刀具和磨损刀盘，掘进效率极低，此时宜选用矿山法（钻爆法）施工。由此可见，查明硬岩的分布、强度、石英含量（研磨性）、裂隙发育情况是很有必要的，岩土工程勘察中应着重查明。

3.2.3 花岗岩

花岗岩残积土及全强风化带，石英及黏粒含量均较高，具有遇水软化及崩解特性。采用矿山法时，隧道极易失稳垮塌，采用盾构法时，易结泥饼，极大地降低掘进效率。花岗岩残积土及全强风化带若夹有球状风化物，由于风化球周围岩体与球状风化岩体本身强度存在较大差距，易造成刀具损坏，甚至会导致刀盘变形乃至使整个盾构机瘫痪。岩土工程勘察应详细查明风化带的厚度、分布、球状风化体的规模、抗压强度等，并进行必要的颗粒分析试验，为盾构机设计和选型、泥浆配制等提供依据。

3.2.4 软土

软土强度低，易扰动，易诱发基坑变形和不均匀沉降，岩土工程勘察应进行详细勘察和评价，为基坑支护结构设计、桩基设计和地基处理设计提供依据。当软土分布规模较大，必要时还需进行软土专题勘察。

3.3 岩土参数及工程措施建议

不同的结构与工法，不同功能的建（构）筑物对岩土工程勘察的要求也不同，这种不同在岩土参数和工程措施建议上也应有所体现。如对于明挖车站，重点岩土参数有地下水位、各岩土密度、抗剪强度指标、侧压力系数、桩端（侧）阻力特征值等；对于盾构法，重要的岩土参数主要是隧道范围内各岩土层天然抗压强度；对于高架结构，重要的岩土参数主要有基岩埋深、桩端（侧）阻力特征值、岩石抗压强度等。岩土工程勘察提供岩土参数和建议时，应有的放矢，结合工法和设计的需要，这样做也使岩土测试抓住重点，避免不必要的工作，节省勘察投入。

3.4 地铁项目勘察审查要点

地铁项目勘察审查要点如表3-1所示。

地铁勘察审查点一览表

表 3-1

序号	勘察审查内容		审查依据	审查标准
一	可行性研究勘察	• 可行性研究勘察是否研究勘察路线场地的地质条件，是否为线路方案比选提供地质依据，依据是否充分合理。 • 可行性研究勘察是否重点研究不良地质作用、特殊性岩土及关键工程的工程地质条件。 • 可行性研究勘察是否开展必要的勘探与取样、原位测试、室内试验等工作。	《城市轨道交通岩土工程勘察规范》GB 50307	• 可行性研究勘察应针对城市地铁工程线路方案开展工程地质勘察工作，研究线路场地的地质条件，为线路方案比选提供地质依据。 • 可行性研究勘察应重点研究影响线路方案的不良地质作用、特殊性岩土及关键工程的工程地质条件。 • 可行性研究勘察是否在搜集已有地质资料和工程地质调查与测绘的基础上，开展必要的勘探与取样、原位测试、室内试验等工作。
二	初步勘察	**一般规定** • 是否对控制线路平面、埋深及施工方法的关键工程或区段进行重点勘察，并提出合理化的初步建议。 • 是否根据沿线区域地质和场地工程地质、水文地质、工程周边环境等条件，采用综合勘察方法。 **地下工程** • 勘探点的间距及数量是否设置合理。 **高架工程** • 勘探点是否布置合理，勘探孔深度是否符合要求。 • 对高架方案有控制性影响的不良地质体的分布范围是否查明，是否指出工程设计应注意的事项。 • 对各类地基基础稳定性和承载力，桩基持力层的分布，厚度变化规律，是否做出初步评价，是否提供地基基础抗滑移稳定性检验所需的岩土参数。 **路基、涵洞工程** • 是否查明土层的岩性、分布情况及物理力学性质，及不稳定土层、软弱土层等不良地质体的分布范围	《城市轨道交通岩土工程勘察规范》GB 50307	**一般规定** • 对控制线路平面、埋深及施工方法的关键工程或区段进行重点勘察，并提出合理化的初步建议。 • 根据沿线区域地质和场地工程地质、水文地质、工程周边环境等条件，采用多种手段相结合的综合勘察方法。 **地下工程** • 地下车站的勘探点按结构轮廓线布置，每个车站勘探点数量不宜少于4个，且勘探点间距不宜大于100m。 • 地下区间的勘探点应根据场地复杂程度和设计方案布置，并符合下列要求： （1）勘探点间距宜为100~200m，在地貌、地质单元交接部位、地层变化较大地段以及不良地质作用和特殊性岩土发育地段应加密勘探点。 （2）勘探点宜沿线路交叉布置。 • 每个车站或区间原位测试的勘探点数量不应少于勘探点总数的2/3

续表

序号	勘察审查内容	审查依据	审查标准
二	初步勘察	·是否对路基设计应注意的事项提出相关建议。 **地面车站、车辆基地** ·地面车站、车辆基地的建(构)筑物初步勘察是否符合现行国家标准《岩土工程勘察规范》GB 50021的有关规定		·勘探孔深度应根据地质条件及设计方案综合确定，并符合下列规定： 1)控制性勘探孔进入结构底板以下不应小于30m；在结构埋深范围内如遇强风化、全风化岩石地层，进入结构底板以下不应小于15m；在结构埋深范围内如遇中等风化、微风化岩石地层，宜进入结构底板以下5～8m。 2)一般性勘探孔进入结构底板以下不应小于20m；在结构埋深范围内如遇强风化、全风化岩石地层，进入结构底板以下不应小于10m；在结构埋深范围内如遇中等风化、微风化岩石地层，进入结构底板以下不应小于5m。 3)遇岩溶和破碎带时钻孔深度应当加深。 **高架工程** ·重点查明对高架方案有控制性影响的不良地质体的分布范围，指出工程设计应注意的事项。 ·采用天然地基时，初步评价墩台基础地基稳定性和承载力，提供地基变形、基础抗倾覆和抗滑移验算所需的岩土参数。 ·采用桩基时，初步查明桩基持力层的分布，厚度变化规律，提供桩型及成桩工艺的初步建议，提供桩侧土层摩阻力，桩端土层端阻力初步建议值，并评价桩基施工对工程周边环境的影响。 ·对跨河桥，还应初步查明河流水文条件，提供冲刷计算所需的颗粒级配参数。 ·勘探点间距应根据场地复杂程度和设计方案确定，宜为80～150m；高架车站勘探点数量不宜少于3个；取样、原位测试数量不应少于勘探点总数的2/3

续表

序号	勘察审查内容	审查依据	审查标准
二	初步勘察		勘探孔深度应符合下列规定： (1) 控制性勘探孔深度应满足墩台基础或桩基沉降计算和软弱下卧层验算的要求，一般性勘探孔应满足查明墩台基础或桩基持力层和软弱下卧土层分布的要求。 (2) 墩台基础置于无地表水地段时，应穿过最大冻结深度达持力层以下；墩台基础置于地表水下时，勘探孔应穿过水流最大冲刷深度达以下，下伏基岩较薄，下伏基岩风化层不厚时，应穿过基岩面非孤石，应将岩芯同当地岩层露头、岩性、层理、节理和产状进行对比分析，综合判断。 (3) 覆盖层较薄，下伏基岩风化层不厚时，应确认是基岩面非孤石，应将岩芯同当地岩层露头、岩性、层理、节理和产状进行对比分析，综合判断。 层3～8m。
三	详细勘察	一般规定 • 是否根据各类工程场地的工程地质、水文地质和工程周边环境等条件，采用综合勘察方法。 **地下工程** • 是否查明各岩土层的分布、不良地质作用。 • 是否对隧道周岩的稳定性进行评价。 • 是否分析地下水对工程施工、地下水对工程结构的作用及影响，是否提出合理化建议。 • 是否分析评价工程降水、岩土开挖对工程周边环境的影响，并提出周边环境保护措施的建议。 • 勘探点的平面布置是否合理。 • 勘探孔深度是否合理合规。 • 室内试验布置是否合理合规。	《城市轨道交通岩土工程勘察规范》GB 50307	**地下工程** (1) 地下工程详细勘察尚应符合下列规定：查明各岩土层的分布、施工所需的基床系数、静止侧压力系数、热物理指标和电阻率等参数。提供各岩土层的物理力学性指标及地下工程设计、施工所需的基床系数、静止侧压力系数、热物理指标和电阻率等岩土参数。 (2) 查明不良地质作用、特殊性岩土及对工程施工不利的饱和粉细砂层、卵砾石、漂石层等地质条件的分布特征与特征，分析其对工程的危害和影响，提出工程防治清清措施的建议。 (3) 在基岩地区应查明岩石风化程度、岩层层理、片理、节理等软弱结构构造的产状及组合形式、断裂构造和破碎带的位置、规模、产状和力学属性，划分岩体结构类型，分析隧道中可能性及危害。 (4) 对隧道围岩的稳定性进行评价，按照《城市轨道交通岩土工程勘察规范》GB 50307附录E、附录F进行围岩分级、岩土施工工程。

续表

序号	勘察审查内容	审查依据	审查标准
三	详细勘察		**高架工程** •是否查明水文地质条件，是否评价地下水对施工的影响。 •场地是否存在产生桩侧负摩阻力的地层及桩基设计和施工的影响。 •论证桩基施工对桩周合基础的稳定性进行评价，提供基坑边坡的稳定性进行评价，提供基坑支护设计所需的岩土参数。 •是否对基桩结构的完整性和承载力提出检测的建议。 **地面车站、车辆基地** •勘探点的平面布置是否合理。 •勘探孔深度是否合理。 •室内试验是否合规。 **高架工程** •是否查明水文地质条件，是否评价地下水对施工的影响。 •场地是否存在产生桩侧负摩阻力的地层及桩基设计和施工的影响。 •论证桩基施工对桩周合基础的稳定性的建议。 •是否对基桩结构的完整性和承载力提出检测的建议。	分级。分析隧道开挖、周围岩加固及初期支护等可能出现的岩土工程问题，周岩加固及初期支护，提供隧道围岩加固、初期支护和衬砌设计与施工所需的岩土参数。 (5) 对基坑边坡的稳定性进行评价，分析基坑支护可能出现的岩土工程问题，提出防治措施建议，提供基坑支护设计所需的岩土参数。 (6) 分析地下水对工程周边环境的影响，预测基坑和隧道突水、涌砂、流土、管涌的可能性及危害程度。 (7) 分析抗浮设防水位的作用，对需采取抗拔桩或抗浮锚杆设计所需的各岩土层的侧摩阻力或锚固力等计算参数，必要时对抗浮设防水位进行专项研究。 (8) 分析评价地下工程降水、岩土开挖对工程周边环境的影响，提出周边环境保护措施的建议。 •地下车站勘探点间距在复杂场地是10~20m，中等复杂场地是20~40m，简单场地是10~30m，中等复杂场地是30~50m，简单场地是40~50m，地下区间勘探点间距在复杂场地是50~60m。 •地下工程控制性勘探孔的数量不应少于勘探孔总数的1/3。采取岩土试样及原位测试勘探孔不应少于勘探点总数的2/3：车站工程不应少于勘探点总数的1/2，区间工程不应少于勘探点总数的2/3。 **地面车站、车辆基地** •地面车站、各类建筑及附属设施的详细勘察应按现行国家标准《岩

续表

序号	勘察审查内容	审查依据	审查标准
三	详细勘察		土工程勘察规范》GB 50021 的有关规定执行。 ·站场段道及出入线的详细勘察，可根据线路敷设形式按照《城市轨道交通岩土工程勘察规范》GB 50307第7.3节~第7.5节的规定执行
四	施工勘察	·是否针对施工方法、施工工艺的特殊要求和施工中出现的工程地质问题等开展工作，提供地质资料，是否满足施工方案调整和风险控制的要求	《城市轨道交通岩土工程勘察规范》GB 50307	·遇下列情况宜进行施工专项勘察： （1）场地地质条件复杂，施工过程中出现地质异常，对工程结构及工程施工产生较大危害。 （2）场地存在暗浜、古河道、岩溶、土洞等不良地质条件影响工程安全。 （3）场地存在孤石、漂石、球状风化体、破碎带、风化深槽等特殊岩土体对工程施工造成不利影响。 （4）场地地下水位变化较大或施工中发现不明水源，影响工程施工或危及工程安全。 （5）施工方案有较大变更或采用新技术、新工艺、新方法、新材料，详细勘察资料不能满足要求。 （6）基坑或隧道施工过程中出现桩（墙）变形过大、基底隆起、涌水、失稳等岩土工程问题，或发生地面沉降过大、地面塌陷、相邻建筑开裂等工程环境问题。 （7）工程降水、土体冻结、盾构始发（接收）井端头、联络通道的岩土加固等辅助工法需要时。 （8）需进行施工勘察的其他情况。 ·对抗剪强度、基床系数、桩端阻力、桩侧摩阻力等关键岩土参数缺少相关工程经验的地区，宜在施工阶段进行现场原位试验。 ·施工专项勘察工作应符合下列规定： 1）搜集施工方案、勘察报告、工程周边环境调查报告以及施工中形

续表

序号	勘察审查内容	审查依据	审查标准
四	施工勘察		成的相关资料。 2) 搜集和分析工程检测、监测和观测资料。 3) 充分利用施工开挖面了解工程地质条件，分析需要解决的工程地质问题。 4) 根据工程地质问题的复杂程度，已有的勘察工作和现场地条件等确定施工勘察的方法和工作量。 5) 针对具体的工程地质问题进行分析评价，并提供所需岩土参数，提出工程处理措施的建议
五	工法勘察	《城市轨道交通岩土工程勘察规范》GB 50307	**一般规定** • 根据施工工法特点，满足《城市轨道交通岩土工程勘察规范》GB 50307 第9章"工法勘察"各节的相应要求，基岩埋深较浅地区的覆盖层厚度与施工方法的比选与设计提供所需的岩土工程资料。 • 各勘察阶段均开展工法勘察工作，均满足相应阶段工法设计深度的要求。 **明挖勘察** • 查明场地岩土类型、成因、分布与工程特性；重点查明填土、暗浜、软弱土夹层及饱和砂层的分布、基岩起伏、坡度及岩层产状。 • 根据开挖方法和支护结构设计的需要按照《城市轨道交通岩土工程勘察规范》GB 50307附录J提供必要的岩土参数。 • 土的抗剪强度指标应根据基坑安全等级、基坑开挖深度、支护形式和工况条件室内试验方法确定；当人工降低地下水位时，基坑支护设计有地区经验时，也可通过原位测试结合当地区经验综合确定。 • 查明场地水文地质条件，判定人工降低地下水位的可能性，为地下水控制选择室内试验方法确定，判定人工降低地下水位时提供试验参数；分析降低地下水位对工程及工程周边环境

第3章　勘察阶段项目管理

053

续表

序号	勘察审查内容	审查依据	审查标准
五	位的可能性、是否为地下水控制设计提供参数；是否分析地下水位降低对工程及工后环境的影响，当采用坑内降水时还应预测降低地下水位对基底、坑壁稳定性的影响，并提出处理措施的建议。是否对既有建（构）筑物、地下设施与基坑的相互影响进行分析，并提出工程周边环境保护措施的建议。探孔深度及间距是否满足要求。**矿山法勘察** • 是否查明土层隧道场地岩土类型、成因、分布与工程特性；是否查明隧道通过岩土层的性状、密实度及自稳性、古湖泊、古河道、填土的组成、地下水、饱和粉细砂层有害气体的分布、性质及厚度。 • 是否根据隧道开挖方法及围岩岩土类型与特征，按照《城市轨道交通岩土工程勘察规范》GB 50307附录J提供所需的岩土参数。 **盾构法勘察** • 是否查明场地水文地质条件，分析地下水控制措施，建议合理的地下水控制措施，提供地下水控制设计、施工所需的水文地质参数；当采用降水措施时应充分分析降低地下水位对工程周边环境的影响。 • 是否查明高灵敏度软土层、松散砂土层、高塑性黏性土层、含承压水砂层、含漂石或明石硬不均地层，重点查明土层的危害。		的影响，当采用坑内降水时还应预测降低地下水位对基底、坑壁稳定性的影响，并提出处理措施的建议。 • 根据场地附近既有建（构）筑物基础类型、埋深和地下设施资料，分析基坑发生突水、涌砂流土、管涌的可能性。 • 搜集场地附近既有建（构）筑物、地下设施的相互影响进行分析，并提出对既有建（构）筑物、地下设施与基坑的相互影响进行分析，并提出工程周边环境保护措施的建议。 • 明挖法勘察宜在开挖边界外按开挖深度的1~2倍布置勘探点，当开挖边界外无法布置勘探点时，可通过搜集、调查取得相应资料。对于软土勘察范围尚应适当扩大。 • 明挖法勘探点间距及平面布置应符合《城市轨道交通岩土工程勘察规范》GB 50307第7.3.4条的要求，地层变化较大时，应加密勘探点。 • 明挖法勘察孔深度应提供坡稳定性分析、地下水控制、支护结构设计的要求。 • 放坡开挖法勘察应提供坡稳定性分析、地下水控制、支护结构设计的要求。 • 盖挖法勘察应查明支护桩墙和立柱桩端的持力层深度、厚度、提供桩基和立柱承载力及变形计算参数。 **矿山法勘察** • 土层隧道应查明场地岩土类型、成因、分布与工程特性；重点查明隧道通过土层的性状、密实度及自稳性、古湖泊、古河道、填土的组成、有害气体的分布、饱和粉细砂层岩石起伏、岩石坚硬程度、岩体结构形态和完整状态、岩石风化程度、结构面发育情况、构造破碎带特征、岩溶水。在基岩地区应查明基岩岩性、岩石坚硬程度、岩体结构形态和完整状态、岩石风化程度、结构面发育情况、构造破碎带特征、岩溶

续表

序号	勘察审查内容	审查依据	审查标准
五	地层等的分布和特征，是否分析评价其对盾构施工的影响。 是否分析其对盾构施工可能造成的危害。 是否通过专项勘察查明岩溶、土洞、孤石、球状风化体、地下障碍物、有害气体的分布。 是否对盾构始发（接收）井及区间联络通道的岩土工程问题进行分析和评价，预测可能发生液化风险的地段，提出岩土加固范围和方法的建议。 根据隧道围岩条件，断面尺寸及形式，对盾构设备选型及刀盘、刀具的选择以及辅助工法的确定提出建议，并按照《城市轨道交通岩土工程勘察规范》GB 50307附录J提供所需的岩土参数。 **沉管法勘察** 是否分析评价隧道下卧土层的物理力学性质及易产生液化和砂层的分布，砂层对基槽施工和隧道运营的影响，提出处理措施的建议。 是否调查河道的变迁、冲淤的规律以及周围影响的障碍物。 勘探点是否布置在基槽及周围影响范围内，沿线路方向勘探点间距为20～40m，在垂直线路方向探点间距为30～40m。 勘探孔深度是否达到基槽底以下不小于10m，并满足变形计算的要求。 是否提供砂土水下休止角，水下开挖边坡坡角		发育及富水情况，围岩的膨胀性等。 了解隧道影响范围周内的地下人防、地下管线、古墓穴及废弃工程的分布，以及地下管线渗漏，人防充水等情况。 根据隧道开挖方法及围岩岩土类型与特征，按照《城市轨道交通岩土工程勘察规范》GB 50307附录J提供所需的岩土参数。 预测施工可能产生突水、涌砂、开挖面坍塌、冒顶、边墙失稳、洞底隆起、岩爆、滑坡、围岩松动等风险的地段，并提出防治措施的建议。 查明场地水文地质条件，分析地下水对工程施工的危害，建议合理的地下水控制措施，提供地下水控制设计、施工所需的水文地质参数；当采用降水措施时应分析降低地下水位对地下工程及工程周边环境的影响。 根据围岩岩土条件、隧道断面形式和尺寸、开挖特点分析隧道开挖引起的围岩变形特征；根据围岩变形特征和工程周边环境变形控制要求，对隧道加固、围岩加固、初期支护、隧道衬砌以及环境保护提出建议。 **盾构法勘察** 查明场地岩土类型、成因、分布与工程特性；重点查明高灵敏度软土层、松散砂土层、高塑性黏性土层、含压水砂层、软硬不均地层、含漂石或卵石岩层等的分布和特征，是否分析评价其对盾构施工的影响。 分析其对盾构施工可能造成的危害。 通过专项勘察查明岩溶、土洞、孤石、球状风化体、地下障碍物、有害气体的分布。 是否对盾构始发（接收）井及区间联络通道的地质条件进行分析和

续表

序号	勘察审查内容	审查依据	审查标准
五	工法勘察		评价，预测可能发生的岩土工程问题，提出岩土加固范围和方法的建议。 • 根据隧道周岩条件、断面尺寸和形式，对盾构设备选型及刀盘、刀具的选择工法的确定辅助工法的提出建议，并按照《城市轨道交通岩土工程勘察规范》GB 50307附录J提供所需的岩土参数。 • 根据周岩岩土条件及工程周边环境变形控制要求，对不良地质体的处理及环境保护提出建议。 • 盾构法勘察勘探点间距及平面布置符合《城市轨道交通岩土工程勘察规范》GB 50307第7.3.3条和第7.3.4条的要求。 • 分析评价隧道下伏的淤泥层及易产生液化的饱和粉土层、砂层对盾构施工和隧道运营的影响，提出处理措施的建议。 沉管法勘察 • 详细调查河道的变迁、冲淤的规律以及隧道位置处的障碍物。 • 详细查明水底以下软弱地层的分布范围及工程特性。 • 勘探点布置在基槽及周围影响范围内，沿线路方向勘探点间距宜为20～30m，在垂直线路方向勘探点间距不小于10m，并满足变形计算的要求。 • 勘探孔深度达到基槽底以下10m。 • 提供砂土水下止水角、水下开挖边坡角
六	地下水勘察	• 搜集区域气象资料，是否评价其对地下水的影响。 • 是否查明地下水的类型和赋存状态、含水层的分布规律，划分水文地质单元。 • 是否查明地下水的补给、径流和排泄条件，地表水与地下水的水力联系。 • 是否查明勘察时的地下水位，调查历史最高地下水位，近3～5年最高地下水位，地下水位年变化幅	《城市轨道交通岩土工程勘察规范》GB 50307	• 搜集区域气象资料，评价其对地下水的影响。 • 查明地下水的类型和赋存状态，含水层的分布规律，划分水文地质单元。 • 查明地下水的补给、径流和排泄条件，地表水与地下水的水力联系。 • 查明勘察时的地下水位，调查历史最高地下水位，近3～5年最高地下水位，地下水位年变化幅度，变化趋势和主要影响因素

续表

序号		勘察审查内容	审查依据	审查标准
六	地下水勘察	度、变化趋势和主要影响因素。 •是否提供地下水控制所需的水文地质参数。 •调查是否存在污染地下水和地表水的污染源及可能的污染程度。 •是否评价地下水对工程结构、工程施工的作用和影响，提出防治措施的建议。 •必要时评价地下工程修建对地下水环境的影响。 •勘察时遇地下水应量测水位。当场地存在对工程有影响的多层水位时，是否进行分层量测。 •采用降水方法进行地下水控制时，是否对工程降水可能引起的多层水可能引起的岩土工程问题进行评价		•提供地下水控制所需的水文地质参数。 •调查是否存在污染地下水和地表水的污染源及可能的污染程度。 •评价地下水对工程结构、工程施工的作用和影响，提出防治措施的建议。 •必要时评价地下工程修建对地下水环境的影响。 •勘察时遇地下水应量测水位。当场地存在对工程有影响的多层水位时，应分层量测。 •采用降水方法进行地下水控制时，应评价地下水在存在对工程降水可能引起的多层水可能引起的岩土工程问题
七	不良地质	•拟建工程场地或其附近存在对工程安全有不利影响的不良地质作用且无法勘避时，是否进行了专项勘察工作。 •采空区地段工程地质调查与测绘是否符合有关规定及要求。 •岩溶勘察是否查明下列内容： (1)可溶岩地表岩溶形态特征；溶蚀地貌类型。 (2)可溶岩地层分布、地层年代、岩性成分、岩性厚度、结晶程度、裂隙发育程度、单层厚度、产状、所含杂质及溶蚀、风化程度。 (3)可溶岩与非可溶岩的分布和接触关系；暗河的空间关系。 (4)地下岩溶发育程度、较大岩溶洞穴、暗河的空间位置、形态、深度及分布规定及充填情况。	《城市轨道交通岩土工程勘察规范》GB 50307	•在采空区分布无规律、地面痕迹不明显、无法进入坑洞内进行调查和验证的地区，应采用电法、地震和地质雷达等综合物探，并用物探结果指导钻探，必要时进行综合测试。各种方法综合测井。 得到互相补充和验证。 •勘探线、勘探点应根据工程线路走向、敷设形式，并结合坑洞的埋藏深度、延伸方向和数量和深度满足勘探结果评价与加固、治理工程设计的要求。 •对上覆不同性质的岩土层应分别取代表性试样进行物理力学性质试验，提供稳定性验算及工程设计所需岩土参数；应分别取地下水地表水试样进行水质分析；对可能储气部位，必要时应进行有害气体含量、压力的现场测试。 •岩溶勘探符合相关规定及要求。 •岩溶测试、试验准确合理。 •岩溶的岩土工程分析与评价准确且符合实际情况。

续表

序号	勘察审查内容	审查依据	审查标准
七	不良地质 （5）断裂的力学性质、产状、断裂带的破碎程度、宽度、胶结程度、阻水或导水条件，以及与岩溶发育程度的关系。 （6）褶曲不同部位的特征、节理、裂隙性质、岩体破碎程度，以及与暗河发育的层位的标高、连通性、分析区域侵蚀基准面、地方侵蚀基准面与岩溶发育的关系。 （7）溶洞或暗河发育的层位、标高、连通性、分析区域侵蚀基准面、地方侵蚀基准面与岩溶发育的关系。 （8）岩溶地下水分布特征及补给、径流、排泄条件，岩溶地下水的流向、流速、地表岩泉的出露位置、水量及变化情况，岩溶水与地表水的联系。 （9）岩溶发育强度分级，圈定岩溶水富水要求。 岩溶测试、试验是否合理。 岩溶的岩土工程分析与评价准确是否准确目符合实际情况		• 在采空区分布无规律、地面痕迹不明显、无法进入坑洞内进行调查和验证的地区，应采用电法、地质雷达等综合物探，并用物探结果指导钻探，必要时进行综合测井。各种方法的勘探结果应得到相互补充和验证。 • 勘探线、勘探点应根据工程线路走向、敷设形式，并结合坑道的埋藏深度、延伸方向布置，勘探孔数量和深度应满足稳定性评价与加固、治理工程设计的要求。 • 对上覆不同性质的岩土层应分别取代表性试样进行物理力学性质试验，提供稳定性验算及工程设计所需岩土参数；应分别取地下水和地表水试样进行水质分析，对可能储气部位，必要时应进行有害气体含量、压力的现场测试。 • 岩溶勘探符合相关规定及要求。 • 岩溶测试、试验准确合理。 • 岩溶的岩土工程分析与评价准确目符合实际情况。
八	地裂缝 （1）地裂缝勘察是否采用地质调查与测绘、钻探、静力触探、物探等综合方法。 （2）勘探线设置是否合理准确。 （3）勘测点是否合理准确。 （4）勘探孔深度应能查明主要标志层底以下5m。 （5）物探可采用人工浅层地震反射波法，并应对场地异常点进行钻探验证	《城市轨道交通岩土工程勘察规范》GB 50307	• 地裂缝勘察应符合下列要求： （1）地裂缝勘察宜采用地质调查与测绘、槽探、钻探、静力触探、地震等综合方法。 （2）每个场地勘探线数量不宜少于3条，勘探线间距宜为20～50m，在线路通过一侧勘探点数量不宜少于3个，勘探线间距不宜大于30m；地裂缝每一侧深30m以内标志层错断，勘探点间距不宜大于10m。 （3）地裂缝每一侧深30m以内标志层错断，勘探点间距不宜大于4m；对埋深20m以下标志层错断，勘探点间距不宜大于10m。 （4）勘探孔深度应能查明主要标志层的错动情况，并达到主要标志层底以下5m

续表

序号	勘察审查内容	审查依据	审查标准
八	地裂缝		（5）物探可采用人工浅层地震反射波法，并应对场地异常点进行钻探验证。 • 地裂缝场地岩土工程分析与评价应包括下列内容： （1）工程地质图中应标明地裂缝的位置、延伸方向及相应的坐标，分出主变形区和微变形区。 （2）工程地质剖面图中应标明地裂缝的倾向、倾角及主变形区和微变形区。 （3）评价地裂缝的活动性及活动速率，预估地裂缝在工程设计计周期内的最大变形量。 （4）提出减缓或预防地裂缝活动的措施。 （5）地上工程不宜建在地裂缝上，应根据其重要程度建议合理的避让距离，必须建在地裂缝上时，应根据需采取的工程措施。 （6）地下工程宜避开地裂缝，应根据其分布情况建议合理的避让距离，无法避开时，宜大角度穿越，并应建议需采取的工程措施
九	地面沉降	对已发生地面沉降的地区、地面沉降勘察是否查明其原因及现状，并预测其发展趋势，评价对城市地铁既有线路或新建线路的影响，提出控制和治理方案；对可能发生地面沉降的地区，应预测量进行估算、并对可能的固结压缩层层位做出估计，对沉降量进行估算，并对可能对城市地铁线路位造成的影响，分析对城市地铁线路可能造成的影响，提出预防和控制地面沉降的建议	《城市轨道交通岩土工程勘察规范》GB 50307	对已发生地面沉降的地区、地面沉降勘察应查明其原因及现状，并预测其发展趋势，评价对城市地铁既有线路或新建线路的影响，提出控制和治理方案；对可能发生地面沉降的地区，应预测量进行估计，对可能的固结压缩层层位做出估计，提出预测地面沉降的可能性，并对城市地铁线路位做出估计，分析对城市地铁线路可能造成的影响，提出预防和控制地面沉降的建议

第4章 设计阶段项目管理

初步设计文件是确定建设规模和投资的主要依据。

在初步设计阶段，各专业应对本专业内容的设计方案或重大技术问题的解决方案进行综合技术经济分析，论证技术上的适用性、可靠性和经济上的合理性。初步设计文件应符合已批准的可行性研究报告、审定的设计方案及落实的接口条件，能据以确定土地征用、主要设备及材料的准备以及建筑物和构筑物搬迁、管线改移，并可据以进行施工图设计和施工准备，提供工程设计概算，作为审批确定项目投资的依据。

初步设计文件根据设计任务书[或批准的可行性研究报告、总体设计文件(如有)]编制，由设计总说明书、各专业设计说明书、图纸、主要设备及材料表和工程概算书等部分组成。

4.1 总成本构成分析

地铁总成本主要分为：土建工程成本、车辆成本、机电安装成本以及其他各项费用。通过实际数据分析发现，前期准备费用、征地拆迁费用以及建设期的贷款利息也占有很大比例，所以这几项成本单独给出。因此，总成本包括前期准备、征地拆迁、土建、车辆、车辆段及停车场、机电设备、建设期贷款利息以及其他费用等八项内容。其中，前期准备成本包含施工准备，征地拆迁成本包含征地拆迁、管线迁改费用，土建含车站、区间、轨道结构，车辆段及停车场包含了段(场)内的相应土建及机电成本，机电设备含供电、通信、信号、通风及空调、自动售检票、自动扶梯及电梯、给水排水及消防、防灾报警系统（FAS）、设备监控系统（BAS）、屏蔽门或安全门，其他费用含人防工程费用、控制中心及附属成本、工器具及生产家具购置费、铺底流动资金、基本预备费、其他费用。少数线路大类成本未给出，则归入其他费用一项，有些线路部分机电设备空缺或未给出成本，仍采用这样的分类，不再单独说明。如北京地铁13号线没有单独给出征地拆迁成本，则计入其他费用一项。下面分别给出三类地铁总成本的构成。

4.1.1 以地下为主的线路

包括北京4号线，10号线一期，广州2号线、5号线，天津2号线，其总成本构成分别如表4-1～表4-5所示。表中列出了前期准备、征地拆迁等八个项目的总量、公里造价和占总造价的比重。

五条以地下为主的线路总成本的构成如表4-6所示。八项成本中，土建成本比重最大，其次为机电设备成本，然后是其他费用。

北京地铁4号线总成本构成表　　　　　表4-1

项目名称	造价（万元）	公里造价（万元）	占总造价比重（%）
前期准备	85842	3049	5.30
征地拆迁	236141	8389	14.58
土建	558773	19850	34.50
车辆	170400	6053	10.52
车辆段及停车场	69379	2465	4.28
机电设备	281448	9998	17.38
建设期贷款利息	82897	2945	5.12
其他费用	134742	4787	8.32
合计	1619622	57535	100

北京地铁10号线总成本构成表　　　　　表4-2

项目名称	造价（万元）	公里造价（万元）	占总造价比重（%）
前期准备	85329	3476	6.10
征地拆迁	106422	4335	7.60
土建	551194	22452	39.37
车辆	89460	3644	6.39
车辆段及停车场	54432	2217	3.89
机电设备	266797	10867	19.06
建设期贷款利息	82790	3372	5.91
其他费用	163547	6662	11.68
合计	1399971	57052	100

广州地铁 2 号线总成本构成表　　　　　　表 4-3

项目名称	造价（万元）	公里造价（万元）	占总造价比重（%）
前期准备	67049	3674	6.32
征地拆迁	67720	3711	6.38
土建	362902	19885	34.21
车辆	129480	7095	12.21
车辆段及停车场	48410	2653	4.56
机电设备	247675	13571	23.35
建设期贷款利息	41101	2252	3.87
其他费用	96496	5287	9.10
合计	1060833	58128	100

广州地铁 5 号线总成本构成表　　　　　　表 4-4

项目名称	造价（万元）	公里造价（万元）	占总造价比重（%）
前期准备	96600	3019	5.94
征地拆迁	114746	3586	7.05
土建	612418	19138	37.64
车辆	198000	6188	12.17
车辆段及停车场	64739	2023	3.98
机电设备	337497	10547	20.74
建设期贷款利息	50993	1594	3.13
其他费用	172600	5397	10.61
合计	1627230	50851	100

天津地铁 2 号线总成本构成表　　　　　　表 4-5

项目名称	造价（万元）	公里造价（万元）	占总造价比重（%）
前期准备	51146	2234	4.76
征地拆迁	74247	3244	6.91
土建	387853	16944	36.08
车辆	91200	3984	8.48
车辆段及停车场	65145	2846	6.06
机电设备	200018	8738	18.60
建设期贷款利息	59576	2603	5.54
其他费用	145892	6374	13.57
合计	1075077	46967	100

总成本构成一览表　　　　　　　　　表4-6

费用类别	费用占比（%）
土建	34～40
机电设备	17～24
其他费用	8～14
车辆购置	6～13
征地拆迁	6～15
前期准备	4～6
建设期贷款利息	3～6
车辆段及停车场	3～6

①土建成本，占总成本的34%～40%，平均为36.36%，平均公里造价1.97亿元，比重最高为北京10号线，达到39.37%，最低为北京4号线的34.05%。

②机电设备成本，占总成本的17%～24%，平均为19.83%，平均公里造价为1.07亿元，比重最高为广州2号线的23.35%，最低为北京4号线的17.38%。

③其他费用，占总成本的8%～14%，平均为10.66%，平均公里造价0.57亿元，比重最高为天津2号线的13.57%，最低为北京4号线的8.32%。

④车辆购置成本，占总成本的6%～13%，平均为9.95%，平均公里造价0.54亿元，比重最高为广州2号线的12.21%，最低为北京10号线的6.39%。

⑤征地拆迁成本，占总成本的6%～15%，平均为8.50%，平均公里造价0.47亿元，比重最高为北京4号线的14.58%，最低为广州的2号线6.38%。

⑥前期准备费用，占总成本的4%～7%，平均为5.68%，平均公里造价0.31亿元，比重最高为广州2号线的6.32%，最低为天津2号线的4.76%。

⑦建设期贷款利息，占总成本的3%～6%，平均为4.71%，平均公里造价0.26亿元，比重最高为北京10号线的5.91%，最低为广州5号线的3.13%。

⑧车辆段及停车场成本，占总成本的3%～6%，平均为4.55%，平均公里造价0.24亿元，比重最高为天津2号线的6.06%，最低为北京10号线的3.89%。

4.1.2 部分地下线路

北京5号线、天津3号线、南京1号线，其总成本构成如表4-7～表4-9所示，表中列出了前期准备、征地拆迁等八个项目的总量、公里造价和占总造价的比重。

三条地下线路总成本的构成如表4-10所示，八项成本中，土建成本比重最大，其次为机电设备成本，然后是车辆购置成本。

北京地铁5号线总成本构成表　　　　　表4-7

项目名称	造价（万元）	公里造价（万元）	占总造价比重（%）
前期准备	78649	2842	5.83
征地拆迁	128850	4657	9.55
土建	449226	16235	33.28
车辆	130410	4713	9.66
车辆段及停车场	86319	3120	6.40
机电设备	255708	9241	18.95
建设期贷款利息	76913	2780	5.70
其他费用	143593	5189	10.64
合计	1349668	48777	100

天津地铁3号线总成本构成表　　　　　表4-8

项目名称	造价（万元）	公里造价（万元）	占总造价比重（%）
前期准备	56728	1890	4.68
征地拆迁	102274	3407	8.43
土建	444605	14810	36.65
车辆	118560	3949	9.77
车辆段及停车场	53706	1789	4.43
机电设备	227397	7575	18.74
建设期贷款利息	91512	3048	7.54
其他费用	118421	3945	9.76
合计	1213203	40413	100

南京地铁1号线总成本构成表　　　　　表4-9

项目名称	造价（万元）	公里造价（万元）	占总造价比重（%）
前期准备	61195	2817	7.19
征地拆迁	93226	4292	10.95
土建	239968	11048	28.18
车辆	120267	5537	14.13
车辆段及停车场	22630	1042	2.66
机电设备	150185	6915	17.64
建设期贷款利息	55369	2549	6.50
其他费用	108584	4999	12.75
合计	851424	39200	100

总成本构成一览表 表4-10

费用类别	费用占比（%）
土建	28～37
机电设备	17～29
车辆购置	9～15
其他费用	9～13
征地拆迁	8～11
建设期贷款利息	5～8
前期准备	4～8
车辆段及停车场	2～7

①土建成本，占总成本的28%～37%，平均为18.44%，平均公里造价0.79亿元。

②机电设备成本，占总成本的17%～29%，平均为18.44%，平均公里造价为0.97亿元。

③车辆购置成本，占总成本的9%～15%，平均为11.99%，平均公里造价0.47亿元。

④其他费用，占总成本的9%～13%，平均为11.05%，平均公里造价0.47亿元。

⑤征地拆迁成本，占总成本的8%～11%，平均为9.64%，平均公里造价0.47亿元，比重最高为北京4号线的14.58%，最低为广州2号线的6.38%。

⑥建设期贷款利息，占总成本的5%～8%，平均为6.58%，平均公里造价0.28亿元。

⑦前期准备费用，占总成本的4%～8%，平均为5.90%，平均公里造价0.25亿元。

⑧车辆段及停车场成本，占总成本的2%～7%，平均为4.50%，平均公里造价0.2亿元。

4.1.3 以地上为主的线路

北京13号线、北京八通线，其总成本构成如表4-11、表4-12所示。表中列出了前期准备、征地拆迁等八个项目的总量、公里造价和占总造价的比重。

两条以地上为主的线路总成本的构成如表4-13所示。八项成本中，土建成本比重最大，其次为机电设备成本，然后是其他费用。

北京地铁八通线成本构成表　　　　　　　表4-11

项目名称	造价（万元）	公里造价（万元）	占总造价比重（%）
前期准备	16714	882	4.92
征地拆迁	6800	359	2.00
土建	83707	4415	24.62
车辆	54720	2886	16.09
车辆段及停车场	27194	1434	8.00
机电设备	71755	3785	21.10
建设期贷款利息	20477	1080	6.02
其他费用	58635	3093	17.25
合计	340002	17933	100

北京地铁13号线成本构成表　　　　　　　表4-12

项目名称	造价（万元）	公里造价（万元）	占总造价比重（%）
前期准备	45108	1104	6.86
土建	153825	3766	23.40
车辆	123200	3016	18.74
车辆段及停车场	58413	1430	8.89
机电设备	123558	3025	18.80
建设期贷款利息	262233	642	3.99
其他费用	127051	3110	19.33
合计	657388	16093	100

总成本构成一览表　　　　　　　表4-13

费用类别	费用占比（%）
土建	23～25
机电设备	18～22
车辆购置	17～20
其他费用	16～19
征地拆迁	8～9
建设期贷款利息	4～7
前期准备	3～6
车辆段及停车场	2

按照比重降低序列，具体为：

①土建成本，占总成本的23%～25%，平均为24.01%，平均公里造价0.34亿元。

②机电设备成本，占总成本的18%～22%，平均为19.95%，平均公里造价为0.97亿元。

③其他费用，占总成本的17%～20%，平均为18.29%，平均公里造价0.34亿元。

④车辆购置成本，占总成本的16%～19%，平均为17.42%，平均公里造价0.30亿元。

⑤车辆段及停车场成本，占总成本的8%～9%，平均为8.45%，平均公里造价0.14亿元。

⑥前期准备费用，占总成本的4%～7%，平均为5.89%，平均公里造价0.10亿元。

⑦建设期贷款利息，占总成本的3%～6%，平均为5.01%，平均公里造价0.09亿元。

⑧征地拆迁成本，占总成本的2%，平均公里造价0.04亿元。

通过以上对三类地铁线路总成本的构成分析，可以清楚地看到地铁总成本的构成情况。由以上分析可知，地铁总成本主要由前期准备、征地拆迁、土建、车辆、车辆段及停车场、机电设备、建设期贷款利息等项目的成本构成。其中土建成本占总成本的30%以上，机电设备成本占总成本近20%，车辆、征地拆迁、建设期贷款利息也占很大比重。土建成本中车站和区间分别占土建成本的近一半。机电设备成本包含项目较多，但成本比重大的是供电、信号、通风空调三大系统。以上项目的成本是地铁成本的主要项目，应该成为成本控制的重点，只有挖掘这些项目降低造价的潜力，才能最终实现很好控制地铁造价的目标。因此，这些成本应该给予重点分析，进行重点控制。

4.2 主要成本构成分析

4.2.1 土建成本

由以上分析可知，土建成本是地铁成本的主要组成部分，占总成本的30%左右，因此土建成本对地铁总成本的影响是决定性的。

土建成本的高低取决于线路敷设方式，同时受车辆编组与类型、地质条件及施工方法的影响。所分析线路远期车辆编组大部分为6辆，这里主要分析敷设方式的影响。地下为主的线路土建工程造价占总造价的比重最高，达到了36.36%，地上为主的线路土建工程造价占总造价比重最低，仅为24.01%；部分地下线为32.70%。以地下为主的线路土建工程每公里造价为2亿元，部分地下线路土建工程每公里造价1.4亿元，以地上为主的线路土建工程每公里造价为0.4亿元，三者的比例关系为5:3.5:1。土建工程成本主要由车站和区间成本组成，轨道只占很小的一部分（土建成本的5%左右）。应着重分析三类地铁车站和区间成本的差别，各类线路车站和区间公里造价如表4-14、图4-1、图4-2所示。

土建成本构成对比表   表4-14

项目	地下线		部分地下线		地上线	
	公里造价（万元）	比重（%）	公里造价（万元）	比重（%）	公里造价（万元）	比重（%）
车站	10285	19.06	7171	16.74	1703	9.99
区间	8362	15.43	6072	14.13	1598	9.38
轨道	1006	1.87	788	1.84	789	4.64
合计	19654	36.36	14031	32.7	4091	24.01

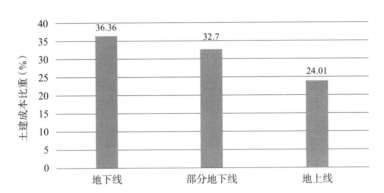

图4-1 不同敷设方式下土建工程占总造价的比重

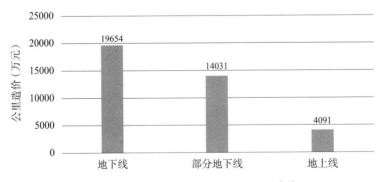

图4-2 不同敷设方式下土建工程公里造价

4.2.2 机电设备成本

机电设备成本在总成本构成中仅次于土建成本,占总成本的近两成。机电设备包含的项目较多,但是供电系统、信号系统和通风空调系统所占比例较大,这里主要针对三大机电系统的成本进行分析。

(1) 供电系统

供电系统成本是总成本的主要组成部分,由成本分析可知,其造价一般占机电设备总造价的40%左右,占地铁总成本的8%左右,因此也是地铁建设成本的重要组成部分。

表4-15列出了国内10条线路供电系统的制式、造价,表中数据显示造价差异较为明显,另外由于不同线路地下线所占比重不同、资源共享等因素,相同制式供电系统造价也有较大差别。

不同供电系统造价对照表 表4-15

城市	线路	外部电源	牵引供电	总造价(万元)	公里造价(万元/km)
北京	地铁4号线	分散式	750V/轨	85660	3034
	地铁5号线	分散式	750V/轨	82702	2989
	地铁10号线	分散式	750V/轨	83908	3418
	八通线	分散式	750V/轨	27298	1440
	地铁13号线	分散式	750V/轨	67058	1642
广州	地铁2号线	集中式	1500/网	74120	4157
	地铁5号线	集中式	1500/轨	122608	3832
南京	地铁1号线	集中式	1500/网	61599	2836
天津	地铁2号线	分散式	750V/轨	87285	3813
	地铁3号线	分散式	750V/轨	93303	3180

可以看出,供电系统由于敷设方式、引入外部电源形式和牵引供电方式不同,公里造价差别较大。北京地下地铁线路供电系统公里造价为3000万元左右,而地面线路造价仅为1500万元左右,前者是后者的2倍。不同的外部电源引入形式和电压制式对造价的影响较大。广州地铁供电系统造价计入了车辆段及停车场供电系统成本,比其他城市同种制式造价偏高。

(2) 信号系统

信号系统公里造价为500万~2500万元,占机电设备成本的15%左右,占地铁总成本的3%左右。信号系统按照闭塞制式可以分为三种:固定闭塞、移动闭塞、准移动闭塞，三种系统造价差别较大。表4-16列出了我国在建或已建的部分线路信号系统投资情况。

不同闭塞方式造价对照表 表4-16

城市	线路	闭塞方式	造价（万元）	公里造价（万元）
北京	地铁4号线	移动	38372	1363
	地铁5号线	准移动	32490	1174
	地铁10号线	移动	36810	1499
	八通线	固定	13727	724
	地铁13号线	固定	20753	508
广州	地铁2号线	准移动	38119	1982
	地铁5号线	移动	51594	1612
南京	地铁1号线	准移动	32330	1488
天津	地铁2号线	移动	30402	1328
	地铁3号线	移动	38928	1297

可以看出，由于信号系统闭塞方式等因素的影响，其造价差别非常大。北京地铁13号线信号系统公里造价为500万元，而广州地铁2号线则高达1982万元，后者比前者多1482万元，是前者的近4倍。5号线信号系统更先进，公里造价仅为1600万元，比2号线低1000万元，是2号线的60%。

（3）通风空调系统

该系统造价大约100万～2600万元，占机电设备造价的近10%，占地铁总造价的2.5%左右。表4-17列出了部分线路通风空调系统类型和造价。

不同通风空调系统造价对照表 表4-17

线路类型	名称	系统类型	造价（万元）	公里造价（万元）
地下线	北京4号线	闭式	38213	1357
	北京10号线	闭式	28419	1158
	广州2号线	闭式	37995	1830
	广州5号线	屏蔽门	26999	844
	天津2号线	闭式	19840	867
	北京5号线	屏蔽门	28820	1042

续表

线路类型	名称	系统类型	造价（万元）	公里造价（万元）
部分地下线	天津3号线	闭式	20505	683
	南京1号线	闭式	14381	662
	北京八通线	开式	2754	145
地上线	北京13号线	开式	5238	128

通风空调系统造价与其系统类型、线路所在地气温等因素有关。由表4-17可以看出，不同类型的通风系统造价差别比较大。北京地区两条地下线通风空调系统平均每公里造价为1300万元，部分地下线为1000万元，均为屏蔽门系统，而地上线开式系统公里造价仅为130万元。仅从广州市两条线路的数据看，屏蔽门通风空调系统公里造价为800万元，而闭式系统为2600万元，前者比后者低1600万元，仅为后者的1/3。

4.2.3 车辆成本

车辆是城市地铁设备的核心，是确保地铁安全、高效运行的关键，投资巨大、技术复杂，在一定程度上标志着城市轨道技术发展水平。国内外的建设经验表明，车辆购置费在城市轨道总的设备投资中占有很大比重。由以上成本分析可知，车辆投资占地铁工程总造价的10%～20%，折合公里造价5000万元左右。车辆总成本由车辆数量和车辆单价决定。配车数量则取决于线路的初期车辆编组、发车间隔等因素，根本上由线路客流水平决定。这里仅从车辆单价进行分析。显然，车辆单价是影响车辆购置成本最直接的因素。为便于分析，车辆单价均采用平均价格，不再区分动车和拖车。大多数线路初期采用4动2拖6辆编组，比例较为固定，所以这样做是合理的。

表4-18列出了20世纪90年代至今我国所建部分城市地铁线路运营车辆的类型、用材、造价等情况。从中可以看出目前我国城市地铁正在运营的车辆既有A型车和B型车，还有C型车；车体用材既有廉价的耐候钢，也有昂贵的铝合金。更为重要的是，即使是同种类型同种材质的车辆，由于国产化率的不同，价格差别也非常大。

早期建设的上海地铁1号线和广州地铁1号线，采用的进口A型铝合金车辆，造价分别为1240万元和1488万元，并且是20世纪90年代初期的物价水平，考虑到通货膨胀的影响，实际更高。以后建设的广州地铁2号线、深圳地铁一期工程、南京地铁1号线均采用了国产化之后的铝合金A型车，在基本性能不降低的前提下，车辆单价降至1000万元左右。国产B型钢体车辆国产化率更高，材料廉价，价格较低，每辆500万元左右，是铝合金车辆的一半。而车辆类型（A、B、C）对车辆造价的影响不大。

不同类型车辆造价表 表4-18

城市	运营线路	车辆类型	用材	造价（万元/辆）	数量	国产化率（%）
上海	1号线	A	铝合金	1240	96	0
	3号线	A	铝合金	1148	168	50～60
	4号线	A	铝合金	958	168	60～70
	5号线	C	铝合金	900	68	0
广州	1号线	A	铝合金	1488	126	0
	2号线	A	铝合金	960	156	71
	3号线	B	铝合金	1176	120	70
深圳	1号线	A	铝合金	1067	132	70
	4号线	A	铝合金	1067		70
南京	1号线	A	铝合金	1002	120	70
北京	八通线	B	耐候钢	406	108	≥90
	复八线	B	耐候钢	496	136	54
	13号线	B	耐候钢	550	224	75
	5号线	B	不锈钢	680	192	70
武汉	1号线	B	铝合金	640	48	70
天津	津滨轻轨	C	不锈钢	580	176	≥90
长春	3号线一期	C	不锈钢	490	—	≥90
	3号线二期	C	铝合金	700	—	≥70

4.2.4 征地拆迁及管线改移成本

据统计，在工程总投资中，拆迁费用一般占10%～15%。不仅如此，随着经济的快速发展，土地出让金及商品房价格迅猛增长，拆迁费用占工程总投资的比重逐年提高。这一点在北京、上海等城市表现尤为明显。北京地铁5号线局部地段，征地费用已经突破300万元/亩，即使300万元/亩，实施的难度仍然很大。拆迁费用已经由过去的4000元/m²涨到了1万元/m²，某些地段已经突破了3万元/m²。上海地铁拆迁费用所占比例从1990年1号线时期的10.6%逐年增高，2005年修建8号线时这一比例已经升至30.2%（表4-19、图4-3、图4-4）。

上海地铁拆迁费用统计表 表4-19

线路名称	开工时间	拆迁费（亿元）	公里拆迁（亿元）	总成本（亿元）	占总成本比例（%）
1号线	1990	5.48	0.38	51.88	10.6
2号线	1997	20.99	1.11	123.93	16.9
3号线	1997	28.05	1.12	92.68	30.3
1号线北延	2001	15.04	1.21	49.90	30.1
4号线	2002	40.27	1.83	140.36	28.7
8号线	2005	41.62	1.79	137.65	30.2

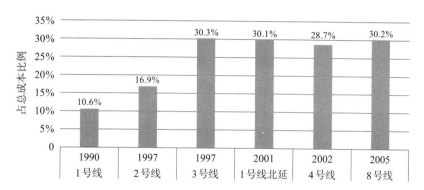

图4-3 上海地铁拆迁费用占总造价比重的变化趋势

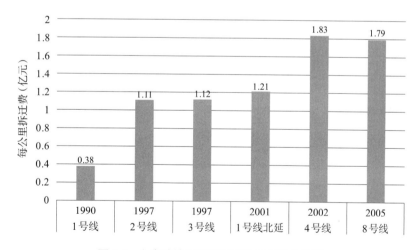

图4-4 上海地铁每公里拆迁费用的变化趋势

从整体上看，无论是公里指标，还是占总造价的比例，上海地铁征地拆迁成本较高。不计时间、空间的影响，其平均公里拆迁成本为1.13亿元，平均占总成本比例的24.07%。其中地铁4号线拆迁成本最高，总计40.27亿元，每公里1.83亿元，占总投资比重28.7%。其他线路除了建设比较早的1号线和距离城市中心区较远的5号线，公里拆迁成本也都在1亿元以上。

从1990年到2005年，上海市地铁征地拆迁成本虽然有起落，但总的趋势是越来越高的，特别是2002年和2005年开工建成的两条线，都达到了每公里1.5亿元以上。虽然近几年来，上海市在降低地铁造价的很多方面做了卓有成效的工作，城市轨道造价仍然未能控制在预期的水平，征地拆迁成本的飙升是重要原因。表4-20列出了其他城市部分线路的征地拆迁成本。

其他城市部分线路的征地拆迁成本　　　　表4-20

城市	线路名称	开工时间（年）	动拆迁费（亿元）	线路长度（km）	公里拆迁费（亿元）	总费用（亿元）	拆迁费用所占比例（%）
北京	八通线	2001	0.680	18.96	0.036	34.000	2
	5号线	2002	12.885	27.67	0.466	134.967	9.55
	10号线	2003	10.642	24.55	0.433	139.997	7.6
广州	2号线	1999	8.83	19.73	0.447	88.48	9.98
	3号线	2003	13.13	36.33	0.361	149.96	8.76
	4号线	2003	5.71	41.14	0.139	130.78	4.37
	5号线	2004	11.475	32.00	0.359	162.723	7.05
天津	滨海线	2001	6.772	49.05	0.137	75.227	8.94
	1号线	2002	8.6	26.2	0.328	92	9.35
	2号线	2007	7.425	22.89	0.324	107.508	6.91
	3号线	2007	10.227	30.02	0.341	121.320	8.43
南京	1号线	2000	6.729	16.90	0.398	70.182	9.59
长春	一期工程	2001	3.1	14.60	0.212	14.7	21.09
	二期工程	2005	1.6	17.39	0.092	17.5	9.14
杭州	1号线	2007	25.86	47.97	0.539	220.76	11.71
深圳	地铁一期	2001	6.98	21.86	0.319	115.53	6.04
武汉	轻轨一期	2000	2.1	10.2	0.206	21.99	9.55

4.2.5 建设期贷款利息

由以上分析可知，建设期贷款利息是地铁成本的重要组成部分，占总造价的5%左右。建设期贷款利息成本的大小与线路采用的融资方式密切相关。表4-21给出了国内各城市线路建设期贷款利息的公里值与占总成本的比重。

建设期贷款利息占总造价比例 表4-21

所属城市	线路	建设期贷款利息（亿元）	占总造价比重（%）
北京	地铁4号线	8.29	5.12
	地铁10号线一期	8.28	5.91
	地铁奥运支线	1.51	6.09
	地铁5号线	7.69	5.70
	大兴线	4.99	7.22
	地铁亦庄线	5.14	6.97
	机场线	3.93	6.32
	地铁八通线	2.05	6.02
	平均值		6.17
广州	地铁2号线	4.11	3.63
	地铁3号线	5.50	3.67
	地铁4号线	3.21	2.72
	地铁5号线	5.10	3.13
	平均值		3.16
天津	地铁1号线	7.5	8.15
	地铁2号线	7.96	7.40
	地铁3号线	9.15	7.54
	平均值		7.70
上海	地铁6号线	5.38	4.84
南京	地铁1号线	5.54	8.36
深圳	地铁×号线	—	0.6
杭州	地铁1号线	16.26	7.37

从表4-21可以看出，不同地区、不同线路建设期贷款利息额度差别很大。北京、天津、南京、杭州的地铁贷款利息占总造价比例平均水平较高，都在6.17%以上；上海（6号线）居中，为4.84%，广州、深圳的平均水平较低，均在3.16%以下（图4-5）。

其中贷款利息比重平均值最高的南京地铁（8.36%）与深圳地铁（0.60%）相差将近8个百分点，从当前一条地铁线路近百亿元的总投资水平而言，建设期贷款利息相差近8亿元人民币。

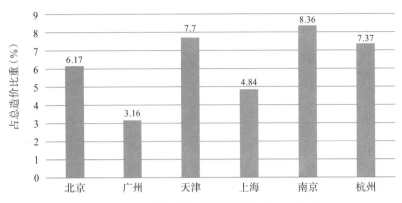

图 4-5 不同城市地铁建设期贷款利息所占比重

4.3 设计方案比选

方案比选是技术经济评价的重要方法之一，也是管理决策中的核心内容。在实际生产过程中，为解决某一问题往往提出多个备选方案，然后经过技术经济分析、评价、论证，从中选出一个较优的方案。最初的方案比选往往比较简单、直观。这是因为受认识能力、客观条件的限制，所能提出的方案较少，涉及的因素不多，故评选准则多为单目标决策。后来，随着社会生产力的不断进步，人类认识能力的提高，人们进行选择的范围与能动性越来越大，同时决策的后果对自然、对社会影响的深度、广度也越来越明显，对工程项目实施后所产生的经济、社会、环境等方面的要求也越来越高，因此，方案选择逐渐由少量方案单一目标发展到多方案多目标的决策上来。

多方案比选必须是可行方案的比较，比较工程实施的可操作性，比较指标具有可比性，方案比较必须提出全面的、综合的比较体系，地铁全线应有比较的标准。对于设计方案的比较和优化，技术人员必须进行技术经济分析，完成单位或单项的投资估算确保设计深度能够满足编制概预算的需要。设计方案的经济比较是通过对设计方案、工艺、设备等进行价值工程的评价，在满足功能要求的前提下，采用技术经济方案合理，可以降低工程投资的方案。

4.3.1 地下工程施工方法

地下工程的施工方法总体分为明挖和暗挖两类。明挖法施工可以分为敞口明挖和盖挖法。敞口明挖分为坡率法和护壁开挖，其中护壁的形式有工字钢柱、地下连续墙、钻孔桩等多种形式。盖挖法施工又因施工顺序不同有盖挖顺作、盖挖逆作两种。暗挖施工主要分为矿山法和盾构法。施工方法的选择与确定不仅要从技术、经济、修建地铁的工程地质、水文地貌考虑，还要考虑施工条件和施工过程对附近居民的影响、国家和当地政府对施工的有关规定与限制以及对环境保护的要求、施工对地面交通的干扰、施工对地下管线的正常使用的影响，以及附近大型建筑物的安全与稳定的影响、施工工期等。

（1）SMW工法桩（表4-22）

围护结构为SMW工法桩车站各部分费用构成　　　　表4-22

序号	土方支撑降水（%）	围护结构（%）	主体结构（%）	出入口及风道（%）	车站装修（%）	其他（%）	造价（元/m²）
1	5.4	15.8	40.1	14.6	18.0	6.1	6660
2	3.9	16.7	39.0	13.5	19.2	7.7	6293

（2）钻孔桩（表4-23）

围护结构为钻孔桩加旋喷桩止水车站各部分费用构成　　　　表4-23

序号	土方支撑降水（%）	围护结构（%）	主体结构（%）	出入口及风道（%）	车站装修（%）	其他（%）	造价（元/m²）
1	2.7	19.4	32.7	24.1	15.3	5.8	7833
2	3.6	21.1	33.6	23.6	14.7	3.4	8158
3	4.2	22.8	29.8	24.0	15.4	3.8	8313

（3）地下连续墙（表4-24）

围护结构为地下连续墙车站各部分费用构成　　　　表4-24

序号	土方支撑降水（%）	围护结构（%）	主体结构（%）	出入口及风道（%）	车站装修（%）	其他（%）	造价（元/m²）
1	6.4	27.1	28.1	22.0	12.1	4.3	9894
2	13.1	26.6	32.1	18.2	6.3	3.7	8654
3	16.3	28.7	34.8	12.9	4.0	3.3	8702

4.3.2 地下车站

车站按站台布置形式可分为岛式站台车站、侧式站台车站、侧岛式或双岛等混合式站台车站。

侧式站台车站的特点为一侧站台分别对应线路的上行线或下行线，各方向的人流只能在各自对应的站台下车。一般当线间距较小，在车站处无法拉开距离的情况使用，车站埋深较浅，以地下一层侧式站台车站较为典型。侧式站台车站包括地面设站厅的地下单层侧式站台车站、全地下单层侧式站台车站和全地下多层侧式站台车站等形式。根据运营需求，当侧式站台垂直并置时，形成叠侧式站台，一般此类车站多用于换乘站或车站宽度受限的地段，一般为地下2层或3层叠侧式车站。当两条线路的叠侧式站台两两组合，可形成地下同站台换乘车站，不同线路同层实现换乘，此类车站以地下3层同向同站台换乘车站居多。

岛式站台车站的特点为站台在中间，正线线路在两侧。此类车站在我国较为普遍，一般以地下2层岛式站台车站较为典型。地下一层为站厅层，中间设楼扶梯通到站台层，站台层为地下二层。根据运营需求，当多座岛式站台平行并置时，形成多岛平行式站台，此类车站多用于换乘站，地下一层设站厅，地下二层为两座岛式站台，以地下2层双岛平行式车站居多。当多座岛式站台垂直并置时，形成多岛叠加式站台，此类车站多用于换乘站，地下一层设站厅，地下二、三层分线设置站台，以地下3层叠岛式车站居多。

根据运营需求，岛式站台与侧式可以平行并置，此类车站常见于两线换乘站及设复杂配线的车站，以中间设岛式站台、两侧设侧式站台较为典型（表4-25、表4-26）。

岛式车站与侧式车站优缺点比较　　　　　　　　　　表4-25

比较项	岛式车站	侧式车站
站台使用	站台面积利用率高，可调剂客流，乘客有乘错车的可能	站台面积利用率低，不能调剂客流，乘客不易乘错车
站厅设置	站厅与站台需设在两个不同高度上，站厅跨过线路轨道	站厅与站台需设在同一高度上，站厅可以不跨过线路轨道
站内管理	集中管理，联系方便	站厅分设时，管理分散，管理不便
乘客中途折返	乘客中途改变乘车方向比较方便	乘客中途改变乘车方向不方便，需经过天桥或地道
改扩建难易性	改建扩建车站时，延长车站很困难，技术复杂	改建扩建车站时，延长车站比较容易
站内空间	站厅、站台空间宽阔完整	站厅分设时，空间分散，不及岛式车站宽阔
喇叭口设置	需设喇叭口	不需设喇叭口

一般在设计中，根据车站等级规定了站台的宽度模数，基本上都能满足站台宽度的计算要求（表4-27）。表4-28、表4-29分别介绍了北京地铁1期和上海地铁1号线车站尺寸。

车站各部位的最小宽度　　　　　表4-26

序号	名称		最小宽度(m)
1	岛式站台		8.0
2	岛式站台的侧站台		2.5
3	侧式站台(长向范围内设梯)的侧站台		2.5
4	侧式站台(垂直于侧站台开通道口设梯)的侧站台		3.5
5	站台计算长度不超过100m,且楼、扶梯不伸入站台	岛式站台	6.0
6		侧式站台	4.0
7	通道或天桥		2.4
8	单向楼梯		1.8
9	双向楼梯		2.4
10	与上、下均设自动扶梯并列设置的楼梯(困难情况下)		1.2
11	消防专用楼梯		1.2
12	站台至轨道区的工作梯(兼疏散梯)		1.1
13	地下站厅公共区(地面装饰层面至吊顶面)		3.0
14	高架车站站厅公共区(地面装饰层面至梁顶面)		2.6
15	地下车站站台公共区(地面装饰层面至吊顶面)		3.0
16	地面、高架车站站台公共区(地面装饰层面至雨棚底面)		2.6
17	站台、站厅管理用房(地面装饰层面至吊顶面)		2.4
18	通道或天桥(地面装饰层面至吊顶面)		2.4
19	公共区域楼梯和自动扶梯(踏步面沿口至吊顶面)		2.3

数据来源:《地铁设计规范》GB 50157。

车站管理(设备)用房参考面积　　　　　表4-27

序号	用房名称	面积(m²)	
		标准地下车站	标准高架车站
1	车站控制室	40	40
2	站长室	18	18
3	AFC票务室	15	15
4	会议室(兼交接班室)	25	25
5	警务室	5	15
6	男/女更衣室	15/15	15/15
7	工作人员男/女卫生间	12	12
8	公共男/女卫生间	12/15	12/15

续表

序号	用房名称		面积（m²）	
			标准地下车站	标准高架车站
9	清扫间		6×(2～3)	6×(2～3)
10	客服中心		10	10
11	茶水间		8	8
12	乘务员休息室		15	15
13	备用间		10	10
14	信号设备室	非集中站	42	42
15		集中站	84	84
16	通信设备室		40	40
17	通信电源室		30	30
18	民用通信设备室		70	70
19	电缆引入室		15×2	—
20	公安通信设备室		20	20
21	ISCS设备室		25	25
22	AFC机房		18	18
23	AFC配电间		6	6
24	环控机房	区间通风机房	350+250	—
25		小通风机房		
26	冷水机房		150	—
27	环控电控室		50+60	—
28	变电所	牵引降压混合所	423	423
29		降压变电所	233	233
30	照明配电室（含蓄电池室）		20×4	20×4
31	气瓶室		15～20	15～20
32	消防泵房		40	20
33	污水泵房		15～20	15～20
34	废水泵房		20	—
35	站台门设备及管理室		25	25
36	电缆井		7.5×4	—

北京地铁1期车站尺寸 表4-28

岛式车站项目	规模（m）		
	大	中	小
站台总宽	12.5	11	9
站台中跨集散厅宽	6	5	4
站台面至顶板底高	4.95	4.55	4.35
侧站台宽	2.45	2.10	1.75
站台纵向柱中距	5	4.5	4
站台长度	118	118	118

上海地铁1号线车站尺寸 表4-29

岛式车站项目	规模（m）		
	大	中	小
站台总宽	14	12	10
侧站台宽	3.5～4	2.5～3	2.5
站台长度	186	186	186
站台面至顶板底高	4.1	4.1	4.1
站台面至吊顶面高	3	3	3
吊顶设备层高	1.1	1.1	1.1
纵向柱中心距	8～8.5	8～8.5	8

站台层设计的另一个要点是限界要求，在设计规范中规定，在站台有效长度范围内，线路中心到站台内的结构物界面（柱面或墙面）的距离不得小于3600mm，在站台有效长度范围以外的，线路中心到站台内的结构物界面的距离不得小于1800mm。上海地铁的有些线路车站在站台层设置屏蔽门系统的，屏蔽门外侧的界面至线路中心限界按1700mm考虑。

站台层的两端也布置有必要的设备及管理用房，形式上也是一端面积大，另一端面积小，降压变电所是站台层占面积最大的设备用房，位于面积大的一端，与上部站厅层大的设备用房相对应，符合就近供应用电负荷大的设计原则。整个车站纵向有2‰的坡度，有利于车站的排水，因此，站台层中的废水泵房应设在站台层标高低的一端。

车站由站厅、站台、设备及管理用房、出入口通道、风道、车站附属设施等组成。

站厅是旅客售检票、进出站的地方。检票口以外为非付费区，进入检票口后为付费区。要求检票口与售票机、检票口与楼扶梯之间保持适当距离,并使客流流线合理。

站台是旅客候车和上下车的地方,应根据列车编组和预留要求设计站台长度,并根据远期高峰客流设计站台宽度。站台与站厅间楼扶梯的设置应满足紧急情况下旅客疏散的需要。

站台有效长度由列车类型和编组数量决定,国内站台长度一般采用80m、100m、120m、140m和186m不等。站台宽度由客流大小、纵梁宽度及楼扶梯宽度等决定,并满足相关规范对于最小宽度的要求,站台长度如表4-30所示。国内岛式站台宽度一般采用10.5m、11m、12m、13m和14m不等(规范规定岛式站最小宽度8m)、侧式站台宽度一般采用3.5m、4m、4.5m、5m不等,站台装修面至轨顶面高为1.05m(B型车)或1.08m(A型车)。

站台长度 表4-30

车型	4辆编组			6辆编组			8辆编组		
	车辆(m)	站台(m)	断面客流(万人次/h)	车辆(m)	站台(m)	断面客流(万人次/h)	车辆(m)	站台(m)	断面客流(万人次/h)
A型车	92.00	100	3.72	137.60	140.00	5.58	183.20	186.00	7.44
	适应范围:3.7万～7.4万人次/h								
B型车	77.65	80	2.85	116.75	120.00	3.59	155.85	160.00	4.32
	适应范围:2.8万～4.3万人次/h								

设置在站台层两端的设备与管理用房,可伸入站台计算长度内,但伸入长度不应超过一节车辆的长度,且与梯口或通道口的距离不应小于8m,侵入处侧站台的计算宽度应符合相关规定。站台上的楼梯和自动扶梯宜纵向均匀设置。

当不设站台门时,距站台边缘400mm应设安全防护带,并应于安全带内侧设不小于80mm宽的纵向醒目的安全线,安全防护带范围内应设防滑地面。

站台边缘与静止车辆车门处的安全间隙为70mm(内藏门或外挂门)或100mm(塞拉门),曲线段应在直线段规定值的基础上加小于或等于80mm的放宽值,实际尺寸应在直线段,在曲线段应满足限界安装公差要求。站台面应低于车辆地板面,高差不得大于50mm。

售票机前应留有购票乘客的聚集空间,聚集空间不应侵入人流通行区。出站检票口与出入口通道边缘的间距不宜小于5m,与楼梯的距离不宜小于5m,与自动扶梯基点的距离不宜小于8m。进站检票口与楼梯口的距离不宜小于4m,与自动扶梯基点的距离不宜小于7m。售、检票方式应根据具体情况,采用人工式、半自动或自动式。当分期实施时应预留设置条件。

地下车站的设备与管理用房布置应紧凑合理，主要管理用房应集中布置。消防泵房宜设于设备与管理用房有人区内的主通道或消防专用通道旁。在站台计算长度以外的车站结构立柱、墙等与站台边缘的距离，必须满足限界要求。当站台设置站台门时，自站台边缘起向内1m范围的站台地面装饰层下应进行绝缘处理。

付费区与非付费区的分隔宜采用不低于1.1m的可透视栅栏，并应设置向疏散方向开启的平开栅栏门。自动扶梯的设置位置应避开结构诱导缝和变形缝。车站各部位的最大通过能力宜符合表4-31的规定。

车站各部位的最大通过能力表　　　　表4-31

序号	部位名称		最大通过能力（人次/h）
1	1m宽楼梯	下行	4200
2		上行	3700
3		双向混行	3200
4	1m宽通道	单向	5000
5		双向混行	4000
6	1m宽自动扶梯	输送速度0.5m/s	6720
7		输送速度0.65m/s	≤8190
8	0.65m宽自动扶梯	输送速度0.5m/s	4320
9		输送速度0.65m/s	5265
10	人工售票口		1200
11	自动售票机		300
12	人工检票口		2600
13	自动检票机	三杆式　非接触IC卡	1200
14		门廊式　非接触IC卡	1800
15		双向门廊式　非接触IC卡	1500

侧式车站和岛式车站投资估算对比如表4-32所示。

地下车站各部分费用如表4-33所示。

由上表可知，地下标准车站的建筑面积一般为10000~12000m^2，车站长度一般为150~200m，含配线段车站长度和面积根据设计要求相应增加。2005~2008年期间，车站土建单方造价一般为0.70万~0.95万元/m^2，土建总造价为7000万~12000万元。2010年车站造价较前几年有较大幅度上涨，土建单方造价已达1.10万~1.20万元/m^2，这主要是因为通胀而导致的各项成本上升。

侧式车站和岛式车站投资估算对比表

表4-32

| 序号 | 站型 | 主体建筑面积 | 主体建筑尺寸 | | 覆土深度（m） | 征地面积（m²） | 投资金额（万元） | | | 单方造价（万元） |
			长（m）	宽（m）			车站主体结构	明挖区间	盾构区间	合计	
1	侧式	10921	191.9	40	3	9907	12880	13500		26380	24155
2	岛式	13501	223	22.1	3	6505	17379		11000	28379	21020
比较(2-1)		2580	31.1	-17.9		-3402	4499			1999	-3135

地下车站各部分费用

表4-33

| 车站 | 车站信息 | | 各部分造价（万元） | | | | | | | | | 建设地点 | 备注 |
| | 长度（m） | 面积（m²） | 车站主体 | | | | | 地基加固 | 出入口及风道风井 | 建筑装修 | 施工监测 | 其他 | 合计 | 单方造价 | | |
			围护结构	土方支撑降水	主体结构									
1	189	12503	2976	989	2588	570	3345	946	43	212	11669	0.93	上海	地下连续墙围护
2	204	10286	2384	919	2257	277	2279	837	38	243	9234	0.90	上海	地下连续墙围护
3	151	10327	1861	734	1397	239	2219	583	38	374	7445	0.72	上海	地下连续墙围护
4	193	10132	2136	1028	1781	264	2268	609	38	396	8520	0.84	上海	地下连续墙围护
5	184	10062	2923	875	2315	333	1794	797	42	429	9508	0.94	上海	地下连续墙围护
6	501	25605	4774	4853	9385	60	6688	1792	180	948	28680	1.12	南京	含配线段，钻孔桩围护
7	179	11500	2958	2021	3467	846	3226	1380	180	218	14296	1.24	南京	咬合桩围护
8	177	9644	2691	1782	3492	—	911	1215	180	164	10435	1.08	南京	钻孔桩围护
平均	222	12507	2838	1650	3335	324	2841	1020	92	373	12473	0.97	—	—

（1）不同地区明挖车站的造价对比（表4-34）

不同地区明挖车站土建造价指标 表4-34

城市	土建面积（m²）	造价指标（万元/m²）	车站类型（明挖）
沈阳	12098	1.13	地下二层车站
长春	11022	1.11	地下二层车站
石家庄	10993	1.04	地下二层车站
深圳	12007	1.34	地下二层车站

（2）不同概预算编制时期明挖车站的造价对比（表4-35）

不同概预算编制时期明挖车站的造价对比指标 表4-35

城市	车站类型	土建面积（m²）	造价指标（万元/m²）	概算编制时间
深圳	A站地下二层	10421	1.01	2007年
	B站地下二层	11940	1.26	2011年
	C站地下二层	11967	1.39	2015年

（3）地铁埋深的造价对比（表4-36）

总长184m的地下2层车站分部分项工程造价 表4-36

因素	高（m）	与埋深有关的分项工程	车站（万元）	出入口（万元）	风道风井（万元）	扶梯（万元）	装饰（万元）	合计（万元）
基坑	16.7	围护、支撑、土方、降水、扶梯	2777（1）	734（1）	726（0.5）	650（0.7）	—	4887
建筑	12.7	结构、装饰、扶梯	2467（0.6）	899（0.5）	1138（0.3）	650（0.7）	793（0.7）	5297
合计			5244	1633	1864	650	793	13184

由上表数据，可以计算得出基坑深度每增减1m（其中，扶梯垂直高度14.3m），造价增减：

（2777×1+734×1+726×0.5）/16.7+650×0.7/14.3=232+32=264（万元）

建筑高度每增减1m，建筑造价增减：

（2467×0.6+899×0.5+1138×0.3+650×0.7+793×0.7）/12.7=258（万元）

再考虑到基坑造价，共增减：258+264-32=490（万元）

（4）双层岛式地下车站不同结构方案对比（表4-37）

不同结构方案车站公共区造价概算对比　　　　表4-37

序号	站台宽度(m)	无柱指标		单柱指标		双柱指标	
		万元/延长米	万元/m²	万元/延长米	万元/m²	万元/延长米	万元/m²
1	8	41.65	1.20	—	—	—	—
2	9	46.42	1.28	—	—	—	—
3	10	52.09	1.35	39.64	1.05	—	—
4	11	—	—	40.98	1.03	—	—
5	12	—	—	44.65	1.07	43.16	1.03
6	13	—	—	47.25	1.08	45.63	1.04
7	14	—	—	51.21	1.11	47.39	1.04
8	15	—	—	53.62	1.11	50.02	1.05

4.3.3 地上车站

地铁高架车站需要占用一定的地面空间，故通常设在城市郊区及副中心等地理位置，一般有岛式及侧式两种车站结构形式，其造价组成分别为高架站房（含上下部结构）、出入口、人行天桥、建筑装修及其他（含地面辅助用房、附属设施等）费用（表4-38）。

高架车站各部分费用　　　　表4-38

车站	车站信息		各分部造价（万元）						建设地点
	长度(m)	面积(m²)	高架站房	车站装饰	人行天桥	其他	合计	单方造价	
1	140	7458	1735	779	335	104	2953	0.40	上海
2	140	9818	2716	1178	—	229	4123	0.42	上海
3	120	6367	1763	605	359	50	2777	0.44	深圳
4	120	6367	1763	605	356	50	2774	0.44	深圳
5	120	6209	1757	590	355	50	2752	0.44	深圳
6	120	6367	1763	605	355	50	2773	0.44	深圳
7	120	5373	1760	510	207	50	2527	0.47	深圳
8	120	6367	1763	605	361	50	2779	0.44	深圳
9	120	5393	1760	512	207	50	2529	0.47	深圳
10	121	6272	2611	871	278	95	3855	0.61	宁波
11	121	6272	2414	871	271	95	3651	0.58	宁波
12	121	6448	2446	888	278	95	3707	0.57	宁波
13	121	7378	2723	784	390	95	3992	0.54	宁波
平均	123	6622	2075	723	289	82	3169	0.48	—

由上表知，高架标准车站的建筑面积一般为6000～8000m²，车站长度120～140m。2005年上海、深圳等地的高架车站土建单方造价一般为0.4万～0.45万元/m²，土建总造价为2500万～3000万元。近年来由于建材价格大幅上涨及新的技术规范的出台等，使高架车站的造价水平相应提高，2011年宁波地区高架车站土建单方造价已达0.55万～0.60万元/m²，土建总造价达3500万～4000万元。

车站高架站房（桥梁结构、站房建筑、钢屋架及屋面雨棚等）是高架车站的主要组成部分，单方造价最高，约占土建费用的65%。车站建筑装修档次根据业主要求而定，在初步设计概算中通常以单方指标计列，一般占土建费用的23%。

由此可以看出，高架车站的造价控制要素为高架站房及建筑装修，可采取如下措施合理控制其造价：

①按客流需求配属车辆编组，进而控制车站长度及总建筑面积，保证满足初、近、远期需求。

②选择经济合理的桩型做基础，并满足承载要求。

③在符合设计规范要求的前提下，对站房钢结构雨棚进行优化，尽量减少钢结构自重。

④屋面雨棚选用轻质节能环保材料，减少能源浪费，减轻钢构负重等。

⑤车站建筑装修，应讲求经济实用、美观大方，除个别有特殊要求的车站外，可用地砖替代石材、涂料替代幕墙等措施来降低装修费用，也不影响设计效果。

高架车站分项指标如表4-39所示。

高架车站分项指标 表4-39

工程名称		经济指标	投资面积比（元/m²）	工程量面积比（m³/m²）
高架车站		5000～7000元/m²		
下部建筑	土石方	50～100元/m³		
	基础	1800～2500元/m³	1500～1700	0.65～0.8
	墩台身	2300～3300元/m³		0.2～0.3
梁部桥面及附属工程		3500～5000元/m³	300～600	0.08～0.11

4.3.4 区间工程

部分区间隧道指标如表4-40所示。区间隧道造价构成及其比例如表4-41所示。武汉、昆明盾构区间造价对比分析如表4-42所示。

部分区间隧道指标统计表　　　　　　　　　　　　　　　表 4-40

盾构法隧道	数量（双延米）	建筑工程费（万元）	指标（万元/双延米）
隧道1	266	2912	10.94
隧道2	574	5550	9.68
隧道3	1047	9204	8.79
隧道4	1422	11896	8.37
隧道5	2653	21116	7.96

区间隧道造价构成及其比例　　　　　　　　　　　　　　表 4-41

工程或费用名称	单位	数量	建筑工程费（万元）	造价指标（万元/m²）	各部分费用构成（%）
盾构法隧道	单延米	1427.25	6228.93	4.36	100
（一）区间主体	双延米	713.63	5736.40	8.04	92.10
1.掘进及出渣	延米	1427.25	2509.70	1.76	40.29
2.管片预制、运输及拼接	m³	9324.42	2638.36	0.28	42.36
3.端头井加固	m³	5412.90	588.33	0.11	9.45
（二）联络通道、泵站	m³	120.33	181.62	1.51	2.92
（三）监测	万元	—	68.62	—	1.10
（四）疏散平台	m²	1143.40	142.29	0.12	2.28
（五）盾构过站	座	2.00	100.00	—	1.61

武汉、昆明盾构区间造价对比分析　　　　　　　　　　　表 4-42

工程及费用名称	昆明（某区间1580m）		武汉（某区间1504.94m）	
	费用（万元）	指标（万元/m）	费用（万元）	指标（万元/m）
盾构法隧道	7846.15	4.97	7044.86	4.68
（一）区间主体	7216.76	4.57	6645.04	4.42
1.掘进及出渣	3588.15	2.27	2831.61	1.88
2.管片预制、运输及拼接	3137.01	1.99	3002.90	2.00
3.地基加固	491.59	0.31	678.14	0.45
（二）联络通道、泵站	389.72	0.25	319.26	0.21
（三）监测	75.25	0.05	50.56	0.03
（四）疏散平台	164.44	0.10	132.39	0.09

4.3.5 轨道工程

天津地铁2号线工程轨道系统概算技术经济指标如表4-43所示。

天津地铁2号线工程轨道系统概算技术经济指标　　表4-43

项目名称	单位	技术经济指标（万元）	费用比重（%）	备注
轨道系统	km（正线）	729.95	100	不含车辆段、停车场轨道工程
铺轨	km（铺轨）	488.26	66.89	
地下线	km（铺轨）	468.70	64.21	
正线	km（铺轨）	458.26	62.78	无缝线路
一般减振地段	km（铺轨）	267.53	36.65	短轨枕
较高减振地段	km（铺轨）	43.36	5.94	弹性短轨枕
特殊减振地段	km（铺轨）	147.38	20.19	浮置板道床
辅助线	km（铺轨）	6.50	0.89	一般线路
出入段线	km（铺轨）	3.94	0.54	
地面线	km（铺轨）	19.56	2.68	
正线	km（铺轨）	12.56	1.72	
辅助线	km（铺轨）	0.58	0.08	
出入段线	km（铺轨）	6.35	0.87	
铺岔	组	31.31	4.29	
单开道岔	组	18.83	2.58	60-9号单开道岔
特种道岔	组	12.48	1.71	60-9号交叉渡线
铺道床	m³	199.42	27.32	
整体道床	m³	192.78	26.41	
碎石道床	m³	6.64	0.91	
线路有关工程	km（铺轨）	10.95	1.5	

4.3.6 限界

地铁限界应分为车辆限界、设备限界和建筑限界。

车辆限界可按隧道内外区域，分为隧道内车辆限界和隧道外车辆限界，也可按列车运行区域，分为区间车辆限界、站台计算长度内车辆限界和车辆基地内车辆限界。

各型车辆基本参数应符合表4-44、表4-45的规定。

各型车辆基本参数（mm） 表4-44

参数	A型	B型		B2型
		B1型		
		上部授流	下部授流	
计算车体长度	22100	19000		
计算车体宽度	3000	2800		
计算车辆高度	3800	3800		
计算车辆定距	15700	12600		
计算转向架固定轴距	2500	2200/2300		
地板面距走行轨面高度	1130	1100		
受流器工作点至转向架中心线水平距离 750V	—	1418	1401	—
受流器工作点至转向架中心线水平距离 1500V	—	—	1470	—
受流器工作面距走行轨面高度 750V	—	140	160	—
受流器工作面距走行轨面高度 1500V	—	—	200	—
接触轨防护罩内侧至接触轨中心线距离 750V	—	≤74	≤86	—
接触轨防护罩内侧至接触轨中心线距离 1500V	—	—	≤86	—
受电弓落弓高度	3810	—		3810
受电弓最大工作高度	5410	—		5410

疏散平台最小宽度（mm） 表4-45

设置位置	隧道内		隧道外	
	一般情况	困难情况	一般情况	困难情况
单线（设于一侧）	700	550	700	550
双线（设于中央）	1000	800	1000	800

线路平面圆曲线半径应根据车辆类型、地形条件、运行速度、环境要求等综合因素比选确定。最小曲线半径应符合表4-46规定。

圆曲线最小曲线半径（m） 表4-46

线路	A型车		B型车	
	一般地段	困难地段	一般地段	困难地段
正线	350	300	300	250
出入线、联络线	250	150	200	150
车场线	150	—	150	—

4.3.7 供电

电缆选择及敷设方式。消防用的动力设备采用铜芯耐火电力电缆,其他动力设备采用铜芯阻燃电力电缆,必要时可采用低烟、低毒型电力电缆,从车站降压变电所及环控电控室配出的电力电缆均沿电缆桥架敷设。

电缆敷设应便于检修维护。电缆在区间及车站内敷设时,各相关尺寸及距离应符合表4-47规定。

电缆敷设的各相关尺寸及距离　　　　　表4-47

名称		电缆通道		电缆沟	
		水平	垂直	水平	垂直
两侧设电缆支架的通道净宽		≥1000	—	≥300	—
一侧设电缆支架的通道净宽		≥900	—	≥300	—
电缆支架层间距离	电力电缆	—	≥200	—	≥250
	控制电缆	—	≥100	—	≥120
电缆支架之间的距离	电力电缆	1000	1500	1000	—
	控制电缆	800	1000	800	—
车站站台板下电缆通道净高	地上车站	—	≥1900	—	—
	地下车站	—	≥1300	—	—
变电所内电缆夹层板下净高		—	≥1900	—	—
电力电缆之间的净距		≥35	—	≥35	—

（1）总体造价指标分析（表4-48、表4-49）

地铁工程供电系统每正线公里造价　　　　　表4-48

项目名称	单位	指标	备注
天津5号线	万元/正线公里	4063.11	地下线为主
南京10号线	万元/正线公里	4437.00	地下线为主
北京大兴线	万元/正线公里	3975.43	地下线占80%
北京14号线	万元/正线公里	3845.52	地下线为主
深圳5号线	万元/正线公里	3520.39	地下线为主
深圳7号线	万元/正线公里	4751.84	地下线为主
上海12号线	万元/正线公里	4256.54	地下线为主
上海13号线	万元/正线公里	3352.96	地下线为主

续表

项目名称	单位	指标	备注
大连1号线	万元/正线公里	3846.20	地下线为主
大连2号线	万元/正线公里	4161.10	地下线为主
沈抚线	万元/正线公里	3365.69	地下线

高架线供电系统每正线公里造价　　　　表4-49

项目名称	单位	指标	备注
上海11号线	万元/正线公里	2512.13	高架占82%
大连202线	万元/正线公里	1295.79	高架占78%
大连金普线	万元/正线公里	1813.80	高架占55%
沈铁线	万元/正线公里	1697.23	高架占64%

（2）接触网与接触轨造价指标分析（表4-50、表4-51）

接触网每条公里造价（万元/条公里）　　　　表4-50

项目名称	指标
北京14号线	152.22
南京10号线	165.07
深圳5号线	153.23
深圳7号线	133.61
大连1号线	155.58
大连2号线	157.14
大连202线	114.37
大连金普线	141.90
上海9号线	114.03
上海12号线	159.91
上海13号线	121.46
沈抚线	121.78
南京3号线	157.47

接触轨每条公里造价（万元/条公里）　　　　表4-51

项目名称	指标
天津2号线	304.34
天津3号线	305.79

续表

项目名称	指标
天津5号线	264.90
北京7号线	314.58
北京亦庄线	298.00
北京大兴线	274.70
北京房山线	255.81
上海11号线	210.32

（3）动力照明造价指标分析（表4-52～表4-54）

地下站动力照明每平方米造价（元/m^2） 表4-52

项目名称	指标
天津2号线	900.00
天津3号线	1100.00
天津5号线	786.00
北京7号线	1099.00
北京14号线	990.00
北京亦庄线	1166.50
北京大兴线	960.00
北京房山线	987.00
南京10号线	878.00
深圳5号线	1108.00
深圳7号线	1555.00
上海9号线	1235.00
上海11号线	615.00
上海13号线	781.00
大连1号线	1351.00
大连2号线	1081.00
大连202线	600.00
沈抚线	1042.00
南京3号线	835.00

高架站动力照明每平方米造价(元/m²) 表4-53

项目名称	指标
天津3号线	500.00
北京14号线	389.00
北京亦庄线	751.00
北京大兴线	991.00
北京房山线	823.00
深圳5号线	1343.00
上海11号线	412.00
大连202线	412.00
大连金普线	978.00
沈铁线	596.00
南京3号线	768.00

区间动力照明每正线公里造价(万元/正线公里) 表4-54

项目名称	指标
天津2号线	377.57
天津3号线	334.63
北京大兴线	155.09
上海12号线	279.45
上海13号线	201.39
北京7号线	338.46
深圳5号线	299.60
沈抚线	491.00
天津5号线	247.34
南京10号线	343.20
北京14号线	295.71
大连1号线	240.89
大连2号线	311.92
深圳7号线	332.24

①以地下线为主的地铁工程，供电系统每正线公里造价约3960万元；
②以高架线为主的地铁工程，供电系统每正线公里造价约1830万元；
③架空接触网每条公里造价约145万元；

④接触轨每条公里造价约280万元；

⑤地下站动力照明每平方米造价约1200元；

⑥高架站动力照明每平方米造价约800元；

⑦区间动力照明每正线公里造价约210万元。

4.3.8 地铁线路间及地铁与其他交通系统间的衔接

（1）区域地铁与地铁网衔接模式分析

根据以上对国内外区域地铁与地铁网衔接模式案例的分析，总结出适合我国城市发展的区域地铁和地铁网衔接模式：换乘衔接和贯通衔接，其中换乘衔接又可分为单点换乘和多点换乘。本节通过介绍两种衔接模式的特点，对两种衔接模式进行了对比分析，并考虑了不同因素对衔接模式选择的影响。

1）换乘衔接

换乘衔接是指区域线通过某些站点与地铁网中的市区线进行换乘，从而使得城市外围地区与城市中心城区实现客流交换的衔接模式。此衔接模式两线为独立运营，线与线之间由乘客换乘来完成衔接过程，该模式在我国大部分城市中均有使用。

换乘衔接系统配置与客流匹配较好，可采用不同的系统制式与技术标准，管理方便。但必须通过换乘才能到达，多了一次换乘，直达性较差，对换乘站的客流疏解压力也较大，增大了市区线的运输压力，承运困难；消耗乘客体力，对其舒适性有所影响；建设成本和运营成本相对较高。

①单点换乘

单点换乘是指区域线通过终点站与市区线某一站点进行衔接，两者共同构成换乘站。即区域线只有一个换乘站，进城客流通过端头换乘站换乘到达目的地，两者间形成单点换乘，这是最简单的一种衔接方式。

单点换乘又分为终点站对接换乘（图4-6）和中间站对接换乘（图4-7）。

图4-6　终点站对接换乘　　　　图4-7　中间站对接换乘

②多点换乘

多点换乘是指区域线路深入中心城区，并在中心城地铁线网中与多条线路相交，形成两个及以上的换乘点的衔接模式（图4-8）。

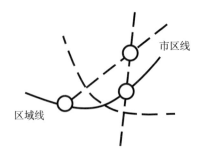

图4-8 多点换乘

优点：增加了路网密度，使乘客可方便换乘其他地铁线路，便于旅客出行；区域线和市区线分线运行，运营组织管理方便，费用清算简单；多点换乘可防止客流集中在一个换乘站，减少换乘站运营压力和安全隐患，可以解决单点换乘服务水平低下、换乘站客流压力过大等问题。

缺点：由于需要新建一段区域线路，带来了工程投资增大、占用中心城区建设资源等问题。

2）贯通衔接

贯通衔接，又称为共线衔接，是指区域线直达中心城区，与市区线共线运营（图4-9）。在这里共线运营指的是区域线列车和市区线列车共用城市轨道某一区段的运营方式。

图4-9 贯通衔接

（2）衔接模式选择的影响因素（表4-55）

地铁衔接模式选择　　　　　　　　表4-55

一级因素	二级因素	三级因素	换乘衔接	贯通衔接
客流因素分析	客流强度	以两线客流量差值2万人次/(km·d)为界限，若差值比其大，则宜采用换乘衔接模式；若差值比其小，则适宜采用贯通衔接提高利用率	适宜强度差大	适宜强度差小

续表

一级因素	二级因素	三级因素	换乘衔接	贯通衔接
客流因素分析	过站客流量	当过站客流量较大时，宜采用贯通衔接，当过站客流量较小时，宜采用换乘衔接，只影响少量乘客的出行时间，降低列车的空载率	适宜客流量小	适宜客流量大
	断面最大客流量	当最大断面客流量相差不大时，宜采用贯通衔接；相差较大时，宜采用换乘衔接		
运营者因素分析	建设成本	建设成本主要包括土建设备工程投资和车辆购置费等方面。土建设备工程投资方面，换乘衔接模式相比于贯通衔接模式其车站设计规模大，需配备换乘通道、扶梯、售检票系统等，土建设备工程投资较大；但当两线的列车编组数量、发车时间间隔相差较大时，区域线换乘站可适当缩小规模，降低投资。车辆购置费主要根据列车的选型和编组数量来确定，在不同运营组织方案下，两种衔接模式的车辆购置费用不同		
	运营成本	运营成本主要包括人力成本、设备维护成本等方面。人力成本方面，贯通衔接模式相比于换乘衔接模式，不需要单独设置相关管理机构，相应的管理人员减少，人为成本少。设备维护成本与列车开行数量有关，列车开行数量多，则车辆的日常检修及大修的维护成本增多。设备维护成本需根据具体的运营组织方案确定		
	运营收益	客票收入方面，贯通衔接模式相比于换乘衔接模式，乘客出行更加方便，能吸引更多客流，客流增加，乘客日周转量增加，客票收入随之增加。车站资源收入方面，由于换乘站站台和站厅面积的增大，广告及物业收入相应增加		
	运营组织管理	在贯通衔接模式下，两线由于运营主体不同，相互之间需要进行协调，需采取统一的设备制式和管理制度，因此贯通衔接模式的运营组织管理相对于换乘衔接模式较为复杂，而换乘衔接模式下，线路独自经营，运营组织管理相对简单		
乘客因素分析	出行时间	乘车时间与列车的运行速度有关，在贯通衔接模式下，列车最高运行速度为80km/h，在换乘衔接模式下，区域线列车最高运行速度为120km/h，故换乘衔接模式下的乘车时间短		
	乘车舒适度	在贯通衔接模式下，乘客需要从城市外围地区快速直达中心城区，因此列车的发车时间间隔不能太长，且要减少列车内的空乘比例，所在断面客流量大的情况下，列车满载率较高，易出现拥挤的情况；在换乘衔接模式下，列车可采用不同的运营组织模式，发车时间间隔和列车编组数量也可根据客流量大小进行调整，不易出现拥堵情况		
	出行方便性	贯通衔接模式比换乘衔接模式出行方便		

4.3.9 车辆及运行速度

车辆类型应根据当地的预测客流量、环境条件、线路条件、运输能力要求等因素综合比较选定。地铁车辆的主要技术规格应符合表4-56规定。

地铁车辆的主要技术规格 表4-56

名称			A型车	B型车	
				B1型车	B2型车
车辆轴数			4	4	4
车体基本长度（mm）	无司机室车辆		22000	19000	19000
	单司机室车辆		23600	19600	19600
车钩连接中心点间距离（mm）	无司机室车辆		22800	19520	19520
	单司机室车辆		24400	20120	20120
车体基本宽度			3000	2800	2800
车辆最大高度（mm）	受流器车	有空调	—	3800	—
		无空调	—	3600	—
	受电弓车（落弓高度）		≤3810	—	≤3810
	受电弓工作高度		3980～5800	—	3980～5800
车内净高（mm）			2100～2150	2100～2150	2100～2150
地板面距轨面高（mm）			1130	1100	1100
轴重（mm）			≤16	≤14	≤14
车辆定距（mm）			15700	12600	12600
固定轴距（mm）			2200～2500	2000～2300	2000～2300
每侧车门数（对）			5	4	4
车门宽度（mm）			1300～1400	1300～1400	1300～1400
车门高度（mm）			≥1800	≥1800	≥1800
载员（人）	坐席	单司机车辆	56	36	36
		无司机车辆	56	46	46
	定员	单司机车辆	310	230	230
		无司机车辆	310	250	250
	超员	单司机车辆	432	327	327
		无司机车辆	432	352	352
车辆最高运行速度			80、100	80、100	80、100

（1）不同列车最高运行速度下的区间运行时间及牵引能耗

根据列车的牵引制动特性曲线和相关参数，按以下条件对不同最高运行速度的列车进行牵引计算分析：列车达到区间最高运行速度后，按匀速巡航模式考虑；列车最高运行速度不考虑ATO降速因素；列车启动（制动）加（减）速度按设计加（减）速度的90%进行折减；区间匀速巡航时间不低于10s；平均停站时间30s；列车重量按AW2定员（站立定员标准6人/m²）荷载计算。不同区间长度下的列车最高运行速度、平均旅行速度和牵引能耗指标如表4-57所示。

列车区间运行模拟计算表　　　　　　　　　　　　　　　　　表4-57

区间长度(m)	区间最高运行速度（km/h）			区间匀速巡航距离（m）			平均旅行速度（km/h）			牵引能耗指标[kW·h/(车·km)]		
	80km/h列车	100km/h列车	120km/h列车	80km/h列车	100km/h列车	120km/h列车	80km/h列车	100km/h列车	120km/h列车	80km/h列车	100km/h列车	120km/h列车
1000	80	80	80	317	386	336	35.54	36.47	35.97	2.04	2.11	2.05
1500	80	100	100	817	326	297	43.62	46.06	45.46	1.58	2.63	2.24
2000	80	100	110	1317	826	390	49.21	53.24	53.42	1.35	2.18	2.22
2500	80	100	120	1817	1326	345	53.32	58.73	60.24	1.21	1.92	2.29
3000	80	100	120	2317	1826	845	56.46	63.07	65.69	1.12	1.74	2.08
4000	80	100	120	3317	2826	1845	60.94	69.48	74.07	1.01	1.52	1.83
5000	80	100	120	4317	3826	2845	63.99	74.00	80.21	0.94	1.38	1.68

（2）不同列车最高运行速度下的车辆购置费

车辆单价除了与列车最高运行速度有关外，还与列车动拖比、设备配置标准、采购数量以及其他商务条件相关。本书中，80km/h车辆单价按650万元/辆，100km/h车辆按680万元/辆，120km/h车辆按750万元/辆计算。列车配置数量除了与列车运行时间相关外，还与停站时间和折返时间相关。为统一分析，停站时间按30s计算，不考虑折返时间影响。运行密度按高峰30对/h计算，备检率按20%计算，每正线公里（双线）的列车购置费指标如表4-58所示。

列车配属及购置费指标表　　　　　　　　　　　　　　　　　表4-58

区间长度(m)	配车数（列/km）			购置费（万元/km）		
	80km/h列车	100km/h列车	120km/h列车	80km/h列车	100km/h列车	120km/h列车
1000	2.03	1.97	2.00	7902	8054	9008
1500	1.65	1.56	1.58	6438	6378	7127
2000	1.46	1.35	1.35	5706	5518	6065

续表

区间长度（m）	配车数（列/km）			购置费（万元/km）		
	80km/h列车	100km/h列车	120km/h列车	80km/h列车	100km/h列车	120km/h列车
2500	1.35	1.23	1.20	5267	5002	5379
3000	1.28	1.14	1.10	4974	4658	4932
4000	1.18	1.04	0.97	4608	4228	4374
5000	1.13	0.97	0.90	4388	3970	4039

（3）不同最高运行速度对车辆维修成本的影响

本书中车辆检修费用单价按购置费的比例进行计算分析，取大修35%、架修15%、定修3%、三月检1%、双周检0.1%。列车检修周期和检修费用指标如表4-59所示。

车辆检修周期及费用　　　　　　　　　　表4-59

修程	检修周期（万km）			检修费用（万元/辆）		
	80km/h列车	100km/h列车	120km/h列车	80km/h列车	100km/h列车	120km/h列车
大修	120	120	150	227.5	238	262.5
架修	60	60	75	97.5	102	112.5
定修	15	15	15	19.5	20.4	22.5
三月检	3	3	3	3.25	3.4	3.75
双周检	0.5	0.5	0.5	0.65	0.68	0.75

按车辆寿命为3个大修周期，并只做2次大修计算，各修程检修费用摊到每车每公里检修费用指标如表4-60所示。

车辆检修费用指标　　　　　　　　　　表4-60

修程	检修次数（次）			检修费用（万元/辆）		
	80km/h列车	100km/h列车	120km/h列车	80km/h列车	100km/h列车	120km/h列车
大修	2	2	2	455	476	525
架修	3	3	3	292.5	306	338
定修	18	18	24	351	367	540
三月检	96	96	120	312	326	450
双周检	600	600	750	390	408	563
合计				1801	1884	2415
指标[元/(车·km)]				5.00	5.23	5.37

注：修理费指标为车辆寿命周期中，每车每公里的分摊修理费用。

（4）不同最高运行速度对车辆基地的影响

列车最高运行速度对车辆基地的影响主要在于配属列车数量对车辆段用地、停车及检修库面积、辅助设施规模等的影响。参考《城市地铁工程项目建设标准》中对车辆基地用地指标的规定，取平均用地指标为 $750m^2/$ 辆，征地及拆迁费用按 100 万元/亩估算；土石方及路基工程费按 $500元/m^2$ 估算；房屋建筑按配属车数量直接影响范围内的面积指标 $200m^2/$ 辆、单价 $4000元/m^2$ 估算；配属车数量按表 4-61 计算。

车辆段投资影响指标表　　表 4-61

项目	单价（元/m²）	数量（m²）	工程投资指标（万元/辆）
用地	1500	750	112.5
路基土石方	500	750	37.5
房屋建筑	4000	200	80
合计			230

（5）不同最高运行速度对建设和运营成本的影响分析

原则一，车辆使用寿命 30 年，不考虑残值，平均折旧法计算折旧率为 3.33%。

原则二，隧道使用年限 100 年，不考虑残值，计算折旧率为 1%。

原则三，车辆段建筑使用年限 50 年，不考虑残值，计算折旧率为 2%。

按以下条件计算每百人每公里的成本指标：

①平均全日列车开行对数 200 对/d。

②列车定员按站立定员标准 $5人/m^2$ 考虑，6 辆编组定员 1260 人，平均满载率 30%，平均载客 378 人/列，即每辆车的平均载客量 63 人次。比较项下每百人公里的固定资产折旧和运营成本指标如表 4-62 所示。

固定资产折旧及运行成本分析表　　表 4-62

区间距离（m）	牵引能耗（kW）	车辆折旧（万元）	车辆维修（万元）	区间土建折旧（万元）	车辆段折旧（万元）	合计（万元）
列车最高运行速度 80km/h						
1000	3.24	4.77	7.94	1.81	1.01	18.77
1500	2.51	3.89	7.94	1.81	0.83	16.97
2000	2.14	3.45	7.94	1.81	0.73	16.07
2500	1.93	3.18	7.94	1.81	0.68	15.33

续表

区间距离（m）	牵引能耗（kW）	车辆折旧（万元）	车辆维修（万元）	区间土建折旧（万元）	车辆段折旧（万元）	合计（万元）
列车最高运行速度80km/h						
3000	1.78	3.00	7.94	1.81	0.64	15.17
4000	1.60	2.78	7.94	1.81	0.59	14.72
5000	1.49	2.65	7.94	1.81	0.56	14.45
列车最高运行速度100km/h						
1000	3.35	4.86	8.31	1.81	0.99	19.32
1500	4.17	3.85	8.31	1.81	0.78	18.92
2000	3.46	3.33	8.31	1.81	0.68	17.59
2500	3.04	3.02	8.31	1.81	0.61	16.79
3000	2.76	2.81	8.31	1.81	0.57	16.26
4000	2.41	2.55	8.31	1.81	0.52	15.60
5000	2.20	2.40	8.31	1.81	0.49	15.20
列车最高运行速度120km/h						
1000	3.26	5.44	8.52	1.81	1.00	20.03
1500	3.55	4.30	8.52	1.81	0.79	18.98
2000	3.53	3.66	8.52	2.17	0.67	18.56
2500	3.63	3.25	8.52	2.17	0.60	18.17
3000	3.31	2.98	8.52	2.17	0.55	18.53
4000	2.91	2.64	8.52	2.17	0.49	16.73
5000	2.67	2.44	8.52	2.17	0.45	16.25

（6）不同最高运行速度的时间价值分析

通过计算不同最高运行速度的列车在不同区间长度下的走行时间，再乘以乘客的平均出行时间价值，可计算每百人·公里的时间成本。参考符韦苇等《基于MNL模型的城市公共交通出行时间价值估计》的分析成果，2005年北京市居民出行时间价值估算为9.26元/h，考虑经济发展，以下按15元/h进行出行时间成本分析，结果如表4-63所示。

（7）列车最高运行速度选择

根据上述分析的数据，可以得出不同最高运行速度列车在不同区间长度下的成本差异和节约时间价值比较，如表4-64所示。

时间成本分析表 表4-63

区间长度(m)	时间成本[元/(百人·km)]		
	80km/h	100km/h	120km/h
1000	29.71	28.63	29.20
1500	26.06	24.23	24.66
2000	24.23	21.93	21.83
2500	23.13	20.54	19.90
3000	22.40	19.62	18.67
4000	21.49	18.46	17.13
5000	20.94	17.77	16.20

成本—价值分析表 表4-64

区间长度(m)	增加成本[元/(百人·km)]		节约时间价值[元/(百人·km)]	
	100~80	120~100	100~80	120~100
1000	0.54	0.71	1.08	-0.58
1500	1.95	0.06	1.82	-0.43
2000	1.52	0.97	2.30	0.09
2500	1.26	1.38	2.59	0.64
3000	1.09	1.27	2.79	0.95
4000	0.87	1.13	3.03	1.34
5000	0.75	1.05	3.17	1.57

从上表可以看出，在平均出行时间价值为15元/h条件下，区间距离超过1.5km时，最高运行速度100km/h较80km/h具有优势；当区间距离大于3.5km时，最高运行速度120km/h优于100km/h。

（8）运行速度选择总结

1）在平直线路，最高运行速度匀速巡航时间10s的条件下，列车最高运行速度80km/h、100km/h和120km/h的最小区间长度分别为1000m、1500m和2500m。

2）牵引能耗、车辆购置费、车辆检修成本、盾构区间土建投资和车辆基地投资等百人每千米的成本指标，总体上最高运行速度越高，成本越高，但呈非线性关系。

3）速度提高获得的时间价值与增加的成本关系为，当区间距离在1.5km以内时，最高运行速度100km/h列车有一定优势，但需要降速运行；当区间距离为

1.5～3.5km时，100km/h最高运行速度具有优势；当区间距离达到3.5km及以上时，120km/h最高运行速度具有优势。

4）乘客出行时间价值与当地的经济发展水平、客流性质、平均乘距等直接相关，需要专门的计算分析。根据线路的具体情况进行模拟计算，得出更符合实际的旅行时间、成本以及乘客平均出行时间价值等数据，并综合考虑线网资源共享等因素，选取最优列车的最高运行速度。

4.3.10 车辆段工程

（1）车辆段各分部造价对比（表4-65）

车辆段各分部造价对比表（单位：万元）　　　　表4-65

项目	二八线嘉禾车辆段	广佛线夏南车辆段	六号线浔峰岗停车场	五号线鱼珠车辆段	四号线新造车辆段
±0.00以下工程	9000	7500	10300	9800	3000
±0.00以上工程	57100	38700	23500	30200	19300
其中土建及装修工程	35000	25000	24000	17000	13000
其中轨道工程	7600	5800	3600	7400	1300
其中电务工程	5500	2100	2400	1800	1900
其中机电及设备安装工程	9000	5800	4200	4000	3100
绿化工程	1100	950	500	700	840
合计	76200	47150	34300	40700	23140

（2）双层车辆段和平面车辆段的主要技术经济指标对比（表4-66）

深圳地铁3号线横岗车辆段技术经济指标对照表　　　　表4-66

项目	双层方案	平面方案	增减
土石方工程（万m^3）	186.4	195.4	-9
铺轨长度（km）	16.9	18.4	-1.5
房屋建筑总面积（万m^2）	22.9	11.7	+11.2
用地面积（hm^2）	18.6	28.5	-9.9
用地面积指标（m^2/辆）	392	601	-209

（3）车辆段大型库房（表4-67、表4-68）

车辆段大型库房常用结构形式优缺点比较分析表 表4-67

序号	结构类型	施工情况	性能	使用寿命	维护费用
1	预应力钢筋混凝土框架	一般	保温隔热性能好，抗震性能好	长	维护周期长、维护费用低
2	预应力混凝土折线型屋架	较烦琐	保温隔热性能好，抗震性能一般，采光通风好	长	维护周期长、维护费用低
3	钢结构	周期快	保温隔热性能差	较短	结构维护周期短，且费用较高，维护期内影响作业
4	网架结构	一般	保温隔热性能差，跨度较大	较短	结构维护周期短，且费用较高，维护期内影响作业

车辆段大型库房常用结构形式工程造价比较表 表4-68

序号	名称	经济指标（元/m²）		
		钢结构屋架	折线屋架	预应力屋架
1	建筑装修	563	580	620
2	结构	458	510	580
3	钢结构屋架	726	131	966
4	预制板屋面	94	412	333
5	基础	139	139	167
	合计	1980	1772	2666

4.4 设计优化

4.4.1 功能需求分析

在分析功能需求时，往往会更多地考虑城市的象征性建筑，而忽略城市建筑的基本功能。大规模城市建筑与单个城市建筑一样，有时城市规划可能把广场做得很好，即象征性的建筑，但是忽略城市建设的基本功能，通常在建设地铁车站时，往往会出现这种情况。

案例：地铁车站的功能分析。

按照功能价值法的思路，车站的基本功能就是上下车，所以它的基本构成要素比较简单。一个公共汽车站就是一个最简单的车站，车站最基本的功能和要求就是要最便捷地集散。

地铁车站建设过程中经常会出现投资失控的现象，车站越大，成本就越高。究其原因，主要是车站的附加功能越来越多，这就需要对车站功能进行分析，主要分析车站的基本必需功能和非必需功能，对于非必需功能可以利用其他的方式去融资。例如，车站附加的商业设施就不是功能必需的，因此不一定要由政府来投资，可以利用其他的方式进行融资，以满足基本功能为目标，就有可能做到最有利于便捷集散。

经分析，最基本的地铁车站的构成要素是：站台、通道、售检票机、站厅、站长室。第一，车站应具备最基本的上下车的站台。例如，日本的农村车站就只有一个站台，并无其他设施，而且因为这里上下车的人不多，站台只有一小段，不需要那么长。第二，就是通道。这个通道是从站台站厅到检票机的，通道有多种形式，可以是走廊、楼梯、电梯、自动扶梯。第三，需要有售检票机和站厅。第四，需要有厕所和站长室。站长室主要是指管理用房，这些就是车站的最基本构成。

上海地铁3号线北延线车站就是按照功能价值法的思路进行建设。对比以往高架车站投资基本在6000万元以上，而北延线的车站工程因采用价值功能法的建设思路，将投资控制在1000万元以内，大大节省投资。但是并不是不需要其他的辅助功能和商业设施，其他功能是通过另外的投融资模式去实现的。北延伸的车站可以让人以最快的速度上下车，检票后直接通过自动扶梯上站台。没有一个车站需要转换自动扶梯和楼梯，这样做完之后，车站的疏散速度很快，由于疏散很快，车站的规模就很小，而地铁的其他设施，比如供电、消防等设施集中放到一个专门的单元里，并把这些功能做成标准模块，这些模块不一定要放到车站里，可以放在车站外。又如牵引变电站，对比以往为了将牵引变电站放进车站，致使车站规模增大，线被拉远，考虑到以上问题，可以考虑将牵引变电站设置在设计计算最合适的地方，这样不仅使成本得到管控，使用、维护、管理的便捷性也大大提高。又如上海市政院设计上海地铁7号线最北边的4个站，起初的方案是过去较复杂的设计方案，每个站不少于2个出入口。后经设计管理团队分析，发现车站高峰小时只有3000人左右，无须每个车站设这么多出入口，因此将出入口缩减成1个，在不影响使用功能的前提下大大降低成本。

4.4.2 模块化设计

（1）模块

模块是模块化设计与制造的功能单元和结构基础，是子系统，通过和其他同样的子系统按照一定的规则相互联系构成更加复杂的系统来实现产品的定制，具有独立性、标准性、组合性和通用性的特征。

（2）模块化

模块化是在对一定范围内的产品进行功能分析的基础上，划分出一系列的功能模块，并通过模块的选择和组合，构成不同的产品，以满足市场不同需求，在进行功能与结构分析的基础上，划分出一系列功能模块，通过不同的组合形式构成不同的类型，以满足需求。

（3）模块化设计的应用

模块化设计已经从一种理念转变为一种较成熟的设计方法，模块化产品方便拆卸和再组装，可以增加产品系列，缩短产品研发和制造周期，节约成本，快速应对市场变化。随着模块化设计的逐渐成熟，该设计方法已经被运用到建筑、家居、电子产品、服装等各个领域。

目前，地铁设备已经实现模块化，某个模块出现问题，不需要将列车拉到车辆基地，只需要把这个出问题的模块拿去检修，车辆是类似于抽屉的一个个模块，只需将这些模块抽出来换上新的抽屉，将新的抽屉拿回去检测，这些已经充分说明车辆已经实现模块化，因此管理人员的维护也需要模块化，如果按照这种思维进行建设，基地的建设将会发生改变，而且这种模块和以往的专业模块是不一样的，可能一个模块有很多专业，也可能是一个专业修理很多不同的模块，这样就不能按照一个模块一个专业的方式去建设。

4.4.3 零部件物流模式

地铁的车辆基地仓库中很大部分是备品备件，如果每条线都建设零部件仓库，不仅占用空间，而且还存在积压的风险。对比上海的波音建设物流中心的模式，这种模式的优点是不需要将资金压在备品备件上，需要的时候可以通过购买的方式取得，不需要的时候都在波音公司中存放。又如奔驰汽车，也是采用零部件物流的模式，在全球各地建立物流中心，需要零件的时候可以通过购买的方式取得，很少有汽车维修商会将奔驰的零件放在几个仓库里，因为把资金压在仓库的备件上是没有必要的，也是不可能的，因此，地铁车辆基地的建设可以借鉴机场和奔驰采用的零部件物流模式，既可以减少风险，又能降低投资。

4.4.4 最新的设计理念——绿色舒适型地铁列车

2018年3月10日，中原首个高端A型地铁项目、郑州唯一环形地铁项目——郑州5号线首列车在中车株洲电力机车有限公司下线。该项目共39列，每列6节编组，时速80km。基于成熟、先进的A型地铁车辆研制平台和打造绿色、舒适型地铁列车的理念，这款列车采用了多项先进技术。通过车辆轻量化设计，整车重量比合同要求减轻了近14t；车辆内外部照明均采用LED方案，较荧光灯节能30%以上；车身填充吸声材料、双层地板、设备边梁悬挂方式等措施降低了列车在运行中的振动和噪声,提高了乘坐舒适性。地板着火屏障时间大于30min,提高了列车安全性。

列车外观和内饰设计充分考虑了郑州的文化特色,外形轮廓呈圆形似5号线的环形线路,白色车身,绿色仿古城墙腰带,客室端部大镜面LED显示屏,既融入中原古典文化,又具有郑州国家中部中心城市的现代与都市感观,整体风格追求展望、求新、变革。

郑州地铁5号线全长40km,覆盖郑州中心城区,属于郑州市城市核心区的环形线路,均为地下线,是郑州中心城骨干线。比B型地铁列车更宽、载客量更大的郑州地铁5号线车辆运行后,将极大地提升郑州城市品位,解决民生需求,带动沿线周边经济发展。

4.5 限额设计

目标价值法类似于设计人员讲的限额设计。设计管理中的目标价值管理是对设施将来运营中的功能目标的确定和目标实现过程的管控,即通过功能目标的确定,在设计院工作开始之前就确定项目的总投资额,并以此为目标开展设计管理的手法。目标价值法的重点并不是(功能目标)价值本身的确定,而是在确定了目标价值后,如何管理好项目的前期工作。

采用目标价值法进行设计管理需要具备两个前提条件:一是设计范围内采用的是成熟技术,或者说该方法只适用于成熟技术;二是设计范围内已经具备较为完整、系统的设计法规和技术标准体系,即具备较好的管理条件。如果管理的项目是一项新技术,比如磁浮交通,或者是法规系统正在发展完善中的设施,比如机场航站楼,就不太可能利用目标价值法。

我国的城市地铁和国家铁路系统是比较成熟的基础设施系统。国家规范和标准已经非常全面,有一套比较完备的管理法规,地铁系统设计计算本身的方法和相应控制的标准,国家都已做详细规定。在这种条件环境下,地铁和铁路建设采用目标价值法是比较合适的,地方建造铁路和地铁都是相差不多,有差异的仅仅是外部环境,如地质条件、城市环境等,因此,很多方面无须深入到项目中做具体的功能价值分析。

利用目标价值法管理项目进行限额设计,有利于对项目概算和预算进行控制,一般都是工程可行性研究报告比预可行性研究报告少、初步设计比工程可行性研究报告少、预算比概算少、决算比预算少。即使某些项目技术上还不是很成熟,但是如果针对总目标和总投资对设计单位严格要求,并做好项目前期工作,也能控制投资规模。

4.5.1 设立投资和设计的目标

在日本，政府只规定安全性法规，所以日本可以在住宅室内看到很陡的楼梯，这是不满足最低标准的，但是这不属于政府的管制范围，因为不是公共建筑，只要用的人能接受，就无关紧要。在国内，因为国家有强制性标准和推荐性标准，所以建设必须符合强制性标准。

上海地铁7号线全长35km，起于宝山区外环路陈太路，止于浦东新区白杨路，途经宝山、普陀、静安、徐汇、浦东新区，全线共设28座车站，包括27座地下车站和1座地上车站。由于上海地铁已经有一套比较完整的法规和标准，我们认为可以使用目标价值法进行限额设计来控制投资。

7号线预可行性研究报告投资是130亿元，工程可行性研究报告超130亿元，因考虑到如果130亿元的总投资，那么每公里造价高达4.64亿元，实在很难接受，于是业主想要减少投资，因此设计团队提议使用目标价值法，对投资进行控制，即按照100亿元的总投资目标进行设计，最终总体设计单位上海城建设计院按照110亿元做出初步设计。

设计单位按照车站、线路、牵引供电、信息与控制系统等投资，按等级进行分解，设计单位按照分解出来的投资标准开展设计，同时还对其他一些子项多的投资做出重大调整。设计管理团队必须将工作做得比较详细，不能简单套用过去数据和标准来设计图纸，比如根据一般的车站乘客量较小，可以设计成一个出入口，投资将大大减少，这说明即使这么大一套系统，只要有完整的法规和标准体系，就可以要求设计院采用目标价值法。

4.5.2 采用相似和相同的"项目标杆"

现在很多项目都可以参照相似或相同的标杆项目。以机场为例，上海机场有4个明确的标杆机场：仁川（金浦）机场、成田（羽田）机场、香港机场和新加坡机场。树立标杆机场后，虽然不要求浦东国际机场和标杆项目一模一样，但是如果项目建设没有一套完善的体系，有些系统可以参考这些标杆机场。

上海机场以前没有任何公务项目方面的经验，也没有相应的管理人员，建设公务基地项目从标杆机场中找出香港机场的公务项目进行研究，制定设计要求，并根据上海机场集团与霍克太平公司的合作协议提出项目的投资要求，开展确定目标价值的设计管理工作。

4.5.3 专业审查

对于设计管理者来说，设计审查的重点主要有两个：一是，是否满足使用要求；二是，投资是否控制得住。那么对照可行性研究的要求审查，组织对设计进行详细的专业审查就是设计管理的核心工作内容之一，也就是对整个项目实施过程的目标价值进行管理。

管理者应邀请专家长期帮助工程进行审图，特别是没有提出详细设计要求任务书的项目，更是审查重点。对于这种按投资总额或者单价进行造价控制的项目，都要请专家和专业人员来审查，这个审查和政府审查不一样，政府偏重于程序的审查，指挥部偏重技术上的审查、可用性的审查和投资进行造价控制的项目，审查在这个项目上的投资可行性以及合理性。

浦东国际机场二期扩建工程期间，邀请常聘和非常聘的专家顾问近30名，对300多个土建设施的设计和200多个招标系统、设备的详细设计进行专业审查。特别是针对这些项目在可行性研究中的投资进行调整，使二期工程的投资一直处于可控状态，同时要求计划财务部门把可行性研究的投资按照"工程实施的包"和"设计分工的块"进行拆分，使这些项目与投资一一对应，以利于对这些目标价值进行管理。

4.6 设计的可施工性

4.6.1 设计前期阶段

通过对工序进行分析，设计前期阶段对项目的改善有显著影响。

项目总进度规划、方案承发包模式的选取和施工方案的选取，是可施工性研究的重点。

（1）项目总进度规划

项目的总进度规划，是对整个项目的总体从宏观上进行规划。总进度规划既要符合国家现行的政策、法律法规，还要考虑经济发展和地区影响等。所以说，总进度规划是否成功直接影响着项目地区乃至国家的总体发展，切实、严谨的总体规划是十分必要的。

1）施工经验和知识的输入对编制总规划有重要意义。尽管是在设计准备阶段，各方面的资料还不完整，但是，项目总进度规划的编制还是需要尽量明确设计、采购和施工阶段的特殊要求，合理地划分各阶段工作，确定各工作的相互逻辑关系，避免在详细设计阶段返工。

拟定项目总进度规划时，主要是从时间上考虑，之后才是从细部考虑。如需要考虑在施工开始之前，设计和采购完成的程度，需要考虑如何尽量减少改建项目对原有设施生产影响的程度，不利的天气条件对施工的潜在冲击也是拟定项目总进度规划时要考虑的主要问题之一。

理想的项目总进度规划，除了可以为施工方提供一个弹性的进度计划外，还能同时满足施工操作对资源的需求。这样，在执行预定的进度计划时，如果施工方遇到意想不到的困难，可以转移到其他部分继续工作，而对甲方而言，需找到一个很好的切入点对项目整体进行控制。而这些仅仅从书本上、规范上找，是很难切合实际的，这就需要有长时间的施工和运营经验的人员参与，并结合理论上的规范制定既符合法规又便于执行的总进度规划。

而缺乏施工经验输入的项目总进度规划，将影响到施工的顺利进行，并可能会导致如下问题：

①项目总进度规划中对某项工作所需要的施工持续时间考虑不周，缺乏弹性，或者没有考虑合理的施工次序，造成工期延长。

②在"分阶段设计、分阶段施工"的情况下，对设计阶段的划分以及对分阶段施工所需要的材料、资源的供应进度考虑不足，将影响到施工计划的编制。例如，设计阶段的划分和阶段性设计图纸提供的进度会对施工单位理想的施工次序有限制，建筑材料供应进度缓慢，导致施工设备闲置，不仅工期延长，成本也不断加大。

③将某些对天气敏感的工作安排在不利天气条件下施工，没有考虑特殊的场地条件对施工可能产生的有利或不利的影响。

2）在拟定项目总进度规划时，相关的施工知识和经验的输入有助于提高施工需要的项目总进度。经验丰富的施工人员能够从施工需要出发，对初始的进度计划以及设计、采购和施工次序进行调整，尽可能地方便施工。

①施工经验和知识的输入能够提高整个项目总进度规划的质量，加大设计和采购工作对未来施工活动的支持程度。

②由于设计方案的修改在此阶段所花费的工作量较小，施工人员尽早参与项目实施过程，可以帮助设计人员尽早认识施工进度的需要，并按需要修改相应设计方案，得到满足现场需求的施工图纸、技术说明以及材料运输的时间，改善项目的可施工性。

需要注意的是，在拟定项目总进度规划时，施工人员应该扮演主动的角色，而不是仅仅将施工经验和知识输入到被动的审核过程中，仅对设计者提供的不同设计替代方案的成本和进度的估算给予技术支持。

"倒溯法"的基本思路来源于施工进度计划中的网络图,其做法就是对网络图的一种优化,所以说,能够对每个阶段的工作内容给予量化是十分必要的。

如果采用"倒溯法"来编制项目总进度规划,所有的进度计划就可以经过项目参与各方的讨论来细化,确定设计、采购中的关键事件的完成时间就建立在考虑施工活动的最迟开始时间和活动持续时间的基础上。其优点在于:项目持续时间缩短;减少现场工作被拖延的时间;能够使设计和采购活动按照合理的优先次序排列;项目参与者对满足实际需要的进度计划目标的认识增强;得到切合实际的工作包分解,工作包分解对于施工进度来说是关键因素,不好的工作分解将导致在工作分解之间过度的依赖性,因此增大工期延误的可能性。

(2)承发包模式对可施工性研究的影响(表4-69)

几种主要承发包方式对可施工性研究的影响　　　表4-69

	DBB模式	DB模式	CM
合同类型	单价和总价合同	单价合同、成本加酬金合同、GMP合同	成本加酬金合同、GMP合同
介入时间	晚	早	早
协调难度	设计和施工人员容易产生对立,影响可施工性的客观性和相关设计返工	承包商承担设计和施工,容易协调之间的矛盾,便于可施工性研究	由于CM公司在项目管理中占有重要地位,设计与施工协调难度比DBB小
承包商	由于参与时间晚,设计与施工分离,承包商对项目前期的决策没有影响,因此在改善项目可施工性方面的创造性也受到限制	承包商承担设计与施工任务,可以按照自己的需要来组织人员实施可施工性研究,对可施工性研究的影响很大,但往往侧重于考虑承包商利益,如施工便利性而不顾及项目的整体目标	介于DBB和DB之间,由于承担CM的公司往往有较多实施可施工性研究的经验,可以弥补业主在实施可施工性研究方面经验不足的缺点
业主	在DBB模式下,可施工性研究通过审计审核来改善项目的可施工性,业主在实施过程中的参与程度较高	业主参与项目管理的机会少,因而对可施工性研究的影响小,得到可施工性研究改善建议的可能性减小	业主参与项目的机会多,在CM公司的配合下,可以弥补业主人员不足的缺点
形式及效果	一般为"非正式"的可施工性研究,由代表业主利益的咨询机构来进行设计审核,缺点是:无论咨询机构的施工经验多么丰富,还是无法提出承包商在利益驱动下提出的改善可施工性的建议,而承包商参与时间较晚,仅能利用价值工程来影响设计,容易造成设计返工	由于承包商对项目影响大,可以保证在项目各阶段研究的连续性,可以积累实施可施工性研究经验的建议,所以可以实施正式的可施工性研究	能够较好地组织利用好各方面的资源,综合考虑各方的利益,系统实施可施工性研究

4.6.2 设计和施工阶段的可施工性应用

(1) 施工方法

1) 施工人员可以提供建议以帮助设计方考虑施工的需求

虽然施工方案的选择通常要在认真熟悉施工图纸、明确工程特点和施工任务、充分研究施工条件、正确进行技术经济比较的基础上做出决定。但是，在施工图纸完成以前，有丰富施工经验的施工人员可以利用过去项目中的经验，尽早判断未来可能发生的问题，确定合适的施工方案。

施工方可以在设计阶段尽早熟悉技术条件，了解工艺生产的要求和设计意图，并把一些主体结构和重要的分部工程的主要施工方案的设想介绍给设计方。

2) 先进施工方法的实施需要设计方的配合

合理地选择设计方案及施工材料可以为选择有价值的施工方法如预制、滑模、预拼装提供有利条件。理想的施工方法往往可以带来成本和进度上的节约。在设计准备阶段，缺乏施工经验和知识的输入，设计方案往往对施工方法的选用欠考虑，因而就会失去这些机会。

(2) 设计的简化

设计的简化有利于提高施工效率，改善项目的可施工性。

安全性、可操作性、可维护性和美学功能等目标通常会限制可施工性研究。但是，适当地修改设计可以提高施工效率、改善项目的可施工性而不牺牲其他的项目目标配合价值工程的使用。有丰富经验的施工人员审查设计方案有助于确定设计方案是否过度复杂、是否有利于提高施工效率，实施"设计简化"应注意以下原则：

① 尽量将构件预拼装。

② 采用普通尺寸和配置的材料，这些材料可迅速获得。

③ 采用简单的易于施工的连接节点，这样对工人的技术熟练程度和施工条件的要求不高。复杂连接不仅延缓施工，还在确认连接的完整性方面带来麻烦。

1) 采用允许在现场调整尺寸的设计方案

例如，在钢结构设计中，双角钢支撑中的垫板一般采用焊接的方式来和角钢连接。垫板在地面焊接后，双角钢之间的距离就确定了。在节点施工时，需要将节点板塞入双角钢内。由于焊接后的垫板限制了双角钢的变形，尺寸不能调整，导致塞入工作有一定难度。对于距离楼、地面有一定距离的支撑上端节点板，这项工作难度更大。为改善可施工性，施工人员推荐的垫板连接设计方案是用螺栓连接来代替焊接方式。采用螺栓连接，双角钢无须在地面连接好后再安装，只需分开定位于节点板两侧,然后将螺栓拧紧即可。

2)采用减少施工工作之间相互影响的设计方案

要注意的是,强调简化的设计不应成为提供缺少必要信息的施工详图的理由,否则,设计深度不够,设计思路反而得不到充分的体现。

(3)重复和标准化

重复和标准化的使用能改善项目的可施工性。

在房屋设备系统、材料类型、施工细部构造、尺寸和标高等方面都可以标准化,以提高现场施工的效率,改善项目的可施工性,价值工程的应用在此也能得到充分的体现。

标准设计是经过国家和有关部门组织专家经过反复研究、试验、制定的,并且是经过多次实践考验过的设计产品。只要设计人员应用合理,设计质量是没有问题的,又因为它是标准化图纸,可以大批量生产,这样既可以提高工程速度,保证生产质量,同时又可以节约大量原材料。据有关资料证明,标准化设计比非标准化设计可以节约原材料,因此,采用标准设计是控制设计工程造价的有效途径之一。

标准化的优点:

①现场操作的不断重复能够积累经验,从而提高劳动生产率。

②大量同类型材料的采购可以获得价格折扣。

③材料种类变化不大,可以简化材料采购和管理。

(4)预制、预拼装

预先确定预拼装的工作范围,设计方充分考虑预拼装的需要,有利于制作、运输和安装,可以改善项目的可施工性。

预拼装的工作必须在设计阶段尽早确定范围。预拼装工作范围是指可以在工地现场外更经济地制作构件的种类和数量。确定范围时,需要进行成本和效益的研究分析。

典型的预拼装效益包括现场劳动生产率提高,可以同时进行多项施工工作,施工安全性提高,容易控制质量以及对脚手架需求降低。但是,预拼装需要采取不同的管理方法,需要支持预拼装的设施,需要解决由于误差积累导致的偏位问题。因此,除尽早决定预拼装的范围外,预拼装的程度也需要尽早定义。

一旦预拼装工作的范围被确定,设计方必须提供设计支持。组合件设计必须有利于制作、运输和安装。在这个过程中,设计方和施工人员必须共同工作以顺利完成任务。

（5）可操作性

缺乏可操作性将严重影响项目的可施工性。进度的拖延、生产率降低以及后续施工活动对已完工部分的破坏，经常是由于设计方案对可操作性问题考虑不周而引起的。

（6）不利天气

保证恶劣天气条件下的施工质量对设计者和承包商来说都是很大的挑战，温差、降雨以及因此而造成的场地泥泞都会对施工造成影响。设计者必须了解这些因素对施工的不利影响，并采用合适的设计方案来减少这些影响。此外，在室外进行的质量敏感的工作必须减少到最低限度。

改善不利天气下项目可施工性的建议有如下几点：

①尽早完成某些场地的铺面工程，减少场地泥泞对施工活动造成的影响。

②对于现场以外的工作，应该要求工厂在系统运输之前进行质量保证审核，这样在现场仅仅需要审核连接件。

③尽可能减少工地油漆的工作量，将模块预先油漆好。

（7）技术说明

施工人员详细审查技术说明能改善项目的可施工性。

技术说明包括对所需材料及设计标准的说明，在缺乏施工知识和经验输入的情况下，技术说明往往缺乏可施工性。

设计者可能会过度严格地限制材料和设备的选择，或者对施工提出过严的要求，有经验的施工人员可以帮助设计人员确定理想的材料和方法。

4.7 设计概算审查方法及内容

设计概算审查方法一般以对比分析法为主，并结合主要问题复合法、查询核实法、分类法。对比分析法包括建设规模、标准与立项批文对比，工程量与图纸对比，综合范围内容与编制方法和规定对比，各项取费与规定标准对比，材料、人工单价与统一信息对比，引进投资与报价进行对比，技术经济指标与同类工程对比等。大型项目的概算需要采取联合审查，层层审查进行把关。

设计概算审查内容应包括：设计概算编制依据的合规性、时效性和适用范围；审查设计概算编制的深度；审查概算编制范围和内容与主管部门批准的建设项目范围和具体工程内容是否一致；如采用分期建设，应审查分期建设项目的建设范围及具体工程内容有无重复交叉，是否重复计算和漏算；审查单位工程的工程量、套用定额、取费是否正确；审查其他费用应列的项目是否符合规定；审查技术经济指标能否符合本工程设计阶段的相关造价水平等。

4.7.1 工程量的审核

工程量是一切费用计算的基础，工程量的真实性和准确性对工程投资的影响较大，因此，初步设计概算审查的重点应首先核算工程量是否合理准确，审核概算中的工程量有无多计或者重复计算，同时，应注意概算定额中的工程量计算规则与工程量清单计算规则的差别性，要注意概算的特点，对概算中考虑不完善或者费用预留不足的子目进行调整和补充。

4.7.2 定额子目的套取审核

设计概算审查应审查定额选用、项目套用是否正确合理，应审查在定额套用中是否忽略定额的综合解释以及发生重复计取等问题，定额套用应与设计图纸符合一致，材料设备价格是否与市场价一致价格水平应合理、客观。取费应按照工程类型分专业确定，研究费用定额及取费文件审核费用计算基数、税金费率是否套用合理。

4.7.3 工程建设其他费用的审核

对工程建设其他费用在审查阶段已经签订合同的，应要求项目单位提供合同，并参照规定的取费标准进行审核，对于已签订且合同额高于费用标准的，要有合理理由。工程其他费用总体的审核应全面，不漏项、不多计，做到客观合理。

4.8 地铁项目设计审查要点

地铁设计审查要点如表4-70所示。

招标是根据地铁项目的特点，首先由招标人编制招标文件，载明所有实质性要求和条件，以及拟签订合同的主要条款等事项，这包括对投标人资格审查的要求、地铁项目的技术要求、投标报价的要求和评标原则与标准等，并且根据投标邀请书或招标公告规定的时间和地点出售招标文件，选择承包商的交易行为。招标文件一经售出就不得退还，除不可抗力等原因之外，招标人在发出投标邀请书或在大众传媒发布招标公告后不得终止招标。招标文件应该采用国际通用或国内公认的技术与标准，不得要求或注明特定的生产供应商及含有排斥或者倾向某些潜在投标人的其他内容。对招标项目的技术标准有国家规定的，招标人在招标文件中应当按照其规定提出相应要求，若招标项目需要确定工期、划分标段的，招标人应当合理确定工期、划分标段，招标文件中均需载明。投标是指投标人或企业响应招标文件要求，利用技术、报价等手段销售自己产品的交易行为。在地铁工程建设项目施工投标中，凡有相应资质和技术能力并愿意按照招标人的愿望、意图和要求承担施工任务的企业或承包单位，通过对市场行情的广泛调查，掌握各种必需信息之后，结合自身技术经济实力，控制好成本、工期、工程质量等关键因素，在招标文件指定的期限内编制投标书、填写报价，向招标人提交投标书，表示承包该项工程的请求。投标人一旦中标，可以按相关规定的条件对部分专业工程进行二次招标，也就是专业分包转让。

地铁设计审查要点一览表　　　　　表4-70

序号	设计编制内容	评审内容	评审依据
一	线路 • 设计说明书 • 设计图纸	**设计依据** 审查点设计文件审查内容： 1. 设计执行的主要现行设计标准和规范； 2. 经过审查合格的地形图、管线图、道路红线图、道路绿线图、河道蓝线图、建（构）筑物调查资料及详细勘察报告、其他工程配套专项报告； 3. 初步设计、评审意见及政府有关部门的批复意见，以及对相关意见的执行情况； 4. 变更设计的变更方案及批准文件。 **技术条件** 1. 列车车型及编组、最高运行速度； 2. 最小平面曲线半径和最小圆曲线长度； 3. 车站站台最小平面曲线半径； 4. 最小缓和曲线长度； 5. 最小夹直线长度； 6. 岔道型号及基本尺寸； 7. 最大坡度； 8. 最小坡度； 9. 最小竖曲线半径； 10. 折返线、停车线最小有效长度； 11. 安全线或安全距离最小长度	《地铁设计规范》GB 50157
二	限界 • 设计说明书 • 设计图纸	**设计依据** 1. 设计执行的主要现行设计标准、规范； 2. 重要的会议纪要等； 3. 其他相关资料等； 4. 外部输入条件，包括车辆技术参数、线路最小曲线半径、各类型道床轨道结构高度、不同地段接触网导线工作高度等； 5. 初步设计、评审意见及政府有关部门的批复意见，以及对相关意见的执行情况	《地铁设计规范》GB 50157

续表

序号	设计编制内容	评审内容	评审依据
二	限界 • 设计说明书 • 设计图纸	**设计标准** 1. 区间及车站最高运营速度（包含瞬间最大速度）； 2. 站台门限界； 3. 车站站台限界； 4. 道岔区盾构管片起点至道岔岔心距离的限界； 5. 区间疏散平台的高度及宽度限界。 **设备及管线的布置细则及注意事项** 1. 审查设备限界及轨旁设备的间隙； 2. 审查区间隧道内管线设备布置； 3. 审查高架区间管线设备布置； 4. 审查车站范围内管线设备布置； 5. 限界紧张地段，设备的特殊布置注意事项。 **纵向疏散空间要求** 1. 疏散平台上方净空应满足最小2m的净空要求； 2. 道床面及平台纵向疏散空间内无妨碍疏散的设备和管线。 **建筑限界的制定** 1. 明挖隧道建筑限界制定的安全、经济、合理性； 2. 圆形隧道轨道结构高度的合理性； 3. 马蹄形断面隧道界面的经济、安全性	《地铁设计规范》GB 50157
三	轨道 • 设计说明书 • 设计图纸	**设计依据** 1. 以线路施工图或调线、调坡后施工图为依据； 2. 设计采用的规范标准和设计中引用的其他标准应为有效版本； 3. 初步设计、评审意见及政府有关部门的批复意见，以及相对意见的执行情况，如有变更，应有充分依据和说明。 **设计说明** 1. 主要设计原则是否适宜、可行，能否确保轨道结构安全、满足环保适合本线情况； 2. 主要设计技术标准是否符合相关设计规范、设计标准，是否适宜、可行； 3. 是否满足城市地铁工程施工图设计文件组成内容及深度的要求； 4. 轨道结构设计： （1）钢轨及材质：钢轨类型及材质是否适宜，能否满足运营使用的需要； （2）扣件及轨枕：扣件结构是否简单、适用，是否易于制造、施工、方便维修，刚度和轨距、水平调整量及绝缘性能是否满足使用要求，是否符合统一类型及标准化；轨枕结构是否简单、易于制造、适用、布筋合理、适合本线情况	《地铁设计规范》GB 50157

续表

序号	设计编制内容	评审内容	评审依据
三	轨道 •设计说明书 •设计图纸	（3）道床及排水：道床形式是否适用、易于施工、道床布筋与排流钢筋结合；道床伸缩缝布置是否适宜、符合设计规范；道床排水沟位置是否适宜，水沟断面能否满足排水要求，全线和泵房处排水是否通畅； （4）道床弹性过渡段：其结构形式能否达到弹性过渡要求，是否简单、便于施工； （5）道岔：道岔型号、结构及其扣件、道床形式能否满足使用需要； （6）无缝线路：无缝线路的强度和稳定性、钢轨伸缩调节器、位移观测桩的设置是否合理、适宜； （7）道路标志及信号标志：标志是否齐全、适用、满足司机瞭望和工务维修的需要； （8）车档及护轮设备：车档及护轮设备的形式及安装位置是否符合设计要求，是否规范、安全可靠、安装和维修方便； （9）车辆轨道结构形式应满足工艺使用的需要；平交道口应牢固、稳定并应符合相关规定； （10）轨道主要工程量是否齐全，备品备料及数量是否适当。 5.新产品、新设备的使用程序、安全性、可操作性； 6.施工方法：所推荐的施工方法是否适宜、适合地铁施工条件、该工程特殊施工环节是否描述清楚	《地铁设计规范》GB 50157
四	车站建筑 •设计说明书 •设计图纸	设计依据 1.当地政府部门批准的规划意见书； 2.当地政府消防部门核准的消防审核意见书； 3.设计执行的主要现行设计标准； 4.其他相关资料等； 5.初步设计、评审意见及政府有关部门的批复意见，以及对相关意见的执行情况； 6.变更设计的变更程序（变更依据、变更内容及批准文件）。 耐火等级 1.地下车站、区间、变电站等主体工程及出入口通道、风道等的耐火等级； 2.地面出入口、风亭等附属建筑物、地面车站、高架车站及高架区间的（建）构筑物的耐火等级； 3.车辆段各建筑物耐火等级。 消防设计 1.防火分区的划分原则、防火分区面积等； 2.防烟分区的划分原则、防烟分区面积等； 3.防火分区安全出口的设置位置及数量、疏散距离等； 4.防火墙、防火门、防火卷帘门、挡烟垂壁、挡烟垂帘等的设置位置和耐火极限要求； 5.消防性能化设计说明	《地铁设计规范》GB 50157

续表

序号	设计编制内容	评审内容	评审依据
四	车站建筑 • 设计说明书 • 设计图纸	**无障碍设计** 1.无障碍设计部位、做法； 2.楼梯、台阶及扶手等的设计要求； 3.无障碍电梯、无障碍专用厕所等内部设施的设计要求； 4.盲道的设计要求。 **建筑材料及构造** 1.采用的建筑材料对环保、耐火极限等的设计要求； 2.楼扶梯下房间及重要设备用房墙、地、顶的防火分隔措施； 3.楼、扶梯挡板高度、强度的设计要求； 4.扶梯开口处的防碰撞安全装置； 5.装修设计时站台层地面装饰层下绝缘处理； 6.地上车站幕墙工程及特殊屋面工程的安全构造要求； 7.穿墙（或楼板）管线的防火封堵措施。 **节能环保** 1.地上车站、车辆段基地内办公及生活管理用房、控制中心等的围护结构节能设计依据和原则； 2.节能设计的技术指标及措施； 3.风亭、冷却塔等的减振、降噪、环保措施	《地铁设计规范》GB 50157
五	地下结构 • 设计说明书 • 设计图纸 • 风险工程专项设计 • 地下结构抗震专项设计	**设计依据** 1.经过审查合格的详细勘察报告，工程涉及地层的主要物理力学参数及结论和建议； 2.符合住房和城乡建设部发布的《市政公用设施抗灾设防管理规定》和《市政公用设施抗震设防专项论证技术要点（地下工程篇）》规定的防灾、抗震等专项论证和专家审查结论； 3.周边环境的调查、探测结果说明或报告，或周边环境评估报告； 4.执行的主要现行设计标准、规范（当有适用的地方标准时，应按地方标准中相关规定执行）； 5.地震安全性评价报告（已进行工程场地地震安全性评价的）； 6.风险工程专项论证的专家意见； 7.地铁建设和管理部门颁发的条例、规定； 8.总体的技术要求、科研成果等其他相关资料； 9.初步设计、评审意见及政府有关部门的批复意见，以及对相关意见的执行情况； 10.变更设计的变更原因、方案及批准文件。 **设计标准** 1.结构（含初期支护结构）的安全等级和结构重要性系数； 2.结构的设计使用年限及检修、鉴定、更换等要求； 3.结构的设防烈度、设防类别和抗震等级； 4.结构的防水标准、抗浮标准、设计荷载标准、人防防护标准、防火要求等； 5.结构所处的环境类别和作用等级	《地铁设计规范》GB 50157

续表

序号	设计编制内容	评审内容	评审依据
五	**地下结构** • 设计说明书 • 设计图纸 • 风险工程专项设计 • 地下结构抗震专项设计	6.结构构件裂缝的控制标准； 7.基坑安全等级、环境保护等级、地下水处理原则、围护结构变形控制要求及围护结构设计重要性系数； 8.盖挖法施工时，盖板上的临时道路等级和车辆参数； 9.盖挖逆作法施工时，盖板中柱与边墙的允许沉降差应明确并计入计算。 **工程材料** 1.混凝土强度等级的确定应综合强度、耐久性、抗震、裂缝控制、防水等因素综合确定。应符合《地铁设计规范》《铁路隧道设计规范》《混凝土结构设计规范》《建筑抗震设计规范》的规定；当结构处于一般环境以外的其他环境时宜采用《混凝土结构耐久性设计规范》； 2.钢筋、钢材的性能及其连接的性能应符合《混凝土结构设计标准》《钢结构设计标准》《建筑抗震设计规范》《钢筋机械连接技术规程》《钢筋焊接及验收规程》等对材料性能的规定； 3.盖挖法施工时，铺盖系统的材料应满足本工程的设计标准； 4.矿山法施工时，应对管棚、导管注浆等掌子面加固材料的性能指标提出要求； 5.地基加固、地层改良等工程，应对材料、施工、质量标准、检测方案等提出要求。 **结构构造** 1.变形缝的设置应采取可靠措施确保差异沉降不影响行车安全和正常使用； 2.构件中钢筋的混凝土保护层厚度的确定，应根据结构类别、环境条件和耐久性要求综合确定，受力钢筋的保护层厚度不应小于其公称直径；当结构处于一般环境以外的其他环境时宜采用《混凝土结构耐久性设计规范》； 3.钢筋的锚固形式和长度，连接的部位、接头率、形式及要求； 4.施工缝、后浇带、诱导缝的设置要求及构造要求； 5.板墙类构件的分布筋、拉结筋的直径、间距及布置形式； 6.吊环的材质要求、锚固要求； 7.主体结构的抗震构造要求； 8.砌体围护结构的抗震构造要求，包括砌块等级、砂浆等级、构造柱设置要求、圈梁设置要求、拉结筋形式、人流通道的加强方法； 9.钢结构构件的除锈标准、防腐、防火涂装。 **施工注意事项** 一般要求： 1.结合结构特点，保证结构的承载力、耐久性、控制裂缝的措施； 2.施工对周边环境影响的控制措施	《地铁设计规范》GB 50157

续表

序号	设计编制内容	评审内容	评审依据
五	**地下结构** • 设计说明书 • 设计图纸 • 风险工程专项设计 • 地下结构抗震专项设计	3.温度、湿度、雨、雪、风等自然环境影响控制措施。 结合工法特点的施工技术要求： 1.基坑工程 （1）支护结构（桩、墙、支撑、临时立柱等）的施工要点及误差控制； （2）架撑、开挖、主体施工、拆撑等步序设计的合理性及步序设计与验算模型的一致性；当基坑开挖面上方的锚杆、土钉、支撑未达到设计要求时，严禁向下超挖土方；采用锚杆或支撑的支护结构，在未达到设计规定的拆除条件时，严禁拆除锚杆或支撑； （3）基坑及施工竖井周边堆载限值和范围，基坑周边施工材料、设施或车辆荷载严禁超过设计要求的地面荷载限值； （4）基坑降水要求应保证施工和周边建（构）筑物的安全； （5）基槽检验及地基保护措施； （6）围护结构与内部衬砌结合面的技术处理措施。 2.矿山法施工事项 （1）对分步开挖施工隧道的施工步序的要求； （2）初支格栅的焊接要求； （3）施作二衬时对临时支撑的拆除要求； （4）二衬和初支的受力转换等； （5）对衬砌背后进行注浆要求，包括：注浆材料和注浆压力、质量标准等。 3.盾构法施工事项 （1）进出洞区、联络通道区及不良地质条件等区域，注浆加固措施的材料、施工、质量标准及检验等； （2）盾构掘进控制参数要求及相关说明； （3）对衬砌背后提出注浆要求，包括注浆材料和注浆压力； （4）联络通道马头门开洞等关键部位的技术措施等。 4.盖挖逆作法 （1）竖向构件的施工应严格控制施工偏差，以及桩（墙）底的沉渣厚度； （2）施工缝、后浇带、施工洞等的留设，不应影响水平构件对围护结构的支撑效果； （3）做好预留、预埋工作，保证连接后的整体性、水密性、耐久性	《地铁设计规范》GB 50157
六	**高架结构** • 高价区间结构 • 设计说明书 • 设计图纸 • 高架车站结构 • 设计说明书 • 设计图纸	**设计依据** 1.采用的设计、施工、验收规范是否为现行版； 2.地震安全性评价评估（已进行工程场地地震安全性评价）； 3.初步设计、评审意见及政府有关部门的批复意见，以及有关意见的执行情况； 4.是否包含地质详勘报告的有关技术参数	《地铁设计规范》GB 50157

续表

序号	设计编制内容	评审内容	评审依据
六	**高架结构** • 高价区间结构 • 设计说明书 • 设计图纸 • 高架车站结构 • 设计说明书 • 设计图纸	**设计标准** 1.结构设计标准：设计使用年限、结构工程抗震类别； 2.线路和车辆条件； 3.桥下净空和桥上限界标准； 4.结构设计标准：环境类别和作用等级、钢筋混凝土结构裂缝宽度、变形和刚度要求； 5.河流和航道要求：洪水频率、河流和航道要求等； 6.结构体系、结构布置、抗震措施。 **主要材料** 1.混凝土强度等级是否符合耐久性设计要求； 2.钢筋规格、钢材牌号、预应力钢束规格是否符合规定； 3.支座规格与支反力是否匹配。 **注意事项** 1.选用的工法与工序是否合理； 2.施工期间地下管线拆改、跨越路基防护措施是否完善； 3.基础施工质量检测要求；邻近既有构筑物如路基施工防护措施是否到位； 4.预应力钢束张拉技术要求是否合理； 5.施工临时措施是否到位	《地铁设计规范》GB 50157
七	**供电** • 供电系统 • 设计说明书 • 设计图纸 • 变电所 • 设计说明书 • 设计图纸 • 电力监控系统 • 设计说明书 • 设计图纸 • 接触网系统 • 设计说明书 • 设计图纸	1.供电工程各专业（供电系统、变电所、电力监控、牵引网、杂散电流防护）的施工设计说明都应按照《城市轨道交通工程设计文件编制深度规定》的要求进行说明； 2.初步设计审批定案的一些主要技术指标应该录入； 3.初步设计专家审查意见和落实情况； 4.牵引网专业的施工图说明中，应有牵引网适用的气象条件（最高最低温度、风速、结冰等），线路条件和运行条件的说明	《地铁设计规范》GB 50157
八	**通风、空调与供暖** • 全线系统设计说明书 • 全线系统设计图纸 • 车站及隧道工点系统设计说明书	**设计依据** 1.设计执行的主要设计标准和规范：不应采用已废止的版本； 2.如果是变更设计应符合变更程序（变更原因、变更方案及批准文件）。 **设计说明** 1.设计计算室内外空气标准； 2.供暖、通风、空调系统说明； 3.总冷、热负荷及冷热源说明； 4.节能设计专项说明	《地铁设计规范》GB 50157

续表

序号	设计编制内容	评审内容	评审依据
八	• 车站及隧道工点系统设计图纸 • 计算书	5.消防设计专项说明（消防性能分析报告）； 6.环境、噪声控制； 7.对施工特殊要求及一般要求； 8.工程总体概况及设计范围； 9.初步设计专家评审意见执行情况	《地铁设计规范》GB 50157
九	**给水排水和消防** • 给水排水及消防给水系统 • 设计说明书 • 设计图纸 • 气体灭火系统 • 设计说明书 • 设计图纸	1.采用的国家、地方现行设计规程、规范及施工验收规范必须是有效版本； 2.消防审批意见； 3.市政给水排水管网的接驳条件； 4.给水、水质、水量、水压标准及要求，排水的水质、水量标准及要求； 5.给水排水方案的确定及给水排水系统说明； 6.与各专业的接口要求； 7.按照《建设工程质量管理条例》要求，设计单位不得指定生产厂和供应商； 8.设计不得采用淘汰产品； 9.设计选择用水器具时必须符合《节水型生活用水器具》CJ/T 164的规定； 10.初步设计专家评审意见及执行情况	《地铁设计规范》GB 50157

第5章 招标采购阶段项目管理

5.1 招标管理要点

5.1.1 地铁工程WBS分解

地铁项目整个建设过程是由多专业、多工种组合而成的，实施过程又可分为相互联系的过程和阶段，为了合理安排招标工作，加强地铁工程的管理，可通过将建设活动中的项目工程及工作活动完整地分解，以合同决定参建各方的权利、义务和所承担的工作范围，将策划的内容和结果以合同的形式呈现。

地铁项目的地上工程不仅限于地铁车站工程，还涉及与城市发展规划相适应的其他功能，比如地铁出入口与四周建筑物的结合，建设过程中要科学安排施工，减少路面的占用时间。地下工程受制于自然条件的影响，施工任务复杂；地铁自动化程度要求极高，大量机电设备的采购、配套、通信、信号、线路等各个系统的衔接复杂，综上考虑，如果结构分解不合理或考虑不全，就会造成工程实施混乱，招标工作落实不到位，影响项目目标的实现，在实际中要重视编制工作并严格执行。

地铁工程的建设有相通的专业和施工方法，通过分析《城市轨道交通工程设计概算编制办法》《城市轨道交通工程投资估算指标》《建筑工程施工质量验收统一标准》中地铁编制单元划分整理出各地铁工程专业的单位工程，根据单位工程、分部分项工程的划分原则及标准进行单位工程、分部分项工程的划分，其中单位工程划分时，当工程规模较大时，可将具有独立施工条件或能形成独立使用功能的部分划分为一个子单位工程。一个单位工程采用不同工法修建时，将单位工程按工法分为若干个子单位工程；当分部工程较大或较复杂时，为方便验收和分清质量责任，可按材料种类、施工程序、专业系统及类别等划分成若干个子分部工程；地铁土建工程的分项工程按主要工种、施工程序的先后或使用材料的不同进行划分。地铁工程系统设备安装分项工程按工种种类、设备组别、系统或区段划分。

根据上述原则，地铁项目单位工程主要分为土建工程、系统设备工程、轨道工程、声屏障工程，土建工程包含车站工程、区间工程、车辆段及综合基地，具体见本书附录A；系统设备工程包含供电系统、信号系统、通信工程、综合监控系统、车辆段系统、电梯及自动扶梯、火灾报警系统、给水排水及消防系统、环境及设备监控系统、自动售检票系统、车辆等，具体见本书附录B；轨道工程划分为正线轨道和车辆段轨道子单位工程，具体见本书附录C；声屏障工程具体见本书附录D。

画出通用的更详细的地铁工程图，为之后各城市的地铁建设提供参考，如图5-1所示。

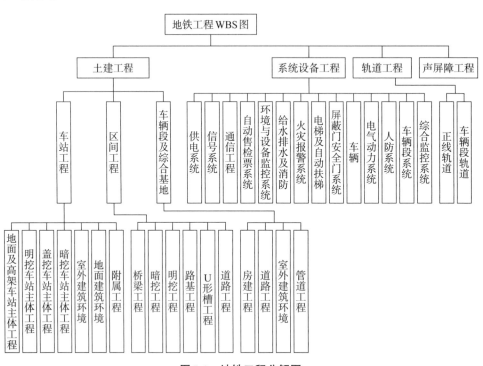

图5-1 地铁工程分解图

5.1.2 承发包模式

建设单位根据WBS将工程活动按不同方式组合发包即确定承发包模式。目前，地铁工程建设过程中常用的发包模式有：平行发包模式、设计—施工总承包模式及PPP模式。

（1）平行发包模式

平行发包管理模式又叫分段承发包模式，是指业主将一个项目的设计、施工或材料设备采购任务分别发包给多个设计单位、建筑施工单位或材料设备供应商，如图5-2所示。

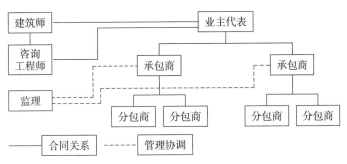

图5-2 平行发包模式图

城市轨道交通工程由于线路长，具备多个标段可同时开工的条件，且业主管理能力较强时通常采用此模式。在这种情况下，各设计或施工单位之间是平行式并列的关系。采用这种发包模式时，业主和多个承包商分别签订合同。

1）平行发包模式的优点

可以充分引入竞争机制，选择能力强的承包商承担相应的实施任务，从而达到提高质量、降低造价、缩短工期的效果；解决了设计跟不上施工的问题，即可做到施工图设计与施工招标同步进行，大大缩短了建设时间。

2）平行发包模式的缺点

业主管理工作量大。业主需要和所有承包商分别签订合同，业主需要明确各个合同界面，同时为多个承包商提供现场实施的条件，协调各合同执行过程中发生的问题，在管理能力有限的情况下，容易造成管理混乱，工程变更较多。由于采用招标图招标，实际施工图的任何改动都会引起变更，另外由于接口太多，稍有遗漏也会产生变更及索赔。

（2）设计—施工总承包模式

项目设计—施工（Design and Build，DB）总承包方式是指业主把一个项目的全过程或其中某个阶段（如全部设计与施工任务）一次性发包给一个承建单位，业主只需选定唯一的总承包商负责项目的设计与施工。业主只是与项目总承包商签订合同，如图5-3所示。项目总承包商可以使用本公司的专业人员自行完成设计和工程施工，也可以将部分设计和工程任务分包给分包单位，总承包单位和各分包商签订合同并负责分包单位的协调和管理，业主和分包单位不存在直接的合同关系。

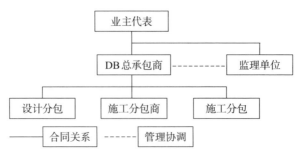

图5-3 DB总承包模式图

1) 设计—施工总承包模式的优点

设计—施工总承包模式采用固定总价合同的方式，合同签订后，总承包商的报价即为项目的固定总价，实行总价包死。这就迫使总承包单位必须通过优化设计、缩短工期、节省投资来产生效益，有动因追求又好又省又快，从根本上杜绝了传统模式下设计方和施工方"低价中标，高价结算"的发生。

例如深圳地铁11号线采取设计—施工总承包模式，设计施工总承包以下浮工程概算11.4%的固定总价合同中标，而采用传统模式的1号线、3号线的结算价均追加约15%，两者相比，11号线至少节约了15%的投资。该模式能够统筹设计施工优势，实施多层次全覆盖的设计施工一体化管理，实现项目全过程设计与施工的"无缝对接"，使设计方案能够与先进的施工技术、工艺和方法结合起来，确保设计方案更合理，更具有针对性。

2) 设计—施工总承包模式的缺点

招标发包难度大，业主需要对招标文件中关于设计—施工部分的内容进行详尽描述，以求投标人对总承包的内容及范围清楚地进行把握；业主对最终设计和细节的控制能力降低；业主将项目全盘委托给总承包管理单位，无法对最终设计和细节进行有效控制；造价较高，由于总承包商承担了设计和施工的风险，不确定因素较多，一般投标人的报价必然会较高。

（3）PPP模式

PPP融资模式（Public Private Partnerships）即"公私合伙制"融资模式，是指公共部门通过与社会资本建立伙伴关系来提供准公共产品或服务，参与各方共担风险的双赢或多赢的融资模式。

如北京地铁4号线，采用PPP A+B模式实施。其中A部分是土建，由政府自行筹集资金实施；B部分是设备，采用PPP模式与社会资本合作实施。

又如天津地铁6号线将项目整体划分为A、B两部分。A部分主要为土建工程的建设投资，占总投资的70%，由地铁公司为主投资完成；B部分包括车辆、信号、自动售检票系统等机电设备的投资和建设，占总投资额的30%，通过招投标的形式选择经济实力雄厚，有着丰富的地铁运营经验和能力的大型企业组建特许公司来完成。6号线建成后，特许公司将负责6号线的运营管理、全部设施的维护和除洞体以外的资产更新，以及站内商业的经营，通过地铁票款收入及站内商业经营收入收回投资。特许经营期结束后，特许公司将B部分设施完好、无偿地交给政府指定部门，A部分设施归还给地铁公司。有些地铁项目还会将前期工作作为A部分，后期工作作为B部分。设计单位负责初步设计及施工图设计，PPP项目公司对施工图设计进行优化和建设。

项目的建设组织模式决定着合同结构和数目，在DB总承包模式下，业主只要与设计—施工总承包商与监理签订合同即可，DB总承包商再根据项目的特点和自身的能力选择是否将其中的部分任务分包，相对来说合同数少，结构简单；平行承包模式下各承包单位的关系是平行的，相对来说合同数目多。

（4）承发包模式选择依据

以上几种项目建设组织模式有其特点及利弊，在选择时应根据实际情况和要求，综合分析项目本身的特殊性、业主自身情况、业主融资能力、建设组织模式和建筑市场承包商的综合实力等因素决定。

1）工程的组成结构和规模

大型建设项目有多个相互联系又相对独立的子项目，业主选择建设组织模式的范围较为宽松，可以把整个项目划分成若干个具有相当规模的分项目平行发包；或者在第一层次就将项目划为若干个标段，采用DB模式等。

2）建设组织模式的适用性

每种组织模式的范围都有所限制，项目实施周期长，而工期要求又紧的项目，采用设计—施工总承包模式比较适合。风险大、不确定性高的项目，不适合采用该模式，因为该模式承包商风险大，不利于目标达成。从风险分配上来看，平行承发包模式中，业主承担任务量重，相应风险也大，设计—施工总承包模式中，业主承担的风险相对最小，在其他模式中，将工程委托给几个主要的承包商，业主承担的风险相对大一些。业主的管理能力和经验、业主自身管理水平对选择承发包模式至关重要，平行承发包模式，合同数目多，要求业主方具有较强的组织协调能力；设计—施工模式下虽然合同数量和业主的组织协调工作量少，但因此时双方对项目实体没有明确的认识，合同条款不易明确确定，容易造成合同纠纷，合同管理难度大，业主结合自身的管理能力选择恰当的承包方式。

3）承包商的能力

承包商是建筑产品的生产者和组织者，能否成功采用某种组织模式取决于承包商的管理水平和能力，特别是在设计—施工承包模式下，如果难以找到具备承接集成化模式所需工作能力的承包商，业主采用这种模式将会冒很大风险。

4）业主融资模式

地铁工程的建设需求资金极大，一般都会面临资金的大缺口，政府会采取与民间资金结合的方式进行融资。业主资金来源紧张时可将融资工作交给有能力的承包商，一般会选择有较高施工技术水平、资金雄厚的和有较高融资能力的总承包商，那么，大型项目一般会采取总承包模式，将地铁涉及的设计、施工、监理等环节交由项目公司全面负责。

5.1.3 标段的合理划分

标段划分是工程施工组织筹划的关键内容，划分的粗细不仅影响建设管理单位人员及相关资源的投入，决定着标段市场竞争力的强弱。其划分应考虑工作难度、工作量大小、标段接口管理、市场上合格承包人的数量和资源满足情况，以获得良好的竞争结果。

标段划分比较小，对非常有实力的潜在投标人参加投标竞争缺乏吸引力，即便是有实力的投标人中标，也难得重视该项目，不会投入有实力的施工队，这就影响到工程建设方方面面，没有实现招标工作的初衷，标段划分多，则招标工作量就大，很难降低招标成本，其经济性就打折扣了，此外，承包商过多使得施工相互干扰大。如果标段划分比较大，对投标人的资金实力和施工能力要求很高，会限制一些有一定实力的投标人投标，投标的竞争性减弱，也容易发生围标、串标等违规行为。中标后，各标段之间施工竞争小，可能会形成"中标前，业主说了算；中标后，承包商说了算"的情况，对包含多种专业的施工标段，专业技术队伍的作用很难发挥，不利于工程建设与管理。

设计单位的招标一般采用设计总包单位招标或工点设计招标的形式。在实际操作中，土建工程的招标与土建工程监理同时进行，设备系统招标与设备监理同时进行。

土建工程可采用分标段招标，也可采用大标段招标，采用分标段招标时土建工程标段的划分一般依据工期的紧张程度、车站的大小、区间的长度、施工顺序等进行合理划分，在划分标段上，应有利于施工工程的安排，基本可采用一站一区间、两站一区间、单位工程等进行标段的划分。

设备采购分系统招标。设备系统采购主要是进行机电安装招标、车辆设备采购、弱电系统招标以及设备监理招标，其中车辆一般进行单独采购。设备采购安装在设备标段的划分上，主要是考虑到设备系统的相关性，一般以通信、信号、屏蔽门、综合监控、自动售票为一个弱电标，为系统的联调联试充分考虑设备标段的划分。

地铁项目施工标段划分如图5-4所示。

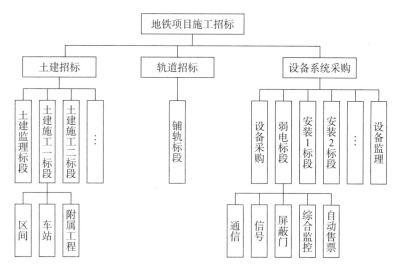

图5-4　地铁项目施工标段划分

在地铁项目建设中，设计—施工平行发包模式应用较为成熟，例如南京地铁1号线一期工程土建标段中，除盾构二标、三标外，盾构一标和其他标段均采用的是设计—施工平行承包，完成施工图设计后，再依据图纸对施工承包商进行招标，但这种模式业主管理的难度和风险较高。考虑到盾构工程的特殊性和复杂性，传统的设计施工平行承包模式易造成由于设计图纸与现场不符而影响项目的顺利进行，在以后的施工中除了1号线一期工程车站和区间施工的承包模式以设计—施工平行承包为主，盾构二标、三标两个盾构区间采用的是设计—施工总承包，由业主提供初步设计，承包商在此基础上完成施工图设计与施工。最新统计发现，由于采取了设计—施工总承包模式，有效地减少了合同支付费用变更，取得了良好的经济效益。

因此，在涉及土建工程的盾构施工时，宜采用设计—施工总承包模式，有利于弥补传统设计—施工平行发包模式下与现场不符而影响项目的顺利进行。

【举例】

（1）项目概况

以济南轨道交通R2线一期工程为例，济南轨道交通R2线为东西向市域快线，连接西客站片区、济南站、东部新城及章丘城区，提供东西向快速出行，支撑城市总体规划东西向发展的理念。R2线为东西横向，19个站点从西向东依次为：王府庄站—任家庄站—腊山站—西二环站—闫千户站—八里桥站—万盛北街站—宝华街站—长途汽车站—生产路站—历黄路站—历山北路站—二环东路站—辛祝路站—西周家庄站—开源路站—烈士陵园站—济钢新城站—彭家庄站（图5-5）。施工范围含区间、车站、出入口等土建施工。

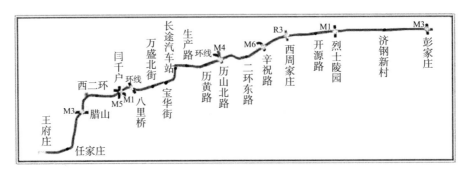

图5-5　地铁线路图

（2）标段划分原则

标段划分应考虑工作难度、工作量大小、标段接口管理、市场上合格承包人的数量和资源满足情况，以获得良好的竞争结果。

（3）标段划分结果

济南轨道交通R2线一期土建工程，正线长度约36.3km，划分为10个标段（表5-1、图5-6）。

地铁标段划分　　　　　　　　　　　　　　　　　　表5-1

序号	标段内容	中标合同额（万元）	标段工期（日历日）	中标单位
一	5295m 1站2区间：王府庄站（不含）—任家庄站—腊山站（不含）	58352.0261	1186	中铁上海工程局集团有限公司
二	3805m 2站2区间：腊山站—西二环站—闫千户站（不含）	69523.2176	974	中铁五局集团有限公司
三	1329m 2站1区间：闫千户站—八里桥站	70875.8554	975	中铁二十一局集团有限公司
四	3240m 2站3区间：八里桥站（不含）—万盛北街站—宝华街站—长途汽车站站（不含）	49298.5058	1095	中铁三局集团有限公司

续表

序号	标段内容	中标合同额（万元）	标段工期（日历日）	中标单位
五	3639m 2站2区间：长途汽车站站—生产路站—历黄路站（不含）	69810.5617	974	中铁十局集团有限公司
六	964m 2站1区间：历黄路站—历山北路站	89223.5003	912	中铁四局集团有限公司
七	5835m 3站3区间：历山北路站（不含）—二环东路站—辛祝路站—西周家庄站（不含）	70386.6675	1034	中铁十二局集团有限公司（济南城建集团有限公司）
八	3671m 2站2区间：西周家庄站（不含）—开源路站—烈士陵园站（不含姜家庄停车场及出入场线）	71970.7341	1034	中国中铁航空港建设集团有限公司
九	8014m 1站2区间1出入线：烈士陵园站（不含）—济钢新村站，济钢新村站—彭家庄站区间地下段，姜家庄出入线	78713.6201	1106	中铁二局工程有限公司
十	1170m 1站1区间：济钢新村站—彭家庄站区间高架段、彭家庄站	17023.6342	610	中国建筑第八工程局有限公司

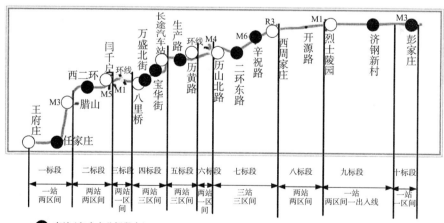

图 5-6 地铁标段划分

5.1.4 招标方式

招标方式是招标单位在工程项目招标工作启动前首先要决策的事项之一。招标方式选择的正确与否不仅决定了整个招评标工作的合法性，还对业主的利益乃至中标的结果产生决定性的影响，以下是对三种招标方式的风险分析和对策。

（1）公开招标

公开招标是指招标人以招标公告方式，邀请不特定的符合公开招标资格条件的法人或者其他组织参加投标，按照法律程序和招标文件公开的评标方法、标准选择中标人的招标方式，依法必须进行货物招标的招标公告，应当在国家指定的报刊或者信息网络上发布。

根据国家发展改革委第16号令《必须招标的工程项目规定》第二条，全部或者部分使用国有资金投资或者国家融资的项目包括：

1）使用预算资金200万元人民币以上，并且该资金占投资额10%以上的项目；

2）使用国有企业事业单位资金，并且该资金占控股或者主导地位的项目。

公开招标的优点在于可以在较大范围内的投标者中选择报价合理、信誉良好、工期较短的承包商，承包商之间平等竞争充分，有利于承包企业不断提高经营管理水平、提高施工质量和降低工程造价。因此，大型工程项目的招投标一般都采用这种公开招标的形式，有的大型工程甚至在国际范围内招标。但是，公开招标也存在缺点，对业主而言，公开招标在资格预审和评标时存在工作量较大、招标成本高、招标周期长的问题，业主从招标公告发布，到对大量投标单位的资格预审，再到合格投标人的评定标，这个过程往往需要很长的工作时间，并且这种方式下业主对中标单位不太了解，增加了日后协调困难以及合同履行中承包商违约的风险。如果采用公开招标方式，招标人应严格预审投标单位资格，综合考察投标人的资质、信誉，包括管理、经济和技术等方面能力，侧重评价投标人是否在总体能力上适合招标工程的要求。

（2）邀请招标

邀请招标是指招标人邀请符合资格条件的特定法人或者其他组织参加投标，按照法律程序和招标文件公开的评标方法、标准选择中标人的招标方式。邀请招标不必发布招标公告或招标资格预审文件，但应该组织必要的资格审查，且投标人不应少于3个。

1）《招标投标法》规定，国家发展改革委确定的重点项目和省、自治区、直辖市人民政府确定的地方重点项目不适宜公开招标的，经国家发展改革委或省、自治区、直辖市人民政府批准，可以进行邀请招标。

2)《招标投标法实施条例》规定，国有资金投资占控股或者主导地位的依法必须进行招标的项目，应当公开招标；但有下列情形之一的，可以进行邀请招标：

①技术复杂、有特殊要求或者受自然环境限制，只有少量潜在投标人可供选择。

②采用公开招标方式的费用占项目合同金额的比例过大。

有本款所列情形，属于规定的需要履行项目审批，由项目审批、核准部门在审批、核准项目时做出认定；其他项目由招标人申请，有关行政监督部门做出认定。

1)《工程建设项目勘察设计招标投标办法》规定，依法必须进行勘察设计招标的工程建设项目，在下列情况中可以进行邀请招标：

①项目的技术性、专业性强，或者环境资源条件特殊，符合条件的潜在投标人数量有限。

②如采用公开招标，所需费用占工程建设项目总投资比例过大的。

③建设条件受自然因素限制，如采用公开招标，将影响项目实施时机的。

2)《工程建设项目施工招标投标办法》规定，国家发展改革委确定的重点项目和省、自治区、直辖市人民政府确定的地方重点项目，全部使用国有资金投资，国有资金投资控股或者占主导地位的工程建设项目，应当公开招标；有下列情形之一的，经批准可以进行邀请招标：

①项目技术复杂或有特殊要求，只有少量几家潜在投标人可供选择的。

②受自然地域环境限制的。

③涉及国家安全、国家秘密或者抢险救灾，适宜招标但不适宜公开招标的。

④拟公开招标的费用与项目的价值相比，不值得的。

⑤法律、法规规定不宜公开招标的。

3)《工程建设项目货物招标投标办法》规定，国家发展改革委确定的重点项目和省、自治区、国务院发展改革部门确定的国家重点建设项目和各省、自治区、直辖市人民政府确定的地方重点建设项目，其货物采购应当公开招标；有下列情形之一的，经批准可以进行邀请招标：

①货物技术复杂或有特殊要求，只有少量几家潜在投标人可供选择的。

②涉及国家安全、国家秘密或者抢险救灾，适宜招标但不宜公开招标的。

③拟公开招标的费用与拟公开招标的节资相比得不偿失的。

④法律、行政法规规定不宜公开招标的。

采用邀请招标方式的，招标人应当向三家以上具备货物供应能力、资信良好的特定的法人或者其他组织发出投标邀请书。

邀请招标的优点是业主的招标工作量较小，招标成本降低，招标时间缩短，还可以降低合同履行中承包商违约的风险。但其缺点也是明显的，因为经验和信息资料等的局限性，竞争范围缩小了，即投标单位比较少，也会把一些可能的竞争者排除在外，使招标单位对投标单位的选择余地较少，如果招标单位在选择被邀请的承包商前所掌握信息资料不足，使业主失去了可能获得更低报价、技术上更有竞争力的潜在承包商的机会，因此，邀请招标方式在大型工程招标过程中很少应用。

（3）议标（也称协商议标）

对不适宜公开招标或者邀请招标的特殊工程，经县级以上地方人民政府建设行政主管部门或其授权的招标投标管理机构批准，建设单位可以选定一般不少于两家（含两家）其所熟悉并信任的承包商，通过个别协商的方式达成协议，签订施工合同。这种方式适合于专业性比较强的特殊工程，议标可以省去招标的各项费用，但其存在的风险主要是选择的范围小，竞争报价的效果得不到发挥，我国《招标投标法》没有明确议标的法律地位。

《招标投标法》规定，招标分为公开招标和邀请招标，重点项目不适宜公开招标的，经国家发展改革委或者省、自治区、直辖市人民政府批准，可以进行邀请招标。这就从实质上规定了重点项目一般都应进行公开招标，作为重点工程的地铁项目，除车辆、信号等少量设备系统因国产化特点及可供选择的具备资格的投标单位数量有限，经国家发展改革委批准后可采取邀请招标外，其余均应选择公开招标的方式。

考虑到地铁项目各类投标人众多，一般应在招标公告中规定对潜在投标人进行资格审查，并通过发售资格预审文件的方式，对潜在投标人的履约能力进行初步审核，用综合比选的方式确定合适数量（一般为4~6名）的投标人参加正式投标。在地铁项目的招标实践中，这种通过资格预审的公开招标，还能解决许多操作中的难题。国外一般通过两阶段招标、议标等方式解决，而我国《招标投标法》未予采用，如在复杂的机电设备系统或地下工程招标中，地铁项目划分很多标段，招标时很难确切地拟定技术需求及技术规格，或招标时招标人想通过对拟采购货物、工程、服务的技术和商务条件等广泛征求建议来完善招标需求，这时，采用有资格预审的公开招标方式，就能针对一系列问题通过资格预审及其相应的澄清活动，对潜在投标人进行调研谈判以确定有利于项目的各种技术规范或商务条件，并将此写入正式的招标文件再行招标。对部分潜在投标人较少且招标需求明确的标段，也可采取随招标公告一次发售招标文件，并通过资格后审的方式对潜在中标人进行确认。

5.1.5 合同风险

工程承包合同按计价方式的不同分为三大类型，即总价合同、单价合同和成本加酬金合同，下面分别分析业主在各种合同类型中的风险特性，即纯合同风险。

（1）总价合同风险

总价合同是依据工程说明书和图纸，明确各分项工程的工程性质及其工程量的基础上，承发包双方按照商定的总价签订的工程施工合同。由于总价合同中招标人无须计算工程量，在实际施工中只需计算工程量的变更即可，合同管理较容易。但是，确定分部分项工程内容及各项技术经济指标是其前提，所以子项划分和分部分项工程量计算将耗费大量时间，从而会拖长投标的准备时间，甚至延长设计周期，总价合同又有不可调值总价合同和可调值总价合同两种。

①不可调值总价合同。依据图纸及有关规范规定，合同双方协商一个固定总价，一口包死，在合同履行期间，合同双方均不能以工程量、机械设备、材料价格、工资等变动或者地质条件变化、气候异常等理由，提出增减合同总价的要求，除非设计范围变更，才可以随之相应调整。对业主来说，由于图纸和工程说明书还不够详细，不确定性因素较多，材料市场价格也不稳定，承包商肯定会增加不可预见费，以此防范不确定性因素带来的风险，投标报价因此提高。此外，业主失去了因工人、材料、设备价格下调而降低工程成本的机会。

②可调值总价合同。依据有关规定、规范，以及工程图纸、招标文件，在合同履行期间，工料成本若因通货膨胀等原因而增加，在不变合同总价的基础上，以相应增加一些必要的调价条款的方式予以调整。通常调价条款分为两种形式：一是业主对实际施工时的人工、材料、设备等成本与合同签字日的差异全部予以补偿；二是规定人工、材料和设备等成本如增幅超过某一程度时，业主才对超过部分给予补偿，即承包商承担小幅变动风险，成本大幅变动风险由双方分担或完全由业主承担。业主通过这种方式可以降低承包商的投标报价，但需要承担建设期间通货膨胀等风险，如果工料成本增加大，工程造价将会大大提高。

（2）单价合同风险

在工程内容、技术经济指标一时不能明确或图纸不完整但是需要马上开工时，即工程量还没比较准确计算出来，又要避免业主或承包商任何一方承担过大的风险，这种情况下采用单价合同比较合适。在国际工程承包中普遍采用的土木工程施工合同便是单价合同。在实践中，单价合同有以下两种形式估量工程量单价合同。业主委托有资质的造价咨询机构计算出总工程量估算表，列出分部分项工程量清单，让承包商在此基础上填报单价，项目完成后按照实际完成工程量计算总价。这种方式要求估计的工程量与实际完成的工程量不能有实质性变更，工程量清单对投标人是一样的，业主只需要审核单价，相应承担的风险较小，但是遇到工程量增减幅度大时，工程成本就会增加，造成业主损失。另外在实践中，业主往往很难精确计算工程量和确定变动幅度多大才算是实质性变更。纯单价合同中业主仅仅列出有关分部分项工程名称、范围和计量单位，不对工程量做出规定，由承包商按照清单项填报单价，经双方洽谈后签订单价合同，项目完成后，根据合同单价及实际完成工程量结算工程价款。采用这种方式，业主必须对工程子项的划分做出明确规定，以便承包商定价，不然要承担因工程量不明确而可能引发的成本增加风险，同时，对于在不同工种间分摊的工程费和难以计算工程量的子项，可能会产生相关索赔事件。

（3）成本加酬金合同风险

成本加酬金合同就是根据项目实际发生的成本，包含人工、材料、施工机械使用费，其他直接费和施工管理费以及各项独立费，但是不包含承包商的总包管理费和应缴税金，加上协商的总包管理费和利润确定总价的合同。采用这种方式，业主的风险主要是承包商对降低成本不积极和不能有效控制工程成本，而且，准确确定承包商的实际成本也有很大困难并存在许多问题和漏洞。成本加酬金的做法一般有四种形式：

成本加固定百分比酬金合同，业主对承包商用于工程的实际直接成本全部据实补偿，同时，按实际直接成本一定百分比计算酬金作为承包商的利润。这种方式使承包商所获利润与工程成本成正比，业主的风险主要是承包商故意提高成本以增加利润，因此一般很少采用。

成本加固定酬金合同。业主承担项目实际直接成本，承包商的利润是事先商定的一笔固定金额。这种合同方式虽然不会使承包商故意提高成本，但是承包商也没有积极性降低工程成本，业主面临可能无法降低成本的机会风险。

成本加浮动酬金合同是指合同双方事先协商一个目标成本，承包商所得为成本加利润酬金。要是实际成本小于目标成本，除实际成本加利润酬金之外，承包商所得还可根据成本降低部分额外获得一笔酬金；如果实际成本高于目标成本，业主依据成本增加额度，从承包商应获实际成本加酬金中扣除部分酬金。对业主来说，这种方式不会承担太大风险，业主控制成本比较容易，并激发了承包商最大限度降低工程成本的积极性，因此在实践中应用较多，但一般合理、准确确定目标成本比较困难。

最高限额成本加固定最高酬金合同。承发包双方首先确定最低成本、报价成本和最高限额成本，如果实际成本小于最低成本时，承包商的实际成本和应得酬金均可以得到支付，除此还分享一定比例的成本节约额。如果实际成本介于最低成本和报价成本之间，承包商只能得到实际成本和应得酬金；如果实际成本介于报价成本和最高限额成本之间，承包商只能得到实际成本；如果实际成本超过了最高限额成本，承包商得不到其超出的部分。使用这种合同方式，有利于业主管理成本风险，激发承包方最大限度地降低工程成本，但在实践中，其风险在于很难合理、准确确定最低成本、报价成本、最高限额成本和固定最高酬金。

不可调值总价合同通常适用于工期比较短一般不超过一年，对工程各方面要求非常明确的建设项目，业主可以通过明确分部分项工程范围、内容及工程量，提供完善的施工图纸来减轻这种合同方式的风险。可调值总价合同则一般适用于工期较长通常超过一年，明确规定工程内容和技术经济指标的项目，业主可以通过规定适当的调价变动幅度来减轻其风险。估量工程量单价合同通常适用于工程性质比较清楚，但工程任务和要求标准还不能完全确定的项目，目前国际上在实践中采用较多。对于这种合同方式，业主可以通过规定工程量极限变动幅度来防范风险，只有当工程量变动幅度超过极限幅度时，才可以适当调整单价。纯单价合同方式则一般适用于施工图还未设计出来，工程量也不明确，但是需要马上开工的紧迫工程项目，这种合同方式下，业主可以通过明确分部分项工程范围、内容和工程量，提供完善的施工图纸来减轻其风险。

成本加酬金合同方式在实践中一般适用于工程内容和其技术经济指标在开工前尚未完全确定，但是工期紧急需要立即发包的工程，或者是业主和承包商相互信任，而且在某些方面承包商具有专业技术特长和经验的工程。对于其中的成本加固定百分比酬金合同和成本加固定酬金合同方式，业主可以通过在合同中增加一些补充条款，比如奖励条款等，以激发承包商的积极性以降低成本。

对于合同计价方式风险，业主应根据工程项目的特点和实际情况，适当选择计价形式，减轻项目的合同风险。例如，如果工程施工条件较好，工程量变化又比较小，施工工艺及技术成熟的项目，其风险量不大，采用固定价合同方式可以求得承包商在投标竞争中较低的报价；如果是工程量变化较大的项目，采用可调价合同较好，即在工程量可能变动的幅度范围内采取不同的结算单价；如果招标阶段某些材料的市场价较高，这样的项目就需要在合同中增加材料的调价条款，因为招标阶段到施工阶段还有一段时间，在这一段时间内价格已经较高的材料降价可能性比较大，而继续涨价的概率较小。

5.1.6 评标方法

目前，最常用的方法有两种，即经评审的最低投标价法和综合评标法。

（1）经评审的最低投标价法

经评审的最低投标价法是指经过评审，能够满足招标文件的实质性要求，投标报价最低的（低于成本的除外）投标人中标的评审方法。此法简便，适于技术要求普通的招标项目，经评审的最低投标价法工作流程如图5-7所示。

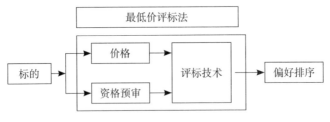

图5-7 最低价评标法流程图

在评标过程中，存在发包人设置标底和发包人不设置标底两种情况，发包人设置标底时，即复合标底评标，复合标底的公式为：

$$A=kB+(1-k)\times c$$

式中，A为评标价的复合标底；B为投标人的标底；k为招标人设置的标底的权重；c为投标人报价的有效平均值。将技术标进行打分后按照反比关系，即得分越高调整的价格越低的原则，将原有商务报价进行调整后取报价最低的投标者为中标人。

（2）综合评标法

综合评标法是最大限度满足招标文件中规定的各项综合评价标准的投标，应当推荐为中标候选人的评标方法。对不宜采用经评审的最低投标价法的招标项目，一般都采用综合评标法。综合评标法工作流程如图5-8所示。

在很多情况下，为了综合考虑技术、报价等多方面因素，常用的评价方法是综合评价法，这样有利于发挥评标专家的作用：

综合评分$=F_1A_1+F_2A_2+\cdots+F_nA_n$

式中，F_1，F_2，$\cdots$，F_n分别为各项评分因素的汇总得分；A_1，A_2，$\cdots$，A_n分别为各项评分因素所占的权重，其中$A_1+A_2+\cdots+A_n=1$。

评标步骤如下：

①制定评分标准。评分标准的制定一般是在招标投标行政管理部门的指导

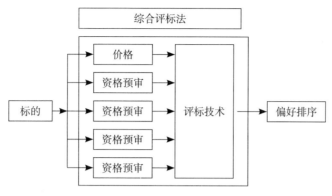

图5-8 综合评标法流程图

下,由招标人或招标代理机构完成。为规范招标投标行为,各行业和各地方招标投标行政主管部门发布了评分标准,供招标人选用。

②组建评标委员会。在评标前,招标方需要组建评标委员会,并对评标委员会的名单做好保密工作。根据《评标委员会和评标方法暂行规定》的第九条,评标委员会的人数由5人以上的单数组成,其中技术、经济等方面的专家不得少于成员总数的2/3。

③评价打分。在评标过程中,由评标专家依据评分标准对各投标方的相关指标进行打分,当遇到无法评分的情况时由评标专家自行判定给分,或经评标委员会讨论,综合权衡各方意见决定。

④合计总分。评标委员会将标书的各项评价指标得分汇总,计算各投标方投标文件的总分。评标委员会推荐最大限度满足招标文件的投标人作为中标候选人。

5.1.7 评标程序

一般包括:评标准备—符合性检查—技术评审—商务评审—投标文件澄清(根据需要可随时进行)—综合评价—编写评标报告,推荐中标候选人。

(1)评标准备

评标准备的主要工作包括组织准备和业务准备两方面的工作。评标的组织准备工作,就是在评标前依法组建评标委员会:

①评标委员会总人数应合法,必须是5人以上单数;评委会中的技术、经济等方面的专家不少于成员总数的2/3,而且招标人和招标代理机构以外的技术、经济等方面的专家不少于成员总数的2/3。

②评标专家符合法定条件:一是从事相关专业领域工作满八年并具有高级职称或者同等专业水平;二是熟悉招标法律法规,并有与招标项目相关的实践经

验；三是能够认真公正诚实廉洁地履行职责。

③对专家的选择，凡有条件的一般项目，可以采取随机抽取的方式。对技术特别复杂、专业性要求特别高或者国家有特殊要求的招标项目，采取随机抽取方式确定的专家难以胜任的，可以由招标人直接确定。

④有下列情况之一的，不得担任评标委员会成员，已经进入的应当更换：投标人或者投标人主要负责人的近亲；项目主管部门或者行政监督部门的人员；与投标人有经济利益关系，可能影响评标公正评审的；曾因在招标、评标以及其他与招标投标有关活动中有违法行为而受过行政处罚或刑事处罚的。

评标业务准备工作，主要是应认真研究招标文件，了解熟悉评标标准、评标方法等具体规定，同时按招标文件规定的招标方法，提前设计印制评标专家必须使用的有关表格、文件资料及计算器具等事项，以提高评标工作效率。此外，应提供良好的评标环境，排除外界干扰，做好保密工作。

（2）符合性检查

符合性检查的主要任务，是要审查每一投标文件是否对招标文件提出的所有实质性要求和条件做出响应，检查投标文件是否完整、有效，是否与招标文件的要求相一致，要审查并逐项列出投标文件的重大偏差。对投标文件中有下列情况之一的，其投标作为重大偏差将被拒绝：

①未按招标文件要求提供投标担保或者所提供的投标担保不符合要求的；

②投标文件没有投标人授权代表签字和加盖公章的；

③投标文件载明的招标项目完成期限超过招标文件规定期限的；

④明显不符合技术规格、技术标准要求的；

⑤投标文件载明的货物包装方式、检验标准和方法等不符合招标文件要求的；

⑥投标文件附有招标人不能接受的条件的；

⑦不符合招标文件中规定的其他实质性要求的。

（3）技术评审

技术评审的主要任务，是比较审查投标人完成招标项目的技术能力与实力，审查投标人的施工方案的可行性和先进性、施工进度计划及保证措施的可靠性、质量保证体系及其措施的完整性、劳动力计划及主要设备材料与构件用量计划的合理、安全措施的可靠性与完善性。如有分包的，应当审查分包商的资格和是否有完成分包工程的能力与经验等。

（4）商务评审

工程施工招标商务评审的主要任务是要评审投标报价，它包括投标报价的校核、审查全部报价数据计算的正确性、分析单价构成的合理性、有无严重不平衡报价。如果是有标底招标评标，还要与标底价格进行对比分析。此外，在商务评审时，还应注意有无提出与招标文件合同条款相悖的要求或对合同条款有无重要保留等情况与问题。只有通过技术评审的投标文件，才能进入商务评审。

（5）投标文件澄清

在评标过程中，若对投标文件的内容有含义不清或有必要请投标人对这些问题做出情况说明的，评委会可请投标人进行澄清与说明，需要澄清的问题和投标人对所提问题的答复，都应当以书面的形式，而且投标人的书面答复必须经其法定代表或授权代理人签字，并作为投标文件的组成部分。在对投标文件澄清过程中，不允许对投标报价等实质性问题进行任何改动。

（6）综合评价

综合评价是在上述评标工作的基础上，也就是对已经通过符合性检查、技术评审、商务评审的投标人的投标文件进行综合比较与分析，选定中标候选人的过程。在进行综合评价时，由于选用的方法不同，实际运作做法也各不相同。但总的来说，都是对技术部分和商务、价格部分进行量化后，评委会对这些量化结果进行加权，算出每一投标的综合评估价或者综合评估分，进行比较与排序。

（7）编报评标报告，推荐中标候选人

评标委员会依据评标原则和评标办法，对投标单位进行了资格审查，对能通过符合性审查、技术审查和商务价格评审的投标文件，逐个进行全面的比较与综合分析，按权重分值（或评标价）的高低，排列出这些投标人的高低名次。一般情况下，都可比较顺利地、公正合理地向招标人提出推荐的中标候选人（1～3名），并应向招标人（招标代理机构）提交书面评标报告。

评标报告应当如实记载以下内容：

①基本情况和数据表；

②评标委员会成员名单；

③开标记录；

④符合要求的投标一览表；

⑤废标情况说明；

⑥评标标准、评标方法或者评标因素一览表；

⑦经评审的价格或者评分比较一览表；

⑧经评审的投标排序；

⑨推荐的中标候选人名单与签订合同前要处理的事宜；

⑩澄清说明事项纪要。

评标委员会在评标过程中，如发现投标人少于3个或者全部投标被否决的，应当建议招标人重新招标。评标委员会向招标人（招标代理机构）提交了书面评标报告后，评标结束，评标委员会即告解散。

其中某大型项目工程的评标流程如图5-9所示。

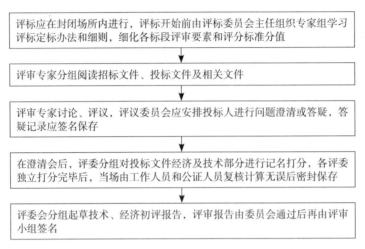

图5-9 某大型项目工程的评标流程图

5.2 评标管理要点

评标时，对投标人编制的技术标进行认真、负责地评审，选择一个方案可行、技术可靠、报价合理、社会信誉好、类似工程经验丰富、综合实力强的施工队伍是保证工程建设顺利推进的有效手段。通过评审技术标，提出可能的优化方案，对提高工效、缩短工期和节省投资可以起到相当大的作用。对地铁工程技术标的评审首先看投标文件在质量承诺、工期保证方面是否响应招标文件，不响应者为废标；如果响应，则应评价施工方案的可行性、进度的可靠性、质量管理体系和保证措施的可操作性。

5.2.1 各种施工方法的施工风险分析

地铁施工的技术方案和工艺非常复杂，对施工方案的理解以及工艺的把握非常重要，不同地质条件下的施工方法不同，任何操作上的不足或失误均会给工程建设带来风险。

（1）选择合理的结构形式和施工方法

1）明挖法施工

明挖法风险一般有基坑坍塌，基坑近接建（构）筑物破坏，基坑近接各类管线或管线悬吊保护损坏人工挖孔桩施工，影响基坑围护桩侵入限界，基坑止水帷幕桩墙出现大面积渗漏水，高大模板支架结构失稳，重物打击与高空坠落各类机械、电气设备伤害、有毒有害气体等。

2）浅埋暗挖法施工

对浅埋暗挖隧道工程风险，归纳起来有：工作面突泥、涌砂、大面积渗漏与流水；工作面塌方和冒顶；穿越或近接各类建（构）筑物施工破坏；穿越或近接河流施工；穿越或近接各类管线施工；富水砂层或砂卵石层隧道施工；软流塑地层或非降水条件下隧道施工；超浅埋隧道施工；初支拆除长度与顺序；敷设防水与二衬模板支架结构稳定性；竖井"马头门"与大小断面转换段施工；重物打击与高空坠落；各类机械、电气设备伤害；有毒有害气体等。

3）盾构法施工

地铁盾构法隧道工程施工的风险分析的主线是建造竖井、盾构拼装、盾构出洞、盾构推进、管片拼装、同步注浆及二次注浆、盾构推进、盾构进洞、嵌缝、封手孔、防水堵漏、质量检查与评定、钢模与管片制作，还有施工监测、地基加固、盾构机检测与维护等环节，结合隧道工程建设的盾构选型、地质条件、水文条件、周围建筑和构造物、地下管线、交叠隧道等可以进行详细地风险识别。

通常来说，存在以下几种结构形式和施工方法的组合：①场地比较宽敞且地下管线不多的地区，施工工期容许在一年内的，适合采取明挖法施工，该法施工技术成熟，施工安全性好。②如果基本符合上述条件但是不容许长期占用现场的，可以使用盖挖法或明挖法倒边施工。③在管线众多不易拆改，导流或交通繁忙的交叉路口的地区，可以采用暗挖法施工。但要尽可能避开重要和危险的管线。该法占地小，施工难度大，造价高，风险也大。④穿越铁路、水系、建筑物的地段，区间隧道施工以盾构法为好。⑤地质较好、埋藏较深，并容易降水实现无水施工的，适宜采用暗挖法，反之则使用明挖法。无论采用哪种方法都要反复进行论证，根据实际优化做到经济技术合理和易于施工。

（2）地铁施工监测

在地铁施工中加强工程监测，进行必要的安全风险评估咨询工作是规避地铁施工风险的重要手段。实践表明，在地铁施工中加强工程监测及安全风险评估咨询工作，是保证地铁施工安全和工程质量十分重要的举措，可以有效地避免施工过程中可能发生的事故，最大限度地保证施工安全。在招投标阶段主要是通过对监测的组织机构及其能力、监测体系（含监测项目和监测设备的要求）达到对后续施工风险的控制。地铁建设施工工艺复杂，影响施工安全的因素众多，因此，对施工监测的要求也比较全面。地铁施工周期长，环境复杂，监测项目多，内容全面，因此，因地制宜、灵活选择合适的监测技术方法和监测设备，高效率、实时获取高精度的监测数据十分重要。

5.2.2 投标文件安全标的评审

在工程设计和施工评标中，除商务标和技术标外，施工风险也是应当考虑的一个重要方面，评标可以列入安全风险管理来评定安全标，即招标人在评估投标书时通过技术、工艺、安全及进度等方面来评估投标书的施工风险，同时加大安全风险管理的投入，并在有关预算及定额中明确安全风险管理的相关费用，确保安全风险管理费用在整个工程建设费用中占有合理的比例，且明确为"专项提取"，不列入商务标，并且加强审计和监管，确保这些费用切实用于安全风险管理工作。

5.2.3 不平衡报价风险的管理

不平衡报价是业主在工程量清单计价模式下面临的最大风险之一，主要通过对分项工程的单价调整，达到三个主要目的：一是获得合同利润甚至是超额利润；二是提前收回工程款；三是减少贷款利息支出甚至获得存款利息。

不平衡报价对承包商是风险和利益共存，如果判断正确，承包商可在合同执行过程中获得更多利益，如果判断失误，则将招致重大损失。而无论哪种情况对业主都是有害的，前者业主将难以控制工程费用，工程施工前期出现"超付"，工程结算时出现"额外支付"，后者由于承包商经济利益受损，进而影响工程进度和质量。

目前，对不平衡报价风险的控制方法有很多，也都比较有效，主要有以下两种：一是通过招标文件的约定，限制其中标；二是在招标文件中约定，投标人必须无条件接受业主对不平衡报价的调整。需要说明的是，可以通过合同条款来减少当某些分项工程量变化较大时对业主的影响，如在价格上给予必要的调整的相关约定，从而防范数量不平衡报价给业主造成的风险。因为数量不平衡报价带来的不仅包含静态投资的变化，也包含了动态投资的差异。而时间和变更不平衡报价，只会对动态投资影响较大，不会带来静态投资的变化，但是我们也应该关注这些不平衡报价风险的识别。

不平衡报价风险是业主在地铁工程招投标过程中需要管理的主要风险之一。本书对不平衡报价风险的定量识别方法简单、实用、工作量小。在实际工作中利用计算机进行数据处理，确定综合单价的合理报价范围、通过控制其报价幅度识别不平衡报价风险，将会大大提高评标的效率和降低地铁工程项目的业主风险。

同时，不平衡报价风险还可以通过提高招标图纸的设计深度和质量、工程量清单编制质量、限制不平衡报价中标、制定严密合理的评标方法、完善合同条款、严格控制施工过程中的设计变更等措施进行防范。

5.3 承包商选择

5.3.1 资格预审

（1）资格预审的意义

在建设市场上，业主和承包商之间存在着信息不对称：业主更多地了解自己的私人信息（如营造意图和财务支付能力等），而对承包商的技术水平、质量差异、管理能力等了解较少。根据斯宾思的信号发送理论，对技术水平高、信誉好的企业进行筛选，降低逆向选择的风险，让潜在的投标人先发送信号，使招标人对企业的资质、业绩、财务状况、人员配备等有较全面的了解，使得信息不对称影响消减。实践中，这一程序叫作资格预审。所谓资格预审是指招标人在发出投标邀请书或者发售招标文件前，按照事先确定的资格条件标准对申请参加投标的投标候选人的资质、业绩、技术水平、财务状况等进行审查，选择合格投标人的活动。资格预审的目的是为了创建一份具有适当的经验、资源、能力和愿意承建该工程的候选承包人名单。招标人根据工程的特点、规模、地理位置和时间要求，按照公开性原则，以文件形式明确资格条件标准、资格预审申请书的格式和内容，投标申请人按招标人要求的格式和内容提供资料，招标人按照资格预审文件中公开了的评审方法进行评审，按照择优选择的原则确定合格投标人名单。理论上讲，资格预审合格的投标人中的任何一个投标人都应当具备能够按照合同要求完成招标项目的能力。

《招标投标法》第十八条规定："招标人可以根据招标项目本身的要求，在招标公告或者投标邀请书中，要求潜在投标人提供有关资质证明文件和业绩情况，并对潜在投标人进行资格审查；国家对投标人的资格条件有规定的，依照其规定。"国家发展改革委等七部委30号令《工程建设项目施工招标投标办法》（2013年4月修订）和建设部89号令《房屋建筑和市政基础设施工程施工招标投标管理办法》都肯定资格预审这一做法。资格预审也是国际工程招投标的通常做法，世界银行采购指南第2.9款规定："通常对于大型或复杂的工程，或在其他准备详细的投标文件成本很高不利于竞争的情况下，诸如专为用户设计的设备，工业成套设备，专业化服务以及交钥匙合同，设计和施工合同或管理承包等对投标人进行资格预审是必要的。"

（2）资格预审的内容

在资格预审阶段，业主通过综合评价承包商的资质要求、工程经验、业绩，承包商的信誉、财务、技术来选择邀请投标人。

1）资质要求

①设计资质类别及等级

与一般建设项目不同，地铁项目投资规模大、建设时间长、涉及专业广，所以，此类项目设计招标的标段也有很多类型。根据以往上海、杭州、宁波等地的招标情况，大体可归纳为总体设计、工点设计、系统设计和装修设计共四类。

设计资质的标准是《工程设计资质标准》2019修订版，有4个序列共185种（综合资质1种；行业资质21种；专业资质155种；专项资质8种）。但一般与地铁项目设计招标相关的资质只有以下6种：（a）工程设计综合资质；（b）市政公用行业资质；（c）市政公用行业（地铁工程）专业资质；（d）建筑行业资质；（e）建筑行业（建筑工程）专业资质；（f）建筑装饰工程设计专项资质。

总体设计的投标人一般应具有"工程设计综合甲级"，或同时具有市政公用行业甲级和建筑行业甲级两种资质。最低可放宽至同时具有市政公用行业（地铁工程）专业甲级和建筑行业（建筑工程）专业甲级两种资质。

工点设计标视标段内容而定。地铁区间的资质应不低于"市政公用行业（地铁工程）专业甲级"，因为根据《工程设计资质标准》2019修订版的相关规定，"地铁工程"不论规模大小一律归类为"大型项目"，所以，乙级及以下资质的设计单位不能承担。地铁车站按专业归类属"建筑行业"这个系列，但资质等级要求则应根据车站形式确定。地上车站应按"一般公共建筑"，基于"单体建筑面积"这个指标确定其属于哪种规模的项目，如"5000～20000m^2"这个档归类为"中型项目"，此种情况的最低资质要求可放宽至"建筑行业（建筑工程）专业乙级"。同时，根据国内10个地铁项目145座车站建筑面积的数据统计结果，车站单体建筑面积最小的也在5000m^2以上，即一般不考虑"小型项目"这个档的对应资质。如果是地下车站，当前国内通车或在建地铁项目的车站形式主要是地下车站，则应按"地下工程"分类，基于"总建筑面积"这个指标确定项目的规模类型。"大于10000m^2"时应按"大型项目"选择具有"建筑行业（建筑工程）专业甲级"及以上资质的单位承担。至于车站涉及的人防工程因属于附建性质，故涉及此项设计内容的标段除按以上原则确定资质要求外，无须要求投标人同时具有建筑行业（人防工程）设计资质。

系统设计标的资质要求应视标的类型和规模情况而定。一般情况下要求投标人具有工程设计综合甲级、市政公用行业甲级、市政公用行业（地铁工程）专业甲级资质中的任何一项即可（表5-2）。但"供电""通信信号""轨道"这三类标，分别具有铁道行业（电气化）专业甲级、铁道行业（通信信号）专业甲级、铁道行业（轨道）专业甲级的相关资质，如电力行业资质、电力行业（送电工程）专业资质、电力行业（变电工程）专业资质。车站装修设计的资质要求一般定位在"建筑装饰工程设计专项"这个系列，资质等级根据单项合同额的规模而定。按照该系列各等级的业务承担范围，甲级"可承担建筑工程项目的装饰装修设计，其规模不受限制"；乙级"能够承担单项合同额1200万元以下的建筑工程项目的装饰装修设计"；丙级"能够承担单项合同额300万元以下的建筑工程项目的装饰装修设计"。

地铁工程类别和等级表　　　　表5-2

工程类别		一级	二级	三级
市政工程	地铁轻轨工程	各类地铁轻轨工程		

②监理资质类别及等级

《工程监理企业资质标准》分为综合资质、专业甲级资质、专业乙级资质、专业丙级资质。

（a）综合资质：可以承担所有专业工程类别建设工程项目的工程监理业务，以及建设工程的项目管理、技术咨询等相关服务。

（b）专业甲级资质：可承担相应专业工程类别建设工程项目的工程监理业务，以及相应类别建设工程的项目管理、技术咨询等相关服务。

（c）专业乙级资质：可承担相应专业工程类别二级（含二级）以下建设工程项目的工程监理业务，以及相应类别和等级建设工程的项目管理、技术咨询等相关服务。

（d）专业丙级资质：可承担相应专业工程类别三级建设工程项目的工程监理业务，以及相应类别和级别建设工程的项目管理、技术咨询等相关服务。

③施工资质标准及等级

铁路工程施工总承包企业资质分为特级、一级、二级、三级。

特级资质标准：

（a）企业注册资本金3亿元以上。

（b）企业净资产3.6亿元以上。

（c）企业近3年年平均工程结算收入15亿元以上。

（d）企业其他条件均达到一级资质标准。

2）承包商的信誉

信誉好的承包商通常为客户提供优质服务。承包商与各合作方之间的合作关系越稳定、合作时间越长久，表明承包商的信誉越好。如果承包商以往存在未履行合同的失败经历，业主应非常谨慎地考虑是否邀请其参与投标。评价承包商的信誉，可以用近三年承包商未履行合同的次数来衡量。

3）业绩

对业绩方面的评价，主要通过以下三个指标考察，工程竣工质量不合格率、建设成本超过合同价格比率、工期延误率。对每一个指标设置具体的标准，超过这个标准视为业绩方面不合格。

4）财务能力

所谓财务能力，即企业根据其生产经营、对外投资和调整资金结构的需要，通过筹资渠道和资金市场，运用各种筹资方式，经济、有效地筹措资金的能力。对投标申请人财务能力的资格审查是通过对承包商提供的财务报表和会计资料整理考核，弄清承包商执行现有合同的未完工程所占用和需要的资金，分析判断其有无充足的流动资金实施本申请合同，着重看其可用于本工程的流动资金总额能否承担本工程，以及在施工期间万一资金不足时，其解决资金短缺的办法。财务能力是承包商能否保证中标合同完成任务的基础。承包商的财务能力对项目取得成功有着十分重要的意义。如果承包商的财务能力比较弱，没有足够的流动资金来完成项目的建设，或者在建设过程中，因为资金短缺而延误工期，将给业主带来重大的损失。

5）技术能力

评估承包商的技术能力，可以通过承包商的人员状况、机械与设备状况两个方面进行衡量。人员状况主要是指承包商的专业技术人员的数量、职称、学历及其相应的经验。承包商的技术人员要具有与招标工程相应的经验，设计方面的技术人员应具有类似工程的设计经验；施工人员应有类似工程的施工经验。承包商的机械与设备资源状况、主要施工设备方面，从承包商提供的可用于本工程的现有设备以及将购买的新设备，确定其能否在数量及质量方面满足工程施工要求。

（3）资格预审文件主要内容

①法定代表人证明书及法定代表人授权书（若为联合体，联合体牵头方提供即可）。

②企业营业执照（若为联合体，联合体各方均须提供）。

③须持有建设行政主管部门颁发的安全生产许可证（在有效期内，设计单位

无须提供；若为联合体，联合体各施工单位均须提供）。

④项目负责人应具有市政公用或铁路或建筑专业一级注册建造师执业资格，持有有效的安全生产考核合格证（B类），或能够提供该省建筑施工企业管理人员安全生产考核信息系统安全生产管理人员证书信息的打印页。

⑤专职安全生产管理人员具有施工安全考核证书（C类）或能够提供该省建筑施工企业管理人员安全生产考核信息系统安全生产管理人员证书信息的打印页。

⑥投标人已按照招标公告规定格式内容签署盖章的投标申请人声明。

⑦《组织机构表》（若为联合体，联合体牵头方提供即可）。

⑧联合体协议书（联合体投标时提供）。

⑨发包人特别要求在投标人投标递交印刷的资格审查文件时，同时递交电子文件：电子文件单独制作光盘并密封，与资格审查文件正本一并包封。电子文件使用光盘，所有电子文件不能采用压缩处理，所有递交的光盘均必须注明投标单位名称、工程名称、文件名称，其内容应与投标人打印产生的纸质投标文件内容一致，如有不同，以纸质投标文件为准。

5.3.2 竞标条件

（1）商务标（表5-3）

商务标详细审查定档表　　　　表5-3

序号	评审项目 \ 投标单位	投标单位1	投标单位2	投标单位3	……
一	企业能力				
二	企业荣誉				
三	项目负责人资历				
四	项目技术负责人资历				
五	项目安全负责人资历				

1）企业能力

企业能力指近五年在国内承接过（含在建）相似的轨道交通工程承包项目（单个合同项目）。

注：包括控股或具有管理关系的下属公司的施工能力。证明资料须附：合同协议书或竣工验收证明，如合同协议书或竣工验收证明不能反映评审指标，须另提供可证明能力技术指标的其他资料（如业主证明等）。

2）企业荣誉

投标人近五年在轨道交通工程中获得鲁班奖、詹天佑奖、国家优质工程奖、全国市政金杯示范工程等国家级奖项。

注：包括控股或具有管理关系的下属公司的企业荣誉。

3）项目负责人的资历、经验（以相应证书和简历表为准）

应具有市政公用或铁路或建筑专业一级注册建造师资格，高级工程师职称，具有10（含）年以上工程经验；或者具有市政公用或铁路或建筑专业一级注册建造师资格，工程师职称，具有10（含）年以上工程经验；对于达不到项目负责人的资历及经验标准的，评定为具有较差的资质和经验。

4）项目技术负责人的资历、经验（以相应证书和简历表为准）

应具有高级工程师职称，具有20（含）年以上工程经验，具有轨道交通工程项目技术管理经验；或者具有高级工程师职称，具有10（含）年以上工程经验，具有轨道交通工程项目技术管理经验；对于达不到项目总工的资历及经验标准的，评定为具有较差的资质和经验。

5）项目安全负责人资历、经验（以相应证书和简历表为准）

应具有高级工程师或以上职称，持有安全生产考核合格证（C类），具有10（含）年或以上施工安全管理经验，或者具有中级技术职称或以上，持有安全生产考核合格证（C类），5（含）～10（不含）年施工安全管理经验，对于资历及经验达不到标准的，评定为具有较差的资质和经验。

（2）技术标

技术标分若干主要项目进行评审，每个项目根据其重要性确定，主要评审项目如表5-4所示。

技术标评审项目表　　表5-4

序号	评审项目
	技术标评审
一	**勘察方案及技术措施**
1	勘察方案及技术措施
2	区域地质、地质灾害分析
二	**施工图设计**
1	施工图设计管理方案
2	施工图设计实施计划
3	设计重点难点分析

续表

序号	评审项目
三	施工组织设计
1	工程特点、重点、难点分析及专项施工方案
2	总体施工筹划和工期保证措施
3	全线施工组织安排
4	工程前期及场地恢复方案
5	风险防控措施

1）勘察方案及技术措施

①勘察方案及技术措施

可行、可靠、全面、先进、合理，针对性好，措施具体、成熟，对地铁勘察规范、类似线路，尤其铁路勘察规范和其他勘察规范很熟悉，响应招标文件的技术要求，能体现出该单位技术水平高。

②区域地质、地质灾害分析

对区域地质、地质灾害分析详细、合理、正确，并承诺在勘察实施过程中利用建设单位已有的"地质灾害危险性评估报告"及现场勘察情况进行进一步的地质灾害危险性评价，体现该单位了解修建地铁基础地质情况，对该线路所在区域较熟悉。

2）施工图设计

①施工图设计管理方案

施工图管理方案对于本项目的设计、技术管理工作有深入的研究，并对施工图设计管理及协调措施有详细全面的描述，全线接口界面清晰明了，科学合理、可靠性高，针对性和操作性强。

②施工图设计实施计划

根据本工程的工期要求及工程特点，施工图实施计划的编制深入、合理，满足工期。

③设计重点难点分析

根据本工程的特点并结合实际情况，对于重要技术问题、车辆选型、运营组织、区间救援、软基处理等设计重点难点的分析准确、到位。

3）施工组织设计

①工程特点、重点、难点分析及专项施工方案

根据本工程的特点，对施工过程中将会遇到的管理、技术、质量控制以及可

能影响工程进度、安全和文明施工的不利因素分析准确、到位，重点、难点工程的专项技术方案科学合理、可靠性高，针对性和操作性强。

②总体施工筹划和工期保证措施

总体施工部署及施工顺序安排合理、可行，完全满足本项目实施需要；有合理可行的措施，在规定的工期内确保完成合同内所有内容。

③全线施工组织安排

对工程施工顺序规划科学，施工流向合理，工序衔接紧凑，满足工程质量和安全的要求，施工计划合理，能很好地实现施工均衡生产，工期策划合理，满足招标文件里程碑和总工期要求。

④工程前期及场地恢复方案

管线迁改方案、交通疏解方案、场地恢复方案等合理可行，组织机构健全，管理流程简洁高效，解决方案完整、经济、安全、切实可行。

⑤风险防控措施

针对本次招标线路，有较为全面的风险防控措施，应对工期风险、安全风险、质量风险、前期工作风险等，切实可行，利于实现项目目标。

第6章 施工阶段项目管理

6.1 质量管理

6.1.1 土建工程

（1）车站工程

1）基坑开挖方法比选

重难点：

地铁车站建设难度系数较高，建设要求高，安全系数高，因此在施工时，必须对周边环境、施工现场的地质问题和水文问题等进行分析，根据实际情况选择科学合理的施工技术和施工方法，避免出现施工方法有误而导致车站建设的中断，从而被迫更改车站施工方案，造成安全隐患、资源浪费以及工期的延误。

控制措施：

施工方法选择会受到地面建筑物、道路、城市交通、环境保护、施工机具以及资金条件等因素影响。应将施工方法与实际的施工现场相结合进行科学合理地研究分析，从技术、经济、修建地区、施工方法对城市生活的影响等具体条件考虑，合理选择施工方法（表6-1）。

①明挖法施工

明挖法是先从地表面向下开挖基坑至设计标高，然后在基坑内的预定位置由下而上地建造主体结构及其防水措施，最后回填土并恢复路面。明挖法是修建地铁车站的常用施工方法，具有施工作业面多、速度快、工期短、易保证工程质量、工程造价低等优点，因此，在地面交通和环境条件允许的地方，应尽可能采用此种方法，以下为三种施工方法的综合比较。

②盖挖法施工

盖挖法：由地面向下开挖至一定深度后，将顶部封闭，其余的下部工程在封闭的顶盖下进行施工，主体结构可以顺作，也可以逆作。

施工方法对比 表6-1

必选内容		施工方法	盖挖顺作法	盖挖逆作法
投资		工程造价	盖挖顺作法地体车站的临时路面系统增加了工程造价。临时路面如果用高强度、耐久性良好的钢筋混凝土或者钢构件，显然增加了成本。如采用型钢拼装成钢盖板临时路面，虽然结构承载力更大、耐久性更加良好，但是工程的成本会增加很多。此外，顺作法还要施作数道水平支撑，这都增加了费用。相同情况下，顺作法的工程成本是最高的	由于盖挖逆作法不需要横撑，它的顶板、楼板和底板就能提供很大的刚度支撑。虽然工作条件不好，照明通风需要一定的费用，但可节省下安装及拆除钢支撑的费用，使整体的工程造价大大降低
施工		施工难度	相比之下，盖挖顺作法施工难度较小，只需做好施工阶段临时路面的养护和维护，道路需要多次翻交，以及安装支撑、监测支撑内力与拆除支撑，整体上技术要求比盖挖逆作法和半逆作法低	盖挖逆作法地铁车站，竖直力是由工程桩接高的型钢支柱支撑的，以后将立柱外面涂抹混凝土材料作为永久的承重柱。其施工须正确，要求偏差在20mm以内来提高轴线位置与垂直度的精确性，这是施工中必须控制的一个关键点。再者，围护结构和承重柱之间会产生不均匀沉降，这是很难控制的，且盖挖逆作车站防水施工难度高
		施工条件	施工作业面宽敞	施工作业面相对宽敞，施工条件相对较好
		施工期限	盖挖顺作法施工步骤是挖至基坑底部再从下而上地施作主体结构，这非常有益于土方的开挖，能加快建设进展。尽管水平支撑的安装和拆除占用了一定的时间，但并不占太大比例。盖挖顺作法不用处理节点，技术要求简单，工期时间较短	盖挖逆作法在开挖到每层的设计标高时，要及时施作顶板和中板，并没有足够的工作空间，土方的竖向运输不方便，施工作业面小，不利于土方的开挖，所以施工周期较长
		机械操作效率	盖挖顺作法作业实行高度机械化，开挖土方到第一层设计标高，大型机械施工方便。夜晚道路交通无人时，可将活动的路板移开，大型机械设备从坑内可以退挖台阶式作业，土方施工效率很高。没有出土口的限制，大大提高了材料运输的效率	盖挖逆作法中小型挖土机与人工共同作业。人力拖车把土方运输到出土孔下，需运输较大的距离。设计专门的抓土行车将土方吊出，装载到卡车上运出。施作完中板以后，再向下开挖的效率由于施工作业面小和预留孔洞小，效率低下

续表

必选内容	施工方法	盖挖顺作法	盖挖逆作法
施工	支护结构变形	盖挖顺作法采用的支撑也为钢支撑，抵抗变形的效果没有钢筋混凝土的效果好	盖挖逆作法中车站主体的顶板和中板刚度大，有效地支撑了围护结构，而且顶板和中板材料都是钢筋混凝土，具有变形小的特点，对减少围护结构的水平位移，确保围护体稳定起到了重要的作用
对环境的影响	路面交通的影响	盖挖顺作法对交通的影响时间比盖挖逆作和半逆作法影响的时间要长，因为盖挖顺作法的临时路面系统，不仅需要安装、拆卸第一道支撑，还需要安装和拆除盖板之间的限位连接以及盖挖板梁之间的连接等路面盖板，这些都需要占用较长时间	盖挖逆作法在挖至顶板底标高后，需要用土模浇筑顶板。顶板较厚，浇筑混凝土后养护时间较长，一般需要两周左右的时间。在路面系统形成阶段，对路上的交通流通影响是较大的。同时，逆作法施作的顶板既是结构的主体部分，又可以作为横撑限制围护结构变形，施作完成后不需要再拆除。地下管线和路面可以一次性复原，较之顺作法，对地面交通的影响较小

③浅埋暗挖法施工

浅埋暗挖法是目前城市地铁车站施工的重要方法，它是以新奥法原理为基础，通过多种辅助方式相结合来加固地层，然后向下开挖，在开挖后及时进行支护，使其封闭成环状，让支护结构与围岩共同构成保护作用，避免地质出现变形，然后在地下进行施工即可。这种施工方法的优点是：结构具有较强的灵活性；对地表面的建筑、道路、管道等影响较小，占地面积较小，不会影响交通；减少对环境的污染以及对居民生活的干扰。但这种施工方法的缺点是：因施工程序较为复杂，使得施工时间较长；且施工空间不大，使得机械设施无法很好地使用；同时这项方法对防水的要求比较高，需要多种辅助措施共同进行，施工难度大，对施工人员的要求较高。它是不挖开地面，采用在地下挖洞的方式施工，矿山法和盾构法等均属暗挖法。

三种施工方法的综合比较   表6-2

比选内容	施工方法	明挖法	盖挖法	暗挖法
投资	土建费	低	较低	高
	拆迁费	高	高	低
	自动扶梯费	低	低	高
	运营费用	低	低	高
	综合造价	低	较低	高

续表

比选内容	施工方法	明挖法	盖挖法	暗挖法
施工	施工难度	施工简便	技术成熟，难度小	技术复杂，难度大
	防水质量	容易保证	较容易保证	较难保证
	工期	短	较长	长
	安全性	好	较好	较差
对环境影响	商业经济活动	大	较大	小
	城市居民生活	大	较大	小
	地面交通	时间长	时间较短	没影响
	房屋拆迁量	大	大	极少
	管线拆迁量	影响大	影响大	较少

根据表6-2，从功能要求、技术难度、施工质量及经济性等方面出发，明挖法最优，盖挖法次之，暗挖法再次之。明挖法主要缺点是对路面交通影响比较大，而鉴于功能要求、造价和工期等对能否发挥修建地铁的社会效益和经济效益起决定作用，施工期间对环境的影响只是一种短期效应，所以浅埋地铁车站仍首选明挖法施工。

2）避免深基坑变形

①合理选择支护方案

重难点：

若在进行深基坑施工时，容易导致深基坑变形，深基坑变形可以划分成三方面，分别是深基坑围护结构发生变形、坑壁四周一定范围内的地表沉降和坑底隆起变形，深基坑围护结构是抵抗深基坑变形的最主要支护结构，施工过程中需对其进行变形控制，因此应对深基坑的支护进行方案比选。在深基坑开挖过程中，施工难度增大，支护结构的施工质量、支撑体系的架设质量与及时性可能造成基坑本体变形过大，且控制难度也较大，如果处理不当，甚至可能造成基坑失稳等灾难性的后果，因此应合理选择深基坑支护体系，以保证基坑的稳定性，避免因支护结构产生质量安全问题。

控制措施：

应遵循"开挖支撑、先撑后挖、分层分段开挖、分段施作结构、严禁超挖、限时作业"的原则，合理选择支护机构，严格实施，并注意坑内纵向土坡的稳定。

支护结构一般分挡墙支护和支撑（或拉锚）支护。其中，地连墙挡墙可当作地下结构的外墙。结合《建筑基坑支护技术规程》JGJ 120—2012，总结支护结构的主要形式，如图6-1所示。

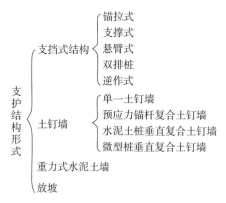

图6-1 支护结构形式分类

地铁工程深基坑支护类型是多样的，选择支护结构类型要考虑很多因素，如基坑的开挖深度、坑壁土体的物理力学性质、地下水位情况、地面荷载的分布与大小、周围环境情况（邻近建筑物及邻近地区地下管线等）、设计的容许变形量等因素。在选择支护类型时，要综合考虑技术、经济、安全和环境等要求，即要做到技术措施得当、经济合理、结构安全，且对环境无害。

根据基坑工程的场地条件、施工条件、土层条件和开挖深度等影响因素，列出适合这些因素的基坑支护结构，并给出对应支护类型的优缺点及注意事项。基坑挡土支护结构常用类型如表6-3所示。

基坑挡土支护结构常用一览表　　　　表6-3

挡土支护结构类型	应考虑的因素			投资	优点	缺点
	施工及场地条件	土层条件	开挖深度（m）			
钢板桩	地下水位较高，邻近基坑无重要建筑物或地下管线	软土、淤泥及淤泥质土	<10m	低	板桩系工厂制品，质量及接缝精度均能保证，基坑有一定挡水能力，施工迅速，能重复使用	打钢板桩地下管线淤泥质桩挤土，拔出时又带出土体层。在砂砾层及密砂中施工困难，刚度较排桩与地下连续墙小。适用于地下水位较高、水景较多、软弱地基及深度不太大的基坑

续表

挡土支护结构类型	应考虑的因素			投资	优点	缺点
	施工及场地条件	土层条件	开挖深度（m）			
H型钢桩加横挡板	地下水位较低，邻近基坑无重要建筑物或地下管线	黏土、砂土	<25m	较低	材料采购容易，施工简单迅速，拔桩作业简单，H型钢桩基坑无重要建筑物或砂土，主桩可重复使用	整体性差，止水性差，打桩加横挡板，地下管线拔桩噪声大，拔桩后留下孔洞需处理，在卵石地基中较难施工，地下水位高时需降水
深层搅拌水泥土桩挡墙	基坑周围不具备放坡条件，但具有挡土的施工宽度，邻近基坑无重要建筑物或地下管线	软土、淤泥质土	<12m	低	水泥土实体相互咬合较好，比较均匀，桩体连续性好，强度较高，施工简便	桩顶水平位移较大，需要较大的基顶宽度
悬臂桩挡土结构	基坑周围不具备放坡条件或重力挡墙的施工宽度；邻近基坑无重要建筑物或地下管线	不限	<20m	较低	受地区条件、土层条件及开挖深度限制较少，支撑设施的构架状态单纯，易于掌握应力状态，易于实施现场检测	挖土工作面不开阔，支撑内力的计算值与实际值不相符，施工时需要采取对策，往往因支撑结构不合理、施工质量差而造成事故
锚杆排桩挡土结构	基坑周围施工宽度狭小，邻近基坑有建筑物或地下管线需要保护，邻近基坑	锚杆的锚固段要求有较好土层，其余不限	<30m	一般	用锚杆取代支撑可直接节省过大作业空间，进行机械施工，开挖面积较大时或开挖平面形状不整齐时，或建筑物地下层高较大时或倾斜开挖且土压力为单侧时，采用锚杆较支撑有利	挖土作业需要分层进行，挡基用地红线以外不允许占用地下空间时，需采用拆卸式锚杆
地下连续墙	基坑周围施工宽度狭小，邻近基坑边有建筑物或地下管线需要保护	不限	<60m	高	低振动、低噪声、刚度大、整体性好、变形小，故周围地层不致沉陷，地下埋设物不致受损，任何设计强度厚度或深度均能施工，止水效果好	工期长，造价高，废液或废土处理困难，需要大型机械设备，移动困难

②合理选择降水方案

重、难点：

基坑开挖过程中，地下水位的变化会对基坑变形产生很大的影响，比如，地下水的变化会直接改变土体的物理参数；地下水位较高时，会降低土体的抗剪强度，使主动土压力增加，造成围护结构变形增大；甚至在一定的水文条件下，基坑可能出现流砂、管涌等工程灾害。因此，基坑施工前应选择合理的降水方案对基坑进行降水处理，以免造成基坑的变形过大，发生质量问题。

控制措施：

基坑开挖前采取合理的坑内降水措施，为保证土体的充分排水固结，保证开挖期间地下水位始终在开挖面以下1m左右，降水应至少在基坑开挖前20天开始进行，并严格控制降水质量，防止承压水引起基底渗流破坏。

沟槽降水方法主要有：明沟加集水井降水、轻型井点降水、喷射井点降水、管井井点降水、深井井点降水等。各种降水方法有其特点和适用情况，比较如下：

a.明沟加集水井降水

明沟加集水井降水是最简单、最经济快捷的降水方法，如图6-2所示。做法为：在管沟的两侧挖出一条明沟，明沟沟底标高低于管沟沟底标高，并设置集水井。带有坡度的明沟，将地下水收集后排入集水井，再通过水泵抽吸至地面上排走，保证了施工时沟底的干作业。

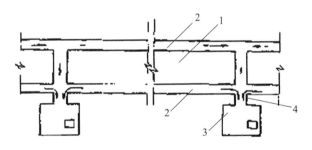

图6-2 明沟排水平面示意图

1—管沟；2—排水明沟；3—集水井；4—集水井进水口

明沟加集水井降水是一种人工排降法，它主要排除地下潜水、施工用水和天降雨水。该方法宜用于地下水位较深，开挖深度小于4m，粗粒土层或渗水量小的黏土层。

在地下水丰富地区，若仅单独采用这种方法降水，由于基坑边坡渗水较多，锚喷网支护施工难度加大，因此，这种降水方法一般不单独应用于高水位地区基坑边坡需支护的工程。

b. 轻型井点降水

轻型井点是一个由井管、集水总管、普通离心式水泵、真空泵和集水箱等组成的排水系统，如图6-3所示。地下水从井管下端的滤水管凭借真空泵和水泵的抽吸作用流入管内，汇入集水总管，流入集水箱，由水泵排出。

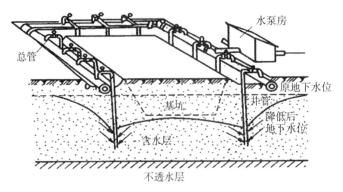

图6-3 轻型井点降水示意图

轻型井点降水可根据地下水水量大小布置井位间距，适合在地下水位较高、水量较大、粉土、亚砂土的管沟降水。该方法降低水位深度一般在3～6m之间，若要求降水深度大于6m，理论上可以采用多级井点系统，但要求基坑四周外需要足够的空间，以便于放坡或挖槽。

c. 喷射井点降水

喷射井点降水是在井点管内部装设特制的喷射器，用高压水泵或空气压缩机通过井点管中的内管向喷射器输入高压水（喷水井点）或压缩空气（喷气井点），形成水气射流，将地下水经井点外管与内管之间的间隙抽出排走，如图6-4所示。

喷射井点系统能在井点底部产生250mm水银柱的真空度，其降低水位深度大，一般在6～20m范围。

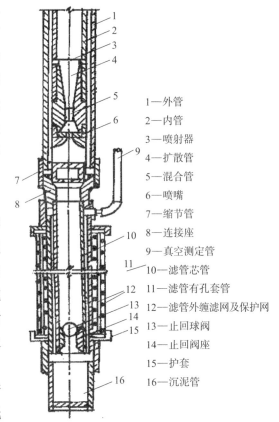

1—外管
2—内管
3—喷射器
4—扩散管
5—混合管
6—喷嘴
7—缩节管
8—连接座
9—真空测定管
10—滤管芯管
11—滤管有孔套管
12—滤管外缠滤网及保护网
13—止回球阀
14—止回阀座
15—护套
16—沉泥管

图6-4 喷射井点降水示意图

它适用的土层渗透系数与轻型井点一样，一般为$0.1 \sim 50 m^3/d$。但其抽水系统和喷射井管很复杂，运行故障率较高，且能量损耗很大，所需费用比其他井点法要高。

d.管井井点降水

管井降水，是在基坑周围布置一些单独工作的管井，地下水在重力作用下流入井中，用抽水设备将水抽走，如图6-5所示。

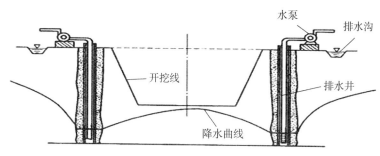

图6-5 管井井点降水示意图

本法具有设备较为简单、排水量大、可代替多组轻型井点作用、水泵设在地面、易于维护等特点。本工艺适用于渗透系数较大（$20 \sim 200 m^3/d$），降水深在15m以内，地下水丰富的土层、砂层，或明沟排水法易造成土粒大量流失，引起边坡塌方及用轻型井点难以满足降水要求的情况。

e.深井井点降水

当降水深度超过15m时，在管井井点采用一般的潜水泵和离心泵满足不了降水的要求，可加大管井深度，改采用深井泵即深井井点来解决。深井井点一般可降低水位30～40m，有的甚至可以达到100m以上。

本法排水量大，降水深(>15m)，不受吸程限制，排水效果好；井距大，对平面布置的干扰小；可用于各种情况，不受土层限制；成孔（打井）用人工或机械均可，较易于解决；井点制作、降水设备及操作工艺、维修均较简单，施工速度快；如井点管采用钢管、塑料管，可以整根拔出重复使用；单位降水费用较轻型井点低等优点；但一次性投资大，成孔质量要求严格。本工艺标准适用于渗透系数较大（10～250m/d）、土质为砂类土（或有流砂和重复挖填土）、地下水丰富、降水深（15～50m）、时间长的深井井点降水工程。

各种降水方案对比如表6-4所示。施工中应根据地下水位高低、地下水量、土壤的类别、降水深度等条件选择相适应的降水方案。

降水方案比选 表6-4

序号	降水方案	适宜降水深度	土壤类别	地下水位	水量	土壤渗透系数（m³/d）	经济指标
1	明沟加集水井	0～4	粗粒土层或渗水量小的黏土层	雨水、地表水及地下水位低	排水量较小	—	成本费用低
2	轻型井点	3～6	粉土、亚砂土及砂土	地下水位较高	排水量较大	0.1～50	占用场地大、设备多、投资大
3	喷射井点	6～20	同轻型井点	地下水位较高	排水量较大	0.1～50	工作效率低、成本高、管理困难
4	管井井点	0～15	地下水丰富的土层、砂层	高	排水量大	20～200	可满足大降深、大面积降水要求

通过上表从地下水位高低、地下水量、土壤的类别、降水深度等角度对各个降水方案进行了分析及对比，选用合适的降水方案至关重要，在工程建设中才能保障工程施工进度、保证施工安全、降低工程造价，有效进行投资管控。

3）结构防水

重、难点：

防水施工是一个复杂的系统工程，防水的效果是地铁工程施工质量的综合体现，直接影响着工程的耐久性和地铁运行安全，车站防水等级为一级。车站分块施工，施工缝众多；如何保证结构防水体系的施工质量控制是重点。

控制措施：

①防水施工由专门领导负责，并成立专业班组专门负责，从组织上加强、重视防水施工。

②做好防水材料、施工技术、质量要求、注意事项的交底，要使施工人员人人心中有数，避免盲目施工。

③对每道工序按工艺细则精心操作，严格检查，凡检查验收不合格者，坚决纠正，绝不迁就。上道工序纠正不合格不准进入下道工序，防水质量对施工进度一票否决。

④止水条粘贴时，保证基面无尘、无污染、干燥，以保证粘贴质量。管片吊运、拼装时注意保护管片表面免受碰撞，确保止水条状态完好。螺栓采用"复拧紧"工艺，确保螺栓孔防水质量。

⑤施工中严格按设计要求做好车站围护结构及接头施工，做好防水第一道防线。

⑥车站及联络通道外包防水按设计要求精心施工，同时做好主体结构施工缝

地方的防水工作，确保防水工作质量，做好防水第二道防线。

⑦在结构混凝土施工时，首先从混凝土的配比、运输、入模振捣、综合控温和及时养护方面进行控制，防止混凝土开裂，即首先确保混凝土自防水，做好防水第三道防线。

4）交通组织

重、难点：

若车站施工中受高架桥影响，地面交通流量大，基坑开挖时需进行交通疏解。

控制措施：

①监督施工单位严格遵守业主制定的施工期间的交通疏解方案，确立以人为本的思想，采取一切措施减少扰民。

②监督施工单位施工前进一步调查施工区段的交通状况，会同交通部门制定详细的出渣进料车辆行走路线和运输作业时间。

③监督施工单位在施工中积极配合交通部门做好施工期间的交通疏解工作。

④监督施工单位在施工期间派专人在施工场地负责疏解交通，确保方案的实现，最大限度减少施工对交通的影响。

（2）区间工程

1）盾构机选型

重、难点：

不同形式的盾构工法各有特点，在施工时选错机型和工法，可能会引发开挖面坍塌、地层沉降和塌陷、涌水等危险。在盾构选型时，针对地层情况充分考虑盾构机刀具的配置、刀间距及密封的设计。

控制措施：

土压平衡盾构和泥水加压平衡盾构是目前盾构法施工中最常用的两种盾构工法，在我国地铁盾构隧道建设中，以土压平衡盾构为主。两种盾构机的特点以及对地质的适应如表6-5、表6-6所示。

盾构类型特点对比表 表6-5

项目	土压平衡盾构	泥水平衡盾构
盾构推力	土层对盾壳的阻力大，盾构推进力比泥水盾构大	由于泥浆的作用，土层对盾壳的阻力小，盾构推进力比土压盾构小
刀盘及刀具寿命 刀盘扭矩	刀盘与开挖面的摩擦力大，故其刀具、刀盘的寿命比泥水盾构要短，刀盘驱动扭矩比泥水盾构大	切削面及土仓中充满泥水，对刀具、刀盘起到一定的润滑作用，其刀具、刀盘的寿命要长，刀盘驱动扭矩小

续表

项目	土压平衡盾构	泥水平衡盾构
推进效率	开挖土的输送随着掘进距离而增加，辅助工作多	掘削下来的渣土转换成泥水通过管道输送，并且施工性能良好，辅助工作少
隧道内环境	需矿车运送渣土，环境较差	采用封闭管道输送渣土，环境良好
经济性	整套设备购置费用低	整套设备购置费用高

泥水平衡盾构和土压平衡盾构对地质的适用性　　　　表6-6

比较项目	土压平衡盾构		泥水平衡盾构	
	简要说明	评价	简要说明	评价
稳定开挖面	通过泥浆及出土量控制使开挖面保持稳定	良	通过泥浆压力和流量控制使开挖面保持稳定	优
地质条件适用性	在砂性土等透水性地层中要有特殊的措施	良	适用于大多数地层	优
抵抗水压	透水性地层中要有特殊的措施	良	靠泥水在开挖面形成的泥水压力抵抗水压	优
止水性	通过渣土管理和使用添加剂	良	在完全密封的条件下施工，不会发生喷涌	优
控制地表沉降	控制好排土量并及时注浆可以较好控制地表沉降	良	地表沉降易于控制	优
渣土处理	直接外运	简单	进行水泥分离处理，泥浆管理难	复杂
施工场地	占用施工场地较小	良	要有较大的泥水处理场地	差
成本	减少了水泥处理设备	低	增加水泥分离设备	高

根据不同地铁沿线的工程地质，隧道埋深范围内岩土工程特性，参考国内外工程实例和经验，还应从对地质的适应性、安全性、可靠性、经济性等方面综合考虑，选择该地区地铁施工方法。盾构类型确定后，还得为其配置合理的辅助设备，比如确定刀盘形式、刀盘的开口率、刀具组合配备情况。针对通过地层的特点，盾构机应合理选择刀盘、刀具，以保证在该地层条件下实现高效的掘进，延长刀具使用时间，减少刀具的更换；盾构机刀盘设计适当的开口率，具有良好的防泥饼设计和完备的渣土改良装置，既满足大粒径卵石排出，又有效地防止掘进时刀盘产生泥饼，保证了开挖面的稳定；宜选择较大直径、较大螺距、螺杆能伸缩的中轴式螺旋输送机，既有利于渣土的排出，又防止在出渣过程中出现喷涌现象，螺杆伸缩可以解决柱塞问题；所选盾构机配备有超前钻机及预注浆装置，也可实现特殊地层的超前加固处理，只有这样才能确保隧道工程施工的顺利完成。

2）盾构始发和到达

重、难点：

在地铁工程中，盾构始发所涉及的要点极为丰富，需要对洞口部分进行针对性处理，诸如凿除等均是必行之举，而后对盾构始发基座进行加固定位处理；需要设置合理的反力架；围绕支撑系统做好安装工作。为了确保盾构机始发段质量，就必须对相关设备进行安装与调试，设备所在的位置应足够准确，注重对盾构机初始定位的控制工作，此外还需要安装相关的导向系统。盾构始发施工质量关系到盾构隧道能否顺利进行，隧道方向、高程的控制，以及洞门的稳固情况等直接影响到隧道施工的质量；始发和到达阶段盾构机对地层的扰动较大，若洞门处理不好极易发生工程事故。

控制措施：

①始发洞口的地层处理

需要做好盾构始发之前的处理工作，对所在区域的洞口地层稳定性进行分析，由此明确地层的实际情况，在此基础上采取针对性措施。在当前的工程中，地层处理方法较多，诸如"固结灌浆""冷冻法"等均是可行的方式，当完成加固处理工作后，要求所得到的地层应当具备一周及其以上的侧向自稳能力，并及时进行降水施工，并且不允许出现地下水损失现象。

②始发洞口围护结构的切除

参考相关经验可以得知，需要对洞口围护结构做切除处理，确保凿除围护结构后盾构机刀盘快速抵拢洞门掌子面，避免因地层暴露时间过长发生坍塌，此环节通常需要在始发前一个月内展开，安排人员对洞口净空尺寸进行检查。

③洞口始发导轨的安装

当结束围护结构的破除施工后，需要严格控制好盾构始发端部与洞口围岩之间的间距，二者应当留有一定的空隙，进而为刀盘提供一个良好的运行环境，避免盾构发生"低头"现象。有必要在始发洞内设置导轨，这是确保盾构始发稳定性的必要基础。在进行始发导轨的安装作业时，应确保导轨末端留有一定的空间，由此避免始发导轨对刀盘的正常运行造成影响。

④洞口密封

必须要进行洞口密封处理，这是避免背衬注浆外泄的必要手段。在围绕洞口密封展开施工作业时，需要划分为两步进行：第一，对始发洞门进行预埋处理，需要注意的是，所有预埋件都需要与车站的结构钢筋处于紧固连接状态；第二，做好盾构始发的准备工作，首先需要将残留在洞口的渣土清理干净；在此基础上方可展开洞口密封处理，确保临时密封装置起到良好的止水效果。可采取在帘布橡胶板上涂抹黄油等措施,以免刀盘刮坏帘布橡胶板,影响洞门密封效果。

⑤准确定位

始发前基座定位时,盾构机轴线与隧道设计轴线基本保持平行,盾构中线可比设计轴线适当抬高;在进行始发台、反力架和首环负环管片的定位时,要严格控制始发台、反力架和负环的安装精度,确保盾构始发姿态与设计线路基本重合。首环负环管片定位时,管片的后端面应与线路中线垂直,负环管片轴线与线路的切线重合,负环管片采用错缝拼装方式。

⑥推进与掘进

始发初始掘进时,盾构机处于始发台上,因此需在始发台及盾构机上焊接相对的防扭转支座,为盾构机初始掘进提供反扭矩;在始发阶段,由于盾构机推力较小,当地层较软时,要特别注意防止盾构机低头;在始发阶段由于设备处于磨合阶段,要注意推力、扭矩的控制,同时也要注意各部位油脂的有效使用。掘进总推力应控制在反力架承受能力以下,同时确保在此推力下刀具切入地层所产生的扭矩小于始发台提供的反扭矩。

⑦穿越加固区

到达掘进同始发掘进一样要穿越加固区,存在刀盘启动困难或扭矩较大、螺旋输送机扭矩较大的现象。到达段盾构的掘进参数:刀盘转速控制为 $0.75\sim0.8$ rad/min,推进速度控制在 15mm/min 以下,出渣门的打开程度根据实际情况参照始发阶段而定。

⑧刀盘破土

刀盘破土即刀盘从加固区掘出土体的过程,此时盾构掘进从土压平衡模式进入非土压平衡模式,须派专人在洞外时刻观察洞口的变化情况,并和盾构主司机保持实时联系。破土时宜降低刀盘转速、推进油缸压力和推进速度,推进速度宜控制在 $8\sim12$ mm/min。

⑨盾构机接收

这是盾构机刀盘破土后推进到接收架的过程,此时刀盘、螺旋输送机、皮带输送机已停止工作,整个推进过程由推进系统独立完成,推进速度一般控制在 $60\sim80$ mm/min。

3)区间建(构)筑物保护

重、难点:

隧道掘进时,必须对沉降影响范围内的建(构)筑物进行重点监测,采取有效保护措施,确保隧道安全顺利通过及地面建(构)筑物安全。

控制措施：

①加强盾构掘进参数控制，严格控制盾构姿态和超挖。

②建立完善的监控量测系统，及时定期进行监测。

③加强机械检修养护，避免长时间停机，防止螺旋输送机喷涌泥，盾尾和铰接部位漏泥等，造成地层损失，加大沉降。

④加强同步注浆，注浆浆液适当加大水泥用量，加快管片背后浆液凝固。

⑤进行二次注浆控制后期沉降。

⑥先期沉降预测，必要时提前进行地层加固。对区间控制性建（构）筑物或管线沉降根据经验和施工变形规律，先期进行预测分析，若总沉降量预计超出标准，在盾构掘进前进行地层加固措施，一般采取地面跟踪注浆、搅拌桩或旋喷桩等进行加固处理，在盾构通过后再进行二次注浆处理。

⑦软土段盾构隧道后期沉降控制标准：区间结构纵向任意相邻两点后期沉降曲率应小于1/15000，且单点沉降总量小于30mm，软土段盾构隧道后期沉降控制措施为二次注浆，该工序应在道床施工前完成。

4）管片安装与制作

重、难点：

管片作为隧道施工的支护结构，是主要的受力结构，也直接关系到防水效果的好坏。管片制造与安装质量的好坏不仅直接关系到成洞的质量，而且对盾构机能否继续顺利推进有着直接的影响。

控制措施：

①严格控制管片混凝土质量及各部位尺寸。

②在运输过程中破损的管片不得用于拼装。

③拼装后的管片错台不得大于规定标准。

④曲线段掘进，要及时根据盾构机姿态选择管片，避免管片处于不利的受力体系之中。转弯管片以线路平顺、与推力千斤顶垂直、满足盾尾间隙为原则进行选取，避免急纠、猛纠。

⑤曲线段掘进，受盾构机转向影响，管片拼装的错台造成应力集中的概率大增，因此也将带来更多的管片位移、破损等质量事故。要从严控制管片拼装，减少错台的数量，降低错台的偏差。管片螺栓要多次进行紧固，避免螺栓在受剪力作用下失效，造成管片变形、偏移等质量事故。

5）结构防水

重、难点：

防水施工是一个复杂的系统工程，防水的效果是地铁工程施工质量的综合体现，直接影响着工程的耐久性和地铁运行安全，区间隧道防水等级为二级。盾构区间地质情况复杂，而如何保证结构防水体系的施工质量施工控制的重点。

控制措施：

①防水施工由专门领导负责，并成立专业班组专门负责，从组织上加强、重视防水施工。

②做好防水材料、施工技术、质量要求、注意事项的交底，要使施工人员人人心中有数，避免盲目施工。

③对每道工序按工艺细则精心操作，严格检查，凡检查验收不合格者，坚决纠正，绝对不迁就。上道工序纠正不合格不准进入下道工序，防水质量对施工进度一票否决。

④管片方面，混凝土的质量是根本，对材料、配合比、入模振捣、综合控温及养护等全过程要进行严格控制，防止混凝土开裂，确保混凝土的强度和自防水的性能；另外，管片的选型对于防水施工来讲特别重要，管片选型不当，极易引起渗水、漏水的薄弱环节。

⑤止水条粘贴时，保证基面无尘、无污染、干燥，以保证粘贴质量。管片吊运、拼装时注意保护管片表面免受碰撞，确保止水条状态完好。螺栓采用"复拧紧"工艺，确保螺栓孔防水质量。

⑥施工中严格控制盾构机推进姿态，减小分组油缸推力差，避免管片的错台和止水条脱落失效。

⑦推进过程中保证同步注浆的质量，选择合适的浆液、注浆参数、注浆工艺，及时、足量注浆，形成稳定的管片外围防水层，并需要及时进行二次注浆。

⑧施工中严格按设计要求做好车站围护结构及接头施工，做好防水第一道防线。

⑨车站及联络通道外包防水按设计要求精心施工，同时做好主体结构施工缝的防水工作，确保防水工作质量，做好防水第二道防线。

⑩在结构混凝土施工时，首先从混凝土的配比、运输、入模振捣、综合控温和及时养护方面，防止混凝土开裂，即首先确保混凝土自防水，做好防水第三道防线。

⑪洞门、联络通道与隧道接口处的防水施工工艺要严格控制。

6）垂直于水平运输

重、难点：

若作业场地狭小或由于盾构施工特点，吊装作业与其他作业存在交叉，此时龙门吊的安全操作成为安全控制重点。吊装作业与其他作业存在交叉，若现场协调指挥不严密或龙门吊操作失误及龙门吊质量问题，将造成极严重的安全事故。

控制措施：

①科学合理布置施工场地，尽量减少交叉作业工序数量。

②加强现场施工调度，设专职现场施工调度员，指挥龙门吊作业。

③龙门吊操作人员要经过上岗培训，考试取得资格证后才准予上岗。

④龙门吊使用前要经有关部门检验，合格后方可使用。

7）测量

重、难点：

虽然盾构机自带方向控制系统，一旦系统失灵，隧道走向无法控制，将造成极其严重后果，甚至使工程废弃。

控制措施：

①将水准点及导线控制点精确地引入洞内，每掘进20环，对高程及线路方向进行复测，保证隧道中线与设计轴线一致。

②测量用仪器要定期鉴定，水准点、导线点要定期复测。

8）地表沉降控制

重、难点：

若区间线路在公路下穿行，地面交通流量大，此时对地表沉降控制要求高。

控制措施：

①严格控制掘进参数，及时进行监控量测。

②加强施工监测，实现信息化施工，加密监测频率，做好监测数据统计与分析，及时反馈结果，指导现场施工。

③优化资源配置，加强施工和技术人员的管理，配置充足的资源，使资源配置达到最优化，保证盾构均匀、快速地穿越。

④完善施工预案，针对施工有可能发生的险情，编制好相应的预案，准备好应急物资，根据监测结果和报警机制，实施相应的预案，及时足量进行同步注浆和二次注浆，严格控制地层沉降。

区间施工较多采用盾构法施工，首先地质条件对盾构机的选型有重要影响。在盾构选型时，应针对地层情况充分考虑盾构机刀具的配置、刀间距及密封的设计；其次盾构始发和到达阶段盾构机对地层的扰动较大，若洞门处理不好易发生工程事故；在隧道掘进时必须对沉降影响范围内的建（构）筑物进行重点监测，采取有效保护措施，确保隧道安全顺利通过及地面建（构）筑物安全；管片作为隧道施工的支护结构，是主要的受力结构，也直接关系到防水效果的好坏。管片制造与安装质量的好坏不仅直接关系到成洞的质量，而且对盾构机能否继续顺利推进有着直接的影响。

6.1.2 轨道工程

(1) 基标测设及保护

重、难点：

施工基标测设以及保护是地铁轨道铺设的基础，特别是基标测设的精确度是轨道铺设质量的决定行因素，尤其是在地铁道床施工中，确保基标的精确度，做好测量成果和数据整理工作，避免施工偏差，是轨道工程施工质量控制的重点之一。

控制措施：

监督施工单位现场设立精测组，配备测量技术能力强、现场施工经验丰富的技术人员，提前与进行基标测量的线下单位密切联系，然后对沿线基标重新复测，做好相应基标保护。

(2) 特殊减振地段及交叉渡线整体道床轨道施工

重、难点：

我国大部分城市地铁施工降噪减振要求高的地段采用钢弹簧浮置板道床。地铁轨道施工中，钢弹簧浮置板、道岔及交叉渡线道床结构复杂，设置分散，结构组成多，施工定位准确度高，施工质量控制难度大，施工周期长，是制约地铁轨道工程施工周期和质量保证的重点项目。

控制措施：

城市地铁轨道施工需要合理安排工序，当今城市轨道交通施工中钢弹簧浮置板道床采用成熟的"拼装一体化"施工方法。现场选用特制变跨龙门吊作为铺轨工具，当整体道床铺设到钢弹簧浮置板道床地段时，工序由"轨排法"施工工艺转换为"拼装一体化"施工工艺，保证了施工的连续性，并有效地加快了施工进度及质量。整体道床交叉渡线施工，选派专业的预铺施工作业队采用散铺法进行施工，由于采用提前预铺的方式，延长了施工期限、减少了施工干扰，有效地提高了整体道床交叉渡线施工过程中的针对性和连续性。为了保证交叉渡线施工时定位准确、便于调整，先铺设完成中部的8个辙叉，然后再铺设完成前后两端4组单开道岔连接部分及转辙部分。

(3) 无缝线路焊接

重、难点：

地铁轨道施工，大部分均采用无缝线路。钢轨焊接减少大量的钢轨接头，避免轮缘和钢轨接头的撞击，保证行车平衡及轨道的平顺性，是地铁轨道施工中一道关键工序。焊轨前型式实验、焊轨中质量控制、焊后处理是保证焊接质量的重点因素。

控制措施:

钢轨铺设后,钢轨接头采用特制的专用夹板连接,使车辆轮对运行到钢轨接头时,由外侧夹板代替轨顶通过(外侧夹板高于轨顶),保护已铺轨道的钢轨接头不受磨损。必须配备具有焊轨资质的专业技术人员完成焊轨施工。配备专业检测设备,严格执行《钢轨焊接》TB/T 1632标准,焊轨前准确确定焊机参数,并且严格按照要求进行型式试验和落锤实验,确保无缝线路焊接施工质量。

(4)施工场地及周围环境保护

重、难点:

地铁轨道施工均在市区,施工材料的采购及运输均要通过人员众多的市区,运输车辆的废气排放及噪声污染,运输材料的杂质散落对沿线社区生产、生活造成一定影响。尤其地下隧道轨道施工中各种机械设备排放的废气、噪声等是地铁轨道施工中环保的重难点。

控制措施:

以市政府的要求和规范为准则,生产生活垃圾及时清理,堆放于指定的区域,工程竣工后,在规定的时间内拆除工地围栏、安全防护设施和其他临时措施,做到"工完料净、工完场清";各种材料堆放分门别类,堆放整齐,标志清楚,预制场地做到内外整齐、清洁、施工废料及时回收;施工中的污水、冲洗水及其他施工用水要排入临时沉淀池沉淀处理后排放;要减少施工噪声和粉尘对邻近群众的影响。以环保要求达标为己任,在保证正常施工生产的前提下,努力创造美好的环境。

6.1.3 机电安装工程

地铁机电安装工程是一项涉及专业多、接口多、关系复杂、技术难度大的系统工程,依赖于各专业、各系统的相互配合。机电设备多,受运输路径条件限制,运输困难。设备区走廊及公共吊顶内管线密布,空间狭小,管线交叉碰撞问题突出。由于地铁机电安装工程的特点有别于常规机电安装工程,如何解决地铁机电安装过程中存在的问题,克服重难点,提高地铁机电安装工程质量,已经成为机电工程施工人员必须重视的问题,也是当代地铁建设必须解决的问题。

(1)各专业、各阶段协调

重、难点:

明确施工过程中各阶段及各专业之间协调配合内容,搞好各专业、工种之间交叉作业的配合,施工合理搭接,整个施工过程才能有序推进,避免返工,保证质量。

控制措施：

1）图纸会审阶段各专业协调配合

由技术负责人牵头，各专业工程师参加，在熟读本专业图纸的基础上进行会审，本专业之间重点审核设计说明、设备材料表、系统图、平面图、剖面图之间是否存在矛盾。风水电专业与装修专业重点审核站厅层公共区两端与设备房交接部位及设备区走廊等位置吊顶标高是否与风水电管线标高冲突，吊顶上方空间能否满足风水电管线安装的尺寸要求。与土建专业重点审核站台层设备区走廊风道及走廊有下翻梁部位，风水电管线安装完成后最低点位置距离地面的净空能否满足《建筑设计防火规范》GB 50016—2014要求。各专业之间提出审核意见和改善设计建议，由设计单位统一协调，明确解决方案。

2）施工组织安排阶段各专业协调配合

明确施工阶段各专业的先后顺序，先进行变电所、通信、信号、车控室、综合监控等需要提前移交给其他系统承包商施工的设备管理用房的安装；然后进行其他设备管理用房、走廊、风井、过轨、穿墙部位等容易造成工期滞后的局部范围施工；再进行公共区站厅、站台范围内施工；最后进行区间、室外安装工程的施工；单机、单系统调试及配合系统专业进行联合调试。充分考虑各阶段、各专业、各工序、各工种间的有机衔接关系，制订详细合理的施工计划，各专业严格按照计划实施，做好各工序之间、各专业之间的施工交接记录检查确认，避免返工。各专业之间施工过程中要加强沟通，对于相互间不能协调解决的问题，及时上报到监理例会给予协调解决，确保总体施工优质、安全、有序推进。

3）土建承包商的协调配合

机电安装与土建结构工程主要是在预留、预埋、坐标、标高、防水堵漏、设备运输通道以及出入口结构施工等部位发生联系，这些部位往往在很大程度上容易造成不可估计的损失，给后期机电安装、列车运行带来危害。结构几何尺寸和标高的交验重点是复测站台、站厅设备区及公共区的净高和标高，站台板边线的位置（与轨道中心线的距离），预埋件、预留孔洞的验收移交，按照隐蔽工程验收记录表格填写，记录好位置、尺寸、规格、材质、标高等相关数据，现场检查无问题后及时办理签字移交手续。对地下车站结构渗漏问题，在移交时，对本车站底板、顶板和侧板进行详细检查并做好记录，尤其是车站卫生间、冷水机房、变电所上方等部位，发现问题及时通知土建承包商解决。确保安装工作完成后的整体质量。

4）与通信、信号、FAS 系统承包商的协调配合

积极组织施工，为通信、信号、FAS 系统承包商创造施工条件，合理分配使用现场施工场地，共同做好临水、临电及消防设施的管理，明确接口施工的范围和先后顺序，及时向通信、信号、FAS 系统承包提供设备电源和接地母排，配合调试。

5）与牵引供电系统承包商的协调配合

与牵引供电承包商做好施工现场的施工范围划分，并分清工程接口，搞好配合，特别在断、送电的过程中，实行操作票制度，坚决杜绝随意断、送电，避免人身伤害事故的发生。配合牵引供电系统制作变压器低压母排，防止制作完成后不能正确安装。为其指出正确的直流电源装置的接线开关，并配合其接线及调试，在最后联调时，配合牵引供电承包商对低压部分的联调。

6）自动扶梯系统承包商协调配合

自动扶梯安装前占地面积大，为了减少占地面积大对机电安装及其他承包商造成影响，电扶梯应分批发运安装，不宜一次到货，机电安装单位将根据现场条件及时通知电梯系统承包商安装。注意自动扶梯上方梁板下的管线，须等自动扶梯吊装就位后再安装，避免影响电梯吊装。

（2）动力照明专业与通风空调系统

1）动力照明与通风空调系统等专业在综合管线布置上的统一协调

重、难点：

车站设备管理用房走道、站台层公共区两侧等区域集中了动力照明专业、通风空调系统与其他众多专业的设备管线，在有限空间内，其管线的合理布置与施工是机电安装工程的一大难点。综合管线布置遵循从上至下：暖通专业通风管—电缆桥架（线槽）—给水排水消防、空调水管—气灭系统等的原则。弱电专业管线交叉时，遵循从上至下：供电电缆—动照电缆—通信、信号电缆，达到各专业管线敷设的规范要求，但是综合管线图是在各系统专业施工图设计的基础上进行的，设计未结合现场实际情况，通常存在空间分布不合理、交叉碰撞问题。

控制措施：

①组织召开综合管线协调会，解决各专业存在的问题，明确施工顺序及配合要点。

②综合管线布置确定标高时，考虑各通风空调管、给水排水及消防等专业管线法兰高度、横担角钢的高度、设备房门的高度、垫层厚度、吊顶龙骨的尺寸、结构腋角及下翻梁影响。

③综合支吊架的标高满足不了要求，考虑取消最下一排给水排水管道的横担支架，使用管束将给水排水管道反吊在上一排横担之间的下方，可以节约0.5cm空间。

④灭火送气管规格型号小，气体管道可以穿过设备上方，施工方便灵活，路径可考虑从设备房间穿过，留出空间。

⑤在保证风管过风断面积前提下，可以改变风管的截面尺寸，改变空间位置。

⑥满足桥架内电缆敷设的冗余要求，改变桥架的截面尺寸，改变空间位置，部分电缆可以考虑穿管敷设在风管及桥架侧边，充分利用有限空间。

⑦下翻梁部位，考虑改变部分管线走向，穿过房间绕过下翻梁位置，回到综合支吊架上解决交叉碰撞问题。

2）材料和设备的运输

重、难点：

地铁机电安装工程的通风空调专业及动力照明专业涉及的设备多、体积大，但地铁空间有限，光线不足，视野不开阔，设备运输只能通过出入口、风亭口、土建施工阶段运输通道，无合理的设备运输方案很难将设备运输到指定的安装位置，影响设备安装。

控制措施：

①施工进场前，依据设备区装修图纸上的墙体位置及设备基础位置，应制定详细合理的设备运输路径和运输方法。

②运输通道尽量不要经过尺寸较大的预留孔洞、人防门槛处、台阶，避免运输困难。

③大型设备运输通道应根据土建单位所移交的场地是否具备吊装条件，场地移交的时间与设备到货的时间等实际情况来预留。

④400V及35kV房间电气设备，确保在设备区走廊管线安装之前运输，避免电气设备尺寸过大，因走廊管线已施工，标高降低影响运输。

⑤提前确定设备参数、生产厂商，督促大型设备及时到货，充分利用土建施工阶段的运输通道运输。

（3）给水排水及消防工程

1）核对预埋套管、预留孔洞

重、难点：

预留孔洞、预埋套管通常存在如下问题：(a)离壁沟内钢套管位置偏移至离壁沟沟坎下方；(b)出入口、风亭的柔性套管错埋为钢套管；(c)预埋套、孔洞管尺寸大小有误、遗漏，多预埋等。

控制措施：

机电安装承包商进场后，根据给水排水专业图纸，结合现场已经施工完成的预埋套管、预留孔洞实际情况逐一核实，对存在的问题，即预埋套管、预留孔洞建立问题库清单，由土建承包商提出整改方案，经过审批后逐一整改。对于未施工的预埋套管、预留孔洞，及时与土建单位核对，对于存在遗漏、增加的预埋套管、预留孔洞，由设计单位出具工作联系单位，土建承包负责施工，避免后期施工影响质量。

2）确保生活污水

重、难点：

生产废水排水坡度符合设计要求。车站排水坡度不符合设计要求，排水不畅、渗漏，可导致卫生间不能使用、地面石材泛水、设备房的设备进水、影响设备的安全等诸多问题。

控制措施：

①要重点关注出入口与站厅层连接处沟盖板下的离壁沟及地漏的施工，施工时要注意此处离壁沟要低于有墙体下的离壁沟2cm左右，保证排水坡度，地漏安装要尽量低于水沟底面，有利于排水，严禁地漏安装高出水沟底面。地漏安装要保证垫层与混凝土基面之间积水能顺利排到下水管道，做好地漏四周的防水处理。

②避免管线穿过离壁沟，影响排水坡度及排水效果，考虑改变管线走向，由墙面到车站顶板底经过结构柱到地面进行敷设，避开离壁沟位置。

③站台层卫生间污水，排水管安装通过站台板下夹层部位与污水坑内的一体化密闭污水提升装置的污水进水口连接，由于站台板下的夹层高度有限，遇到结构梁的部位，导致排水管安装坡度改变，此时须考虑一体化密闭污水提升装置的污水进水口与卫生洁具的排水口之间的排水坡，在结构梁的影响下是否满足设计要求，若不满足要求，可以改变一体化密闭污水提升装置形式，将内置式改为外置式，降低污水进水口的高度，满足排水坡度的要求，这也是一体化密闭污水提升装置订货前的注意事项。

6.2 进度管理

6.2.1 项目进度计划的跟踪与检查

（1）依据

1）施工合同中工期的约定；

2）总进度控制性计划和各项作业进度计划；

3）施工现场进度统计表情况；

4）相关资源供应、消耗资料、资金支付报表；

5）全过程工程咨询单位关于项目进度计划经验体系。

（2）内容

项目全过程工程咨询单位中的监理单位应审查施工单位报审的施工总进度计划和阶段性施工进度计划，提出审查意见，并应由总咨询师审核后报投资人。

施工进度计划审查应包括下列基本内容：

1）施工进度计划应符合施工合同中工期的约定；

2）施工进度计划中主要工程项目无遗漏，应满足分批投入试运行、分批动用的需要，阶段性施工；

3）进度计划应满足总进度控制目标的要求；

4）施工顺序的安排应符合施工工艺要求；

5）施工人员、工程材料、施工机械等资源供应计划应满足施工进度计划的需要；

6）施工进度计划应符合投资人提供的资金、施工图纸、施工场地、物资等施工条件。

全过程工程咨询单位中的监理单位应检查施工进度计划的实施情况，发现实际进度严重滞后于计划进度且影响合同工期时，应签发监理通知单，要求施工单位采取调整措施加快施工进度。全过程工程咨询单位中的监理单位的总监理工程师应向投资人报告工期延误风险。

全过程工程咨询单位中的监理单位应比较分析工程施工实际进度与计划进度，预测实际进度对工程总工期的影响，并应在监理月报中向投资人报告工程实际进展情况。

为了能够有效掌握项目进度的真实情况，全过程工程咨询单位在进度计划控制中须采取有效的措施检查、监督是否按照计划进度执行。在项目实施过程中，全过程工程咨询单位应组织、督促进度控制人员经常性地、定期跟踪检查施工实际进度情况，其主要内容包括：

①应按统计周期规定进行定期或根据需要进行不定期检查。

②工程项目进度计划的检查内容具体包括：

a.工程量的完成情况；

b.工作时间的执行情况（工程形象进度完成情况）；

c.资源使用与进度的匹配情况；

d.上次检查的问题整改情况。

③根据检查内容编制进度检查报告。进度检查报告应包含：

a.执行情况的描述；

b.实际进度与计划进度对比；

c.进度实施中存在的问题及原因分析；

d.执行对质量安全成本的影响情况；

e.采取的措施和对下一步计划进度的预测。

（3）程序

全过程工程咨询单位进行项目进度计划检查的程序如图6-6所示。

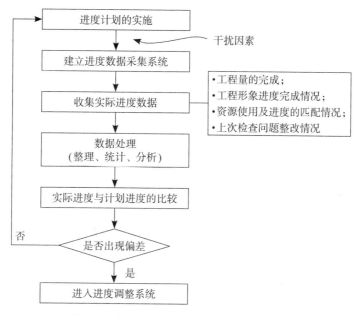

图6-6 建设项目进度计划检查系统过程图

全过程工程咨询单位在工程项目实施过程中，检查施工实际进度的主要方法包括以下方面：

1）跟踪检查施工实际进度

全过程工程咨询单位跟踪检查的主要工作是定期收集统计实际工程进度的有关数据。收集的方式可以采用报表或现场实地检查两种，收集的数据应当全面、真实、可靠，不完整或不正确的进度数据将导致判断不准确或决策失误。

全过程工程咨询单位可视工程进度的实际情况，每月、每半月或每周进行一次，在某些情况下，甚至可以每日进行进度检查，定期或不定期召开各参建单位的进度协调会。

2）实际进度数据的加工处理

全过程工程咨询单位收集到的施工项目实际进度数据，要进行必要的整理并形成与进度计划具有可比性的数据、相同的量纲和形象进度。一般可以按实物工程量、工作量和劳动消耗量以及累计百分比整理和统计实际检查的数据，以便与相应的计划完成量相对比。

3）实际进度与计划进度的比较分析

全过程工程咨询单位将实际进度与计划进度进行比较是建设项目进度分析的主要环节，主要是将实际的数据与计划的数据比较，通常可利用表格形成各种进度比较报表或直接绘制比较图形来直观地反映实际与计划的差距，通过比较，了解实际进度是与计划进度滞后或超前，还是与计划一致。

4）施工项目进度检查结果的处理

全过程工程咨询单位督促各参建单位根据施工项目进度检查的结果，按照检查制度的规定，汇总形成进度检查报告，向主管人员或部门进行汇报。

5）加强对重点施工部位进度管理

全过程工程咨询单位需按照合同要求定期收集各承包商有关工程进展状况，通过召开生产协调例会等进度协调会，对进度计划进行实地检查，了解掌握项目的总体进度，督促承包商调配资源，严格按照进度计划组织实施；此外，全过程工程咨询单位要根据掌握的情况，全面分析工程进度计划，预测工程进度计划的进展情况、存在的问题，对承包商不能解决的内外关系预先进行协调处理。

（4）注意事项

全过程工程咨询单位在进行项目进度计划检查过程中，需注意：

1）全过程工程咨询单位在进行进度检查过程中，需定期与承包商、材料供应商以及其他相关人员召开会议讨论工作进度，并应提交工程进度跟踪报告。

2）全过程工程咨询单位在进度检查时，若出现进度问题，应及时找出原因，分析对策并提出解决方案。

3）全过程工程咨询单位应定期提交进度检查报告，包括工程进度现状、进度分析、计划修改、进度更新、出现的问题及相关问题下阶段的预测处理等。

（5）成果范例

全过程工程咨询单位对项目进度计划执行情况进行跟踪检查，其成果性文件包括进度计划跟踪表、进度情况对比表及项目进度检查表。

1）进度计划跟踪表，如表6-7所示。

进度计划跟踪表　　　　　　　　　　　　　表6-7

项目名称					
文档编号		项目经理		检查日期	
工程部位	负责人	计划完成日期	实际完成日期	是否完成	备注

2）进度情况对比表，如表6-8、图6-7所示。

进度情况月对比表　　　　　　　　　　　　　表6-8

工程名称：　　　　编号：　　　　施工单位：　　　　监理单位：

标段	幢号	计划完成工作	实际完成工作
一	4幢	基础筏板浇筑完成	筏板完成，绑扎柱筋
二	8幢	……	……
三	3幢	……	……
四	6幢	……	……
五	7幢	……	……
六	1幢	……	……

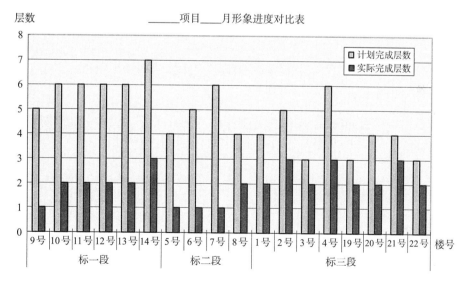

图6-7　形象进度对比图

3）项目进度检查表，如表6-9所示。

项目进度检查表　　　　　　　　　　　　　　　表6-9

工程名称：　　　　　　　　　　　　　　　　编号：

分类	项目	主要检查内容	评估标准	情况分析	得分
进度检查	预控措施	审查项目总进度计划的编制是否全面、实际、合理，目标是否明确	根据项目总进度计划的编制情况可行性得0~10分		
		是否对项目总进度计划进行了分解、控制，并要求各参建单位严格执行、具体落实	根据分解、控制情况，特别是分解落实的情况，关键部位的管理措施得0~10分		
		审查组织设计、施工方案在技术措施上，是否满足总进度计划的要求	根据组织设计、施工方案在技术措施上落实的情况得0~10分		
		根据施工总进度计划要求，审核对材料、设备进场的时间安排	根据材料、设备组织进场的实施方案情况得0~10分		
	过程间检查	对进度情况是否进行动态管理、跟踪检查、分析	根据项目进行的动态管理、跟踪检查、分析、调控情况得0~10分		
		对各交叉专业的管理，是否科学合理、有条不紊	检查各交叉作业的管理情况得0~10分		
		是否按进度计划、组织设计、施工方案的要求实施	根据进度计划、组织设计、施工进度的实施情况得0~10分		
		对重点、难点等关键部位是否在进度、技术上充分考虑	根据对重点、难点等关键部位在时间安排上、技术措施上恰当与否得0~10分		
	事后控制	每道工序完成后，是否及时组织检查验收	根据对每道工序的检查验收及时性得0~10分		
		实际进度与计划进度发生偏差时，是否采取了可行的调控、纠偏措施	根据采取的调控、纠偏措施实施情况得0~10分		

进度检查得分：

6.2.2 项目进度计划的调整

（1）依据

全过程工程咨询单位在进行进度计划的调整时，通常依据以下内容：

1）施工进度计划检查报告；

2）施工组织设计方案；

3）项目进度总控制计划；

4）项目变更请求。

(2) 内容

全过程工程咨询单位对施工进度计划的调整主要依据施工进度计划检查的结果，在进度计划执行发生偏离的时候，通过对施工内容、工程量、起止时间、资源供应的调整，或通过局部改变施工顺序，重新确认作业过程、项目协作方式等工作关系进行的调整，更充分利用施工的时间和空间进行合理交叉衔接，并编制调整后的施工进度计划，以保证施工总目标的实现。

项目进度计划调整的主要内容包括：

1) 施工内容：如工序的合并或拆分、施工段的重新划分等；

2) 工程量：工程量的增减在施工过程中最常见的、也是最多的；

3) 起止时间：可根据工期、资源等的要求，改变起止时间；

4) 持续时间：可根据资源的情况、施工环境的情况对工序或施工过程的持续时间进行调整；

5) 工作关系：包括工艺关系、组织关系等，但一般是指组织关系；

6) 资源供应：包括人力、物力、财力等资源供应情况进行调整。

在进行调整时，可逐项调整也可同时调整，还可以将几项结合起来调整，以求综合效益最佳。全过程工程咨询单位只要能达到预期目标，调整的越少越好，但往往需要几项结合起来调整。

此外，全过程工程咨询单位在对施工进度计划的调整过程中，还需要对进度偏差的影响进行分析，通过实际进度与计划进度的比较，分析偏差对后续工作及总工期的影响。进度偏差的大小及其所处的位置不同，对后续工作和总工期的影响程度不同，分析时需要利用网络计划中工作总时差和自由时差进行判断。经过分析，全过程工程咨询单位可以确认应调整产生进度偏差的工作和调整偏差值的大小，以便确定采取调整的新措施，获得新的符合实际进度情况和计划目标的新进度计划。

(3) 程序

全过程工程咨询单位进行项目进度计划调整的程序如图6-8所示。

项目进度计划调整的方法主要有以下内容：

1) 缩短某些工作的持续时间

这种方法是不改变工作之间的逻辑关系，而是缩短某些工作的持续时间，而使施工进度加快，并保证实现计划工期的方法。这些被压缩持续时间的工作是位于由于实际施工进度的拖延而引起总工期增长的关键线路和某些非关键线路上的工作，同时，这些工作又是可压缩持续时间的工作。此方法实际上是网络计划优化中的工期优化方法和工期与费用优化方法，其具体做法是：

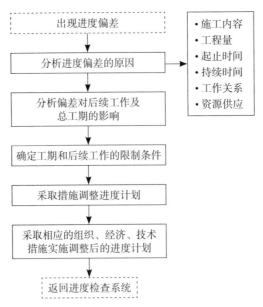

图 6-8 项目进度计划调整流程图

①研究后续各工作持续时间压缩的可能性，及其极限工作持续时间；
②确定由于计划调整，采取必要措施而引起的各工作的费用变化率；
③选择直接引起拖期的工作及紧后工作优先压缩，以免拖期影响扩大；
④选择费用变化率最小的工作优先压缩，以求花费最小代价，满足既定工期要求；
⑤综合考虑③④，确定新的调整计划。

2）改变某些工作之间的逻辑关系

当工程项目实施中产生的进度偏差影响到总工期，且有关工作的逻辑关系允许改变时，可以改变关键线路和超过计划工期的非关键线路上有关工作之间的逻辑关系，达到缩短工期的目的。例如，将顺序进行的工作改为平行作业、搭接作业以及分段组织流水作业等，都可以有效地缩短工期。对于大型群体工程项目，单位工程间的相互制约相对较小，可调幅度较大；对单位工程内部，由于施工顺序和逻辑关系约束较大，可调幅度较小。

3）资源供应的调整

对于因资源供应发生异常而引起进度计划执行问题，应采用资源优化方法对计划进行调整，或采取应急措施，使其对工期影响最小。

4）增减施工内容

增减施工内容应做到不打乱原计划的逻辑关系，只对局部逻辑关系进行调整，在增减施工内容以后，应重新计算时间参数，分析对原网络计划的影响。当对工期有影响时，应采取调整措施，保证计划工期不变。

5）增减工程量

增减工程量主要是指改变施工方案、施工方法，从而导致工程量的增加或减少。

6）起止时间的改变

起止时间的改变应在相应的工作时差范围内进行：如延长或缩短工作的持续时间，或将工作在最早开始时间和最迟完成时间范围内移动。每次调整必须重新计算时间参数，观察该项调整对整个施工计划的影响。

此外，在项目实施过程中经常会出现因为进度拖延而引起的赶工期，全过程工程咨询单位可以通过调整后续计划、修改网络图等方法积极赶工，解决进度拖延问题。在实际工程中经常采用的赶工方法有：

①增加资源投入；

②重新分配资源；

③减少工作范围；

④改善设备材料；

⑤提高劳动生产率；

⑥部分任务转移；

⑦改变网络计划中工程活动的逻辑关系；

⑧修改实施方案。

（4）注意事项

全过程工程咨询单位复核监理单位报送的施工单位工程进度调整时，应注意以下几方面：

1）新修正施工进度是否满足合同约定的工期要求，是否满足项目总体进度要求。

2）尽量保证调整后的施工进度时间不能超过其相应的总时差，如果某分项工程延期事件发生在关键线路上，但它延长的施工时间并未超过总时差时，就可以对其进行调整。全过程工程咨询单位应注意的是，工程施工进度计划中的关键线路并非固定不变，它会随着工程进展和情况的变化而转移，所以全过程工程咨询单位应以审核后的施工进度计划（不断调整后）为依据，对施工进度计划进行调整。

3）调整后的施工进度计划必须符合现场的实际情况，因此要对重点调整的计划各类有关细节进行详细说明，并及时向委托方提供调整后的详细报告。同时，要组织全过程工程咨询单位的项目工程师对施工现场进行详细考察和分析，做好相关记录，以便为合理确定施工进度计划提供可靠依据。

4）注意工期延期和延误：

①施工单位提出工程延期要求符合施工合同约定时，项目全过程工程咨询单位或其发包的监理单位应予以受理。

②当影响工期事件具有持续性时，项目监理单位应对施工单位提交的阶段性工程临时延期报审表进行审查，并应签署工程临时延期审核意见后报投资人。

③当影响工期事件结束后，项目监理单位应对施工单位提交的工程最终延期报审表进行审查，并应签署工程最终延期审核意见后报投资人。

④项目监理单位在批准工程临时延期、工程最终延期前，均应与投资人和施工单位协商。项目监理单位批准工程延期应同时满足下列条件：

a.施工单位在施工合同约定的期限内提出工程延期；

b.因非施工单位原因造成施工进度滞后；

c.施工进度滞后影响到施工合同约定的工期。

⑤施工单位因工程延期提出费用索赔时，项目监理单位可按施工合同约定进行处理。

⑥发生工期延误时，项目监理单位应按施工合同约定进行处理。

工程延期管理流程如图6-9所示。

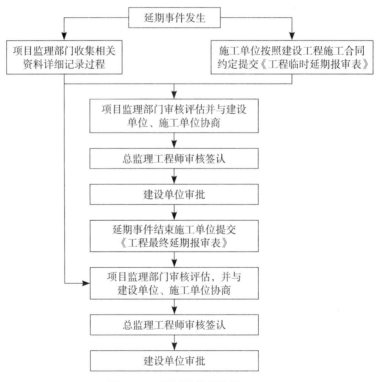

图6-9 工程延期管理流程

5）注意工程暂停及复工处理：

全过程工程咨询单位中的监理单位发现下列情况之一时，总监理工程师应及时签发工程暂停令：

a.投资人要求暂停施工且工程需要暂停施工的；

b.施工单位未经批准擅自施工或拒绝项目监理单位管理的；

c.施工单位未按审查通过的工程设计文件施工的；

d.施工单位违反工程建设强制性标准的；

e.施工存在重大质量、安全事故隐患或发生质量、安全事故的。

总监理工程师在签发工程暂停令时，可根据停工原因的影响范围和影响程度，确定停工范围。总监理工程师签发工程暂停令，应事先征得投资人同意，在紧急情况下未能先报告时，应在事后及时向投资人做出书面报告。

①工程暂停相关事宜：暂停施工事件发生时，全过程工程咨询单位中的监理单位应如实记录所发生的情况。总监理工程师应与有关各方按施工合同约定，处理因工程暂停引起的与工期、费用有关的问题。因施工单位原因暂停施工时，项目监理单位应检查、验收施工单位的停工整改过程。

②复工审批或指令：当暂停施工原因消失、具备复工条件时，施工单位提出复工申请的，项目监理单位应审查施工单位报送的工程复工报审表及有关材料，符合要求后，总监理工程师应及时签署审查意见，并应报投资人批准后签发工程复工令；施工单位未提出复工申请的，总监理师应根据工程实际情况指令施工单位恢复施工。

工程暂停及复工管理流程如图6-10所示。

（5）成果范例

全过程工程咨询单位对项目进度计划调整的成果性文件主要体现为施工进度的偏差对比，如图6-11所示。

工程临时/最终延期报审表如表6-10所示。

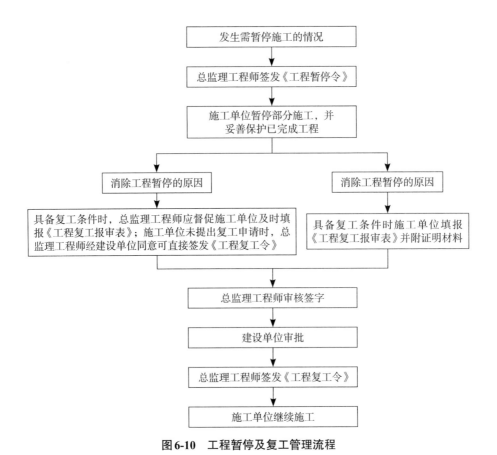

图6-10 工程暂停及复工管理流程

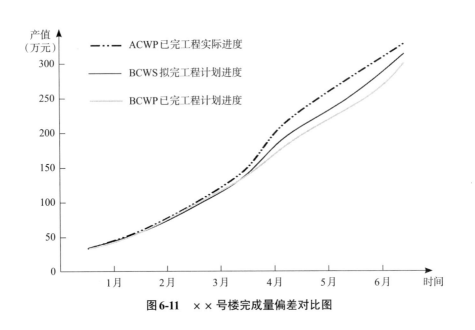

图6-11 ××号楼完成量偏差对比图

| 工程临时/最终延期报审表 | 表6-10 |

工程名称：　　　　　　　　　　　　　　　　编号：

致：_____（全过程工程咨询单位中的监理单位）
根据施工合同_____（条款），由于_____原因，我方申请工程临时/最终延期_____（日历天），请予批准。
附件：1.工程延期依据及工期计算
2.证明材料

施工项目经理部（盖章）
项目经理（签字）
年 月 日

审核意见：
□同意工程临时/最终延期_____（日历天）。工程竣工日期从施工合同约定的_____年_____月_____日延迟到_____年_____月_____日。
□不同意延期，请按约定竣工日期组织施工。

监理单位（盖章）
总监理工程师（签字、加盖执业印章）
年 月 日

审批意见：

投资人（盖章）
投资人代表（签字）
年 月 日

注：本表一式三份，项目监理单位、投资人、施工单位各一份。

6.2.3 进度控制的基本方法及措施

（1）进度控制的基本方法

进度控制的方法主要是规划、控制和协调，概括起来主要是：确定项目总进度目标和分解进度目标；在项目进展的全过程中，采用动态控制方法，进行实际进度和计划进度比较，发现偏差，及时采取措施纠正；及时协调各参建单位之间的进度关系。

地铁工程施工中，既有平行施工，又有交叉施工，因此进度控制拟分别采用横道图法、S曲线法、网络计划图法及三者结合方法予以实施。

1）横道图法

横道图是以时间为横坐标，以各分项工程或施工工序为纵坐标，按一定的先后施工顺序和工艺流程，用带时间比例的水平横道线表示对应项目或工序持续时间的施工进度计划图表。

横道图作为本项目一种施工进度监理的工具，它不但用于编制施工进度计划，而且还用于工程进度实施中的监控。在进度计划实施中，在计划进度横道线下方同时标出各分项工程或施工工序的实际进度，然后根据实际进度与计划进度的比较，对进度计划进行必要的修改与调整。

2）S曲线法

对于地铁工程项目采用横道图监控工程进度时，计划进度与实际进度的比较只能在各个分项工程或工作（序）之间进行，然而无法对整个工程进度情况进行全局性的管理，针对这一不足，采用S曲线法与其配合使用。S曲线的施工进度监控作用主要是：

①用S曲线判断承包商编制的施工进度计划是否合理；

②监控施工进度计划实施阶段，对进度控制利用S曲线评价实际进度情况属于正常，还是提前或滞后。

3）网络计划图法

网络计划图是以加注工作持续时间的箭线和节点组成的网状流程图来表示施工进度计划。依据工程特点，首先根据各工作间的相互关系及其工作先后顺序流程绘制工程项目施工进度计划网络图；其次通过计算找出计划中的关键工作及关键线路；最后通过不断调整、改善网络计划，选择最优的方案付诸实施。

网络计划方法对加强本工程项目的施工管理，使其取得好、快、省有良好效果。在本工程进度控制中将采用网络计划图法获得下列可靠信息：

①各项工作有无机动时间及机动时间数据信息。

②劳动力、材料、施工机具设备等资源利用信息。

③哪些工作提前或拖延预测对总工期的影响等信息。

④根据提供的信息，在项目实施过程中进行有效的监督与控制，并优化调整，确保本工程项目按合同条件顺利完成。

4）计算机软件（P3E/C）进行工程进度管理

地铁工程具有参建单位多、周期长、专业接口多、施工交叉多、协调工作量大等特点，各承包商若在基本的相同时间段进行，为统一管理，合理调配时空资源，保证工程顺利实施，业主使用P3E/C项目管理软件对项目进度计划与资源计划进行监控。为此，对施工进度实行进度动态控制和管理，对P3E/C进行操作，对施工承包人的进度、资源计划和赢得值进行审核和监控，并负责审核施工单位使用P3E/C建立计划的科学性、整体协调性，对管理程序把关，对管理成果负责；并及时收集和处理数据，为项目管理尽快提供更改依据，始终让进度与计划保持一致，即进度计划总是在时刻关注工程施工的实际进展情况。

（2）进度的基本控制措施

1）事前控制措施

①落实项目机构中进度控制的专职人员，具体控制任务和管理职责分工。

②监理单位应依据施工合同有关条款、施工图纸、经过批准的施工组织设计进度以及业主有关地铁工期总体策划要求制定进度控制方案，组织监理工程师对进度目标进行风险分析，制定防范性对策并上报业主。

③根据合同规定的期限，认真审查总承包单位编制的项目实施总进度计划，审核承包商制定的计划是否合理，是否适应工程项目和实际情况，是否满足业主提出的施工进度要求（总进度目标要求），审核施工进度计划与施工方案的协调性和合理性，避免不切合实际的施工计划，用科学的施工计划指导施工，监理工程师审批的重点是承包商实施计划的能力以及施工时间安排的合理性，最后报业主批准。

④建立进度控制协调工作制度，包括协调会议举行的时间，协调会议的参加人员等。

⑤对影响进度目标实现的干扰和风险因素进行分析，制定相应的措施进行纠正。

⑥审核施工单位提交的施工方案，使设备、人力、施工方法等能保证进度计划的实现；审核承包商提交的施工进度计划，审核的主要内容有：

a.进度计划是否符合施工合同中开竣工日期的规定，是否与土建总包单位、地铁专用设备安装单位、其他施工单位的施工节点进度计划有冲突；

b.进度计划中的主要工程项目是否有遗漏，总承包、分承包单位分别编制的单项工程进度计划之间是否相协调；

c.施工顺序的安排是否符合施工工艺的要求；

d.工期是否进行了优化，进度安排是否合理；

e.劳动力、材料、构配件、设备及施工机具、设备、水、电等生产要素供应计划是否能保证施工进度计划的需要，供应是否均衡；

f.对业主提供的施工条件（资金、施工图纸、施工场地、采供的物资等），承包单位在施工进度计划所提出的供应时间和数量是否明确、合理，是否有造成因业主的原因导致工程延期和费用索赔的可能，如有，将如何处理；

g.协助制定由业主供应材料、设备的采购、供应计划。

⑦协助制定切块的单项工程工期及关键节点进度，通过总工期的分解切块，保证总工期目标的实现。由于工程节点、关键工序常常关系到整个工程项目施工

总工期的长短，因此在施工进度计划的编制过程中监理工程师要求承包商单独编制工程节点关键工序进度计划，并反映以下的内容：

a.具体施工方案和施工方法；

b.总体进度计划及各道工序的控制日期；

c.各施工阶段的人力和设备的配备及运转安排；

d.施工准备及结束清场的时间安排；

e.对总体进度计划及其他相关工程的进度控制、依赖关系和说明等。

⑧协助业主完善外部手续，按期完成现场障碍物的拆除和落实现场临时供水、供电和施工道路，及时向施工单位提供现场和创造必要的施工条件。

⑨提醒业主单位按时提供设计施工图纸等设计文件。

⑩协助业主做好保证资金供应的工作，及时按合同规定向施工单位支付工程进度款。

2）事中控制措施

①建立反映工程进度状况的监理日志，应随时收集和记录影响工程进度的有关资料和事项，如实记载每日完成的实物工程量。同时，如实记载影响工程进度的内、外、人为和自然的各种因素。暴雨、大风、现场停水、现场停电等应注明起止时间（小时、分）。随时掌握承包商工程施工过程中存在的问题，以便及时协调和解决影响进度的各种矛盾和不利因素。

②委派经过专业培训的能熟练掌握和操作P3E/C项目管理软件的专业监理人员对施工承包人的进度计划与资源计划进行审核和监控，并按要求定期将计划执行情况报业主，以保证业主掌握的施工进度的准确性和一致性。

③审核总承包单位每周或每月、每季度的工程进度报告，重点审核计划进度与实际进度的偏差以及形象进度与实物工程量完成情况的一致性。

④按合同要求，及时进行现场合格质量工程的计量验收工作。

⑤认真处理有关进度、计量方面的签证。

⑥对工程进度实施动态管理，工程开工后，监理工程师应建立单项工程的月、旬进度报表及进度控制图表，以便对分项施工的工程月、旬进度进行控制。当实际进度与计划进度发生差异时，应分析产生的原因，向承包商发出工程进度缓慢信号，要求承包商采取措施加快进度，并提出进度调整的措施和方案，相应调整施工进度计划及设计、材料、资金等进度计划；必要时调整工时目标。

⑦及时为工程进度款的支付签署进度、计量方面的认证意见，对进度控制采取经济奖惩措施。

⑧认真组织现场协调会，及时协调总承包单位不能解决的内外问题、总图管

理问题、现场重大事宜等涉及进度管理控制方面的问题。

⑨及时收集掌握设计、材料的供应状态以及由总承包单位提交的有关进度报表资料，加强现场跟踪检查，定期向业主报告有关工程进度的情况。

3）进度控制的事后控制措施

当实际进度与计划进度发生差异时，在分析原因的基础上采取以下措施：

①制定保证总工期不突破的对策措施。

技术措施：如采用新技术、新工艺，缩短工艺时间、减少技术间歇期，实行平行流水立体交叉作业等。

组织措施：如增加作业队数、增加工作人数、采用高效机械施工等。

经济措施：如实行经济包干、经济奖惩、提高单价等措施。

其他措施：如改善外部配合条件、改善劳动条件、实施强有力调度等措施。

②制定总工期突破后的补救措施。

③调整相应的施工计划、材料设备、资金供应计划等，在新的施工条件下组织新的协调平衡。

6.2.4 土建工程

（1）车站工程

1）交通疏解

重、难点：

地铁车站工程体量大，且因地铁交通功能的特点，其常位于城市繁华路段交叉路口下方，在土建工程建设时期易导致该路段交通拥堵现象的发生，给市民的出行生活带来诸多不便。交通疏解方案的优劣会直接影响到施工场地围挡的次数与范围，甚至影响征地拆迁及建（构）筑物迁移的工作，进而影响到车站工程的完成时间。

控制措施：

①基坑开挖时，按照设计及相关规范要求，对支护结构本身、周边重要管线、构筑物、建筑物、现状道路进行监测，动态施工，将风险降低到最小，使施工处于可控状态。

②完善在施工期间内所影响的交通网络，将施工区域内的交通流量均衡分布到各条道路，增强区域内的通畅性。增强施工区内的交通疏解与周围道路网络的协调，最大限度地减少施工对现有交通的不良影响。

③尽量减少施工占道，各施工地点维持一定的车道通行。对地铁施工工艺进行优化，最大限度地减少地铁施工时间以及施工中所占的空间，在施工过程中，

各个施工工点需要保持一定的通行能力,满足车辆的基本通行要求。

④优先保障公交、行人的使用空间。公共交通是城市交通组成的重要部分,公共交通客流量大、环保性好,在交通疏解时,应该重点考虑公共交通的优先性。行人交通自由行高、流量大,保障行人交通的畅通性是交通疏解的重要部分。

⑤适当增加道路供给,缓解供需矛盾。交通疏解中可以适当增加路网的密度,将施工区域的路网进行合理利用,对交通进行疏解,为地铁的施工创造有利的条件。

⑥优化交通组织,减轻施工点交通压力。在地铁施工期间,必须对交通信号进行合理配置,通过对施工区域车流量的统计调查,对信号配时进行合理设计,减少施工区域的通行压力。

⑦完善交通管理设施,加强交通管理,提高运行效率。地铁施工期间会大幅度影响城市交通,针对易出现交通问题的路段,应该加强完善交通管理设施,提高城市交通的运行效率。

⑧技术可行、经济合理。对施工区提出的交通疏解方案,应该综合多方面的考虑,不仅能够在技术上可行,而且应该是经济、环保的,应充分对每个疏解方案进行详细比选与综合考虑。

2)管线改迁

重、难点:

地下管线的改迁也是影响车站施工工期的重要因素,地铁车站施工区域多存在种类繁多的主干管线,如燃气、电力、通信、给水、雨污管线等。对这些重点管线改迁的工作具有施工风险大、影响范围广、改迁周期难以预估等特点。管线改迁的工作也常与施工围挡、交通疏解、围护结构施工等同步进行,从而大大增加施工工期的风险,对车站总工期有一定的影响。

控制措施:

①针对雨污水等埋深较深的管线,往往位于城区主干道内,甚至有些存在于老城区内。周边构建筑物密集区域,一般在埋深深度足够的情况下选择顶管迁改等措施,以减少因放坡开挖等措施对周边构建筑物造成的安全风险,以及尽量减少对周边交通断道等造成的影响。

②管线迁改工程施工现场土建部分易发生事故,如发生因对周边管线核实不细造成既有管线的破坏等,而线缆铺设等工序一般来说只要设备材料到位,工程进度将很快。因此为了提高管线迁改工作效率,保证实施过程中安全可控,可考虑将管道土建工程作为整体招标项目在市政工程对外招标时打包招标。

③管线迁改过程分为永久迁改和临时迁改。对于临时迁改管钱需要在主体车

站封顶后，永久道路修复之前进行及时回迁。而永久迁改管线，需要规划重新审批。所以在制定管线方案前需要规划部门介入，并与产权单位、迁改业主一起制定详尽的既满足轨道交通等市政工程实施，又符合现行规范标准的管线方案，避免永久管线不能满足规划要求。

3）土方开挖及外运工期保障措施

重、难点：

地铁车站施工土方开挖及外运的工程量很大，土方开挖的工程进度将直接影响到结构施工工作面数量，土方开挖外运工作的速度除受工作面数量、机械设备数量、天气因素影响外，受政策影响也同样较大，其中，因地铁工程多位于城市繁华路段，易受交通路况的影响，且多数城市对运土车在白天限行，同时受节假日等部分特殊日期的影响，禁运时间多，这也是影响土方开挖进度的重要因素之一。

控制措施：

①开挖时，如遇台风、雨季天气，要求承包方及时做好基坑周边排水工作。

②加强联系弃土场，避免造成出土困难。

③要求承包方投入足够的挖土、运输机械设备，加强维护履带吊，以确保施工计划的日产量的实现。

④要求承包方投入足够的钢支撑，以确保深基坑的安全。要求承包方做好钢支撑与开挖之间的相互衔接工作，避免窝工现象。

⑤要求承包方及时做好各层桩间土方开挖，保证土方开挖顺利进行。要求承包方联系好相应的弃土场，用一备一，保证日产量。

⑥处理好周围环境的关系，要求承包方及时沟通联系，合理组织土方外运。

⑦要求承包方做好文明施工，要求承包方派专人冲洗车辆，避免对城市街道及市容的影响。

⑧要求承包方及时与市政管线部门联系，积极配合市政管线部门施工，在保证施工质量的前提下，加快土方开挖进度。

4）围护结构施工工期保证措施

重、难点：

主要考虑雨期施工时可能出现围护结构接头夹泥，导致基坑开挖阶段渗漏水甚至涌土、喷砂，引起的返工或者由于质量安全问题引起的工期延误。

控制措施：

①保证围护结构的施工工期是保证后续各工程计划开工的先决条件，施工时，先集中力量施工围护结构，确保主体基坑按计划开挖。对于出入口钻孔桩，

喷挂轮按施工顺序及时间要求，多安排人力施工，将受天气的影响降到最低，以缩短工期。

②充分了解设计及水文地质情况，掌握施工中的难点、技术要点，制定切实可行的详细技术方案与组织保证措施，确保围护结构施工按预期顺利进行。

③做准备工作的同时，先排除影响围护施工的因素，影响围护施工的工序先完成。

④要求承包方投入足够的桩基施工设备及技术、施工人员，抓好材料供应，做好环境保护工作，避免污染，影响工期。

⑤搞好机械设备的日常维修保养工作，定人、定机、定岗，与零配件供应商保持密切联系，尽量减少停机时间，提高机械利用率，确保围护结构的进度。

（2）区间工程

盾构法施工不仅施工效率高，而且施工安全、质量高，因此在条件允许的情况下，区间应尽量采用盾构法施工，其中盾构施工单线洞日进度为7~10m，平均月进度为200m左右。

盾构区间施工工法较单一，施工时不像车站施工受外部因素制约较多，其施工进度主要受以下几方面因素影响：

1）车站施工进度

主要受盾构始发及接收并提供时间控制，盾构机下井必须与始发车站施工进度配套，始发车站只有先完成部分土建工作后才能提供足够大的盾构机施工场地，盾构机下井还需进行2个月安装调试，盾构机才能正常掘进。

盾构过站，需要车站底板、中板事先完成，有的甚至要求顶板也完成。这意味着车站大部分主体工程已完成，如果车站施工中底板和中板施工尚未完成，站台上布满了脚手架，则无法将盾构机拖过去，故需提前在车站两端设置盾构接收井和盾构始发井，进行盾构转场。盾构转场时，通过盾构接收井将盾构机（包括后配套）吊出，在车站的另一头通过盾构始发井，再吊进，安装好后继续下一个区间的掘进。转场如果只吊盾构机，后配套可以拖过去，这一般要求站台层是通的，至少底板已经完成，如果盾构机和后配套同时吊出，则要求车站的另一端有足够安放后配套的场地。盾构转场时盾构机和后配套的解体和重新安装需大约2个月，与一台盾构机下井完整安装用时相同。为了安全，盾构转场车站有时需做封堵墙。

2）工程环境情况

盾构施工会受到工程周边环境及自然环境因素的影响。拥堵的交通，恶劣的气候（如气温过低，梅雨季节降水量大），地上建（构）筑物多，对盾构施工进度管理都会产生不利影响。

3）机械故障

盾构区间施工主要靠盾构机的正常运作，机械损坏会直接导致停工，造成总工期的延迟，一般情况下较新盾构机在施工时机械故障相对较少。

4）节点工期

例如盾构穿越铁路正线时，需与铁路部门协调后在双方确定时间内，方可穿越。

5）施工技术

影响盾构施工进度的技术因素主要来自两方面：一是盾构施工机械及其相关配套设备的有效工作时间保证率，盾构机械对地质状况的适应性，作业人员对机械操作的熟练度等；另一方面是盾构掘进参数针对不同地质条件的调整，渣土改良方案的选取，各种预加固技术的选用等。

6.2.5 轨道工程

（1）轨道工程必须始终在车站区间完工后进行

轨道工程的施工特点是道床结构可以分段进行，但无缝线路铺轨工程必须连续施工。毫无疑问，如果某区段车站与区间没有贯通，就没有连续铺设轨道的条件。铺轨工程尽管不必等全部"洞通"才开始，但在连续铺设无缝线路的某区段，铺轨工程从先完工的第一个车站顺着铺轨，此时某些后续车站可能还没有完工，但相邻的下一个车站和区间必须在铺轨到达之前完工，即铺轨必须始终在车站的主体工程或某区间工程完成之后进行，这样的合理安排可缩短总工期。

安排铺轨工程工期时，如果遇上某车站的主体工程尚未完成的情况，有两个解决办法：一是必须对车站工程工期或开工时间做出调整，进行"削峰"，让铺轨工程顺利通过；二是改变铺轨方案，等车站完工后再通过。

（2）铺轨基地设置

车辆段地块是设置铺轨基地的最佳选择之一，因为此时车辆段用地已经征用，无须增加费用；车辆段与车站区间的施工不存在相互干扰，车辆段有大量空地可以利用；车辆段本身需要铺轨。从车辆段地块选择一个长条形状的区域，设置为一个铺轨基地。此外，高架线与地面线结合敞开段的周边空旷地块和高架车站两旁的空旷地，都可作为铺轨基地的候选地。临时轨排下料井，可利用车站站前渡线区间顶板开洞，设置短轨吊装孔；或者在车站站台板上开洞。

（3）"轨通"到系统联调

轨行区是影响地铁总工期的关键因素之一，施工干扰最大。与轨道工程作业车共同施工的，有隧道堵漏等土建整改工程，有区间消防、动力照明、风机小系统安装工程、有屏蔽门、接触轨（网）、通信、电力、FAS等大系统安装与调试工程。多工种交叉作业，不仅严重干扰铺轨工程的进度，也影响各专业工种的施工。因此，铺轨工程必须利用有限的作业空间，科学规划与其他工程协调作战，以发挥最佳功效。

6.2.6 机电安装工程

"电通"首先是变电所建成，车辆段送电，保证车辆段首列列车接车进驻；然后是动力照明400V"电通"，750V或1500V供电；最后全线贯通通电，"电通"标志着各大小系统机电设备安装工程顺利通过。

（1）主变电所土建工程

变电所分主变电所、牵引变电所、降压变电所、跟随变电所等。其中主变电所的土建工程相对独立，应尽早开工。牵引变电所、降压变电所、跟随变电所的土建工程本身是地下车站设备用房的一部分，跟随车站的完成而完成。

（2）大型机电设备

机电系统大型设备的运输一般通过汽车运输到施工现场，有汽车运输或轨道车运输两种。由于设备的重量和体积较大、运输过程中不能倾斜，应预留合适的运输时间。

汽车运输时，需考虑运输线路、城市道路限高、限重要求，场地内地上、地下运输衔接等因素，做好相应的运输计划。有些运输地段可能要破坏市政道路和绿化设施，甚至要拆迁零星构筑物。如设备中外形和重量均最大的组合空调机组，长、宽、高分别达到7.2m、3.3m、2.8m，重量达8.5t，一般应分段运输，到施工场地后再组装。如果承包商在场内组装好，整体运往现场，只能采用特制的工程装备垂直运入车站，再在站内水平运输。

变压器、组合空调机组、自动扶梯等大型设备在施工现场可以通过轨道运输直接进入站台层，但申办轨道车运输手续烦琐、台班费较贵。轨行区除有为承包商服务的轨道车外，还有运营公司的工程车，行车密度大，"电通"后期接触轨（网）已送电，轨行区的运输必须慎重考虑安全防护。

（3）机电设备安装需充分考虑施工干扰

装修和设备安装相互影响持续时间较长，有的安装工程本身就要求与装修协调作业。在设备用房中，设备安装和装修基本都是在车站主体完成或此后1个月再进行交叉作业。精密机电设备安装对设备定位、水平度、湿度、温度等要求较高，设备安装就位后，应对设备进行有效的保护，以避免外力的破坏及灰尘的污染。地铁工地施工环境差，有的甚至在不完全具备安装条件的情况下进场施工，车站装修（含出入口、风亭）一般为7～12个月，施工干扰不可避免。基于实际情况，工程筹划时，车站装修可以按设备区、站厅层、出入口等区域分块进行，设备安装调试主要在设备区进行，从而将施工干扰降到最小。

部分土建工程对设备安装也有一定影响，由于地铁设备招标落后于土建施工，土建设计时，设备专业通常按一定的参数与土建配合，预留设备的沟、槽、孔、洞。等设备招标完成真正实施时，凡与设计有出入的部分，都需要返工，甚至对已经施工的墙体等土建结构在安全允许的前提下都需进行破坏后重建。相互干扰的地方可以考虑倒边施工。

(4) 机电设备安装及单体调试

地铁建设周期长，影响工期的因素多，受各项工程工期影响，最终工期会有所变化调整。由于系统安装与调试最后进行，为了保证总工期的总目标不变，其工期经常被压缩。但无论如何，全线设备安装及单体调试总工期，根据规模大小应有10～15个月时间。

为保证工期，安装工程一般要细化，设备生产、供货、安装要根据里程碑工期进行。地铁在城市施工时，施工作业面和场地都非常有限，一般无法提供大量的货物仓储条件，实际供货过程中基本要求现场零储存。

各系统应合理、慎重、适当地安排计划，例如杂散电流防护系统施工过早安排，会提前占用轨道资源，影响其他工程工期，安排太晚，又影响土建和安装，不利于发现问题及时整改。

6.3 投资管理

投资管理主要包括资金使用计划的编制与偏差调整、工程预付款的审核、协助处理工程变更、索赔及调价事项、索赔与反索赔、工程计量与进度款的审核，针对不同情况进行合理地造价管理是施工阶段投资管控的主要任务。

6.3.1 工程项目资金使用计划的编制与偏差调整

(1) 造价控制内容

资金使用计划是在施工阶段编制的用于确定造价的总目标与分目标，用来控制工程实施阶段的造价，同时结合实际资金使用情况做出偏差分析，并对发生的偏差情况进行及时分析与纠正，对未来工程项目的资金使用和进度控制进行预测，提高业主资金的使用效率，因此资金使用计划的编制与偏差调整是业主造价控制的基础内容。

（2）造价控制方案

拟计划编制地铁资金使用计划，其程序包括准备、目标分解和编制三个阶段，具体程序如下：

1）工程项目资金使用计划编制的准备阶段

编制人员的准备；编制资料的准备；熟悉施工合同；科学合理地进行施工项目的划分；计算机的应用等。

2）工程项目投资目标的分解

它是编制资金使用计划过程中最重要的步骤，根据投资控制目标和要求的不同，投资目标的分解可以分为按投资构成、按子项目、按时间分解三种类型。

3）工程项目资金使用计划的编制

资金使用计划的编制可以用以下三种形式来表现：

①按不同子项目编制资金使用计划；

②按时间进度编制的资金使用计划；

③绘制形象进度报表。

资金使用计划编制过程如图6-12所示。

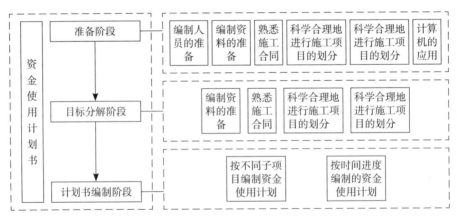

图6-12 工程项目资金使用计划编制过程

4）工程项目资金使用计划

①按工程项目不同子项目编制资金使用计划的方法

一个工程项目由多个单项工程组成，每个单项工程还可能由多个单位工程组成，而单位工程总是由若干个分部分项工程组成，按照"组合性计价"的划分原则，可划分到分项工程或再细一些，按项目划分对资金使用进行合理分配，然后按工程划分对工程预算进行同口径归集计算。

a.地铁划分工程项目

项目划分的粗细程度根据实际需要而定,既要考虑实际预算项目的组成,也要结合工程项目施工形象进度部位的界定。

b.确定工程项目编码

为了使支出预算与以后的造价控制相对应,事先统一确定工程项目造价的编码系统。编码指工程细目码,必须具有科学性、层次性。项目编码要适应设计概算或设计预算、合同价编制资金计划的不同要求,尤其考虑好工程项目施工形象进度部位的界定。

c.确定工程项目分项预算

分项工程的支出预算是分项工程的综合单价与工程量的乘积。在确定分项预算时,应进一步核实工程量,以准确确定该工程分项的支出预算。

d.编制工程项目阶段性资金使用计划表

各工程分项的资金使用计划表,一般应包括以下几项内容:工程分项的编码、工程内容、计量单位、工程数量、计划综合单价、工程分项总价。

②编制形象进度报表

拟计划编制形象进度报表对资金使用计划进行分析,业主了解工程项目施工动态及投资情况,为业主及时采取措施提供基础资料,编制形象进度报表如表6-11所示。

工程项目形象进度报表　　　　表6-11

序号	施工部位编号	形象进度	已完工程量	总工程量	工程量比例	资金比例
1	1—3	地基处理				
2	2—7	基坑开挖				
3	3—9	支护防水施工				
4	4—12					
5	6—18					
6	7—27					
…	…	…	…	…	…	

③工程项目投资偏差纠正的方法

基于工程项目形象进度报表与累计偏差分析采取强有力措施加以纠正,尤其注重主动控制和动态控制,尽可能实现工程项目投资控制目标。通常纠偏方法从组织措施、经济措施、技术措施、合同措施四个方面进行。

a.组织措施。组织措施是其他措施的前提和保障,而且一般增加费用较少,是指从工程项目投资控制的组织管理方面采取的措施。如提高管理人员素质、加大管理力度等，同时会积极主动采取相应措施。

b.经济措施。如检查工程项目投资目标分解是否合理，资金使用计划有无保障，会不会与施工进度计划发生冲突，项目工程变更有无必要、是否超标等，解决这些问题往往是标本兼治，事半功倍的。另外，通过工程项目偏差分析和未完工程预测还可以发现潜在的问题，及时采取预防措施，从而取得造价控制的主动权。

c.技术措施。从工程项目造价控制的要求来看，技术措施并不都是因为发生了技术问题才加以考虑的，也可以因为出现了较大的投资偏差而加以运用。如可以根据投资偏差结合项目实际情况采用不同的施工工法等，不同的技术措施往往会有不同的经济效果，因此运用技术措施纠偏时，要对工程项目不同的技术方案进行技术经济分析后加以选择。

d.合同措施。合同措施在纠偏方面主要指索赔管理。在工程项目施工过程中，索赔事件的发生是难免的，在发生索赔事件后，认真及时审查有关索赔依据是否符合合同规定，索赔计算是否合理等，从主动控制的角度出发，加强日常的合同管理，落实合同规定的责任。

④预期效果

阶段性资金使用计划是在施工阶段编制的用于确定各阶段分目标，用来控制工程实施阶段的造价，结合实际资金使用情况做出偏差分析，对地铁施工中发生的偏差情况进行及时分析与纠正并采用四大措施，消除业主不必要的资金浪费，避免投资失控，还能避免在今后工程项目中因缺乏依据而轻率判断所造成的损失，减少盲目性，增加自觉性，使现有资金充分发挥作用。

按月编制的资金使用计划表，如表6-12所示。

按月编制的资金使用计划表　　　　　表6-12

时间（月）	1	2	3	4	5	6	7	8	9	10	11	12
投资（万元）												

工程预算造价执行情况如表6-13所示。

工程目标造价偏差分析及管理建议表　　　　表6-13

项目名称	目标造价（万元）	实际造价（万元）	偏差		原因分析
			差值(±)	比例(%)	
咨询单位管理意见					项目负责人： 　　年　月　日
建设单位意见					项目负责人： 　　年　月　日

6.3.2 工程项目预付款的审核

（1）造价控制内容

在对工程项目预付款进行审核时，主要审核预付款的支付时限、预付款的支付数额、工程预付款的实际使用情况及工程预付款的扣回方式等内容，审核内容同时也是造价控制的重点内容，其中审核的主要依据为承发包双方签订的施工合同，而当合同中没有明确规定时，应严格按照国家相关的法律法规规定进行审核。

（2）造价控制方案

1）审核程序

为了保证工程项目预付款的有效使用，项目的监理方会在项目建设过程中，对项目预付款支付及扣回过程进行审核。在业主复核工程预付款的支付及扣回时严格按照以下程序进行，真正做到对预付款的使用落到实处，保证工程项目的顺利实施，其复核程序应按照以下步骤来进行，具体程序如图6-13所示。

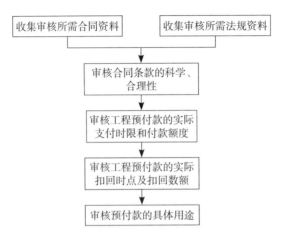

图6-13 工程项目预付款审核流程图

2）审核方法及内容

工程项目预付款作为该工程项目的启动资金，其数额的确定具有很重要的意义，严格按照相关规定对预付款进行审核。根据《建设工程工程量清单计价规范》GB 50500—2013规定：包工包料工程的预付款的支付比例不得低于签约合同价（扣除暂列金额）的10%，不宜高于签约合同价（扣除暂列金额）的30%。承包人应在签订合同或向发包人提供与预付款等额的预付款保函（如有）后向发包人提交预付款支付申请。发包人应在收到支付申请的7天内进行核实后向承包人发出预付款支付证书，并在签发支付证书后的7天内向承包人支付预付款，该项目工程预付款审核包括以下几项内容：

①工程预付款应在工程项目施工合同中约定，并在约定的时间内进行支付；

②预付款支付比例应符合工程项目合同、文件要求，预付款支付金额应按合同约定金额支付，合同约定扣除暂列金额、暂估项目金额的，在计算时应扣除；

③发包人支付预付款时是否要求承包人提供预付款保函，预付款保函的担保金额应与预付款金额一致；

④预付款应按合同约定在进度款中及时扣回，保函中的担保金额递减是否与扣回金额一致；

⑤有无出现工程款已支付完而预付款尚未扣清的情况，尚未扣清的预付款金额应作为承包人的到期应付款。

3）预期效果

根据以上审核方案保障预付款的给付的准确性与及时性，从而帮助对方履行合同，使项目顺利进行。如果承包人采用预付款购置用于工程的材料、施工设备等，还可以发挥抵御通货膨胀的作用。

6.3.3 工程项目工程变更

(1) 造价控制内容

准确界定工程变更的范围控制是业主造价控制内容重点，2007年版《标准施工招标文件》中列出：在履行合同中发生以下情形之一的，经发包人同意，监理人可按合同约定的变更程序向承包人发出变更指示：①取消合同中任何一项工作，但被取消的工作不能转由发包人或其他人实施。如取消某支架安装工作等。②改变合同中任何一项工作的质量或其他特性。如管沟开挖遇到不利地层时防水等级的提高等。③改变合同工程的基线、标高、位置或尺寸。④改变合同中任何一项工作的施工时间或改变已批准的施工工艺或顺序，如防水工艺的调整等。⑤为完成工程需要追加的额外工作，如进行附近原有管线、结构物的拆移。

《建设项目全过程造价咨询规程》第7.3.2条规定，工程造价咨询单位对工程变更的审查包括工程变更费用的有效性、完整性、合理性和准确性。《建设项目全过程造价咨询规程》条文说明第7.3.1条规定，应根据承发包合同条款的约定，审核工程变更资料是否齐全完整，并及时完成对工程变更费用的审查及处理。工程变更咨询工作的主要内容包括：对工程变更进行记录、对工程变更进行规范、对工程变更进行审查。

(2) 造价控制方案

1) 工程变更程序

地铁工程变更对工程项目建设产生极大影响，业主从工程变更的提出到工程变更的完成，再到支付承包商工程价款整个过程进行咨询，其中包括对工程变更进行记录、对工程变更进行规范、对工程变更进行审查，从而帮助业主完成工程变更管理，工程变更的咨询程序如图6-14所示。

2) 应对方法

①协助收集工程项目资料及做好记录

在工程项目施工过程中，对出现的工程变更，及时做好文字记录，收集相关变更资料，作为造价控制的依据，收集的相关资料如表6-14所示。

依据工程项目合同文件及相关资料，做好下列内容的收集：业主签发的工程变更指令，设计单位提供的变更图纸及说明，经业主方审查同意的变更

图6-14 工程变更咨询程序图

变更资料一览表 表6-14

类型\内容	收集资料内容
变更估价	变更的工程量
	与该工程变更相同的分项工程单价
	与该工程变更相类似的分项工程单价
	合同中规定的新单价的确定方法
签订新合同	变更的工程量
	管理费、利润等取费费率
	当地当时的市场价格信息
	当地政府、行业建设主管部门发布的工程造价指数、定额信息等
计日工	工作名称、内容和数量
	投入该工作所有人员的数量、工种、级别和耗用工时
	投入该工作的材料类别和数量
	投入该工作的施工设备型号、台班和耗用台时
	其他资料和凭证

施工方案及承包商上报的工程变更价款预算申请报告等，对于工程变更的文字记录，主要是记录工程变更时间、设计资料、咨询过程及意见、执行情况。

②审查变更理由充分性

对变更理由是否充分进行严谨分析，对只增加造价而不增加功能的变更要向业主提供变更对造价影响的建议，制止无意义的变更。对施工单位提出的变更，应严格审查，防止施工单位利用变更增加工程造价，减少自己应承担的风险和责任。区分施工方提出的变更是技术变更，还是经济变更，对其提出合理降低工程造价的变更予以确认。对设计单位提出的设计变更应进行调查、分析，如果属于设计粗糙、错误等原因造成的，根据合同追究设计责任。建设单位提出的设计变更，应对不同变更方案进行测算、比选，将比选结果提供给建设单位领导作决策参考。

③业主审查变更程序正确性

业主审查承包人提交变更报价书程序的正确性，应根据双方签订的合同对变更程序的要求进行审查，在审查过程中着重注意以下4个关键环节：

a.地铁施工中发生工程变更，承包人按照经发包人认可的变更设计文件，进行变更施工，其中涉及政府投资项目重大变更，需按基本建设程序报批后方可施工。

b.在工程设计变更确定后14天内,设计变更涉及合同价款调整的,由承包人向业主提出,业主审查,经业主审核同意后调整合同价款。

c.工程设计变更确定后14天内,如承包人未提出变更工程价款报告,则发包人可根据所掌握的资料决定是否调整合同价款和调整的具体金额。重大工程变更涉及工程价款变更报告和确认的时限由双方协商确定。

d.业主审查变更依据合理性

业主应审查工程变更的内容,根据工程项目签订的合同类型,可以判断该事项是否能够成功变更,属于哪种变更,再根据不同变更事项的费用计算方法,核算变更价款。《标准施工招标文件》第15.1条规定了工程变更的范围和内容:"除专用合同条款另有约定外,在履行合同中发生以下情形之一,应按照本条规定进行变更:(a)取消合同中任何一项工作,但被取消的工作不能转由发包人或其他人实施;(b)改变合同中任何一项工作的质量或其他特性;(c)改变合同工程的基线、标高、位置或尺寸;(d)改变合同中任何一项工作的施工时间或改变已批准的施工工艺或顺序;(e)为完成工程需要追加的额外工作。"

④业主审查变更估价准确性

a.审查工程变更工程量计算准确性

变更价款的计量与处理应按照国家相关法规和合同的约定进行调整。按承包人提交的变更报价书中的工程量计算内容进行逐项核对,如发现与实施不符,则上报业主,由业主令承包人改正错误后重新提交变更报价书。工程变更工程量计算应按照合同规定的工程计量规则,计算承包人在履行合同义务过程中实际完成的变更工程量,以此作为变更结算的依据。

b.审查工程变更价格的准确性

在计算变更费用时首先应按照实际变更情况判断适用哪条变更计价原则,然后再对变更价款进行计算,变更价款的确定方法如下:

第一种情况:合同中已有适用的价格,按合同中已有价格确定。合同中已有适用的价格,是指该项目变更应同时符合以下特点:变更项目与合同中已有项目性质相同,即两者的图纸尺寸、施工工艺和方法、材质完全一致;变更项目与合同中已有项目施工条件一致;变更工程的增减工程量在执行原有单价的合同约定幅度范围内;合同已有项目的价格没有明显偏高或偏低;不因变更工作增加关键线路工程的施工时间。

第二种情况:合同中有类似的价格,参照类似的价格确定。这种变更单价的适用条件包括以下几项:变更工作的实施环境及工作条件与原合同中约定的相似;变更工程项目所采用的材料、施工工艺和方法与原合同约定的相似;变更的工程项目不增加关键线路上工程的施工时间。

合同中已有的价格类似于变更工程单价时，可以将合同中已有的价格拿来间接套用，或者对原价格进行换算，改变原价格组价中的某一项或某几项，然后采用，或者是对于原价格的组价，采取其一部分组价使用。合同中有类似的价格，参照类似的价格确定变更项目的价格，当变更项目类似于合同中已有项目时，可以将合同中已有项目的价格拿来间接套用，即依据工程量清单，通过换算后采用；或者是部分套用，即依据工程量清单，取其价格中的某一部分使用。

第三种情况：合同中没有适用或类似的价格，由承包人提出价格，经发包人确认后执行。合同中没有适用或类似的价格，是指该项目变更应符合以下特点之一：变更项目与合同中已有的项目性质不同，因变更产生新的工作，从而产生新的单价，原清单单价无法套用；因变更导致施工环境不同；变更工程的增减工程量、价格在执行原有单价的合同约定幅度以外；承包商对原合同项目单价采用明显不平衡报价；变更工作增加了关键线路工程的施工时间。

⑤提出审核意见、签证变更报价书

a.审查同意承包商的要求，如果业主授权造价咨询小组作为业主代表，则可以直接签认；如果业主未进行此授权，则需要报业主签认。

b.审查未同意承包商的要求，则需要注明变更报价书上的错误、业主未同意的原因、业主提出的变更价款调整方案，报监理工程师审阅。

⑥资料提交

资料提交工作是将收集的资料、变更价款审查报告、已经完成审查的签认或未签认的变更报价书副本、业主的变更价款调整方案、工程师当期阶段的工程进度款支付证书副本、变更价款审查中所形成的其他纸质、电子资料文件等按业主的要求提交，作为竣工结算、索赔、仲裁、诉讼的依据。

⑦落实例会制度

加强落实例会制度，明确各方职责，及时进行合同交底，使各方深入了解合同文件。当场做合同的澄清，参与有关工程造价及合同执行的工程会议及业主要求的其他会议，向合同各签署方、监理等相关单位进行最终合同文件与工程量清单交底，陈述合同构成、各方权责、合同风险、需关注条款，以及清单构成、需关注项目、暂定量项目、暂定款项目、暂定物料单价项目等内容，使各方对合同文件有深入了解。

3）预期效果

正确合理进行工程变更不仅可以为项目增值，而且也可以提高业主资金使用效率，节约投资，保证项目顺利实施，实现预期效果。工程变更咨询成果文件应包括以下部分：工程变更项目汇总表；工程变更的造价审核意见表；工程变更审核明细表；工程变更申请表；工程洽商记录表；新增及变更项目综合单价确认表；合同外项目签证表。

6.3.4 工程项目索赔

（1）造价控制内容

在工程项目施工过程中，索赔事件的发生将直接影响业主资金的投入量，正确合理判定、处理索赔（反索赔）事件成为业主造价控制的重点内容，其包括工程项目延误工期的确定。

工程工期是业主和承包商经常发生争议的问题之一，工期索赔在整个索赔中占据了很高的比例，也是业主反索赔的重要内容之一。工程项目工期索赔分析流程包括延误原因分析、网络计划（COM）分析、业主责任分析和索赔结果分析等步骤，具体内容如图6-15所示。

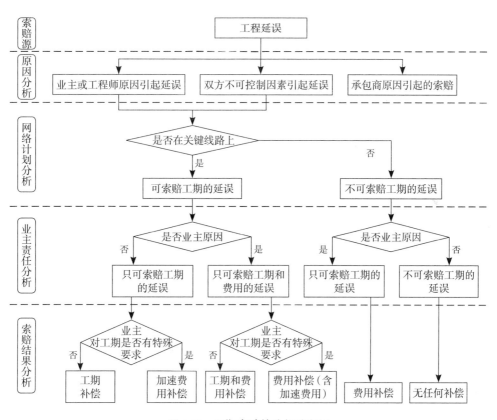

图6-15 工期索赔的分析流程图

①索赔原因分析

分析引起延误是哪一方面的原因,如果承包商自身原因造成的,则不能索赔,反之则可索赔。

②网络计划分析

运用网络计划(CPM)方法分析延误事件是否发生在关键线路上,以决定延误是否可以索赔。在工程索赔中,一般只限于考虑关键路线的延误,或者一条非关键路线因延误已变成关键线路。

③业主责任分析

结合CPM分析结果,进行业主责任分析,主要是为了确定延误是否能索赔费用。若发生在关键线路上的延误是由于业主造成的,则这种延误不仅可以索赔工期,而且还可索赔因延误而发生的额外费用,否则只能索赔工期,若由于业主原因造成的延误发生在非关键线路上,则只能索赔费用。

④索赔结果分析

在承包商索赔已近成立的情况下,根据业主是否对工期有特殊要求,分析工期索赔的可能结果。如果由于某种特殊原因,工程竣工日期客观上不能改变,即对索赔工期的延误,业主也可以不给予工期延长,此时建议业主可支付承包商采取加速施工措施而额外增加的费用,即加速费用补偿。

⑤索赔费用确定

承包商在进行费用索赔时,基本的索赔费用主要包括:人工费、材料费、施工机械使用费、企业管理费、现场管理费和利润。在工程项目合同中一般都规定承包商在可以进行利润索赔时的计价范围和取费费率,在此简单介绍几项索赔费用计算方法,表6-15列举了各种费用索赔的相关问题,如分类、索赔起因等。

工程费用索赔分析表 表6-15

费用	具体说明	索赔起因	索赔额的确定
人工费	承包商人工费的损失包括额外劳动力雇用费,劳动生产率降低所产生的费用,人员闲置费用,加班工作费用,工资税金,工人的人身保险和社会保险支出等	①额外工程量 ②业主原因造成生产率降低 ③加班工作 ④物价上涨 ⑤工程拖期	1.加班费=人工单价×加班系数。 2.额外工作所需人工费=合同中的人工单价、计日单价或重新议定之单价。 3.劳动效率降低的费用索赔额=(该项工作实际支出工时—该项工作计划工时)×人工单价

续表

费用	具体说明	索赔起因	索赔额的确定
材料费	包括额外的材料使用、材料破坏估价、材料涨价、材料采购运输及保管费等	①材料实际用量大于计划用量 ②材料采购滞后 ③材料价格上涨 ④改变施工方法 ⑤变更工作性质 ⑥库存时间过长 ⑦物价上涨 ⑧额外工作	1.材料费索赔=材料耗用量增加+材料单位成本上涨。 2.额外材料使用费=（实际用料量-计划用料量）×材料单价。 3.材料价格上涨费用=（现行价格-基本价格）×材料量。 4.增加的材料运输、采购、保管费用=实际费用-报价费用
施工机械费	包括额外的机械设备使用费、机械设备闲置费、机械设备折旧费和修理费分摊、机械设备租赁费用、机械设备保险费、新增机械设备所发生的采购、运输、维修、燃料消耗费等	①额外工作 ②加速施工 ③机械租赁费上涨 ④不正常使用损耗加大 ⑤暂停施工机械闲置	1.机械闲置费=机械折旧费×闲置时间。 2.增加的租赁机械使用费=租赁机械实价×持续工作时间。 3.机械作业效率降低费=机械作业发生的实际费用-投标报价的计划费用
现场管理费	施工现场管理费，是指承包商完成额外工程，索赔事项工作及工期延长期间的土地现场管理费	①管理人员工资 ②临时设备搭建 ③通信交通增加	1.基本费用=人工费+施工机械费+材料费+分包费。 2.现场管理费=施工现场管理费率×基本费用。 3.施工现场管理费率=施工现场管理费总额/工程基本费用总额×100%
总部管理费	总部管理费是工程项目组向其公司总部上缴的一笔管理费，作为总部对该工程项目进行指导和管理工作的费用。在承包商的工程支出中，它是一种相对固定的费用，同时又是一种时间相关成本，它必须从承包商的各工程收入中得到补偿	企业管理费由于直接成本总数的减少而无法推销，造成了企业管理费损失	1.总部管理费率=总部管理费总额/（基本费用+施工现场管理费）×100%。 2.总部管理费=总部管理费率×（基本费用+施工现场管理费用）。 3.施工现场管理费率和企业（总部）管理费率，由承包商根据该工程某一时间内的工程进展情况，与工程师协商后决定。 4.承包商的管理费=施工现场管理费+企业（总部）管理费

（2）造价控制方案

1）工程索赔流程

工程项目索赔的申请工作过程可以细分为以下步骤进行：

①进行施工事态调查。通过对合同实施的跟踪、分析、诊断，对它进行详细的调查和跟踪，以了解事件经过、前因后果、掌握事件详细情况。

②干扰施工事件原因分析，即分析这些干扰事件是由谁引起的，它的责任应

由谁来承担。

③索赔根据评价，主要是指合同条文，必须按合同判明干扰事件是否违约，是否在合同规定的补偿范围之内。

④损失调查，主要表现为工期的延长和费用的增加。

⑤收集证据，证据是索赔有效的前提条件。在干扰事件持续期间内，要保持完整的记录。

⑥起草工程项目索赔报告。索赔报告是上述各项工作的结果和总括，它表达了委托方的索赔要求和支持这个要求的详细依据。地铁工程索赔咨询业务编制流程如图6-16所示。

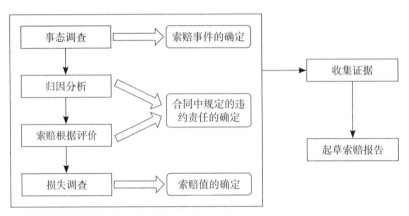

图6-16　地铁工程索赔咨询业务编制流程

2）工程索赔处理方法

在工程项目工期索赔中，网络分析法是一种科学、合理的计算方法，它是通过分析干扰事件发生前、后网络计划关键线路之差异来计算工期索赔的，这种方法能够通过合理的分析和计算，使工期索赔处理具有科学性、严谨性、公正性、合法性，从而维护工程项目工程参与主体的合法权益。由于工程项目是一个复杂的系统工程，影响因素众多，使用网络分析技术进行工期索赔、综合分析时具有较大的计算工作量，所以拟计划利用计算机来完成。

3）预期效果

索赔与反索赔实际上是业主与承包商之间在分担工程风险方面的责任再分配。合理处理索赔是施工阶段有效避免风险的一种方法，也是双方保护自身正当权益、弥补工程损失、提高经济效益的重要手段，为造价控制提供最后保障。

6.3.5 工程项目价格调整

(1) 造价控制内容

工程项目价格调整内容直接反映在造价投资变化，价格调整内容是造价控制的关键内容。价格调整指根据人工费、材料费或影响工程施工费用的任何其他事项的费用的涨落对合同价格增加或扣除相应金额的处理过程。价格调整在工程项目施工过程中较常发生，由于地铁建设涉及的材料体量大且种类杂，不确定因素极易导致材料种类和数量的变化，从而影响项目投资。按照《建设工程工程量清单计价规范》GB 50500—2013条文说明中的相关规定，引起价款调整的因素有15类，除法律法规变化、物价波动、不可抗力未给出建议外其他引起价款调整的因素已在前面章节涉及，这里不再论述。

其中法律法规原因引起的合同价格调整应依据合同中约定的基准日期为界，其中，招标工程为投标截止日期前28天，非招标工程为合同签订前28天；在基准日之前的法律法规变化由承包方承担，基准日之后的法律法规变化由发包方承担，具体的调整方法按照法律法规的相关规定进行。

而物价波动引起的价格调整要以工程项目合同中约定的风险幅度范围为界，超出风险幅度的价款才可以调整，否则不可以调整。该调整幅度范围应为承发包双方在签订合同的过程中重点协商的内容。同时，因物价波动引起价格调整的具体方法也应在工程项目合同中进行详细约定，不可抗力引起价款调整时的损失由双方共同承担，其关键在于界定各方责任界面，可以参考《建设工程工程量清单计价规范》GB 50500—2013第9.10条进行分析调价，因此本部分的价格调整将对以上法律法规变化、物价波动因素进行分析研究。

(2) 造价控制方案

1) 工程价格调整程序

引起价格调整的因素包括法律法规变化和物价波动，两者所导致价格调整的处理程序是基本相同的。

当发生以上两种情况引起价格调整时，及时就具体的情况进行分析，按照合同中约定的程序或以上规定的程序进行价格调整，其中需要注意的是进行价格调整时应区分受益方，该受益方可能为发包方也可能为承包方，因此，应时刻关注可能引起价格调整的以上两类因素，真正做到对合同价格的及时调整，维护协助的合理利益。

在进行价格调整时，协助发包方在程序规定的时间内提出价格调整报告，避免因时间延误而给自身造成损失，同时业主作为价格调整报告的接受方时，会对价格调整的具体数额进行认真审核，做到对工程价款的整体控制。

2）价格调整方法

①工程项目中物价波动引起价格调整的方法

方法一：采用造价信息法调整价格

针对地铁建设中使用的材料品种较多，拟采用造价信息法进行价格调整。在工程项目合同中应明确调整人工、材料、机械价格依据的造价文件，以及要发生费用调整所达到的价格波动幅度。如果未明确调整方法的，可按《建设工程工程量清单计价规范》GB 50500—2013条文说明4.7.6条相关规定执行。

人工单价发生变化时，发、承包双方应按省级或行业建设主管部门或其授权的工程造价管理机构发布的人工成本文件调整工程价款。材料价格变化超过省级或行业建设主管部门或其授权的工程造价管理机构规定的幅度时应当调整，承包人应在采购材料前就采购数量和新的材料单价报发包人核对，确认用于本合同工程时，发包人应确认采购材料的数量和单价。发包人在收到承包人报送的确认资料后3个工作日内不予答复的视为已经认可，作为调整工程价款的根据。如果承包人未经发包人核对即自行采购材料，再报发包人确认调整工程价款的，如发包人不同意，则不做调整。

方法二：采用实际价格法调整价格

采用实际价格法调整价格，实际价格调整价款在国际惯例中也称为"票据法"。地区规定对钢材、木材、水泥、防水材料等的价格采取按实际价格结算的方法，承包人可凭发票等按实际费用调整材料价格。这种方法简便易行，但由于对承包人采取费用实报实销，会导致承包人不重视降低材料价格成本，使发包人不容易控制工程造价，对此，应及时协助发包人在合同中约定发包人或监理人有权要求承包人选择更廉价的材料供应商。

在采用实际价格法调整价款时，应主要控制的两个要素为：工程项目施工合同中的预算价格（或投标价格）和证实采购的实际价格，其中合同的预算价格可通过在报价清单中逐项查找分析来确定其具体值。这一价格依据较充分，且不容易在承发包双方产生争议，而承包人提供票据的真实性和准确性将是协助发包人重点控制和审核的内容。协助发包人对承包人提供的有关发票、收据、订货单、账簿、账单和其他文件进行认真审核，确保实际价格的可信度，同时，按照实际价格调整价款还应注意以下关键点：

关键点一：材料实际价格的确定

材料按实调整的关键是要掌握市场行情，把所定的实际价格控制在市场平均价格范围内，建筑材料的实际价格应首先用同时期的材料指导价或信息价为标准进行衡量。如果承包人能够出具材料购买发票，且经核实材料发票是真实的，则按照发票价格，考虑运杂费、采购保管费，测定实际价。但如果发票价格与同质量的同种材料的指导价相差悬殊，并且没有特殊原因的话，不认可发票价，因为，这种发票不具有真实性。因此，应积极主动熟悉掌握市场行情，明确建筑材料实际价格，综合参考市场标准与购买实际等多种因素测定，以保证材料成本计算的准确与合理。

关键点二：材料消耗量的确定

影响实际价格法进行调整价款计算正确与否的关键因素之一是材料的消耗量，该消耗量理论上应以预算用量为准。如钢材用量应按设计图纸要求计算重量，通过套用相应定额求得总耗用量，而当工程施工过程中发生了变更，导致钢材的实际用量比当初预算量多时，该材料的消耗量应为发生在价格调整有效期间内的钢材使用量，其计算应以新增工程所需的实际用钢量来计算。

值得注意的是，在地铁实际施工中，钢材的消耗量可能有三种不同的用量：一是按图计算的用量；二是根据定额（含钢量）计算出的定额用量；三是承包人购买量。在计算材差时，只能取按图计算量，除非有特殊原因，例如，能采购到的钢材直径或类型与图纸要求不一致需要替换，钢材的理论重量与实际重量不一致等，否则无论承包人实际购买了多少吨钢材，均不予承认，只按设计用量计算。

关键点三：材料购买的时间

地铁材料的购买时间应与工程施工进度基本吻合，即按地铁施工进度要求，确定与之相适应的市场价格标准，但如果地铁材料购买时间与施工进度之间偏差太大，导致材料购买的真实价格与施工时的市场价格不一致，也应按施工时的市场价格为依据进行计算，其计算所用的材料量为工程进度实际所需的材料用量，而非承包商已经购买的所有材料量。

方法三：采用造价指数法调整价款

这种方法是建设地铁的甲乙方采用当时的预算（或概算）定额单价计算出承包合同价，待竣工时，根据合理的工期及工程造价管理部门所公布的该月度（或季度）的工程造价指数，对原承包合同价予以调整，重点调整那些由于实际人工费、材料费、施工机械费等费用上涨及工程变更因素造成的价差，并对承包人给予调价补偿。

②法规变化引起价格调整的方法

现阶段由于法律法规变化引起价格调整的情况主要体现为：(a)法律法规规定的规费费率和与建筑工程项目相关的税率调整等情况。(b)政府部门颁布的指导性结算办法及文件。

目前，由于法律法规变化引起的价格调整方法在《建设工程工程量清单计价规范》GB 50500—2013和2007年版《标准施工招标文件》中有所规定，其中在《建设工程工程量清单计价规范》GB 50500—2013中规定，在基准日（招标工程以投标截止日前28天，非招标工程以合同签订前28天为基准日）以后，国家的法律、法规、规章和政策发生变化影响工程造价的，应按省级或行业建设主管部门或其授权的工程造价管理机构发布的规定调整合同价款。在2007年版《标准施工招标文件》第四章第16.2款也规定了在基准日后，因法律变化导致承包人在合同履行中所需要的工程费用发生除第16.1款约定以外的增减时，监理人应根据法律、国家或省、自治区、直辖市有关部门的规定，按第3.5款商定或确定需调整的合同价款。

通过以上的对比可见，无论是常用的合同范本还是相关法规都对因法规变化引起的价格调整进行了较笼统的说明，其调整方法可总结为按照国家法律法规的规定来调整，这样对承发包双方的指导作用不够明确。因此，在地铁施工合同签订过程中，业主应积极就该因素引起的价格调整进行具体约定，以避免后期结算纠纷的产生。

3）预期效果

工程价款的合理调整使项目参与方公平合理地进行利益分配的再调整，有力推动了项目的顺利进展。

6.3.6 工程计量与进度款支付申请的审核

（1）造价控制内容

工程量与进度款支付金额直接影响业主的投资造价，对工程计量与进度款支付申请的审核是业主工作的重点。业主对工程计量与进度款支付申请进行审核时，拟采用全面审查法对以下内容进行审查：（a）计量支付时间的审核；（b）工程计量结果的审核；（c）工程进度款支付申请中各具体款项的审核。

工程项目合同范围内已实施工程的工程价款按照计价方法不同可分为单价子目和总价子目两种。对于合同范围内的单价子目进度款的支付应该按照地铁施工图纸进行工程量的计算乘以工程量清单中的综合单价汇总得来，对于工程项目合同范围内的总价项目应以计量资料为基础，以确定工程形象进度或分阶段支付所需要完成的工程量。合同范围内的总价项目应该按照形象进度或支付分解表所确定的金额向承包人支付进度款，合同价款调整完成后，需在调整金额确定的当期对工程进度款支付。

（2）造价控制方案

1）审核程序

在实际的地铁工程施工过程中，工程计量与进度款支付是控制工程投资的重要环节。监理人在收到承包人进度付款申请单以及相应的支持性证明文件后的14天内完成核查，提出发包人到期应支付给承包人的金额以及相应的支持性材料。经发包人审查同意后，由监理人向承包人出具经发包人签认的进度付款证书，监理人有权扣发承包人未能按照合同要求履行任何工作或义务的相应金额，应及时对提交材料进行审查，全面审查计量方法、计量数据、计量结果等，按照图6-17所示的程序进行审查。

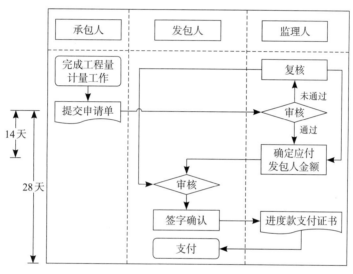

图6-17 进度款的支付流程图

工程计量与进度款支付是项目建设过程中一项重要的工作，也是工程项目施工阶段控制工程总造价的一项关键工作，业主在进行计量与支付的审核时应严格按照以上的程序，保证工程进度款的准确支付，使项目顺利进行。

2）审核方法

工程项目计量与进度款支付为控制该工程投资的重要环节，为了更好地控制工程项目投资，监理工程师必须保证工程计量与进度款支付的工作质量。业主在进行工程计量与进度款支付审核的过程中，会重点控制每期付款金额与工程款总额的关系，原则上不应超过工程款总额，同时，在进行工程计量与进度款支付的审核时还应重点从工程计量与进度款支付申请两个方面来进行控制。

①工程计量的审核

业主在审核承包人提交的工程计量报告时应审核的内容为:

a.审核计量数据:工程数据,特别是标高、宽度、桩号及舱室的几何尺寸等原始数据,对照工程项目设计图纸或节点等进行审核,做到每一数据准确无误。

b.审核计量方法:测量人员应熟悉测量方法,人工结合仪器测量,据实进行测量。

c.审核计量项目:工程项目执行的合同若为单价合同,其合同单价一般是固定不变的。若是该工程项目采用综合单价,则包括很多内容,对清单中没有的计量项目一般都包括在相应的项目内容中,为防止同一项目多次支付,应严格认真审查,如基础开挖后砂砾垫层的铺筑与回填,其单价包括在结构挖方中,不应再单独计量。

②工程进度款支付申请的审核

审核承包人提交的进度款支付申请是进度款支付程序中的重点,业主审核承包人提交的进度款支付申请时,严格审核以下几项内容:

a.审核分部分项工程综合单价

发包人审核每一分部分项工程综合单价的正确性。对于项目施工过程中未发生变化的分部分项工程,其综合单价应按照投标文件中给出的综合单价计取;施工过程中因法规、物价波动、工程量清单内容错项、漏项、设计变更、工程量增减等原因引起的综合单价发生变化的分部分项工程,其综合单价要严格按照合同约定的调整方法进行调整,并且需经发、承包双方的确认,避免承包人出现高报、重报的现象。

b.审核形象进度或分阶段工程量

对于工程项目签订总价合同的工程或作为总价子目支付的工程,业主应审核每一支付周期内承包人实际完成的工程量,对照在合同专用条款中约定的合同总价支付分解表所表示的阶段性或分项计量的支持性资料,以及所达到工程形象目标或分阶段需完成的工程量和有关资料进行审核,达到支付分解表要求的支付进度款,未达到要求的应相应减少支付金额。

c.审核进度款支付比例

业主审核进度款支付的比例。其比例应按照工程项目合同约定,一般而言,不低于工程价款的60%,不高于工程价款的90%。审核时对照本支付周期内应计量的工程量、应支付的进度款,按照合同中约定的比例进行核算,既保证不向承包人多付进度款,又要保证承包人的资金周转,避免因资金不到位而影响工程的质量及进度。

d.审核计日工金额

业主审核本支付周期内计日工的数量,依据现场签证或变更报价单上双方确认的计日工的数量,按照投标文件中计日工的综合单价计算本支付周期内应支付的计日工金额。

e.审核应抵扣的预付款

业主审核是否在本支付周期内抵扣预付款,如果需要,则应按照合同约定的方法详细计算本支付周期应抵扣的预付款的具体数额。

f.审核应扣除的质量保证金

业主审核在本支付周期内应扣除的质量保证金,质量保证金的扣除方法和扣除比例应按照合同约定计算。

g.审核工程变更金额

对已确认的工程变更,凡涉及工程造价变化的,由承包人向发包人提出,业主审核,业主同意后调整合同价款。对工程变更的程序是否符合合同要求的程序,变更的理由是否与合同约定不一致而产生矛盾,是否涉及经济费用的增加,或为技术变更,对工程变更的各种证明材料进行审核。

h.审核工程索赔金额

业主对工程索赔报告的真实性进行审核,重点审核索赔的程序和相关辅助资料的合理性,对费用索赔的计算过程、计算方法及计算结果的准确性进行审核,注重审核索赔费用组成的合理性。

i.其他审核注意事项

业主审核进度款支付申请的过程中还应注意以下几点:承包人要求对不能计量的工程量(即承包人超出设计图纸(含设计变更)范围和因承包人原因造成返工的工程量)要求支付的,不能支付;承包人未经发包人同意,擅自将部分主体工程或非主体工程分包,不能支付;工程质量不合格的部分,不能支付。

3)预期效果

驻地人员对各专业工程师审核后的计量资料进行全面的检查和审核。内容包括:质量检测、试验结果、中间交验证书和各类计量资料及其结果,重点审查计量项目是否符合计量条件。业主审核无误后签认工程计量证,退回承包人,承包人依据签认的工程计量证进行月进度款的申报和编制,从而进入支付报表的编制阶段。通过对工程量和进度款的严格审查,使业主能够及时了解投资金支付情况,更好地把控项目投资。

第7章 竣工阶段

7.1 系统联调阶段咨询重难点及应对措施

地铁是由多个子系统组成的综合性大系统,各子系统特别是地铁电动客车、机电设备系统,对国产化率要求较高;有些设备是首次应用到地铁系统中,在各系统设备之间或子系统设备之间,存在着大量的国产化产品和国外产品的组合。为实现较高的国产化率,一些技术成熟的关键设备采用了国产化产品;但相对于地铁系统而言它又是首次应用,存在着系统集成是否成功的风险。为此,进行系统联调和运营演练就显得尤为重要。

7.1.1 车辆专业

车辆调试主要是一列样车的型式试验、其他车辆的例行试验。车辆在正线上动车调试的内容包括:辅助电源系统SIV、牵引系统VVVF、监控系统TMS、转向架试验以及车辆在信号系统控制下的运行试验。

车辆试验的整体思路按照空车型式试验、超员型式试验、定员型式试验、信号系统控制下的运行试验等不同阶段实施。

(1)空车型式试验(第一阶段)

试验内容:

列车牵引系统(VVVF)的仅摩擦制动试验、紧急制动试验和列车监控系统(TMS)的整体画面试验、运行画面试验。

(2)空车型式试验(第二阶段)

试验内容:

1)列车牵引系统(VVVF)的牵引性能试验、再生性能试验、空转滑行及所有制动模式试验;

2)列车监控系统(TMS)的试运行加速度、减速度试验。

(3)超员型式试验（第一阶段）

试验内容：

1）列车牵引系统（VVVF）的牵引性能试验、仅摩擦制动试验、再生性能试验、紧急制动试验、感应干扰试验；

2）列车监控系统（TMS）的试运行加速度、减速度试验；

3）转向架动应力测试与疲劳强度评估。

(4)超员型式试验（第二阶段）

试验内容：

1）列车辅助电源系统（SIV）试验；

2）列车牵引系统（VVVF）的连续走行试验；

3）列车监控系统（TMS）的位置识别试验、走行数据试验。

(5)车辆联合型式试验

试验内容：

主要是在救援运行模式下，列车牵引系统（VVVF）试验。

(6)定员型式试验

试验内容：

1）列车牵引系统（VVVF）的牵引性能试验、仅摩擦制动试验、再生性能试验、紧急制动试验；

2）转向架动力学性能试验。

(7)信号系统控制下的运行试验

1）AM模式（自动驾驶模式）

在AM模式下试验时，将模式开关处于"ATO模式"位置。验证在此模式下，列车的启动、加速、巡航、惰行、制动、精确停车、开关门及折返等不需司机操作。

验证在该驾驶模式下，车载信号设备连续监控列车速度，并在超过预定速度时实施常用制动，在超过最大允许速度时实施紧急制动。

2）ATPM模式（包括IATPM模式下，ATP速度监控下的人工驾驶模式）

在ATPM模式下试验时，将模式开关处于"ATP模式"位置。验证在此模式下，列车的速度、监控、运行及制动在车载信号设备限制下由司机操作。

验证由司机人工控制车门开关，但开车门仅在车载信号设备给出门释放信号时才允许操作。

验证在该驾驶模式下，车载信号设备连续监控列车速度，并在超过最大允许速度时实施紧急制动。

3）RM模式（限速人工驾驶模式）

在RM模式下试验时，将模式开关处于"限速人工驾驶模式"位置。验证在此模式下，列车的速度、监控、运行及制动由司机操作，车载信号设备仅对列车特定速度进行（如25km/h）超速防护。

验证在此模式下，车载信号设备提供允许开门信号，开关车门由司机人工控制。

验证在此模式下，车载信号设备在列车超速（如大于25km/h）时，实施紧急制动。

4）NRM模式（非限制人工驾驶模式）

在NRM模式下试验时，将模式开关处于"非限制人工驾驶模式"位置。验证在此模式下，列车的速度、监控、运行及制动由司机操作，没有ATP防护。

验证在此模式下，司机对ATP切除进行特殊手续的操作，车载信号设备对牵引、制动等的控制功能失效。

5）OFF模式（ATP关闭模式）

在OFF模式下试验时，将模式开关处于"0"位置。验证在此模式下，车载ATP电源关闭，此时列车将实施紧急制动，不能启动列车。

7.1.2 信号专业

信号专业在动车调试期间的主要内容包括码扫描测试、车载电子地图验证、码干扰测试、ATP控车测试等。

（1）码扫描试验

列车上线进行码扫描测试，所有进路上的电码发送电频满足车载天线接收要求，无断码、掉码现象。

（2）车载电子地图的验证

电子地图的验证应包含所有的进路及进路上所有需验证的设备。

列车上线比较轨道电路分界点、APR信标、信号机、道岔等设备地理数据与生成的电子地图反复进行对比调整，最终取得确定值。

（3）码干扰测试

码干扰测试包括临线干扰测试和电磁干扰测试（包括列车牵引、制动、汇车等）。

（4）首列车ATP控车试验

ATP功能测试应包括列车在正线上的牵引、制动、退行保护、车门控制、NRM和RM、ATPM、AM模式间的正常运行切换等。

(5)部分列车上线ATP调试

试验期间按照列车试运营的工作时间进行列车测试，控制中心ATS进行控车试验。

7.1.3 通信专业

综合联调阶段通信专业主要完成下列一些内容：

(1)调度台呼叫全部列车

行车调度台呼叫全部在线列车，行车调度台讲话结束后，在线列车的车载台应答行车调度台全呼呼叫。

(2)调度台呼叫单个列车

行车调度台呼叫单个在线列车，行车调度台讲话结束后，被呼在线列车的车载台应答行车调度台的单呼呼叫。

(3)调度台监听选中组/非选中组

1)当行车调度台空闲（没有接收呼叫、发起呼叫、调度台互联呼叫的状态）时，车载台上行呼叫话音送到行车调度台选中喇叭；

2)当行车调度台忙时，如果车载台是行车调度台本次呼叫活动的呼叫对象（即选中组），其话音被送到行车调度台选中喇叭；

3)行车调度台在互联呼叫通话过程中，车载台上行呼叫话音送到行车调度台非选中喇叭。

(4)调度台呼叫优先级

1)行车调度台呼叫全部列车、单个列车过程中，如果维修调度台发起呼叫，系统将向维修调度台返回呼叫失败消息，行车调度台先前已经建立的呼叫不受影响。

2)维修调度台呼叫全部手持台、单个手持台过程中，如果行车调度台发起呼叫，系统将强拆维修调度台已经建立的呼叫，此时维修调度台操作界面上将有相应提示；行车调度台可以成功发起呼叫。

(5)调度台列车信息显示

行车调度台通话组列表中显示当前系统中列车信息。

(6)调度台呼叫方信息显示

调度台收到呼叫的同时，呼叫方信息（如：通话组别名、电台别名、呼叫时间等）将显示在调度台呼叫记录列表中。

(7)调度台当前活动列表

在行车调度台界面上可以列表方式显示当前系统中与行车调度台相关的活动记录。

（8）车载台主动上行呼叫测试

在线电动客车上的车载台主动发起对行车调度台的呼叫。

（9）车载台与列车广播系统接口测试

车载台与列车广播系统进行基本接口功能测试。

（10）地铁铁路沿线信号场强覆盖测试

使用场强测试仪测试地铁铁路沿线信号场强及覆盖情况，该测试需要将电动客车车头或车尾车载台天线馈线连接到场强测试仪。

7.1.4 安全门

综合联调阶段安全门调试主要完成下列内容：

（1）列车发送开门命令，安全门系统接受该命令并执行该命令，安全门打开；

（2）列车发送关门命令，安全门系统接受该命令并执行该命令，安全门关闭；

（3）将安全门关闭且锁紧信号传送给信号系统；

（4）将安全门互锁解除信号传送给信号系统；

（5）由信号系统向安全门发送00/11错误代码，安全门的PSA上进行显示，在ISCS投入运行后，在ISCS上进行显示。

7.1.5 PIS系统

综合联调阶段PIS系统主要完成下列内容：

（1）功能调试

1）车辆在全线所有AP无缝切换，实现WLAN漫游；

2）无线网络传输基本功能测试，保证业务传送连续性测试；

3）WLAN集中控制、路由更新与网络集中管理测试；

4）实时传输测试；

5）全线AP重叠覆盖；

6）录播模式测试；

7）车头与车尾主机的主备切换测试；

8）远程自动开关机测试；

9）故障测试。

（2）性能指标测试

1）网络平均带宽；

2）网络延时；

3）丢包率；

4）线交换机主备切换时间；

5）无线网络切换时间。

（3）接口测试

车载视频监控传输与切换测试、LCD媒体播放、控制测试。

（4）地铁冷热滑检验

电客车上线行驶前，为确保车辆安全，应组织进行线路冷热滑试验。

1）试验前准备

①道床、轨道、牵引供电网、回流网、影响建筑和设备限界的各项工程施工应全部完成，其工程质量应合格，并通过相关专业的监理或业主组织的预验收。对应的通信、信号系统也应调试完毕，并通过监理或业主组织的预验收；

②应有齐全的线路标志；

③给线路供电的变电所与牵引网的各项试验已完成，并通过相关专业的监理或业主组织的预验收，已具备送电条件，变电所值班人员经过培训，具备值班能力；

④详细的冷热滑试验方案，并提前向各相关施工单位通知试验计划。

2）冷滑试验

冷滑试验就是在接触网不受电的情况下，通过电力机车受电弓的滑行，对接触网进行动态试验检查。

冷滑试验开始前，试验线路内施工废弃物、金属管线、生活垃圾必须清理完毕，同时委托相关单位完成冷滑检验车的安装。

冷滑检验车可以采用继电器等元件进行组装，由轨道车牵引，如图7-1所示。

图7-1 冷滑试验限界检查车

冷滑过程中，冷滑速度可以按5km/h、15km/h和35km/h依次进行。

3）热滑试验

热滑试验是在地铁运营线路送电的情况下，依靠地铁试验列车自行运行，对地铁供电、信号、通信、线路、机电等系统设备进行全面检测的一种试验方式。

冷滑试验结束后，在供电专业对变电所、供电线路绝缘进行检查后，可安排试验电客车进行热滑试验，热滑试验时电客车运行速度不应超过20km/h。

如果是局部线路进行热滑试验，送电前还应明确标出送电范围，并通知相关施工单位，防止试验过程中出现人员伤亡，同时还应在检验线路端侧设置停车标识和距离标识，防止由于司机驾驶以及车辆制动原因，导致车辆冲出检验区段造成施工人员伤亡。

7.1.6 综合联调期间各接口功能检验

（1）外部接口检验

1）ATO及ATP车辆控制功能检测

①机车在AM模式下，ATC根据轨旁接收的线路信息，车载ATO控制车辆的走行距离和速度；

②轨道上定点停车，控制车门的开关。

2）信号系统与综合监控系统

由SCADA提供接触网分段供电信息；向BAS发送区间隧道内列车位置信息等。

3）信号与通信系统接口功能检验

信号系统与通信时钟系统；ATS向调度指挥无线通信系统提供列车位置、车组号、乘务组号；向车站广播系统提供列车接近、到达、出发信息等。

4）PDS与信号系统接口功能检验

采集PDS开、关门及互锁信息；向屏蔽门发送开、关门信息。

（2）专业与外部接口检验

1）无线系统车载设备与车载广播设备接口功能检验

验证车载多媒体设备与地面设备间通过无线通信通道进行网管信息交互，无线调度台与列车司机通话和对乘客的广播。

2）ATS子系统与时钟系统接口功能检验

验证时钟系统为ATS子系统提供稳定时钟基准信号。

3）FAS与通信传输系统接口功能检验

设备带电运行，检验接口连接及接口通信是否正确，是否满足双方签订的接口文件及接口功能要求,能否满足运营需要。在现场完成通信传输系统和FAS之间所有通信点的测试,保证FAS通信传输功能的正确实现。

4)电源与电源整合接口功能检验

验证为通信系统提供的电源满足设备要求。

5)传输系统与综合监控(ISCS)接口功能检验

验证传输系统为ISCS系统提供的组网传输通道满足ISCS系统的要求。

①以太网传输通道的性能,检测传输通道的吞吐量、时延和丢包率;

②通道保护倒换功能和保护倒换时间。

6)传输系统与旅客信息(PIS)系统接口功能检验

设备带电运行,检验接口连接及接口通信是否正确,是否满足双方签订的接口文件及接口功能要求,能否满足运营需要。

7)传输与车载多媒体(OBM)接口功能检验

验证传输系统为OBM系统提供的传输通道满足要求。

①以太网传输通道的性能;

②传输通道的吞吐量、时延和丢包率;

③通道保护倒换功能和保护倒换时间。

8)广播与屏蔽门接口功能检验

验证屏蔽门上的广播系统接入到车站广播系统中正确播放。

9)广播与旅客信息系统(PIS)接口功能检验

验证广播系统对PIS系统播放音量的控制。

①PIS系统的播放音量适当增加;

②车站广播系统,检验PIS系统受控后播放音量的减小或关闭;

③车站广播,检验PIS系统受控后播放的恢复。

10)接口功能检验

验证广播系统能够对电梯轿厢乘客进行广播,检验员监听电梯轿厢内广播声音和内容。

11)时钟系统与综合监控(ISCS)系统接口功能检验

①负责从现场设备到与ISCS接口设备之间数据的正确性;

②ISCS方负责ISCS能正确接收CLK的对时报文,能正确更改系统的时间;

③ISCS接口设备到FEP之间的数据正确性由ISCS/CLK双方共同负责;

④ISCS/CLK双方对测试结果共同负责。

12)CCTV与屏蔽门接口功能检验

验证屏蔽门上的摄像头接入CCTV系统,正确显示监视范围内的景物。包括对摄像头的控制检验、图像质量检验。

13）CCTV与电梯接口功能检验

验证电梯内的摄像头接入到CCTV系统，正确显示监视范围内的景物。包括对摄像头的控制检验，图像质量检验。

14）自动售检票系统（AFC）与传输系统接口功能检验

验证传输系统为AFC系统提供的组网传输通道满足AFC系统的要求。

①以太网传输通道的性能，检测传输通道的吞吐量、时延和丢包率；

②通道保护倒换功能和保护倒换时间；

③综合楼与各站进行通信试验，验证传输系统正常。

15）自动售检票系统（AFC）与时钟系统接口功能检验

验证时钟系统为AFC系统提供稳定时钟基准信号。

16）CCTV与综合监控接口功能检验

验证CCTV系统为ISCS系统的车辆基地的显示屏提供视频信号。

①CCTV系统输出的视频信号；

②显示屏图像质量。

17）电磁环境及电磁干扰测试方案

验证电磁环境满足设计要求，对干扰源进行查找，采取相应措施保证设备正常运行。

对电磁环境采用动态测试和静态测试相结合的方法进行，先用试验车对全线电磁环境进行动态测试，结合动态测试结果，再考虑大功率发射台附近（例如基站、广播电视发射台等）和高压输电设备/电厂附近，对这些地点附近的电磁环境进行监测。

7.2 试运行咨询重难点及应对措施

7.2.1 明确试运行条件

（1）土建工程验收基本条件

1）线路工程

①线路工程的基标、线路及信号标识等附属设施应符合《地铁设计规范》GB 50157的规定，配置齐全、标识清晰、埋设牢固。

②当其他交通设施上跨城市轨道交通线路时，应设置安全防护设施，防止上方异物侵入；当城市轨道交通线路与其他交通设施共建于同一平面且相邻时，应在线路两侧设置安全防护和防侵入设施。

③地面及高架城市轨道交通线路曲线内侧，不应有妨碍行车瞭望的建筑物、构筑物、树木和其他物体。

④试运营期间，城市轨道交通正线、辅助线或车辆基地尚未使用的道岔应采取切实可行的安全防护措施。

2）轨道工程

①钢轨、扣件、轨枕、道床、道岔和伸缩调节器等应符合《地铁设计规范》GB 50157的规定。

②高架线路应按照《地铁设计规范》GB 50157的规定设置防脱护轨。

③轨道工程尽端应按照《地铁设计规范》GB 50157和《城市轨道交通技术规范》GB 50490的规定设置车挡。

④轨道结构应具有良好的绝缘性能，并具有对地电阻的测试报告；排流接线应可靠连接。人防门、防淹门等处的隐蔽位置应采取绝缘措施。

⑤道床排水沟应畅通，道岔区转辙机及杆件基坑处应无积水；在寒冷季节，道岔转辙机区域应采取防雪、防冰冻措施。

⑥钢轨与周边设施设备应保持合理的间距，符合线路绝缘和设备维护的要求。

⑦道岔、钢轨、钢轨焊缝、与钢轨和道岔连接的焊点或栓接部位应进行探伤，并提供探伤检测合格的报告；对于无缝线路地段，还应提供锁定轨温、单元轨节长度和观测桩位置等技术资料。

⑧路基应符合《地铁设计规范》GB 50157和《城市轨道交通技术规范》GB 50490的规定。

3）车站建筑

①车站的站台、站厅、出入口、风亭、人行楼梯、售检票亭、投入试运营的通道及相应的装修工程应符合《地铁设计规范》GB 50157和《城市轨道交通技术规范》GB 50490的规定。

②当车站不设站台屏蔽门时，应按《地铁设计规范》GB 50157的规定在站台设置醒目的安全警示标识。

③车站内的各扶梯口、换乘通道口应设有完整的防火分隔设施。

④车站的站厅、站台公共区、扶梯口和出入口等处设置的栏杆应安装牢固。

⑤车站应具有不少于2个不同方向、满足消防疏散功能的直通地面的出入口，并投入使用；地下一层侧式站台的车站，每侧站台不应少于2个出入口并投入使用。

⑥车站开通的出入口道路应与市政道路网贯通。

⑦车站应明示禁入区域，并设有阻挡外界人、物进入的防范设施。

⑧换乘通道宜有通风空调设备。

⑨车站内安全标识、引导标识、无障碍设施等应设置齐全，功能完好。

4) 结构工程

①隧道、桥梁、敞开段和暗埋段等结构工程应符合《地铁设计规范》GB 50157和《城市轨道交通技术规范》GB 50490的规定。

②应建立全线结构工程的沉降监测系统，定期对结构的沉降进行监测。

③直流供电并采用走行轨作为牵引网回流的结构工程，应有防止杂散电流腐蚀的措施。

④地下车站、机电设备集中区段的结构防水等级应达到一级；区间隧道、连接通道等附属隧道结构防水等级应不低于二级。

⑤两条单线区间隧道之间设置的连接通道内应设有甲级防火门，防火门主体、铰链等应满足防火和结构受力要求。

⑥区间隧道设置中间风井时，井内或风井附近应设有直通地面的防烟楼梯间。

⑦高架区间上跨道路，净空高度不大于4.5m时，应设有限高标识和限界防护架；当墩柱有可能受外界撞击时，应设防止墩柱受撞击的保护设施。

⑧主变电所、控制中心和集中冷站等其他土建工程应符合消防、环保、抗震、防雷和防淹等要求。

（2）车辆和车辆基地基本条件

1) 车辆

①地铁车辆应符合《城市轨道交通技术规范》GB 50490和《地铁车辆通用技术条件》GB/T 7928的规定，轻轨车辆等应符合《城市轨道交通技术规范》GB 50490的规定。

②应完成列车型式试验和例行试验，提交测试报告，满足合同要求。对于试验中发现的影响行车安全和客运服务的车辆故障应完成整改。

③试运行期间，各列车累计在线运行里程不应少于2000km。

④列车内安全标识、引导标识、无障碍设施、广播设备和灭火器等应设置齐全。

2) 车辆基地

①车辆基地应符合《地铁设计规范》GB 50157和《城市轨道交通技术规范》GB 50490的规定。

②车辆基地周界应设围蔽设施；试车线与周围建、构筑物之间，应有隔离设施；车辆基地有电区和无电区之间应有隔离设施；库内车顶作业平台两侧应设安全防护设施；车顶作业面上方宜设安全防护设施。

③车辆基地应具备列车停放、静动态调试的条件；车辆基地应根据试运营阶段的需要配备必要的设备、材料、抢修和救援器材以及存放设施。

④车辆基地内雨水排放系统、生产和生活给水排水系统应投入正常使用。

⑤安全生产标识标牌应安装到位。

⑥架车机、不落轮镟床和洗车机等车辆配属设备应能投入正常使用。

⑦在寒冷地区，车辆基地应具备车辆存放的供暖条件。

⑧车辆基地的起重设备、电梯和压力容器等特种设备应完成安装、调试，并通过验收。

（3）运营设备系统基本条件

1）供电系统

①变电所内设备、电力监控系统、杂散电流腐蚀防护系统、动力照明系统和供电电缆等各类设备和器材的材料、规格和功能应符合《地铁设计规范》GB 50157和《城市轨道交通技术规范》GB 50490的规定。

②电力监控系统应功能完善，具备对设备遥控、遥信和遥测的功能。

③各变电所均应有两路独立可靠的电源供电，一级负荷应确保由双电源双回路供电，主变电所数量和牵引变电所数量应满足受载需要。当有外电源点退出、相邻外电源点跨区供电时仍能满足负载需要。

④应完成各类电气元件、开关的整定值调整。

⑤车站及区间照明系统的照度应符合《城市轨道交通照明》GB/T 16275的规定，并出具照度测试报告；应急照明中，应急电源和电能计量装置的配置应符合《地铁设计规范》GB 50157和《城市轨道交通技术规范》GB 50490等相关标准要求。

⑥接地、安全标识应齐全、清晰，配备安全工具，并放置到位。

⑦变电所内、外部设备间应整洁，电缆沟及隐蔽工程内应清洁、无杂物。变电所外部应满足防火要求，具备巡视和检修条件。

⑧电缆孔洞应封堵，安装防鼠板，电缆应悬挂走向标示牌。

2）通信系统

①传输系统、广播、公务电话、调度电话、无线通信和闭路电视等应符合《地铁设计规范》GB 50157、《城市轨道交通通信工程质量验收规范》GB 50382和《城市轨道交通技术规范》GB 50490的规定。公务电话应实现路网内各线路间互通，并与市话互联互通。

②传输系统的语音、文字、数据和图像等各种信息的数据传输功能以及告警、网管和保护功能应符合《城市轨道交通技术规范》GB 50490的规定。

③时钟系统应实现母钟、子钟各项功能和网络管理功能，并能够向相关设备

系统发送时间信号。

④通信系统应按一级负荷供电；通信电源应具有集中监控管理动能，并应保证通信设备不间断、无瞬变地供电；通信电源的后备供电时间不应少于2h。

⑤通信设备机房的温度、湿度和防电磁干扰，应满足《地铁设计规范》GB 50157的要求。

⑥在应急情况下，通信系统应保持正常的通信功能。

⑦换乘站应实现直通电话互联互通，宜实现闭路电视监控图像互联互通。

⑧宜进行144h测试。

3）信号系统

①列车自动防护、列车自动监控等应符合《地铁设计规范》GB 50157、《城市轨道交通技术规范》GB 50490和《城市轨道交通信号工程施工质量验收标准》GB/T 50578的规定。

②信号系统应完成控制中心、车站、车辆基地以及车载、轨旁信号设备的安装和调试。

③信号系统应确保控制中心与车站间、轨旁设备与车载设备间的安全控制信息传递无误，联动准确；完成车辆基地与正线信号系统的相关接口调试。

④信号系统应具备列车自动防护功能、控制中心和车站的列车自动监控功能，宜具备列车自动驾驶功能。

⑤信号系统应具有完整的测试报告，并有具备资质的安全认证机构出具的安全认证证书和安全评估报告；对证书的限制项，应制定安全防护措施。

⑥设置屏蔽门的车站，信号系统宜具备列车车门与站台屏蔽门系统联动功能。

⑦信号设备机房的温度、湿度和防电磁干扰，应满足《城市轨道交通信号系统通用技术条件》GB/T 12758的要求。

⑧宜进行144h测试。

4）通风、空调与采暖系统

①通风空调与采暖系统应符合《地铁设计规范》GB 50157和《城市轨道交通技术规范》GB 50490的规定。

②完成通风管路及风道内的杂物清理及卫生清扫。

③完成冷却塔、多联空调的室外机地面硬化，并已接入市政排水系统，且周边安装安全防护栏。

④空调系统冷凝管道及送风口不宜布置在电气设备上方；对于布置在电气设备上方的，应加装相应的防护措施。

5）消防及给水排水系统

①消防器材、气体灭火和给水排水等系统应符合《地铁设计规范》GB 50157和《城市轨道交通技术规范》GB 50490的规定。

②消防器材和消防泵房内相关设备应配置齐全，消火栓箱门应有闭锁装置。

③给水系统的水量、水质和水压应满足城市轨道交通生产、生活用水要求；水源可靠，生活用水具有水质检测合格报告。

④排水系统应提供可靠的排水设施，并满足排放条件。地面井等设施设备应齐全完好，并已接入市政排水系统。

⑤完成车站、车辆基地、控制中心、区间泵房、风亭和各类集水池的杂物清理。

⑥寒冷地区电保温的设置应确保消防及给水排水系统在防寒期内可投入正常使用。

6）火灾自动报警系统

①火灾自动报警系统应符合《地铁设计规范》GB 50157和《城市轨道交通技术规范》GB 50490的规定。

②车辆基地、变电所、控制中心、区间隧道、中间风井和车站等建筑物应设有火灾自动报警系统。

③火灾自动报警系统应设控制中心、车站两级调度管理，具备控制中心、车站和就地三级监控的功能。

④宜进行144h测试。

7）环境与设备监控系统

①环境与设备监控系统应符合《地铁设计规范》GB 50157和《城市轨道交通技术规范》GB 50490的规定。

②具备对通风空调、给水排水、照明、电梯、自动扶梯和应急后备电源系统设备的监控功能。

③具备火灾联动功能。

④宜具备中心级、车站级区间阻塞模式联动功能。

8）自动售检票系统

①自动售检票系统应符合《城市轨道交通自动售检票系统技术条件》GB/T 20907的规定。

②自动售检票系统应实现网络的互联互通，并应完成对既有运营线路自动售检票系统终端设备、车站计算机、线路中心系统的乘客服务界面、参数和报表等的升级工作。

③应具备紧急放行功能。

④宜进行144h测试。

9）电梯、扶梯和自动人行道

①电梯应符合《电梯制造与安装安全规范》GB 7588的规定，扶梯和自动人行道应符合现行《自动扶梯和自动人行道的制造与安装安全规范》GB 16899的规定，扶梯还应符合《城市轨道交通技术规范》GB 50490的规定。

②电梯、扶梯和自动人行道应通过调试和安全测试，获得安全检验合格证，具有明显的安全警示和使用标识。

③车站出入口至站厅、站厅至站台的扶梯至少应各有一台投入使用。

④完成井道、巷道内杂物和易燃物的清理。

10）屏蔽门（安全门）系统

①屏蔽门（安全门）系统应符合《城市轨道交通技术规范》GB 50490的规定。

②屏蔽门（安全门）系统接地绝缘应等电位连接，提供屏蔽门（安全门）本体绝缘检测报告。

③屏蔽门（安全门）系统后备电源应能安全运行。

④应张贴门体安全标识和使用标识。对于直线车站，站台屏蔽门与车体间隙大于130mm时，应设有防夹装置和防踏空胶条。

⑤应急门和端门应可正常开启、关闭，无障碍物遮挡。

（4）人员基本条件

1）一般条件

①运营单位应建立健全运营组织机构，合理设置岗位，人员到位，满足运营要求。

②列车驾驶员、调度员、行车值班员和其他人员应具备相关知识、技能以及高度的岗位责任心，并通过身体健康检查。

③应按规定着装，正确佩戴服务标志。

2）列车驾驶员

①列车驾驶员应经过系统岗位培训；在培训期间，应进行车辆故障、火灾、停电和脱轨等险情的模拟操作；在经验丰富的驾驶员的指导和监督下驾驶，驾驶里程不少于1000km。

②列车驾驶员经培训考核合格后，持证上岗。

③列车驾驶员应熟悉试运营线路。

3）调度员

①调度员应经过系统岗位培训，并持证上岗。

②应由经验丰富的调度员担任值班主任；值班主任应经过系统岗位培训，具有行车调度岗位工作经验，熟悉电力调度、环控调度等工作内容和流程，并持证上岗。

4）行车值班员

行车值班员应经过系统岗位培训，并持证上岗。

5）车站客运服务人员

车站客运服务人员应经过系统培训教育，掌握岗位技能。

6）其他人员

①设备维修人员应经过系统岗位培训，具备设备维修技能，并持证上岗。

②特种设备作业人员应取得相关部门颁发的特种设备作业人员证，并持证上岗。

（5）运营组织基本条件

1）规章制度

试运营前应建立下列规章制度：

①安全管理类。应建立以安全生产责任制为核心的安全管理制度。

②行车制度类。应制定行车管理办法、车辆段及车站行车工作细则、调度工作规程和检修施工管理办法等。

③客运服务类。应制定客运服务质量标准、客运服务工作规范和票务管理办法等。

④设备维护类。应制定各专业系统设备的运行规程、检修规程和检修管理制度等。

⑤操作办法类。应制定各专业系统设备的操作手册、列车驾驶员操作手册和故障处理指南等。

⑥应急处置类。应制定火灾、爆炸和列车脱轨等突发事件的应急预案；应制定事故处理流程、乘客服务信息应急发布、乘客伤亡事故处置和运营事故调查处理等制度。

2）行车组织

①运营单位应按设计配属车辆标准，结合列车采购、列车车载信号调试等情况编制车辆配属方案，试运营所需的检修车和备用车等应到位。

②运营单位应组织开展拟开通试运营线路的客流预测，制定新的行车组织方案。

3）客运组织

①运营单位应根据列车运行图、车站设施设备和人员情况等编制客运组织方案。

②运营单位应做好试运营的宣传工作。

4）地面交通衔接

①应编制完成城市公交衔接方案。

②在各车站出入口附近，宜配套设置停车场、出租汽车停靠站和自行车存放点等。

③宜在各车站出入口500m范围内的公交车站和主要路段等位置，设立清晰、醒目的城市轨道交通车站指示标志。

7.2.2 应急演练

（1）应急预案

1）运营单位编制的应急预案应满足各级政府应急预案的协同要求。

2）运营单位应编制突发事件应急预案，主要包括：

①运营突发事件应急预案。应对设施设备故障、火灾、列车脱轨、列车相撞和突发客流等的应急预案。

②自然灾害应急预案。应对地震、台风、雨涝、冰雪灾害和地质灾害等的应急预案。

③公共卫生事件应急预案。应对突发公共卫生事件的应急预案。

④社会安全事件应急预案。应对人为纵火、爆炸、投毒和核生化袭击等恐怖袭击事件的应急预案。

3）应急预案编制应科学合理，内容完备，针对性和操作性强。

（2）应急演练要求

1）运营单位在试运营前应进行以下应急演练：

①道岔故障处理、手动操作道岔办理进路、屏蔽门故障、列车故障救援、电话闭塞和大小交路列车折返等演练；

②突发停电事故演练；

③火灾、爆炸事故演练；

④突发客流演练；

⑤列车相撞、脱轨事故演练等。

2）应开展相关应急处置部门和相关单位参加的综合性应急演练。

3）运营单位应根据演练中发现的问题修改完善应急预案。

（3）应急组织与装备

1）运营单位应建立专、兼职应急抢险队伍。

2）运营单位应配备应急所需要的专业器材和设备。

7.2.3 系统测试

试运营前，试运营基本条件评估单位宜对车辆、供电、通信、信号、火灾自动报警和环境与设备监控等系统进行抽查测试检验，如表7-1所示。

A型车曲线车站屏蔽门（安全门）和车辆限界之间安全间隙量值　　表7-1

曲线半径（m）		屏蔽门（安全门）至线路中心线水平距离（mm）		屏蔽门（安全门）至车辆限界之间最小间隙量（mm）			
				停站（开门）		过站	
		屏蔽门	安全门	屏蔽门	安全门	屏蔽门	安全门
直线		1630		33	43	84	92
R3000	凸站台	1641		33	43	84	92
	凹站台	1645		33	43	84	92
R2000	凸站台	1646		33	43	84	92
	凹站台	1651		33	43	84	92
R1500	凸站台	1671	1679	33	43	84	92
	凹站台	1637	1629	33	43	84	92

单位有效站立面积最大站立人数9人/m^2。

驱动机构运行平稳；无振颤和异常声响；减速机不得漏油；空载运行时在高于上端梳齿板处所测得的噪声值不应大于65dB。

7.3 结算阶段重难点及应对措施

在对竣工结算阶段的地铁建设工程项目造价进行审核的过程中，需要对结算的内容是否与所签订合同中的内容相符合进行确定，同时在审核的过程中，也需要依据招投标文件来进行审核工作的开展。审核主要是对工程的计量规则、结算定额、调价规定、变更等内容开展工作，依据合同中的具体要求，结合设计图纸以及工程预算书的标准对地铁工程进行竣工结算。要依次对工程的建设情况、工程量以及工程建设材料的应用情况进行分层审核，这样可以有效地控制竣工结算阶段地铁建设工程项目的造价，从而有利于推动城市地铁建设的长远发展。

在地铁工程竣工结算阶段，相关的结算材料主要包括工程竣工设计图纸、工程设计变更通知文件以及各种相关的地铁工程建设签证说明书等。其中竣工设计图纸主要是指地铁在建设的过程中，所依据的设计实样图，竣工设计图纸主要是由相关的设计人员以及各个施工部门共同设计而成，其是依据地铁建设工程的具体施工情况进行的实样图设计,而且该设计图纸经过了详细的审验才得以正式投入工程建设中,合格的竣工设计图纸都加盖有专门的竣工图章,并且对其进行有效的保存,以便日后作为施工参考的依据。

而设计变更的通知书主要是由原先的设计单位所制定和下发的,而这项设计变更通知必须经过相关的设计人员、设计单位、总体咨询的审核和认可,在加盖公章之后,才能够正式下发到基层建设单位。在进行主体工程建设的过程中,需要严密注意隐蔽工程的实际建设效果,并且要获得相应的签证,这对隐蔽工程的建设具有重要的意义。

但是隐蔽工程在建设的过程中,也会存在一定的问题,其在建设之后,很难对其建设的工程量进行准确核算,为了能够有效地解决这种问题,就需要在对隐蔽工程进行施工的同时,做好相关的施工记录,同时要进行隐蔽工程图纸的绘制,加强检查验收工作,并需要地铁工程建设的相关单位进行联合签名,保障相关建设手续的完整,这样才能够有效地对隐蔽工程的建设工程量进行核算,从而使得隐蔽工程的工程量可以列入工程竣工结算中,使得竣工结算的精确度得到提升。针对地铁工程中所使用的材料,需要进行数量和质量的确定,在材料进入现场之前,需要相关的材料集成管理单位和业主同时对原材料的数量进行验收和认同,同时也要对原材料的质量进行有效检验,并在材料供应单上签字。

7.3.1 结算时效控制

建立结算制度,控制结算资料提交节点,召开结算启动会议,召集各单位进行技术交底,明确结算资料清单、制定提交时间、明确责任人及延误责任,控制资料提交时间。

7.3.2 结算质量控制

(1)严格审查工程量

在对工程量进行审核的过程中,需要对工程量进行反复核算,只有这样才能够有效地保障工程竣工结算的精确性。在工程竣工结算的过程中,需要依据工程造价、工程量以及工程费用来进行审核,而在工程造价、工程量以及工程费用中,工程量是审核的重点内容,在工程竣工结算阶段,工程量的审核工作应该根据相关的竣工设计图纸、工程设计变更通知以及相应的签证等开展,对签证工程量的审核主要是现场签证及设计修改通知书,应根据实际情况核实,做到实事求是,合理计量。审核时应做好调查研究,审核其合理性和有效性,不能见有签证即给予计量,杜绝和防范不实际的开支。一个工程的造价高低主要反映在工程量上，而个别施工单位"高估冒算"或虚报工程量的情况普遍存在，若是在竣工结算审核中不认真复核工程量，将直接影响到整个工程的造价。

（2）套用单价的审核

工程造价定额具有科学性、权威性、法令性，它的形式和内容、计算单位和数量标准任何人使用都必须严格执行，不能随意提高或降低。在审核套用预算单价时要注意如下几个问题：

1）对直接套用定额单价的审核

首先要注意采用的项目名称和内容与设计图纸标准是否一致，如构件名称、断面形式、强度等级（混凝土强度等级、水泥砂浆比例）等。

2）对换算的定额单价的审核

除按上述要求外，还要弄清允许换算的内容是定额中的人工、材料或机械中的全部还是部分。

同时换算的方法是否准确，采用的系数是否正确，这些都将直接影响单价的准确性。

3）对补充定额的审核

主要是检查编制的依据和方法是否正确，材料预算价格、人工工日及机械台班单价是否合理，中标合同内单价是否合理。

（3）费用的审核

费用的计取应根据施工期间工程所在地工程造价管理部门颁发的文件及规定，结合相关文件如合同、招投标书等来确定费率。审核时应注意取费文件的时效性；执行的取费表是否与工程性质相符；费率计算是否正确；价差调整的材料是否符合文件规定。如计算时的取费基础是否正确，是以人工费为基础还是以直接费为基础。对于费率下浮或总价下浮的工程，在结算时特别要注意变更或新增项目是否同比下浮等。

附录 A

土建与建筑设备安装工程的单位/子单位工程、分部/子分部工程和分项工程的划分

类别	单位工程	子单位工程	分部工程	子分部工程	分项工程
土建与建筑设备安装工程	车站工程	地面及高架车站主体工程	地基与基础	土方工程	排桩、降水、排水、地下连续墙、锚杆(索)、土钉墙、水泥土桩、沉井与沉箱、钢及混凝土支撑、网喷混凝土、帽梁
					土方开挖,土方回填
				地基处理	灰土地基,砂和砂石地基,碎砖三合土地基,土工合成材料地基,粉煤灰地基,重锤夯实地基,强夯地基,振冲地基,砂桩地基,预压地基,高压喷射注浆地基,土和灰土挤密桩地基,注浆地基,水泥粉煤灰碎石桩地基,夯实水泥土桩地基
				桩基	锚杆静压桩及静力压桩,预应力离心管桩,钢筋混凝土预制桩,钢桩,混凝土灌注桩(成孔、钢筋笼、清孔、混凝土灌注)
				混凝土基础	模板及支架、钢筋、混凝土,后浇带混凝土,混凝土结构缝处理
				砌体基础	砖砌体,混凝土砌块砌体,配筋砌体,石砌体
				劲钢(管)混凝土	劲钢(管)焊接,劲钢(管)与钢筋的连接,混凝土
				防排水工程	防水混凝土,水泥砂浆防水层,卷材防水层,涂料防水层,金属板防水层,塑料板防水层,细部构造,锚喷支护,地下连续墙,复合式衬砌,排水工程,注浆
			主体结构(含站台和站内用房)	混凝土结构	模板及支架、钢筋、混凝土、预应力、现浇结构,装配式结构
				劲钢(管)混凝土结构	劲钢(管)焊接、螺栓连接、劲钢(管)与钢筋连接,劲钢(管)制作、安装,混凝土
				砌体结构	砖砌体,混凝土小型空心砌块砌体、石砌体,填充墙砌体,配筋砌体

续表

类别	单位工程	子单位工程	分部工程	子分部工程	分项工程
土建与建筑设备安装工程	车站工程	地面及高架车站主体工程	主体结构（含站台和站内用房）	钢结构	钢结构焊接，钢结构栓接，钢结构制作，紧固件连接，钢零部件加工，单层钢结构安装，多层及高层钢结构安装，钢构件组装，钢网架结构安装，压型金属板
				网架和索膜结构	网架制作，网架安装，索膜安装，网架防火，防腐涂料
			建筑装饰装修	地面	整体面层：基层，水泥混凝土面层，水泥砂浆面层，水磨石面层，防油渗面层，水泥钢（铁）屑面层，不发火（防爆的）面层。 板块面层：基层，砖面层（陶瓷锦砖、缸砖、陶瓷地砖和水泥花砖面层），大理石面层和花岗石面层，预制板块面层（预制水泥混凝土、水磨石板块面层），料石面层（条石、块石面层），塑料板面层，活动地板面层。 木竹面层：基层、实木地板面层（条材、块材面层），实木复合地板面层（条材、块材面层），中密度（强化）复合地板面层（条材面层），竹地板面层
				抹灰	一般抹灰，装饰抹灰，清水砌体勾缝
				门窗	木门窗制作与安装，金属门窗安装，塑料门窗安装，特种门安装，门窗玻璃安装
				吊顶	暗龙骨吊顶，明龙骨吊顶
				轻质隔墙	板材隔墙，骨架隔墙，活动隔墙，玻璃隔墙
				饰面板（砖）	饰面板安装，饰面板粘贴
				幕墙	玻璃幕墙，金属幕墙，石材幕墙
				涂饰	水性涂料涂饰，溶剂性涂料涂饰，美术涂饰
				裱糊与软包	裱糊、软包
				细部	橱柜制作与安装，窗帘盒、窗台板和暖气罩制作与安装，门窗套制作与安装，护栏和扶手制作与安装，花饰制作与安装
				厕、浴间防水	找平层，涂膜防水，卷材防水层，塑料防水层等，防水保护层
			建筑屋面	卷材防水屋面	保温层，找平层，卷材防水层，细部构造
				涂膜防水屋面	保温层，找平层，涂膜防水层，细部构造
				刚性防水屋面	细石混凝土防水层，密封材料嵌缝，细部构造
				瓦屋面	平瓦屋面，油毡瓦屋面，金属板屋面，细部构造
				隔热屋面	架空屋面，蓄水屋面，种植屋面

续表

类别	单位工程	子单位工程	分部工程	子分部工程	分项工程
土建与建筑设备安装工程	车站工程		建筑设备安装工程	建筑电气 电气照明安装	管路敷设,电线、电缆敷设,电缆头制作,灯具安装,开关安装,线路电气试验,通电试运行
				自动扶梯	桁架导轨安装,梯级组装,扶手带安装,电气安装,外装饰安装,调整试验试运行
				自动人行道	桁架导轨安装,梯级组装,扶手带安装,电气安装,外装饰安装,调整试验试运行
			电梯	无机房电梯	支架导轨安装,井道顶部设备安装,轿厢及门系统安装,配重及安全保护装置安装、电气安装,调整试验试运行
				轮椅升降台	支架导轨安装,轮椅升降台设备安装,电气安装,调整试验运行
			屏蔽门、安全门系统	屏蔽门系统安装	屏蔽门系统安装,外装饰
				安全门系统安装	安全门系统安装,外装饰
			室外建筑环境	室外附属建筑	车棚,围墙,大门,挡土墙,垃圾收集站
				室外环境	建筑小品,道路,亭台,连廊,花坛,场坪绿化
			明挖车站主体工程	基坑围护	地下连续墙,钻孔灌注桩,人工挖孔桩,深层搅拌桩,SMW桩,锚杆,土钉墙,桩间网喷混凝土,横撑支护
			基坑围护及地基处理	土方工程	降水及排水,土方开挖,钢管及钢筋混凝土支撑架设,土方回填
				地基处理	灰土地基,砂和砂石地基,碎砖三合土地基,土工合成材料地基,粉煤灰地基,重锤夯实地基,强夯地基,振冲地基,砂桩地基,预压地基,高压喷射注浆地基,土和灰土挤密桩地基,注浆地基,水泥粉煤灰碎石桩地基,夯实水泥土桩地基
				防排水工程	防水混凝土,水泥砂浆防水层,卷材防水层,涂料防水层,金属板防水层,塑料板防水层,膨润土防水毯防水层,其他类型防水层,细部构造,锚喷支护,地下连续墙,复合式衬砌,排水工程,注浆
				混凝土结构	模板及支架,钢筋,混凝土,装配式结构
			主体结构(含站台及站内用房)	劲钢(管)混凝土结构	劲钢(管)焊接、螺栓连接,劲钢(管)与钢筋的连接,劲钢(管)制作、安装,混凝土
				砌体结构	砖砌体,混凝土小型空心砌块砌体、石砌体,填充墙砌体,配筋砌体

续表

类别	单位工程	子单位工程	分部工程	子分部工程	分项工程
土建与建筑设备安装工程	车站工程	附属工程（包括出入口及通道，风井、风道，风亭等）			分项工程、分部（子分部）工程的划分见相应工法
		明挖车站主体工程	建筑装饰装修	地面	整体面层：基层，水泥混凝土面层，水泥砂浆面层，水磨石面层，防油渗面层，水泥钢（铁）屑面层，不发火（防爆的）面层。板块面层：基层，砖面层（陶瓷锦砖、缸砖、陶瓷地砖和水泥花砖面层），大理石面层和花岗石面层，预制板块面层（预制水泥混凝土、水磨石板块面层），料石面层（条石、块石面层），塑料板面层，活动地板面层，地毯面层。木竹面层：基层、实木地板面层（条材、块材面层），实木复合地板面层（条材、块材面层），中密度（强化）复合地板面层（条材面层），竹地板面层
				抹灰	一般抹灰，装饰抹灰，清水砌体勾缝
				门窗	木门窗制作与安装，金属门窗安装，塑料门窗安装，特种门安装，门窗玻璃安装
				吊顶	暗龙骨吊顶，明龙骨吊顶
				轻质隔墙	板材隔墙，骨架隔墙，活动隔墙，玻璃隔墙
				饰面板（砖）	饰面板安装，饰面板粘贴
				幕墙	玻璃幕墙，金属幕墙，石材幕墙
				涂饰	水性涂料涂饰，溶剂性涂料涂饰，美术涂饰
				裱糊与软包	裱糊、软包
				细部	橱柜制作与安装，窗帘盒、窗台板和暖气罩制作安装，门窗套制作与安装，护栏和扶手制作与安装，花饰制作与安装
				厕、浴间防水	找平层，涂膜防水，卷材防水层，塑料防水层等，防水保护层
			建筑设备安装工程	建筑电气	电气照明安装	管路敷设，电线、电缆敷设，电缆头制作，灯具安装，开关安装，线路电气试验，通电试运行

续表

类别	单位工程	子单位工程	分部工程	子分部工程	分项工程
土建与建筑设备安装工程	车站工程		建筑设备安装工程	电梯	自动扶梯	土建交接检验，桁架导轨安装，梯级组装，扶手带安装，电气安装，外装饰安装，调整试验运行
					自动人行道	
				无机房电梯	土建交接检验，支架导轨安装，井道顶部设备安装，轿厢及门系统安装，配重及安全保护装置安装、电气安装，调整试验运行
				轮椅升降台	支架导轨安装，轮椅升降台设备安装，电气安装，调整试验运行
			人防系统	门	门框安装，门体安装，调试
				集中监视系统	管路敷设，线缆敷设，主机安装，系统调试
			屏蔽门、安全门系统	屏蔽门系统安装	屏蔽门系统安装，外装饰安装
				安全门系统安装	安全门系统安装，外装饰安装
			地面建筑环境	地面附属建筑	车棚，围墙，大门，挡土墙，垃圾收集站
				地面环境	建筑小品，道路，亭台，连廊，花坛，场坪绿化
			暗挖车站主体工程	竖井及连通道	竖井	地下连续墙、钻孔灌注桩、钢格栅喷射混凝土，土方开挖，钢筋、混凝土
				连通道	超前小导管，地层加固注浆，管棚及注浆，初期支护背后回填注浆，洞身开挖，钢架（格栅钢架、型钢钢架）、钢筋网、喷射网、喷射混凝土，钢筋，模板及支架，混凝土，回填注浆
				防水工程	防水混凝土，水泥砂浆防水层，卷材防水层，涂料防水层，金属板防水层，塑料板防水层，膨润土防水毯防水层，其他类型防水层，细部构造，锚喷支护，地下连续墙，复合式衬砌，排水工程，注浆
				主体结构（含站台及站内用房）	开挖与支护	超前小导管，地层加固注浆，管棚及注浆，初期支护背后回填注浆，洞身开挖，格栅钢架及型钢钢架，钢筋网，锁脚锚杆，喷射混凝土，背后充填注浆
					钢管柱	钢管柱加工，钢管混凝土，梁、板与柱的节点
					混凝土结构	模板及支架，钢筋，混凝土，施工缝及变形缝，背后回填注浆

续表

类别	单位工程	子单位工程	分部工程	子分部工程	分项工程
土建与建筑设备安装工程	车站工程	暗挖车站主体工程		砌体结构	砖砌体，混凝土小型空心砖砌块砌体、石砌体、填充墙砌体，配筋砖砌体
		附属工程（包括出入口及通道，风井、风道，风亭等）	分项工程、分部（子分部）工程的划分见相应工法		
		暗挖车站主体工程	建筑装饰装修	地面	整体面层：基层，水泥混凝土面层，水泥砂浆面层，水磨石面层，防油渗面层，水泥钢（铁）屑面层，不发火（防爆的）面层。 板块面层：基层，砖面层（陶瓷锦砖、缸砖、陶瓷地砖和水泥花砖面层），大理石面层和花岗石面层，预制板块面层（预制水泥混凝土、水磨石板块面层），料石面层（条石、块石面层），塑料板面层，活动板面层，地毯面层。 木竹面层：基层，实木地板面层（条材、块材面层），实木复合地板面层（条材、块材面层），中密度（强化）复合地板面层（条材面层），竹地板面层
				抹灰	一般抹灰，装饰抹灰，清水砌体勾缝
				门窗	木门窗制作与安装，金属门窗安装，塑料门窗安装，特种门安装，门窗玻璃安装
				吊顶	暗龙骨吊顶，明龙骨吊顶
				轻质隔墙	板材隔墙，骨架隔墙，活动隔墙，玻璃隔墙
				饰面板（砖）	饰面板安装，饰面板粘贴
				幕墙	玻璃幕墙，金属幕墙，石材幕墙
				涂饰	水性涂料涂饰，溶剂性涂料涂饰，美术涂饰
				裱糊与软包	裱糊，软包
				细部	橱柜制作与安装，窗帘盒、窗台板和暖气罩制作与安装，门窗套制作与安装，护栏和扶手制作与安装，花饰制作与安装
				厕、浴间防水	找平层，涂膜防水、卷材防水、塑料防水层，防水保护层

续表

类别	单位工程	子单位工程	分部工程	子分部工程	分项工程
土建与建筑设备安装工程	车站工程	建筑设备安装工程	建筑电气	电气照明安装	管路敷设，电线、电缆敷设，电缆头制作，灯具安装，开关安装，线路电气试验，通电试运行
			电梯	自动扶梯	桁架导轨安装，梯级组装，扶手带安装，电气安装，外装饰安装，调整试验试运行
				自动人行道	桁架导轨安装，梯级组装，扶手带安装，电气安装，外装饰安装，调整试验试运行
				无机房电梯	支架导轨安装，井道顶部设备安装，轿厢及门系统安装，配重及安全保护装置安装、电气安装，调整试验试运行
				轮椅升降台	支架导轨安装，轮椅升降台设备安装，电气安装，调整试验试运行
			人防系统	门	门框安装，门体安装，调试
				集中监视系统	管路敷设，线缆敷设，主机安装，系统调试
			屏蔽门、安全门系统	屏蔽门系统安装	屏蔽门系统安装，外装饰安装
				安全门系统安装	安全门系统安装，外装饰安装
		地面建筑环境	地面附属建筑		车棚，围墙，大门，挡土墙，垃圾收集站
			地面环境		建筑小品，道路，亭台，连廊，花坛，场坪绿化
	区间工程	明挖工程	基坑围护及地基处理	基坑围护	地下连续墙，钻孔灌注桩，人工挖孔桩，旋喷桩，钢板桩，工字钢桩，SMW桩，锚杆及挂网喷射混凝土，土钉墙，桩间网喷混凝土，横撑支护
				土方工程	降水及排水，土方开挖，钢管或其他支撑架设，土方回填
				地基处理	灰土地基，砂和砂石地基，碎砖三合土地基，土工合成材料地基，粉煤灰地基，重锤夯实地基，强夯地基，振冲地基，砂桩地基，顶压地基，高压喷射注浆地基，土和灰土挤密桩地基，注浆地基，水泥粉煤灰碎石桩地基，夯实水泥土桩地基
			防排水工程		防水混凝土，水泥砂浆防水层，卷材防水层，涂料防水层，金属板防水层，塑料板防水层，膨润土防水毯防水层，其他类型防水层，细部构造，锚喷支护，地下连续墙，复合式衬砌，排水工程，注浆

续表

类别	单位工程	子单位工程	分部工程	子分部工程	分项工程
土建与建筑设备安装工程	区间工程	明挖工程	主体结构	混凝土结构	模板及支架、钢筋，混凝土
				装配式结构	构件制作，构件装配
				砌体结构	砖砌体，混凝土小型空心砌块砌体、石砌体，填充墙砌体，配筋砖砌体
			附属工程	联络通道	钻孔灌注桩，土钉墙及网喷混凝土等基坑围护，土方开挖，钢筋，混凝土
				泵房	
				风井、风道	
		暗挖工程	竖井及连通道	竖井	地下连续墙、钻孔灌注桩、钢格栅喷射混凝土等，土方开挖，钢筋、混凝土，竖井回填
				连通道	超前小导管，地层加固注浆，管棚及注浆，初期支护背后回填注浆，洞身开挖，格栅钢架、型钢钢架、钢筋网、喷射混凝土，连通道回填
			防排水工程		防水混凝土，水泥砂浆防水层，卷材防水层，涂料防水层，金属板防水层，塑料板防水层，膨润土防水毯防水层，其他类型防水层，细部构造，锚喷支护，地下连续墙，复合式衬砌，排水工程，注浆
			主体结构	开挖及支护	超前小导管，地层加固注浆，管棚及注浆，初期支护背后回填注浆；洞身开挖，钢格栅及型钢钢架，钢筋网，索脚锚杆，喷射混凝土，背后充填注浆，格栅钢架及型钢钢架，钢筋网，锁脚锚杆，喷射混凝土，背后充填注浆
				二次衬砌	模板及支架，钢筋，混凝土，施工缝及变形缝，衬砌背后回填注浆
				砌体结构	砖砌体，混凝土小型空心砌块砌体、石砌体，填充墙砌体，配筋砖砌体
			附属工程	联络通道	超前小导管，管棚，地层加固注浆，土方开挖，模板及支架，钢筋，混凝土，施工缝及变形缝，回填注浆
				泵房	
		暗挖工程	附属工程	风井、风道	地下连续墙、钻孔灌注桩、钢格栅喷射混凝土等基坑围护，超前小导管，管棚，地层加固注浆，土方开挖，模板及支架，钢筋，混凝土，施工缝及变形缝，回填注浆
		路基工程	地基处理		原地面平整、碾压，换填，砂（碎石）垫层，强夯，重锤夯实

续表

类别	单位工程	子单位工程	分部工程	子分部工程	分项工程
土建与建筑设备安装工程	区间工程		路基工程	基床以下路堤	一般路堤填筑，路堤边坡，路堤与桥台过渡段填筑
				基床	基床底层，基床表层，路基面
				路堑	路堑基床底层，路堑基床表层，路堑开挖
				路基支挡	重力式挡墙	明挖基坑，基础，换填基础，挡土墙身及墙背填筑
					扶壁式挡墙	明挖基坑，基础，墙体
				路基防护	植物防护，混凝土、浆砌护坡（墙），干砌石护坡，边坡喷护，边坡挂网锚喷防护
				路基排水	地表排水沟
				涵洞	装配式涵洞	涵节装配，防水层
					就地制作涵洞	钢筋，混凝土，砌体，防水层
			桥梁工程	地基与基础	土方工程	排降水，支护，土方开挖，土方回填
					地基处理	局部地基处理（如夯实、换填），地基加固（如强夯、水泥粉煤灰碎石桩）等
					混凝土灌注桩	成孔，钢筋，混凝土灌注，桩头处理
					扩大基础	垫层，砌体基础，混凝土基础
					混凝土承台	模板及支架，钢筋，混凝土
				下部结构工程	砌筑墩、台	桥梁墩，台砌筑
					钢筋混凝土墩、台、柱、墙	钢筋，混凝土
					预制钢筋混凝土墩、柱	预制混凝土墩，柱安装
					钢筋混凝土盖梁	现浇钢筋混凝土盖梁，预制现浇钢筋混凝土盖梁安装
					支座安装	安装支座（如板式支座、盆式支座、球形支座等）
				上部结构工程	钢筋混凝土（梁、板）结构	钢筋、混凝土
					预制钢筋混凝土（梁、板）结构	安装预制钢筋混凝土梁、板

续表

类别	单位工程	子单位工程	分部工程	子分部工程	分项工程
土建与建筑设备安装工程	区间工程		桥梁工程	预应力钢筋混凝土（梁、板）结构	钢筋、模板、混凝土、施加预应力
				钢（箱）梁结构	安装钢（箱）梁
				联合梁、叠合梁结构	安装钢、板、梁，混凝土主梁，混凝土桥面板浇筑等
				其他结构	
				桥面防水	水泥砂浆防水层，涂膜防水层，卷材防水层等
				伸缩装置	安装伸缩装置
			桥面系工程	桥面铺装	沥青混凝土桥面，水泥混凝土（加强筋网片）桥面，钢纤维混凝土桥面等
				人行道	铺装人行道
				栏杆、地袱、挂板	安装栏杆，地袱，挂板
				隔离墩、防撞墩、缘石	安装隔离墩，防撞墩，缘石
				锥坡	锥坡基础，砖、石护砌
			附属工程		桥头搭板，排泄水，台阶，灯，柱等
			U形槽工程	基坑围护	钻孔灌注桩，地下连续墙，土钉墙，锚杆及挂网喷射混凝土支护等
				土方工程	排水降水，土方开挖，横撑架设，土方回填
				地基处理	换填，重锤夯实，强夯，水泥粉煤灰碎石桩等
				混凝土结构	模板及支架，钢筋，混凝土
				截、排水沟	水沟开挖，水沟砌筑
			排水工程	排水泵房及泵站	模板及支架，钢筋，混凝土，排水系统安装
			其他工程		
			道路工程	路基工程	路基排水	地面排水，地下降水
				土路基	挖方，填方，路基处理
				特殊路基处理	泥沼软土，膨胀土等
				其他路基工程	路肩，边沟，护坡

（注：排水工程行含"截、排水沟"及"排水泵房及泵站"两个子分部；道路工程-路基工程含路基排水、土路基、特殊路基处理、其他路基工程四个子分部）

续表

类别	单位工程	子单位工程	分部工程	子分部工程	分项工程
土建与建筑设备安装工程	车辆段及综合基地	区间工程	基层工程		砂石基层，碎石基层，石灰土基层，石灰、粉煤灰砂砾，基层，水泥砂砾基层，石灰粉煤灰钢渣基层
			路面工程		大粒径沥青碎石联结层，沥青混凝土面层，改性沥青混凝土面层，沥青碎石面层，沥青贯入式面层，水泥混凝土面层，钢纤维混凝土面层，其他路面层
		道路工程	挡土墙工程	现浇重力式混凝土挡墙	土方，模板，钢筋，浇筑
				扶壁式钢筋混凝土挡墙	土方，垫层，基础，预制挡墙板安装
				预制砌块（砖、石）挡墙	土方，基础，砌筑
				加筋土挡墙	土方，垫层，预制挡墙板安装，筋带布设
			人行通道	土方工程	明挖土方，暗挖土方，排降水
				结构工程	预制安装结构，现浇钢筋混凝土结构，盖挖法结构，浅埋暗挖法结构
				设备安装工程	排水设备泵房安装，供电设备安装
				其他工程	梯道，栏杆，泵房，消防设施，照明，给水排水管道安装
			防水工程		水泥砂浆刚性抹面防水，卷材防水，涂膜防水，密封防水等
			附属工程	道牙	垫层，安砌
				雨水口	土方，安砌，支管安装
				人行步道、厂场铺装	基础，铺装
				涵洞工程	土方，基础，涵洞洞体，进出口
			附属工程	其他	照明设施，交通设施，环保设施（隔、吸音屏障），绿化设施，小型构筑物等
			路基工程	见"区间工程"	见"区间工程"

续表

类别	单位工程	子单位工程	分部工程	子分部工程	分项工程
土建与建筑设备安装工程	车辆段及综合基地	房建工程（单体工程）	地基与基础	土方工程	土方开挖、土方回填
					排桩，降水、排水、地下连续墙、锚杆、土钉墙、水泥土桩、沉井与沉箱、钢及混凝土支撑，锚喷，帽梁
				地基处理	灰土地基，砂和砂石地基，碎砖三合土地基，土工合成材料地基，粉煤灰地基，重锤夯实地基，强夯地基，振冲地基，砂桩地基，预压地基，高压喷射注浆地基，土和灰土挤密桩地基，注浆地基，水泥粉煤灰碎石桩地基，夯实水泥土桩地基
				桩基	锚杆静压桩及静力压桩，预应力离心管桩，钢筋混凝土预制桩，钢桩，混凝土灌注桩（成孔、钢筋笼、清孔、水下混凝土灌注）
				混凝土基础	模板、钢筋、混凝土，后浇带混凝土，混凝土结构缝处理
				砌体基础	砖砌体，混凝土砌块砌体，配筋砌体、石砌体
				劲钢（管）混凝土	劲钢（管）焊接、劲钢（管）与钢筋的连接，混凝土
				防水工程	防水混凝土，水泥砂浆防水层，卷材防水层，涂料防水层，金属板防水层，塑料板防水层，细部构造，喷锚支护，复合式衬砌，地下连续墙，排水，预注浆，后注浆，衬砌裂缝注浆
			主体结构	混凝土结构	模板、钢筋、混凝土、预应力、现浇结构，装配式结构
				劲钢（管）混凝土结构	劲钢（管）焊接、螺栓连接、劲钢（管）与钢筋的连接，劲钢（管）制作、安装，混凝土
				砌体结构	砖砌体，混凝土小型空心砌块砌体、石砌体，填充墙砌体，配筋砖砌体
				钢结构	钢结构焊接，钢结构栓接，钢结构制作，紧固件连接，钢零部件加工，单层钢结构安装，多层及高层钢结构安装，钢结构涂装，钢构件组装，钢构件预拼装，钢网架结构安装，压型金属板
				网架和索膜结构	网架制作，网架安装，索膜安装，网架防火，防腐涂料

附录 A

251

续表

类别	单位工程	子单位工程	分部工程	子分部工程	分项工程
土建与建筑设备安装工程	车辆段及综合基地	房建工程(单体工程)	建筑装饰装修	地面	整体面层：基层，水泥混凝土面层，水泥砂浆面层，水磨石面层，防油渗面层，水泥钢(铁)屑面层，不发火(防爆的)面层。 板块面层：基层，砖面层(陶瓷锦砖、缸砖、陶瓷地砖和水泥花砖面层)，大理石面层和花岗石面层，预制板块面层(预制水泥混凝土、水磨石板块面层)，料石面层(条石、块石面层)，塑料板面层，活动地板面层，地毯面层。 木竹面层：基层，实木地板面层(条材、块材面层)，实木复合地板面层(条材、块材面层)，中密度(强化)复合地板面层(条材面层)，竹地板面层
				抹灰	一般抹灰，装饰抹灰，清水砌体勾缝
				门窗	木门窗制作与安装，金属门窗安装，塑料门窗安装，特种门安装，门窗玻璃安装
				吊顶	暗龙骨吊顶，明龙骨吊顶
				轻质隔墙	板材隔墙，骨架隔墙，活动隔墙，玻璃隔墙
				饰面板(砖)	饰面板安装，饰面板粘贴
				幕墙	玻璃幕墙，金属幕墙，石材幕墙
				涂饰	水性涂料涂饰，溶剂性涂料涂饰，美术涂饰
				裱糊与软包	裱糊，软包
				细部	橱柜制作与安装，窗帘盒、窗台板和暖气罩制作与安装，门窗套制作与安装，护栏和扶手制作与安装，花饰制作与安装
				厕、浴室防水	找平层，涂膜防水，卷材防水层，塑料防水层等，防水保护层
			建筑屋面	卷材防水屋面	保温层，找平层，卷材防水层，细部构造
				涂膜防水屋面	保温层，找平层，涂膜防水层，细部构造
				刚性防水屋面	细石混凝土防水层，密封材料嵌缝，细部构造
				瓦屋面	平瓦屋面，油毡瓦屋面，金属板面层，细部构造
				隔热屋面	架空屋面，蓄水屋面，种植屋面
			建筑设备安装工程	建筑给水、排水及采暖	室内给水系统	给水管道及配件安装，室内消火栓系统安装，给水设备安装，管道防腐，绝热
					室内排水系统	排水管道及配件安装，雨水管道及配件安装

续表

类别	单位工程	子单位工程	分部工程	子分部工程	分项工程
土建与建筑设备安装工程	车辆段及综合基地	建筑设备安装工程	建筑给水、排水及采暖	室内热水供应系统	管道及配件安装，辅助设备安装，防腐，绝热
				卫生器具安装	卫生器具安装，卫生器具给水配件安装，卫生器具排水管道安装
				室内采暖系统	管道及配件安装，辅助设备及散热器安装，金属辐射板安装，低温热水地板辐射采暖系统安装，系统水压试验及调试，防腐，绝热
				建筑中水系统	建筑中水系统管道及辅助设备安装
				供热锅炉及辅助设备安装	锅炉安装，辅助设备及管道安装，安全附件安装，烘炉、煮炉和试运行，换热站安装，防腐，绝热
			建筑电气	室外电气	架空线路及杆上电气设备安装，变压器、箱式变电所安装，成套配电柜、控制柜（屏、台）和动力、照明配电箱（盘）及控制柜安装，电线、电缆导管和线槽敷设，电线、电缆穿管和线槽敷设，电缆头制作、导线连接和线路电气试验，建筑物外部装饰灯具，航空障碍标志灯和庭院路灯安装，建筑照明通电试运行，接地装置安装
				变配电	变压器、箱式变电所安装，成套配电柜、控制柜（屏、台）和动力、照明配电箱（盘）安装，螺母线、封闭线、封闭母线、插接式母线安装，电缆沟内和电缆竖井内电缆敷设，电缆头制作、导线连接和线路电气试验，接地装置安装，避雷引下线和变配电室接地干线敷设
				供电干线	螺母线、封闭母线、插接式母线安装，桥架安装和桥架内电缆敷设，电缆沟内和电缆竖井内电缆敷设，电线、电缆导管和线槽敷设，电缆头制作、导线连接和线路电器试验
				电气动力	成套配电柜、控制柜（屏、台）和动力、照明配电箱（盘）及控制柜安装，低压电动机、电加热器及电动执行机构检查、接线，低压电动机、电加热器及电动执行机构检查、接线，低压电气动力设备检测、试验和空载试运行，桥架安装和桥架内电缆敷设，电线、电缆导管和线槽敷设，电线、电缆穿管和线槽敷线，电缆头制作、导线连接和线路电气试验，插座、开关、风扇安装

续表

类别	单位工程	子单位工程	分部工程	子分部工程	分项工程
土建与建筑设备安装工程	车辆段及综合基地		建筑设备安装工程	建筑电气	电气照明安装	成套配电柜，控制柜（屏、台）和动力、照明配电箱（盘）及控制柜安装，电线、电缆导管和线槽敷设，电线、电缆穿管和线槽敷线，槽板配线，钢索配线，电缆头制作、导线连接和线路电气试验，普通灯具安装，专用灯具安装，插座、开关、风扇安装，建筑照明通电试运行
				备用电和不间断电源安装	成套配电柜，控制柜（屏、台）和动力、照明配电箱（盘）安装，不间断电源的其他功能单元安装，螺母线、封闭母线、插接式母线安装，电线、电缆导管和线槽敷设，电线、电缆穿管和线槽敷线，电缆头制作、导线连接和线路电气试验，接地装置安装
				防雷及接地安装	接地装置安装，避雷引下线和变配电室接地干线敷设，建筑物等电位连接，接闪器安装
				智能建筑	通信网络系统	通信系统，卫星及有线电视系统，公共广播系统
					办公自动化系统	计算机网络系统，信息平台及办公自动化应用软件，网络安全系统
					安全防范系统	电视监控系统，入侵报警系统，巡更系统，出入口控制（门禁）系统，停车管理系统
					综合布线系统	缆线敷设和终接，机柜、机架、配线架的安装，信息插座和光缆芯线终端的装
					智能化集成系统	集成系统网络，实时数据库，信息安全，功能接口
					电源与接地	智能建筑电源，防雷及接地
					环境	空间环境，室内空调环境，视觉照明环境，电磁环境
				通风与空调工程	送排风系统	风管与配件制作，部件制作，风管系统安装，空气处理设备安装，风管与设备防腐，风机安装，系统调试，组合式消声器及组合风阀设备制作与安装
					防排烟系统	风管与配件制作，部件制作，风管系统安装，防排烟风口，常闭正压风口与设备安装，风管与设备防腐，风机安装，系统调试
					除尘系统	风管与配件制作，部件制作，风管系统安装，除尘器与排污设备安装，风管与设备防腐，风机安装，系统调试

续表

类别	单位工程	子单位工程	分部工程	子分部工程	分项工程
土建与建筑设备安装工程	车辆段及综合基地	建筑设备安装工程	通风与空调工程	空调风系统	风管与配件制作，部件制作，风管系统安装，空气处理设备安装，消声设备制作与安装，风管与设备防腐，风机安装，风管与设备绝热，系统调试，组合式消声器及组合风阀设备制作与安装
				净化空调系统	风管与配件制作，部件制作，风管系统安装，空气处理设备安装，消声设备制作与安装，风管与设备防腐，风机安装，风管与设备绝热，高效过滤器安装，系统调试
				制冷设备系统	制冷机组安装，制冷剂管道及配件安装，制冷附属设备安装，管道及设备的防腐与绝热，系统调试
				空调水调试	管道冷热(媒)水系统安装，冷却水系统安装，冷凝水系统安装，阀门及部件安装，冷却塔安装，水泵及附属设备安装，管道与设备的防腐与绝热，系统调试
			电梯	电力驱动的曳引式或强制式电梯安装	设备进场验收，土建交接检验，驱动主机，导轨，门系统，轿厢，对重(平衡重)，安全部件，悬挂装置，随行电缆，补偿装置，电气装置，整机安装验收，外装饰安装
				液压电梯安装	设备进场验收，土建交接检验，液压系统，导轨，门系统，轿厢，对重(平衡重)，安全部件，悬挂装置，随行电缆，电气装置，整机安装验收，外装饰安装
				自动扶梯、自动人行道安装	设备进场验收，整机安装验收，外饰安装
		室外建筑环境	室外附属建筑		车棚，围墙，大门，挡土墙，垃圾收集站
			室外环境		建筑小品，道路，亭台，连廊，花坛，场坪绿化
		室外安装	室外给水排水与采暖		室外给水系统，室外排水系统，室外供热系统
			室外电气		室外供电系统，室外照明系统
		管道(线)工程	管沟(井室)工程	土方工程	排降水，围护，土方开挖，土方回填
				地基处理工程	局部地基处理(如夯实、换填)，地基加固(如强夯、水泥粉煤灰碎石桩)等
				基础工程	砂砾基础，钢筋，模板及支架，混凝土，预埋件、支架、支墩安装等

续表

类别	单位工程	子单位工程	分部工程	子分部工程	分项工程
土建与建筑设备安装工程	车辆段及综合基地	管道（线）工程	管沟（井室）工程	井室结构工程	钢筋，模板及支架，混凝土，防水，预埋件安装等
			给水管道安装工程	给水管道安装	铸铁、球墨铸铁管、钢管，预应力混凝土管，PVC管等安装
				井室设备安装	闸阀、碟阀、排气阀、消火栓、测流计及其附件等安装
			排水管道安装工程	排水管道安装	水泥混凝土管、预应力混凝土管及其他排水管道安装
				排水泵站设备安装	井室构件、水泵、金属管道及管件安装、调试
				排水沟渠	方沟砌筑，井室砌筑，砖墙勾缝，抹面及防水
			燃气管道安装工程	钢管安装	安管，凝水器制作安装，调压箱安装，支吊架及附件制作安装等
				防腐绝缘	管道防腐施工，阴极保护，绝缘板安装等
				闸室设备安装	阀、伸缩器等安装
				聚乙烯塑料管安装	安管，安装凝水器及调压箱，抗渗处理等
			热力管道安装工程	钢管安装	钢管安装、固定支架、滑动支架、张力、套筒、伸缩器等附件安装
				除锈防锈	喷砂除锈，酸洗除锈，刷防锈漆等
				管道保温	保温层，工厂化树脂保温壳，保护层
				热力井室设备安装	设备安装及调试
			其他管道（线）安装工程		
		车辆段工艺设备安装	架修库专用设备安装		设备进场验收，基础施工，设备装调整，设备配线，调试
			洗车库专用设备安装		设备进场验收，基础施工，设备组装，上下水系统安装，设备配线，调试
			不落轮库设备安装		设备进场验收，基础施工，设备安装，设备配线，调试

续表

类别	单位工程	子单位工程	分部工程	子分部工程	分项工程
土建与建筑设备安装工程	车辆段及综合基地	车辆段工艺设备安装	喷漆库设备安装		设备进场验收，基础施工，设备安装，设备配线，设备调试，排风系统安装，排风系统调试
			起重机设备安装		设备进场验收，土建交接检验（吊车梁），轨道安装，车档安装，起重机组装，小车在起重机上就位、调整，起重机驾驶箱吊装，起重机配线，滑接线安装，调试，试运行
			机加工设备安装		设备进场验收，基础施工，机床组装，机床就位、调整，液压气动和润滑管道安装，机床配线，调试，试运转
			空压机站设备安装		设备进场验收，基础施工，设备安装，设备配线，送风系统安装，排风系统安装，系统调试
			蓄电池间设备安装		设备进场验收，设备安装，软化水系统安装，排污系统安装，系统调试

附录B

轨道交通系统设备安装工程的单位工程、分部、子分部工程和分项工程的划分

类别	单位工程	子单位工程	分部工程	子分部工程	分项工程
轨道交通系统设备安装工程	机电安装工程		通风空调	送排风系统	风管制作，支架制作安装，风管及阀部件安装，消声器安装，风管与设备防腐保温，风机及新风机组安装，风口安装，单机及系统调试
				防排烟系统	风管制作，支架制作安装，风管及阀部件安装，防排烟风口安装，风管与设备防腐，风机安装，单机及系统调试
				空调风系统	风管制作，支架制作安装，风管及阀部件安装，消声器安装，风管与设备防腐保温，风机及空调机组安装，单机及系统调试
				空调水系统	冷冻机组安装，冷冻水系统安装，冷却水系统安装，冷凝水系统安装，风机盘管及阀部件安装，冷却塔安装，水泵安装，管道试压、冲洗，管道与设备防腐保温，单机及系统调试
				VRV空调系统安装	冷媒管安装，室内机安装，室外机安装，冷凝水管安装，系统保温，控制系统安装，气密性试验，系统调试
				采暖系统	室风管道安装，室外管道安装，锅炉及防腐设备安装，管道水压试验及冲洗，管道防腐、保温，系统调试
			给水排水系统	给水系统	支架制作安装，给水管道及配件安装，设备安装，管道防腐及保温，试压冲洗，系统调试
				消防水系统	支架制作安装，消防水管道及配件安装，水喷淋管道及配件安装，喷洒头安装，消火栓箱及设备安装，管道防腐、保温，管道试压、冲洗，系统调试
				排水系统	排水管道及配件安装，排水设备安装，管道防腐、保温，通水试验

续表

类别	单位工程	子单位工程	分部工程	子分部工程	分项工程
轨道交通系统设备安装工程	机电安装工程		给水排水系统	卫生器具	卫生器具安装，卫生器具给水配件安装，卫生器具排水管道安装，管道防腐
				水处理系统	管道安装，设备安装，系统调试
			电气动力系统	动力系统	成套动力柜安装，动力配电箱安装，动力控制箱安装，照明电柜安装，照明配电箱安装，桥架、托架安装，电缆敷设，动力配管，电线、电缆穿管，电缆头制作，插头制作，开关安装，电动机检查接线，线路电气试验，动力设备空载试运行
			变电所电气设备安装	每个变电所为一个子分部工程	基础槽钢、电缆支架安装；接地装置安装及试验；变压器安装；整流器安装；10kV开关柜安装；750V开关柜安装；400V开关柜安装；交直流配电屏安装；电力及控制电缆敷设；整组传动试验；开通试运行
			牵引网		电缆井制作及电缆管预埋；直流配电柜安装；三轨接线板及回流母线连接板制作；电缆敷设及电缆头制作；系统测试
			系统电缆		电缆支架及接地；10kV电缆、双边联调电缆敷设及电缆头制作
			综合监控系统		分站硬件安装；分站软件安装；控制中心硬件安装；控制中心软件安装；管槽安装及电缆敷设；系统调试
			杂散电流防护		测防端子连接；电缆敷设；排流柜安装；排流箱、参比电极安装；杂散电流系统测试

附录C

轨道工程的单位/子单位工程、分部工程和分项工程的划分

类别	单位工程	子单位工程	分部工程	分项工程
土建与建筑设备安装工程	轨道工程	正线轨道	铺轨基标	铺轨基标测设
			有碴道床轨道	铺底碴，铺面碴，铺枕，有缝线路铺轨，无缝线路铺轨，埋设观测桩，埋设焊接，起拨道、整道
			有碴道床道岔	铺底碴，铺面碴，铺岔枕，铺道岔，起拨道、整道
			无碴道床轨道	混凝土短轨枕，混凝土道床，无缝线路铺轨，钢轨焊接，埋设观测桩，整道
			无碴道床道岔	混凝土短岔枕，混凝土道床，道岔铺设，伸缩调节器铺设，整道
			接触轨铺设	无碴道床接触轨混凝土支承块，无碴道床接触轨安装，无碴道床接触轨托架及防护板安装，有碴道床接触轨安装，有碴道床接触轨托架及防护板安装
			轨道附属设备	线路及信号标志，防护设施，护轨安装
		车辆段轨道	铺轨基标	铺轨安装
			有碴道床轨道	铺底碴，铺面碴，铺枕，铺轨，起拨道、整道
			有碴道床道岔	铺底碴，铺面碴，铺岔枕，铺道岔，起拨道、整道
			无碴道床轨道	混凝土短轨枕，混凝土道床，轨道铺设，整道
			接触轨铺设	无碴道床接触轨混凝土支承块，无碴道床接触轨安装，无碴道床接触轨托架及防护板安装，有碴道床接触轨安装，有碴道床接触轨托架及防护板安装
			轨道附属设备	线路及信号标志
				防护设施
				护轨安装

附录 D

声屏障工程的分部工程、分项工程的划分

类别	单位工程	子单位工程	分部工程	子分部工程	分项工程
其他	声屏障工程		按同种材料、同一结构类型的施工段划分		钢结构焊接
					钢结构紧固件连接
					钢结构组装
					钢结构涂装
					吸隔声板安装（吸声板粘贴）
					隔声墙砌筑

全过程工程咨询指南丛书

天 津 理 工 大 学
中国建设监理协会 组织编写
一砖一瓦科技有限公司

城市地下空间综合应用项目
全过程工程咨询
实施指南

下册：综合管廊

主编：尹贻林 周晓杰 林庆 乔俊杰 李美 陆鑫
主编单位：天津理工大学

中国建筑工业出版社

图书在版编目（CIP）数据

城市地下空间综合应用项目全过程工程咨询实施指南.下册，综合管廊/尹贻林等主编.—北京：中国建筑工业出版社，2020.8

（全过程工程咨询指南丛书）

ISBN 978-7-112-25444-6

Ⅰ.①城⋯　Ⅱ.①尹⋯　Ⅲ.①市政工程—地下管道—管道工程—咨询服务—指南　Ⅳ.①F407.9-62

中国版本图书馆CIP数据核字（2020）第264861号

工程项目传统模式下，咨询单位为业主提供的是单专业、单环节服务，会导致项目全过程中各专业、各阶段信息不对称，造成信息壁垒，不能从根本上为业主创造物有所值的咨询服务。因此采取新时代下"全过程工程咨询"集成新模式，协助业主由服务升级为管控，由"策划+咨询"代替传统服务，优势在于咨询单位能够发挥管理优势，提供专业方案，支持业主决策，通过整合、监督参建各方按科学的筹建计划推进项目建设的方式，实现补足业主管理短板、专业人做专业事的目标。

本书以全过程工程咨询技术服务为宗旨，站在总咨询师的角度，撰写城市综合管廊项目全过程工程咨询服务要点。根据《城市综合管廊工程技术规范》GB 50838—2015强制性条文3.0.6条，综合管廊应统一规划、设计、施工和维护，并应满足管线的使用和运营维护要求。本书针对城市综合管廊项目的特点，对决策阶段可研管理、勘察设计管理、招标采购管理、施工管理的咨询服务要点进行分析说明，旨在为城市综合管廊项目投资决策、设计优化、工程质量提升、缩短工期、降低造价、安全文明施工以及合同管理、信息管理等提供可靠的理论支撑和实践指导，确保项目顺利实施，发挥社会效益。

中国重大工程技术"走出去"投资模式与管控智库资助
天津市高校人文社会科学重点研究基地"投资与工程造价研究中心"资助
贵州省本科高校一流师资团队建设"工程管理教学团队"资助
贵州省本科高校一流教学平台建设"数字建筑（BIM）实践教学平台"资助

本书编委会名单

主　编：尹贻林　周晓杰　林　庆　乔俊杰　李　美　陆　鑫
副主编：朱成爱　尹　航　李孝林　李明洋
编　委（以笔画顺序排名）：
　　　　王　翔　毛慧敏　尹　航　尹贻林　龙　亮　申　宇
　　　　朱成爱　乔俊杰　刘　贺　刘文禹　李　美　李孝林
　　　　李明洋　李佳恬　李雅静　杨子寒　杨先贺　肖婉怡
　　　　宋海波　张　倩　张　静　陆　鑫　陈凌辉　苗璧昕
　　　　林　庆　周晓杰　高明娜　董　然　程　帆　程　露
　　　　赖俊榕　解文雯　樊莹莹　薛浩然　穆昭荣

主编单位：天津理工大学

目 录
CONTENTS

第1章 概 论 **263**
1.1 综合管廊项目概述 263
1.2 综合管廊项目的建设背景及发展现状 268

第2章 可研管理 **277**
2.1 需编制可研报告的项目 277
2.2 可研报告编制目的 278
2.3 可研编制依据 279
2.4 可研报告主要内容 279
2.5 可研评审 280
2.6 综合管廊技术经济指标 309
2.7 综合管廊入廊费分析 329

第3章 勘察管理 **336**
3.1 勘察内容 336
3.2 勘察评审 343

第4章 设计管理 **363**
4.1 设计内容 363
4.2 设计理念 377
4.3 综合管廊项目设计要点一览表 382

第5章 招标采购管理 **396**
5.1 综合管廊建设及运营模式 396

5.2 综合管廊项目招投标细节确定 ………………………………………… 401
5.3 选择最适合的承包商（供应商） ……………………………………… 422
5.4 综合管廊PPP项目分析 ………………………………………………… 470

第6章 施工管理 475
6.1 综合管廊平面管理及协调 ……………………………………………… 475
6.2 质量管理 ………………………………………………………………… 476
6.3 进度管理 ………………………………………………………………… 485
6.4 安全管理 ………………………………………………………………… 505
6.5 投资管理 ………………………………………………………………… 510

第7章 运营维护管理 515
7.1 总体策划 ………………………………………………………………… 515
7.2 运行管控 ………………………………………………………………… 520
7.3 运维阶段的综合管廊项目案例分析 …………………………………… 530

第1章 概 论

1.1 综合管廊项目概述

1.1.1 项目概述

城市综合管廊（又名共同沟、共同管道）是指在城市道路的地下空间建造一个集约化隧道，将电力、通信、供水排水、热力、燃气等多种市政管线集中为一体，实行"统一规划、统一建设、统一管理"。综合管廊设有专门的检修口、吊装口和监测、控制系统。综合管廊是合理利用地下空间资源，解决地下各类管网设施能力不足、各自为政和"开膛破肚"、重复建设等问题，促进地下空间综合利用和资源共享的有效途径。

综合管廊工程的基本构成内容包括：

①管廊本体：包括管廊的一般地段和特殊地段。

②一般地段：标准断面地段。

③特殊地段：支线段、交叉段、引入口段、引出口段及多舱联络通道。

④管廊节点：进风口、排风口、人员出入口、吊装口。

⑤附属设备：排水、通风、照明、消防、监视监控。

⑥廊内管线断面布局：综合考虑安全、预留、检修。

⑦廊内管线安装：包括管线选型、安装；管线需要的预埋预留、支撑、悬吊、可装拆的辅助安装部件等。

⑧综合管廊生产运营集约化监管系统：包括各类管线生产监控、廊道环境监控、综合管廊应急反应系统等。

1.1.2 综合管廊的工程技术现状

(1) 综合管廊工程设计领域的技术状况及问题分析

1) 综合管廊工程规划、工程设计的标准规范

住房和城乡建设部《城市工程管线综合规划规范》GB 50289—2016。

住房和城乡建设部《城市地下综合管廊工程规划编制指引》(建城〔2015〕70号)。

住房和城乡建设部、国家质监总局联合发布《城市综合管廊工程技术规范》GB 50838—2015。

住房和城乡建设部标准定额司《城市综合管廊工程投资估算指标(试行)》。

2) 综合管廊的类型和工程基本内容

建于城市地下用于容纳两类及以上城市工程管线的构筑物及附属设施。根据收纳管线、舱室结构及服务区域等不同，现行国家标准《城市综合管廊工程技术规范》GB 50838—2015将城市综合管廊分为三种类型，分别为干线综合管廊、支线综合管廊和缆线管廊。

① 干线综合管廊

用于容纳城市主干工程管线，采用独立分舱方式建设的综合管廊。

干线综合管廊一般设置于机动车道或道路中央下方，主要连接原站(如自来水厂、发电厂、热力厂等)与支线综合管廊。其一般不直接服务于沿线地区。干线综合管廊内主要容纳的管线为高压电力电缆、信息主干电缆或光缆、给水主干管道、热力主干管道等，有时结合地形也将排水管道容纳在内。在干线综合管廊内，电力电缆主要从超高压变电站输送至一、二次变电站，信息电缆或光缆主要为转接局之间的信息传输，热力管道主要为热力厂至调压站之间的输送。干线综合管廊的断面通常为圆形或多格箱形。综合管廊内一般要求设置工作通道及照明、通风等设备。

干线综合管廊的特点主要为：(a)稳定、大流量的运输；(b)高度的安全性；(c)紧凑的内部结构；(d)可直接供给到稳定使用的大型用户；(e)一般需要专用的设备；(f)管理及运营比较简单。

② 支线综合管廊

用于容纳城市配给工程管线，采用单舱或双舱方式建设的综合管廊。

支线综合管廊主要用于将各种管线从干线综合管廊分配、输送至各直接用户。其一般设置在道路的两旁。容纳直接服务于沿线地区的各种管线。支线综合管廊的截面以矩形较为常见，一般为单舱或双舱箱形结构，综合管廊内一般要求

设置工作通道及照明、通风等设备。

支线综合管廊的特点主要为：(a)有效（内部空间）截面较小；(b)结构简单，施工方便；(c)设备多为常用定型设备；(d)一般不直接服务于大型用户。

③缆线管廊

采用浅埋沟道方式建设，设有可开启盖板但其内部空间不能满足人员正常通行要求，用于容纳电力电缆和通信线缆的管廊。

缆线管廊一般设置在道路的人行道下面，其埋深较浅。截面以矩形较为常见。一般工作通道不要求通行，管廊内不要求设置照明、通风等设备，仅设置供维护时开启的盖板或工作手孔即可。

(2)综合管廊工程施工领域的技术状况及问题分析

在国外，地下综合管廊的本体工程施工一般有明挖现浇法、明挖预制拼装法、盾构法、顶管法等，而从国内早期建成的地下综合管廊工程来看，多以明挖现浇法为主，因为该施工工法成本较低，虽然其对环境影响较大，但是在新城区建设初期采取此工法障碍较小，具有明显的技术经济优势。而随着地下综合管廊建设的推广，施工工法也趋于多样化，盾构法施工因其对周围环境影响小、施工速度快等优点，逐渐成为主流的施工方式。今后随着地下综合管廊建设的推广，地下综合管廊与其他地下设施的相互影响也会加大，对施工控制也会逐渐提高要求。

1)明挖现浇法施工[1][2]

在城市地下综合管廊的施工技术中，明挖现浇法是最为常见的一种施工方法，这种方法能够实现大面积的施工工作，可以把整个地下综合管廊工程分为多个施工标段，在多个标段同时进行施工从而加快工程施工进度。但明挖现浇法由于其施工技术要求较低，工程造价也相对较低，在施工质量上难以得到有效的保障，且这种方法由于需要大面积施工，所以首先需中断交通设施，对城市中的交通管理也有着一定的影响。因此，这种方法比较适合在地势平坦且施工地点四周没有需要保护的建筑物的条件下。明挖现浇法在施工过程中，首先要进行开挖铺设管道，可以采用大型的开挖方式进行施工，并采用（深层）井点降水的措施，这种开挖方法在施工的过程中比较方便，而且不需要围护结构的作业，同时施工所需要的时间也比较短，非常有利于机械化的大规模工程，费用相对较低。但需要注意的是，这种方法的缺点是土方开挖量比较大，在回填上有着较高的要求。

---

[1] 黎丽.关于城市地下综合管廊施工技术研究[J].建材与装饰，2017(19)：40-41.
[2] 本刊编辑部.城市地下综合管廊设计与施工[J].建筑机械化，2016，37(9)：10-14.

2）明挖预制拼装法施工

明挖预制拼装法是一种较为先进的施工方法，在发达国家较常用。采用这种施工方法要求有较大规模的预制厂和大吨位的运输及起吊设备，同时施工技术要求较高，工程造价相对较高。主要的预制构件有带管座共同沟综合管廊、带底座钢筋混凝土拱涵、带底座钢筋混凝土多弧涵管、带底座多弧缆线沟等。预制拼装法与现浇法相比，预制混凝土涵管装配化施工更具有保证质量、缩短工期、降低成本、节能环保等较为显著的优势。

3）浅埋暗挖法施工

浅埋暗挖法通常适用于离地表较近的地下进行各类地下洞室暗挖的一种施工技术，这种施工技术的埋深较浅，比较适合在地层岩性差、存在地下水以及地形环境较差的复杂条件下施工。在明挖现浇法和盾构法不适合的地形情况下，浅埋暗挖法具有非常好的效果，浅埋暗挖法的施工技术灵活多变，对道路和地下管线以及路面的情况影响比较小，同时拆迁的占地面积也比较小，对城市中居民的影响也不大，比较适合于在已建好的城市进行施工。

浅埋暗挖法运用了新奥法的施工原理，初次支护按承担全部基本荷载设计，二次模筑衬砌作为安全储备，二次模筑衬砌与初次支护一同具有特殊荷载的能力。在城市地下综合管廊施工中使用浅埋暗挖法时，应采用多种辅助工法，超前支护，改善加固围岩且能够调动附近围岩的自承能力，同时还应该采用不同的开挖方法，及时做好支护与封闭成环，让其与附近的围岩能够共同承担联合支护体系的作用。在施工的过程中，需要运用监控测量、信息反馈和优化设计，从而达到不塌方，减少沉降情况以及安全施工的情况出现，并在地下综合管廊施工中形成多种综合配套的技术。

4）顶管法施工

顶管施工是继盾构施工之后发展起来的一种地下管道施工方法，它不需要开挖面层，并且能够穿越公路、铁道、河川、地面建筑物、地下构筑物以及各种地下管线等。顶管施工借助于主顶油缸及管道间中继间等的推力，把工具管或掘进机从工作井内穿过土层一直推到接收井内吊起。与此同时，也就把紧随工具管或掘进机后的管道埋设在两井之间，以期实现非开挖敷设地下管廊的施工方法。

顶管施工特别适用于大中型管径的非开挖铺设，具有经济、高效、保护环境的综合功能。这种技术的优点是：不开挖地面；不拆迁，不破坏地面建筑物；不破坏环境；不影响管道的段差变形；省时、高效、安全，综合造价低。

5）盾构法施工

城市地下综合管廊施工中的盾构法施工通常是在盾构的保护下修筑软土隧道的一种施工方法，这种方法的机械化水平高，在施工组织上也比较简单，能够方便施工人员在施工中的管理工作，同时这种方式的施工安全系数也相对较高，施工速度快，比较容易控制地下综合管廊施工中引起的沉降情况。盾构法的特点是地层掘进、出土运输、衬砌拼装、接缝防水和盾尾间隙注浆填充等作业都是处于盾构保护下进行的，并需随时排除地下水和控制地面沉降，因此，这种方式对工艺要求非常高，在综合能力方面也需要有比较高的能力。现如今，随着地下综合管廊施工工程的不断发展，盾构法在我国各大城市中的应用也越来越多，其主要原因是因为这种方式占地面积较小，对施工地点周边的环境影响较小，比较适合穿越建筑物之下的工程。但这种方式也有其缺点，主要缺点是适应工程变化的能力较差，隧道覆土浅时地表沉降不利于控制，施工小曲线半径隧道时难度比较大，同时盾构法的施工设备费用比较高，使得工程的总造价也会随之增加。

目前我国城市地下综合管廊工程的建设中，常用的施工方法有明挖现浇法、浅埋暗挖法、顶管法和盾构法。几种施工方法各具有自己的特点，如表1-1所示[①]。

地下综合管廊四种不同施工工法比较　　　　表1-1

项目	明挖现浇法	浅埋暗挖法	顶管法	盾构法
地质适应性	地层适应性强，可在各种地层中施工	地层适应性差，主要用于粉质黏土及软岩地层，在软土及透水性强的地层中施工时需要采取多种辅助措施	地质适应性差，主要用于软土地层	地层适应性强，可在软岩及土体中掘进
技术及工艺	施工工艺简单，可在各种地层中施工	施工工艺复杂，工程较小时无需大型机械	施工工艺复杂，不易长距离掘进，管径常在2～3m，国内顶管设备较少	施工工艺复杂，需有盾构及其配套设备，一次掘进长度可达到3～5km，目前国内有2.94～16m直径盾构
劳动强度、施工环境及安全性	施工条件一般，安全可控性一般	机械化程度低，施工人员依赖性高，作业环境较差，劳动强度高，安全不易保证	机械化程度高，施工人员少，作业环境好，劳动强度相对小，安全可控性好	机械化程度高，施工人员少，作业环境好，劳动强度相对小，安全可控性好

① 雷升祥，等.综合管廊与管道盾构[M].北京：中国铁道出版社，2015.

续表

项目	明挖现浇法	浅埋暗挖法	顶管法	盾构法
施工速度	快，根据现场组织可调节施工速度	作业面小，施工速度较慢	快，与盾构法相当	快，一般为矿山法速度的3~8倍
结构形式及施工质量	临时围护结构和内部结构衬砌；现场浇筑结构，施工质量不易保证，防水不易保证	复合式衬砌；现场浇筑，施工质量较差	单层衬砌，高精度预制管片，机械拼装；质量可靠	单层衬砌，高精度预制衬砌管片，机械拼装；质量可靠
结构防水质量	防水不易保证	防水不易保证	防水可靠	防水可靠

1.2 综合管廊项目的建设背景及发展现状

1.2.1 综合管廊项目的建设背景

（1）综合管廊是城市地下空间综合利用的要求和体现[1][2]

综合管廊是21世纪新型城市市政基础设施的标志，对城市而言，建设地下综合管廊可有效促进地下空间开发，节约地下资源。传统的直埋方式，大多管线平面铺设于地下，占用了大量的平面资源；综合管廊采用立体式的管线设计模式，可成倍提高地下空间的利用，增加管线之间的密集性和紧凑性。再结合地下轨道交通、海绵城市建设等其他地下空间共同开发，综合管廊建设可促进城市基础设施的高效发展，实现地下空间的高效利用。1997年建设部颁布的《城市地下空间的开发利用管理规定》，更是把地下综合管廊的建设和规划纳入了法制化的轨道。

（2）综合管廊建设是城市发展的必然要求

不同于传统的直埋方式，将各类市政管线集中敷设于公共隧道空间内，综合管廊的建设可避免道路反复开挖，延长道路寿命，保障城市交通顺畅，保护城市景观不受破坏。同时结合城市空中电力网占用空间资源现象，可协同解决地上地下重复占用用地问题，整体提升城市形象，为城市和谐生态环境创造积极条件。它对城市所带来的好处主要体现在：

---

[1] 孙云章.城市地下管线综合管廊项目建设中的决策支持研究[D].上海：上海交通大学，2008.
[2] 杨宗海.城市地下综合管廊全生命周期风险评估体系研究[D].成都：西南交通大学，2017.

1）有利于节约城市用地；

2）有利于改善城市交通；

3）有利于美化城市环境；

4）有利于加强城市保护；

5）有利于满足城市特殊需求。

（3）综合管廊是城市实现节能降耗的优选途径

将各种管线集约化敷设，采用综合管廊集中、智能、高效地进行维修、管理，便于管线维修养护。同时预留的隧道空间可便于管线的增容及维修，免除了因管线改造、扩建引发的道路破坏、交通阻塞、环境污染等问题，在提高管线安全运行的同时，也降低了后期的维护成本。由此可见，综合管廊项目的建设实施为城市实现节能降耗带来的正面效益有：

1）有效利用地下空间；

2）系统整合地下管线；

3）避免管线意外挖掘损坏；

4）管线易于维修及管理；

5）提升管线的服务水平；

6）降低道路的维修费用；

7）提升道路的服务质量；

8）降低交通事故的发生；

9）改善市容景观；

10）降低社会成本。

（4）综合管廊是城市安全运营的必然选择

由于管线敷设在专门的管廊空间内，使管线不直接与土壤和地下水接触，避免了土壤对管线的腐蚀，延长了管线使用寿命，其安全性也大大提高，为城市规划发展预留了宝贵的地下空间。同时将各类管线集中敷设，不仅可以便于各管线单位之间的交流，减少因管线增容、维修带来的不必要纠纷，同时将各类管线统一管理，可消除因各自管理带来的混乱，提高管线的运营效率，降低运营成本。

1.2.2 综合管廊项目发展现状

欧美国家综合管廊已有170余年发展历史，日本后来居上。近年来，我国部分城市开展试点建设，已有北京（国内最早，1958年）、上海、广州、武汉、济南、沈阳等城市应用实例，技术日渐成熟，规模逐渐增长。通过建设综合管廊，实现城市基础设施现代化，达到对地下空间的合理开发利用，已经成为共识。

综合我国国民经济持续发展、人口城镇化率不断提高、土地利用日趋紧张、人们思想观念逐步转变等因素，城市综合管廊建设将具有良好的发展前景。

城市地下空间资源作为城市的自然资源，在经济建设、民防建设、环境建设及城市可持续发展方面具有重要意义。而作为城市生命线的各类地下管网不仅是城市的重要基础设施，还是现代化城市高效率、高质量运转的保证；更是环境保护和土地等资源有效利用，使城市发展与资源、环境容量相适应，促进人与自然和谐发展的客观要求。

城市综合管廊是市政管线集约化建设的趋势，也是城市基础设施现代化建设的方向。传统的市政管线直埋方式，不但造成城市道路的反复开挖，而且对城市地下空间资源本身也是一种浪费。集约各种管线，采用综合管廊的方式建设，是一种较为科学合理的建设模式，综合管廊已经成为衡量城市基础设施现代化水平的标志之一。

（1）国外综合管廊建设概况[1][2][3][4]

综合管廊在国外的发展历程已逾百年，在城市中建设地下综合管廊的概念，起源于19世纪的欧洲，法国巴黎开辟了管廊建设的先河。经过上百年的探索、研究、改良和实践，综合管廊的技术水平已完全成熟，并在国外的许多城市得到了极大的发展，已经成为国外发达城市市政建设管理的现代化象征，也已经成为城市公共管理的一部分。国外地下综合管廊的发展历程、现状和规划概括如下：

1）法国

巴黎一直以香都著称，历史上其地下排水问题却不被重视，1832年，饮用水的污染问题给这个城市带来了毁灭性的灾难，巴黎爆发了大规模的霍乱，在经历了霍乱之灾后，巴黎开始认真对待地下水管网络问题，巴黎市政府开始着手重新规划市区的下水道管道系统。1833年，建成了包含给水、压缩空气、交通、通信电缆等管道在内的综合管廊。

2）英国

英国于1861年在伦敦市区兴建综合管廊，采用12m×7.6m之半圆形断面，

---

[1] 杨宗海.城市地下综合管廊全生命周期风险评估体系研究[D].成都：西南交通大学，2017.
[2] 赵雪婷.综合管廊全寿命周期风险及应对策略研究[D].西安：西安建筑科技大学，2017.
[3] 孙云章.城市地下管线综合管廊项目建设中的决策支持研究[D].上海：上海交通大学，2008.
[4] 潘梁.城市地下综合管廊全生命周期投资回报研究[D].镇江：江苏大学，2017.

收容给水管、污水管及瓦斯管、电力电缆、电信线缆外，还敷设了连接用户的供给管线，迄今伦敦市区建设综合管廊已超过22条，伦敦兴建的综合管廊建设经费完全由政府筹措，属伦敦市政府所有，完成后再由市政府出租给管线单位使用。

3）德国

1893年德国为配合城市道路建设，在汉堡市的Kaiser-Wilheim街两侧人行道下兴建了一条长约455m的综合管廊，收容了除污水管以外的电力电缆、电信线缆、煤气、热水及自来水等管线。随后在1959年又在布佩鲁达尔市修建了一条长约300m，收纳了包含煤气和自来水管道在内的综合管廊。到1964年，德国的苏尔市及哈利市陆续开始实施综合管廊建设，到1970年德国已建综合管廊达到15km，且全部投入运营。

4）美国

美国从1960年开始研究综合管廊建设，由于土地资源逐渐匮乏，管线种类不断增加，传统的直埋方式无法满足当时的国家建设，1970年，美国在怀特普莱恩斯（White Plains）市中心、纽约市伊斯特河（East River）、诺姆（Nome）等多地建设了综合管廊，其中穿越伊斯特河的综合管廊更具代表性，不仅横跨了阿斯托里亚（Astoria）和地狱门发电厂（Hell Gate Generation Plants）两条隧道，还容纳了电信缆线、电力缆线、自来水管线、污水管线等多条管线。而诺姆是唯一将城市所有的供水和污水管线纳入了廊内的城市，使管线能够贯穿城市形成系统。

5）日本

日本是当今综合管廊发展最先进的国家。1923年日本关东地区发生的7.9级大地震，造成了巨大的破坏，致使城市许多市政管线无法正常使用，日本政府为避免城市基础设施再次遭到破坏，便于1926年开始着手制定综合管廊计划，并相继在九段阪、淀町、八重州等地相继建设了综合管廊，直至2001年，日本管廊建设逾600km。日本于1963年颁布了《共同沟实施法》，解决了技术、资金分摊、建设成本回收等关键性问题。1991年日本成立了综合管廊管理部门，为综合管廊的建设打好基础。

（2）国内综合管廊建设概况[①]

我国第一条综合管廊修建于1958年，当时结合天安门广场地下空间规划，在广场道路下方建设了一条长约1076m长的管沟，管沟宽3.5~5.0m，高2.3~3.0m，埋深7.0~8.0m，但当时沟内只容纳了部分市政管线，功能不全，结构相对单一。此后在1977年，又规划了一条长约500m的管沟，沟内设置有电

---

① 陈静.城市基础性项目投资决策研究[D].西安：长安大学，2018.

力电缆、通信线缆以及部分污水、给水管道。至此，中国的综合管廊建设便拉开了序幕。

我国台湾地区的综合管廊自20世纪80年代开始进行策划和评估。1991年，台湾地区完成了第一条综合管廊的建设，2000年完善了综合管廊立法，是目前国内管廊立法最完善的地区。在建设费用方面，由政府和管线单位共同承担，建成之后，管线单位的入廊费用参考管线占用空间和直埋成本共同确定，运营维护费用依旧是由政府和管线单位共同分摊，政府占1/3，剩余的2/3由入廊的所有管线单位按照使用频率和占用空间来决定分摊比例，管线单位还可以享受政府费用补贴。

除我国台湾地区、北京外，20世纪80年代我国于上海和连云港分别建造了综合管廊，2009年，上海世博会为了迎接将近40万人次的参观人员，避免道路开挖对环境造成污染，响应"城市让生活更美好"的园区主题，创新性地将冷热水管、蒸汽管、垃圾管等城市管线纳入综合管廊中来。这些年地下管线问题逐渐被人们所重视，综合管廊的建设也被提上议程，如广州大学城、苏州城市地下综合管廊、北京CBD区域综合管廊、广州知识城等，很多的已建管廊由政府承担全部建设费用，管线单位免费享受管廊的使用权。

2015年我国正式确定了包括包头、沈阳、厦门、长沙等在内的10个试点城市，部分地区建设情况如表1-2所示。

综合管廊部分城市建设情况列举　　　　表1-2

序号	位置	建设时间	管廊长度（km）	收纳管线
1	上海张杨路	1994年	11.13	给水、电力、通信、燃气
2	连云港西大堤	1997年	6.67	给水、电力、通信
3	北京中关村西区	2005年	1.9	给水、电力、通信、燃气、热力
4	广州大学城	2007年	17.4	给水、电力、通信、供冷、真空垃圾管
5	深圳空港新城	2011年	18.3	给水、电力、通信、中水
6	石家庄正定新区	2013年	24.4	给水、电力、通信、中水、热力

1.2.3 综合管廊是未来城市建设的发展方向

（1）国内城市地下管线现状[①]

地下管线是城市基础设施的重要组成部分，地下管线大致分为：给水与排

---

① 雷升祥，等.综合管廊与管道盾构[M].北京：中国铁道出版社，2015.

水管、雨水与污水管、煤气管道、石油与化工管道、照明电缆与有线电视电缆、工业与其他专用性动力电缆、通信电缆与光缆等。这些地下管线就如人体的"神经"和"血管"。日夜担负着水、电、信息和能量的供配与传输。有人把这些地下管线誉为城市的"生命线"，是城市赖以生存和发展的物质基础。但我国城市地下管线存在的问题也是尤为突出的，主要表现在以下几个方面。

1）城市地下管线存在的建设管理问题

①地下管线状况不详；

②管线种类多；

③涉及单位多；

④管道老化严重；

⑤事故频发；

⑥经济损失大；

⑦管线密度大；

⑧反复开挖，缺乏统一管理。

2）城市排水存在的主要问题

①在排水设施的规划方面缺乏充分的调研和科学研究，大部分城市对于规划考虑不足，同时对城市现有的排水设施及其现状了解不够，因此在城市未来排水设施的规划上缺乏预见性，使得城市的排水设施不能同城市的长远规划相匹配。

②排水设施的配套组件不齐全，局部区域的排水系统不完善。

③部分地区设施老化严重，不能承载现有的排水需要。

④财政资金支持不足。财政资金支持不足以应付客观环境的要求，造成排水工程建设上的阻碍，从而影响排水系统的设计规划和建设。

3）地下管线存在的技术问题

①设计不合理

a.多种管线混合处置。由于涉及人员规范意识淡薄或技术水平不高，并缺乏必要的安全知识，片面追求设计简单、施工方便、节约资金，将多种管线混合处置，导致质量事故和安全事故时有发生。

b.地下管线与建（构）筑物之间的间隔小于规定的最小水平净距。地下管线与建筑物基础外沿、铁路（钢轨外侧）、道路、管架基础外沿、照明电线杆柱、电力（220V、380V）电线杆柱、围墙基础外沿、排水沟外缘之间的间隔应满足规范规定的最小水平净距要求。

c.地下管线之间的最小水平间隔和最小垂直净距不满足要求。除同一类管线外，不同地下管线之间应相距一定的间隔，并且管线的技术参数不同，相互之间的最小水平距离要求也不一样。

②施工不规范

施工人员不熟悉施工规范或不重视管线施工工作。一方面，在施工前未收集原有的各种管线专业图，对原有管线的敷设方式、走向、附属设施、材料和管径等情况未进行现场核对、分析，盲目施工；另一方面，施工人员不严格按设计图纸施工，偷工减料、蒙混过关现象严重，致使施工质量低劣，质量事故和施工安全事故时有发生。

（2）综合管廊在我国的应用前景分析

长期以来，由于我国城市地下资源的无偿使用，各单位随意铺设自己的管线、扩大自己的空间，无序地开发使用有限的城市地下资源，造成了地下资源的严重浪费，严重地制约了我国城市地下资源的可持续发展，市政管网扩容、管线改造迫在眉睫。

1）技术可行性分析

目前，我国地下空间资源的开发、利用，尤其是城市地下空间开发技术已经得到很大的提高。各大型城市已经开始大规模建设城市地下铁道以及地下停车场，尤其是2007年4月18日全国铁路第六次大提速中出现了各种不同的地质情况和地质灾害，并且隧道的长度也有重大的突破，在这些工程中各种技术的发展和应用，如盾构隧道施工技术、沉管法施工技术、桩基托换技术以及各种辅助工法等，使得地下综合管廊建设在设计、施工技术方面已不存在无法解决的难题。

住房和城乡建设部发布《城市综合管廊工程技术规范》GB 50838—2015，为下一步的城市地下综合管廊的建设提供了强有力的技术保障，虽然至今国内还没有专门的地下综合管廊设计技术规范，但国内许多城市都已试点建设地下综合管廊，借鉴国内外经验和借助国内自身技术水平，开挖地下综合管廊技术日趋完善和成熟。地下综合管廊的防水、沉降及燃气管入沟、管线相互干扰等技术问题基本可以解决。

2）技术经济性分析

经济可行性是评价综合管廊是否合理的重要指标。从工程造价上看，虽然综合管廊建设的一次性投资要比传统的直埋式管线铺设方法高出很多，但综合社会成本却十分合算，如综合管廊可以减少道路的开挖、延长管线的使用寿命等。中国工程院院士钱七虎认为，全国每年因施工引发的管线事故所造成的直接经济损失达50亿元，间接经济损失达400亿元。

虽然综合管廊地下开挖直接工程造价较高，但考虑到环境保护、抵御台风、地震灾害等自然灾害等因素，修建综合管廊带来的经济效益和社会效益要远高于传统的直埋式管线铺设。

城市地下综合管廊是目前世界发达城市普遍采用的集约化程度高、管理方便的城市市政基础设施。

3）综合管廊建设发展的机遇

①已具备系统建设地下综合管廊的经济基础

从经济条件来看，根据发达国家城市地下空间开发利用与人均GDP的统计分析，当该城市或地区的人均GDP超过3000美元时，就具备大规模开发利用地下空间的经济基础。我国相当多城市已基本具备大规模开发地下空间的经济基础。

②轨道建设高峰期，地下综合管廊建设最佳时机

目前，全国有38个城市已经批准进行轨道建设规划，2020年地铁总长度将超7000km。国内外经验表明，地下综合管廊结合地铁建设、新城区开发、道路拓宽等工程建设时成本最低，尤其是结合地铁建设实施，一方面可以大幅度降低地下综合管廊建设的外部成本；另一方面可以保护地铁。而一旦错过这种整合建设的时机，地下综合管廊的建设成本将大大上升。

③新城建设、城市更新为地下综合管廊建设提供了条件

相当多的城市进行新区建设、旧城改造等，给地下综合管廊建设发展带来相当大的发展机遇。例如，《深圳市近期建设规划（2006—2010）》确定了光明新城、龙华新城、大运新城和坪山新城四大新城。根据《深圳市城市总体规划（2009—2020）》，城市更新的核心是通过城市功能结构的调整挖掘存量土地资源，提高其利用效率。城市综合整治和更新改造的用地总规模为190km^2，其中全面改造的建设用地规模为60km^2。这些城市建设条件为地下综合管廊大规模建设提供了良好的基础。

④国家政策支持

目前，国务院办公厅《关于加强城市地下管线建设管理的指导意见》（国办发〔2014〕27号）指出，2015年年底前，完成城市地下管线普查，建立综合管理信息系统，编制完成地下管线综合规划。力争用5年时间完成城市地下老旧管网改造，将管网漏失率控制在国家标准以内，显著降低管网事故率，避免重大事故发生。用10年左右时间，建成较为完善的城市地下管线体系，使地下管线建设管理水平能够适应经济社会发展需要，应急防灾能力大幅提升。

当今，在"建设资源节约型、环境友好型、实现可持续发展"的大环境下，城市建设加快，城市基础设施的新建、扩建、改建、美化及提高城市品位势在必行。城市地下管廊建设，第一是规划问题，第二是经济问题。目前，建设管廊的做法比较流行，但是，实际开展起来比较困难，因为管廊一次性投资太大，同时

要把所有的管道集中一起安置,在法律上也没有相应的规定。但目前中国与新加坡联合开发的苏州工业园区地下管线基础建设很好。工业园区坚持"先规划后建设,先地下后地上"的开发建设原则,借鉴新加坡"需求未到,基础设施先行"的做法,适度超前建设重要的基础设施。经过10年的开发,园区基础设施建设初具规模。

第2章 可研管理

2017年颁布的《工程咨询行业管理办法》(国家发展和改革委员会令第9号),第八条工程咨询服务范围(二)中提到项目咨询含项目投资机会研究、投融资策划,及项目建议书(预可行性研究)、项目可行性研究报告、项目申请报告、资金申请报告的编制,政府和社会资本合作(PPP)项目咨询等;(三)中提到评估咨询包括各级政府及有关部门委托的对规划、项目建议书、可行性研究报告、项目申请报告、资金申请报告、PPP项目实施方案、初步设计的评估,规划和项目中期评价、后评价,项目概预决算审查,以及其他履行投资管理职能所需的专业技术服务。

第十六条提及承担编制任务的工程咨询单位,不得承担同一事项的评估咨询任务。承担评估咨询任务的工程咨询单位,与同一事项的编制单位、项目业主单位之间不得存在控股、管理关系或者负责人为同一人的重大关联关系。

2.1 需编制可研报告的项目

根据《国务院关于投资体制改革的决定》(国发〔2004〕20号),可知对于企业不使用政府投资建设的项目,一律不再实行审批制,区别不同情况实行核准制和备案制,企业投资建设实行核准制的项目,仅需向政府提交项目申请报告,不再经过批准项目建议书、可行性研究报告和开工报告的程序。政府仅对重大项目和限制类项目从维护社会公共利益角度进行核准,其他项目无论规模大小,均改为备案制。因此,需要编制可研报告的项目可以总结为以下两类。

2.1.1 实行审批制的政府投资项目

①项目单位分别向城乡规划、国土资源、环境保护等部门申请办理规划选址、用地预审和环境影响评价审批手续。

②项目单位向发展改革委报送项目可研报告,并附规划选址、用地预审和环评审批文件。

③项目单位持发展改革委可研批文向城乡规划部门、国土资源部门申请办理规划许可手续、正式用地手续等相关事宜。

2.1.2 实行备案制的企业投资项目

①项目单位编报项目可研报告,向发展改革委申请办理备案手续。

②发展改革委相关部门受理并答复或办理(行文)。

③项目单位持发展改革委备案文件分别向城乡规划、国土资源和环境保护部门申请办理规划选址、用地和环评审批手续。

2.2 可研报告编制目的

(1)向投资主管部门备案、行政审批

根据《国务院关于投资体制改革的决定》(国发〔2004〕20号)的规定,我国对不使用政府投资的项目实行核准和备案两种批复方式,其中核准项目向政府部门提交项目申请报告,备案项目一般提交项目可行性研究报告。

同时,根据《国务院对确需保留的行政审批项目设定行政许可的决定》,对某些项目仍旧保留行政审批权,投资主体仍需向审批部门提交项目可行性研究报告。

(2)向金融机构贷款

我国的商业银行、国家开发银行和进出口银行以及其他境内外的各类金融机构在接受项目建设贷款时,会对贷款项目进行全面、细致地分析评估,银行等金融机构只有在确认项目具有偿还贷款能力、不承担过大的风险情况下,才会同意贷款。项目投资方需要出具详细的可行性研究报告,银行等金融机构只有在确认项目具有偿还贷款能力、不承担过大的风险情况下,才会同意贷款。

(3)企业融资、对外招商合作

此类研究报告通常要求市场分析准确、投资方案合理,并提供竞争分析、营销计划、管理方案、技术研发等实际运作方案。

(4)申请进口设备免税

主要用于进口设备免税用的可行性研究报告,申请办理中外合资企业、内资企业项目确认书的项目需要提供项目可行性研究报告。

(5)境外投资项目核准

企业在实施走出去战略,对国外矿产资源和其他产业投资时,需要编写可行性研究报告报给国家发展和改革委或省发展改革委，需要申请中国进出口银行境外投资重点项目信贷支持时，也需要可行性研究报告。

（6）环境评价、审批工业用地

我国当前对项目的节能和环保要求逐渐提高，项目实施需要进行环境评价，项目可行性研究报告可以作为环保部门审查项目对环境影响的依据，同时项目可行性研究报告也作为向项目建设所在地政府和规划部门申请工业用地、施工许可证的依据。

另外，可行性研究报告还用来评估项目是否可行，作为项目实施依据等。

2.3 可研编制依据

①国家发展改革委颁布的《一般工业项目可行性研究报告编制大纲》。

②《建设项目经济评价方法与参数（第三版）》，国家发展改革委2006年审核批准施行，如国家基准收益率、行业基准收益率、外汇影子汇率、价格换算参数等。

③《关于印发国家发展改革委核报国务院核准或审批的固定资产投资项目目录（试行）的通知》（发改投资〔2004〕1927号）。

④《中华人民共和国节约能源法》（2008年4月1日实施）。

⑤《中华人民共和国环境保护法》。

⑥《建设项目用地预审管理办法》。

⑦《投资项目可行性研究指南》。

⑧《产业结构调整指导目录》（2011年本）2013年修改版。

⑨根据《中华人民共和国行政许可法》和《国务院对确需保留的行政审批项目设定行政许可的决定》，发展改革委有权对某些项目的可研报告进行备案或批复，决定某个项目是否实施等。

2.4 可研报告主要内容

各类可行性研究内容侧重点差异较大，但一般应包括以下内容：

（1）投资必要性

主要根据市场调查及预测的结果，以及有关的产业政策等因素，论证项目投资建设的必要性。

（2）技术的可行性

主要从项目实施的技术角度，合理设计技术方案，并进行比选和评价。

（3）财务可行性

主要从项目及投资者的角度，设计合理的财务方案，从企业理财的角度进行资本预算，评价项目的财务盈利能力，进行投资决策，并从融资主体（企业）的角度评价股东投资收益、现金流量计划及债务清偿能力。

（4）组织可行性

制定合理的项目实施进度计划、设计合理的组织机构、选择经验丰富的管理人员、建立良好的协作关系、制定合适的培训计划等，保证项目顺利执行。

（5）经济可行性

主要是从资源配置的角度衡量项目的价值，评价项目在实现区域经济发展目标、有效配置经济资源、增加供应、创造就业、改善环境、提高人民生活等方面的效益。

（6）社会可行性

主要分析项目对社会的影响，包括政治体制、方针政策、经济结构、法律道德、宗教民族、妇女儿童及社会稳定性等。

（7）风险因素及对策

主要是对项目的市场风险、技术风险、财务风险、组织风险、法律风险、经济及社会风险等因素进行评价，制定规避风险的对策，为项目全过程的风险管理提供依据。

2.5 可研评审

可研评审一般由发展改革委下属咨询院或者委托第三方评审机构组织，组织者从专家库中随机抽取各专业（经济、技术等）相关专家参加评审，邀请并通知发展改革委相关人员、政府职能部门（土地、规划、环保等）相关人员、建设单位相关人员、可研编制单位相关人员按时间参加评审会。

2.5.1 可研评审流程

①组织者通知项目可行性研究报告编制单位准备好可研报告文本（份数视参会人员而定），并请设计单位相关设计人员参会。

②组织者确定参会人员名单（专家人数5人以上单数）。

③预定会议场地（如需要）。

④确定会议时间和地点。

⑤邀请相关专家和相关单位人员参会，落实好评审会需要的相关设备、材料等。

⑥会议当天布置好会场，并准备好签到表让专家及参会人员签到。

⑦主持者主持评审会议。

⑧进行会议议程。

⑨编制单位根据专家评审意见修改完善可行性研究报告。

⑩编制单位将修改好的可研报告送与评审单位负责人校核。

⑪评审单位出具校核意见。

⑫编制单位根据校核意见修改完善，修改完善后装订可研报告最终稿送与业主。

（1）初审

主要由项目负责人或组织专家根据有关规定对项目报送资料内容的全面性和深度以及是否存在重大问题进行审查，明确是否需要补充资料，提出评审方案和聘请专家专业及要求，从专家库中选配所需专家。报送资料不满足有关要求，将以书面形式通知报文（项目）单位补充有关资料并抄报委托部门。

（2）现场踏勘

项目负责人按照确定的方案，主要对项目单位、项目功能、建设条件、总图布置、现状及利用程度等进行了解、核实并记录。根据具体情况，现场踏勘与初审环节可以调整顺序。

（3）评审会

评审会是项目评审工作的主要环节。评审会一般由项目负责人主持，评审部处长、中心领导和专家参加会议，项目报送部门及建设单位、项目报告编制单位（咨询或设计单位）相关人员与会并回答中心人员及专家的提问。评审会阶段专家应形成书面的"评审专家咨询意见书"，主要是有关项目具体内容的修改、调整意见和下阶段应解决的主要问题和建议。评审会期间应充分听取各方意见，并交换主要初步意见（不含投资调整意见）。

评审会议一般由组织者主持，评审会会议议程如下：

①组织者介绍与会人员情况。

②请几位专家推选出一位专家组组长。

③请发展改革委领导讲话。

④由建设单位介绍项目情况。

⑤可研编制单位汇报可研编制情况。

⑥请各位专家对该项目可行性研究报告进行点评，请相关参会单位提出意见，并由编制单位解释记录。

⑦各专业评委写评审意见。

⑧组织者收集统计评审意见。

⑨请专家组组长宣读专家评审意见。

⑩各相关领导总结讲话。

⑪散会，编制单位收集意见，进行可研修改完善。

（4）撰写报告

项目负责人负责撰写项目评审报告。项目负责人要与专家充分讨论和交流、尊重和采纳专家意见。

（5）质量校审

评审报告实行四级质量校审，分别是评审部处长、专家办、中心分管主任、主任。

（6）印刷出版

2.5.2 评审中心评审依据

①与项目直接有关的国家法律法规、政策、规划，国家、部门、行业、地方建设标准、技术规范、规程、规定、定额等。

②项目前期批复文件。

③项目建设单位法定职能。

④国内外同类或可比项目有关实际指标或信息。

⑤实际测量、计算或推算。

⑥理论计算或推算。

评审专家应掌握并判断这些依据的合法合理性，并据此提出自己的意见，其中④⑤⑥可能表现为专家的经验信息。

2.5.3 可研评审内容

（1）基本要求

可行性研究评审应按照国家法律法规、行业规范和标准以及公司有关规定进行。

评审工作应实事求是，坚持独立、客观、科学、公正的原则。

根据2018年发布的《国家发展改革委投资咨询评估管理办法》(发改投资规〔2018〕1604号)：

第五条　国家发展改革委委托的投资咨询评估包括以下事项：

（一）投资审批咨询评估，具体包括：1.专项规划，指国家发展改革委审批或核报国务院审批的涉及重大建设项目和需安排政府投资的专项规划（含规划调整）；2.项目建议书，指国家发展改革委审批或核报国务院审批的政府投资项目建议书；3.可行性研究报告，指国家发展改革委审批或核报国务院审批的政府投资项目可行性研究报告；4.项目申请报告，指国家发展改革委核准或核报国务院核准的企业投资项目申请报告；5.资金申请报告，限于按具体项目安排中央预算内投资资金、确有必要对拟安排项目、资金额度进行评估的资金申请报告；6.党中央、国务院授权开展的项目其他前期工作审核评估。

（二）投资管理中期评估和后评价，具体包括：1.对本条上一款中的专项规划的中期评估和后评价；2.政府投资项目后评价；3.中央预算内投资专项实施情况的评估、专项的投资效益评价。

第七条　承担具体专业投资咨询评估任务的评估机构，应当具备以下条件：

（一）通过全国投资项目在线审批监管平台备案并列入公示名录的工程咨询单位；

（二）具有所申请专业的甲级资信等级，或具有甲级综合资信等级；

（三）近3年完成所申请专业总投资3亿元以上项目可行性研究报告、项目申请报告编制，项目建议书、可行性研究报告、项目申请报告、项目资金申请报告及规划的评估业绩共不少于20项（特殊行业除外）。国家发展改革委可以确定具有相关能力的机构作为投资咨询评估机构，以备承担特殊行业或特殊复杂事项的咨询评估任务。

（2）可研评审主要内容

报告格式是否规范，层次是否清晰。

报告内容深度总体上是否符合有关规定。

项目建设必要性是否充分。

项目总平面布置是否合理，建设规模是否与需求匹配。

（3）建筑类政府投资项目可行性研究报告评审的要点分析

建筑类政府投资项目是政府投资的一个重要内容，针对此类政府投资项目的特点，就其可行性研究报告评审的要点进行简要的分析。

1）评审的总体要求

首先认真审核可行性研究报告中反映的各项情况是否属实。

分析项目可行性研究报告中各项指标计算是否正确，包括各种参数、基础数据、定额费率的选取。

国家和社会等方面综合分析和判断工程项目的经济效益和社会效益。

分析和判断项目可行性研究的可靠性、真实性和客观性，最终提出项目建设是"可行的""基本可行的""不可行的"或"暂缓建设"的结论性意见。

2）建筑类政府投资项目评审要点

①必要性的评审

是否对项目建设的实际需求进行了调查和分析论证；

是否对项目相关的规划目标进行了分析评价；

是否从社会经济发展战略规划的角度，对项目目标功能定位进行了分析论证。

②场址选择的评审

评审可研报告是否在项目建议书提出的场址初选方案基础上，进一步落实了各项建设条件，并加以分析论证，确定用地面积和界线。主要需评审的建设条件有：

项目是否通过规划、国土、环评等预审；

场址所在地和周边环境对拟建项目性质、规模是否适当；

场址自然条件，包括地形、地貌、地震设防等级、水文地质、气象条件等是否适合于本项目建设；

城市基础设施条件包括供水排水、供电、供气、供热、通信、交通等是否能满足本项目需要；

地上建筑的动迁情况是否影响项目建设；

地上古迹、地下文物、资源、矿产等情况是否影响拟建项目建设及处理方案。

③建设规模的评审

根据政府对项目立项批复的建设总目标、功能定位和建设规模的控制，依据有关规范、规定指标或参考实践经验测算、论证可研报告提出的建设规模，即总建筑面积及其总体框架是否科学合理。评审总体框架包含的各组成子项，或各功能板块、各功能区的划分和整合是否合理并成为有机整体。

评审可研报告按各部分功能用房分类测算相互适应的分项建筑面积是否合理，例如，行政办公楼，含办公用房（办公和办公辅助用房）、特殊业务用房、设备用房、附属用房、警卫用房、人防等，应分别列出所需建筑面积。

建设规模的评审要重点审查采用的依据是否充分，是否经过调查研究和科学论证。有规范指标规定的，是否结合项目实际情况进行了测算，如办公楼中各级办公人员的办公用房、办公辅助用房、警卫人员用房以及人防、食堂、车库等均有面积指标可查，卫生间洁具的数量、走道宽度、大厅面积也都有规范限制，设备用房根据公用专业选用的设备方案也可测得需用面积，可以说大部分可以找到依据。调查研究和科学论证是指那些目前还缺乏依据的，例如办公楼中一些特殊业务用房等，是否实地调查其使用要求，并根据过去的使用经验来分析论证当前和今后之所需，如实确定其面积。

建筑面积测算结果是否列出分类说明，评审应采用综合指标对比检验是否适合。在实际工作中，往往出现"建筑规模过大"和"建设标准过高"的问题，而"规模大小"和"标准高低"都是相对的，首先必须有个评价标准，才能以理服人。这个标准即是各类公益性项目对口的主管部门，如文化和旅游部、教育部、卫计委、体育总局等会同国家发展改革委、住房和城乡建设部制定的有关规定、指标体系。其次，掌握好标准要处理好现实条件与前瞻性之间的辩证关系。各类项目虽属同一类别，但其间还是有差别，不能用一个标准，至少有上限、下限之别。最后，各项目有不同的情况，如何使用要求、周围环境等。因此，要"适度"掌握标准，必须各有关方面本着实事求是的态度，分析项目实际情况，共同商量。"适度"应该是因地制宜，区别对待，该高则高，可低则低，充分结合当前国情，贯彻国家政策和考虑国家、地区的整体经济水平。

④建设方案的评审

评审可研报告是否根据立项批准的项目建设总目标、功能定位，经认真测算建筑面积并提出建设方案。建设方案包括工艺方案、总体规划方案、建筑结构方案、各公用专业方案等。

a.总平面布局的评审要点：

是否符合有关主管部门提出的控制指标，例如总建筑面积、建筑控制高度、容积率、绿化率、机动车车位数、自行车车位数、主要出入口。

是否处理好了人流、物流、车流等交通路线的规划布置，以及规划消防车道是否符合消防规范要求。

是否结合地形地貌、周边环境以及项目使用特点、工艺流程要求，合理地布局各功能分区和各子项工程。

如为改扩建工程，是否充分利用原有建筑和设施，是否充分考虑新增和原有室外管线的拆改、卸接方案。

b.建筑结构方案的评审要点：

应明确设计指导思想和实用、经济、安全、美观的原则，进行多方案比较。评审可研报告是否以满足使用功能要求，确保结构安全，保护生态环境，与周边氛围协调、节能降耗、节约建设投资为基本立足点。

评审设计方案是否符合有关规范规定，是否合理确定建筑结构安全等级、使用年限、抗震设防类别、人防抗力等级等。

评审是否科学处理单体工程功能分区，空间布局，建筑造型以及平、立、剖面之间的关系，减少辅助空间，降低建筑系数，以期获得最佳组合效果。

评审是否针对项目情况，对基础、地上结构方案进行方案比较。如有的高层建筑，由于场地限制、施工周期紧等因素，可对采用钢筋混凝土结构或钢结构进行技术经济分析。

对利用原有建筑或购置二手房进行改扩建的项目，评审是否具有房屋结构鉴定书和房屋价位评估报告，并应审核其改扩建方案是否合理利用原有建筑。

c.公用工程和信息化、智能化系统工程设计方案的评审要点：

公用工程含空调暖通、供水排水、供电、供热、供气、通信等工程。

评审公用工程设计方案是否包括需用量（水、电、气、热力等）测算及供应方案、系统框架设计和设备选用，是否提出了主要设备清单及其价格。

信息化、智能化系统是现代化建筑的重要组成部分，评审是否根据项目性质、使用特点和需求进行了配置。

⑤项目实施方案的评审

在对项目建设方案评审论证的基础上，根据项目性质，对项目的组织实施方案进行评审论证，以保证项目能顺利和有效实施。重点评审以下内容：

项目实施进度计划分析；

项目法人组建及运营组织机构模式评价；

项目人力资源配置方案及人员培训计划评价；

项目实施招投标方案评价；

项目实施进度评审，应评审项目建设工期是否科学合理，是否符合项目建设实际需要；评审各阶段工作量所需时间和时序安排衔接是否合理，分析实施进度表（横道图）的制定是否合理。

对于政府直接拨款投资的项目，应重视招标方案评价，应按照《中华人民共和国招标投标法》和《中华人民共和国政府采购法》等政策法规要求，重点评审以下内容：

需要招标的内容。根据有关规定，全部使用国有资金投资或国有资金投资占控股或占主导地位的项目和重点项目应当公开招标。在项目实施过程中需要进行招标采购的内容，包括工程勘察设计、施工监理服务、工程承包、设备材料供应等应按照有关规定分析是否存在重大遗漏等；

招标方式。评价采取自主组织，还是委托招标代理机构进行公开招标或邀请招标，选用的招标方式是否合理。确定招标方式，应考虑以下因素：设备材料供应商和承包商的数量；项目技术、设备和材料及施工有无特殊要求；项目本身的价值；时间要求等。

⑥总投资估算和资金来源的评审

a.总投资估算评审的要点：

评审总投资估算的组成是否完整、符合规范要求，例如是否应包括土地征用及拆迁安置费、建筑安装工程费用、设备费用、其他费用和预备费用等。

评审总投资估算的准确性和合理性，分析论证投资估算依据以及采用国家和当地政府颁布的现行标准定额的准确性。分析和论证是否有重复计列和漏项。分析投资估算精度是否能满足控制初步设计总概算的要求。

评审设备单价的确定是否有充分的依据，是否说明供应商的询报价或是参照同类工程的实际成本价，尤其对大型、精密设备仪器和采购量大的设备仪器更需进行认真论证。

凡投资额大的费用，如征地拆迁费、绿地补偿费、市政基础设施费的确定，应评审是否具有明确的依据和相关协议文件。

针对项目特点和可能发生的问题，是否提出控制项目投资的主要对策，确保总投资控制在政府批准的额度内。

b.资金筹措方案的评审：

资金筹措方案评审，是政府投资项目可研评审的重要内容，应评价：拟建项目采用的政府投入方式的合理性。对于资金来源可靠性的评价，主要应评价能否按项目所需投资得到足额、及时的资金供应，即评价政府出资，地方政府配套投资，项目法人单位自筹资金等各类投入资金在币种、数量和时间安排上能否满足项目建设需要。中央及地方政府配套投资，应通过分析项目是否符合政府投资的支持对象，是否纳入本年度政府投资计划等，分析其可靠性。除政府拨款外，自筹部分应说明来源、数量和可靠性，必要时提供相关证明材料。

⑦社会效益分析

政府财政拨款投资项目具有较强的社会发展目标，涉及扶贫、区域综合开发、文化教育、体育、公共卫生等，应重点评审社会影响分析和评价，是否在社会调查的基础上识别关键利益相关者，分析主要利益相关者的需求、对项目的支持意愿、目标人群对项目内容的认可和接受程度；评价投资项目的社会影响，并在确认有负面影响的情况下，阐明需要解决的社会问题及解决方法，提出减轻负面社会影响的对策措施。

（4）可研评审报告

可研评审报告大纲可包括：项目概况；评审依据；建设必要性论证评审意见；社会需求调查和预测评审意见；建设标准论证评审意见；建设内容及规模

论证评审意见；多方案比选情况评审意见；环境影响等论证评审意见；节能减排论证评审意见；工程项目管理方案评审意见；经济分析和风险分析论证评审意见；可行性研究报告修订情况评审意见；评审结论意见与建议；附件，包括投资估算评审对照表、可行性研究报告预审意见（未通过预审的项目适用）、现场查勘资料（照片、现场查勘会签表）、评审会议专家签到表、专家组评审意见、专家个人评审意见、评审咨询机构初审意见、可行性研究报告修订情况对比分析表、评审咨询机构营业执照、资质证书影印件。

综合管廊项目在全过程工程咨询模式下，全过程工程咨询单位在可研决策阶段应担任项目可行性研究报告评审等专业技术服务工作，对此2017年颁布的《工程咨询行业管理办法》（国家发展和改革委员会令第9号）第八条工程咨询服务范围中也有所涉及，而第十六条提及承担编制任务的工程咨询单位，不得承担同一事项的评估咨询任务。根据2018年发布的《国家发展改革委投资咨询评估管理办法》（发改投资规〔2018〕1604号），对承担具体专业投资咨询评估任务的评估机构应当具备的条件有所约定。同时，为了保证综合管廊项目投资效益满意，应侧重对综合管廊技术经济指标进行对标分析，对入廊费收益进行分析以获得良好成果。

就综合管廊全过程工程咨询项目在前期决策阶段可研评审工作举例，梳理可研评审参照表供全过程工程咨询单位拟定参考，如表2-1所示。

可研评审参照表　　　　　　　　　　　　　　　　表2-1

可研内容	审查内容	审查依据
1.项目概况	审查总体要求： ①首先将可研报告中的内容与项目实际情况一一进行比对，确保资料的真实性，在正确信息的基础上进行具体内容的审查； ②将项目可研报告中涉及的所有数据性指标进行检查，确保计算元素和计算步骤无误； ③项目可研报告中涉及工程国民经济效益、社会效益层面分析的内容不能泛泛而谈，要根据具体项目情况深入分析，做到有理有据，切忌千篇一律； ④针对项目可研报告建设必要性部分的分析内容，要突出本项目特点，有专属的分析亮点，禁止同类项目报告相似内容直接挪用或作细微修改后使用，最终提出项目建设是"可行的""基本可行的""不可行的"或"暂缓建设"的结论性意见	工程建设主管部门批准的项目建议书（预可行性研究）及有关文件； 工程项目的委托合同书

续表

可研内容		审查内容	审查依据
1.项目概况	项目选址	①对报告中确定选址的具体原因及相关分析内容进行审查，确定其是否在不违反国家和城市规划要求、遵守项目所在地开发建设具体要求的基础上，提出了合理可行的选址方案； ②项目是否通过规划、国土、环评等部门的预先审查； ③针对拟建项目的投资规模和建设性质，对报告提出的选址方案进行分析，审查项目选址位置是否满足项目建设条件，并审查预测项目建设是否对周围环境产生不良影响； ④对报告提出的项目所在地的自然条件（地理环境、自然形态、地表形态、水系、气象、雷电、水文、地震等）、建筑材料采购、符合施工必备条件（水、电、运输、通信等基本要素）等进行审查，结合项目实际情况判断需求量分析是否满足； ⑤审查选择的项目建设所在位置是否存在拆迁性质的情况，若存在，是否针对具体情况给出具体的分析解决方案； ⑥审查城市性质及规模（城市历史特点、城市性质、建成区面积、行政区划、人口、社会经济发展状况等）的相关内容是否与项目建设具体情况结合进行分析； ⑦综合管廊与各类市政管线建设现状及存在问题调研情况和真实性	①国家及地方相关的法律法规、发展规划正式文件、指导性政策等，尤其借鉴本类项目相关的建设发展规划要求； ②项目可行性研究报告编制前经政府相关部门通过的项目建议书等资料； ③按照项目开发立项申请步骤，经各上级部门审批同意的项目立项前必须有的各种报告、规划； ④项目所在地的背景资料； ⑤工程建设和此类项目已出台发布的相关的技术规范、标准文件等； ⑥针对项目可行性研究编制和审查相关的已发布的权威政策文件； ⑦政府对于项目准允开工建设前必经的审批等流程性要求的相关规定； ⑧工程地质评价报告； ⑨环境影响评价报告及批复文件； ⑩项目其他依据
	项目性质	新建、扩建的必要性，迁改方案合理性	
	项目建设内容及规模	①对报告中针对项目确定的建设内容和规模进行市场调研情况分析的准确性进行审查，对于预测确定的规模大小进行判断分析，看是否根据当地社会经济发展及市场要求预留出未来的建设空间，并且分析目前的建设内容在未来几年内是否满足市场竞争发展的需要； ②审查项目投资规模与分布结构是否适配，对组成整个工程的各区域进行局部论证，分析局部与整体的相容性是否合理； ③审查建设规模的分析内容是否有可靠、经查的依据，给出的计算数据是否对项目在深入研究的基础上根据具体指标进行的测算； ④分析论证城市入廊管线的种类、参考依据及合理性	

续表

可研内容		审查内容	审查依据
1.项目概况	项目投资	项目所需资金能否落实，资金来源是否符合国家有关政策规定	
	项目计划工期	计划工期确定依据及方案是否合理	
	项目业主	资质、能力等是否全面、真实	
2.建设必要性	项目自身需求	①审查可研报告是否针对实际情况对项目真实需求开展分析，严禁挪用类似项目需求修改使用的情况发生； ②审查可研报告中对本项目建设规划及未来规划设定的目标要求是否合理有据； ③审查可研报告中对项目在工程所在地的战略定位是否符合城市发展要求； ④项目所在区域综合管廊规划提出的要求是否合理	
	项目建设与国家地区层面发展相容性	对可研报告中项目建设与国家地区层面发展相容性审查时，对其分析内容的参考文件、政策报告等进行对应论证，切忌项目建设性分析内容与类似项目的相关内容相同，突出本项目建设亮点，力求分析到位	
	项目建设与国家城市前提性规划契合性	对可研报告中项目建设与国家城市前提性规划契合性审查时，对其分析内容是否违背国家及城市整体规划进行论证，确保项目建设必要性是在已经发布的前提规划中进行分析评价的，力求分析到位	
3.建设条件与生产条件	污染源分析（污水、噪声、废渣、废气）、环保措施、环境监测手段、环境影响评价	对可研报告中项目建设所必须具备的条件进行审查，评价是否已经落实项目开工建设的各种前提要求，避免漏项缺项情况的发生，妥善安排好建设材料的供应运输、环境保护等基础条件	
4.工艺、技术、设备	—	①审查项目可研报告中分析选择的工艺、技术、设备等是否有据可依，在有硬性规范、政策文件的支持下，是否密切联系本项目的特点进行了深入分析，是否通过了安全可行的验证评价，是否在可靠性分析的基础上达到了经济效益最佳； ②是否推荐使用新型的工艺、技术、设备，在推荐使用的前提下是否经过了具备说服力的市场调查得出的结论，同时是否已提出了在假设使用遇到问题后可采取的措施等	

续表

可研内容		审查内容	审查依据
5.建筑工程的方案和标准	工艺方案、总体规划方案、结构方案、各专项方案等	①审查项目可研报告中是否在强有力的依据下提出几种合理可行可供选择的建筑方案，并且是否将各方案间的特点进行说明，是否将优缺点进行对比分析； ②审查项目可研报告中是否针对项目所在地的地理环境因素可能导致的工程建设问题提出具体可行的解决方案； ③审查项目可研报告中提出的各种建筑方案标准是否符合相关法律法规的规定，是否合理有效； ④审查项目可研报告中对于环境保护基础设施配备方案的合理性	
	总平面布局	①审查项目可研报告中对于项目开工建设时工作人员出入和相关建设物资运输路线的设置情况，是否符合相关部门的审查要求，满足建设规范要求； ②根据项目建设方案相关要求，审查项目总平面布局中区域划分的合理性	
	综合管廊系统方案比选设计	①比选确定综合管廊的具体布置位置及与其他市政管线的关系合理性； ②比选确定的管廊穿越河道、铁路、公路等设计方案是否合理	
	综合管廊断面形式方案比选设计	结合入廊管线的种类，比选确定的管廊断面形式是否合理	
	综合管廊平面、纵断面设计	结合入廊管线，审查确定的管廊平面、纵断面设计是否合理	
	综合管廊节点设计	①审查管廊穿越河道、铁路、公路等设计方案及相关措施是否合理； ②审查管廊交叉节点处理方案是否合理； ③审查管廊人员出入口、逃生口、吊装口、进风口、排风口、管线分支口等设计是否合理	
	综合管廊结构设计	①审查综合管廊的敷设方式、防水抗渗设计；管廊穿越地下构筑物、沿线河渠、管廊交叉点处节点结构设计是否合理； ②审查地基处理、防腐及抗震设防等相关措施是否合理	

续表

可研内容		审查内容	审查依据
5.建筑工程的方案和标准	管线设计	①审查纳入综合管廊的金属管道进行的防腐工程设计是否合理； ②审查各入廊管道的管径、管材、接口设计，管道的支撑形式、间距、固定方式等设计是否合理	
	综合管廊附属设施	审查以下系统是否合理： ①消防系统； ②通风系统； ③供电系统； ④照明系统； ⑤监控与报警系统； ⑥排水系统； ⑦标识系统； ⑧建筑、景观设计（包括变电所、通风口、吊装口等的建筑、景观设计）	
6.项目实施方案的评审	实施进度计划	审查是否根据项目的具体建设方案，有依据地进行建设进度的计算安排，论证工期和施工顺序的准确可行性	应评审项目建设工期是否科学合理，是否符合项目建设实际需要；评审各阶段工作量所需时间和时序安排衔接是否合理，分析实施进度表（横线图）的制定是否合理
	运维管理	管廊的日常维护管理、运行机构模式评价； 审查维护管理制度、管廊维护管理办法、实施细则及应急预案是否合理； 审查各专业管线单位编制管线的年度维护维修计划是否合理	—
	人员配置	项目人力资源配置方案及人员培训计划评价（综合管廊自动化管理程度较高，主要为监控中心值班人员及管廊巡视人员安排情况）	—
	招投标计划	项目实施招投标方案评价，对于项目招标确定的具体内容和选择招标方式重点审查，是否符合项目要求	对于政府直接拨款投资的项目，应重视招标方案评价，应按照《中华人民共和国招标投标法》和《中华人民共和国政府采购法》等政策法规要求，重点评审以下内容：

续表

可研内容		审查内容	审查依据
6.项目实施方案的评审	招投标计划	项目实施招投标方案评价，对于项目招标确定的具体内容和选择招标方式重点审查，是否符合项目要求	①需要招标的内容。根据有关规定，全部使用国有资金投资或国有资金投资占控股或占主导地位的项目和重点项目应当公开招标。在项目实施过程中需要进行招标采购的内容，包括工程勘察设计、施工监理服务、工程承包、设备材料供应等应按照有关规定分析是否存在重大遗漏等； ②招标方式。评价采取自主组织，还是委托招标代理机构进行公开招标或邀请招标，选用的招标方式是否合理。确定招标方式，应考虑以下因素：设备材料供应商和承包商的数量；项目技术、设备和材料及施工有无特殊要求；项目本身的价值；时间要求等
	公用工程和信息化、智能化系统工程设计方案的评审要点	①管廊建设离不开水、电、气、通信等基础工程的支持，建成后更需要支撑各入廊管线的运行，因此要对基础工程设计方案进行审查，并就测算出的所需供应量进行论证，确保项目顺利开展； ②管廊运行离不开智能自动化平台的建立，审查是否根据项目特点对信息技术设备配置以及审查配置的合理性	—
7.消防、劳动保护、安全卫生及节能	消防	火灾隐患分析及对策，综合管廊工程的消防措施是否合理	—
	劳动保护与安全卫生	根据工程的具体情况，对自然危害、生产危害因素进行分析，提出的安全防范措施是否合理	—
	节能	各专业的节能、节水措施及效益评估是否合理	—

续表

可研内容		审查内容	审查依据
8.基础经济数据的测算	投资估算	①审查项目可研报告中投资估算部分的内容是否参照有效依据进行分析测算的，并针对投资估算组成部分的完整性进行评审，禁止出现为了项目审批，故意篡改数据的行为，并将投资估算精度按照是否能满足控制初步设计总概算的要求进行评价； ②审查项目可研报告中各类数据计算的规范性及准确性，审查是否严格按照相关规定要求进行测算； ③审查项目可研报告中对于项目建成后在运营期内的收入产出值是否经过市场调查及预测后进行测算的； ④对于投资估算中占比较大的费用，应严格审查费用计算参考的出处文件要求； ⑤对于投资估算中具有变动性质的费用，像建筑材料、供应设备等的价格，要审查给出价格值的依据，论证是否经过了大量的市场调查询价才得出的； ⑥因为项目具有不可控的特点，为了防止建设过程中出现问题，审查可研报告中是否针对提前预测可导致投资失控的问题提出预备方案，保证投资估算在目标控制内	①项目规划方案及平面布局图； ②项目建设规模及各单项工程的建设内容和工程量； ③各公用、工艺专业提供的资料； ④近期类似工程造价参考指标； ⑤有关政策规定及收费标准
	资金筹措方案	①审查项目可研报告中拟建项目采用的资金筹措方式的合理性，审查投资计划安排是否得当； ②审查资金供应方案是否满足项目建设各阶段的需求； ③审查项目资金来源的组成部分和具体的额度，明确各部分资金的来源是否满足相关要求，并审查是否存在有效的证据材料； ④审查报告中测算确定的项目建设期、运营期等是否合理	—
9.财务效益		①审查项目可研报告中对财务可行性部分内容的测算分析，是否符合当前国家相关制度水平和要求； ②审查项目可研报告中财务效益各种基础性数据指标的准确性，论证计算依据是否合理	—
10.国民经济效益		审查项目可研报告中国民经济效益内容是否根据可靠的依据进行分析的，并论证判断用来分析的各评价性基础指标计算的准确性	—

续表

可研内容		审查内容	审查依据
11.社会效益	社会影响分析和评价	①针对项目可研报告中对项目建设过程及建成后对整个社会产生影响的分析，审查该部分内容的完整性，是否针对本项目特点分析展开，切忌千篇一律、泛泛而谈； ②审查项目可研报告中是否就管廊项目建设过程中涉及的各入廊单位等切身利益相关者和建成后对人民群众等主要受益者进行分析，审查是否针对具体的调查内容进行了评价； ③审查项目可研报告中是否提前考虑了项目可能产生的负面影响，并针对该问题是否提出了对应的解决方案	—
12.不确定性分析		审查不确定性分析一般应对报告中的盈亏平衡分析、敏感性分析进行鉴定，以确定项目在财务上、经济上的可靠性和抗风险能力	—

从可行性研究报告内容切入，基于设定的评审总体要求，分别从项目概况，建设必要性，建设条件与生产条件，工艺、技术、设备，项目实施方案，建筑工程的方案和标准，消防、劳动保护、安全卫生及节能，基础经济数据的测算，财务效益，国民经济效益，社会效益，不确定性分析几部分来进行可研评审，综合管廊工程除了与其他工程具有相似的可研评审关注点外，还具有一部分独具项目特点的可研评审点，需要特别注意。

2.5.4 综合管廊可行性研究报告文件编制深度（试行）

综合管廊可行性研究报告文件编制深度（试行）

1 概述

1.1 项目背景

简要介绍工程建设项目提出的背景、简述可行性研究报告的编制过程、主要内容及项目承办单位概况等。

1.2 编制依据

1.2.1 工程建设主管部门批准的项目建议书（预可行性研究）及有关文件。

1.2.2 工程项目的委托合同书。

1.2.3 城市总体规划及相关的专业系统（如城市路网、轨道线网、市政管线、水系、防洪等）规划文件。

1.2.4 工程地质评价报告。

1.2.5 环境影响评价报告及批复文件。

1.2.6 其他必要的文件、会议纪要等。

1.3 主要技术规范和标准

1.4 编制原则

1.5 编制范围

1.5.1 合同（或协议书）中所规定的范围。

1.5.2 双方商定的有关内容和范围。

1.6 主要研究结论

简述项目规模等主要工程内容以及项目在技术、经济、社会效益等方面的总体评价及推荐的方案概况。

2 城市概况

2.1 城市自然条件（地理位置、地形地貌、水系、气象、雷电、水文、地震等）

2.2 城市性质及规模（城市历史特点、城市性质、建成区面积、行政区划、人口、社会经济发展状况等）

2.3 工程地质概况

2.3.1 工程地质、水文地质等概况。

2.3.2 场地评价概况。

2.4 综合管廊及各类市政管线建设现状及存在问题

3 相关规划概况

3.1 城市总体规划概况

城市职能、规划区、空间布局、建设用地范围、规划人口、规划年限、城市总体及分期发展目标。

规划总体布局，如居住区、工业用地面积及分布等。城市总体规划中关于各市政管线规划概况。

3.2 综合管廊及相关专业规划概况（道路及各市政管线等专项规划）对城市综合管廊专项规划、各类管线专项规划情况进行说明。

4 项目建设的必要性

4.1 国内外综合管廊开发利用概况

4.2 传统城市市政公用管线敷设的突出问题

4.3 项目所在区域综合管廊规划提出的要求

4.4 国家政策或地方社会经济、城市建设发展对综合管廊建设提出的要求

4.5 综合管廊建设的必要性分析

5 综合管廊建设内容及规模

5.1 综合管廊及各类市政管线现状及规划分析

5.2 综合管廊入廊管线分析

根据市政管线现状及规划情况，分析论证项目城市入廊管线的种类。

5.3 工程内容及规模

分析确定本项目综合管廊的工程具体建设内容及本次工程入廊管线的种类。

6 综合管廊方案总体设计

6.1 总体布置原则

6.2 综合管廊系统方案比选设计

结合工程道路现状及规划，比选确定综合管廊的具体布置位置及与其他市政管线的关系。比选确定管廊穿越河道、铁路、公路等设计方案。

6.3 综合管廊断面形式方案比选设计

结合本次工程入廊管线的种类，比选确定管廊断面形式等。

6.4 综合管廊平面、纵断面设计

6.5 综合管廊节点设计

6.5.1 管廊穿越河道、铁路、公路等设计方案及相关措施。

6.5.2 管廊交叉节点处理方案。

6.5.3 管廊人员出入口、逃生口、吊装口、进风口、排风口、管线分支口等设计。

7 综合管廊结构设计

综合管廊的敷设方式、防水抗渗设计；管廊穿越地下构筑物、沿线河渠、管廊交叉点处节点结构设计；地基处理、防腐及抗震设防等相关措施。

8 管线设计

纳入综合管廊的金属管道进行防腐工程设计。各入廊管道的管径、管材、接口设计，管道的支撑形式、间距、固定方式等设计。

9 综合管廊附属设施

9.1 消防系统

9.2 通风系统

9.3 供电系统

9.4 照明系统

9.5 监控与报警系统

9.6 排水系统

9.7 标识系统

9.8 建筑、景观设计

包括变电所、通风口、吊装口等的建筑、景观设计。

10 主要工程量及主要设备材料

11 消防、劳动保护、安全卫生及节能

11.1 消防

火灾隐患分析及对策，重要建筑部位的消防措施。

11.2 劳动保护与安全卫生

根据工程的具体情况，对自然危害、生产危害因素进行分析，提出安全防范措施。

11.3 节能

各专业的节能、节水措施及效益评估。

12 环境保护与水土保持

12.1 环境保护

说明主要污染物及污染源、环境影响的分析、控制污染所采取的措施等。

12.2 水土保持

13 项目运行管理

13.1 管理机构

明确管廊的日常维护管理、运行机构。并应建立健全维护管理制度及工程维护档案，建立管廊维护管理办法、实施细则及应急预案。要求各专业管线单位应编制管线的年度维护维修计划等。

13.2 人员编制

综合管廊自动化管理程度较高，主要为监控中心值班人员及管廊巡视人员。

13.3 项目实施计划

说明项目建设进度要求和计划安排，根据需要对建设阶段进行划分。

14 项目招标投标内容

15 工程投资估算、资金筹措及经济评价

16 结论与建议

16.1 结论

在技术、经济、效益、必要性、可行性等方面综合论证的基础上，提出工程项目的总评价和推荐方案的意见。

16.2 建议

说明有待于进一步解决的主要问题，提出相应的非工程性措施建议及分期建设的建议等。

附件

各类批件和附件。

附图

（1）综合管廊系统布置图。

（2）综合管廊标准断面图。

（3）综合管廊管位图。

（4）综合管廊平面及纵断面图。

（5）主要节点设计方案图。

（6）附属设施用地及方案图。

（7）其他有关区位图、规划图、现状图、分期建设图等。

2.5.5 国家电网公司有限公司企业标准《项目可研设计、评审及批复文件编制规范》Q/GDW 11770—2017

4 一般要求

4.1 构成

4.1.1 项目可行性研究报告的构成

4.1.1.1 项目可行性研究报告的一般构成为：封面、扉页、正文和附件。

4.1.1.2 项目可行性研究报告的封面应写明项目名称、编制单位、编制年月。

4.1.1.3 项目可行性研究报告的扉页应写明报告人、校核人、审核人和批准人，并经上述人员签署或授权盖章，加盖编制单位资质章。

4.1.1.4 项目可行性研究报告的正文应包括项目概况、项目内容和投资估算等内容。

4.1.1.5 项目可行性研究报告的附件应包括主要设备材料清册（基建、技改大修等专项）、相关专业图纸（基建、技改大修等专项）、估算书、专题报告（采用新技术、新材料、新工艺等时）、勘测报告（新建重要构筑物时）。

4.1.2 项目评审意见的构成

4.1.2.1 项目可行性研究报告的评审意见一般由标题、正文和附件构成。

4.1.2.2 项目评审意见的正文一般包括项目必要性、项目内容、技经部分、经济性与财务合规性等部分。

4.1.2.3 项目评审意见正文应加盖评审单位公章。

4.1.3 项目批复文件的构成

4.1.3.1 项目批复文件一般由标题、主送单位、正文和附件构成。

4.1.3.2 项目批复文件标题一般包括发文单位和事由。

4.1.3.3 项目批复文件的正文一般包括项目内容、投资估算等部分。

4.1.3.4 项目批复文件正文应加盖批复单位公章。

4.2 基本要求

4.2.1 可行性研究报告宜进行多方案（宜为2个或以上）的技术经济比较，提出推荐方案。当进行专题论证时，应对各方案的技术优缺点、工程量及技术经济指标做详细论述。如做经济比较时，应做到概算深度。

4.2.2 可行性研究报告由具有相应资质的单位编制。

4.2.3 评审意见应能够准确反映出评审的基本情况，并对项目必要性、项目内容、技经部分、经济性和财务合规性等关键问题做出清晰的描述。

4.2.4 同一评审意见内应仅包含同一类专项的项目。

4.2.5 批复文件应针对请示或评审意见，表明行文单位意见态度。

4.3 表述要求

4.3.1 项目可研、评审及批复文件中关于数值、计量单位、符号与代号，条文、层次划分和编号以及简化字的使用等应按照《党政机关公文格式》GB/T 9704执行。

4.3.2 项目可研、评审及批复文件应使用书面化语言，项目名称应规范命名。

4.3.3 项目可研、评审及批复文件中地名、数字、引文应准确。

4.3.4 项目可研、评审及批复文件中使用国家法定计量单位，并应使用字母进行书写。

4.3.5 项目可研、评审及批复文件中使用非规范化简称，应当先用全称并注明简称。

2.5.6 国家电网公司信息化项目可研编制与评审管理暂行办法

第一章 总则

第一条 为加强国家电网公司（以下简称"公司"）信息化项目管理，规范信息化项目可行性研究（以下简称"可研"）工作，提升信息化项目前期管理质量，确保项目资金投入的科学合理性，依据《国家电网公司信息化建设管理办法》，制定本办法。

第二条 项目可研是综合论证项目建设的必要性、可行性、经济合理性、技术先进性和适应性，是项目前期工作的重要内容和成果，是项目立项、评审、批复和实施的重要依据。

第三条 本办法所称的项目可研是指信息化项目可研报告或项目说明书。信息化项目是指信息化专项计划管理的项目。

第四条 本办法适用于公司信息化项目的可研报告编制、评审、批复、调整等全过程。

第五条 可研报告作为项目立项的依据性文件,应在上级部门已审定的信息化规划或滚动规划基础上进行编制。经批准的可研报告应为编制和审批项目初步设计以及项目实施的依据。

第六条 本办法适用于公司总部、各区域电网公司、省(自治区、直辖市)电力公司、有关直属单位(以下简称"各单位")。

第二章 管理职责

第七条 公司信息化项目可研编制与评审工作实行"统一管理、分级负责"的原则。

第八条 根据项目性质和投资规模,依据《国家电网公司信息化建设管理办法》,公司信息化项目分为信息化重要项目和信息化一般项目。

第九条 公司总部信息化工作部是信息化项目可研工作的归口管理部门,主要职责为:

(一)负责制定公司信息化项目可研编制与评审管理办法和工作标准;建立健全监督、考核管理体系;

(二)负责指导、监督和考核公司信息化项目可研编制与评审工作;

(三)负责总部信息化项目可研评审与批复;

(四)负责公司统一组织实施信息化项目的可研评审与批复。

第十条 公司总部有关业务部门按照专业分工参与信息化项目可研编制,配合开展相关专业可研评审工作。

第十一条 各单位信息化职能管理部门是本单位信息化项目可研工作归口管理部门,主要职责为:

(一)根据公司有关规定要求,建立和完善本单位项目可研编制与评审管理标准、制度;

(二)负责本单位信息化项目可研评审与批复;

(三)针对公司统一组织实施的信息化项目,根据有关要求,配合开展可研编制,参与可研评审工作。

第三章 项目可研编制

第十二条 项目可研报告分为可行性研究报告(模板见附件1)和项目说明书(模板见附件2)。

(一)公司信息化重要项目应编制项目可研报告;

(二)单项投资总额在120万元及以上的信息化一般项目应编制项目可研报告;

（三）其他信息化一般项目应编制项目说明书；

（四）已经通过可研评审的跨年度信息化项目，不再逐年编制可研。

第十三条　信息化项目可研报告原则上由具备相应资质的研究设计单位负责编制，也可根据具体情况，由项目建设单位负责编制。

第十四条　项目可行性研究报告主要包括以下内容：

（一）总论；

（二）项目必要性；

（三）项目需求分析；

（四）项目方案；

（五）主要设备材料清册；

（六）投资估算书；

（七）专题研究报告等。

第十五条　项目说明书主要包括以下内容：

（一）项目必要性；

（二）项目内容和方案；

（三）投资估算等。

第十六条　业务应用信息化项目需求分析应从本业务需求和跨业务需求两方面作充分分析，立足现状，明晰项目需求的范围和深度。

第十七条　项目可研报告应根据信息基础设施建设、咨询服务和业务应用系统建设三类项目的不同特点进行编制。

第十八条　信息化项目可研应合理确定工程造价，包含建筑安装工程的信息项目原则上参照《电子建设工程预算定额》编制估算书，严禁在工程中估列费用。

第四章　项目可研评审

第十九条　总部信息化工作部会同相关业务部门负责总部信息化项目可研评审。针对公司统一组织实施信息化项目，统一组织开展可研评审工作。

第二十条　各单位负责本单位信息化项目可研评审。针对公司统一组织实施信息化项目，根据有关要求配合总部组织开展可研评审工作。

第二十一条　项目可研评审

（一）为提高项目可研评审效率，在保证评审质量的前提下，总部信息化工作部、各单位信息化职能管理部门会同相关业务部门，根据项目的规模、专业等特征对项目可行性研究报告安排集中评审，对项目说明书组织召开专题评审会议或内部评审会议。

（二）评审人员应覆盖评审项目所涉及的专业，并熟悉信息化项目建设管理相关规定。

（三）项目可研评审前，总部信息化工作部、各单位应进行内部审查，协调相关专业意见，加强工作沟通，确保项目可研报告的完整性和正确性。

（四）项目可研评审应着重于项目必要性、确定项目主要技术方案及投资估算，主要包括：

1. 项目可研编制所依据的相关规程、规范、标准的执行情况。

2. 项目可研报告文件的完整程度，编制深度满足规定的情况。

3. 项目需求分析的充分性、准确性和必要性。

4. 项目目标、范围和内容的明晰程度。

5. 项目技术方案的合理性、先进性、经济性。

6. 项目实施环境符合程度。

7. 核定项目工程量、工程投资、取费标准、材料价格等情况。

（五）项目可研评审应采取"无收口"方式，评审会议应形成评审意见和确定项目投资估算，可研报告编制单位应根据评审意见提交项目可研报告最终稿。

（六）评审单位应及时出具评审意见。

第二十二条 项目可研批复

根据项目可研审批权限，公司总部和各单位对通过评审的项目可研以正式行文方式批复，批复内容应包括项目必要性、项目方案、项目投资估算等。

第五章 管理与考核

第二十三条 公司总部信息化工作部、各单位应加强信息化项目可研编制和评审工作，及时总结和分析工作情况，开展项目评审监督检查，规范工作管理，提高工作质量。

第二十四条 项目评审单位应严格项目评审，不得随意降低评审标准，切实提高评审质量。对于未能正确履行项目可研评审工作职责的，将给予通报批评。

第六章 附则

第二十五条 本办法由总部信息化工作部负责解释并监督执行。

第二十六条 本办法自颁布之日起执行。

附件1：信息化项目可行性研究报告

信息化项目可行性研究报告

项目名称：
项目申报单位：

编制单位：

年　月　日

编制：
校核：
审核：
批准：

1 总论

1.1 主要依据

1.2 主要原则

2 项目必要性

从现状、问题、技术、经济等方面论证项目的必要性。

3 项目需求分析

从本业务需求和跨业务需求两方面作充分分析，对项目需求的范围和深度进行固化。

4 项目方案

4.1 项目目标和范围

（1）目标和范围：分析各方的实际需要，确定信息化项目所涉及的目标和范围。

（2）对于改、扩建的项目，应说明改扩建项目与原系统之间的关系。

4.2 项目建设方案

（1）技术方案：描述技术方案。从技术、经济、社会等方面论证技术方案的先进合理性、实施可能性、存在问题和解决办法。若存在多种技术方案选择，应做比选。

（2）方案内容

1）业务应用系统建设类项目：描述业务应用系统建设方案。

2）信息基础设施建设类项目：包含网络系统、主机系统、存储系统、备份系统、综合布线系统、机房及配套工程及其他系统等全部或部分内容的方案描述；主要软硬件选型原则。

3）咨询服务类项目：描述研究、标准、规范等的编制内容要求。

4.3 项目实施计划

（1）项目环境：说明项目承担单位条件。

（2）项目人员：说明项目技术力量和人员配置等。

（3）项目进度：项目建设期描述及实施进度计划。

5 主要设备材料清册

5.1 编制说明

应说明以下问题：

（1）编制依据和原则。

（2）说明材料清册的组成、内容、范围；说明提请上级机关和有关部门注意和明确的问题。

(3）说明主要设备或材料的选用与国网物资标准目录的差异及不能选用标准目录物资的原因。

5.2 主要设备材料表

主要设备材料表应包括名称、规格、数量等栏目，并说明是否包括运行维护工器具和备品备件，以及是否计入设备材料损耗等。

各专业分项开列，个别项目的规格和数量允许"估列"，但应在备注栏内说明。

6 估算书

6.1 概述

项目概况、项目资金来源、建设场地情况、施工条件、主要设计特点。

6.2 编制原则和依据

说明采用的工程量、指标、定额、人工费调整及材机费调整、设备及装置性材料价格、建筑工程材料价格、设备运杂费、编制年价差、特殊项目、建设场地征用及清理费等各种费用的取用原则和调整方法、计算依据。

6.3 投资分析

对投资估算的各项内容进行技术经济分析，说明项目投资合理性。

（1）信息基础设施建设类项目投资估算主要内容：

1）建安工程费

2）软件购置费

3）硬件购置费

4）系统开发费

5）系统实施费

6）其他费用

7）动态费用

（2）咨询服务项目投资估算主要内容：

1）咨询服务费

2）其他费用

（3）业务应用系统建设类项目投资估算主要内容：

1）软件购置费

2）硬件购置费

3）系统开发费

4）系统实施费

5）其他费用

6）动态费用

6.4 估算表及附件

7 专题报告（试验研究项目）

7.1 概述

（1）目的和意义

（2）项目应用及预期达到的社会经济效益

7.2 研究内容及项目经费

（1）实施方案

（2）依据的理论及所采用的技术原理、方法

（3）主要技术性能与指标

（4）项目的进度计划（通过表格、甘特图等形式表示）

7.3 项目经费预算情况

7.4 研究成果

（1）成果内容及形式

（2）研究成果在本工程的应用及效益

7.5 相关文件

（1）业主单位对项目的意见

（2）主管单位对项目的审查意见

附件2：国家电网公司信息化项目说明书

国家电网公司信息化项目说明书

项目名称				
项目类别				
项目申报单位				
项目实施时间				
项目必要性	基本情况			
	问题及必要性			
项目内容和方案	目标和范围			
	实施方案			
项目投资估算（万元）		总投资	资本性	成本性
效益分析				
主要设备及材料				
名称	规格及型号	数量	单价（万元）	合价（万元）

编制：　　　　　审核：　　　　　批准：

2.6 综合管廊技术经济指标

2.6.1 综合管廊投资规模的测算

住房和城乡建设部关于综合管廊建设投资规模做过一个测算，新区、各类园区、成片开发区域的新建道路需要同步建设综合管廊，目前一年大概新建的这些道路有1.5万km，如果按照20%～30%的比例配建综合管廊，则总共有4000km左右。建设投资由两部分构成：一个是廊体部分，即开挖洞口和分舱室，洞体平均投资与计划入廊的管线有关，入廊管线的多少与洞体的截面积相关，不同的截面积投资额不同，就需要对所需截面积的大小进行总体测算。廊体加上管廊附属设施设备，大约需要8000万元/km，入廊管线投资大约需要4000万元/km，因此建1km的管廊，廊体加上入廊管线，大约需要1.2亿元。

但是因为我们国家南北方差异不同，同时又需要考虑每年的建设规模，要结合老旧小区改造、旧城改造、道路改造、河道治理、地铁建设等进行管廊的敷设。

关于综合管廊的收费，主要是要综合考虑原来管线直埋时的成本，与采用综合管廊方式进行管线敷设的成本进行匹配，收费标准会因地方不同、入廊管线不同而有所差异。

对采用三舱方式的综合管廊项目（按100年全寿命周期计算）与传统管线直埋方式进行对比，见表2-2。综合管廊按100年重新敷设管线的次数分别为：热力和电力按2次，其他管线按3次，计入运行管理费用中。结果表明在全寿命周期中三舱管廊每公里投资能节约5亿元。

100年全寿命周期三舱管廊与传统直埋方式对比表　　　　表2-2

序号	费用名称	三舱综合管廊+管线（亿元/km）	传统直埋敷设（亿元/km）	管廊-直埋（亿元/km）
1	初始总投资	2.05	1.38	0.67
2	运行管理费用	2.58	7.27	-4.70
2.1	管线维护费用	0.97	2.90	-1.94
2.2	重新敷设管线费用	0.32	2.48	-2.16
2.3	运营费用	1.29	1.89	-0.60
3	其他成本	0.00	1.29	-1.29
3.1	对道路质量影响的外部费用	0.00	0.23	-0.23
3.2	对交通影响的外部费用	0.00	1.06	-1.06
	合计	4.63	9.94	-5.32

2.6.2 综合管廊项目指标数据整理

为贯彻落实中央城市工作会议精神,服务城市地下综合管廊建设,为城市地下综合管廊建设工程投资估算编制提供参考依据,住房和城乡建设部组织编制了《城市地下综合管廊工程投资估算指标》[编号为ZYA1-12(11)—2018],自2018年12月1日起执行,在《城市地下综合管廊工程投资估算指标》的基础上,对未来综合管廊的投资建设提供参考经验,将综合管廊项目指标进行简单说明,其中综合指标可应用于项目建议书与可行性研究阶段,当设计建设相关条件进一步明确时,分项指标可应用于估算某一标准段或特殊段费用。

(1)综合指标说明

综合指标计算程序如表2-3所示。

综合指标计算程序表 表2-3

序号	项目	取费基数及计算式
	指标基价	一+二+三+四
一	建筑安装工程费	4+5
1	人工费小计	—
2	材料费小计	—
3	机械费小计	—
4	直接费小计	1+2+3
5	综合费用	4×综合费用费率
二	设备购置费	原价+设备运杂费
三	工程建设其他费用	(一+二)×工程建设其他费用费率
四	基本预备费	(一+二+三)×基本预备费费率

注:分项指标基价为本表一、二项之和。

1)综合指标包括管廊本体综合指标和进入管廊的专业管线综合指标。

2)管廊本体综合指标包括管廊的建筑工程、供电照明、通风、排水、自动化及仪表、通信、监控及报警、消防等辅助设施以及入廊电缆支架的相关费用,但不包括入廊专业管线、电(光)缆桥架以及给水、排水、热力、燃气管道支架费用。其中管廊本体的建筑工程费一般包括标准段、吊装口、通风口、管线分支口、人员出入口、交叉口和端部井等费用。

3)进入管廊的专业管线综合指标包括电力、信息通信、燃气、热力和给水等管线综合指标,按照主材不同分别列出了综合指标,排水管线的造价可参考《市政工程投资估算指标》。

4)除入廊信息通信管线外,工程建设其他费用费率为15%。

5）除入廊信息通信管线外，基本预备费费率为10%。

6）各节说明如下：

①管廊本体工程（表2-4）

根据管廊断面面积、舱位数量，考虑合理的技术经济情况进行组合设置。反映不同断面、不同舱位管廊的综合投资指标，内容包括：土方工程、钢筋混凝土工程、降水、围护结构和地基处理等。

a.综合指标适用于现浇干线和支线管廊工程。

b.综合指标是根据管廊断面面积、舱位数量，考虑合理的技术经济情况进行组合设置，分为17项（表2-5）。

断面面积与舱位数量　　　　　表2-5

断面面积（m²）	10～20	20～35		35～45			45～55			55～65		65～75		75～85		85～95	
舱数	1	1	2	2	3	4	3	4	5	4	5	4	5	4	5	5	6

c.综合指标反映不同断面、不同舱位管廊的综合投资指标，内容包括：土方工程、钢筋混凝土工程、防水工程、降水、围护结构和地基处理等，抗震设防烈度按7度考虑。但未考虑湿陷性黄土区、永久性冻土和地质情况十分复杂等地区的特殊要求，如发生时应结合具体情况进行调整。本指标不宜直接采用内插法计算。

d.管廊本体综合指标的计量单位按管廊长度以"m"计。

②入廊电力管线（表2-6）

a.入廊电力管线是指在综合管廊中敷设电力电缆，主要包括10kV电力电缆、20kV电力电缆、35kV电力电缆、66kV电力电缆、110kV电力电缆、220kV电力电缆。

b.电力电缆敷设以"元/m"为计量单位；电缆长度"m"是按电缆结构形式确定，即三相统包型为"m/三相"，单芯电缆为"m/单相"。

综合指标包括：电力电缆敷设、电缆中间头制作安装、电缆终端头制作安装、电缆桥架安装、电缆接头支架安装、电缆接地装置安装、电缆常规试验等。

③入廊信息通信管线（表2-7）

a.入廊信息通信管线包括在综合管廊中敷设48芯光缆、96芯光缆、144芯光缆、288芯光缆、100对对绞电缆、200对对绞电缆。

b.综合指标包括敷设光（电）缆、光（电）缆接续、光（电）缆中继段测试等费用。但未包括安装光（电）缆承托铁架、托板、余缆架、标志牌、管廊吊装口外地面交通管制协调、其他同廊管线的安全看护等费用。

c.综合指标是按照常规条件下，采用在支架上人工明布光（电）缆方式取定的。测算模型中光缆按2km一个接头（电缆1km一个接头）计取，临时设施距离

管廊本体工程（单位：m）

表 2-4

序号	指标编号 项目	单位	1Z-01 断面面积 10~20m² 1舱	1Z-02 断面面积 20~35m² 1舱	1Z-03 断面面积 20~35m² 2舱	1Z-04 断面面积 35~45m² 2舱	1Z-05 断面面积 35~45m² 3舱	1Z-06 断面面积 35~45m² 4舱	1Z-07 断面面积 45~55m² 3舱	1Z-08 断面面积 45~55m² 4舱	1Z-09 断面面积 45~55m² 5舱	1Z-10 断面面积 55~65m² 4舱	1Z-11 断面面积 55~65m² 5舱	1Z-12 断面面积 65~75m² 4舱	1Z-13 断面面积 65~75m² 5舱	1Z-14 断面面积 75~85m² 4舱	1Z-15 断面面积 75~85m² 5舱	1Z-16 断面面积 85~95m² 5舱	1Z-17 断面面积 85~95m² 6舱
	指标基价	元	61512~87763	87763~110608	95180~117471	117471~162938	127827~175261	135748~195132	175261~192591	195132~211837	203074~216503	211837~245076	216503~259494	245076~261267	259494~275440	261267~335908	275440~353347	353347~364669	360929~379762
一	建筑工程费用	元	40026~60778	60778~78837	63190~80812	80812~116754	86598~124095	89480~136424	124095~137795	136424~149629	139782~150398	149629~175905	150398~184383	175905~188705	184383~196988	188705~247709	196988~258575	258575~267525	261668~276556
二	安装工程费用	元	3870	3870	5423	5423	6503	8024	6503	8024	9338	8024	9338	8024	9338	8024	9338	9338	10643
三	管廊本体设备购置费	元	4730	4730	6628	6628	7948	9807	7948	9807	11413	9807	11413	9807	11413	9807	11413	11413	13008
四	工程建设其他费用	元	7294~10407	10407~13116	11286~13929	13929~19321	15157~20782	16096~23138	20782~22837	23138~25119	24080~25672	25119~29060	25672~30770	29060~30980	30770~32661	30980~39831	32661~41899	41899~43241	42798~45031
五	基本预备费	元	5592~7978	7978~10055	8653~10679	10679~14812	11621~15933	12341~17739	15933~17508	17739~19258	18461~19682	19258~22280	19682~23590	22280~23751	23590~25040	23751~30537	25040~32122	32122~33152	32812~34524

入廊电力管线（单位：m） 表2-6

序号	指标编号	单位	2Z-01	2Z-02	2Z-03	2Z-04	2Z-05	2Z-06	2Z-07	2Z-08	2Z-09	2Z-10	2Z-11	2Z-12	2Z-13	2Z-14	2Z-15	2Z-16	2Z-17
	项目		10kV 3×120 mm^2	10kV 3×240 mm^2	10kV 3×300 mm^2	10kV 3×400 mm^2	20kV 3×120 mm^2	20kV 3×300 mm^2	35kV 1×630 mm^2	35kV 3×300 mm^2	35kV 3×400 mm^2	66kV 1×1000 mm^2	110kV 1×800 mm^2	110kV 1×1000 mm^2	110kV 1×1200 mm^2	220kV 1×1000 mm^2	220kV 1×1200 mm^2	220kV 1×1600 mm^2	220kV 1×2500 mm^2
	指标基价	元	774	1019	1174	1200	826	1186	606	1313	1334	1365	1256	1456	1536	2051	2287	2790	3772
一	建筑工程费用	元	—	—	—	—	—	—	—	—	—	—	—	—	—	—	—	—	—
二	安装工程费用	元	619	815	939	960	661	949	530	1129	1148	1181	1088	1256	1335	1785	1997	2433	3271
三	设备购置费	元	—	—	—	—	—	—	—	—	—	—	—	—	—	—	—	—	—
四	工程建设其他费用	元	93	122	141	144	99	142	23	71	71	66	59	74	68	87	90	114	174
五	基本预备费	元	62	82	94	96	66	95	53	113	115	118	109	126	133	179	200	243	327

按35km计取。

d.本指标计算时已考虑敷设光(电)缆工程量=(1+自然弯曲系数)×路由长度+各种设计预留。

e.工程建设其他费仅含建设单位管理费、设计费、监理费、安全生产费,费率按工程费的10.25%计取。预备费按建筑安装工程费、设备购置费和工程建设其他费的4.68%计取。

f.工程量计算规则:入廊信息通信管线指标应按敷设光(电)缆的路由长度计算。

入廊电力管线(单位:m)　　　　　　　　　　　　　　　　表2-7

序号	指标编号	单位	3Z-01	3Z-02	3Z-03	3Z-04	3Z-05	3Z-06
	项目		48芯光缆敷设	96芯光缆敷设	144芯光缆敷设	288芯光缆敷设	100对光缆敷设	200对光缆敷设
	指标基价	元	15377	24085	32501	52142	32184	54474
一	建筑工程费用	元	—	—	—	—	—	—
二	安装工程费用	元	13324	20869	28161	45180	27886	47200
三	设备购置费	元	—	—	—	—	—	—
四	工程建设其他费用	元	1366	2139	2887	4631	2859	4839
五	基本预备费	元	687	1077	1453	2331	1439	2435

综合指标包含:敷设光(电)缆、光(电)缆接续、光(电)缆中继段测试等。

④入廊燃气管线(表2-8)

入廊燃气管线(单位:m)　　　　　　　　　　　　　　　　表2-8

序号	指标编号	单位	4Z-01	4Z-02	4Z-03	4Z-04	4Z-05	4Z-06	4Z-07	4Z-08	4Z-09
	项目		钢管 DN150	钢管 DN200	钢管 DN250	钢管 DN300	钢管 DN400	钢管 DN500	钢管 DN600	钢管 DN700	可燃气体报警系统
	指标基价	元	799	986	1205	1541	1800	2435	3389	4714	612
一	建筑工程费用	元	—	—	—	—	—	—	—	—	—
二	安装工程费用	元	631	779	952	1218	1423	1925	2679	3727	484
三	设备购置费	元	—	—	—	—	—	—	—	—	—
四	工程建设其他费用	元	95	117	143	183	213	289	402	559	72
五	基本预备费	元	73	90	110	140	164	221	308	428	56

a.入廊燃气管线适用于城市综合管廊工程中设计压力小于或等于1.6MPa的城镇天然气管网工程。

b.入廊燃气管线综合指标包括钢管、管件及阀门安装、管道吹扫、强度试验、严密性试验、焊缝探伤、除锈、刷漆、穿墙防水套管、滑动支墩、固定支架、滑动支架、导向支架制作安装、氮气置换等费用。

c.入廊燃气管线应采用无缝钢管,钢管的连接形式为焊接。实际管材规格、价格与指标不同时,可按设计进行调整和换算。

d.入廊燃气管线采用现场油漆涂料防腐,如实际防腐形式与指标不同时,可调整。

e.入廊燃气管线综合考虑了π型补偿用弯头、拐点用弯头、三通等管件的工程量,消耗量如表2-9所示,如实际数量与指标不同时,可调整。

弯头、三通工程消耗量表(单位:个/m)　　　表2-9

管径	DN150	DN200	DN250	DN300	DN400	DN500	DN600	DN700
弯头	0.038	0.034	0.034	0.030	0.030	0.030	0.026	0.026
三通	0.002	0.002	0.002	0.002	0.002	0.002	0.002	0.002

f.入廊燃气管线综合考虑了分段阀和端部阀的工程量,阀门形式为焊接端闸阀(带电动执行机构),DN500及以下管线每4km设置1个,DN500以上管线每6km设置1个。如实际规格型号、数量、价格与指标不同时,可调整。

g.入廊燃气管线指标不包含分支阀的费用,如工程实际需要时,可调整。

h.入廊燃气管线指标按照单管进行编制,使用过程中须将可燃气体报警系统费用进行累加计算。若有燃气管线多管同舱敷设时,燃气管道安装费用指标应乘以同舱调整系数0.9后进行累加计算。

i.入廊燃气管线指标不包含防火墙及防火门的费用。

j.入廊燃气管线指标单独计算了可燃气体报警系统,但不包括监控系统的费用。可燃气体检测报警器按每20m设置1套、可燃气体检测探头按每10m设置1个计算。如实际数量、价格与指标不同时,可调整。

k.工程量计算规则:入廊燃气管线按设计桩号长度以延长米计算,不扣除阀门及管件所占长度。

入廊燃气管线综合指标包括:钢管及管件安装、管道吹扫、强度试验、严密性试验、探伤、滑动支架制作安装和燃气可燃气体报警系统安装等。

(2)分项指标说明

分项指标按照不同构筑物分为标准段、吊装口、通风口、管线分支口、端部井、分变电所、人员出入口、控制中心连接段、倒虹段、交叉口等,内容包括:土方工程、钢筋混凝土工程、降水、围护结构和地基处理等。分项指标内列出了工程特征,当自然条件相差较大,设计标准不同时,可按工程量进行调整。

① 标准段（表2-10～表2-12）

标准段（一）（单位：m）

表2-10

序号	指标编号		1F-01	1F-02	1F-03	1F-04	1F-05	1F-06	1F-07
	构筑物名称		标准段2舱	标准段3舱	标准段3舱	标准段3舱	标准段2舱	标准段2舱	标准段3舱
	结构特征		结构内径（2.700+2.600）m×3.6m，底板厚400mm，外壁厚350mm，顶板厚300mm	结构内径（2.700+1.900）m×3.5m，2.700m底板厚450mm，外壁厚350mm，顶板厚400mm	结构内径（2.000+3.000）m×3.5m，5.800m底板厚600mm，外壁厚500mm，顶板厚600mm	结构内径（2.800+2.800+1.800）m×3.0m，底板厚400mm，外壁厚400mm，顶板厚400mm	结构内径（5.100+2.600）m×3.6m，底板厚400mm，外壁厚350mm，顶板厚350mm	结构内径（2.000+2.000）m×3.250m，底板厚350mm，外壁厚350mm，顶板厚350mm，拉森钢板桩支护	结构内径（2.600+2.600+2.000）m×3.350m，底板厚400mm，外壁厚350mm，顶板厚350mm，拉森钢板桩支护，水泥土搅拌桩坑底加固
	建筑体积（m³）		19.080	25.550	37.800	22.200	23.100	13.000	24.120
	混凝土体积（m³）		7.890	11.550	21.490	11.380	10.190	8.270	13.040
	项目	单位	构筑物	构筑物	构筑物	构筑物	构筑物	构筑物	构筑物
1	指标基价	元	54935	68323	77854	54101	49227	45583	77037
2	建筑安装工程费	元	44567	61479	71391	47054	43441	37928	65617
2.1	建筑工程费	元	40509	57990	61866	39007	34759	34533	62005
2.2	安装工程费	元	4058	3489	9525	8047	8682	3395	3612
3	设备购置费	元	10368	6844	6463	7047	5786	7655	11420
3.1	给水排水消防	元	1518	1894	1859	2037	1156	1670	3169
3.2	电气工程	元	3202	1434	1299	814	2208	2862	3977
3.3	管廊监测	元	5406	3154	2846	3840	2343	2953	4128
3.4	通风工程	元	242	363	459	356	79	170	146

标准段（二）(单位：m)

表 2-11

序号	指标编号		1F-08	1F-09	1F-10	1F-11	1F-12	1F-13	1F-14
	构筑物名称		标准段 3 舱	标准段 2 舱	标准段 2 舱	标准段 1 舱	标准段 3 舱	标准段 5 舱	标准段 3 舱
	结构特征		结构内径(2.800+2.100+1.500)m×2.8m，底板厚300mm，外壁厚300mm，内壁厚250mm，顶板厚300mm，部分土钉支护	结构内径(2.600+2.000)m×2.8m，底板厚300mm，外壁厚300mm，内壁厚250mm，顶板厚300mm	结构内径(2.600+1.500)m×2.8m，底板厚300mm，外壁厚500mm，内壁厚250mm，顶板厚300mm，部分土钉支护	结构内径2.700m×2.800m，底板厚300mm，外壁厚300mm，内壁厚250mm，顶板厚300mm	结构内径(2.000+3.500+4.600)×2.8m，底板厚450mm，外壁厚400mm，内壁厚250mm，顶板厚450mm，土钉支护	结构内径(2.000+2.000+3.600+2.600+2.000)m×3.000m，底板厚400mm，外壁厚400mm，内壁厚250mm，顶板厚400mm，部分锚加土钉支护	结构内径(3.600+5.600+2.800)m×3.400m，底板厚550~700mm，外壁厚550mm，内壁厚250mm，顶板厚550~700mm，桩锚支护
	建筑体积 (m³)		17.920	12.880	11.480	7.560	28.280	36.600	40.800
	混凝土体积 (m³)		7.580	5.660	5.360	3.660	15.230	17.520	24.600
	项目	单位	构筑物	构筑物	构筑物	构筑物	构筑物	构筑物	构筑物
1	指标基价	元	92505	65270	70181	53559	104558	159380	207693
2	建筑安装工程费	元	72517	51945	56856	46896	94543	141701	193646
2.1	建筑工程费	元	49582	36655	41566	39251	79794	107590	170422
2.2	安装工程费	元	22934	15290	15290	7645	14749	34112	23224
3	设备购置费	元	19988	13326	13326	6663	10015	17679	14047
3.1	给水排水消防	元	364	243	243	121	659	1336	1491
3.2	电气工程	元	1527	1018	1018	509	1113	3680	531
3.3	管廊监测	元	16316	10877	10877	5439	4580	9411	6038
3.4	通风工程	元	105	70	70	35	636	1060	213
3.5	管廊支架	元	1670	1114	1114	557	2221	2192	5774
3.6	其他	元	6	4	4	2	806	—	—

标准段（三）(单位：m)

表2-12

序号	指标编号		IF-15	IF-16	IF-17	IF-18	IF-19	IF-20
	构筑物名称		标准段7舱	标准段5舱	标准段5舱	标准段4舱	标准段2舱	标准段4舱
	结构特征		内径（2.600+2.000+4.700）m+（0.3800~4.4800）m×（2.600+2+4.700）m×2.9m+3.900m×2.900m，底板厚400mm，内壁厚600mm，外壁厚250mm，顶板厚600mm，桩锚支护	结构内径（2.000+3.600+2.600+2.000）m×3.0m，底板厚450mm，外壁厚250mm，内壁厚450mm，顶板厚450mm，部分桩内撑，部分锚加土钉支护	结构内径（2.000+3.100+2.900+1.900）m×3.0m，底板厚400mm，外壁厚250mm，内壁厚400mm，顶板厚400mm，部分桩内撑，部分锚加土钉支护	结构内径（2.000+3.600+1.900）m×3.0m，底板厚450mm，外壁厚250mm，内壁厚450mm，顶板厚450mm，部分桩锚加土钉支护	结构内径（5.600+2.800）m×3.40m，底板厚550~700mm，外壁厚550mm，内壁厚250mm，顶板厚550~700mm，桩锚支护	结构内径（2.800+2.800+2.250+6.800）m×3.400m，底板厚550~700mm，外壁厚550mm，内壁厚250mm，顶板厚550~700mm，桩锚支护
	建筑体积（m³）		49.780	36.600	35.700	28.500	28.560	49.810
	混凝土体积（m³）		33.180	18.710	16.670	15.240	18.300	29.700
	项目	单位	构筑物	构筑物	构筑物	构筑物	构筑物	构筑物
1	指标基价	元	299772	162362	167166	150143	187205	327697
2	建筑安装工程费	元	285612	144696	146330	133143	177840	298071
2.1	建筑工程费	元	244829	110608	109297	103516	149934	235851
2.2	安装工程费	元	40784	34088	37034	29627	27906	62220
3	设备购置费	元	14160	17666	20835	16999	9365	29626
3.1	给水排水消防	元	1697	1335	2121	1697	994	1970
3.2	电气工程	元	2185	3677	4568	3654	354	892
3.3	管廊监测	元	3069	9405	11041	8833	4025	7709
3.4	通风工程	元	1466	1059	1045	836	142	333
3.5	管廊支架	元	4847	2191	2060	1979	3849	18723
3.6	其他	元	896	—	—	—	—	—

② 吊装口（表2-13）

吊装口（单位：m）

表2-13

指标编号		2F-01	2F-02	2F-03	2F-04	2F-05	2F-06	2F-07	2F-08	2F-09	2F-10
构筑物名称		吊装口	吊装口	吊装口	吊装口	吊装口	吊装口	吊装口	吊装口	吊装口	吊装口
结构特征		底板厚600mm，壁板厚600mm，顶板厚350mm	底板厚600mm，壁板厚600mm，顶板厚350mm	底板厚600mm，壁板厚600mm，顶板厚600mm	底板厚700mm，壁板厚700mm，顶板厚400mm	底板厚400mm，壁板厚350mm，顶板厚350mm	底板厚450mm，壁板厚450mm，顶板厚700mm，土钉支护	底板厚500mm，壁板厚900mm，顶板厚900mm，桩锚支护	底板厚450mm，壁板厚400mm，顶板厚300mm，拉森钢板桩支护	底板厚450mm，壁板厚400mm，顶板厚300mm，拉森钢板桩支护	底板厚450mm，壁板厚450mm，顶板厚700mm，土钉支护
建筑体积（m³）		36.750	41.060	61.870	43.250	41.920	41.510	62.690	18.980	27.070	41.510
混凝土体积（m³）		17.490	16.840	27.100	22.560	14.560	23.060	39.920	14.850	18.340	23.060
项目	单位	构筑物	构筑物	构筑物	构筑物	构筑物	构筑物	构筑物	构筑物	构筑物	构筑物
指标基价	元	53366	69814	60587	57393	43317	114245	134392	52457	68707	114245

③ 通风口（表2-14）

通风口（单位：m）

表2-16

指标编号	3F-01	3F-02	3F-03	3F-04	3F-05	3F-06	3F-07	3F-08	3F-09	3F-10
构筑物名称	通风口	通风口	通风口	通风口	通风口	通风口	通风口	通风口	通风口	通风口
结构特征	底板厚400mm，壁板厚400mm，顶板厚350mm	底板厚400mm，壁板厚350mm，顶板厚200mm	底板厚600mm，壁板厚600mm，顶板厚600mm	底板厚500mm，壁板厚500mm，顶板厚300mm	底板厚450mm，壁板厚350mm，顶板厚350mm	底板厚450mm，壁板厚400mm，顶板厚300mm，拉森钢板桩支护	底板厚450mm，壁板厚400mm，顶板厚300mm，拉森钢板桩支护	底板厚450mm，壁板厚400mm，顶板厚300mm，拉森钢板桩支护	底板厚500mm，壁板厚400mm，顶板厚350mm，土钉支护	底板厚400mm，壁板厚400mm，顶板厚400mm，部分桩撑部分锚桩加固土钉支护
建筑体积（m³）	30.290	18.410	58.810	26.010	24.370	12.470	11.500	10.530	47.520	63.440
混凝土体积（m³）	14.050	8.040	29.070	17.470	9.010	16.310	14.670	18.800	24.170	30.950
项目 单位	构筑物	构筑物	构筑物	构筑物	构筑物	构筑物	构筑物	构筑物	构筑物	构筑物
指标基价 元	50500	33393	62352	50462	25290	55821	52304	65445	83723	150463

④管线分支口（表2-15）

管线分支口（单位：m）

表2-15

指标编号	4F-01	4F-02	4F-03	4F-04	4F-05	4F-06	4F-07	4F-08	4F-09	4F-10	4F-11	4F-12	4F-13	4F-14
构筑物名称	管线分支口	管线分支口	管线分支口	管线分支口	管线分支口	管线分支口	管线分支口	管线分支口	管线分支口	管线分支口	管线分支口	管线分支口	管线分支口	管线分支口
结构特征	底板厚500mm,壁板厚500mm,顶板厚500mm	底板厚450mm,壁板厚350mm,顶板厚300mm	底板厚600mm,壁板厚600mm,顶板厚600mm	底板厚500mm,壁板厚500mm,顶板厚400mm	底板厚400mm,壁板厚350mm,顶板厚350mm	底板厚450mm,壁板厚400mm,顶板厚300mm,拉森钢板桩支护	底板厚450mm,壁板厚400mm,顶板厚300mm,拉森钢板桩支护	底板厚500mm,壁板厚400mm,顶板厚500mm,桩锚支护	底板厚350~800mm,壁板厚300~600mm,顶板厚350~800mm,桩锚支护	底板厚350mm,壁板厚300mm,顶板厚350mm,桩锚支护	底板厚300mm,壁板厚300mm,顶板厚300mm,部分桩撑,部分桩锚加土钉支护	底板厚300mm,壁板厚300mm,顶板厚300mm,部分桩锚加土钉支护	底板厚300mm,壁板厚300mm,顶板厚300mm,部分桩撑,部分桩锚加土钉支护	底板厚300mm,壁板厚300mm,顶板厚300mm,部分桩撑,部分桩锚加土钉支护
建筑体积(m³)	30.510	42.550	57.230	30.470	53.060	27.590	35.900	39.240	45.490	16.800	21.000	8.700	22.800	7.000
混凝土体积(m³)	15.480	15.770	35.450	15.480	11.290	10.030	8.750	23.020	34.610	9.200	11.560	5.920	12.860	5.040
项目 单位	构筑物 元	构筑物 元	构筑物 元	构筑物 元	构筑物 元	构筑物 元	构筑物 元	构筑物 元	构筑物 元	构筑物 元	构筑物 元	构筑物 元	构筑物 元	构筑物 元
指标基价	48326	63377	70992	44736	34231	44564	46447	163485	192742	132476	104928	58868	91037	56070

⑤人员出入口（表2-16）

人员出入口（单位：m）

表2-16

指标编号	5F-01	5F-02	5F-03
构筑物名称	人员出入口	人员出入口	人员出入口
结构特征	底板厚450mm，壁板厚350mm，顶板厚400mm	底板厚450mm，壁板厚400mm，顶板厚300mm，拉森钢板桩支护	底板厚450mm，壁板厚400mm，顶板厚300mm，拉森钢板桩支护
建筑体积（m³）	38.680	34.890	39.970
混凝土体积（m³）	17.140	15.440	17.510
项目 单位	构筑物	构筑物	构筑物
指标基价 元	47270	51578	63461

⑥交叉口（表2-17）

表2-17 交叉口（单位：处）

指标编号	6F-01	6F-02	6F-03	6F-04	6F-05	6F-06	6F-07
构筑物名称	交叉口	交叉口	交叉口	交叉口	交叉口	交叉口	交叉口
结构特征	每处长21.7m，底板厚800mm，壁板厚600mm，顶板厚400mm	每处长21.5m，底板厚450mm，壁板厚400mm，顶板厚300mm	每处长25m，底板厚500mm，壁板厚500mm，顶板厚500mm	每处长21.5m，底板厚600mm，壁板厚400mm，顶板厚400mm	每处长62.5m，底板厚600mm，壁板厚500~800mm，顶板厚600~800mm，桩撑支护	每处长37m，底板厚600mm，壁板厚500~800mm，顶板厚600~800mm，桩撑支护	每处长26m，底板厚550~700mm，壁板厚550mm，顶板厚550~700mm，桩锚支护
建筑体积（m³）	1621.610	1510.960	2096.620	1755.380	947.190	1506.200	1004.710
混凝土体积（m³）	911.850	577.380	1036.070	701.710	591.990	981.500	560.970
项目 单位	构筑物	构筑物	构筑物	构筑物	构筑物	构筑物	构筑物
指标基价 元	3280727	2014513	2567704	1768258	3118500	8469152	5247294

⑦ 端部井（表2-18）

端部井（单位：m）

表2-18

指标编号	7F-01	7F-02	7F-03	7F-04	7F-05	7F-06	7F-07	7F-08
构筑物名称	端部井	端部井	端部井	端部井	端部井	端部井	端部井	端部井
结构特征	底板厚600mm，壁板厚550mm，顶板厚350mm	底板厚400mm，壁板厚500mm，顶板厚300mm	底板厚600mm，壁板厚600mm，顶板厚600mm	底板厚450mm，壁板厚500mm，顶板厚350mm	底板厚400mm，壁板厚350mm，顶板厚350mm	底板厚450mm，壁板厚400mm，顶板厚300mm，拉森钢板桩支护	底板厚450mm，壁板厚400mm，顶板厚300mm，拉森钢板桩支护	底板厚500mm，壁板厚400mm，顶板厚500mm，桩锚支护
建筑体积（m³）	34.550	66.400	24.090	55.020	67.680	22.630	31.160	88.280
混凝土体积（m³）	21.090	27.750	13.450	27.690	20.080	16.210	21.320	39.930
项目	构筑物	构筑物	构筑物	构筑物	构筑物	构筑物	构筑物	构筑物
单位	元							
指标基价	71109	114585	29709	79617	63695	51947	79808	147175

⑧分变电所（表2-19）

分变电所（单位：处） 表2-19

指标编号	8F-01	8F-02	8F-03	8F-04
构筑物名称	分变电所	分变电所	分变电所	分变电所
结构特征	底板厚400mm，壁板厚400mm，顶板厚350mm	底板厚350mm，壁板厚350mm，顶板厚300mm	底板厚600mm，壁板厚600mm，顶板厚600mm	底板厚500mm，壁板厚500mm，顶板厚400mm
建筑体积（m³）	767.170	507.050	953.340	801.950
混凝土体积（m³）	372.700	162.140	495.100	397.330
项目 单位	构筑物	构筑物	构筑物	构筑物
指标基价 元	1256836	620429	1120825	1142537

⑨倒虹段（表2-20）

倒虹段（单位：m） 表2-20

指标编号	9F-01	9F-02	9F-03	9F-04
构筑物名称	倒虹段	倒虹段	倒虹段	倒虹段
结构特征	长度13.2m，底板厚400mm，壁板厚400mm，顶板厚400mm	长度242.6m，底板厚400mm，壁板厚400mm，顶板厚400mm	长度35m，底板厚800mm，壁板厚800mm，顶板厚800mm	长度28.2m，底板厚600mm，壁板厚600mm，顶板厚600mm
建筑体积（m³）	20.090	24.700	52.980	36.040
混凝土体积（m³）	9.520	9.730	23.130	20.010
项目 单位	构筑物	构筑物	构筑物	构筑物
指标基价 元	37239	45640	52431	51072

⑩ 其他（表2-21）

其他（单位：m）

表2-21

指标编号	10F-01	10F-02	10F-03	10F-04	10F-05	10F-06	10F-07	10F-08
构筑物名称	人防出入口	人防出入口	控制中心连接段	隧道段	隧道段	预制标准段	预制标准段	预制标准段
结构特征	底板厚500mm，壁板厚400mm，顶板厚450mm，桩锚支撑	底板厚300mm，壁板厚300mm，顶板厚300mm，部分桩锚/部分桩锚加土钉支护	底板厚300mm，壁板厚300mm，顶板厚300mm	单洞净宽：12.50m，初期支护：C25喷射混凝土，厚200~260mm，二衬：C30钢筋混凝土，厚500~750mm；施工辅助：超前大管棚/超前小导管/超前锚杆，围岩比例：V级:IV级=58%:42%	单洞净宽：12.50m，初期支护：C25喷射混凝土，厚150~260mm，二衬：C30钢筋混凝土，厚450~750mm；施工辅助：超前大管棚/超前小导管/超前锚杆，围岩比例：V级:IV级:III级=61%:32%:7%	双箱管廊，底板厚350mm，壁厚300mm，侧壁厚350mm，埋深6.050m，基坑支护采用喷射混凝土护坡及深层水泥搅拌桩，预应力连接	分片预制拼装管廊用于隧道段管廊。隧道结构：净宽9.880m，净高7.600m，底板厚200mm，壁厚60mm。初期支护：由工字钢拱架、径向锚杆、钢筋网及喷射混凝土组成；二次衬砌：采用C30钢筋混凝土结构。管廊：侧墙厚250mm，顶板厚200mm，内净结构分为上下两层	结构内径1.800m×3.200m，底板厚400mm，外壁厚400mm，顶板厚400mm，喷锚400mm，喷锚放坡，回填山坡段地基采用强夯处理
建筑体积（m³）	50.930	72.710	5.760	129.380	129.38	24.420	100.100	10.400
混凝土体积（m³）	24.370	40.840	3.240	44.690	39.82	10.610	22.960	4.680
项目单位	构筑物	构筑物	构筑物	构筑物	构筑物	构筑物	构筑物	构筑物
指标基价 元	129737	186809	26567	117713	124363	50753	162667	40000

2.6.3 已建综合管廊项目造价数据分析

早前修建地下管廊造价如表2-22所示。

早前修建地下管廊造价 表2-22

序号	综合管廊项目	建设年份	建设规模（km）	投资规模（亿元）	每公里造价（万元）
1	上海张杨路	1994	11.13	3	2695.42
2	杭州火车站	1999	0.5	0.3	6000.00
3	上海安亭新镇	2002	5.8	1.4	2413.79
4	上海松江新城	2003	0.323	0.15	4643.96
5	佳木斯市临海路	2003	2.0	0.3	1500
6	杭州新塘新城	2005	2.16	0.3	1390
7	深圳盐田坳	2005	2.666	0.37	1390
8	兰州新城	2006	2.42	0.4847	2000
9	昆明昆洛路	2006	22.6	5	2212.39
10	昆明广福路	2007	17.76	4.52	2545.05
11	北京中关村	2007	1.9	4.2	2211
12	宁波东部新城	2010	6.16	1.65	2678.57
13	深圳光明新城		18.28	7.6	4160

2015年前后综合管廊造价如表2-23所示。

2015年前后综合管廊造价 表2-23

序号	城市	项目	建设规模（km）	投资规模（亿元）	每公里造价（万元）
1	北京	昌平管廊	3.9	8.3	21282.05
2	福建厦门	集美大道，翔安南部新城和翔安新机场三个综合管廊试点区域	38.9	28.5	7326.48
3	甘肃白银	7条地下管廊	26.25	20.4	7771.43
4	广东珠海	横琴综合管廊	33.4	20	5988.02
5	贵州六盘水	15段综合管廊试点项目	39.69	29.94	7543.46
6	海南海口	西海岸新区和美安科技新城管廊	44.68	36.1	8079.68
7	湖北十堰	13个综合管廊示范项目	50	28.1	5620.00

续表

序号	城市	项目	建设规模（km）	投资规模（亿元）	每公里造价（万元）
8	湖北武汉	王家墩商务区	6.2	1.4	2258.06
9	湖南长沙	规划15个管廊项目	63.3	55.95	8838.86
10	吉林辽源	南部新城等三区域综合管廊项目	31.5	37.8	12000.00
11	吉林松原	2015至2018规划项目	36.2	19.58	5408.84
12	吉林通化	2015至2018规划项目	91	90	9890.11
13	江苏苏州	5个地下管廊项目	31.161	39.255	12597.48
14	辽宁沈阳	浑南新城地下综合管廊	32.6	13	3987.73
15	内蒙古包头	新都市区和北梁棚户区综合管廊工程	34.4	23.37	6793.60
16	山东青岛	高新区管廊	50	10	2000.00
17	新疆铁门关	管廊项目	8.9	2	2247.19
18	云南保山	4路管廊工程	33.2	13.25	3990.96
19	浙江杭州	新区北部管廊	60.49	21	3471.65
20	浙江温州	管廊项目	2	1	5000.00
21	重庆	江南新城管廊	82.8	74	8937.20
	总计		800.57	572.95	

通过分析，可以得出综合管廊造价构成比例，如图2-1所示。

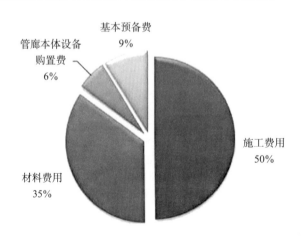

图2-1 综合管廊造价构成比例

2.7 综合管廊入廊费分析

2.7.1 综合管廊项目入廊费核算办法

(1)综合管廊项目入廊费核算思路

入廊费主要用于弥补管廊建设成本,由入廊管线单位向管廊建设运营单位分期支付。入廊费的计算主要考虑以下因素:

①城市地下综合管廊本体及附属设施的合理建设投资。

②城市地下综合管廊本体及附属设施建设投资合理回报,按金融机构长期贷款利率确定(政府财政资金投入形成的资产不计算投资回报)。

③各入廊管线占用管廊空间的比例。

④各管线在不进入管廊情况下的单独敷设成本(含道路占用挖掘费,不含管材购置及安装费用)。

⑤管廊设计寿命周期内,各管线在不进入管廊情况下所需的重复单独敷设成本。

⑥管廊设计寿命周期内,各入廊管线与不进入管廊的情况相比,因管线破损率以及水、热、气等漏损率降低而节省的管线维护和生产经营成本。

⑦其他影响因素。

(2)综合管廊项目入廊费计算

1)单独敷设成本计算方法

管线单独敷设成本是指各管线在不进入管廊情况下的单独敷设成本,由管线敷设工程费用(含道路占用挖掘费,不含管材费)、工程建设其他费和基本预备费组成。

管线敷设工程费用的测算主要考虑管道直埋敷设断面形式、由管径大小确定的埋深及支护等施工工法、管廊建设环境条件(原有道路或新建道路)、各地区不同的计价方式、重复敷设次数、道路开挖修复费用等因素。

管线直埋敷设断面形式和敷设工法主要选用测算时所在区域建设环境条件下的最优敷设方式和断面设计;根据地质环境等情况只能采用盾构方式进行敷设的,可以选用盾构方式计算单独敷设成本。

2)重复单独敷设成本计算方法

管廊设计寿命周期内,各管线在不进入管廊情况下所需的重复单独敷设成本。重复敷设次数根据管线在不进入管廊情况下的设计使用寿命和实际敷设次数统筹确定。综合管廊设计寿命周期内(100年),通信管道重复敷设次数按照不低于5次计算,其余各类管线重复敷设次数按照不低于2次计算。计算重复单独敷设成本时,首次敷设单独成本按建设环境现状确定是否计收道路占用挖掘费,后续单独敷设成本均应包含道路占用挖掘费。

3) 其他成本

管线入廊后,因管线不直接与土壤、地下水等酸碱物质接触,延长管线使用寿命,减少了管线维修和更换次数,进而也减少了管线维护成本;并且,能有效减少因施工失误等原因而导致的管线破坏等事故的发生,也节省了管线维护成本。综合管廊结构具有较好的坚固性,提高了城市防灾和抗灾能力,发生地质灾害时,抵御冲击荷载,具有防灾性能,能较好地保证水、电、气、通等城市重要命脉的安全,更是避免了管线的破坏和重复敷设次数,节省管线维护成本。同时,管线入廊后,便于管线维护检修,且管线增设、扩容方便,检修人员在管廊内行走便捷,工作效率高,比在管廊外的线路减少了巡检人员和巡检工作量;而且,通过监控系统,能及时发现隐患,提高管线的安全性和稳定性,自动监控系统减少了巡检管理人员数量,管廊内各种管线实现了统一监测,巡检工作成本降低。

住房和城乡建设部制定了行业标准《城市供水管网漏损控制及评定标准》,规定城市供水管网基本漏损率不应大于12%。管线入廊后,能较好地保证水、电、气、通等城市重要命脉的安全,入廊管线与不进入管廊的情况相比,因减少管线破损而导致相关管线输送的水、热、气等漏损率降低,从而节省了各管线单位自身的生产经营成本,这也是地下综合管廊的间接经济效益。

根据《城市综合管廊工程技术规范》GB 50838—2015,综合管廊工程的结构设计使用年限应为100年。各种管线有其不同的设计使用年限,直埋管线的实际使用寿命往往比设计使用年限低,除了规划变更、城市建设等因素以外,从历史抢修统计数据看,第三方损坏以及管道腐蚀等因素是造成直埋管线损坏的主要原因。据统计,2015年,广州发生道路开挖600多宗,各类管线事故200多宗,其主要原因为施工干扰破坏、管线老旧泄漏、自然灾害损坏等,其中燃气管道事故29宗,污水管道事故30多宗,电力管线事故140多宗。城市道路反复开挖、管线事故频发,严重影响人民群众正常生产生活,危害城市安全运行秩序。

考虑可节省成本,以及由于入廊减少了各类自然或非自然事故造成的损失产生的安全效益,参考其他城市的经验,可按管廊建设成本的5%考虑有关节省的管线维护和生产经营成本。

4) 入廊费计算方法

入廊费总收费=管廊建设投资×管线单位分担比例

首年入廊费收费总额=管廊建设投资×管线单位分担比例÷分期年数

第N年入廊费收费总额=首年入廊费收费总额×(1+年递增率)^{年期}

管线单位分担比例：研究成果为综合管廊工程总投资额的35%。

年期：采用PPP模式建设的地下综合管廊项目，合作期为30年，建设期2年，经营期28年。考虑到经营前期，管廊运营尚需磨合，入廊管线逐步入廊，状态不稳定，故统一按25年收付。

年递增率：考虑建设投资合理回报，原则上参考金融机构长期贷款利率确定。

（3）入廊费分摊方法

入廊费的分摊主要考虑以下因素：

①各入廊管线占用管廊空间的比例。

②各管线的单独敷设成本占比。

③管线的重复单独敷设成本占比。本项目采用重复单独敷设成本占比进行各管线之间的入廊费分摊。

2.7.2 综合管廊项目运维管理费核算办法

（1）日常维护费核算思路

在核算管廊本体及附属设施运行、维护、更新改造等正常成本、管理支出等运营成本的基础上，结合合理经营利润，并考虑各入廊管线占用管廊空间的比例和对管廊附属设施的使用强度进行分摊计算，得出各入廊管线应缴纳的日常维护费收费标准。日常维护费的核算主要考虑以下因素：

①综合管廊本体及附属设施运行、维护、更新改造等正常成本。主要包含水电费、人员工资及福利费、管廊主体结构与附属设施的维修费成本。PPP模式运营的管廊，应考虑其经营期内设备大中修的成本。

②综合管廊运营单位正常管理支出。

③综合管廊运营单位合理经营利润，原则上参考当地市政公用行业平均利润率确定。

④各入廊管线占用管廊空间的比例。

⑤各入廊管线对管廊附属设施的使用强度。

⑥其他影响因素。

（2）日常维护费分摊方法

日常维护费的分摊主要考虑以下因素：

①各入廊管线占用管廊空间的比例。

②各入廊管线对管廊附属设施的使用强度。

③其他影响因素。

日常维护费收费分摊方法采用专用截面分摊法、专用+公用截面分摊法、单独敷设成本分摊法进行分摊测算。

2.7.3 综合管廊项目政府指导价

针对管廊有偿使用指导意见，威海、厦门等城市制定了关于综合管廊的政府指导价，《威海市物价局 住房和城乡建设局关于威海市区地下综合管廊有偿使用收费的实施意见》（威价发〔2016〕13号文）、《厦门市城市地下综合管廊有偿使用收费标准》等文件也相继出台。

（1）威海

以威价发〔2016〕13号文为例，对于综合管廊入廊费与运营维护费用也给出了指导价的具体计算公式。

某种管线的入廊费用[元/(m·周期)]=管线在不进入管廊的情况下单独敷设的成本（元）×管廊特许经营周期内某种管线需要单独敷设的次数（次）/(1−税率)

某种管线的管廊日常维护费用[元/(m·年)]=[管廊的运营成本（元）+城市地下综合管廊的管理单位的正常管理支出（元）]/管廊的总长度（m）×某种管线空间占比（%）×某种管线对管廊附属设施的使用强度系数×(1+利润率)/(1−税率)。

从而得到具体的政府指导价，如表2-24所示。

威海综合管廊入廊费与运营维护费用标准　　　　表2-24

型号	特许运营期25年管线敷设次数	入廊费（元/m）	日常运营维护费[元/(m·年)]
再生水DN200	1	422.5	51.7
再生水DN400	1	482.0	83.4
再生水DN500	1	540.0	161.3
热力管DN250	1.5	932.8	67.8
热力管DN600	1.5	1385.7	121.0
热力管DN700	1.5	1461.6	114.7
热力管DN800	1.5	1525.4	123.6
热力管DN900	1.5	1746.3	170.2
给水输水DN200	1	421.0	79.6
给水输水DN250	1	460.5	56.3
给水输水DN500	1	552.2	77.7
给水输水DN600	1	779.4	122.7
给水输水DN800		969.0	111.7
通信单孔	1.2	120.4	5.1

续表

型号	特许运营期25年管线敷设次数	入廊费（元/m）	日常运营维护费[元/(m·年)]
电缆单孔	1.2	121.7	5.9
污水DN250	1	478.0	95.2
污水DN400	1	523.9	98.2
污水DN500	1	588.9	116.7
污水DN600	1	800.4	229.7
污水DN800	1	1077.8	178.7
雨水DN800	1	970.0	92.4
燃气DN250	1	584.3	188.3

（2）广西南宁

根据《南宁市城市地下综合管廊有偿使用费收费标准》，各管线单位应向管廊建设运营单位交纳城市地下综合管廊有偿使用费，有偿使用费包括入廊费和日常维护费。入廊费主要用于弥补管廊建设成本，由入廊管线单位向管廊建设运营单位一次性支付或分期支付。日常维护费主要用于弥补管廊日常维护、管理支出，由入廊管线单位按确定的计费周期向管廊运营单位逐期支付。

入廊费主要根据各管线在不进入管廊情况下的单独敷设成本（即直埋成本）制定，成本不同，交纳的入廊费也从每米68.60元到2582.05元不等，可在基准价上上浮，幅度为15%。该费用为管线寿命期限内一次性交纳的费用，超过管线寿命年限之后，需再次交纳。

日常维护费主要根据管廊本体及附属设施运行维护成本、管廊运营单位正常管理支出及合理经营利润等因素制定。日常维护费收费标准为398.4元/(m·年)，上浮幅度为15%，各入廊管线日常维护费具体收费标准按其占用管廊空间的比例（即截面空间占比）分摊计算，在供需双方合同中确定。

2.7.4 收费分析

针对综合管廊建设和运行的特点，一些应用综合管廊的国家和地区，采取制定法律法规来加强管理，规范各方行为。日本在1963年颁布了《综合管廊实施法》，并在1991年成立了专门的综合管廊管理部门，负责推动综合管廊的建设和管理工作。

改革开放以来，我国内地许多大中城市纷纷开工建设综合管廊项目。为了保证项目顺利进展、有效实施，各地先后制定了综合管廊规范管理办法，协调各入廊单位关系。如《上海市浦东新区综合管廊管理暂行办法》(内部稿)、《广州大学城综合管廊管理办法》等。这些管理办法大都在试行阶段，仅针对本地区或本项目的综合管廊建设、管理问题，主要在行政管理层面上予以推行，尚未进入地方法律、法规层面。

（1）云南保山管廊项目

云南省保山市于2013—2017年在中心城市建设了综合管廊约128km，投资29.9亿元。管廊造价根据管舱数量而不同，保山市3条管廊的平均造价（含消防、照明、通风等附属设施）约为5000万元/km。

政策方面，保山市明确要求已建和在建综合管廊的区域，各管线单位必须按照规划要求入廊设置，不允许另行开挖道路或架空设置管线。同时，市政府赋予管廊单位（即建设单位）30年特许经营权，确保管廊单位能通过出让管线通道使用权、收取日常管理费的方式逐年回收建设资金和维持运营管理。

最大的问题是管廊单位为了尽快收回管廊建设及运营成本向管线单位提出了巨额的收费要求。根据管廊单位与保山中石油昆仑燃气公司签订的管廊使用协议，管廊租用期为2015—2035年，租用期内共10.5km管廊的入廊费用（包括管廊空间使用费及运营费）约为2.4亿元，即入廊费用逾100万元/(km·年)。

对在保山市调查获得的情况进行分析可知，地方政府在推动地下管廊建设时容易产生将管廊投资建设责任向管线单位摊派的倾向。尤其是当前很多地方政府不愿意或者没有能力拿出巨额资金来投入管廊的建设。这样的情况下，政府很有可能过于简单地处理这个矛盾，即出台政策强制分摊高额的管廊建设成本和使用成本。

对于燃气企业，与电力、给水排水等其他管线单位相比，在入廊问题上还存在先天的劣势。作为生活必需的公用服务产品，水、电基本不可替代，因此入廊带来的成本上升容易转嫁给用户。而天然气容易被LPG、电等替代，因此，增加的成本难以转嫁出去，必定会造成用户的流失。

（2）内蒙古包头管廊项目

根据内蒙古包头市政府部门的要求，包头市新都市区纬五路和经十九路综合管廊（共约3.9km）是国家重点示范项目，包头中燃城市燃气发展有限公司（以下简称包头中燃）的燃气管道必须进入该管廊。其中燃气管道单独建舱费由政府统筹支付，管道材料费及施工费（包头中燃自行施工）和报警器费用由包头中燃承担，日后维护管理费用和通风设备等费用尚未确定价格和费用支付比例。具体费用明细如表2-25所示。

包头中燃的燃气管道入廊费用明细　　　　　　　表2-25

项目	金额	备注
燃气管道单独建舱费	2000万元/km	政府统筹安排
燃气管道管廊空间使用费	207万元	是管道直埋费用的1.5倍，燃气公司支付
燃气管道管材及施工费	247万元	燃气公司支付
报警器及安装费	99万元	燃气公司支付
管道维护管理费	—	未明确，存在费用过大问题
通风设备费	—	未明确

地下综合管廊的建设成本巨大，单靠企业自身的资金实力是难以承担的，必须得到财政补贴以及银行等金融机构在融资上的支持。

若缺少政府的巨额补贴或投入，要盈利就要制定一个高昂的入廊收费标准（如保山市管廊），否则根本无法在合理的入廊收费与投资回报间取得平衡。若入廊收费过高，管廊投用初期在政府的协调和压力下，可能短期内还可以向管线单位收取到相关费用，但长期来看高昂的收费肯定是不可持续的。

例如，某市电网公司仅在管线进入昆明综合管廊后第一年缴纳了相关费用，第二年起就不再缴纳。由于供电是居民生活必需公共产品，管廊单位不敢切断供电，处于无可奈何的状态。这也证实了我们的担忧。

也许是担心高昂的入廊费吓退管线单位，多个城市竟然出现了在未确定或告知入廊相关费用标准（如包头市管廊），就要求天然气管道入廊的情况。

第3章 勘察管理

3.1 勘察内容

3.1.1 勘察单位义务

(1) 勘察单位的一般义务

1) 遵守法律

勘察单位在履行合同过程中应遵守法律,并保证发包人免于承担因勘察单位违反法律而引起的任何责任。

2) 依法纳税

勘察单位应按有关法律规定纳税,应缴纳的税金(含增值税)包括在合同价格之中。

3) 完成全部勘察工作

勘察单位应按合同约定以及发包人要求,完成合同约定的全部工作,并对工作中的任何缺陷进行整改、完善和修补,使其满足合同约定的目的。勘察单位应按合同约定提供勘察文件,以及为完成勘察服务所需的劳务、材料、勘察设备、实验设施等,并应自行承担勘探场地临时设施的搭设、维护、管理和拆除等工作。

4) 保证勘察作业规范、安全和环保

勘察单位应按法律、规范标准和发包人要求,采取各项有效措施,确保勘察作业操作规范、安全、文明和环保,在风险性较大的环境中作业时应当编制安全防护方案并制定应急预案,防止因勘察作业造成人身伤害和财产损失。

5) 避免勘探对公众与他人的利益造成损害

勘察单位在进行合同约定的各项工作时,不得侵害发包人与他人使用公用道路、水源、市政管网等公共设施的权利,避免对邻近的公共设施产生干扰,保证勘探场地的周边设施、建构筑物、地下管线、架空线和其他物体的安全运行。勘察单位占用或使用他人的施工场地,影响他人作业或生活的,应承担相应责任。

6）其他义务

勘察单位应履行合同约定的其他义务。

（2）履约保证金

除专用合同条款另有约定外，履约保证金自合同生效之日起生效，在发包人签收最后一批勘察成果文件之日起28日后失效。如果勘察单位不履行合同约定的义务或其履行不符合合同的约定，发包人有权扣划相应金额的履约保证金。

（3）分包和不得转包

①勘察单位不得将其勘察的全部工作转包给第三人。

②勘察单位不得将勘察的主体、关键性工作分包给第三人。除专用合同条款另有约定外，未经发包人同意，勘察单位也不得将非主体、非关键性工作分包给第三人。

③发包人同意勘察单位分包工作的，勘察单位应向发包人提交1份分包合同副本，并对分包勘察工作质量承担连带责任。除专用合同条款另有约定外，分包人的勘察费用由勘察单位与分包人自行支付。

④分包人的资格能力应与其分包工作的标准和规模相适应，包括必要的企业资质、人员、设备和类似业绩等。

（4）联合体

①联合体各方应共同与发包人签订合同。联合体各方应为履行合同承担连带责任。

②联合体协议经发包人确认后可作为合同附件。在履行合同过程中，未经发包人同意，不得修改联合体协议。

③联合体牵头人或联合体授权的代表负责与发包人联系，并接受指示，负责组织联合体各成员全面履行合同。

（5）项目负责人

①勘察单位应按合同协议书的约定指派项目负责人，并在约定的期限内到职。勘察单位更换项目负责人应事先征得发包人同意，并应在更换14天前将拟更换的项目负责人的姓名和详细资料提交发包人。项目负责人2天内不能履行职责的，应事先征得发包人同意，并委派代表代行其职责。

②项目负责人应按合同约定以及发包人要求，负责组织合同工作的实施。在情况紧急且无法与发包人取得联系时，可采取保证工程和人员生命财产安全的紧急措施，并在采取措施后24小时内向发包人提交书面报告。

③勘察单位为履行合同发出的一切函件均应盖有勘察单位章，并由勘察单位的项目负责人签字确认。

④按照专用合同条款约定，项目负责人可以授权其下属人员履行其某项职责，但事先应将这些人员的姓名和授权范围书面通知发包人。

（6）勘察单位人员的管理

①勘察单位应在接到开始勘察通知之日起7天内，向发包人提交勘察项目机构以及人员安排的报告，其内容应包括项目机构设置、主要勘察单位人员和作业人员的名单及资格条件。主要勘察单位人员应相对稳定，更换主要勘察单位人员的，应取得发包人的同意，并向发包人提交继任人员的资格、管理经验等资料。

②除专用合同条款另有约定外，主要勘察单位人员包括项目负责人、勘探负责人、试验负责人等；作业人员包括勘探描述（记录）员、机长、观测员、试验员等。

③勘察单位应保证其主要勘察单位人员（含分包人）在合同期限内的任何时候，都能按时参加发包人组织的工作会议。

④国家规定应当持证上岗的工作人员均应持有相应的资格证明，发包人有权随时检查。发包人认为有必要时，可以进行现场考核。

（7）撤换项目负责人和其他人员

勘察单位应对其项目负责人和其他人员进行有效管理。发包人要求撤换不能胜任本职工作、行为不端或玩忽职守的项目负责人和其他人员的，勘察单位应予以撤换。

（8）保障人员的合法权益

①勘察单位应与其雇佣的人员签订劳动合同，并按时发放工资。

②勘察单位应按《劳动法》的规定安排工作时间，保证其雇佣人员享有休息和休假的权利。因勘察需要占用休假日或延长工作时间的，应不超过法律规定的限度，并按法律规定给予补休或付酬。

③勘察单位应为其现场人员提供必要的食宿条件，以及符合环境保护和卫生要求的生活环境，在远离城镇的勘探场地，还应配备必要的伤病防治和急救设施。

④勘察单位应按国家有关劳动保护的规定，采取有效的防止粉尘、降低噪声、控制有害气体和保障高温、高寒、高空作业安全等劳动保护措施。其雇佣人员在勘探作业中受到伤害的，勘察单位应立即采取有效措施进行抢救和治疗。

⑤勘察单位应按有关法律规定和合同约定，为其雇佣人员办理保险。

（9）合同价款应专款专用

发包人按合同约定支付给勘察单位的各项价款，应专用于合同勘察工作。

3.1.2 勘察要求

（1）一般要求

①发包人应当遵守法律和规范标准，不得以任何理由要求勘察单位违反法律和工程质量、安全标准进行勘察服务，降低工程质量。

②勘察单位应按照法律规定，以及国家、行业和地方的规范和标准完成勘察工作，并应符合发包人要求。各项规范、标准和发包人要求之间如对同一内容的描述不一致时，应以描述更为严格的内容为准。

③除专用合同条款另有约定外，勘察单位完成勘察工作所应遵守的法律规定，以及国家、行业和地方的规范和标准，均应视为在基准日适用的版本。基准日之后，前述版本发生重大变化，或者有新的法律，以及国家、行业和地方的规范和标准实施的，勘察单位应向发包人提出遵守新规定的建议。发包人应在收到建议后7天内发出是否遵守新规定的指示。

（2）勘察依据

除专用合同条款另有约定外，工程勘察依据如下：

①适用的法律、行政法规及部门规章。

②与工程有关的规范、标准、规程。

③工程基础资料及其他文件。

④本勘察服务合同及补充合同。

⑤本工程设计和施工需求。

⑥合同履行中与勘察服务有关的来往函件。

⑦其他勘察依据。

（3）勘察范围

①合同的勘察范围包括工程范围、阶段范围和工作范围，具体勘察范围应当根据三者之间的关联内容进行确定。

②工程范围指所勘察工程的建设内容，具体范围在专用合同条款中约定。

③阶段范围指工程建设程序中的可行性研究勘察、初步勘察、详细勘察、施工勘察等阶段中的一个或者多个阶段，具体范围在专用合同条款中约定。

④工作范围指工程测量、岩土工程勘察、岩土工程设计（如有）、提供技术交底、施工配合、参加试车（试运行）、竣工验收和发包人委托的其他服务中的一项或者多项工作，具体范围在专用合同条款中约定。

（4）勘察作业要求

1）测绘

除专用合同条款另有约定外，发包人应在开始勘察前7日内，向勘察单位提供测量基准点、水准点和书面资料等；勘察单位应根据国家测绘基准、测绘系统和工程测量技术规范，按发包人要求的基准点以及合同工程精度要求，进行测绘。

勘察单位测绘之前，应当认真核对测绘数据，保证引用数据和原始数据准确无误。测绘工作应由测量人员如实记录，不得补记、涂改或者损坏。

工程勘探之前，勘察单位应当严格按照勘察方案的孔位坐标进行测量放线，并在实地位置定位，埋设带有编号且不易移动的标志桩进行定位控制。

2）勘探

勘察单位应当根据勘察目的和岩土特性，合理选择钻探、井探、槽探、洞探和地球物理勘探等勘探方法，为完成合同约定的勘察任务创造条件。勘察单位对于勘察方法的正确性、适用性和可靠性完全负责。

勘察单位布置勘探工作时，应当充分考虑勘探方法对于自然环境、周边设施、建构筑物、地下管线、架空线和其他物体的影响，采用切实有效的措施进行防范控制，不得造成损坏或中断运行，否则由此导致的费用增加和（或）周期延误由勘察单位自行承担。

勘察单位应在标定的孔位处进行勘探，不得随意改动位置。勘探方法、勘探机具、勘探记录、取样编录与描述、孔位标记、孔位封闭等事项，应当严格执行规范标准，按实填写勘探报表和勘探日志。

勘探工作完成后，勘察单位应当按照规范要求及时封孔，并将封孔记录整理存档，勘探场地应当保证地面平整、清洁卫生，并通知发包人、行政主管部门及使用维护单位进行现场验收。验收通过之后如果发生沉陷，勘察单位应当及时进行二次封孔和现场验收。

3）取样

勘察单位应当针对不同的岩土地质，按照勘探取样规范规程中的相关规定，根据地层特征、取样深度、设备条件和试验项目的不同，合理选用取样方法和取样工具进行取样，包括并不限于土样、水样、岩芯等。

取样后的样品应当根据其类别、性质和特点等进行封装、贮存和运输。样品搬运之前，宜用数码相机进行现场拍照；运输途中应当采用柔软材料充填，尽量避免震动和阳光曝晒；装卸之时尽量轻拿轻放，以免样品损坏。

取样后的样品应当填写和粘贴标签，标签内容包括并不限于工程名称、孔号、样品编号、取样深度、样品名称、取样日期、取样人姓名、施工机组等。

4）试验

勘察单位应当根据岩土条件、设计要求、勘察经验和测试方法特点，选用合适的原位测试方法和勘察设备进行原位测试。原位测试成果应与室内试验数据进行对比分析，检验其可靠性。

勘察单位的试验室应当通过行业管理部门认可的CMA计量认证，具有相应的资格证书、试验人员和试验条件，否则应当委托第三方试验室进行室内试验。

勘察单位应在试验之前按照要求清点样品数目，认定取样质量及数量是否满足试验需要；勘察设备应当检定合格，性能参数满足试验要求，严格按照规范标准的相应规定进行试验操作；试验之后应在有效期内保留备样，以备复核试验成果之用，并按规范标准规定处理余土和废液，符合环境保护、健康卫生等要求。

试验报告的格式应当符合CMA计量认证体系要求，加盖CMA章并由试验负责人签字确认；试验负责人应当通过计量认证考核，并由项目负责人授权许可。

（5）勘察设备要求

①勘察单位应按合同进度计划的要求，及时配置勘察设备进行作业。勘察单位更换合同约定的勘察设备的，应报发包人批准。

②勘察单位应当按照规范要求，及时维修、保养或更换勘察设备，包括并不限于钻机、触探仪、全站仪、水准仪、探测仪、测井平台、天平、固结仪、振筛机、干燥箱、直剪仪、收缩仪、膨胀仪、渗透仪等，保证勘察设备能够随时进场使用。

③勘察单位使用的勘察设备不能满足合同进度计划和（或）质量要求时，发包人有权要求勘察单位增加或更换勘察设备，勘察单位应及时增加或更换，由此增加的费用和（或）周期延误由勘察单位自行承担。

（6）临时占地和设施要求

①勘察单位应当根据勘察服务方案制订临时占地计划，报请发包人批准。

②位于本工程区域内的临时占地，由发包人协调提供。位于道路、绿化或者其他市政设施内的临时占地，由勘察单位向行政管理部门报建申请，按照要求制定占地施工方案，并据此实施。

③临时占地使用完毕后，勘察单位应当按照发包人要求或行政管理部门规定恢复临时占地。如果恢复或清理标准不能满足要求的，发包人有权委托他人代为恢复或清理，由此发生的费用从拟支付给勘察单位的勘察费用中扣除。

④勘察单位应当配备或搭设足够的临时设施，保证勘探工作能够正常开展。临时设施包括并不限于施工围挡、交通疏导设施、安全防范设施、钻机防护设

施、安全文明施工设施、办公生活用房、取样存放场所等。

⑤临时设施应当满足规范标准、发包人要求和行政管理部门的规定等。除专用合同条款另有约定外,临时设施的修建、拆除和恢复费用由勘察单位自行承担。

(7) 安全作业要求

①勘察单位应按合同约定履行安全职责,执行发包人有关安全工作的指示,并在专用合同条款约定的期限内,按合同约定的安全工作内容,编制安全措施计划报送发包人批准。

②勘察单位应当严格执行操作规程,采取有效措施保证道路、桥梁、交通安全设施、建构筑物、地下管线、架空线和其他周边设施等安全正常运行。

③勘察单位应当按照法律、法规和工程建设强制性标准进行勘察,加强勘察作业安全管理,特别要加强易燃、易爆材料、火工器材、有毒与腐蚀性材料和其他危险品的管理。

④勘察单位应严格按照国家安全标准制定施工安全操作规程,配备必要的安全生产和劳动保护设施,加强对勘察单位人员的安全教育,并且发放安全工作手册和劳动保护用具。

⑤勘察单位应按发包人的指示制定应对灾害的紧急预案,报送发包人批准。勘察单位还应按预案做好安全检查,配置必要的救助物资和器材,切实保护好有关人员的人身和财产安全。

⑥勘察单位应对其履行合同所雇佣的全部人员,包括分包人人员的工伤事故承担责任,但由于发包人原因造成勘察单位人员工伤事故的,应由发包人承担责任。

⑦由于勘察单位原因在施工场地内及其毗邻地带造成的第三者人员伤亡和财产损失,由勘察单位负责赔偿。

(8) 环境保护要求

①勘察单位在履行合同过程中,应遵守有关环境保护的法律,履行合同约定的环境保护义务,并对违反法律和合同约定义务所造成的环境破坏、人身伤害和财产损失负责。

②勘察单位应按合同约定的环保工作内容,编制环保措施计划,报送发包人批准。

③勘察单位应确保勘探过程中产生的气体排放物、粉尘、噪声、地面排水及排污等,符合法律规定和发包人要求。

(9) 事故处理要求

①合同履行过程中发生事故的,勘察单位应立即通知发包人。

②发包人和勘察单位应立即组织人员和设备进行紧急抢救和抢修,减少人员伤亡和财产损失,防止事故扩大,并保护事故现场。需要移动现场物品时,应作出标记和书面记录,妥善保管有关证据。发包人和勘察单位应按国家有关规定,及时如实地向有关部门报告事故发生的情况,以及正在采取的紧急措施等。

(10) 勘察文件要求

①勘察文件的编制应符合法律法规、规范标准的强制性规定和发包人要求,相关勘察依据应完整、准确、可靠,勘察方案论证充分,计算成果规范可靠,并能够实施。

②勘察文件的深度应满足本合同相应勘察阶段的规定要求,满足发包人的下步工作需要,并应符合国家和行业现行规定。

3.2 勘察评审

3.2.1 评审依据

《岩土工程勘察规范》GB 50021—2001(2009年版)、《建筑基坑支护技术规程》JGJ 120—2012、《市政工程勘察规范》CJJ 56—2012、《城市轨道交通岩土工程勘察规范》GB 50307—2012、《室外给水排水和燃气热力工程抗震设计规范》GB 50032—2003。

3.2.2 勘察审查内容

(1) 基本要求

勘察审查应按照国家法律法规、行业规范和标准以及公司有关规定进行,收到勘察单位提交的勘察报告后,应对勘察报告进行初步审查,以保证勘察报告的基本质量,并满足合同要求和符合工程实际需要。

审查工作应实事求是,坚持独立、客观、科学、公正的原则。

(2) 勘察审查主要内容

勘察报告格式是否规范,层次是否清晰。

报告内容深度总体上是否符合有关规定。

勘察报告编制的强制性条文、相关责任及签章是否符合规定。

勘察依据:工程建设标准、勘察任务委托书、勘察文件深度、拟建工程概述、勘察工作的目的、任务与要求。

勘探与取样情况。

测试与实验情况。

地层划分与描述情况。

地表水与地下水情况。

场地和地基的地震效应情况。

不良地质作用。

特殊土情况。

岩土参数的分析与选定情况。

地基与基础评价与建议情况。

环境影响情况。

图表等。

勘察要点：根据《中华人民共和国标准勘察招标文件》（2017年版）可知，招标人根据行业标准勘察招标文件（如有）、招标项目具体特点和实际需要编制，并与"投标人须知""通用合同条款""专用合同条款"相衔接。招标文件中需将勘察项目概况（项目名称、建设地点、建设规模、投资估算）、资金来源及比例、资金落实情况、勘察范围、勘察服务期限、质量标准及对勘察单位的资格要求（资质、财务、业绩、信誉、项目负责人的资格要求、其他主要人员要求、勘察设备要求、其他要求）说明。

根据《岩土工程勘察规范》GB 50021—2001（2009年版）相关条款，可知相关勘察要求：

4.1.11 详细勘察应按单体建筑物或建筑群提出详细的岩土工程资料和设计、施工所需的岩土参数；对建筑地基作出岩土工程评价，并对地基类型、基础形式、地基处理、基坑支护、工程降水和不良地质作用的防治等提出建议。主要应进行下列工作：

1 搜集附有坐标和地形的建筑总平面图，场区的地面整平标高，建筑物的性质、规模、荷载、结构特点，基础形式、埋置深度，地基允许变形等资料；

2 查明不良地质作用的类型、成因、分布范围、发展趋势和危害程度，提出整治方案的建议；

3 查明建筑范围内岩土层的类型、深度、分布、工程特性，分析和评价地基的稳定性、均匀性和承载力；

4 对需进行沉降计算的建筑物，提供地基变形计算参数，预测建筑物的变形特征；

5 查明河道、沟浜、墓穴、防空洞、孤石等对工程不利的埋藏物；

6 查明地下水的埋藏条件，提供地下水位及其变化幅度；

7 在季节性冻土地区，提供场地土的标准冻结深度；

8 判定水和土对建筑材料的腐蚀性。

4.9.1 桩基岩土工程勘察应包括下列：

1 查明场地各层岩土的类型、深度、分布、工程特性和变化规律；

2 当采用基岩作为桩的持力层时，应查明基岩的岩性、构造、岩面变化、风化程度，确定其坚硬程度、完整程度和基本质量等级，判定有无洞穴、临空面、破碎岩体或软弱岩层；

3 查明水文地质条件，评价地下水对桩基设计和施工的影响，判定水质对建筑材料的腐蚀性；

4 查明不良地质作用，可液化土层和特殊性岩土的分布及其对桩基的危害程度，并提出防治措施的建议；

5 评价成桩可能性，论证桩的施工条件及其对环境的影响。

（3）勘察评审

1）勘察单位评标

①勘察评标办法

工程勘察招标后，咨询单位协助业主对投标的勘察单位进行评标。根据《中华人民共和国标准勘察招标文件》（2017年版）可知评标办法如表3-1所示。

评标办法前附表　　　　　　　　　　　　　表3-1

条款号	评审因素		评审标准
2.1	评标方法		中标候选人排序方法
2.1.1	形式评审标准	投标人名称	与营业执照、资质证书一致
		投标函及投标函附录签字盖章	由法定代表人或其委托代理人签字或加盖单位章。由法定代表人签字的，应附法定代表人身份证明，由代理人签字的，应附授权委托书，身份证明或授权委托书应符合第六章"投标文件格式"的规定
		投标文件格式	符合第六章"投标文件格式"的规定
		联合体投标人	提交符合招标文件要求的联合体协议书，明确各方承担连带责任，并明确联合体牵头人
		备选投标方案	除招标文件明确允许提交备选投标方案外，投标人不得提交备选投标方案
		……	……
2.1.2	资格评审标准	营业执照和组织机构代码证	符合第二章"投标人须知"规定，具备有效的营业执照和组织机构代码证
		资质要求	符合第二章"投标人须知"规定
		财务要求	符合第二章"投标人须知"规定
		业绩要求	符合第二章"投标人须知"规定

续表

条款号		评审因素	评审标准
2.1.2	资格评审标准	信誉要求	符合第二章"投标人须知"规定
		项目负责人	符合第二章"投标人须知"规定
		其他主要人员	符合第二章"投标人须知"规定
		勘察设备	符合第二章"投标人须知"规定
		其他要求	符合第二章"投标人须知"规定
		联合体投标人	符合第二章"投标人须知"规定
		不存在禁止投标的情形	不存在第二章"投标人须知"规定的任何一种情形
		……	……
2.1.3	响应性评审标准	投标报价	符合第二章"投标人须知"规定
		投标内容	符合第二章"投标人须知"规定
		勘察服务期限	符合第二章"投标人须知"规定
		质量标准	符合第二章"投标人须知"规定
		投标有效期	符合第二章"投标人须知"规定
		投标保证金	符合第二章"投标人须知"规定
		权利义务	符合第二章"投标人须知"规定和第四章"合同条款及格式"中的实质性要求和条件
		勘察纲要	符合第五章"发包人要求"中的实质性要求和条件
		……	……

条款号	条款内容	编列内容
2.2.1	分值构成 （总分100分）	资信业绩部分：分 勘察纲要部分：分 投标报价：分 其他评分因素：分（如有）
2.2.2	评标基准价计算方法	
2.2.3	投标报价的偏差率计算公式	

条款号		评分因素（偏差率）	评分标准
2.2.4（1）	资信业绩评分标准	信誉	……
		类似项目业绩	……
		项目负责人资历和业绩	……
		其他主要人员资历和业绩	……
		拟投入的勘察设备	……
		……	……

续表

条款号		评分因素（偏差率）	评分标准
2.2.4（2）	勘察纲要评分标准	勘察范围、勘察内容	……
		勘察依据、勘察工作目标	……
		勘察机构设置和岗位职责	……
		勘察说明和勘察方案	……
		勘察质量、进度、保密等保证措施	……
		勘察安全保证措施	……
		勘察工作重点、难点分析	……
		合理化建议	……
		……	……
2.2.4（3）	投标报价评分标准	偏差率	……
		……	……
2.2.4（4）	其他因素评分标准	……	……

②勘察评标程序

a.初步评审

（a）评标委员会可以要求投标人提交第二章"投标人须知"规定的有关证明和证件的原件，以便核验。评标委员会依据第2.1款规定的标准对投标文件进行初步评审。有一项不符合评审标准的，评标委员会应当否决其投标。

（b）投标人有以下情形之一的，评标委员会应当否决其投标：

投标文件没有对招标文件的实质性要求和条件作出响应，或者投标文件的偏差超出招标文件规定的偏差范围或最高项数；

有串通投标、弄虚作假、行贿等违法行为。

（c）投标报价有算术错误及其他错误的，评标委员会按以下原则要求投标人对投标报价进行修正，并要求投标人书面澄清确认。投标人拒不澄清确认的，评标委员会应当否决其投标：

投标文件中的大写金额与小写金额不一致的，以大写金额为准；

总价金额与单价金额不一致的，以单价金额为准，但单价金额小数点有明显错误的除外。

b. 详细评审

（a）评标委员会按第2.2款规定的量化因素和分值进行打分，并计算出综合评估得分。

按第2.2.4（1）目规定的评审因素和分值对资信业绩部分计算出得分A；

按第2.2.4（2）目规定的评审因素和分值对勘察纲要部分计算出得分B；

按第2.2.4（3）目规定的评审因素和分值对投标报价计算出得分C；

按第2.2.4（4）目规定的评审因素和分值对其他部分计算出得分D。

（b）评分分值计算保留小数点后两位，小数点后第三位"四舍五入"。

（c）投标人得分=A+B+C+D。

（d）评标委员会发现投标人的报价明显低于其他投标报价，使得其投标报价可能低于其个别成本的，应当要求该投标人作出书面说明并提供相应的证明材料。投标人不能合理说明或者不能提供相应证明材料的，评标委员会应当认定该投标人以低于成本报价竞标，并否决其投标。

c. 投标文件的澄清

（a）在评标过程中，评标委员会可以书面形式要求投标人对投标文件中含义不明确、对同类问题表述不一致或者有明显文字和计算错误的内容作必要的澄清、说明或补正。澄清、说明或补正应以书面方式进行。评标委员会不接受投标人主动提出的澄清、说明或补正。

（b）澄清、说明或补正不得超出投标文件的范围且不得改变投标文件的实质性内容，并构成投标文件的组成部分。

（c）评标委员会对投标人提交的澄清、说明或补正有疑问的，可以要求投标人进一步澄清、说明或补正，直至满足评标委员会的要求。

d. 评标结果

（a）除第二章"投标人须知"前附表授权直接确定中标人外，评标委员会按照得分由高到低的顺序推荐中标候选人，并标明排序。

（b）评标委员会完成评标后，应当向招标人提交书面评标报告和中标候选人名单。

2）勘察监理

发包人若委托监理人进行勘察监理。监理人享有合同约定的权利，其所发出的任何指示应视为已得到发包人的批准。监理人的监理范围、职责权限和总监理工程师信息，应在专用合同条款中指明。未经发包人批准，监理人无权修改合同。

合同约定应由勘察单位承担的义务和责任，不因监理人对勘察文件的审查或批准，以及为实施监理作出的指示等职务行为而减轻或解除。

3）勘察文件审查

①发包人审查勘察文件

发包人接收勘察文件之后，可以自行或者组织专家会进行审查，勘察单位应当给予配合。审查标准应当符合法律、规范标准、合同约定和发包人要求等；审查的具体范围、明细内容和费用分担，在专用合同条款中约定。

除专用合同条款另有约定外，发包人对于勘察文件的审查期限，自文件接收之日起不应超过14天。发包人逾期未做出审查结论且未提出异议的，视为勘察单位的勘察文件已经通过发包人审查。

发包人审查后不同意勘察文件的，应以书面形式通知勘察单位，说明审查不通过的理由及其具体内容。勘察单位应根据发包人的审查意见修改完善勘察文件，并重新报送发包人审查，审查期限重新起算。

②审查机构审查勘察文件

勘察文件需经政府有关部门审查或批准的，发包人应在审查同意后，按照有关主管部门要求，将勘察文件和相关资料报送施工图审查机构进行审查。发包人的审查和施工图审查机构的审查不减免勘察单位因为质量问题而应承担的勘察责任。

对于施工图审查机构的审查意见，如不需要修改发包人要求的，应由勘察单位按照审查意见修改完善勘察文件；如需修改发包人要求的，则由发包人重新修改和提出发包人要求，再由勘察单位根据新的发包人要求修改完善勘察文件。

由于自身原因造成勘察文件未通过审查机构审查的，勘察单位应当承担违约责任，采取补救措施直至达到合同约定的质量标准，并自行承担由此导致的费用增加和（或）周期延误。

③勘察文件审查要点

为规范建筑工程施工图设计文件审查工作，明确审查内容，统一审查尺度，根据《实施工程建设强制性标准监督规定》（中华人民共和国建设部令第81号）、《房屋建筑和市政基础设施工程施工图设计文件审查管理办法》（中华人民共和国住房和城乡建设部令第13号）规定，住房和城乡建设部编制《岩土工程勘察文件技术审查要点》。适用于房屋建筑工程、市政基础设施工程的城市桥涵、室外管道、城市道路（包括路基、路堤、路堑）和支挡工程的岩土工程勘察文件审查。

岩土工程勘察文件审查重点包括：岩土层分布、地下水条件、岩土的工程特性指标是否基本查明；对特殊性岩土、不良地质作用、地基承载力和变形特性、水和土的腐蚀性等重要的岩土工程问题是否正确评价。

房屋建筑工程勘察文件技术审查要点中不良地质作用、特殊性岩土、边坡工程及岩土参数等为通用性要求,市政基础设施工程勘察文件审查应参照执行。

(4)综合管廊勘察重点

1)综合管廊勘察特殊性

综合管廊工程专业性强、设计往往有特殊要求,若因勘察工作不到位或者地质条件判断有误,引起综合管廊方案变更、追加工程投资或者延误工期,由此带来的各类损失将十分巨大。

综合管廊分为干线综合管廊、支线综合管廊、缆线综合管廊(电缆沟)3种。3种类型管线一般均设置在车道、道路绿化带、人行道下,埋深较浅。因此管廊工程上部荷载来源主要为车辆荷载,负荷较轻,基坑及地基设计主要考虑土体开挖后回弹问题。另外管廊工程虽然线路长,但是一般建立在城市生活密集区,能够借鉴参考已有的勘察资料相对丰富。

管廊工程位于主干道下,虽然上覆荷载较少,但是道路周边已有建筑物较多,沿线可能紧邻重要建(构)筑物,场地受限制较多,而且综合管廊容纳至少两种市政管线,包括热力、给水排水、燃气、电力、电信等,同时要设置消防、通风、照明和监测系统等附属设施。因此有必要根据管线类别及地质条件采取多样化的测试手段。

2)综合管廊勘察要点

①勘察阶段及分级

综合管廊勘察根据工程规划和各设计阶段要求,应分阶段展开,以规避工程风险、避免工程投资浪费。规模大的干线综合管廊可分为可行性勘察、初步勘察和详细勘察3个阶段,必要时可进行施工勘察;中等规模管廊可分为选线勘察、详细勘察两个阶段;规模较小的支线管廊和缆线管廊可直接进行详细勘察。

综合管廊工程是城市的生命线工程,破坏后的后果往往很严重,按照《岩土工程勘察规范》,划分岩土工程勘察等级时大部分将其划为甲级,尤其是采用顶管法、盾构法施工的管廊,均作为甲级勘察,其科学性值得探讨,否则极易造成资源浪费。

管廊岩土工程分级应本着节约资源、保护环境的原则,根据综合管廊类型、纳入管线种类、影响人口、破坏后造成后果的严重程度以及断面净高等参数综合确定工程的重要性等级,如采用明挖法施工,根据基坑开挖深度分级,再综合场地复杂程度、地基复杂程度确定岩土工程勘察等级。

②勘察内容

综合管廊勘察应根据设计要求查明岩土工程条件及水土腐蚀性,提供岩土参数,并对线路通过地区的工程地质、水文地质进行评价。

③勘察手段

目前,综合管廊勘察均是以钻探为主,管廊延伸线路长、一般铺设在地表以下的黄金空间,考虑到物探具有快速经济的特点,易于加大勘探密度、深度和从不同方向辐射勘探线网,具有立体透视性的特点,同时其设备轻便、效率高,且在水上能探测。因此,勘察时宜采用钻探、物探结合的方式,尤其是管廊在经过河流、冲沟地段宜以物探为主。总之,管廊勘察要避免单一的勘察手段,采用综合勘察方法。

3)综合管廊勘察方案布置

①勘察方案编制参考规范

综合管廊工程具有建筑、管道、基坑、隧道和城市轨道交通地下区间工程的相似属性,勘探方案编制时可参考的国家规范及要求如表3-2所示。

综合管廊勘察时应视地质条件复杂程度确定孔间距,初步勘察宜为100～200m,对场地及岩土条件复杂场地,可适当加密。详细勘察孔间距宜为50～100m。在地层变化大、通过河道等地应加密。

管廊为市政项目,根据经验,建议宽度为10m以内可布一排孔,沿管廊中心线布置,宽度大于10m建议布两排及以上孔数,勘探点交错布置,即孔的排间距小于等于10m;另外断面宽的管廊可布设横断面。

综合管廊采用明挖法施工时勘探孔深应满足开挖、地下水控制、支护设计及施工的要求,建议设置在管廊设计高程以下3m。控制性勘探孔及有软弱夹层时宜加深。综合管廊采用盾构法、顶管法施工时,勘察孔深建议进入管廊底设计高程下5～10m。控制性勘探孔不应少于勘探孔总数的1/2。

②勘探孔平面布置

从可参考的国家规范分析,《岩土工程勘察规范》对建筑工程的勘探孔间距要求很明确,但该条款主要是针对采用天然地基的建筑工程,而综合管廊虽然也采用天然地基,但毕竟是长线路的地下市政工程,基础埋深大,且大多采用明挖法施工,更具有管道工程和基坑工程的性质,如按建筑工程来布置勘探孔显然比较牵强,且缺乏针对性,因而不太合适。

《市政工程勘察规范》中的管道工程主要适用于采用明挖法及顶管施工的地下埋设管道,对勘探孔的布置考虑了场地岩土条件和埋深,条款制定的比较详细和全面。但市政规范对管道工程的勘探孔间距规定得比较大,主要是基于管道工程重要性不高,管道荷载较小,对地基基础的强度要求不高,一般地层的承载力能够满足管道工程要求,可直接埋置于地层中;另外在软弱地基段和软

表 3-2 勘探方案布置时可参考的相关国家规范条款（详细勘察）

施工工法	规范名称	勘探孔间距		勘探孔深度	
		条款	内容	条款	内容
明挖法施工管廊	《岩土工程勘察规范》GB 50021—2001（2009年版）	4.1.15 建筑工程	地基复杂：10～15m。地基中等复杂：15～30m。地基简单：30～50m	4.1.18 建筑工程	勘探孔深度应能控制地基主要受力层，当基础底面宽度不大于5m时，勘探孔的深度对条形基础不应小于基础底面宽度的3倍
		4.8.3 基坑工程	勘察范围应根据场地条件和设计要求确定，宜超出开挖边界外开挖深度的2～3倍。在深厚软土区，勘察深度和范围尚应适当扩大	4.8.3 基坑工程	勘察深度宜为开挖深度的2～3倍，在此深度内遇到坚硬黏性土、碎石土和岩层，可根据要求减少深度
	《建筑基坑支护技术规程》JGJ 120—2012	3.2.1 基坑工程	勘探点应沿基坑边布置，间距宜取15～25m	3.2.1 基坑工程	勘探孔深度不宜小于基坑深度的2倍；基坑面以下存在软弱土层或承压水层时，勘探孔深度应穿过软弱土层或承压含水层
暗挖法和盾构法施工管廊	《市政工程勘察规范》CJJ 56—2012	8.4.2 管道工程（明挖）	场地岩土条件复杂程度： 一级：埋深≤8m，30～50m。 二级：埋深>8m，40～75m； 三级：埋深≤8m，50～75m。 埋深>8m，75～100m	8.4.3 管道工程	明挖管道勘探孔深度应满足开挖、地下水控制、支护设计及施工的要求，且应达到管底设计高程以下不少于3m；当基底下存在松软土层、厚层填土和可液化土层时，勘探孔深度应适当加深
		8.4.2 管道工程（顶管）	场地岩土条件复杂程度： 一级：20～30m。 二级：30～50m。 三级：50～100m	8.4.3 管道工程	非开挖敷设管道，勘探孔深度应达到管底设计高程以下5～10m

续表

施工工法	规范名称	勘探孔间距		勘探孔深度	
		条款	内容	条款	内容
暗挖和盾构法施工	《市政工程勘察规范》CJJ 56—2012	7.4.4 隧道工程	对松散地层中隧道，场地及岩土条件复杂程度： 复杂：10～30m。 中等复杂：30～40m。 简单：40～50m	7.4.5 隧道工程	一般性孔：宜进入隧道底板以下不小于1.5倍隧道高度； 控制性孔宜进入隧道底板以下不小于2.5倍隧道高度
管廊	《城市轨道交通岩土工程勘察规范》GB 50307—2012	7.3.3 地下区间	复杂场地：10～30m。 中等复杂场地：30～50m。 简单场地：50～60m	7.3.5 地下区间	控制性孔进入结构底板以下不应小于3倍隧道直径（宽度）或进入中等风化岩或微风化岩不小于5m；一般性孔进入结构底板以下不应小于2倍隧道直径（宽度）或进入结构底板以下中等风化岩或微风化岩不应小于3m

硬地基交界的不均匀地段，可通过采用柔性接头来避免差异沉降，因而对结构安全要求也不高。而综合管廊是类似于地下室的箱形混凝土结构，管道集中敷设在箱形结构中，主干管廊还设置有检修通道，因而管廊整体荷载大，对地基承载力要求高；另外管廊对差异沉降敏感，对地基的均匀性要求较高，在软弱地基段和软硬地基交界的不均匀地段必须要进行地基加固处理，以防止混凝土结构产生裂缝、渗水或漏水等安全隐患。综合管廊工程性质与市政管道工程虽然很相像，但综合管廊使用周期是按100年设计的，结构安全等级为一级，相比较管道工程重要性不言而喻。如按管道工程布置勘察方案，间距偏大，不利于综合管廊工程的安全。

《市政工程勘察规范》中的隧道工程及《城市轨道交通岩土工程勘察规范》中的地下区间工程，适用于采用盾构法和暗挖法施工的隧道，条文制定得较合理。如果综合管廊采用暗挖法及盾构法施工，由于工程特点接近，可以参考。

目前综合管廊工程大多采用明挖法施工，由于埋深大且结构断面尺寸大，故需按基坑工程进行围护设计。设计的关键是根据基坑的安全等级和场地的地质条件，确定安全、经济、技术合理的基坑支护措施和地基基础方案。因此，综合管廊的勘察按基坑工程布置最能满足设计要求和管廊工程重要性要求。《岩土工程勘察规范》和《建筑基坑支护技术规程》对基坑工程勘察要求都有规定，但《岩土工程勘察规范》对勘探点间距只有原则性的要求，没有具体规定，实际勘察中较难参考。《建筑基坑支护技术规程》对基坑勘探点间距要求比较明确，但未考虑场地及岩土条件的复杂程度和基坑开挖深度，不太全面。如果场地地质条件简单，地层分布均匀且性质较好，按此要求布置勘探孔，会因综合管廊线路长而导致勘察工作量偏大，显得不合理。

综合分析现有可参照的国家规范及地方规范，根据综合管廊的特点，在国家规范对综合管廊勘察没有明确之前，建议明挖法施工的综合管廊勘探孔布置可参照国家规范中的基坑工程；采用顶管法、盾构法和暗挖法施工的综合管廊可参照国家规范中的隧道工程和轨道交通地下区间工程，并充分考虑场地地质条件、设计施工方案、埋置深度等因素综合确定。勘探孔一般可沿综合管廊结构线两侧交叉布置，如综合管廊宽度较大可按结构线两侧并排布置，或适当布置横断面，以控制地层的变化。地质条件较好且埋深不大的综合管廊，勘探孔间距可适当放大，反之，勘探孔间距可适当加密。

③勘探孔深度确定

综合管廊埋深大，结构断面大，孔深确定需要考虑埋深影响范围内分布地层情况，尤其对不良地质及特殊性岩土需充分揭示，如液化土层、软弱土层、岩溶、土洞等，以满足综合管廊设计施工及结构安全要求。

从国家规范对勘探孔深度要求来看，《岩土工程勘察规范》对建筑工程孔深确定原则是控制地基的主要受力层，适用于浅埋基础，对埋深较大的综合管廊不太适宜。

《市政工程勘察规范》对明挖管道孔深确定原则是要满足开挖深度、地下水控制、支护设计和施工要求，但具体要求没有明确，实际勘察中较难把握。对非开挖敷设管道孔深要达到管底设计高程以下5~10m，适合管径不大的管道，但对大型的综合管廊不太合适。

《市政工程勘察规范》及《城市轨道交通岩土工程勘察规范》对采用盾构法和暗挖法施工的地下隧道和地下区间，孔深确定原则基本相同，即一般性孔深度按进入底板以下1.5~2.5倍隧道高度确定，控制性孔深度按进入底板以下2.5~3.0倍隧道高度确定。如果综合管廊采用顶管法、暗挖法及盾构法施工，可以参照。

《岩土工程勘察规范》和《建筑基坑支护技术规程》对基坑工程按开挖深度的2~3倍确定孔深，考虑了基坑支护设计要求，可以满足明挖施工综合管廊工程要求。

综上分析，建议明挖法施工的综合管廊可按基坑工程要求确定孔深，在分布有液化土层、软弱土层、承压含水层等对工程有影响的不良地质和特殊性岩土地段，勘探孔深度可按大值确定；在地层分布稳定、性质较好的地段勘探孔深度可按小值确定；遇有基岩时孔深可根据基础底板埋深和设计支护要求适当减浅。采用顶管法、盾构法及暗挖法施工的综合管廊可参照按《市政工程勘察规范》及《城市轨道交通岩土工程勘察规范》中的隧道工程和地下区间工程，并结合管廊结构高度和地层条件等因素综合确定孔深。

4）综合管廊勘探测试

①原位测试

综合管廊的勘察手段除常规钻孔外，可根据场地地质条件、综合管廊埋深、施工方式及地区经验针对性地布置原位测试，重点考虑对综合管廊设计施工影响较大的不良地质和特殊性岩土地段。如在软土发育地段可布置静力触探、十字板剪切试验；在水系较发育地区，暗浜对基坑支护施工影响较大，可采用麻花钻加强浅层勘探；在分布有粉土、砂土的地段需加强标准贯入试验，以了解地基液化情况；厚填土对基坑围护设计影响也较大，需注意判别填土的均匀性和密实性，可布置标准贯入试验或静力触探试验等。

②水文试验

地下水对综合管廊的建设影响较大，勘察时需注意水文试验的布置，尤其要关注对基坑安全有重大影响的承压水问题。在基坑影响范围内存在有粉性土、砂土等含水层时，需注意判别是否具有承压性，可适当布置承压水观测孔。

③室内试验

室内试验宜根据综合管廊施工方式、岩土地质条件和设计方案综合确定。例如对明挖法施工的综合管廊除进行常规试验外，重点要加强抗剪强度指标的测试，应根据设计和地方规范要求进行试验，不同的试验方法（有效应力法或总应力法，直剪或三轴）可能得出不同的结果。对黏性土可采用直剪固快或三轴固结不排水剪切指标（CU）；对于粉性土由于较难取得原状土样且较难制成三轴试验样，可以采用直剪慢剪试验；对粒径较大的砂土和碎石土，剪切指标可根据标准贯入试验实测击数和水下休止角等综合确定。

另外，综合管廊工程需加强水质分析和地基土的易溶盐试验工作，以满足管廊结构的长期防腐设计。

综合管廊勘察测试方法宜结合场地地质条件、埋深、施工方式及地区经验针对性地布置。

管廊工程具有埋深大、线路长、对地基的不均匀沉降及结构受力较敏感等特点。因此，对管廊工程分析及方案建议应结合上述特点进行。除了地基基础方案外，还应根据管廊的不同施工工法进行不同侧重的岩土工程分析。明挖法施工管廊的岩土工程分析类似于基坑工程，应重点关注基坑支护方案及地下水的影响及控制措施。暗挖、盾构法施工管廊岩土工程分析类似于隧道、地下区间工程，应重点关注围岩稳定性问题。此外，明挖法与暗挖、盾构工法在工程施工中所面临的问题也不同，应分别分析评价。

全过程工程咨询单位在综合管廊项目的勘察阶段应根据《城市综合管廊工程技术规范》GB 50838—2015、《岩土工程勘察规范》GB 50021—2001（2009年版）、《市政工程勘察规范》CJJ 56—2012等规范标准，提高城市综合管廊勘察设计质量，帮助业主从综合管廊特点着手识别项目勘察审查重点内容，给出具体的勘察咨询管理方案，提高综合管廊勘察阶段项目管理水平，确保工程质量，提高项目投资效益。

就综合管廊在勘察设计阶段勘察文件评审工作举例，梳理部分勘察文件评审表供全过程工程咨询单位参考拟定，如表3-3所示。

全过程工程咨询单位要严格按照相关的政策规范要求，遵守基本规定，就勘探点的布置、取样与测试、室内试验、地下水、场地和地基的地震效应、不良地质作用、边坡工程、岩土工程分析评价和成果报告几部分对综合管廊勘察文件进行评审，以便接下来设计工作和其他工作的进行。

城市综合管廊勘察文件评审参照表　　　　表3-3

审查项目		审查内容	审查依据
1.基本规定	—	1.勘察目的、任务要求和依据的技术标准应满足设计委托及合同的要求，并在勘察报告中予以明确。 2.城市综合管廊工程勘察方案应主要执行《岩土工程勘察规范》GB 50021—2001（2009年版）、《建筑基坑支护技术规程》JGJ 120—2012、《市政工程勘察规范》CJJ 56—2012、《城市轨道交通岩土工程勘察规范》GB 50307—2012、《室外给水排水和燃气热力工程抗震设计规范》GB 50032—2003等规范文件。注：综合管廊工程具有建筑、管道、基坑、隧道和城市轨道交通地下区间工程的相似属性，勘探方案编制时可参考国家规范及要求。 《市政工程勘察规范》CJJ 56—2012 1.0.3 市政工程必须按基本建设程序进行岩土工程勘察，并应搜集、分析、利用已有资料和建设经验，针对市政工程特点、各勘察阶段的任务要求和岩土工程条件，提出资料完整、评价正确的勘察报告	《岩土工程勘察规范》GB 50021—2001（2009年版） 《建筑基坑支护技术规程》JGJ 120—2012 《市政工程勘察规范》CJJ 56—2012 《城市轨道交通岩土工程勘察规范》GB 50307—2012 《室外给水排水和燃气热力工程抗震设计规范》GB 50032—2003
	基本要求	《市政工程勘察规范》CJJ 56—2012 4.4.1 市政工程详细勘察应针对工程特点和场地岩土条件，进行岩土工程分析与评价，提供设计和施工所需的岩土参数及有关结论和建议。 8.1.2 勘察前应根据不同勘察工作阶段的要求，取得下列图纸和资料： 1 管道总平面布置图； 2 管道类型、管底控制高程、管径（或断面尺寸）、管材和可能采取的施工工法； 3 周边既有地下埋设物分布情况。 8.1.3 城市室外管道勘察应为明挖法管道地基基础及顶管、定向钻施工的设计、地基处理与加固、管道基槽开挖和支护、排水设计等提供必要的岩土参数和相关建议。 8.4.1 详细勘察应按管道设计方案、施工工法、设计对勘察的技术要求，为施工图设计和施工提供所需的岩土参数及相关建议	《市政工程勘察规范》CJJ 56—2012
	勘察要求	《市政工程勘察规范》CJJ 56—2012 4.4.2 市政工程详细勘察工作内容应包括下列内容： 1 查明拟建场地不良地质作用的分布、规模、成因，分析发展趋势，评价其对拟建场地的影响，提出防治措施的建议； 2 查明场地地层结构及其物理、力学性质； 3 查明特殊性岩土、河湖沟坑及暗浜的分布范围，调查工程周边环境条件，分析评价其对设计与施工的影响； 4 查明地下水埋藏条件及其和地表水的补排关系，提供地下水位动态变化规律，根据需要分析评价其对工程的影响； 5 判定水、土对工程材料的腐蚀性； 6 对场地和地基的地震效应进行评价，提出抗震设计所需的有关参数；	

续表

审查项目		审查内容	审查依据
1.基本规定	勘察要求	7 根据需要,对地基工程性质、围岩分级及稳定性、边坡稳定性等进行分析与评价; 8 对设计与施工中的岩土工程问题进行分析评价,提供岩土工程技术建议和相关岩土参数。 8.1.4 城市室外管道勘察工作除应符合本规范第4章规定外,尚应符合下列规定: 1 管道通过基岩埋藏较浅的地段时,应查明对设计和施工方案有影响的基岩埋深及其风化、破碎程度; 2 应在管顶和管底部位采取土、水试样进行腐蚀性分析试验。对钢、铸铁金属管道,尚应针对管道埋设深度范围内各岩土层进行电阻率测试。	《市政工程勘察规范》CJJ 56—2012
2.勘探点的布置	勘探点的布置原则	《市政工程勘察规范》CJJ 56—2012 8.4.2 详细勘察的勘探点布置应符合下列规定: 1 明挖管道勘探点宜沿管道中线布置;因现场条件需移位调整时,勘探点位置不宜偏离管道外边线3m;顶管、定向钻施工管道的勘探点宜沿管道外侧交叉布置,并满足设计、施工要求; 2 管道走向转角处、工作井(室)宜布置勘探点; 3 管道穿越河流时,河床及两岸均应布置勘探点;穿越铁路、公路时,铁路和公路两侧应布置勘探点; 4 详细勘察勘探点间距宜符合表8.4.2的规定 表8.4.2 详细勘察勘探点间距(m) | 场地或岩土条件复杂程度	埋深小于5m,明挖施工	埋深5~8m,明挖施工	埋深大于8m,明挖施工	顶管、定向钻施工
---	---	---	---	---
一级	50~100	40~75	30~50	20~30
二级	100~150	75~100	50~75	30~50
三级	150~200	100~200	75~150	50~100		《市政工程勘察规范》CJJ 56—2012
	勘探孔深度	《市政工程勘察规范》CJJ 56—2012 8.4.3 详细勘察的勘探孔深度应符合下列规定: 1 明挖管道勘探孔深度应满足开挖、地下水控制、支护设计及施工的要求,且应达到管底设计高程以下不少于3m;非开挖敷设管道,勘探孔深度应达到管底设计高程以下5~10m; 2 当基底下存在松软土层、厚层填土和可液化土层时,勘探孔深度应适当加深	《市政工程勘察规范》CJJ 56—2012
3.取样与测试		《市政工程勘察规范》CJJ 56—2012 8.4.4 详细勘察采取土试样和进行原位测试的勘探孔数量不应少于勘探孔总数的1/2	《市政工程勘察规范》CJJ 56—2012

续表

审查项目		审查内容	审查依据
4.室内试验		《市政工程勘察规范》CJJ 56—2012 3.0.3 市政工程的岩土室内试验的试验方法、操作和采用的仪器设备应符合国家现行有关标准的规定。 3.0.4 市政工程的岩土试验项目可按规范规定并结合设计施工条件、工程地质与水文地质条件和岩土条件综合确定	《市政工程勘察规范》CJJ 56—2012
5.地下水	勘察	《岩土工程勘察规范》GB 50021—2001（2009年版） 7.1.1 岩土工程勘察应根据工程要求，通过搜集资料和勘察工作，掌握下列水文地质条件： 1 地下水的类型和赋存状态； 2 主要含水层的分布规律； 3 区域性气候资料，如年降水量、蒸发量及其变化和对地下水位的影响； 4 地下水的补给排泄条件、地表水与地下水的补排关系及其对地下水位的影响； 5 勘察时的地下水位、历史最高地下水位、近3~5年最高地下水位、水位变化趋势和主要影响因素； 6 是否存在对地下水和地表水的污染源及其可能的污染程度。 4.8.5 当场地水文地质条件复杂，在基坑开挖过程中需要对地下水进行控制（降水或隔渗），且已有资料不能满足要求时，应进行专门的水文地质勘察	《岩土工程勘察规范》GB 50021—2001 2009年版
	水位	《岩土工程勘察规范》GB 50021—2001（2009年版） 7.2.2 地下水位的量测应符合下列规定： 1 遇地下水时应量测水位； 3 对工程有影响的多层含水层的水位量测，应采取止水措施，将被测含水层与其他含水层隔开	
	水土腐蚀性测试与判别	《岩土工程勘察规范》GB 50021—2001（2009年版） 12.1.3 水和土腐蚀性的测试项目和试验方法应符合下列规定： 1 水对混凝土结构腐蚀性的测试项目包括：pH值、Ca^{2+}、Mg^{2+}、Cl^-、SO_4^{2-}、HCO_3^-、CO_3^{2-}、侵蚀性CO_2、游离CO_2、NH_4^+、OH^-、总矿化度； 2 土对混凝土结构腐蚀性的测试项目包括：pH值、Ca^{2+}、Mg^{2+}、Cl^-、SO_4^{2-}、HCO_3^-、CO_3^{2-}的易溶盐（土水比1:5）分析； 3 土对钢结构的腐蚀性的测试项目包括：pH值、氧化还原电位、极化电流密度、电阻率、质量损失； 4 腐蚀性测试项目的试验方法应符合表12.1.3的规定。 12.1.4 水和土对建筑材料的腐蚀性，可分为微、弱、中、强四个等级，并可按本规范第12.2节进行评价	《岩土工程勘察规范》GB 50021—2001 2009年版

续表

审查项目		审查内容	审查依据
6.场地和地基的地震效应	—	《市政工程勘察规范》CJJ 56—2012 3.0.5 市政工程场地地震效应评价应符合国家现行抗震设计标准的规定	《市政工程勘察规范》CJJ 56—2012 《室外给水排水和燃气热力工程抗震设计规范》GB 50032—2003 《岩土工程勘察规范》GB 50021—2001（2009年版）
	地震动参数	《室外给水排水和燃气热力工程抗震设计规范》GB 50032—2003 1.0.4 抗震设防烈度应按国家规定的权限审批、颁发的文件（图件）确定。 《岩土工程勘察规范》GB 50021—2001（2009年版） 5.7.1 抗震设防烈度等于或大于6度的地区，应进行场地和地基地震效应的岩土工程勘察，并应根据国家批准的地震动参数区划和有关的规范，提出勘察场地的抗震设防烈度、设计基本地震加速度和设计地震分组	
	场地类别	《室外给水排水和燃气热力工程抗震设计规范》GB 50032—2003 4.1.1 建（构）筑物、管道场地的类别划分，应以土层的等效剪切波速和场地覆盖层厚度的综合影响作为判别依据。 4.1.4 工程场地覆盖层厚度的确定应符合下列要求： 1 一般情况下应按地面至剪切波速大于500m/s土层顶面的距离确定； 2 当地面5m以下存在剪切波速大于相邻上层土剪切波速的2.5倍的土层，且其下卧土层的剪切波速均不小于400m/s时，可取地面至该土层顶面的距离确定； 3 剪切波速大于500m/s的孤石、透镜体，应视同周围土层； 4 土层中的火山岩硬夹层，应视为刚体，其厚度应从覆盖土层中扣除	
	液化判别	《室外给水排水和燃气热力工程抗震设计规范》GB 50032—2003 4.3.1 饱和砂土或粉土（不含黄土）的液化判别及相应的地基处理，对位于设防烈度为6度地区的建（构）筑物和管道工程可不考虑。 4.3.3 饱和砂土或粉土经初步液化判别后，确认需要进一步做液化判别时，应采用标准贯入试验法。当标准贯入锤击数实测值（未经杆长修正）小于液化判别标准贯入锤击数临界值时，应判为液化土。 4.3.5 对存在液化土层的地基，应根据其钻孔的液化指数按表4.3.5确定液化等级 表4.3.5 液化等级划分表 | 液化等级 判别深度	轻微	中等	严重 | |---|---|---|---| | 15 | 0＜IlE≤5 | 5＜IlE≤15 | IlE＞15 | | 20 | 0＜IlE≤6 | 6＜IlE≤18 | IlE＞18 |	《市政工程勘察规范》CJJ 56—2012 《室外给水排水和燃气热力工程抗震设计规范》GB 50032—2003 《岩土工程勘察规范》GB 50021—2001（2009年版）

续表

审查项目		审查内容	审查依据
7.不良地质作用	基本要求	《岩土工程勘察规范》GB 50021—2001（2009年版） 4.1.11 2 查明不良地质作用的类型、成因、分布范围、发展趋势和危害程度，提出整治方案的建议	《岩土工程勘察规范》GB 50021—2001（2009年版）
	岩溶	《岩土工程勘察规范》GB 50021—2001（2009年版） 5.1.1 拟建工程场地或其附近存在对工程安全有影响的岩溶时，应进行岩溶勘察	
	滑坡	《岩土工程勘察规范》GB 50021—2001（2009年版） 5.2.1 拟建工程场地或其附近存在对工程安全有影响的滑坡或有滑坡可能时，应进行专门的滑坡勘察	
	危岩和崩塌	《岩土工程勘察规范》GB 50021—2001（2009年版） 5.3.1 拟建工程场地或其附近存在对工程安全有影响的危岩或崩塌时，应进行危岩和崩塌勘察	
	泥石流	《岩土工程勘察规范》GB 50021—2001（2009年版） 5.4.1 拟建工程场地或其附近有发生泥石流的条件并对工程安全有影响时，应进行专门的泥石流勘察	
8.边坡工程	勘察工作布置	《岩土工程勘察规范》GB 50021—2001（2009年版） 4.7.4 勘探线应垂直边坡走向布置，勘探点间距应根据地质条件确定。当遇有软弱夹层或不利结构面时，应适当加密。勘探孔深度应穿过潜在滑动面并深入稳定地层2～5m。除常规钻探外，可根据需要，采用探洞、探槽、探井和斜孔	《岩土工程勘察规范》GB 50021—2001（2009年版）
	工作与评价要求	《岩土工程勘察规范》GB 50021—2001（2009年版） 4.7.1 边坡工程勘察应查明下列内容： 1 地貌形态，当存在滑坡、危岩和崩塌、泥石流等不良地质作用时，应符合本规范第5章的要求； 2 岩土的类型、成因、工程特性，覆盖层厚度，基岩面的形态和坡度； 3 岩体主要结构面的类型、产状、延展情况、闭合程度、充填状况、充水状况、力学属性和组合关系，主要结构面与临空面关系，是否存在外倾结构面； 4 地下水的类型、水位、水压、水量、补给和动态变化，岩土的透水性和地下水的出露情况； 5 地区气象条件（特别是雨期、暴雨强度），汇水面积、坡面植被，地表水对坡面、坡脚的冲刷情况； 6 岩土的物理力学性质和软弱结构面的抗剪强度。 《建筑边坡工程技术规范》GB 50330—2002 4.1.3 边坡工程勘察报告应包括下列内容： 1 在查明边坡工程地质和水文地质的基础上，确定边坡类型和可能的破坏形式； 2 提供验算边坡稳定性、变形和设计所需的计算参数值	《岩土工程勘察规范》GB 50021—2001（2009年版）

续表

审查项目		审查内容	审查依据
8.边坡工程	工作与评价要求	3 评价边坡的稳定性，并提出潜在的不稳定边坡的整治措施和监测方案的建议； 4 对需进行抗震设防的边坡应根据区划提供抗震设防烈度或地震动参数； 5 提出边坡整治设计、施工注意事项的建议； 6 对所勘察的边坡工程是否存在滑坡（或潜在滑坡）等不良地质现象，以及开挖或构筑的适宜性做出结论； 7 对安全等级为一、二级的边坡工程尚应提出沿边坡开挖线的地质纵、横剖面图	《岩土工程勘察规范》GB 50021—2001（2009年版）
9.岩土工程分析评价和成果报告	岩土工程分析评价	《市政工程勘察规范》CJJ 56—2012 8.4.5 详细勘察应重点分析评价下列内容： 1 分析评价拟建场地的不良地质作用、特殊性岩土的分布情况及其对管道的影响，提供相应处理措施的建议； 2 对拟采用明挖施工方案的深埋管道及工作竖井，应提供基坑边坡稳定性计算参数及基坑支护设计参数； 3 分析评价地下水对工程设计、施工的影响，提供地下水控制所需地层参数，并评价地下水控制方案对工程周边环境的影响； 4 当采用顶管、定向钻敷设管道时，应提供相应工法设计、施工所需参数；对于稳定性较差地层及可能产生流砂、管涌等地层，应提出预加固处理的建议； 5 管道穿越堤岸时，应分析破堤对堤岸稳定性的影响和堤岸变形对管道的影响，提供相关建议	《市政工程勘察规范》CJJ 56—2012
	成果报告	《市政工程勘察规范》CJJ 56—2012 11.2.4 详细勘察报告宜包括以下内容： 1 勘察目的、任务要求和依据的技术标准； 2 拟建工程概况； 3 勘察方法和勘察工作布置； 4 场地地形地貌、地质构造、地震效应、地层岩性及均匀性； 5 岩土物理、力学性质指标，岩土的强度参数、变形计算参数等的建议值； 6 地下水类型、埋藏条件、变化规律及其和地表水补排关系的分析； 7 土和水对建筑材料的腐蚀性评价； 8 可能影响工程稳定的不良地质作用、地质灾害、特殊性岩土的描述及其危害程度的评价； 9 地基基础方案的分析论证及设计所需的各项岩土参数； 10 对建（构）筑物施工及使用过程中的岩土工程问题的分析预测及预防、监控及治理措施的建议； 11 各类市政工程的重点分析评价内容； 12 附图表：勘探点平面布置图、工程地质柱状图、工程地质剖面图、原位测试成果图表、室内试验成果图表等	《市政工程勘察规范》CJJ56—2012

第4章 设计管理

4.1 设计内容

4.1.1 综合管廊设计要点

结合国内外综合管廊的设计成果和经验,并参考《城市综合管廊工程技术规范》GB 50838—2015,将国内综合管廊在设计中的要点总结如下。

(1)合理选择沟型

城市地下综合管廊主要包括干线管廊、支线管廊及缆线管廊。干线管廊一般主要位于城市主要道路的下方,采用的是独立分舱敷设城市主干管线;支线管廊一般位于道路的两侧下方,采用的是单舱或双舱敷设城市配给管线,主要服务邻近地块的终端用户;缆线管廊一般相对较为封闭,仅盖板可开启,主要是服务于电缆。在规划建设城市地下综合管廊工程时,要根据城市的发展规划,合理选择管廊类型,确保建成后可发挥相应的作用。

(2)平面设计

在进行平面设计的时候,管沟的平面设计和布局是很重要的,需要和内部进行沟通,及时和外界进行联系,还要对场地的功能以及路网的规划进行全方位的考虑,从而让布局变得更合理。在对管廊进行平面设计时,设计人员要充分考虑城市的发展,如管线种类及容量、城市道路、轨道交通规划等设施;同时这些设施的建设也要能够在城市管线的设置基础上,在综合管廊开展全面布局之前,做好安全措施,需要对管网进行全面普查,并根据普查结果对管廊进行分析,在必要的时候,还要进行专题报道,进而确保综合管廊建设的可行性。因此,设计人员在进行管廊的平面设计过程中,要尽可能地保证管线能够与城市道路之间保持平行关系,如果管线上方是铁路,则需要保证与铁路保持垂直关系。

综合管廊的顶部需设置检查口、通风口及投料口等多种孔口,一般情况下通风口要高于地面,其他孔口视实际情况进行设置。监控中心需设置在建筑物内,地下管廊每间隔200m就需要设置防火区,防火区需单独配置出风口、进风口、逃生口及吊装口。

(3)横断面设计

城市地下综合管廊的断面形式主要为圆形及矩形,二者各有优劣。矩形断面的优势在于造价较为低廉、管线敷设较方便,同时在保养维护时比较容易,矩形断面主要用于新城区或新建道路,施工方式一般采用现浇或预制装配式,管廊内部空间可得到最大限度利用。圆形断面主要用于直线型管廊及缆线管廊,如果管廊工程需要穿越特殊区域,埋深较深时,一般采用盾构施工。

(4)纵断面设计

城市地下综合管廊工程纵断面设计一般与道路的纵断面保持一致,这样可有效减少土方挖掘量。综合管廊在纵坡的变化位置应满足管线折角需要,管廊穿越路口位置时,需要采用部分下卧或上穿的形式,这样可避开重力流管线。综合管廊的纵坡最小应不低于0.2%,最大应不高于10%,这样既可满足管线检修时排水需求,同时也便于进行管线的搬运和敷设。此外,综合管廊纵断面的设计还需注意以下方面:综合管廊埋深必须要满足抗浮标准;综合管廊上部的覆土需满足燃气、给水排水及其他管线穿越的要求。

(5)分舱设计

管廊舱室的尺寸需符合《城市综合管廊工程技术规范》GB 50838—2015设计要求,满足各管线平行敷设的间距要求以及行人通行的净高和净宽要求,满足各管线安装、检修所需空间。

管廊舱室的尺寸还需要分别考虑管线预测期限与综合管廊的设计寿命。综合管廊工程的结构设计使用年限应为100年,而各类城市管线专项规划时限多与城市总体规划一致,一般在20年,需要在设计参数中加入一个弹性系数,以对各种公用管线留有发展扩容的余地,正确预测远景发展规划,以免造成容量不足或过大。

设置在综合管廊中的各种管线必须满足其专项规划的要求。综合管廊内相互无干扰的工程管线可设置在管廊的同一个舱,相互有干扰的工程管线应分别设在管廊的不同空间。经过综合分析后,综合管廊收纳管线相互影响关系如表4-1所示。

综合管廊收纳管线相互影响关系表　　　　表4-1

管线种类	给水管	排水管	燃气管	电力管	通信管	热力管
给水管	—	○	无影响	○	无影响	无影响
排水管	○	—	无影响	有影响	无影响	无影响
燃气管	无影响	无影响	—	有影响	有影响	有影响

续表

管线种类	给水管	排水管	燃气管	电力管	通信管	热力管
电力管	○	有影响	有影响	—	○	有影响
通信管	无影响	无影响	有影响	○	—	○
热力管	无影响	无影响	有影响	有影响	○	—

注：○表示其影响视情况而定。

综合管廊当中的管线格局，都应该按照相关的维修要求对通道和附属的设备进行布置。在布置综合管廊断面的时候，要进行全面的考虑和规划，从而扩大空间。一般情况下，热力管道在水管的上面，在电缆上面的地方进行通信线缆的设备安装，电缆的设置也需要在水介质的上面，小断面要在大断面的上面。

在综合管廊的排水管道方面一般都是使用分流制。当污水进入的时候就需要使用管道排水的方式。污水管道也应该设置在综合管廊的下面。如果在同一侧进行设置，就要满足以下要求：第一，给水管道在雨水管道的上面设置，不仅如此，还要按支架的高低程度进行敷设，所以，需要先对高压电缆进行设置；第二，低电缆的敷设工作；第三，弱电和信号电缆的敷设工作。如果在特殊的环境下就需要设置抗干扰措施，还要严格地控制电缆数量，除了自身用的电缆以外，都要在三根或者是三根以下，这样能够确保其正常运输和安装。

为了达到分舱的要求，要对各种入廊管线的性质进行掌控，还要对各方面的因素进行考虑。严格控制天然气管道，按规范进行管理，要进行独立的敷设，在使用蒸汽介质过程中也要进行单独的敷设。电力电缆在110kV以上，是不可以和通信电缆在一边的。通常，电力部门都是让电力电缆敷设在单独的舱室当中。

在不需要纳入燃气管道及雨污水管道时，只需要两到三舱室。而需将电力管道、通信管道、热力管道、燃气管道、给水管道、排水管道同时纳入综合管廊中，一般至少需要四个舱室。

（6）入廊管线分析（表4-2）

由于管线占用空间、技术性和经济性不同，导致其入廊难度也不同。因此在早期管廊断面中，往往不会纳入全部类型的管线。《国务院办公厅关于推进城市地下综合管廊建设的指导意见》中明确："已建设地下综合管廊的区域，该区域内的所有管线必须入廊。"因此，开展对燃气、雨污水管线入廊的管廊研究是极为迫切的。

1）燃气管线入廊

燃气管道入廊的难点，一方面是燃气本身的化学性质决定了它对安全性具有

入廊管线分析表　　　　　　　　　　　　　　　　　表 4-2

管线类别	占用空间	技术性	经济性	结论
电力管道	数量多，占用空间少	技术成熟，广泛应用	好	宜纳入
通信管道	数量多，占用空间少	技术成熟，广泛应用	好	宜纳入
热力管道	管径大，占用空间较大	技术成熟，广泛应用	较好	可纳入
给水管道	管径大，占用空间较大	技术成熟，广泛应用	一般	可纳入
燃气管道	管径较小，占用空间较小	天然气易燃、易爆，危险性很高	一般	视情况纳入
污水管道	管径大，占用空间较大	限制管廊纵断面坡度，清淤	较差	视情况纳入
雨水管道	管径大，占用空间大	限制管廊纵断面坡度，清淤	较差	视情况纳入

很高的要求，另一方面是目前燃气直埋的成本较之管廊要便宜许多。对于燃气管线入廊，需要考虑的内容主要包括：天然气管线纳入综合管廊时应敷设在独立管舱内；燃气管道存在泄漏风险，需考虑与其他市政管线的安全隔离。

故提出以下两种方案：

①燃气管道以小型舱室形式置于侧上方（图4-1）。此方案与直埋燃气管道的保护方式较为接近，因此产生的运维费用较低。此方案由于与主管廊相互独立，因此，燃气管道泄漏对于主管廊的影响最小。

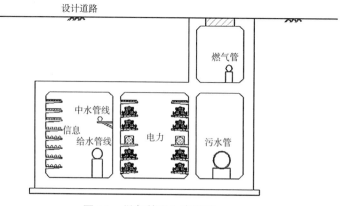

图 4-1　燃气管线入廊方案一

②燃气管道以箱沟形式作为管廊连接体（图4-2）。管廊内一侧设置可开启检修门，在燃气管道舱室顶部的燃气阀门位置处或其他易漏点处设置井室及通风泄压口，巡查人员既可以从管廊内部打开检修门对燃气管道进行检查维护，也可以通过开启特定位置的上部井盖对燃气管道进行维护。

2）雨污水管线入廊

污水、雨水管道入廊的难点是其携带杂质、固体颗粒，为避免淤积，便于清

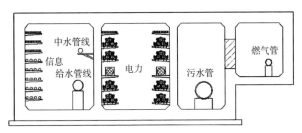

图 4-2　燃气管线入廊方案二

通，排水管道的敷设需有一定的坡度，并间隔一定距离设置检查井。当管线距离较长、管道埋设较深时，需设置中间提升泵站，将液位抬高后输送。

对于污水、雨水管道入廊，需要考虑的内容主要包括：入廊后污水管道的过流能力不应减小，即入廊后污水管道的坡度不应被改变；管线每隔一定距离需设置接驳井和接驳支管；污水管道因污水水质、水量变化不可避免地存在淤积问题，其检查检修设施和清疏方式均应特别考虑。

故可提出以下两种方案：

①雨水、污水管道分别设置单独舱室（图4-3）

适用于雨水箱涵与污水埋深相差不大，雨水管渠规格较大情况。其特点是雨水箱涵下部可作为雨水调蓄容积，做海绵城市中的调蓄理念、排水防涝与综合管廊雨水舱的有机结合。

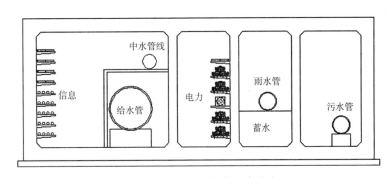

图 4-3　污水、雨水管线入廊方案一

②雨水、污水管道设置共用舱室（图4-4）

适用于雨水管道与污水埋深相差不大，且雨水管渠断面较小情况。合建空间较节约，造价节省，便于旱季时维护检修。

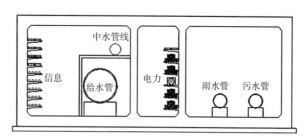

图 4-4　污水、雨水管线入廊方案二

（7）其他设计要点

1）管廊埋深及交叉节点设计

综合管廊的埋置深度对工程造价影响显著。当综合管廊的埋置深度较深时，有利于其他没有纳入综合管廊的管线敷设，但施工措施费用较高。当综合管廊的埋置深度较浅时，施工方便，施工措施费用较低，但不利于其他没有纳入综合管廊的管线敷设。因而综合管廊的具体埋置深度应结合不同的具体工程特点来确定，主要考虑如下因素：结构抗浮；上部绿化种植；管廊节点设计；其他管线支管埋深；检修车要求。根据国内经验，综合管廊普通路段的覆土一般在3.0m左右，遇到管线、涵洞、河道等障碍时，增加综合管廊埋深，方便其他管线从综合管廊上方穿越。

干线综合管廊为等级最高的综合管廊，吊装口、逃生口、通风口、人员出入口、端头井及管线出线口等均需设置。为减小节点设计规模及数量，结合防火分区划分，在满足使用功能的前提下，各节点应尽量合并设置。

综合管廊的节点处理是管廊设计及施工的重点和难点，由于管廊的相互交叉影响以及要保证检修人员在综合管廊内通行，使得综合管廊的节点处理比较复杂。管廊在节点处类似于管线立交。综合管廊的节点主要包含：管廊的连接通道、十字交叉、丁字交叉、端部出线、直埋出线、吊装口、人员出口、进风系统和排风系统等，从处理方法上来说，首先，可以将综合管廊在设计高度上加高实现互通功能，也可以通过平面尺寸的加宽或以夹层的方式来实现互通功能，来缓解综合管廊设计中管廊的空间与管线的矛盾；其次，为了能够便于工作人员对其进行保养和维护，还需要在设计过程中，针对节点处的管廊建设，采用上跨以及下穿等方式处理，以保证管廊的内部空间能够便于工作人员通行和工作；最后，地下管廊建设如果需要穿越河流，一般而言，都会对管廊采取下穿式建设，并在管廊的最低处，设置自动化排水泵，保证管廊整体运行安全。

2）附属设施设计

城市地下综合管廊工程附属设施主要有：通风系统、配电系统、警报系统、监控系统、消防系统、气体监测系统、排水系统、标识系统、监控系统及其他视实际情况增设的系统。供电系统中消防设备、应急照明设备及监控设备需采用二级负荷，其余系统设备可采用三级负荷；照明系统需设置正常照明系统和应急照明系统，确保在紧急情况下照明设备可正常运行；通风系统要采用机械通风和自然通风结合的方式，确保地下管廊内的空气流通；排水系统应设置相应的自动排水系统，避免管廊内积水影响地下各类管线；监控系统要对地下管廊内的气体、火情、温度等进行实时监测，并将各项监控数据及时传输到监控中心，以便在发生异常情况时可及时进行处理。

① 消防系统

城市综合管廊设计时其承重结构和防火墙都应采用阻燃材料，管廊内部的嵌缝材料以及填充材料都必须采取不燃材料，材料的耐火极限要超过3.0h。城市地下综合管廊设计时应设置甲级防火门、防火墙、阻火包等防火分区，各个防火分区之间应保留20m的间距。此外，为保证城市综合管廊的安全性，管廊内应设计火灾报警系统，并且配置完善的高倍泡沫、水喷雾、气体等灭火设备。

② 照明和供电系统

城市综合管廊中的监控设备、消防设备以及应急照明设备要按照二级负荷的要求进行供电，其余用电设备可以根据三级负荷要求供电，管廊中低压配电系统要确保三相负荷保持平衡，尽量采用交流220/380V的TN-S三相四线系统，为了确保综合管廊其他设备的安全性，综合管廊中对消防设置敷设耐火电缆，最好使用阻燃电缆。同时，城市综合管廊的各个管廊出入口和防火分区都必须设置标志灯，提示出口位置和安全应急通道，在距离地坪高度约1.0m的位置设置指示标志，间距应小于15m。

3）结构设计

结构是管廊的主体，其设计与地质情况、断面形式、施工方法等相关，需重点考虑。

① 主体结构方案

管廊主要材料采用钢筋混凝土，管廊主体结构可以分为预制拼装结构和现浇整体结构。

预制拼装结构是将管廊结构拆分为若干预制管片，在预制工厂浇筑成型后，运至现场拼装，通过特殊的拼缝接头构造，使管廊形成整体，达到结构强度和防水性能等要求，能有效缩短工期。但预制拼装结构整体性和防水性能相对较差、运输量大、截面变化不宜太多，适合于截面较小的断面。根据国内经验，其较适合于单舱或两舱的形式。

现浇整体结构即现场开挖、绑扎钢筋、浇筑管廊主体，管廊间隔一定距离设置沉降缝，纵向不设缝。现浇整体结构设缝数量少，整体性和防水性能较好。截面布置比较自由，可以根据管道变化调节。但开挖施工、现场浇筑所需时间比较长。

②计算模式

综合管廊结构承受的主要荷载有：结构及设备自重、管廊内部管线自重、顶部覆土及侧向土压力、地下水压力、地下水浮力、汽车荷载，以及其他地面活荷载。总体上，综合管廊结构目前计算模式大致存在3种：

a.分解构件模式

做法参照地下室或者水池结构，分别计算顶板、侧壁、中壁和底板并配筋，构件两端的支座一般采用固接或者铰接。该计算模式无法考虑构件端部节点转动刚度影响，从而不能准确计算相连构件端不平衡弯矩的二次分配。

b.浅埋地下结构"闭合框架模型"

在弹性地基梁理论基础上，通过土弹簧来模拟周围土体与结构之间的相互作用。但除地层较为坚硬或经过加固处理的地基，基底反力可视为直线分布，其他情况下应考虑沿线地质条件的变化，作用于结构底板的基底反力分布应根据地基条件具体确定。

c.有限元模拟分析

对管廊结构进行受力模拟分析，可以避免前两种模式的不足，较为准确地计算出管廊结构的实际内力。其难点在于如何正确设置模型边界条件和土体、结构参数取值合理。

4.1.2 综合管廊设计优化

（1）基坑支护方式比选（表4-3）

支护结构选型表　　　　　表4-3

类型	支护方式	支护方法	适用条件
放坡	自稳边坡	选择合理的坡率，在无加固、无支护条件下，依靠土体自身强度保持边坡稳定	基坑周围开阔，相邻建筑物距离较远，无地下管线或地下管线不重要，可以迁移改道
坡体加固	水泥土重力式挡墙	注浆，旋喷，深层搅拌水泥土挡墙	适用于包括软弱土层在内的多种土质，支护深度不宜超过6m，兼做隔水帷幕
坡体加固	土钉支护	插筋锚体与土体和喷射混凝土面层共同工作，形成补强复合土体	周围不具备放坡条件，水位较低或有降水条件，邻近无重要建筑或地下管线，坑外地下空间允许土钉占用

续表

类型	支护方式	支护方法	适用条件
坡体加固	复合锚喷支护	钢筋网喷射混凝土面层,锚杆,另加水泥土桩或其他支护桩作为超前支护	坑底以下有一定厚度的软弱土层,单纯喷锚支护不能满足要求时可考虑采用复合喷锚支护,可兼做隔水帷幕
排桩	悬臂式	钻孔灌注桩,人工挖孔桩,冠梁	对深度大于6m的基坑可结合冠梁顶以上放坡卸载使用,坑底以下软土层厚度很大时不宜采用
	锚固式	围护桩加预应力或非预应力灌浆锚杆、螺旋锚或灌浆螺旋锚、锚定板;冠梁;围檩	可用于不同深度的基坑,支护体系不占用基坑范围内空间,但锚杆需深入邻地,有障碍时不能设置,也不宜锚入毗邻建筑物地基中
	内支撑式	围护桩加型钢或钢筋混凝土支撑,冠梁或围檩,立柱	可用于不同深度的基坑和不同土质条件,变形控制要求严格时宜选用

1)深基坑内支撑支护优化设计

与工业民用建筑、地铁车站基坑工程不同,地下综合管廊深基坑具有断面宽度大、线形长的特点,其支护结构体系沿纵向无法及时封闭,易受沿线两侧土压力不平衡影响发生较大变形,难以形成三维空间围护体系。为了减少安全隐患,分段施工,要求施工完后尽快封闭回填。因此,管廊基坑在支护方案选型上应侧重于便捷、经济两方面。采用钢筋混凝土内支撑的基坑支护方案,用钢管撑取代钢筋混凝土撑,已有相关施工实践证明,这样在墙体侧移、弯矩以及支撑内力方面相对原支护方案都有所改善,同时加快施工进度,节约成本,并通过钢管撑在基坑开挖期间施加预压力,有效控制支护结构变形,钢管撑还可以重复利用,节省材料,顺应绿色施工潮流。因此,若基坑开挖较深且基坑离建筑物及行道树较近,建议采用排桩加内支撑的支护结构,即深基坑内支撑支护优化设计。

2)深基坑支护风险防范措施

①在进行基坑支护设计和施工之前必须认真对施工现场情况和工程地质、水文地质情况进行调查,以确保施工顺利进行;

②进行安全交底;

③制定安全生产管理目标,建立安全生产责任制,并对安全责任目标分解和落实;

④做好安全检查。

(2)防渗止漏优化

在地下水位比较高的地区,地下工程防渗止漏是一个技术难点。虽然一定数量的地下水侵入综合管廊不至于产生严重后果,但会增加排水设施的启动次数,同时会增加综合管廊内空气的湿度，降低综合管廊内管线和监控设施的工作寿命。

综合管廊的防渗止漏设计原则是"放、排、截、堵相结合，刚柔相济，因地制宜，综合治理"。综合管廊工程的防渗止漏通常通过以下几个技术措施加以解决。

1）控制变形

综合管廊工程一般情况下采用整体现浇钢筋混凝土结构形式。尽可能增加每节箱涵的分节长度，减少变形缝的数量，一般采用25m长的分节长度，在节与节之间设置变形缝，同时，在变形缝缝间设置剪力键，以减少相对沉降，保证沉降差不大于30mm，确保变形缝的水密性。

2）做好细部构造防水

变形缝、施工缝、通风口、投料口、出入口、预留口等部位，是渗漏设防的重点部位。

变形缝的防水采用复合防水构造措施，中埋式橡胶止水带与外贴防水层复合使用。变形缝内设橡胶止水带，并用低发泡塑料板和双组分聚硫密封膏嵌缝处理。

施工缝是防渗止漏的一个薄弱部位，因而应尽可能减少施工缝的设置数量。施工缝应为水平缝，不允许留垂直施工缝。水平施工缝宜设置在底板面（或腋角面）以上不小于300mm处。在浇筑新的混凝土之前，在已浇好的施工缝表面，应将其表面浮浆和杂物清除，先铺30～50mm厚的1:1水泥砂浆或涂刷混凝土界面处理剂，并及时浇灌混凝土。选用的遇水膨胀橡胶腻子止水条应具有缓胀性能，其7d的膨胀率应不大于最终膨胀率的60%。

为各种管线进出综合管廊而设置的预留口是防渗止漏的一个薄弱部位。自来水管道常采用预埋穿墙套管进行处理，比较容易解决渗漏问题。但对于各种各样的电缆进出综合管廊而预埋的预留接口，则比较难以处理。根据以往地下工程建设的教训，该部位的电缆进出孔是渗漏最严重的部位。

综合管廊关键部位防水用材如表4-4所示。

（3）地基沉降风险优化

由于综合管廊是线形条状结构，沉降问题处理不好，可能造成伸缩缝处产生错缝，导致渗水并引起管道受剪而破坏，或造成线性坡度变化，对管廊内的管线造成影响。因此对可能造成较大沉降的软弱地基，需要特别重视。

对于地层岩性变化、地下水位变化、地表载荷变化等因素可能引起的沉降均应作细部接头设计。一般综合管廊的中梁比原来地基要轻，由于基础荷重的减轻很少会发生地质沉降现象。因此在综合管廊上覆土或在压实的地基上修建综合管廊时，必须充分论证沉降的影响。综合管廊地基沉降的处理方法可以分为两种，一种是根据下沉量及构造物的特性采取跟踪注浆，另一种是采取措施防止构造物

综合管廊关键部位防水用材 表4-4

工程部位	主体结构						施工缝					后浇带				变形缝					
防水措施	防水混凝土	防水卷材	防水涂料	塑料防水板	膨润土防水材料	金属防水板	遇水膨胀止水条（胶）	外贴式止水带	中埋式止水带	外抹防水砂浆	外涂防水涂料	水泥基渗透结晶防水涂料	预埋注浆管	补偿收缩混凝土	外贴式止水带	预埋注浆管	遇水膨胀止水条（胶）	防水密封材料	中埋式止水带	外贴式止水带	可卸式止水带	防水密封材料	外贴防水卷材	外涂防水涂料

下沉，采用桩基支撑方法防止构造物下沉。另外还有一种折中方式，即利用摩擦桩防止差异下沉。

1）跟踪注浆处理综合管廊差异沉降的措施

在综合管廊周边深大基坑开挖过程中，沿管廊保护段纵向以合理间距布设注浆孔，对每个注浆孔通过分阶段地多次、少量地向管沟底部土层叠加注浆，并严格控制每次注浆的抬升量，使每次注浆引起的隧道上抬量ΔV总大于结构沉降加上地基由于每次注浆引起的超孔隙水压力部分消散而产生的固结沉降量之和ΔS。为确保$\Delta V > \Delta S$，需控制每次的注浆量和两次注浆之间的时间间隔ΔT，特别在初始阶段抬升注浆，减少ΔT即减少注浆引起的超孔隙水压力的消散时间，从而减少ΔS，增大$(\Delta V - \Delta S)$的量。

2）桩基支撑处理综合管廊差异沉降的措施

①对于在软土层中使用拉森钢板桩形式的基坑支护，应对坑内土体采用水泥搅拌桩连搅形式进行加固，可防止软土层因震动作用产生扰动，流失进入钢板拔桩带泥产生的空隙中。

②拉森钢板桩基坑支护的施工应严格按设计要求和施工质量验收规范规定进行施工。加强基坑支护监测控制，发现问题及时报警，并采取处理措施。

③在拔除钢板桩时要做到：分舱、分段落跳拔施工。跳拔工艺主要解决拔桩激振位置与管廊变形缝之间的影响问题。跳拔时要对称与平衡，利用地基土对管廊节段简支平衡条件，最好是两台插板机在管廊两侧对称跳拔。

④拔除钢板桩后应及时注浆。注浆是为了尽可能弥补拔桩打出泥土后形成的空洞，但必须强调注浆与拔桩的同步性和压力平衡性。施工注浆设备要满足注浆的进度要求，否则注浆的效能将大打折扣。

⑤基坑的开挖和支护应按《建筑地基基础工程施工质量验收规范》GB 50202—

2018的要求施工与监控，并采取相应构造措施。改变管廊垫层厚度形成钢板桩最底部的刚性支撑。改用钢筋混凝土垫层主要起到基坑底支撑钢板桩的作用，避免因施工过程中施工支撑不及时、不到位、支撑力不足、支撑损坏等造成基坑变形过大、基地隆起、基坑外地面沉降等现象。

⑥改变换填褥垫层材料。原换填的地基处理材料为级配砂石材料，改为水泥稳定石屑（6%水泥用量）的褥垫层，增强换填材料的胶凝性，使得换填的材料形成整体。

⑦减小管廊结构变形缝设置间距，可适当增强管廊结构的纵向刚度。

（4）结构抗震优化

综合管廊是城市生命线工程。由于综合管廊中收纳了城市供水、供气、电力、通信等多种管线，其在地震等灾害的冲击下，会出现大面积功能性障碍，甚至导致城市系统全面的功能瘫痪，因此，必须进行抗震设计。在抗震减灾设计方面，通过提高结构构造措施来保证综合管廊的抗震性能。

例如日本为防止地震对综合管廊的破坏，采用了先进的管道变形调节技术和橡胶防震系统。1995年1月阪神大地震时，神户市内房屋倒塌、断水断电，但是当地的综合管廊仅有个别地方出现水泥表皮稍许剥落和开裂的现象，整体结构毫发未损，从而使人们认识到了综合管廊在防震中的巨大威力。

（5）填海地区建设综合管廊

填海区普遍存在着地下水位高、海水入侵严重、地质条件较差等问题，在填海地区内建设综合管廊将面临较为复杂的情况。

以深圳市前海合作区为例，前海合作区地下填土层厚度一般为5~6m，综合管廊多分布于此层范围内，建设时需进行基坑支护和基础处理，在一定程度上会增加建设成本。结合前海合作区特点，综合管廊工程施工时设计采用1:1的放坡加8cm C20挂网喷混护面的处理方法进行施工支护，部分路段还同时采用下部钢板桩悬臂式的支护方法。在软基处理上，根据不同工段类型选用不同的软基处理方法以减少差异沉降。前期软基处理后沉降、压实度标准均能满足使用要求，且通过勘察验证的路段，采用"浅层换填+碾压密实"处理；综合管廊基础地基进入软土层或结构底板下存在深厚软土层（大于4m）的段落，采用"高压旋喷桩复合地基"加固处理；存在地下空间结构的路段，结合地下空间范围，采用"双向土工格栅"作过渡，以减少差异沉降。

在填海区建综合管廊的施工工艺比其他地质条件良好地区复杂，在一定程度上会增加综合管廊建设成本。若在综合管廊施工时需要进行钢板支护，则将显著增加项目成本，初步估计需要增加投资约1.2万元/m。总之，从工程技术的角度上看，填海区建设综合管廊是可行的，但是技术上需要重点研究，因地制宜地结合具体地质条件分析考虑。

（6）电力电缆与通信电缆的相互干扰问题优化

一般而言，综合管廊中总是收容电力电缆与通信线缆，其中，同轴通信电缆与电力电缆之间存在严重的电磁干扰。我国的相关设计规范规定，两者不能共同敷设，即使要共同敷设，也必须保持一定的净距。如果按此规范的要求达到综合管廊的横断面设计，必将极大地增加综合管廊的横断面尺寸，导致造价的上升并引起不必要的经济损失。

由于科学技术的进步，目前作为信息传输载体的介质，已越来越多地采用了光缆，而材料的革命，彻底解决了两者的共同问题，即信息管线介质为光缆时，两者间的相互干扰问题可以忽略不计，无须采取特殊的技术措施，就可以共同敷设。从总体而言，以光缆作为信息传输的物质载体，已成为21世纪信息革命的趋势和潮流，目前市政道路下已全部光纤化。

当采用同轴电缆作为信息传输的物质载体时，可以通过以下技术方案，来消除电力与通信电缆间的电磁干扰问题。

1）电缆布置策略

"最大距离"与"等距离"是电缆布置的两大原则，其措施如下：

①电力电缆与弱电（60V以下）系统的线路（特别是通信线路）应尽可能维持最大距离。

②同回路的各条电力电缆线应紧靠配置。

③三相电缆采用正三角形配置。

④同回路所有带电导线缠绕或完全换位。

⑤尽可能采用多芯电力电缆，将同回路所有相导体、中性导体及接地线容纳在同一条电缆内。

以上①②两项是基本措施，是必须要实施的项目，③④⑤项当有必要时择一实施，即当通信与电力电缆长距离平行，且平行长度超过一定值时才有必要实施，对于非多重系统接地的电力电缆（一般低压、35kV及110kV），只要实施③④⑤中的一项，可完全免除干扰忧虑。

2）加强屏蔽措施

增设各种导体，可改善磁场屏蔽效果，其原理主要是产生感应电流磁场以抵消部分干扰源磁场。

①电力电缆加强屏蔽的措施

屏蔽层或中性导体直接并联导体，且互联多重接地。

使用导体材料（金属材料）做电流架或电缆槽，此金属架（槽）必须在纵方向电性连接良好且实施多重接地。

②通信光缆加强屏蔽的措施

增加专用屏蔽导线，此导线应多重接地。

③综合管廊结构屏蔽措施

沟体结构钢筋做良好的电性连接，使用焊接或熔接技术，连接沟体钢筋。尤其在纵方向的主钢筋应实施此种连接，预埋接地导线，可使用裸铜线埋设于沟体底部，一方面做屏蔽导体，另一方面提供各种接地连接，效果最为显著。

以上各项措施配合现场需要实施，基本上管道长度超过干扰安全长度时，才有必要择一实施。

4.1.3 设计阶段管理方案

（1）全过程动态跟踪勘察设计

综合管廊技术复杂及勘察和设计在各阶段互相穿插，只有设计和勘察两大主体密切配合才能保质保量如期完成勘察设计工作。因此，监理工作应与勘察、设计工作同步进行。可采用分阶段全过程动态跟踪的办法开展管理工作。建立完善的技术例会、技术接口管理制度；建立与设计单位、勘察单位稳定的沟通渠道；及时协调项目主体单位间出现的各种矛盾。

（2）相关单位关系前期早协调

对于工程详细情况，政府有关工程管理的职能部门、与工程相关的企事业单位早汇报，使其早知道、早评议，以便顺利完成勘察设计工作，避免反复，额外增加勘察设计工作量。

（3）与业主勤沟通

对于勘察设计的进展和存在的问题及时向业主汇报，使其心中有数，以便对超出勘察设计监理协调范围的问题及时解决。

（4）加强综合管廊设计管理力度

在综合管廊勘察设计领域应具有很强的技术实力，拥有一批综合素质高的专业技术人员，可以充分发挥自身的技术优势，除严格进行本工程勘察设计的质量、进度控制外，还可以加大技术投入，在各阶段为勘察设计单位提供技术支持。

（5）对特殊结构重点控制

根据项目的特点，对综合管廊中的特殊结构加以重点控制，避免勘察设计单位走弯路。要求勘察设计单位对工程所在特殊地段进行详细的工点测量和进行严谨的地质勘探，掌握翔实的现场资料，只有准确把握现状实际才能做到工程设计的切实可行。并加大各设计阶段的审查力度，根据设计进度计划同步核算，及时反馈意见。

4.2 设计理念

4.2.1 综合管廊设计理念

（1）整体规划，健全机制理念

对城市地下管廊建设发展作出重要部署，以新的认识、新的思路、新的作为，致力于新常态下城市地下管廊纵横管线建设。多次实地调研城市及地区综合管线工程建设，现场解决问题，并就如何抓好项目建设管理作出安排，提出明确要求。各级各部门按照职责要求，定期召开会议，研究解决项目存在问题，扎实推进项目建设。

（2）以人为本，规划建设理念

坚持先规划、后建设，切实加强规划的科学性、权威性和严肃性。发挥规划的控制和引领作用，严格依据城市总体规划和土地利用总体规划，强力推动专项规划编制，充分考虑资源环境影响和民生要求，有序推进城市综合管线建设工作。坚持先地下、后地上，优先加强供水、供气、供热、电力、通信、公共交通等与民生密切相关的城市综合管廊建设，加强老旧城市综合管线改造。保障城市综合管线和公共服务设施供给，提高设施水平和服务质量，满足居民基本生活需求。

（3）面向施工的绿色规划设计理念

面向施工的绿色规划设计是指在满足管廊建设规划要求的前提下，从施工角度出发，采取绿色规划和绿色设计手段，尽可能地做到施工方便、节约资源、减少污染、保护环境，从而达到快速、绿色、低成本的目的。

1）规划建设理念

合理规划管廊线路：综合管廊的线路布设，要根据城市的区域规划、现有道路的修建情况、周边重要建构筑物情况、地铁等地下空间的规划情况、城市发展水平等综合确定，要制定符合城市发展水平的、满足用户需求和管线服务功能的、对周边环境影响小的综合管廊规划方案，这样对于施工单位来讲，就可以大大降低施工难度，有效降低施工成本，也避免了由于道路的反复开挖造成的不良影响。

经济规划入廊管线：入廊管线的种类和数量要根据周边地块目前及未来的实

际需求、现有管线的敷设情况、现有道路的实际尺寸而定，不能一味追求高大上而将所有管线全部入廊，也不能仅考虑目前的实际需要进行规划，要综合考虑未来的需求预测，尽量避免为增加容量而反复开挖路面。同时对于雨污水等重力流管线是否入廊，要结合当地实际情况（雨污水建成年代、原状路面坡度、现状路断面尺寸、当地天气等）决定。

预留空间适度开发：预留空间有两层含义，一是在规划综合管廊时要考虑预留其他地下空间的建设可能；二是在综合管廊本体内要预留未来其他管线的空间。适度开发是指综合管廊的建设要有序适度开发，不能为了追求业绩或政绩，一次上马所有项目，要分批逐次建设。

集约规划地下空间：在进行综合管廊的规划时，要考虑目前及未来要建设的地铁、地下商业、地下快速路等其他地下空间项目，统筹考虑，集约规划，统一建设，否则将会带来规划节点冲突问题、周边环境保护难题、施工成本增加难题。

2）绿色设计要点

合理设计断面布局：断面设计反映出设计水平的高低，也是影响施工的直接因素。断面设计合理，施工起来就非常方便，因此在断面设计和布局时要掌握以下几点要求：断面设计在满足规划预留条件的同时，尽可能优化管线布局，减少断面尺寸；同一个项目尽量减少断面设计数量；舱位尽量不采取分幅布置，以免开挖两次路面；避免外挂小舱的断面设计，模板和脚手架很难施作，基底处理也非常难做。

经济设计结构尺寸：目前很多设计院在设计主体结构时，更多的是参考以前或他人的成功经验，但是项目所处的区域不同、地质条件不同、结构埋深不同，其结构尺寸应该经过认真计算而定，年轻的设计人员为了安全，考虑了很大的设计富裕系数，设计出的结构厚度偏大，配筋率也偏大，给施工单位造成的施工难度增大，同时造成了极大的浪费。因此应该在满足安全的前提下，充分考虑实际设计条件，认真计算，经济设计管廊主体的结构尺寸。

提前设计预留预埋：由于建筑和结构的不同步设计，或者因为工期紧张，很多时候仅有结构设计图，而没有建筑预留预埋设计，以至于后期预留预埋时都要进行混凝土凿除，造成了很大的噪声和粉尘污染。另外也会造成预埋件的施工精度不好控制，给后期的管线安装带来很大麻烦。因此预留预埋要进行提前设计，在建筑设计时就要充分考虑好预留预埋的设计，以便在结构图设计时同步进行。

适度设计预制装配：目前市场上出现的预制装配技术主要分为节段预制装配、分块预制装配、叠合预制装配、组合预制装配等形式，而且也在综合管廊的结构设计时得到了广泛的应用。但是由于项目本身的规模不同、断面设计不同、施工场地的不同，不能简单地认为某一种预制装配技术就是万能的，就是最好的。经过实际工作者的实践证明，每一种预制装配技术都有其适应性，因此要根据追求的目的，想得到的目标，现场的实际情况，采取适合的预制装配技术。一般情况下，单舱和两舱等断面不大的管廊采用节段预制装配技术，三舱以上的管廊采用分块预制装配和叠合预制装配技术，组合预制装配也是一种好的技术，但是由于受其横向和纵向之间的连接方式以及增加的中隔墙（板）等因素影响，目前在国内还没有实际应用案例。另外在周边环境复杂、场地狭小的地方，无法进行大型构件的运输和吊装，就无法采用节段预制装配技术。

有效设计防水体系：虽然综合管廊防水设计设为二级，但由于其使用年限为100年及将来的运营环境要求较高，设计院和施工单位在防水设计和施工时都极其重视，因此要考虑气候条件、水文地质、结构特点、施工方法、使用条件、经济技术指标六大因素，遵循防排截堵相结合、刚柔相济、因地制宜、综合治理四项原则，掌握结构自防水和施工缝、变形缝等接缝防水两个重点，把控好材料、设计和施工三个环节，最终设计出有效、可靠、施工方便的防水方案。设计时，在满足规范要求的情况下，不能盲目地保守设计或过度设计，以免造成浪费；另外做好防水设计标准化，尽量避免一个项目多种防水体系，人为地造成施工困难。

（4）智慧城市结合综合管廊，打造智慧管廊

将信息技术、互联网+、智能应用体系、数据融合、各种智能设备等智慧技术引入综合管廊，建立综合管廊的智能监控和管理系统。提升综合管廊的运营、维护和监控水平，满足入廊管线的运营要求，提高工作效率和水平。

建筑信息模型具有可视化、协调性、模拟性、优化性和可出图性等特点；能够在全生命周期服务于综合管廊的规划、设计、施工和运营等各个阶段。

管廊施工中，由于空间紧凑，为后续建造作业预留足够的空间成为重要的问题。通过BIM技术进行模拟，搭建BIM模型和管廊施工之间的可视化桥梁，实现BIM技术与施工管理深度融合，整合管廊通风、消防、排水、电气、监控、警报等系统，可以直观、立体地展示整体施工工序之间的衔接情况，从5D模拟中找出关键点，及时纠偏，从而提高施工效率，节省材料。

4.2.2 新技术、新工艺、新材料的应用

（1）新技术、新工艺在综合管廊项目中的应用

1）混凝土技术

管廊主体结构抗渗、抗裂要求较高，为了确保施工质量，可以应用的新技术有：自密实混凝土技术、混凝土裂缝控制技术、高耐久性混凝土等。

2）粗直径钢筋连接技术

直径≥16mm的钢筋采用机械连接，直径＜16mm的竖向钢筋接头优先采用电渣压力焊连接，确保钢筋接头的连接质量。竖向钢筋电渣压力焊是利用电流通过渣池产生的电阻热将钢筋两端熔化，然后施工加压力使钢筋焊合，此方法操作简便、工效高、成本低，现场施工方便。

3）模板及脚手架技术

应用于综合管廊工程的技术有：大型模板整体安装技术、铝模板施工技术、盘销式钢管脚手架及支撑架施工技术等。

4）绿色施工技术

应用于综合管廊工程的绿色施工新技术主要有：基坑施工封闭降水技术、施工过程水回收利用技术。

5）预制拼装

综合管廊施工方法主要有现浇法和预制法两种。现浇法具有截面变化适应能力强和施工技术成熟等优点，其缺点是只能采用开槽法施工，受工地现场条件制约大，施工周期长，对周边生态环境有一点影响。而采用传统预制法，一般模板供应周期长，尺寸适应能力差，存在现场接头防水要求高、耐久性较差等缺点。

管廊分节段预制拼装施工技术，通过采用可自由拼装的定制铝模板，在施工现场预制管节，工厂化养护设施，可有效保证管节的质量。同时，将预制管节运输至现场采用履带式吊车拼接，承插式柔性接头，可有效保证城市地下综合管廊建设的施工质量。该技术的应用将引导综合管廊建设朝着节能环保的方向发展，在国内同类地下综合管廊建设中值得推广应用。

6）承插型盘扣式钢管支架

相比碗扣式支架，盘扣式支架拥有如下优势特征：

①由于承插型盘扣式钢管支架的各个构件部位均进行过镀锌处理，因此其在抗锈蚀方面的性能增强，极好地确保了各构件不受锈蚀所造成的负面影响，将实用、实效性均予以提升。整体呈现银灰色，搭设完成后整洁美观。碗扣式支架钢管表面油漆易脱落、易生锈。盘扣式支架整体形象效果上远远高于碗扣式钢管支架，有利于项目的整体形象。

②承插型盘扣式钢管支架的斜杆与水平杆是通过圆盘及插销来进行稳固的，并与立杆形成有效连接，其形式为半刚性连接，因此其约束力偏高，且构成的支架稳固特性整体上来说也增强了。连接过程中，可对插销进行敲击来促使支架稳固连接；而在拆除过程中，则通过逆向敲击就能将连接的杆件拆除。所以说其安拆极为便利，且更具安全、高效等优势。整体稳定性和施工效率也高于碗扣式钢管支架。

承插型盘扣式钢管支架因自身所拥有的特性优势被广泛应用，如杆体的强度较高，拥有极强的防锈特性，在节点的结构方面也分布合理，外观质量高，且搭拆便利，能提升施工效率，对降低工人的劳动强度也有所助益等。可见，承插型盘扣式钢管支架将逐渐成为今后支架支撑体系的发展方向。

7）预应力锚索支护结构

预应力锚索支护结构适用于长距离、高精度要求的综合管廊深基坑。能有效控制深基坑变形、基坑周边地表沉降，有效控制基坑渗水与边坡位移，确保基坑自身、周边建筑物和地下管线等在综合管廊深基坑开挖过程中的安全。

8）装配整体式综合管廊

装配整体式综合管廊是一种采用预制叠合底板、预制叠合墙板、预制叠合顶板等工厂预制构件，运输到工地现场进行安装、浇筑叠合部分混凝土形成整体结构的技术体系，耗时较使用传统现浇施工大大缩短，提高工程的经济效益。预制构件生产工厂化使得预制构件成型后的混凝土表面较为致密，有助于提高混凝土的自防水性能、耐久性能。鉴于装配整体式综合管廊的优点，其在工程应用方面有较好的前景。

9）预铺反粘防水技术

综合管廊工程对防水材料和混凝土质量要求很高。为确保管廊"滴水不漏"，采用国内领先的预铺反粘防水技术，在一定厚度的高密度聚乙烯卷材基材上涂覆一层非沥青类高分子自粘胶层和耐候层复合制成的新型"止水面膜"——多层BAC复合卷材，这种材料不仅耐水性好、易检修，而且施工过程中省去溶剂和燃料，避免了环境污染和消防隐患，解决了国内预铺（外防内贴）防水难题。

10）高耐久性混凝土技术

在混凝土中加入粉煤灰，以降低水泥用量，减少水化热的产生；加入了减水剂和膨胀剂，应用混凝土养护剂，有效防止混凝土裂缝出现；采用高强钢筋直螺纹连接和组合铝合金模板施工技术，保证了管廊主体质量好、施工速度快。

11）管廊施工机器人——管廊衬砌台车

按照传统工艺，管廊主体混凝土施工采用立模板、绑扎钢筋、浇筑混凝土等烦琐工艺，不仅浪费人力物力，而且容易造成误差；而管廊衬砌台车，可以让施工多快好省，克服组合钢模板拼缝多、加固复杂烦琐、拆卸困难的缺点，混凝土外观大大提升，减少作业人员数量，施工速度提高，整体平整度误差降低。

12）企业的计算机应用和管理技术

施工现场配备计算机，保证给现场监理方和业主随时提供与工程有关的资料。充分利用计算机应用和管理技术，在施工管理方面，将经营管理软件、施工工艺控制软件应用于本工程中,保证主要节点受控,以达到优质、高速地完成施工任务。

13)灭火新技术——高压细水雾

①更小的雾滴粒径:高压产生更小的雾滴。

②快速弥散:高动量和更小的水颗粒,使得细水雾具备类似气体的快速扩散和悬浮能力,可以让雾滴快速弥散到整个空间。

③有效应对遮挡火:雾滴在扩散过程中卷吸空气,可以充满整个空间,扑灭被遮挡的火灾。

(2)新材料在综合管廊项目中的应用

1)以竹材为基体材料,以热固性树脂为胶粘剂,采用缠绕工艺制作的管廊及附属设施

竹缠绕管廊优势:资源可再生,低碳环保;质轻高强,综合性能好;防火耐水,使用年限长;初始力学性能好,稳定性高;抗地震、抗地质沉降性能佳;原材料优势强,综合成本低;生产效率高,施工安装方便;使用原材料有利于发展农村经济。

2)多功能涂料的应用

可以减少运营管理成本、增强安全保障,整体提升管廊运营管理水平;用于应急照明及逃生引导;安全防灾,其抗静电、防火阻燃,重力冲击不会产生火花,可有效避免综合管廊运营中的意外安全事故;环保、无害,抗霉杀菌、耐腐蚀;可提升墙壁的装饰效果。

3)激光探测技术

采用先进的激光铅垂仪,用于建(构)筑物轴线的竖向投测,激光铅垂仪是一种能发出可见激光束的仪器,把激光束调至铅垂位置,光束方向即为垂准线,就可进行轴线的竖向投测,这种仪器,操作方便、精度高而且能自动控制竖向偏差。

4.3 综合管廊项目设计要点一览表

综合管廊项目在全过程工程咨询模式下,在设计阶段应根据《城市综合管廊工程技术规范》GB 50838—2015、《城市综合管廊国家建筑标准设计体系》(建质函〔2016〕18号)等规范标准,提高城市综合管廊设计质量,帮助业主从综合管廊特点着手识别项目设计优化管理要点内容,给出具体的设计咨询管理方案,提高综合管廊设计阶段项目管理水平,确保工程质量,提高项目投资效益。

就综合管廊在设计阶段设计要点识别举例,梳理部分综合管廊项目设计要点表供全过程工程咨询单位参考拟定,如表4-5所示。

综合管廊项目设计要点

表 4-5

序号	分类		说明	设计要点
一、总体设计				总体设计是综合管廊设计的主体及灵魂，它以规划为指导，体现管线规划和工艺需求。在综合考虑综合管廊的功能类型、管廊上方的道路横断面及纵向坡度、其他地下空间利用情况、纳入管线的种类及特点、两侧服务地块的需求等因素下，进行合理化总体设计，更好地发挥综合管廊的优势
1	空间设计		包括平面布置、竖向布置	①平面布置 综合管廊主要建设于地下，为了方便施工，主体位置主要设置于车行道、人行道及道路中的绿化带下方，因此综合管廊在设计时，为了综合管廊自身功能实现的同时，为了降低对其上方道路的影响，适时低消耗开发、高效率产出的最佳效果，在进行平面设计时，其中心线方向应尽量与上方道路方向保持一致 ②竖向布置 主要对综合管廊竖向埋深及坡度进行设计确定，因为竖向埋深的大小决定了开挖成本的高低。综合管廊施工建设时需要开挖沟槽的深度与成本成正比，而且埋深要准确计算确定，如果存在误差导致过小状况的发生，就会对后续其他管线的交叉管线的施工产生影响，导致设计方案需重新调整而导致成本过高。另外保证综合管廊内排水管道的使用和管廊上方覆盖土层的多少，充分结合工程所在地的地质情况、承受荷载、穿越轨道、河流等特殊地段等进行计算，使纵向敷设坡度不影响正常道路的使用，并确定坡度的范围值
2	标准断面设计		确定综合管廊分为几个舱室、各舱室尺寸数据以及各舱室纳入管线的布置形式等。单舱形式是其他舱室形式的类型单元，以此举例来说明	标准化设计 ①给水管道、中水管道、普通线缆管道。人廊数据决定了断面数据，其高度、宽度以 0.3m 和 0.4m 为基本系数增减 ②高压线缆管道。断面数据需要计算纵向间隔大小和横向长度数据来电缆架决定了断面数据，小和横向长度数据来进行设计。其高度、宽度以 0.3m 和 0.4m 为基本系数增减 ③燃气管道。因为燃气管具有易燃易爆的特点，所以需要单独敷设，断面数据需要根据管道直径数据来进行设计。其高度、宽度以 0.3m 和 0.2m 为基本系数增减 ④热力管道。技术规范指出，如果热力管道采用蒸汽介质，因为蒸汽具有易燃易爆的特点，所以需要单独敷设，敷设时需要以管道外直径 0.8m 为临界值，以下时可选用上下管道并行管道布置形式，在临界值以上时可选用平行管道布置形式，无论采用何种方式，其高度、宽度都以 0.3m 和 0.4m 为基本系数增减

续表

序号	分类	说明	设计要点
2	标准断面设计	断面形式的确定离不开对人廊管线的类别、数量、布置方式及施工工艺的分析	一般有4种断面形式：矩形断面、圆形断面、马蹄形断面、椭圆形断面。目前，我国在综合管廊建设中以矩形断面居多。根据相关技术规范和标准，综合考虑各管线之间的作用关系，对可人廊管线进行分舱设计，保证断面形式的经济合理性
3	节点设计	节点设计关系到综合管廊运行的好坏，为保证施工的可行性，应整体考虑节点处理的细节问题，前后认真对比，模拟运行过程。以与监控中心节点设计和交叉节点设计要点进行举例	①与监控中心节点连接问题 综合管廊与监控中心节点连接问题，主要是对管廊出入口的节点处理设计，处理到位就能保证管廊工作人员的方便进出，相反，会影响进出效率，尤其在遇紧急情况时，若节点连接设计不当则可能产生不可逆的事故发生，因此在保证设计合理的同时也要在通道内设计配置一定的应急设备，如灭火器等。在进行设计时，要综合考虑监控中心和管廊运行的辐射范围，根据管廊上部的覆土深度选择最恰当的连接方式，该连接方式除了能满足现有的资源，降低成本的要求外，还能充分利用现有的资源通道功能的位置，合理确定通道方式，还能充分利用现有的资源，降低成本的同时达到最大效果 ②交叉节点连接问题 交叉节点处连通常会出现空间狭窄，导致人员无法进出管廊内部进行操作的问题，另外也容易发生管线交叉节点处的管线连接不当，致使管廊运行出现故障等问题。而节点处通常分"十字"或"丁字"两种连接方式，为了避免上述问题的发生，可根据项目实际情况和人廊管线的布置方式，采取适当调整高度、宽度等的方法未解决

续表

序号	分类	说明	设计要点
4	区间设计	功能区间：依据《城市综合管廊工程技术规范》GB 50838—2015中提到的综合管廊包含的功能系统，可将综合管廊的功能区间分为：排水区间、防火区间、通风区间、配电区间、监控区间、吊装区间、管线分支区间等	严格按照相关规范标准对各功能区间进行界定，明确其定义和各自在综合管廊中所起的作用后，重点关注关系每个功能区间能否正常发挥作用的设计要点。其他功能区间可以扩充防火功能区间来实现自己的功能要求，防火功能区间在所有功能区间中的基础，需要说明的是，像排水功能区间要设计好独立发挥排水作用的沟槽等。根据规范要求确定其长度值；通风功能区间通常要考虑排水与防火功能区间综合要重点关注通风口之间的间距隔离，一般为一个或多个防火区间的长度，而一个防火区间综合规范要求按照项目的适用于本项目的设计方案；逃生功能区间要能有效地阻断火灾进行隔断设计，选择更能有效地根据人员的长度一般不超过200m；逃生功能区间是为了发生应急事件时，有助于在管廊内部的工作人员有效地根据人员的长度要疏散逃离，逃生出口的设置区域的核心区域，综合管廊的运营不开电间的作用；监控功能和距离，根据综合管线容纳综合管廊属于综合管廊的安全及管理，重点关注综合管廊的运行离不开电间的运营后，出现局部故障需要维修或者需定时检查时，管线分支功能区间是为了将管廊内外的管线连接所必须考虑的功能区域，实现这一功能的位置投入分支需求的满足，要重点关注分支口的位置和大小
二、	管线设计		综合管廊设计应在总体设计的指导下展开，管线设计也不例外，在符合总体设计的要求下进行更为详细的设计工作
1	给水、再生水管道	《城市综合管廊工程技术规范》GB 50838—2015等相关规范标准中对给水、再生水管道的材料和设置方式给出了具体的要求，管材的连接方式成为选择管材的重要参考因素	设计人员应根据相关技术文件、规范标准选择适合于本项目给水、再生水管道的管道材料和连接方式。根据规范确定管道防腐方案和管道出线方案，同时对于管道检修阀门、排气阀、排泥阀、伸缩接头等附属设施的配置方案进行设计

续表

序号	分类	说明	设计要点
2	排水管道	《城市综合管廊工程技术规范》GB 50838—2015等相关规范标准中对雨水、污水等排水管道的材料和设置方式给出了具体的要求,应结合相关规范进行设计	①因为排水管道是重力流,多按照坡度进行排放,同时为了避免排放过程中杂质污染物的沉积,要结合当地地势条件进行坡度的设计,在设计时要将问题综合考虑,设计合理方案; ②因为排水管道属于按照坡度敷设的,运行过程中无法产生压力,所以要时常进行检查和维修,设置的检查井较多,容易冲撞节点设计工作,因此在设计时,要结合节点进行综合布置,满足两者的需要
3	天然气管道	《城市综合管廊工程技术规范》GB 50838—2015等相关规范中对天然气管道的材料和设置方式给出了具体的要求,应结合相关规范进行设计	①天然气具有易燃易爆的特点,对于压力限制级数的确定要准确测试、计算确定,避免因为压力过大产生危险,要根据相关规范要求和借鉴类似项目的数据,严格分析验证后进行设计; ②根据规范确定天然气管道的材质和尺寸大小; ③为了项目的可持续发展能够适应城市发展,要考虑天然气管道的使用寿命能否满足综合管廊设计使用年限,确定是否需要提前预留舱室,便于未来管廊运行的检修乃至替换
4	热力管道	《城市综合管廊工程技术规范》GB 50838—2015等相关规范中对热力管道的材料和设置方式给出了具体的要求,应结合相关规范进行设计	热力管道具有高温高压、危险系数大的特点,因此设计时应进行分析设计,在对减小热量消耗值做出较高要求外,还应对管道的使用安全和寿命要求着重考虑,这些因素要着重考虑,设计出合理有效的方案

续表

序号	分类	说明	设计要点
5	电力电缆	《城市综合管廊工程技术规范》GB 50838—2015等相关规范标准中对电力电缆的材料和设置方式给出了具体的要求，应结合相关规范进行设计	在设计电力电缆入廊方案时，首先要对需要入廊的电力电缆进行分析： ①对与其他入廊管线的相容性进行分析。 ②电力电缆在运行过程中极易发热，若通风效果达不到满足，则可能导致温度过高而引起明火发生火灾，需要针对入廊的材料和设置位置，方式进行提前模拟计算，确定通风散热和消防预案。 ③针对以上两点的分析，再根据电力电缆的数量等确定敷设方式及布置方案。 ④确定电力电缆的材料，附件选型、支持与固定方式等要素
6	通信线缆	根据《城市综合管廊工程技术规范》GB 50838—2015中6.7.1条，通信线缆应采用阻燃线缆	通信线缆在纳入综合管廊工程中时，线缆工程可分为主通道，交叉工作井和引出工作井。主通道设计方案主要根据实际缆所在位置（道路、人行道或者绿化带下）的覆土深度进行判断，另根据管廊运行所需的净高、线缆的数量等进行设计。交叉和引出工作井线缆敷设要求的前提下，要保证廊其他功能不受影响，例如检修、逃生等要素
三、附属设施设计			根据相关规范的规定，综合管廊附属设施主要包括排水、供电、消防、通风、照明、监控报警、标识等必备系统，可从几个系统分别分析进行附属设施设计
1	消防系统	除了综合管廊整个项目需要考虑消防系统的设计外，尤其需要针对易发生火灾等事故的舱室对消防的考虑，例如燃气管道、热力管道等易燃易爆的舱室和因为运行产生大量热量可能导致短路自燃的舱室，电力舱等，在设计消防系统时，要考虑经济性，适用性，可施工性等因素	对消防系统灭火方式进行选择。目前综合管廊工程中消防系统已采用自动灭火系统，主要有水喷雾灭火系统、高压细水雾灭火系统、二氧化碳灭火系统、超细干粉灭火系统等，每种系统有其独特的优缺点，在设计消防系统时，应充分了解本项目机理的具体情况，将系统设计成本作为评价标准，选择设计最合适的消防系统

第44章 综合管廊设计

续表

序号	分类	说明	设计要点
2	通风系统	综合管廊在投入运营后，管线因为操作运行，在狭窄的空间中会产生大量的热量，为了保证工作人员的安全要求出入，对空气流通要求较高，同时为了在发生火灾等事故时配合消防系统及时地控制火势，排除毒气，综合管廊内需要及时地通风换气，因此，就要设计合理高效的通风系统	①为了使设计的通风系统能够在综合管廊中发挥出最大作用，在进行设计时，首先要根据具体项目特点，基于项目需求，定位好通风系统应该包含哪些功能作用，如散热功能、排除有毒气体功能、监测易燃易爆气体浓度功能、协助消防系统工作功能等。根据项目自备的功能作用，要严格按照相关的技术规范、标准，在符合项目需求的要求之下，在通风设计原则之下确定通风系统的方式，在自然状态和机械状态中选择设计，设计确定通风区间的长度、通风口的位置、通风系统的布置原则内通风系统的各组成要素部分等 ②在通风系统的基本布置和通风系统设计元素后，本着设计合理性、经济性、可施工性等原则，对组成通风系统的各要素进行材料、机型、数量等逐一分析设计 ③确定好通风系统设计元素后，本着设计合理性、经济性、可施工性等原则，对组成通风系统的设备进行计算模拟通风系统是否能达到既定的设计目标，例如发生火灾后通风系统对有毒气体浓度检测的临界报警值能否达到要求等 ④为了保证设计的通风系统在综合管廊投入运营后能正常工作，要综合考虑通风系统在工作时的关键点，计算模拟通风系统是否能达到既定的设计目标，例如发生火灾后通风系统对有毒气体浓度检测的临界报警值能否达到要求等
3	供电系统	供电系统是关系到综合管廊能否正常运行的重要系统，关系到其他系统、设备功能的实现，因此综合管廊供电系统设计是否合理直接关系到综合管廊的运行安全及维护的经济性。在进行设计时，要充分分析项目特点及需求，根据调研管廊规模容量、管廊辐射范围内的用电量的大小及管廊运行目标，在保证合理性、经济性、可施工性的原则上确定供电系统各要素条件	综合管廊供电系统主要分为中压和低压系统，在进行中压系统设计时，要分析适用于中压系统的接线方案，确保管廊供电的可靠性。在进行低压系统设计时，要根据管廊用电负荷和系统经济性，确定供电接线形式，同时针对用于火灾报警及应急照明的供电系统要结合相关规范要求结合项目实际需求进行设计

续表

序号	分类	说明	设计要点
4	照明系统	干支型城市综合管廊全线均应设置正常照明和应急照明，应急照明可兼做平时照明	综合管廊不同功能区域对照明要求有所不同，例如人员行走工作的通道内、机械设备工作检修处、人员出入口、监控中心等不同区域，对其正常照明设计可设计不同的照度，而面对发生事故需紧急疏散的应急照明，也要根据管廊规模和管廊线路区域严格按照规范要求设计合理的应急电源照明。为了在危险发生时辨识安全逃生方向，也应合理设计灯光指示标志的位置和间距。同时为了保证照明效果，针对不同功能的照明单元，应选择经济合理的照明灯具。不同管线舱室内的照明回路导线应严格按照规范设置，防止发生危险
5	监控与报警系统	监控与报警系统是运用先进的科学技术及设备，数据监测精确化，系统集中化和管理自动化的城市综合管廊的智能化管理系统。其中主要对管廊内的运行情况进行实时监控，一旦监测出气情标和相关机械设备出现异常，及时采取相关措施避免损失。对于缆线型综合管廊来说，由于平时人员不经常进入，管线维护的工作量也不大，因此一般情况下不设置监控与报警系统	监控与报警系统为了实现对综合管廊整体的监控作用，在进行设计时，首先要实行对主要构成元素的拆分，统一管理平台、环境与设备监控系统、安全防范系统、火灾报警系统、通信系统等主要单元的设计。 (1) 监控中心 作为监控与报警系统的中枢部分，相当于人体的大脑作用，起到管理协调和对其他单元系统发出操作指令和收到反馈进行分析后再次发出操作指令的部分，对综合管廊的正常运行起到重要作用，需要建立完善的预警、报警机制，避免城市管廊内的通风、照明、排水、消防、通信等设备的正常运转。应具有较高的安全性和可靠性。考虑到监控中心的整体安全需要，应将其设置为独立专有建筑或建于公用建筑的独立安全间内。 (2) 综合管廊统一管理平台 要根据项目需求，结合城市云端处理系统，充分利用各种高科技信息技术，设计出与城市综合管理平台连接相适应的接口，打造智能数据运用平台，在经济合理性的前提下实现便捷化管理的目的

续表

序号	分类	说明	设计要点
5	监控与报警系统	监控与报警系统就是运用先进的科学技术及设备，实现监控实时化、数据精确化，系统集中化和管理自动化的城市综合管理智能化管理系统。其中主要对管廊内的运行情况进行实时监控，一旦监测设备出现异常，及时采取相关措施避免损失。对于缆线型综合管廊来说，由于平时人员不经常进入，管线维护的工作量也不大，因此一般情况下不设置监控与报警系统	（统一管理信息平台系统框图） （3）环境与设备监控系统 设计时分为系统设计和仪表设计两部分。针对系统设计，建立网络分布图，再确定系统需要采集的信息，将信息分类，分别设计选择功能配置的系统控制设备。针对仪表设计，根据项目特点及需求，测算模拟管廊内可燃气体、有毒气体等气体的浓度监测和实时环境参数监测，根据监测信息确定数值监测的临界值，由此根据设置原则和详细信息，设计选择不同管线需要的仪表设备

续表

序号	分类	说明	设计要点
5	监控与报警系统	监控与报警系统就是运用先进的科学技术及设备，实现监控实时化、数据精确化，系统集中化的综合管廊自动化的城市综合管廊智能化管理系统。其中主要对管廊内的运行情况进行实时监控，一旦监测空气指标和相关机械设备出现异常，及时采取相关措施，避免损失。 对于缆线型综合管廊来说，由于平时人员不经常进入，也无大的管线维护的工作量，因此一般情况下不设置监控与报警系统	(4) 安全防范系统设计 ①视频安防监控系统设计 A. 摄像机的选择：为了使得同一台摄像机能够适应照度高、低两种状态，需要摄像机带有日月转换功能（摄像机高照度到低照度图像彩转黑）；宽动态性能：综合管廊区，当管廊照明开启后，存在无遮挡的高亮区，以及被专业管线遮挡的低亮阴影区。因此可选用具备宽动态功能大的综合管廊内摄像机，当综合管廊摄像机，以适应照度差异较大的综合管廊内部环境；清晰度的选择：《视频安防监控系统工程设计规范》GB 50395—2007中规定数字视频信号单路摄像素数量应大于352×288，因此目前市面上的标清、高清、全高清数字摄像机均能满足规范要求。目前市场上主流摄像机产品均为720P及1080P，720P以下摄像机已经不是主流产品，因此结合综合管廊管理需求及市场产品情况，综合管廊内摄像机宜采用720P及以上的清晰度。 B. 系统架构 《城市综合管廊工程技术规范》GB 50838—2015规定"综合管廊设备集中安装地点、人员出入口、变配电间应设置摄像机""舱室内摄像机设置间距不应大于100m"。在目前综合管廊普遍设计中，最常见的重要节点为通风口、通常通风口包含风机房、配电支控制室。通风区间通常有200m、400m、600m。 ②入侵报警系统设计 在管廊每个吊装口、进风口以及通风口处设置双光束红外线自动对射探测器报警装置，其报警信号送至单元内入侵报警主机，并通过以太网送至安防计算机显示器画面上相应位置的图像元素闪烁，并产生语音报警信号，以太网可以与视频监控网络共用。 ③出入口控制系统设计 根据相关规范要求，结合项目规模和需求进行系统具体设备的合理选择，确保系统硬件信息处理的流畅性和准确性。 ④电子巡查系统设计 结合项目规模和需求，确定需要设置电子巡查点的数量及具体位置，按照要求在管廊内部进行布置，同时为了方便巡查信息的及时获取和智能化分析处理，将各巡查点与监控后台进行连接

391

续表

序号	分类	说明	设计要点
5	监控与报警系统	监控与报警系统就是运用先进的科学技术及设备，实现监控实时化、数据精确化，系统集中化和管理自动化的城市综合管廊智能化管理系统。其中主要对管廊内的运行情况进行实时监控，一旦监测空气指标和相关机械设备出现异常，及时采取相关措施，避免损失。对于缆线型综合管廊来说，由于平时人员不经常进入，管线维护的工作量也不大，因此一般情况下不设置监控与报警系统。	（5）火灾报警系统设计 ①应该在充分分析综合管廊内容易发生火灾位置的前提下，确定火灾报警系统的设计方案。例如干、支线管廊中容易因短路或者高温引起自燃的电力舱，易燃易爆气体若泄漏可引发火灾的天然气舱和采用可燃材料作为保温层的热力管线舱室。 ②感烟探测器：目前常见烟雾火灾探测器主要有吸气式感烟火灾探测器、点型感烟火灾探测器、图像型感烟火灾探测器。其中图像型感烟火灾探测器和点型感烟火灾探测器均可以在管廊内使用。 ③感温火灾探测器：现阶段在综合管廊内使用的感温火灾探测器主要分为两种：点式感温火灾探测器、线型感温火灾探测器。其中，线型感温火灾探测器又可以分为感温电缆光纤及感温光纤和火灾声光警报型。 ④手动报警按钮和声光警报器 在上述易发生火灾位置的火灾报警系统的舱室中，为了在发生火灾紧急事故时在管廊内的工作人员在自身逃生过程中，若报警系统意外失灵时为了提醒其他的工作人员及时反应，应该在其逃生经过的路线中一定数量的手动报警按钮和火灾声光警报器，按照规范要求在各位置设置一定数量的手动报警按钮和火灾声光警报器。 ⑤防火门监控系统 综合管廊防火门的工作状态直接影响到报警与灭火的效果，所以应纳入报警系统。根据《城市综合管廊工程技术规范》GB 50838—2015的要求，在设置火灾自动报警系统的舱室内需设置防火门监控系统。综合管廊通道上的防火门有常闭型和常开型两种。常闭型防火门在工作人员通过后，闭门器将门关闭，无须联动，只需上传防火门的开闭状态，故障状态至监控中心消防控制室即可。常开型防火门平时开启，在发生火灾时需联动关闭。 （6）可燃气体探测报警系统设计 设计时，应根据规范要求进行系统单元的拆解后分别分析确定。天然气舱通过现场总线方式接入可燃气体报警控制器。 ①可燃气体探测器：在天然气舱内顶部、管线引出段、阀门释放源处、人员出入口、进风口、排风口等舱室内最高点气流易于聚集处设置可燃气体探测器，且设置间隔不大于15m。探测器可选用催化燃烧型或激光型气体探测器，并应根据国家相关标准对探测器定期进行校验。当管廊空气中含有能使催化燃烧型全监控元件中毒的硫、磷、硅、铝、卤素化合物等介质时，应选用抗毒性催化燃烧型探测器

续表

序号	分类	说明	设计要点
5	监控与报警系统	监控与报警系统就是运用先进的科学技术及设备，实现监控实时化、数据精确化，系统集中化的综合管廊自动化的智能化管理系统。其中主要对管廊内的运行情况进行实时监控，一旦监测到信息标和相关机械设备出现异常，及时采取相关措施避免损失。对于缆线型综合管廊来说，由于平时人员不经常进入，管线维护的工作量也不大，因此一般不设置监控与报警系统	②声光报警器：燃气舱的声光报警器应设置在舱室内每个防火分区的人员出入口，逃生口和防火门处，且每个防火分区不应少于2个。警报器应与上述火灾报警系统相互关联，信号能立即触发启动相关警报器的工作。 ③可燃气体报警控制器：可燃气体报警控制器一般每一个或两个防火分区设置1套，在现场条件满足需要的情况下，控制器宜放置在非爆炸环境场所内。 (7)通信系统设计 ①综合管廊因为属于地下工程，所以在进行通信系统设计时，为了保证处于综合管廊中的工作人员能正常地进行沟通联系，所以根据项目要求设计无线通信，而作为与综合管廊内及时传达信息的监控中心，应根据需要设计成直线电话。 固定语音通信系统一般在中心机房中控室设置电话交换机，在需要通话的现场设置电话，经过传统电话交换机通过管廊内电话线传输距离的限制，传统电话系统可以适应长距离通信的要求，分别为IP电话和隧道光纤电话。 ②无线通信技术目前分为传统无线对讲技术和基于IP的WiFi对讲系统。研究比选后推荐在综合管廊内使用基于IP的WiFi对讲系统
6	排水系统	—	严格按照相关规范标准，结合项目特点及需求，对综合管廊排水系统设计时，分析确定排水区间的长度，具体的排水方式，排水坡度，系统构成单元等内容，并根据不同舱室的排水要求单独分析设计，同时排出的液态物要求符合国家相关规范要求的标准，符合环保要求
7	标识系统	作为地下构筑物，标识标语作为地下管廊介绍与管理牌，人廊标识，管廊功能区域设备标识，管廊线标识，警示标识，关键节点标识、方位指示标识	①综合管廊介绍与管理牌：综合管廊管理牌设计时可采用标牌雕刻设计用白色塑料板制作，尺寸根据文字内容排版调整。白底蓝字。距离标识牌四周10mm位置用3mm厚铝板制作，距离标识牌四周10mm蓝色色带作为标牌边框。正面文字高80mm，标题字高50mm，宽度0.75，文字居中布置。距离标识牌四周10mm位置用10mm蓝色色带作为标牌边框。底膜为反光膜。底膜工程级为Ⅱ级，蓝底白字，字体黑体，字间距0.75，文字居中一行。尺寸为300mm×150mm。用雕刻。布设于主要出入口内，控制中心内。 ②人廊标识牌：人廊标识牌设计时可采用3mm厚铝板制作，尺寸根据文字内容排版调整。字间距根据字数调整，文字高40mm，黑体，宽度0.75，文字居中布置，文字布置为两行。当文字内容大于6字时，文字居中置，文字布置为一行，当文字内容大于6字时，文字内容大于6字时，文字居中置为一行。距离标识牌四周10mm位置，用2mm白色色带作为标识牌边框。底膜为反光膜，字膜为Ⅱ级工程级反光膜，底膜工程级为Ⅲ级

续表

序号	分类	说明	设计要点
7	标识系统	作为地下构筑物，标识系统可分为综合管廊介绍与管理牌、人廊管线标识、设备标识、管廊功能区关键节点标识、警示标识、方位指示标识	③设备标识牌：设备标识牌设计时可采用3mm厚铝板制作，尺寸为300mm×150mm。绿底白字，字间距根据字数调整，文字高40mm，黑体，宽度0.75，文字布置为两行。距离标识牌四周10mm布置为2mm白色带作为标识牌边框。字膜为反光膜，底膜工程级为Ⅱ级，字膜工程级为Ⅲ级。设备标识主要布设于各类设备四周。 ④管廊功能区及关键节点标识：综合管廊功能区及关键节点标识设计时可采用3mm厚铝板制作，尺寸为300mm×150mm。白底蓝字，字间距根据字数调整，文字高40mm，黑体，宽度0.75，文字居中布置。当文字内容不大于6字时，文字布置为一行，当文字内容大于6字时，文字布置为两行。距离标识牌四周10mm位置用2mm蓝色带作为标识牌边框。字膜为反光膜，底膜工程级为Ⅱ级，字膜工程级为Ⅲ级。综合管廊功能区与关键节点标识主要布设于各类功能区及关键节目位置。 ⑤警示标识：警示标识牌设计时可采用3mm厚铝板制作，尺寸为300mm×200mm。红底白字，字间距根据字数调整，文字高50mm，黑体，宽度0.75，文字居中布置。图案标识和文字相匹配。距离标识牌四周10mm位置用2mm白色带作为标识牌边框。字膜为反光膜，底膜工程级为Ⅱ级，字膜工程级为Ⅲ级。警示标识主要布设于综合管廊内各危险隐患周边位置及外部需警示的位置。 ⑥方位指示标识：方位指示标识牌尺寸为150mm×100mm。白底蓝字，字间距根据字数调整，文字高40mm，黑体，宽度0.75，文字居中布置。当文字内容不大于6字时，文字布置为一行，当文字内容大于6字时，文字布置为两行。距离标识牌四周10mm位置用1mm蓝色带作为标识牌边框。字膜为反光膜，底膜工程级为Ⅱ级，字膜工程级为Ⅲ级。除里程桩号外，其余标识牌尺寸为300mm×150mm。白底蓝字，字间距根据字数调整，文字高40mm，黑体，宽度0.75，文字居中布置。重要节点位置标识尺寸为600mm×600mm。白底蓝字，字膜根据字数调整，字膜为反光膜，字膜位置用10mm蓝色带作为标识牌边框。图案区域反映区域位置，主要路网、综合管廊路网、位置星标、指北针等。方位指示标识主要布设于管廊内各关键位置节点。其中运营里程桩号沿程布设，间距为25m

全过程工程咨询单位要严格按照相关的政策规范要求，遵守基本规定，就总体设计、管线设计、附属设施设计等主要部分对综合管廊设计要点进行梳理，以便施工工作和其他咨询工作的进行。

第5章 招标采购管理

5.1 综合管廊建设及运营模式

5.1.1 综合管廊建设管理模式

我国大陆地区现阶段已经建成的综合管廊，其建设及运营模式主要有政府全额出资、政府和社会资本合作。

（1）政府全额出资

政府全额出资指综合管廊的主体设施以及附属设施全部由政府投资，管线单位租用或无偿使用综合管廊空间，自行敷设管线。项目建成后以国有企业为主导，通过组建项目公司等具体模式实施项目的运营管理。这种模式在综合管廊建设早期较为常见，如广州大学城综合管廊由政府机构——广州大学城指挥办投资建设，建成后移交给大学城投资经营公司管理，其建设管理模式如图5-1所示。

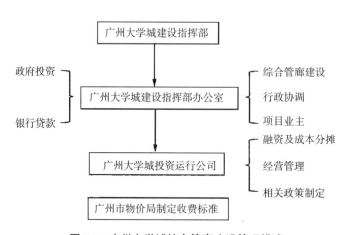

图5-1　广州大学城综合管廊建设管理模式

（2）股份制合作

股份制合作模式是由政府授权的国有资产管理公司代表引入社会资本方，以股份制的形式组建股份制项目公司，以股份公司制的运作方式进行项目的投资建设以及后期运营管理。

这种模式有利于解决政府财政的建设资金困难，同时引进了企业先进的管理经验与技术，所以公司的运行比较高效，实现了政府与企业的互惠互利。但是在这种模式下，由于企业进行投资是为了获得回报，而政府部门作为基础设施的提供者其更看重社会效益，所以企业与政府的目标存在一定差别，在项目运行过程中存在一定的矛盾。

目前，昆明、南宁采取的是这种运作模式。昆明城投和民营资本合资成立了昆明城市管网设施综合开发有限责任公司，负责综合管廊的建设，昆明城投出资30%，民营资本出资70%，其建设管理模式如图5-2所示。项目融资完全采用市场化运作，通过银行贷款、发行企业债券等方式筹集建设资金，4年时间完成12亿元的建设融资，综合管廊建成后仍由昆明城市管网设施综合开发有限责任公司负责运营，回收的资金用于偿还银行贷款和赎回企业债券。由于股份制模式下资产产权不清晰，城投公司最终回购民营资本份额，民营资本退出。

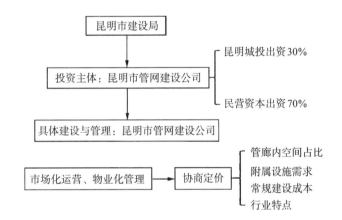

图5-2　昆明综合管廊建设管理模式

（3）政府和社会资本合作（PPP）模式

政府和社会资本合作（PPP）模式是指政府为增强公共产品和服务供给能力、提高供给效率，通过特许经营、购买服务、股权合作等方式，与社会资本建立的利益共享、风险分担及长期合作关系。

PPP模式下，政府与社会投资人签订PPP协议，由社会投资人设立项目公司具体负责地下综合管廊的设计、投资、建设和运营，并在运营期满后将综合管廊无偿移交给政府或政府指定机构。运营期内，政府授予项目公司特许经营权，项目公司在特许经营期内向管线单位收取租赁费用，并由政府每年度根据项目的实际运营情况进行核定并通过财政补贴、股本投入、优惠贷款和其他优惠政策的形式，给予项目公司可行性缺口补助。

项目运作具体方式主要包括委托运营、管理合同、建设—运营—移交、建设—拥有—运营、转让—运营—移交和改建—运营—移交等。

①特许经营。特许经营模式是指政府授予投资商一定期限内的收费权，由投资商负责项目的投资、建设以及后期运营管理工作，政府不出资。具体收费标准由政府在考虑投资人合理收益率和管线单位承受能力的情况下，通过土地补偿或其他政策倾斜等方式给予投资运营商一定补偿，使运营商实现合理的收益。政府可以通过公开招标的形式确定运营商。这种模式为政府节省了成本，但为了确保社会效益的有效发挥，政府必须加强监管。佳木斯、南京、沈阳等城市采取的是这种运作模式。

南京最早尝试采用特许经营模式进行投资建设综合管廊。民营企业南京鸿宇市政设施管理公司在获得南京市政府授权的情况下，自筹资金1亿多元，在南京市多条新建、改建主干道上，与道路同步施工埋设"鸿宇市政管廊"，总长达45km。在政府统一协调下，投资方通过将综合管廊以及综合管廊内的建成管线等设施以出售、出租、合作经营等方式获得投资回报，具体运作方式如图5-3所示。

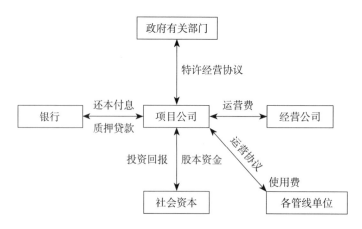

图5-3 南京鸿宇综合管廊运营管理模式

②购买服务。BT（建设—移交）模式一般由投资方或承建方出资建设综合管廊项目，政府在其后3～5年内逐年购回，属于必要的政府购买服务情形。投资方不参与综合管廊的运营，通过项目投资获得一定的工程利润，项目建设期利息一般由政府来偿付。

采用BT模式的有珠海横琴新区综合管廊和石家庄正定新区综合管廊等。珠海横琴新区综合管廊通过BT模式委托中冶集团建设，项目建成后，由横琴新区管委会委托珠海大横琴城市公共资源经营管理有限公司负责运营、维护和管理，建设期3年，回购期5年。具体运作方式如图5-4所示。

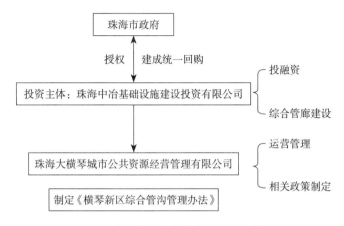

图5-4　珠海横琴综合管廊建设管理模式

③股权合作。六盘水市地下综合管廊项目整体采取"管廊打捆+PPP"的模式，并依据相关文件，采取"建设—运营—移交"的方式进行运作。

项目总投资29.94亿元，建设期为2年，中央财政专项补助资金9亿元（其中8.7亿元用于补贴建设资金，剩余的0.3亿元用于运营补贴）；六盘水市保障性住房投资公司代表政府投入资本金2亿元，在项目公司占股20%；中建股份投入资本金8亿元，在项目公司占股80%；其余11.24亿元为金融机构贷款。项目公司通过向入廊企业收取廊位租赁费、管廊物业管理费以及获得政府可行性缺口补贴等方式取得收入，以补偿经营成本、还本付息、回收投资、缴纳税金并获取合理投资回报。其项目运作模式如图5-5所示。

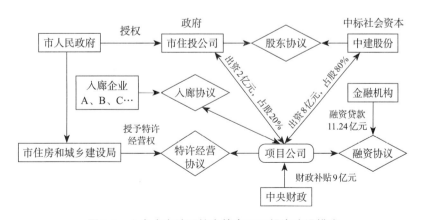

图5-5　六盘水市地下综合管廊PPP投资建设模式

5.1.2 我国综合管廊建设管理模式相关建议

目前，我国尚未从国家层面对综合管廊建设进行立法，各地方政府对地下空间权属、管线入廊、费用分摊、管理部门和管理费等的规定参差不齐。综合管廊的建设主要依靠国家政策鼓励和政府行政约束手段推进。同时，由于各类管线分属不同主管部门，专业管线管理单位自主性强，综合管廊费用分摊机制不明确，管线单位入廊积极性不高，协调难度大，运营管理收费困难，对后期的接收单位负担较大。具体建议：

（1）加快综合管廊的立法工作

在明确地下空间权属关系的基础上，结合现有的地下空间法规，解决地下空间的规划连通问题，实现多规合一；明确综合管廊的所有权、规划权、管理权、经营权、使用权以及入廊有偿使用费的收取原则，制定完善的法规体系。

（2）建立PPP投资建设模式

不同建设模式对地方城市经济发展、政策支持、财政收入水平要求不一样。政府全额出资适用于财政收入水平较高的城市，股份制合作模式则要明确资产的产权关系，PPP模式则要求政府在政策上给予支持。从国内外其他市政项目的实践经验来看，PPP模式不仅可以缓解短期财政资金压力，还可以引入社会资本和市场机制，提升项目运作效率，所以综合管廊投资建设采用PPP模式是发展的必然选择。

（3）建立公司化运作、物业化管理的运营管理模式

运营管理公司与管线单位责任分工如图5-6所示。新加坡综合管廊成功投入运维已12年，其对综合管廊全程、全生命周期的管理是管廊安全、平稳运维的可靠保证，因此我国综合管廊的运营管理应参考新加坡的模式，坚持"协作型构建、公司化运作、物业式管理"的原则，成立专门的运营管理公司和管理团队，

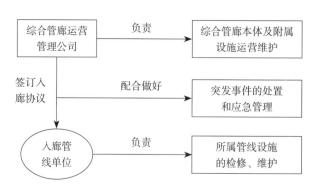

图5-6 综合管廊运营管理公司与管线单位责任分工图

开发智能管廊运维管理体系,逐步实现对综合管廊全程、全生命周期的管理。

（4）确定有偿使用制度基本原则

对管线使用单位进行收费,既可为综合管廊的设备维修更换提供资金来源,减小政府压力;同时也能够提高管线单位对管廊运营状况的关注程度。因此,入廊管线单位应向地下综合管廊建设运营单位交纳入廊费和日常维护费。2015年国家发展改革委与住房和城乡建设部已联合发文明确地下综合管廊实行有偿使用制度,并建议地方政府与管线单位协商定价,建立市场价格机制。然而,在实际协商过程中,由于电力、通信等管线垄断性强,地方政府及运营管理部门话语权弱,难以形成合理的价格标准,收费困难。因此,需要出台国家层面的法规,针对入廊费和维护费的测算,敲定有偿使用制度基本原则,再由各省级物价部门定价或给出指导价。

5.2 综合管廊项目招投标细节确定

5.2.1 合同体系确定

根据综合管廊自身特点,分析业主需求并与之交流沟通后,对项目合同体系的划分进行策划,以便加快工程进度,保障项目质量。现阶段综合管廊项目多采用PPP模式,因此可参照《PPP项目合同指南(试行)》进行初步合同体系划分,结合项目情况进行合同管理。

（1）建立多维度合同管理体系

可以分为合同主体、类型、阶段、时间、成本效益5个维度。

①合同主体,综合管廊PPP项目涉及多方主体,按主体分类、汇总,如政府、社会资本、融资方、总承包方、设计方、咨询服务方、保险公司等。

②合同类型,建立全寿命期各类型合同范本,如PPP项目合同、股权协议、总承包、设备材料采购、租赁、专业分包等合同。

③合同阶段,全寿命周期管理,含项目识别、准备、设计、采购、实施、运维、移交等。

④时间,将合同签署、变更、付款情况等建立时间轴。

⑤成本效益,对资金收支节点进行设计、管控,保证经济效益最大化。

将合同体系再进行细化,例如可将综合管廊项目划分为三类,可研、勘察、设计合同,监理合同,施工总承包合同,并按资质等级不同进行策划确定。可研、勘察、设计可将其发包给具有咨询资质、勘察资质及设计资质的单位进行,监理将其发包给具有监理甲级资质的单位进行,施工总承包合同中,约定范围内综合管廊工程的施工总承包可将其发包给具有市政公用工程施工总承包一级及以上资质的单位，约定范围内综合管廊工程的施工图设计可由具有工程设计综合甲级资质（或市政公用工程行业设计甲级资质）的单位承担。

（2）发承包模式确定

综合管廊是一个呈线性体系特征的市政渠道系统，工程投资体量大，综合管廊工程采用何种模式进行发包，需要从业主及承包商的角度进行认真考量，决定适合的发包方式。

综合管廊项目是由多个单项工程组成，每个单项工程还可能由多个单位工程组成，而单位工程总是由若干个分部分项工程组成。因此应当明确划分工程界面，明确合同的承包范围，从总体上控制好项目造价。

1）设计+施工总承包（DB）模式

就PPP模式下综合管廊的建设管理方式，中建政研信息咨询中心对已经列入财政部试点的项目进行了调研。调查结果显示，在前两批试点项目中，由于对综合管廊工程特点的把握不够充分以及习惯于传统的市政工程建设管理方式，所以在大多数地方政府的实施方案中就政府采购和建设管理而言都是沿用了设计+施工总承包的方式，并在实际招标过程和PPP项目合同架构上按此操作。

2）平行发包（DBB）模式

综合管廊项目也可以采用平行发包的招标方式。通过平行发包，选择不同专业的承包商，各个阶段相互搭接，从而缩短整个建设工程工期。

同时，全过程工程咨询单位应分析建设项目的复杂程度、项目所在地自然条件、潜在承包人情况等，并根据法律法规的规定、项目规模、发包范围以及投资人的需求，确定是采用公开招标还是邀请招标。

3）设计采购施工（EPC）模式

EPC总承包模式主要适用于专业性强，技术含量高，结构、工艺较为复杂，一次性投资较大的建设项目。综合管廊不论是从建设规模还是技术工艺都符合，在EPC建设模式下，建设单位仅组织进行一次EPC总承包项目招标，总承包商可采用相对灵活的方式进行必要的设计、施工分包，从而缩短传统自主建设模式各阶段的招标时间。EPC模式由于实现了风险的转移，总承包商实质上是项目实施的总指挥，业主项目管理人员大大减少，有利于降低业主管理投入。总承包招标模式将为城市综合管廊工程建设节约大量的招投标时间，从而节省大量的建设时间，确保城市综合管廊建设任务的顺利完成。

EPC模式作为地下综合管廊项目一种重要的合同模式，如果管理科学，在保障工程质量、降低造价和缩短工期等方面具有多项优势。例如横琴新区综合管廊就是采用EPC模式进行建设。吉林省住房和城乡建设厅也出台《关于城市综合管廊工程招投标工作的指导意见（试行）》（吉建招〔2015〕5号），鼓励综合管廊工程项目的发包采用以工程设计单位或施工总承包企业为牵头单位的工程总承包方式。

①综合管廊项目采用EPC模式的优越性

a.设计主导，优化方案

对于综合管廊项目来说，采用EPC模式可以充分发挥设计环节的主导作用，可以从根源上对设计方案进行优化，从工程项目整个生命周期考虑，这样可以在缩短建设周期、保证工程质量的同时降低项目成本。

b.提高了总承包商的主导权，降低协调成本

由于EPC模式下项目的设计、采购和施工均委托给总承包商，在这样一种机制下，EPC总承包商作为信息的枢纽，可以对整个项目信息通盘考虑，减少各参与方之间的矛盾纠葛，可以大幅降低项目建造过程中的协调成本。

c.降低业主风险

采用EPC总承包模式后，业主只需对接EPC总承包商，项目风险降低。在传统模式下，无论是方案出现变更、材料上涨还是施工索赔等因素，都有可能影响项目的顺利开展，而且出现问题后存在责任难以确定的情况，而采用EPC总承包模式后，业主与EPC总承包商会签订一个严格的合同，将项目大量风险转给EPC总承包商承担。即使项目出现问题，也能快速明确问题来源和责任划定，便于项目问题快速解决。

②综合管廊项目采用EPC模式控制造价的具体措施

a.项目设计与采购、施工协调控制

综合管廊EPC项目造价控制是一个系统性工程，设计、采购、施工和调试等环节需要科学合理的协调和交叉，这样才能从根本上既能保证工程质量，又能缩短建设周期，为降低工程造价提供支撑。

根据当前一些造价控制不好的综合管廊项目来看，最主要原因在于设计环节中对采购和施工考虑不够，EPC总承包商应认识到优化设计方案的重要性，努力提升自身设计能力，在保证设计质量的同时，也要考虑采购、施工等环节可能出现的问题，做好各工作环节的衔接，使项目参与各方能够保持一个融洽的关系，多做好一些事前防范工作。

b.采购工作融入设计过程

综合管廊材料成本约占总成本1/3，采购工作的成本控制对总造价影响较大。对于整个项目而言，采购工作属于承上启下的环节，如果采购环节出现问题或问

题未及时得到解决，首先是浪费材料，其次是对整个施工进度产生影响，代价较大。而从目前综合管廊实施现状来看，由于对材料、设备采购环节考虑不全面，导致工期延后、造价提升的情况很多，这些问题都会显著提升整个项目造价，导致EPC总承包商无论是利益上还是声誉上都承受大量损失。

将采购工作纳入设计过程通盘考虑具有诸多优点：一是可以根据工程实际和业主要求，制定采购清单，明确规格，避免采购过程可能出现技术错误；二是设计单位对采购工作负责，保证采购材料能满足设计要求；三是方便业主对比前期图纸和后期图纸，保证采购材料质量。

确定采购材料和采购标准后，需要着手供应商的选择问题，与优秀的设备及材料供应商合作，可以保证整个采购质量。为了更加科学地确定供应商，需要对供应商进行全方位评价，主要包括整体水平、技术能力、供货能力和质量保证这四方面。对于一些优质供应商可以构建战略伙伴，将双方利益联系在一起，为采购工作方面带来正向影响，从而提高EPC总承包商的盈利能力。

c.投标过程进行造价控制

从EPC总承包商的角度出发，投标阶段为确定工程造价的第一步，由于EPC项目最终签订的为总价合同，无论后续出现何种影响，承包价格不变。投标分析质量好坏直接决定承包商的经济效益。

首先要对投标过程中的一些关键点进行分析，总承包承担的风险点包括工程设计、进度控制、安全保证、质量控制和建造成本等，在进行投标时需要周全考虑，提高决策精准度。对于综合管廊项目来说，投标工作一般分为技术标和商务标，根据标书的分类应确定分析内容，并对其中的关键决策进行分析。从各个决策点分析情况来看，做好总承包投标控制的关键问题在于如何将设计管理与采购、施工管理进行融合。为了更好地投标，需要对一些内部因素和投标信息进行分析。这些信息对最终的报价影响较大，例如潜在总承包商的数量、当前标的技术储备、潜在对手综合实力、业主主观意向等等，这些因素都会影响最终的报价。

4）设计采购施工运营总承包（EPCO）模式

城市综合管廊由于存在廊道内部的照明、通风、排水、警情处理等正常使用管理要求以及各种入廊管线的开闭、切换、压力、流量、温度、湿度、电流、电压等调控，供水水质、管道内腐蚀性物质监测、继电保护、管线介质流不中断检修等操作运营要求，综合管廊已成为实实在在的有着工艺操控特征的构筑物，是一个呈线性体系特征的完整的生产运营系统，因此可以把它等同于独立的工业系统来看待，这样的话，作为一个整体工程，它在建设期除了需要设计和施工外，天然具有了装备、材料采购的需求，竣工试验和竣工后试验的需求，从而形成了EPCO完整的工作链。

另外，《2016年地下综合管廊试点城市申报指南》在竞争性评审内容的第3条建设运营模式中，把对综合管廊工程积极采取设计采购施工运营总承包（EPCO）、实现地下综合管廊项目建设运营全生命周期高效管理的模式列为首选模式，说明管理层针对城市综合管廊项目的发承包管理方式已经形成了高度一致的认识。

到目前为止，一些地方的综合管廊工程项目已经成功采用EPCO模式，这种模式的运营能够看得出来，在很多方面还是有一些难度的，这从客观上反映了EPCO模式在综合管廊工程方面的应用还是有其难度的。经分析，可从以下几个方面化解困局。

① 核心技术机构要勇于担当

核心技术机构可以理解为当前主导城市地下综合管廊设计市场的各主要大型市政工程设计院。从市政工程的特征和建设成品长期由政府管理的情况来看，市政工程设计机构一直难有为项目提供装置装备采购和生产运营调试的机会，因此也就无法激发设计机构创立并提升包括采购、工艺调试在内的EPC总装式服务机制，市政工程设计单位，包括大型甲级市政工程设计院在工程总承包方面都少有靓丽表现。他们承接的综合管廊项目大多还是传统的单一设计（即初步设计或施工图设计）。

建议市政工程类设计院深度整合内部资源，积极创建、培育具备EPC综合实力的体制机制，转换经营理念，率先扛起综合管廊EPCO大旗，为我国应用PPP模式建设城市综合管廊发挥应有作用。

② 激发非建筑类设计企业潜在能量

按照国家设计资质管理规定，持工程设计综合甲级资质的企业可承接我国工程设计全部21个行业的所有工程设计业务，并可承担其取得的施工总承包一级资质证书（施工专业承包）许可范围内的工程总承包业务。这些工程设计综合甲级资质企业按大类分布，市政类只有3家，分别是上海市政工程设计研究总院、中国市政工程华北设计研究总院、北京市市政工程设计研究总院，而石化、电力、港航、铁路、冶金等五大行业占比达80%，所以说，真正具有综合管廊工程设计和总承包能力的企业更多的是非建筑类设计企业且他们不受资质限制。

除以上综合甲级设计单位外，还有大量的实力雄厚的行业甲级、专项甲级设计单位具有类似综合管廊工程的设计和总承包业绩，如煤炭、有色、水利等工程设计单位，虽然他们中的大多数没有市政类工程设计高等级资质，但他们确实具备城市地下综合管廊EPCO竞争能力，应该作为突破综合管廊工程总承包瓶颈的潜在力量得到充分重视。让有能力的总承包企业有机会参与到综合管廊建设的大潮中，开创综合管廊工程EPCO领域新局面。

③政府实施机构管理理念需要革新

a.建立打破行业垄断的概念

城市地下综合管廊对于市政类工程而言已不单单只是个设施，它里面起码要放置三种管线，多的达近十个种类，而且有运营维护管理的需求，因此无论是工程的广度还是要求提供服务的层级都较普通的市政工程有很大不同，部分工作已大大超出了市政工程设计单位和施工单位的能力以外，再者，根据国家总体部署，城市地下综合管廊工程将在"十三五"规划期间以2000km/年的速度推进建设，工程量不可谓不大，如此庞大的市场如果仅仅局限在行业内部消化，那么必然会影响总体推进计划的实现以及受市场保护导致的低能、低效，妨碍技术进步。所以固守行业资质要求已不能满足客观需要，形式的发展迫使我们必须接纳行业外的有实力的社会资本介入综合管廊项目竞争。

打破行业垄断的具体表现形态就是在政府采购环节适当设定资格预审门槛，摒弃不合理的限制性要求，如工程设计综合甲级资质、市政工程一级施工总承包资质等。

b.正确把握项目前期政府方风控尺度

对项目设计的有效监管是最重要的前期风险管控环节之一。就PPP产出概念而言，政府方可能会过分关注如何实现产出而非产出本身，或者说是误把目标当成了产出来控制，把项目的产出说明书搞成了目标说明书。在这种情况下，政府实施机构不仅对项目产出做了定义和要求，还担心可研、环评等审批环节的不确定性，将设计环节纳入自己主导的工作范围，认为政府方对某项工作的控制力越强其承受的风险就越低，所以出现了很多在完成施工图设计后才将项目主导权交予社会资本的PPP项目。这样的做法实际上是将设计风险留存了下来，政府部门不仅在设计风险发生后需承担潜在缺陷风险、绩效风险、技术落后风险、升级改造风险等带来的损失，而且还失去了利用社会资本的技术和经验优势的机会，扼杀了社会资本产出交付方式的灵活性。

在综合管廊PPP项目实操中，采用完成施工图设计后再进行政府采购的现象非常普遍，这应该理解为政府公共部门不当的风控意识导致的一个结果，这种意识不进行转变，综合管廊工程就无法实施EPCO模式。

c.需要营造综合管廊EPCO发包的有利环境

实现综合管廊工程EPCO承发包，政府实施机构需要创造以下几个条件：

（a）充分落实综合管廊工程"规划先行"的政策要求。由于综合管廊具有向覆盖区域提供各种管线服务的广泛性和持久性特点，因此对它进行综合规划是十分必要的，该规划原则上应该建立在当地区域性发展规划和各专业管线详细规划的基础上，故地方政府主管部门需要适时地组织编制、审批《城市地下综合管廊综合规划》，预先完成这个前期必做的工作。

（b）完成综合管廊项目初步设计及其审批。当然，在组织开展综合管廊工程初步设计之前政府部门肯定需要先期完成该项目的可行性研究并得到批复，在这基础上，政府实施机构应该把综合管廊的初步设计阶段的工作单独委托（注意：只委托项目的初步设计，项目的施工图设计纳入EPCO采购范畴），以该阶段设计成果及其批复意见作为项目产出目标并向社会资本提出要求。

（c）制订高效的综合管廊PPP项目实施方案。PPP项目实施方案是指导政府实施机构操作PPP项目的行动纲领，包括政府采购在内的完备的方案设计是保证项目高效落地的基本条件。过去一个阶段由于社会咨询机构在PPP咨询领域成熟度不够，提供的实施方案存在一些不可实施，或需要进行大的调整才能继续推进项目的问题，给政府实施机构带来麻烦。随着PPP项目咨询向专业化、精细化方向的发展，政府实施机构应严格筛选社会咨询机构，保证综合管廊这种相对特殊项目的咨询质量，并实现高效落地。

5.2.2 项目标段划分确定

施工标段划分是为施工组织筹划的重要内容，也是招标策划的首要工作。划分得合理可以保障安全、节约造价、加快进度、减少矛盾。标段不合理，则可能增加矛盾及协调难度、浪费时间及影响施工安全。标段划分是招标文件的重要内容。

《中华人民共和国招标投标法》第十九条、《工程建设项目施工招标投标办法》第二十七条规定："招标项目需要划分标段的，招标人应当合理划分标段。"《中华人民共和国招标投标法》第四条、《工程建设项目施工招标投标办法》第三条规定："任何单位和个人不得将依法必须进行招标的项目化整为零或者以其他任何方式规避招标。"《工程建设项目施工招标投标办法》第二十七条规定："对工程技术紧密相连、不可分割的单位工程不得分割标段。招标人不得以不合理的标段或工期限制或者排斥潜在投标人或者投标人。"《中华人民共和国招标投标法实施条例》第二十四条规定："招标人对招标项目划分标段的，应当遵守招标投标法的有关规定，不得利用划分标段限制或者排斥潜在投标人。依法必须进行招标的项目的招标人不得利用划分标段规避招标。"《中华人民共和国合同法》第二百七十二条、《中华人民共和国建筑法》第二十四条规定："发包人不得将应当由一个承包人完成的建设工程肢解成若干部分分别招标发包给几个承包人。"

因此，招标项目需要划分标段，招标人应当合理划分标段并在招标文件中载明。招标人在编制招标文件时，应将标段数量、标段工程量、工作界面划分如实写入招标文件。同时，招标文件也要对是否允许同一个投标人在多个标段投标、是否允许同一个投标人同时中标多个标段的情况做出具体规定。

标段划分合理与否的判断标准设定为两点：划分理由的客观性和划分结果的竞争性。标段划分理由的客观性和标段划分结果的竞争性两者缺一不可，同时满足这两个条件的，才能认定为"划分标段合理"。

标段划分理由的客观性表现在，划分标段虽然是人为决策过程，但必须有客观事实作为依据和支持，必须经得起检验。认定标段划分理由的客观性有一定难度，根据招标行业公认的准则，工程项目一般按以下原则划分标段：在满足现场管理和工程进度需求的条件下，以能独立发挥作用的永久工程为标段划分单元；专业相同、考核业绩相同的项目，可以分为一个标段。而货物采购标段划分的原则为：技术指标及要求相同的、属一个经销商经营的货物，可以划分在同一个标包；对一些金额较小的货物，可以适当合并标包。

标段划分结果的竞争性是指通过标段划分能够扩大竞争格局，而不是缩小竞争格局。为了做到扩大竞争格局，招标人应当在充分调研的基础上进行标段分析，不仅要考虑招标项目的特点、现场条件、投资、进度、自身管理能力等因素，还应考虑潜在投标人的资质、能力、业绩、竞争能力，通过对标段的合理划分选择出最符合要求的中标人，以利于项目的顺利实施。

①标段划分应当考虑的因素有：地下工程彼此施工的稳定影响；施工场地及施工条件；地下工程施工市场情况；业主的工期要求。

②同期实施的在安全影响范围内的地下工程应统一划分一个施工标段。不论是相互叠交还是距离很近的地下工程，由于其相互影响稳定，由一家单位来施工，容易进行支护、降水、施工方法及变形控制等基坑稳定方面的统筹考虑，也容易进行场地及时间次序上的统筹考虑。

③对于不同期实施的在影响范围内的地下工程，应结合施工条件、施工市场情况及工期要求进行综合考虑，先期施工的地下工程标段施工承包内容应包括后期由于空间限制无法实施的工程内容，如隧道与盾构重叠时，后期盾构施工的上浮保护措施。

(1) 按照承包管理模式划分工程标段

工程建设项目管理方式和承包方式的不同，导致招标人和承包人工作内容、范围、权利、义务、责任和风险分担等方面的不同，因而对工程招标条件、投标资格条件、评标标准和评标方法、合同条款等都有不同的要求。招标人在招标前应做好承包管理模式的策划工作，并根据不同的承包管理模式采取不同的标段划分方式。

①设计采购施工（EPC）总承包模式下，往往以工程总体作为一个标段进行EPC总承包招标，工程总承包企业按照合同约定，承担工程项目的设计、采购、施工、试运行服务等工作，并对承包工程的质量、安全、工期、造价全面负责。

②设计+施工总承包（DB）模式，就PPP模式下综合管廊的建设管理方式，中建政研信息咨询中心对已经列入财政部试点的项目进行了调研。调查结果显示，在前两批试点项目中，由于对综合管廊工程特点的把握不够充分以及习惯于传统的市政工程建设管理方式，所以在大多数地方政府的实施方案中就政府采购和建设管理而言都是沿用了设计+施工总承包的方式，并在实际招标过程和PPP项目合同架构上按此操作。招标人把一个项目的全部设计施工任务划分为一个标段，发包给一家资质符合要求的承包单位。

③平行发包（DBB）模式，综合管廊项目也可以采用平行发包的招标方式。通过平行发包，选择不同专业的承包商，各个阶段相互搭接，从而缩短整个建设工程工期。

同时，全过程工程咨询单位应分析建设项目的复杂程度、项目所在地自然条件、潜在承包人情况等，并根据法律法规的规定、项目规模、发包范围以及投资人的需求，确定是采用公开招标还是邀请招标。

④设计采购施工运营总承包（EPCO）模式

《2016年地下综合管廊试点城市申报指南》在竞争性评审内容的第3条建设运营模式中，把对综合管廊工程积极采取设计采购施工运营总承包（EPCO）、实现地下综合管廊项目建设运营全生命周期高效管理的模式列为首选模式，说明管理层针对城市综合管廊项目的发承包管理方式已经形成了高度一致的认识。

⑤在专业承包模式下，招标人根据设计分批完成、工程分期实施、施工分区组织等实际情况，将整个工程划分为若干个可独立发包的标段，并分别进行招标。招标人要组织多次招标，招标工程量大，成本也高。在施工过程中，各施工单位之间是独立和平行的，不存在从属关系或者管理与被管理的关系，其组织、协调工作都需要由招标人来承担，需要招标人具有很强的技术管理力量。

对于综合管廊这类大型工程，往往选用多种承包管理模式的组合，如"EPC总承包+专业承包"模式，招标人把一个项目发包给一家资质符合要求的EPC总承包单位总包，主体结构由总包方负责设计、采购、施工，部分重要专业工程可在招标人认可下进行分包，并纳入总包的管理范畴，整个项目的质量、进度由总包方向招标人负责。

招标项目划分的标段规模和标段数量,应与期望引进的承包人的数量和资质等级相适应,形成一定的竞争格局,利于择优选用承包人。

针对综合管廊工程可推行市场准入和承包商资源库管理,这就要求招标人在招标前应进行市场调研,针对招标项目的技术类型和规模范围,了解潜在投标人的数量和资质等级。在此基础上科学划分标段,使标段具有合理适度规模,保证足够竞争数量的单位满足投标资格能力条件,并满足经济合理性要求。在采购环节适当设定资格预审门槛,摒弃不合理的限制性要求,像工程设计综合甲级资质、市政工程一级施工总承包资质等。

(2)按照单位工程划分原则划分施工标段

对建设项目进行单位(子单位)、分部(子分部)及分项工程划分,是开工前一项重要的技术准备工作,是收集整理施工技术资料和组织质量验收的基础(图5-7)。浙江省住房和城乡建设厅发布的《城市地下综合管廊工程施工及质量验收规范》DB 33/T 1150—2018中提到综合管廊工程施工应科学组织、合理划分施工段,宜采用先进设备和工艺进行测量和监测。对招标项目的标段划分,应与工程划分相一致,这样可以使招标标段在实施过程中,与施工验收规范、质量验收标准、档案资料归档要求保持一致,清晰地划清招标人与承包人、承包人与承包人之间的责任界限,避免因责任不清引起争议和索赔。

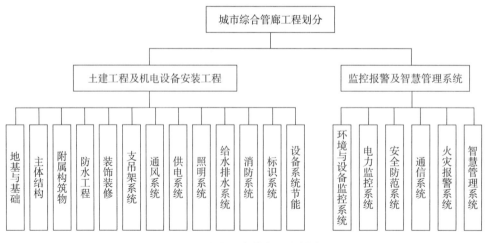

图5-7 城市综合管廊工程划分

①按土建工程及机电设备安装工程设置标段

土建工程及机电设备安装工程下的分部工程有地基与基础、主体结构、附属构筑物、防水工程、装饰装修、支吊架系统、通风系统、供电系统、照明系统、给水排水系统、消防系统、标识系统、设备系统等。

准备投入建设的某一整体工程或某一整体工程的某一期工程划分为若干工程段落并把上述段落或单个或组合起来进行招标的招标客体。像北京市曾经发过《城市综合管廊工程施工及质量验收规范》(征求意见稿)3.2节工程质量验收的划分中提到：综合管廊建设项目一般按照城市总体规划布局设计，建设进度一般按照年度预算分期建设，一条综合管廊建设项目长度几十到上百公里，因此在建设过程中宜按照综合管廊公里数划分成若干个标段进行建设、施工管控，综合管廊各标段的划分一般可按照3km以内。而且2019年北京市住房和城乡建设委员会与北京市市场监督管理局联合发布的《城市综合管廊工程施工及质量验收规范》3.2验收中提到：一条综合管廊建设项目长度若达到几十公里，则在建设过程中可按照综合管廊公里数划分成若干个标段进行建设、施工，对于城市道路下网格状综合管廊标段划分可参考道路名称划分若干综合管廊标段。因此目前大多数综合管廊建设项目土建工程及机电设备安装工程都会按照综合管廊公里数划分成若干个标段进行建设、施工，各标段的划分一般可按照3km以内。

②按监控报警及智慧管理系统设置标段

监控报警及智慧管理系统下的分部工程有环境与设备监控系统、电力监控系统、安全防范系统、通信系统、火灾报警系统、智慧管理系统等。

综合管廊工程监控报警及智慧管理系统弱电工程可统一打包为一个标段进行招标采购。

5.2.3 合同条款确定

根据每个综合管廊项目特点，全过程工程咨询单位应就招标形式、招标程序、各个工程的界面划分、合同形式、合同条款及合同管理模式提供建议，并提出可能存在的风险因素，供业主考虑。目前综合管廊项目在施工合同的专用条款方面，应从为业主节省成本、控制项目造价的角度出发，着重于对承包范围的清晰明确、风险的范围及分担办法、对严重不平衡报价的主动控制、进度款的控制支付、工程价款的调整、变更签证的程序及管理、违约及索赔的处理办法等方面进行策划。

像现阶段推行设计采购施工运营总承包（EPCO）模式作为综合管廊工程采用的首选模式，那么在采购承包商（供应商）时，针对EPCO模式就应该提前或适时地策划并设置合理的合同条款，以保证在招标采购阶段获得最佳的承包商（供应商）。

（1）从规划、可研阶段就要为应用EPCO模式创造条件

1）综合管廊工程规划编制

①资质要求

城市地下综合管廊的工程规划编制单位目前还没有特别的资质要求。但是综合管廊作为影响城市区域地下空间利用、道路及沿线建筑发展规划、区域人口和服务需求发展规划、城市整体景观等的大型线性地下构筑物，且涉及给水、排水、燃气、热力、电力（含城市照明）、通信（含广播电视、交通信号、城市监控）、工业等多种行业管理部门，以及发展和改革、工业和信息、国土、规划、财政、审计、城市交通、园林、水务、公安、消防、人防、安全监督、质量监督、环保、文物等多个政府职能部门，因此承担这样的工程规划的单位必须具备一定的资格和能力。

因此，可参照乙级城市规划编制单位的资质要求进行遴选。

②工程规划的编制条件

综合管廊的工程规划原则上应结合当地城市总体规划和各类专业管线控制性详细规划组织编制。因此，地方人民政府应在提出建设城市地下综合管廊的设想之前提前编制完成城市总体规划，继而编制完成综合管廊覆盖区域的各专业管线控制性详细规划。鉴于城市地下综合管廊是今后一段时间内政府重点投入的基础设施，地方人民政府应统筹安排，动员城市给水排水、燃气、热力、电力、通信等行业管理部门抓紧编制本行业地下管线控制性详细规划，尤其是对高强度开发区和管线密集区这种适宜综合管廊建设的区域，率先完成地下管线修建性详细规划或控制性详细规划的编制，不要在需要编制综合管廊工程规划时，还拿不出基础数据，影响地方经济发展。

③规划的路由选择

《综合管廊规划编制指引》第八条要求："管廊工程规划应统筹兼顾城市新区和老旧城区。"但是目前规划区域大多选在城市新区。这会出现两个突出问题：一是不能从根本上发挥综合管廊的现实效益。老旧城区过去陈旧的、凌乱的各类管线大量存在，管线爆裂或断损事故随时可能发生，所以对马路拉链和城市生命线安全问题起不到任何正面效果。二是综合管廊建在城市新区，管线用户规模是要随人口聚集而逐步放大的，达到设计容量将是一个相对漫长的过程，这势必影响入廊费和管线运营费的收取，不说综合管廊综合效益难以发挥，单就社会资本回收投资和取得合理回报就难以保证，这将极大地影响PPP模式的应用。

④适宜入廊的管线问题

《综合管廊规划编制指引》第七条要求："管廊建设区域内的所有管线应在管

廊内规划布局。"当前适合我国城市入地的管线主要有电力电缆（高压、低压）、通信电缆（包括电信、联通、移动、网通、铁通及有线电视信号等）、燃气、给水、热力、污水和雨水管道等，还有埋藏于道路下的路灯电缆、交通信号指挥线路，如果考虑到城市的发展，可能埋入地下的城市管线还有中水回用管道、供冷管道、垃圾管道、充电桩线缆及其他专用管道（如军用管道等）。通过对已建和在建项目的考察，国内综合管廊中真正纳入的管线种类距"区域内所有管线"的要求差距还是很大的，分析和建议如下：

a.电力和电信缆线、给水（包括中水、再生水）管道入廊已成共识。

b.热力管道入廊已被接受，但受高温因素干扰入廊仍受掣肘；供冷管道因大型地面制冷设施建设滞后还没有形成规模。冷热两类管道具有鲜明的南北方城市地域特色，应因地制宜，在工程规划中将其有效纳入管廊。

c.雨污水管道入廊争议较大。雨量充沛的南方城市宜将雨水管道入廊并采用压力输送方式；污水管道应该结合综合管廊与城市污水处理厂的区位关系，参照雨水管道压力输送方式纳入综合管廊。

d.燃气管道入廊已被公认可行。入廊阻力来自权属单位。应旗帜鲜明地把燃气管线纳入综合管廊。

2）综合管廊可行性研究报告编制

①综合管廊可行性研究报告应该体现的特点

城市地下综合管廊有别于传统意义上的公共基础设施，是一套呈带状体系特征的完整的地下生产运营系统，因此要把它等同于独立的工业系统来看待，其可行性研究报告应该遵循相关工业项目的格式要求完成文件编制。

②综合管廊可行性研究报告工作重点

a.项目建设条件及管廊区域工程地质情况研究（包括建设区域地下空间原有管线状况、区域水文地质情况、可行的基础工程实施方案等）。

b.综合管廊应用技术研究（包括总地下空间布置原则、管廊内部各类管线平立面布置方案、廊道内各类管线产品标准、技术参数、工艺流程等技术方案；主要建、构筑物的建筑特征与结构方案、各类入廊管线的管道及线缆选型方案、监视监控方案、廊道内的消防、通风、照明、供电、排水、监视监控、标识等附属设施设计）。

c.综合管廊项目实施进度安排（包括实施管理机构、资金筹集安排、技术获得与转让、勘察设计和设备订货、施工准备、施工和生产准备、竣工验收等）。

d.投资估算与资金筹措（包括固定资产投资总额、流动资金估算等地下综合管廊项目总投资估算；资金来源及地下综合管廊项目筹资方案；投资使用计划及借款偿还计划；投资回收期等）。

③综合管廊可行性研究报告编制单位选择

当前综合管廊项目前期可行性研究和技术咨询机构很多。基本可以归纳为两大类：一类是综合咨询服务机构，他们擅长在政策解读、市场分析、投资分析、竞争分析、营销计划、管理方案、技术研发等方面提供强大的高端咨询服务；另一类就是常规的工程咨询单位（含具有相应资质的设计单位），他们的特点在于通过对新建项目的市场研究，可明确项目兴建的必要性；通过对项目的工艺研究，可解决技术上的可行性；通过对项目的经济效益研究，可明确项目建设的合理性。由于综合管廊不是新品开发、不是装备制造、更不是产业投资，而是简单实在的生产类工程设施，所以城市地下综合管廊的可行性研究工作选用工程咨询单位来承担更切合实际需要。

工程咨询单位必须依法取得国家发展改革委颁发的《工程咨询资格证书》并凭此证书才可以开展相应的工程咨询业务。工程咨询单位资格分为甲级、乙级和丙级三个等级，城市地下综合管廊可研工作应由甲级工程咨询单位承担。在甲级工程咨询单位中有相当一部分是只做工程咨询业务而没有能力承担工程设计的。相反，在拥有设计资质的单位中却有相当一部分同时具有甲级工程咨询资质。考虑到综合管廊除了具有地下工程特点外还涉及诸多专业管线的选型与设计，其可行性研究阶段建立起的与多种管线权属机构的沟通管道对后续工程设计有着极大的影响，所以为了创造有效衔接两个阶段设计思维的天时地利人和的条件，建议政府机构在甄选可行性研究承担单位的同时把具有相应综合管廊设计资质作为重要考量条件之一，以期接下来的综合管廊工程初步设计仍委托给做过可行性研究的同一家单位，甚至同一班人马持续进行，从而可以大大提高设计质量和设计效率。

④综合管廊可研阶段应注意的问题

a.要建立通过可行性研究设计有效控制总造价的政府意识

综合管廊是一种特殊的城市基础设施，它不属于水、电、气等公用事业中直接为社会提供产品和服务的单一基础设施，而是为这些不同类型的公用事业提供一种公共性和基础性服务的综合设施。只有政府有能力推动这一事业的发展，并在过去相当长的时期内由政府单方面出资兴建。

采用PPP模式建设综合管廊，投融资的主体成了社会资本，但PPP项目的社会资本方只是起到了项目融资并承担一定时期内的资金垫付的作用，项目工程费用的承担主体仍然是政府，项目花费的是全体国民的资产，政府必须对它进行造价控制，而可行性研究就是项目前期控制的主要手段之一。

b. 正确把握"适度超前"

由于综合管廊工程的设计寿命长达100年，因此对一个百年工程怎么把握"适度超前"的确是一个难题。另外，《城市地下综合管廊设计规范》还没有推出，相关的超前概念没有具体定位，建筑规格标准尚不清晰，这就给综合管廊工程在设计阶段留下了比较大的发挥空间，使得一段时间内可研阶段综合管廊高大上的设计现象频繁出现。

在这种相对不利的情况下，综合管廊可行性研究报告编制单位更应该以科学的态度，站在为全体公民服务的高度量度综合管廊适宜的工程构成，在项目前期就把节约每一分钱的意识贯彻到综合管廊的诸多可行性设计环节中去，以注重设计为根本，取得降低综合管廊工程造价的前端控制效应。

c. 综合管廊工程应统筹规划，一次性完成全面设计

完整的城市地下综合管廊工程设计应该包括廊体结构、附属工程、管线设计、管线安装等，但是当前综合管廊可行性研究中的工程内容只含廊体结构、附属工程和部分管线（主要是给水排水），而将行业特征显著的燃气、热力、电力、通信等管线设计留给了管线权属单位，造成工程设计不完整。

为此，国家应在高级层面上建立沟通协调机制，营造各专业管线权属部门设计机构积极配合设计总包单位的良好氛围，在综合管廊工程可行性研究设计阶段形成高度融洽的设计沟通，避免重大设计漏项，减少重复设计，保证设计的完整性。

可行性研究报告编制单位要有突破自身能力限制的勇气，快速提升自身实力，加强统筹整合力度，提交具备科学性、完整性的城市地下综合管廊可行性研究报告。

d. 能共舱的尽量共舱

根据工程量测算，综合管廊断面每增加一个舱室，其土建及附属设施造价就要提高20%～25%，同时，相对多舱结构的廊道来说还弱化了运营期管廊集约化管理的功效。

单独设舱主要表现在燃气管道方面。燃气管道纳入综合管廊的危险性主要表现在火灾和爆炸，其最直接的起因即为燃气泄漏及存在火源。在当前的材料技术、监控技术、管理水平条件下，通过对燃气管线本体及管件的泄漏控制，对综合管廊内其他火源的控制及燃气管线发生泄漏后可行的应对措施的实施，燃气管道的危险是完全可以避免和控制的，而当这种控制力足够强大时，管线共舱便是自然的选择。

e.充分考虑综合管廊信息化建设需要

综合管廊信息化管理除了工程本身的相关信息之外,管廊内各种入廊管线的生产管控信息解决方案则是更为重要的。

各种入廊管线不同点位的开闭、切换、分流等操控动作的执行,不同管道的压力、流量、温度等的监视监控;各种线缆中的电流、电压、电磁辐射、接地等的监视监控;对廊道内各类管线及其关键部位的外观巡检与局部详查;保证管线介质流不中断检修的操作要求等,都是综合管廊实现信息化管理的重要内容。

综合管廊信息化管理的要求也是可行性研究报告编制单位提交完整可研报告的一个重要方面。若可研阶段缺失了这方面内容,初步设计将无法深入,在设计阶段实现综合管廊高度信息化管理便会成为空话。

(2)重点在完成一部好的初步设计

1)综合管廊初步设计应该体现的特点

①清晰定义项目边界,明确设计依据、设计原则、设计指导思想,明确项目组成、产品方案、原材料消耗及来源、建构筑物设计、入廊管线及仪器仪表选型等。

②要在初设阶段进一步勘察综合管廊沿线工程地质状况,规避地质风险并为土方工程、基础工程提供可靠设计。

③全面且准确的设计概算是项目造价控制系统的关键指标,当项目发包人试图自我承担设计风险时,这个指标便是控制施工图设计的重要参数,即依据施工图编制的预算不能超过初步设计概算。而当项目采用EPCO模式时,它既是发包人想要达到的总投资控制目标,又是推动承包人合理配置资源、充分释放管理能效才能争取得到的项目效益目标。

④初步设计系统文件是工程设计的重要组成部分,编制完成以后应该报项目设计审查主管部门审批,明确项目符合国家方针、政策和行业规章、标准的要求;符合可行性研究要求;切合实际、安全适用、技术先进可靠、经济合理等。

2)综合管廊初步设计承担单位的选择

现在普遍要求是工程设计综合甲级或市政公用工程行业设计甲级资质,使得出现了市政工程设计院主导综合管廊工程设计的局面。

按上述资质设置门槛,将使综合管廊设计单位选择面大大缩小,这不仅弱化了采购效果,同时也把很多有能力承担综合管廊设计的企业挡在了门外。当预设综合管廊工程实行EPCO模式时,应把是否具有工程总承包的能力和业绩作为综合管廊工程初步设计承担单位的考察重点。因为只有具备工程总承包经验的设计单位才能高屋建瓴、站在项目顶层设计的高度对项目整个合同范围内的工作进行总体策划和全面协调,其提交的初步设计成果才能成为编制施工图设计,安排项目总体计划，组织主要设备、器材采购及控制项目总投资的依据。

在选择综合管廊初步设计承担单位时，其资质条件以具有国家建设行政主管部门颁发的甲级工程设计证书即可，摆脱行业束缚，广招天下英才，开创综合管廊工程EPCO领域新局面。

3）综合管廊初步设计阶段需要注重的几个问题

①保持项目可行性研究的延续性，一次性完成全面设计

长期形成的专业管线机构负责制，使得在入廊管线的设计、施工、采购等环节所形成的技术标准、工程经验呈现出高度的行业化、部门化色彩，以至于没有几家设计机构能够承担完全覆盖所有入廊管线的全面的工程设计。

因此，要培育一批能够统揽综合管廊全部工程设计的单位作为设计总牵头人，专业设计采用分包制，从而明确整个项目的设计风险分担机制，让最有条件和能力承担设计风险的一方承担该风险，另一方面也让政府实施机构摆脱技术管理的重负，释放更多能量去关注其他该关注的事项。

统揽设计的总牵头人一个艰巨的任务就是与各管线权属单位及其下设的专业设计机构的沟通。解决办法是：一是通过政府实施机构加强组织协调，二是在政府方委托综合管廊可行性研究设计单位时一并考虑继续委托其承担初步设计的可能性。

②注意设计的可施工性，避免返工

以前我们更多关注的对象是综合管廊的廊道及其附属设施，对管线工程兼顾的程度和力度相对有限，因此在设计的可施工性方面可能会忽略廊道与管线之间存在的制约关系，给项目建设带来隐忧。

在未来的城市地下综合管廊工程初步设计中，应借助设计总牵头人的系统筹划和与专业设计分包的紧密配合，着重解决诸如廊道内具有水平推力的大型管道支承问题、大规格管线最小转弯半径与廊道的平面设计关系问题、管线最大纵坡限制与廊道的竖向设计关系问题、管道与线缆吊装敷设施工的着力设计问题、各种共舱管线垂直安全间距及安装空间预设问题、各种管线的引出及与引出口的设计关系问题等。通过一揽子统筹设计解决综合管廊安装工程的可施工性。

③突出综合管廊廊道与各类管线监视监控统筹设计

综合管廊的建设要与城市地下管线信息管理系统建设同步。

广义的城市地下管线管理信息系统要求建成分级、分布式的地下管线信息数据库，建立公共数据交换服务平台，建立具有空间化、数字化、网络化、智能化和可视化的技术信息系统，实现地下管线信息的实时、动态管理与维护，提供地下管线信息的检索、查询、定位等服务。

狭义的综合管廊项目信息系统包括完善的新建综合管廊工程建设档案及竣工的综合管廊各类管线信息数据库以及管廊及内部管线生产运营信息处理。

因此，综合管廊工程必须在初步设计阶段清晰且完备地对综合管廊廊道与纳入廊道的各类管线进行监视监控设计，建立本综合管廊的信息系统，并为接入上层信息交换中心提供保障。

④突出初步设计总投资控制概念，为后续工作创造条件

初步设计阶段完成的设备清册、概算书是项目实物采购和工程总造价控制的直接依据，而根据初步设计原则进一步编制完成的施工图则是项目工程数量和工程质量的直接控制依据，因此，工程项目的初步设计成果是后续项目实施过程的总体控制依据。

对于城市地下综合管廊工程而言，无论是在传统的设计、施工独立承包制还是EPCO工程总承包制的建设管理方式下，到了初步设计环节都必须要求设计单位突破单一设计的陈旧观念，在完成必要的初步设计说明书、图纸、清册、概算、专项设计说明等技术文件的基础上，还要为项目的施工组织、进度安排、竣工试验及竣工后试验、劳动定员、资金筹措、财务评价、工程验收等相关管理服务提供资讯，发挥好设计是项目综合管理龙头的作用。

（3）发挥好EPCO方式下PPP社会资本方设计单位的作用

1）对社会资本方设计单位的要求

EPCO方式下的招标邀请，竞标施工图设计的单位其角色已经转变成社会资本。

投标的社会资本可能是具有设计资质，包括施工、运营、融资能力在内的实力强劲的单一工程总承包商，也或许是拥有设计资质独立法人在内的、与其他社会资本构成的联合体。此时，政府实施机构的采购责任就是把好潜在的承担设计的社会资本入门关，即除了考察他的设计资质，同时还要看他有没有能力既把设计责任担当起来又在不损害公共利益的前提下通过释放他的技术优势和管理能效收获项目的建造和运营的综合效益。而这个能力就是工程总承包能力。

对于PPP项目，社会资本在采用EPC建设管理方式建造完毕后，还要进行有效的特许经营期的运营管理，因此，社会资本在施工图设计阶段还有一个权衡建造与运营投入关系的问题，这将为施工图设计留下优化的空间，同时也将对施工图设计单位构成考验。

2）选择社会资本方设计单位的步骤和注意事项

①设计资格预审及需要注意的几个问题：

a.投标人主体资格

要出具主体资格证明文件，包括企业法人营业执照、法人授权委托书、组织

机构代码证、税务登记证、设计资质等级证书、联合体协议书等。

b.项目经理及设计资源配置

推举的项目经理简介,设计资源配置说明,项目经理及设计团队的信息必须齐全,并对项目经理和主要设计人的资格、资历、业绩及经验等进行必要的文字描述。

c.投标人业绩

投标人必须按照要求提供近年来承担的类似工程设计(或工程总承包)情况一览表,并附:项目合同、竣工验收证明材料、发包人评价报告等。

d.投标人的企业财务状态

投标人需要对本公司的财务状况进行说明,它主要包括三个方面:账户信息、资产负债情况、第三方财务审计情况。

e.投标人的企业信誉和信用

投标人提供的可资证明其信誉、诚信等方面的附件可以作为具备资格的重要的参考依据。

②采购程序执行过程中的报价评审

采购程序执行过程中的报价评审是考察综合管廊PPP-EPCO项目社会资本施工图设计和对项目总体掌控能力的关键环节。

原则上EPCO方式的投标文件由商务报价书、技术建议书、实施建议书三部分文件构成,在投标文件中的技术建议书、实施建议书编制过程中承担设计的部门起着决定性的作用;招标代理机构应合理设计标底价格、评标办法、评分项的分值及权重;为凸显EPCO功效,评标专家应着重审查它的技术建议书和项目实施建议书的编制水平和质量,利用综合评分法选出得分最高者并授予中标资格。

③合同谈判

获得中标资格的社会资本应在规定的时间内与政府实施机构进行合同谈判并签订项目合同。在这个过程中不乏谈判失败而由第二中标人替补并与招标人继续进行合同谈判的现象发生,也就是说,合同谈判又一次给了招标人进行细节化甄别的机会。

(4)发挥好EPCO方式下社会资本方运营单位的作用

1)PPP-EPCO模式下综合管廊集约化运营的软硬件配置要求

①信息化建设与应用是地下管廊综合运营管理的基本要求

综合管廊信息系统是城市地下管线信息系统的有机组成部分。在城市地下综合管廊信息系统中,除了综合管廊的地理信息和容纳的管线属性信息之外,综合管廊内部的信息管理是工程项目在建设期和运营期的重要工作内容之一,它应该包括廊道环境管理信息系统和各类入廊管线生产运行信息系统两大部分。

②廊道环境管理要素及其信息系统的建立

廊道环境管理特点包括：生命周期长（设计寿命为100年）、内部管线设施的更换周期长、线性分布、距离较长、管廊设施主体位于地下、空间相对狭小，存在照度、氧气、湿度、粉尘微生物、动植物干扰等因素。

廊道环境风险因素包括：灾害类风险，环境类风险，设备类风险，人员类风险。

所以，监视监控系统应由环境与设备（包括消防、通风、温控、供电、照明、监视与报警、排水、标识）系统、监控系统、安全防范系统、通信系统、预警与处警系统、地理信息系统、信息管理统一平台等构成。

③各种入廊管线的运行操作、安全监控与信息处理

可能置入综合管廊内的管线主要有电力电缆（高压、低压）、通信线缆（包括电信、联通、移动、网通、铁通及有线电视信号）、燃气、给水、热力、污水和雨水管道，还有路灯电缆、交通信号指挥线路、中水回用管道、供冷管道、垃圾管道、充电桩线缆及其他专用管道（如军用管道等）。

上述每一种管线甚至同一种类但不同规格的管线其运营操作和安全监控的方法、要素都可能不一样，因此要有针对性地、结合专业要求分别设置就地与远程控制、特殊目标长期监视、巡回检测、预警与应急联动、信息管理统一平台等。

2）实现PPP-EPCO方式下管线运行和廊道管理有机融合

综合管廊安全运营是一个廊内各种管线稳定运行及综合性安全监控和廊道适宜环境有效保障的集合概念，综合性安全监控及保持廊道适宜环境是管线稳定运行的基本条件，管线稳定运行是综合管廊运营管理的终极目标。

集约化管理就是要将管廊及其里面容纳的各种管线所需要监视监控的因素汇集于同一系统内，通过信息管理平台并交由训练有素的统一的管理机构来实施的管理，任何游离于系统之外的管理手段和方法都将破坏集约化效果。

综合管廊的集约化管理将通过中央控制室实现。中央控制室是实现管线稳定运行和廊道环境管理有机融合的统一的管理平台，由此反过来要求与运营相关的设计、采购、施工应一次性完成。

综合管廊信息管理平台应包括：

①对各类管线生产监控与报警配置所组成的系统进行系统集成，使其分别具备数据通信、信息采集和综合处理功能。

②对综合管廊廊道环境监视监控系统与各管线安全监控与应急响应系统进行关联设计，实现应急联动功能。

③与各专业管线上位机系统实现连通，接受并执行上位机指令，满足上位

机调取、传递、综合处理相关信息的要求。

④与各专业管线下位机系统实现连通，向下位机发出指令并通过与下位机信息交换及时掌控及调节管线生产运行指标。

⑤与城市地理信息系统连通，为创建智慧城市添砖加瓦。

5.2.4 招标控制价及目标成本的合理确定

招标控制价作为拟建工程的最高投标限价，是发包人在招标工程量清单的基础上，按照计价依据和运用计价办法，围绕招标文件和合同类型，结合市场实际和工程具体情况编制的明示的最高投标总限价，是对工程进度、质量、安全等各方面在成本上的全面反映。此外，招标控制价不仅是投标报价的"天花板"（最高投标限价），有助于遏制投标人串标围标合谋超额利益，更是招投标机制中发包人主动进行投资控制的一种手段，限制不平衡报价、分析投标报价是否低于成本价的重要参考资料。但是，综合管廊项目由于涉及的专业相对比较多，各个部分所需的材料种类较多，只有准确地编制招标控制价，才能更好地控制工程造价。因此，全过程工程咨询单位应协助业主审核施工图深度和工程量清单准确性，结合市场调研价格信息，保证编制依据的准确性。

①施工图明确程度决定了合同模式的选择、工程量清单完备程度和变更多少，招标阶段施工图审查主要是为了减少工程变更。全过程工程咨询单位可采用先整体后局部，先原则后细节，先分专业后沟通衔接的审核方法，对施工图纸进行审核，若对图纸设计深度存在疑问，及时与招标人和相关的设计单位沟通交流。

②编制审核工程量清单程序，如图5-8所示。全过程工程咨询单位应对所需材料设备价格信息进行市场调研。在确定工程材料设备的价格时，一般情况下执行造价管理部门发布的信息参考价格及采购人提供的价格，信息价格没有的材料设备价格，必须对市场进行充分的调查，调查的厂家或供应商至少是三家以上，合理确定较贴近市场的价格，绝不能随便采用厂家或供应商的对外公布价。

综合管廊项目在比较招标控制价与目标成本的过程中，由于招标文件编制的深度不够或者不完善、漏洞大，选择的材料设备价格偏离市场实际，分部分项工程量清单综合单价组价不完整，风险、利润考虑不周全；措施项目费用计取混乱等问题，可能导致招标控制价高于目标成本，若优化设计后仍不能满足招标控制价低于目标成本，则需要重新调整目标成本。因此，全过程工程咨询单位应结合设计概算与施工图预算，以及相关工程量清单，根据已服务项目累积的经验，合理确定目标成本。

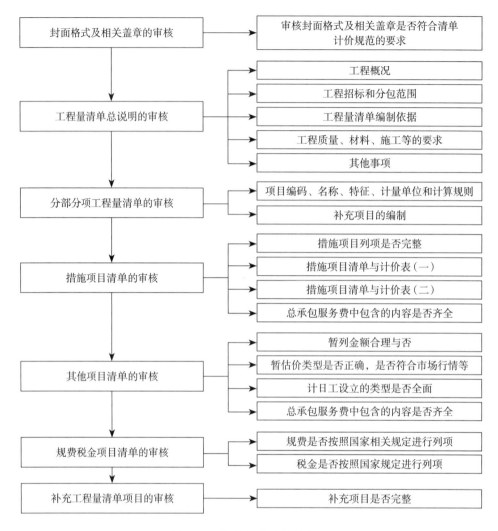

图5-8 工程量清单审核程序

5.3 选择最适合的承包商（供应商）

综合管廊工程招标公告主要包括招标条件、项目概况与招标范围、投标人资格要求、招标文件的获取、投标文件的递交等内容。

招标人针对不同的招标标段，设置不同的投标人资格、工期、质量、报价、技术标准和要求等实质性条款，并编制具体的评标办法和评标标准。投标人结合招标标段进行投标报价，编制施工组织设计，对实质性条款做出响应。评标委员会根据招标标段要求，进行初步评审和技术、商务详细评审，选出最适合的投标人作为本标段的中标单位。

综合管廊工程招投标可以采用相应的采购管理制度，如采购计划的审批管理制度、大宗材料的采购管理制度、施工设备采购管理制度、合格供应商管理制度等。

综合管廊工程首先要确定项目发承包模式，咨询单位根据发承包模式帮助业主制定招投标方案，特别针对施工单位的招标工作合理划分施工标段，《中华人民共和国招标投标法》第19条、《工程建设项目施工招标投标办法》第二十七条也作出相关规定："招标项目需要划分标段的，招标人应当合理划分标段。"同时咨询单位在招标采购阶段应根据《工程勘察资质标准》《工程设计资质标准》《市政公用工程施工总承包资质》《工程监理企业资质管理规定》等要求协助业主制定招标采购计划，确定专业资质和业绩条件要求，合理制定评标条件，对潜在投标人进行综合素质评价，选择项目最适合的承包商（供应商）。根据综合管廊项目特点，咨询单位应就招标形式、招标程序、各个工程的界面划分、合同形式、合同条款及合同管理模式提供建议，并提出可能存在的风险因素，供业主考虑。

就综合管廊全过程工程咨询项目在招标采购阶段最佳承包商选择工作部分举例，将综合管廊项目重难点工作与承包商供应能力匹配表的基本格式供全过程工程咨询单位参考，如表5-1所示。

尹贻林教授在其《贻林微观察3069》中写道："项目管理成功=项目短板+承包商长板。作为全咨项目的总咨询师在招采阶段特别要注意将项目的短板与承包商（供应商）的长板相匹配。项目的短板就是项目的重难点，从技术角度看最复杂，很可能导致项目进度拖期或质量安全出事故；从投资角度看最易突破预算，很可能形成三超。一定要在招采前彻底搞清所顾问的全咨项目有哪些短板，即重难点，形成项目重难点工作一览表。然后根据这些重难点工作，寻找最佳的承包商或供应商。"将综合管廊项目重难点工作与承包商供应能力合二为一进行匹配，更有助于全过程工程咨询单位在招采阶段咨询工作的开展。

1）承包商采购原则

在资格预审阶段，业主通过综合评价承包商的工程经验与业绩、承包商的信誉、财务能力、技术能力和管理能力来审查承包商。

① 工程经验与业绩

如果承包商没有相关的工程经验，或者过去业绩较差，业主很难相信承包商在未来会有良好的表现。评价承包商的工程经验与业绩，可以通过承包商在过去三年内类似工程年平均完成合同额、类似工程在建合同额和类似工程的质量优良率来衡量。

表5-1 综合管廊项目重难点工作与承包商供应能力匹配表

序号	综合管廊重难点工作		对应解决措施	承包商资格预审条件设置	承包商招标文件条款设置	承包商评标条件设置
1	勘察设计	布孔	根据相关规范要求和类似工程项目经验,针对地质条件不同、施工方法不同等因素,综合考虑确定不同位置的勘察布孔方案,包括孔间距、孔深、数量等,确保方案的合理可行	(1)资质要求 (2)业绩要求 (3)其他要求	针对孔洞探测与地形测绘、岩土工程、地下管线、地下建(构)筑物及周边环境调查、工程物探、水文勘察等工作制定专项方案	①严格审查投标文件是否符合资格审查预审条件,筛选排除不符合审查基本条件的投标文件,通过审查基本条件的投标文件进行评价。一般采用综合评估法进行评标。 ②勘察设计投标内容中针对应标服务表达是否满足相关规范的规定,答复不能违反法律法规等基本要求。省、市有关规定按国家、市有关规定,针对招标文件提出的勘察、设计方案的完整性、合理性、经济性进行评审,就设计单位按标准原则及标路是否准确阐述是否清晰,恰当进行打分,评审系统成及功能是否合理可行,效果是否良好,系统方案比选分析及方案技术是否充分翔实,土建工程论证是否充分翔实等
		岩土测试	根据相关规范要求和类似工程项目经验,针对地质条件不同、施工方法不同等因素,综合考虑确定岩土测试手段方案,进行岩土的热物理性质试验、水土腐蚀性试验相关试验,另外,在选择原位测试方法的手段时,不应固守传统方式,应跟随技术发展,确保方案合理可行的前提下,大胆尝试新型技术和方法等		针对孔洞探测与地形测绘、岩土工程、地下管线、地下建(构)筑物及周边环境调查、工程物探、水文勘察等工作制定专项方案	

续表

序号	综合管廊重难点工作		对应解决措施	承包商资格预审条件设置	承包商招标文件条款设置	承包商评标条件设置
		室内试验	根据相关规范要求和类似工程项目经验，针对地质条件不同、施工方法不同等因素，综合考虑确定是否需要重点室内试验进行某些指标的测试，因为试验次数的变动性，还需要确定试验次数，以保证方案的合理可行，试验结果的准确		根据综合管廊岩土地质条件综合确定方案，是否采取措施以保证试验的合理可靠	
1	勘察设计	横断面的设计：因为综合管廊形式与布置尺寸及密切相关，而管线布置无法准确判定，因此横断面形式受此限制成为设计难点	综合管廊断面形式一般分为圆形和矩形两种，从施工性、经济性，适用位置各有其优势和劣势，为了设计出更加合理的断面形式，要结合人廊管线类别、规模以及敷设要求，在满足项目需求的基础上，充分应用信息技术软件，在线模拟方案是否合理可行，从而	(1) 资质要求 (2) 业绩要求 (3) 其他要求	(1) 主动与市有关管线部门进行协调，通过对具体节点和管廊主体的设计，进一步落实边界条件，进行多方案比较，完成管廊的位置及其埋设要求，完成管廊主体平面、横纵断面设计，确定管廊的位置及其埋设要求，完成管廊主体和附属工程的布置方案，初步确定其结构形式、结构尺寸和施工方案	①严格审查投标文件是否符合资格预审条件，筛选排除不符合条件的投标文件，对通过审查基本条件的投标文件评审，一般采用综合评估法进行评标。 ②勘察设计投标内容中针对勘察设计服务表达和承诺等内容要满足相关规范的规定，不能违反法律法规等基本要求。勘察设计单位应按国家

第5章 招标采购管理

425

续表

序号	综合管廊重难点工作	对应解决措施	承包商资格预审条件设置	承包商招标文件条款设置	承包商评标条件设置
1	勘察设计				
	横断面的设计：因为综合管廊内各人廊管线布置形式与横断面的形状、尺寸及尺寸密切相关，而管线布置无法准确判定，因此横断面形式受此限制成为设计难点	判断断面形状、尺寸，在满足结构受力的同时，选择出最合理经济的设计方案	(1) 资质要求 (2) 业绩要求 (3) 其他要求	(2) 组织对设计方案及施工工法等进行多方案经济比选与论证，优化工程设计方案	省、市有关规定，针对招标文件提出的勘察、设计方案的完整性、合理性、经济性进行评价，就设计原则及标准阐述是否清晰，思路是否恰当进行打分，评价系统结构成及功能是否合理可行，效果是否良好，系统方案分析及比选方案是否充分翔实，土建工程方案技术分析及比选论证是否充分翔实等
	纵断面的设计				
2	监理咨询				
	图纸会审	综合管廊纳入不同的管线，要充分分析不同管线间的相容性，根据规范要求和项目实际情况进行图纸会审，避免图纸设计有误，对相关技术人员进行交代，熟悉项目	根据《工程监理企业资质管理规定》，综合管廊工程监理招标资质可设置选择综合资质或市政公用工程专业一级资质。因此申请人资质要求可以按照要求和项目具体情况进行设置： (1) 资质要求 (2) 业绩要求 (3) 其他要求	注明在施工准备工作阶段，具体协助开展图纸审核的工作计划，将工作步骤、工作内容及工作成果进行说明	评标获得遵循公平、公正、科学和择优的原则。可采用综合评估法进行评标。严格审查投标文件是否符合资格预审条件，筛选排除不符合基本条件的投标文件，对通过审查基本条件的投标文件，按照设置的评标标准通过邀请的评标专家进行评价打分

续表

序号	综合管廊重难点工作		对应解决措施	承包商资格预审条件设置	承包商招标文件条款设置	承包商评标条件设置
2	监理咨询	测量放线	测量放线的结果关系到项目施工的开展，因此要对测量仪器进行专业的检测，显示达到测量要求后，选用经验丰富的技术人员严格遵照图纸的指示对各项移动变化的位置进行校正，测量相关数据，把好施工前最后一关，确保施工效率	根据《工程监理企业资质管理规定》，综合管廊工程监理招标资质可设置选择综合资质或市政公用工程专业一级资质。因此申请人资格要求可以按照要求和项目具体情况进行设置： (1) 资质要求 (2) 业绩要求 (3) 其他要求	注明针对本项目需要重点关注的测量审核位置，提出相应的见解，对测量放线工作的具体工作安排，辅助业主开展的具体工作内容	对技术标部分的监理大纲，根据重难点提出的建议，按照思路是否清晰，针对性、创新性、全面性、系统性进行评价打分
		地基处理和验槽	针对不同类型的地基，根据地基承载力的不同采取不同的地基处理方式。天然地基因为可贴合图纸的要求，所以处理达到要求即可，而人工地基最重要的就是要保证其承载力满足结构施工要求，采取相关措施达到要求后即可安排验槽工作		注明针对本项目地基处理和验槽具体的工作安排，根据项目实际情况，应该采取的具体措施，提出合理可行的操作步骤和工作意见	

续表

序号	综合管廊重难点工作	对应解决措施	承包商资格预审条件设置	承包商招标文件条款设置	承包商评标条件设置
2	监理咨询 地下防水工程施工	因为综合管廊属于细长型的地下构筑物，在任何节点处都会导致渗漏水现象，所以为了保证防水效果就需要根据相关规范要求，结合项目特点和需求，选择最合理的防水材料和防水施工措施，综合考虑施工的因素，严格按照设计要求进行施工，避免施工步骤错误、防水材料的替换使用等易影响施工质量的情况出现		针对地下防水工程施工，注明具体的监理工作安排，根据项目实际情况应该采取的避免影响防水施工质量的具体措施，提出合理可行的操作步骤和工作意见	
3	施工 综合管廊工程分布面广，施工作业管理难度大	①根据工程分布的实际情况，工作量的大小以及施工工期要求，对综合管廊工程进行分区管理。②每区段管廊根据现场施工条件和特点，科学合理安排施工工序	资格预审采用合格制的方式。市政公用工程施工总承包资质分为特级、一级、二级、三级。一般来说，综合管廊工程施工招标申请人资格要求可以如下设置：1.各标段资质最低要求 2.各标段业绩最低要求 3.各标段项目经理最低要求	①根据工程分布的实际情况，工作量分布的大小以及施工工期要求，对综合管廊工程进行分区管理，一般1～3km可以设置为一个区段，各区组织平行同步施工，各区段内按管廊投料口，通风口等划分施工段，每段	

续表

序号	综合管廊重难点工作	对应解决措施	承包商资格预审条件设置	承包商招标文件条款设置	承包商评标条件设置
3	施工 综合管廊工程分布面广，施工作业管理难度大	③临时设施布置做到紧凑、合理，井井有条。④人员、设备、材料等资源按计划有序投入	4.招标可设定不接受联合体投标的，应满足相应的资格要求；5.各申请人均可就各个标段提交申请，且可同时获得各个标段的通过资格，但下阶段投标时只能中标1个标段	约为180～200m，各段可以变形缝位置分节分井编号，每节长度约30m，分别组织与区段数相同数量、经验丰富的市政管廊施工管理人员和精良的队伍进行动态管理，确保施工平衡施工，杜绝窝工和资源不足的现象。②每区段管廊根据现场施工条件和特点，科学合理安排施工工序。工序安排要有严密的计划，紧抓关键线路，形成流水作业，环环紧扣。③临时设施布置做到紧凑、合理，井井有条，办公区域集中布置在主控中心附近的空地上，每个施工段根据施工需要设临时办公设施，为施工快捷便利创造有利条件	

续表

序号	综合管廊重难点工作	对应解决措施	承包商资格预审条件设置	承包商招标文件条款设置	承包商评标条件设置
3	施工	若综合管廊工程所处地段城市道路狭窄，则施工组织难度大：综合管廊工程若位于城市老城区，沿线不可避免地遇到政府机关、学校、部队机构等单位，大量地下管线（高压电缆、通信、排水）穿越线路，埋藏物众多。这种情况若采取局部开挖施工方法，对路面的交通就影响较小，但若因为造价原因地质问题要采取明挖施工方式时，开挖路面占用沿线机动车道，将对沿线消防安全、生产生活提出重大考验	①施工期间设置固定围挡，将施工区域和道路交通隔离。②将机动车道隔离为施工区域，两侧非机动车道可保证施工期间车辆通行。③在重要交通十字路口及重要政府机构、学校、企业、小区出行门口附近设置基坑开挖后桥，以满足道路两侧人员和车辆的交通需要		④人员、设备、材料等资源按计划有序投入，在总体计划的基础上，将各种资源计划细化到月、周，甚至到天，避免窝工	
				施工期间具体的安全保证措施、交通及环境保持的专项技术方案应明确	—

续表

序号	综合管廊重难点工作	对应解决措施	承包商资格预审条件设置	承包商招标文件条款设置	承包商评标条件设置
3 施工	管廊属于线形结构物，在路面实施基坑开挖时，若纵向无可利用的施工便道，纵向多工作面施工情况下的对多运输、材料模板吊装也是一大考验，施工组织难度较大	④具体施工交通导行应编制专项方案，经交通管理部门审核批准后方可组织实施，道路及绿化带占用和挖掘前应按规定办理相关审批手续，施工完毕后，恢复至原状			
	地质条件及既有构造物情况复杂：城区地下管网较多，沿街有高压电塔，管网调查与保护，塔基保护是前期管理的重点。管廊施工区域内若靠近河流，或下穿内沟，深基坑降排水难度较大	①施工单位应积极与相关管线部门，设计及院沟通，提前掌握地下构造物，管网线路情况，减少施工过程中对管网线路的破坏，将损失降低至最低。②施工单位对不稳定地层，特殊路段施工积极与监理，业主及设计院联系，根据现场实际情况予以合理变更处理，确保生产安全与技术方案及时有效		有具体的地下管网，构造物调查与保护方案，针对特殊地质路段有专门的生产安全与技术方案	

续表

序号	综合管廊重难点工作	对应解决措施	承包商资格预审条件设置	承包商招标文件条款设置	承包商评标条件设置
3 施工	关注管廊主体结构抗裂防渗，施工质量要求高，综合管廊以结构自防水为主，混凝土一般采取防渗抗裂混凝土。管廊主体结构施工的防渗抗裂是工程过程关键和重点	①加强防水抗裂混凝土施工质量控制。②通过减少施工缝数量，以减少管廊出现渗漏的部位。③管廊侧壁墙浇筑混凝土固定模板采用拆卸式对拉螺栓	①设置防水施工必须具备的专业防水资质和防水协会会员证书，相应的工程业绩，具备履行合同的能力和良好的信誉，具有项目所在地后期服务的技术力量和能力。②拟派分包管理施工劳务的基本条件。③承诺履行现行《中华人民共和国招标投标法》《房屋建筑和市政基础设施工程招标投标管理办法》，遵守国家和地方法律、行政法规。④具有完善的质量保证体系，安全保障体系（作为投标资料附件）。⑤不接受联合投标。⑥为投标人授予合同的资格，投标单位应提供符合项目要求的资格材料。⑦有关确立投标单位法律地位的原始文件的副本（包括资质证书等证明文件和法定代表人资格证明书、授权委托书。⑧投标单位在过去3年已完成类似工程的情况和现在正在履行的合同情况	根据项目具体情况设置招标条款	

续表

序号	综合管廊重难点工作		对应解决措施	承包商资格预审条件设置	承包商招标文件条款设置	承包商评标条件设置
3	施工	一般冬期霜冻对施工影响较大，导致工期压力大：综合管廊施工处于冬期施工时段的，施工组织困难或无法施工，在工期任务紧张的情况下，对工程按期完成提出较高的施工组织要求	①做好冬期防寒保护措施，确保工程质量符合要求。②项目组织施工时，准确把握冬季霜冻期时间节点，充分论证，对冬期施工可行性的良好指导，形成对施工影响较小的工序予以紧密安排，如道路挖掘、土方开挖等	⑨中标人不得转包该工程，合同签订人必须是投标人且必须承包驻工地，否则签订合同视为无效。资格预审采用合格制的方式市政公用工程施工总承包资质分为特级、一级、二级、三级。一般来说，综合管廊工程施工招标申请人资格要求可以如下设置：1. 各标段资质最低要求。2. 各标段业绩最低要求。3. 各标段项目经理最低要求。4. 招标可设定不接受联合体投标。联合体投标的，应满足相应的资格要求。5. 各申请人均可就各标段提出申请，且可同时获得各标段投标的通过资格，但下阶段投标时只能中标1个标段	有专门的冬期施工方案	
4	造价咨询	基坑支护及降水成本控制	①根据该分项工程在施工时存在较多的不确定性因素，极易发生造价超支的情况，所以为了控制造价成本，在招标前做好准备	一、1. 拟派项目负责人条件及相应材料。2. 有效的企业法人营业执照副本（三证合一）。3. 建设行政主管部门核发的有效期内的工程造价咨询甲级资质	应针对基坑支护工程作出具体的造价控制方案及工作安排计划	对投标人投标方案中的基坑支护优化方案按照实际操作性、优化方案的投资额大小，能否保证顺利施工，保证工期、顺利结算，专家对优化方案是否合理及优化到位情况设置评标标准

续表

序号	综合管廊重难点工作	对应解决措施	承包商资格预审条件设置	承包商招标文件条款设置	承包商评标条件设置
4	造价咨询 基坑支护及降水成本控制	时，就应采取拟定工程量清单、招标控制价等措施来应对造价超标的可能性 ②降水工程通常可分为井点降水和沟槽情况，进根据项目具体情况，拟定行类似项目对比，经济合理的降水方案，严格控制造价	4.业绩要求。 5.其他项目成员人数、条件。 6.资格预审可以设置不接受联合体资格申请，在市建设网、市公共资源交易网站上有招标投标交易系统等网站上有行为记录的投标企业或项目负责人不良行为记录的投标申请人，将拒绝参加本次投标。 7."信用中国"网站（http://www.creditchina.gov.cn/）上无不良信用记录并提供加盖公章的网页截图。 二、在市建设信息网、市城乡建设委员会内有相关企业及拟派的项目负责人公示有不良行为期内的将被拒绝参加投标。申请人的将申请人、且在处罚有效期内的将被拒绝参加投标。申请人须为在中国境内注册的独立法人，可要求不受理联合体投标，也不允许相互之间存在控股关系或企业法定代表人为同一人的申请人报名，一经查实，其投标将被拒绝	应针对降水工程作出的造价控制方案及工作安排计划，给出具体的工程量清单和技术方案的经济分析，提出相关的造价预控措施	

续表

序号	综合管廊重难点工作		对应解决措施	承包商资格预审条件设置	承包商招标文件条款设置	承包商评标条件设置
4	造价咨询	土石方分部工程	可能存在管廊与管廊上方道路的施工单位不一致的情况，出现施工过程中开挖土石方计算一定数量的浪费	在施工挖填的过程中，要有相关单位的工作人员进行现场跟踪审查，并注意将沟通过程中产生的文字性凭据予以保留作为后期付款证据	一、1.拟派项目负责人条件及相应材料。2.有效的企业法人营业执照副本（三证合一）。3.建设行政主管部门核发的有效期内的工程造价咨询申请甲级资质。4.业绩要求。5.其他项目成员人数、条件。6.资格预审可以设置为联合体资格预审申请，在市建设网、市公共资源交易平台招投标交易系统网站上有关招标投标项目负责人不良记录拒绝参加本次投标人，将被拒绝参加本次投标。7. "信用中国"网站（http://www.creditchina.gov.cn/）上无不良信用记录并提供加盖公章的网页截图。二、在市建设信息网、市城乡建设委会内有相关企业及拟派的项目负责人公示有不良行为的投标申请人，且在处罚有效期内的	具有结算方案及工作安排计划方案	—
			管廊工程所在地的地质条件不平整、高低起伏较大的情况下导致较大的土石方计算有误差问题	在进行施工挖填的过程中，技术人员、造价人员要做好现场旁站工作，跟踪审查施工资料，做好记录予以保留作为证据			—
			严格按照地质勘察报告相关资料信息进行现场土石方开挖工作	施工时严格按照要求做好现场相关数据的测量记录，造价人员进行现场跟踪审查，做好记录予以保留作为证据			—

续表

序号	综合管廊重难点工作		对应解决措施	承包商资格预审条件设置	承包商招标文件条款设置	承包商评标条件设置
4	造价咨询	土石方分部工程				
		基坑、基槽验槽	施工时严格按照要求做好现场相关数据的记录工作，造价人员进行现场跟踪审查，做好资料收集予以保留作为证据	将被拒绝参加投标，申请人须为在中国境内注册的独立法人，也不允许互相之间联合体投标，要求不受理联合体投标或股关系企业法定代表人为同一人的申请人报名，一经查实，其投标将被拒绝	—	—
		土方施工方案合理性	监理单位、咨询单位应派出专业技术人员认真审核施工方案是否经济合理，尤其对可能存在工程变更的地方仔细核对，避免成本的增加		—	—

②承包商的信誉

在市场竞争环境下，信誉好的承包商通常也是那些保持良好业绩、为客户提供优质服务的企业。评价承包商的信誉，可以从承包商的资质等级、获得的奖励情况、过去的失败经历、诉讼情况和相关合作方的评价等五个方面来衡量。

承包商的资质等级越高，获得的奖励越多、奖励的级别越高，诉讼情况越少，合作方层次越高、信誉越好，承包商与各合作方之间的合作关系越稳固、合作时间越长久，表明承包商的信誉越好。如果承包商以往存在未履行合同的失败经历，出现过工程竣工质量不合格、建设成本大大超过合同价格、工期延误等情况，业主应非常谨慎地考虑是否邀请其参与投标。

③财务能力

承包商的财务能力对EPC项目取得成功有着十分重要的意义。如果承包商的财务能力比较弱，没有足够的资金来完成EPC项目的建设，或者在建设过程中因为资金短缺而延误工期，因为财务状况恶化而发生破产，都将给业主带来非常大的损失，甚至是灾难性的后果。评价承包商的财务能力，可以从承包商目前的财务状况、财务稳定性、可获得银行的信贷与担保额以及财务投标能力四个方面来衡量。

评价承包商的财务状况，可以通过承包商在上一年的资产状况、财务的流动性、财务的盈利性三个指标来衡量。评价承包商的财务稳定性，可以分析承包商过去三年中在资产状况、财务的流动性和盈利性三个方面的变化趋势，判断承包商未来可能的财务状况。可获得银行的信贷和担保额，是直接反映承包商可动员资金大小的财务能力指标。财务投标能力是测定承包商在合同履行期间任意三个月现金流量是否满足工程承包必需的财务能力，这是一个评价承包商财务能力的间接指标，主要是衡量为了满足现金流量要求，承包商依据其资产净值通过商业负债增强资产实力的能力。

④技术能力

综合管廊项目通常技术比较复杂、专业性强，承包商技术能力的强弱是决定综合管廊项目成败的一个关键因素。评估承包商的技术能力，可以通过承包商的人员状况、机械与设备资源状况、工艺技术、工程技术和信息技术五个方面进行衡量。

人员状况主要是指承包商的管理人员、专业技术人员的数量及其相应的经验、职务和职称情况。承包商的机械与设备资源状况，主要是评价承包商目前拥有的派往拟建综合管廊项目的主要机械与设备的类型、规格、制造厂商、技术性能指标、已使用年限、财产状态等。工艺技术水平，主要是评价这些技术在能耗、质量、品种以及价格方面的先进性、适用性和应用的成熟性。工程技术水平，主要是通过分析承包商采用的设计、施工和试车技术的先进性、适用性和应用的成熟性。信息技术水平，可以通过分析承包商拥有的计算机系统、信息档案系统和现代化的通信办公设施、工艺和工程的数据库、标准库、软件系统是否健全适用，技术上是否领先，应用是否成熟，是否可以实现工程投标、设计、采购、施工一体化的科学管理与程序化的运作方式进行衡量。

⑤管理能力

承包商要顺利完成综合管廊项目的建设任务，管理能力必须相当强。衡量承包商的管理能力，主要是评价承包商的组织机构设置、控制管理的能力和设计管理、施工管理、采购管理的能力。评价承包商的组织机构设置，主要是看承包商是否具有项目全功能的组织机构，分析主要管理人员的工作经验、职务和职称等。衡量承包商的控制管理能力，主要衡量承包商在成本管理、进度管理、质量管理、风险管理、安全和环境管理方面的管理能力，分析承包商的控制管理程序、控制标准、管理的知识体系，以及主要负责人的经验、职务和职称情况。衡量承包商的工艺与设计管理能力，主要看承包商是否有完整的设计流程、设计管理程序和各专业设计的协调机制、设计控制的规范和标准，分析设计管理的主要负责人的管理经验、职务和职称情况。衡量承包商的施工管理能力，主要看承包商是否有完整的施工管理体系和程序、施工管理的规范和标准，以及施工管理的主要负责人的管理经验、职务和职称情况。衡量承包商的采购管理能力，主要看承包商是否有完整的采购管理体系和采购程序、采购管理的规范和标准，以及采购管理的主要负责人的管理经验、职务和职称情况。

2）供应商采购原则

①询价比价原则

物品采购必须有三家以上供应商提供报价，在权衡质量、价格、交货时间、售后服务、资信、客户群等因素的基础上进行综合评估，并与供应商进一步议定最终价格，临时性应急购买的物品除外。

②一致性原则

采购人员订购的物品必须与请购单所列要求、规格、型号、数量一致。在市场条件不能满足请购部门要求或成本过高的情况下，采购人员须及时反馈信息供申请部门更改请购单。如确因特定条件，数量不能完全与请购单一致，经审核后，差值不得超过请购量的5%～10%。

③低价搜索原则

采购人员随时搜集市场价格信息，建立供应商信息档案库，了解市场最新动态及最低价格，实现最优化采购。

④廉洁原则

自觉维护企业利益，努力提高采购物品质量，降低采购成本。廉洁自律，不收礼，不受贿，不接受吃请，更不能向供应商伸手。严格按采购制度和程序办事，自觉接受监督。加强学习，广泛掌握与采购业务相关的新材料、新工艺、新设备及市场信息。工作认真仔细，不出差错，不因自身工作失误给公司造成损失。

⑤招标采购原则

凡大宗或经常使用的物品，都应通过询议价或招标的形式，由企管、财务等相关部门共同参与，定出一段时间内（一年或半年）的供应商、价格，签订供货协议，以简化采购程序，提高工作效率。对于价格随市场变化较快的物品，除缩短招标间隔时限外，还应随时掌握市场行情，调整采购价格。

⑥审计监督原则

采购人员要自觉接受财务部或公司领导对采购活动的监督和质询。对采购人员在采购过程中发生的违反廉洁制度的行为，公司有权对相关人员依照公司《员工奖惩制度》等进行处罚直至追究其法律责任。

5.3.1 资格预审+投标邀请方式选取承包商

（1）资格预审

资格预审是业主选择承包商的第一步。通过资格预审，综合管廊项目的业主可以确保参与投标的承包商是胜任的、可靠的，同时把不合格的承包商排除在投标人之外。承包商只有重视资格预审，精通资格预审方法，顺利通过资格预审，才能进入投标程序。

以某综合管廊项目施工承包商综合评分标准举例，如表5-2所示。

（2）投标邀请

资格预审合格的投标人，以邀请招标方式进行综合管廊项目招标，邀请参加投标。

某综合管廊项目施工承包商综合评分标准　　表5-2

序号	项目	优	良	中	备注
一	财务状况（10分）	投标申请人近3年均有盈利	投标申请人近3年有2年盈利	投标申请人近3年只有1年盈利	联合体投标的，以联合体主办方的财务资料为准

续表

序号	项目	优	良	中	备注
二	人员情况（20分）	施工技术负责人1名，具有高级工程师职称；注册会计师1名，具有高级会计师职称；各类专业工程师共5名或以上，具有高级工程师职称；施工员5名或以上，具有施工员证、工程师或以上职称；安全员5名或以上，具有安全生产考核合格证（C证）或能够提供省建筑施工企业管理人员安全生产考核信息系统安全生产管理人员证书信息的打印页	施工技术负责人1名，具有高级工程师职称；注册会计师1名，具有高级会计师职称；各类专业工程师共4名或以上，具有高级工程师职称；施工员4名或以上，具有施工员证、工程师或以上职称；安全员4名或以上，具有安全生产考核合格证（C证）或能够提供省建筑施工企业管理人员安全生产考核信息系统安全生产管理人员证书信息的打印页	施工技术负责人1名，具有高级工程师职称；注册会计师1名，具有高级会计师职称；各类专业工程师共3名或以上，具有高级工程师职称；施工员3名或以上，具有施工员证、工程师或以上职称；安全员3名或以上，具有安全生产考核合格证（C证）或能够提供省建筑施工企业管理人员安全生产考核信息系统安全生产管理人员证书信息的打印页	联合体投标的，本项目合并累计计算
三	企业信用情况（10分）	投标申请人获得AAA级银行资信证明；银行授信额度10亿元或以上	投标申请人获得AA级银行资信证明；银行授信额度5亿元或以上	投标申请人获得A级银行资信证明；银行授信额度3亿元或以上	联合体投标的，以联合体主办方的资料为准
四	履约情况（30分）	至本年度（含），有连续8年或以上获得"守合同重信用企业"称号	至本年度（含），有连续5年（含）～8年（不含）获得"守合同重信用企业"称号	至本年度（含），有连续3年（含）～5年（不含）获得"守合同重信用企业"称号	联合体投标的，以联合体主办方的资料为准
五	类似工程业绩（30分）	投标申请人同时满足：（1）自资格预审申请文件递交截止时间3年内完成过质量合格的类似工程业绩4项或以上（类似工程是指中标金额大于或等于20000万元的，含城市隧道工程或城市综合管廊工程的市政公用工程施工总承包业绩）。（2）上述类似工程业绩中，有2项或以上获得省级或以上工程质量奖项的	投标申请人同时满足：（1）自资格预审申请文件递交截止时间完成过质量合格的类似工程业绩3项或以上（类似工程是指中标金额大于或等于20000万元的，含城市隧道工程或城市综合管廊工程的市政公用工程施工总承包业绩）。（2）上述类似工程业绩中，有1项或以上获得省级或以上工程质量奖项的	投标申请人同时满足：（1）自资格预审申请文件递交截止时间3年内完成过质量合格的类似工程业绩2项或以上（类似工程是指中标金额大于或等于20000万元的，含城市隧道工程或城市综合管廊工程的市政公用工程施工总承包业绩）。（2）上述类似工程业绩中，有1项或以上获得市级或以上工程质量奖项的	联合体投标的，以联合体主办方的资料为准

5.3.2 确定专业和资质，明确业绩条件

综合管廊工程在招标采购阶段可以根据管廊工程本身投资额大、体量大、施工具有一定难度、存在风险面较多、对工程质量要求高的特点，针对关键工艺或是国家相关政策的规定，对施工企业、监理企业的专业和资质要求进行综合确定。

城市综合管廊工程属于市政基础设施工程项目，应按照项目特点编制招标文件，合理确定勘察、设计、施工、监理企业资质条件。应按照国家对于建筑业企业资质的相关规定，依据工程规模，合理确定投标人的资质等级。禁止利用招标文件设置门槛，排斥潜在投标人。

（1）设计单位

《工程设计资质标准》包括21个行业的相应工程设计类型、主要专业技术人员配备及规模划分等内容，分为四个序列，分别是工程设计综合资质、工程设计行业资质、工程设计专业资质、工程设计专项资质。具有工程设计资质的企业，可从事资质证书许可范围内的相应工程总承包、工程项目管理和相关的技术、咨询和管理服务。

①工程设计综合资质是指涵盖21个行业的设计资质，只设甲级。既有工程设计综合资质的企业，满足相应的施工总承包（专业承包）一级资质对注册建造师（项目经理）的人员要求后，可以准予与工程设计甲级行业资质（专业资质）相应的施工总承包（专业承包）一级资质。

②工程设计行业资质是指涵盖某个行业资质标准中的全部设计类型的设计资质。工程设计行业资质设甲、乙两个级别，根据行业需要，建筑、市政公用、水利、电力（限送变电）、农林和公路行业设立工程设计丙级资质。

申请两个以上工程设计行业资质时，应同时满足相应行业的专业设置或注册专业的配置，其相同专业的专业技术人员的数量以其中的高值为准。

③工程设计专业资质是指某个行业资质标准中的某一个专业的设计资质。建筑工程设计专业资质设丁级。建筑行业根据需要设立建筑工程设计事务所资质。申请两个以上设计类型的工程设计专业资质时，应同时满足相应行业的相应设计类型的专业设置或注册专业的配置，其相同专业的专业技术人员的数量以其中的高值为准。

④工程设计专项资质是指为适应和满足行业发展的需求，对已形成产业的专项技术独立进行设计以及设计、施工一体化而设立的资质。工程设计专项资质根据需要设置等级（表5-3）。市政行业建设项目设计规模划分如表5-4所示。

表5-3 工程设计资质

资质要求 资质标准	资历和荣誉	技术条件	技术装备及管理水平	承包业务范围
工程设计综合资质	(1) 具有独立企业法人资格。 (2) 注册资本不少于6000万元人民币。 (3) 近3年年平均工程勘察设计营业收入不少于10000万元人民币，且近5年内2次工程勘察设计营业收入在全国勘察设计企业排名列前50名以内，或近5年内2次企业营业税金及附加在全国勘察设计企业排名列前50名以内。 (4) 具有2个工程设计行业甲级资质，且近10年内独立承担大型建设项目工程设计每行业不少于3项，或同时具有某1个工程设计行业甲级资质和其他3个不同行业工程设计甲级资质，且近10年内独立承担大型建设项目工程设计不少于4项。其中，工程设计行业甲级相应业绩不少于1项，工程设计专业甲级相应业绩各不少于1项，并已建成投产。	(1) 技术力量雄厚，专业配备合理。 (2) 企业具有初级以上专业技术职称的人员不少于500人，其中具备高级专业技术职称的不少于200人，且注册专业人员不低于40人。其中注册执业人员总数不低于5个专业注册人员，5个专业的注册人员具备注册执业资格的人员数不少于40人。企业从事工程项目管理且具备注册监理工程师注册执业资格的人员不少于10人。 (2) 企业主要技术负责人或总工程师应当具有大学本科以上学历，15年以上设计经历，具备注册执业资格或高级专业技术职称，主持过大型项目工程设计不少于2项，具备注册执业资格或高级专业技术职称。 (3) 拥有与承担设计有关的专利、专有技术、工艺包（软件包）不少于3项。 (4) 近10年获得过全国优秀工程设计奖、全国优秀工程勘察、国家级科技进步奖的奖项不少于5项，或省部级（行业）优秀工程设计一等奖（金奖），省部级（行业）科技进步一等奖的奖项不少于5项。 (5) 近10年主编2项或参编过5项以上国家、行业工程建设标准、规范。	(1) 有完善的技术装备及固定工作场所，且主要固定工作场所建筑面积不少于1万m^2。 (2) 有完善的企业技术、质量、安全和档案管理，通过ISO9000族标准质量体系认证。 (3) 具有与承担建设项目工程总承包或工程项目管理相适应的组织机构或管理体系	工程设计综合甲级资质： 承担各行业建设工程项目的设计业务，其规模不受限制；但承接该行业工程项目时，须满足本标准中与对应的设计类型对人员配置的要求。 承担其取得的施工总承包（施工承包）一级资质证书许可范围内的工程施工总承包（施工承包）业务

续表

资质要求 资质标准		资历和荣誉	技术条件	技术装备及管理水平	承包业务范围
工程设计行业资质（综合管廊工程属于市政工程设计行业）	甲级	(1) 具有独立企业法人资格。 (2) 社会信誉良好，注册资本不少于600万元人民币。 (3) 企业完成过的工程设计项目应满足所申请行业主要专业技术人员配备表中对工程设计类型业绩考核的要求，且需考核业绩的每个设计类型的大型项目工程设计不少于1项或中型项目工程设计不少于2项，并已建成投产	(1) 专业配备齐全、合理，主要专业技术人员数量不少于所申请行业资质标准中主要专业技术人员配备表规定的人数。 (2) 企业的主要技术负责人或总工程师应当具有大学本科以上学历，10年以上设计经历，主持过所申请行业大型项目工程设计不少于2项，具备注册执业资格或高级专业技术职称。 (3) 在主要专业技术人员配备表规定的人员中，主导专业的非注册人员应当作为专业技术负责人主持过所申请行业中型以上项目不少于3项，其中大型项目不少于1项	(1) 有必要的技术装备及固定的工作场所。 (2) 企业管理组织结构、标准体系、质量体系、档案管理体系健全。具有施工总承包特级资质的企业，可以取得相应行业的设计甲级资质	承担本行业建设工程项目主体工程及其配套工程的设计业务，其规模不受限制
	乙级	(1) 具有独立企业法人资格。 (2) 社会信誉良好，注册资本不少于300万元人民币	(1) 专业配备齐全、合理，主要专业技术人员数量不少于所申请行业资质标准中主要专业技术人员配备表规定的人数。 (2) 企业的主要技术负责人应当具有大学本科以上学历，10年以上设计经历，主持过所申请行业中型项目工程设计不少于1项，或中型项目设计不少于3项，具备注册执业资格或高级专业技术职称。 (3) 在主要专业技术人员配备表规定的人员中，主导专业的非注册人员应当作为专业技术负责人主持过所申请行业中型项目不少于2项，或大型项目不少于1项	(1) 有必要的技术装备及固定的工作场所。 (2) 有完善的质量、经营、档案、人事、财务管理制度	承担本行业工程项目中，小型建设工程项目的主体工程及其配套工程的设计业务

续表

资质标准 资质要求	资历和荣誉	技术条件	技术装备及管理水平	承包业务范围
工程设计行业资质（综合管廊工程属于工程设计市政行业）丙级	(1) 具有独立企业法人资格。 (2) 社会信誉良好，注册资本不少于100万元人民币	(1) 专业配备齐全、合理，主要专业技术人员数量不少于所申请行业资质标准中主要专业技术人员配备表规定的人数。 (2) 企业的主要技术负责人或总工程师应当具有大专以上学历，10年以上设计经历，且主持过所申请行业项目工程设计不少于2项，具有中级以上专业技术职称。 (3) 在主要注册人员应作为专业技术负责人主持所申请行业项目工程设计不少于2项	(1) 有必要的技术装备及固定的工作场所。 (2) 有较完善的质量体系和技术、经营、人事、财务、档案管理制度	承担本行业小型建设项目的工程设计业务
工程设计专业资质 甲级	(1) 具有独立企业法人资格。 (2) 社会信誉良好，注册资本不少于300万元人民币。 (3) 企业完成过所申请专业设计类型大型项目工程设计不少于1项，或中型项目工程设计不少于2项，并已建成投产	(1) 专业配备齐全、合理，主要专业技术人员数量不少于所申请专业资质标准中主要专业技术人员配备表规定的人数。 (2) 企业主要技术负责人或总工程师应当具有大学本科以上学历，10年以上设计经历，且主持过所申请行业相应专业设计类型的大型项目工程设计不少于2项，具备注册执业专业资格或相应高级专业技术职称。 (3) 在主要注册人员应作为专业设计类型的中型以上项目工程设计不少于3项，其中大型项目不少于1项	(1) 有必要的技术装备及固定的工程场所。 (2) 企业管理组织结构，标准体系，质量、档案体系健全	承担本专业建设工程项目主体工程及其配套工程的设计业务，其规模不受限制

续表

资质要求 资质标准		资历和荣誉	技术条件	技术装备及管理水平	承包业务范围
工程设计专业资质	乙级	(1) 具有独立企业法人资格。 (2) 社会信誉良好，注册资本不少于100万元人民币	(1) 专业配备齐全、合理，主要专业技术人员数量不少于所申请专业资质标准中主要专业技术人员配备表规定的人数。 (2) 企业的主要技术负责人或总工程师应当具有大学本科以上学历，10年以上设计经历，且主持过所申请行业相应专业设计类型的中型项目工程设计不少于3项，或大型项目工程设计不少于1项，具备注册执业资格或相应专业高级专业技术职称。 (3) 在主要注册人员应当作为专业技术负责人主持过所申请行业相应专业设计类型的大型项目工程设计不少于2项，或大型项目工程设计不少于1项	(1) 有必要的技术装备及固定的工作场所。 (2) 有较完善的技术、质量体系和经营、人事、财务、档案等管理制度	承担本专业中、小型建设工程项目的主体工程及其配套工程的设计业务
	丙级	(1) 具有独立企业法人资格。 (2) 社会信誉良好，注册资本不少于50万元人民币	(1) 专业配备齐全、合理，主要专业技术人员数量不少于所申请专业资质标准中主要专业技术人员配备表规定的人数。 (2) 企业的主要技术负责人或总工程师应当具有大学专科以上学历，10年以上设计经历，且主持过所申请行业相应专业设计类型的工程设计不少于2项，具有中级及以上专业技术职称。 (3) 在主要非注册人员应当作为专业技术负责人主导所申请行业相应专业设计类型的项目工程设计不少于2项	(1) 有必要的技术装备及固定的工作场所。 (2) 有较完善的质量体系和技术、经营、人事、财务、档案等管理制度	承担本专业小型建设项目的设计业务

续表

资质要求 资质标准	资历和荣誉	技术条件	技术装备及管理水平	承包业务范围
工程设计专项资质	(1) 具有独立企业法人资格。 (2) 社会信誉良好，注册资本符合相应工程设计专项资质标准的规定	专业配备齐全、合理，企业的主要技术负责人或总工程师、主要专业技术人员配备符合相应工程设计专项资质标准的规定	(1) 有必要的技术装备及固定的工作场所。 (2) 企业管理的组织结构、标准体系、质量体系、档案管理体系运行有效	承担规定的专项工程设计的设计业务
1. 建筑智能化系统设计专项资质标准	(一) 持有建筑智能化系统设计专项资质的企业，可从事各类土木建筑工程及其配套设施的智能化系统工程设计。其中包括： 1. 综合布线及计算机网络系统工程；2. 设备监控系统工程；3. 安全防范系统工程；4. 通信系统工程；5. 灯光、音响、广播会议系统工程；6. 智能卡系统工程；7. 车库管理系统工程；8. 物业综合信息管理系统工程；9. 卫星及共用电视系统工程；10. 信息显示发布系统工程；11. 智能化系统机房工程；12. 智能化系统集成工程；13. 舞台设施系统工程 (二) 建筑智能化系统设计专项资质设甲、乙两个级别。			
甲级	(1) 具有独立企业法人资格。 (2) 社会信誉良好，注册资本不少于300万元人民币。 (3) 企业承担过不少于2项大型建筑智能化系统设计项目的专项设计，或中型项目不少于3项	(1) 专业配备齐全、合理，主要专业技术人员专业和数量。 (2) 企业的主要技术负责人应具有大学本科以上学历，8年以上从事建筑智能化系统设计项目的设计经历，并主持完成过不少于2项大型建筑智能化系统项目的设计，具备注册执业资格或不少于2项中型以上建筑智能化系统项目的设计，并具备高级以上专业技术职称。 (3) 主要专业技术人员中，非注册人员应完成过不少于2项中型以上建筑智能化系统项目的设计，并具备中级以上专业技术职称	(1) 有必要的技术装备及固定的工作场所。 (2) 具备完善的资质管理体系，运行良好，具备技术、经营、人事、财务、档案等管理制度	承担建筑智能化系统专项设计的类型和规模不受限制

续表

资质要求 资质标准	资历和荣誉	技术条件	技术装备及管理水平	承包业务范围
一、乙级	(1) 具有独立企业法人资格。 (2) 社会信誉良好，注册资本不少于100万元人民币	(1) 专业配备齐全、合理，主要专业技术人员和数量符合所申请专项资质标准中"主要专业技术人员配备表"的规定。 (2) 企业主要技术负责人应具有大专以上学历，5年以上从事建筑智能化系统专项设计经历，并主持完成过不少于1项中型以上建筑智能化系统专项设计项目的设计，具备注册执业资格或中级以上专业技术职称。 (3) 主要专业技术人员中，非注册人员应完成过不少于2项小型以上建筑智能化系统专项设计项目，并具备中级以上专业技术职称	(1) 有必要的技术装备及固定的工作场所。 (2) 具有较完善的资质管理体系，运行良好，具备经营、人事、财务、档案等管理制度	可承担中型以下规模的建筑智能化系统专项设计
2.消防设施工程设计专项资质标准	(一) 本标准中消防设施工程专项设计工程系指各类建设工程中的火灾自动报警及其联动控制系统；自动喷水灭火系统、水喷雾灭火系统、气体灭火系统、泡沫灭火系统、干粉灭火系统、消火栓系统等自动消防设施工程。 (二) 消防设施工程设计专项资质设甲、乙两个级别			
一、甲级	(1) 具有独立企业法人资格。 (2) 社会信誉良好，注册资本不少于300万元人民币。 (3) 企业独立承担过建筑规模为中型以上的民用建筑或火灾危险性为丙类以上的工业建筑消防设施专项工程施工不少于3项，且3项均含有火灾自动报警系统和自动灭火系统（至少1项含有气体灭火系统或泡沫灭火系统）	(1) 专业配备齐全、合理，主要专业技术人员和数量符合所申请专项资质标准中"主要专业技术人员配备表"的规定。 (2) 企业主要技术负责人或总工程师应具有大学本科以上学历，10年以上从事消防设施工程设计经历，并主持完成过质量合格的大型消防灭火系统（且含有火灾自动报警系统和自动灭火系统）的设计不少于2项，注册公用设备工程师（注册电气工程师）或高级工程师专业技术职称，且取得省级公安消防机构颁发的消防类专业培训合格证书。	(1) 有必要的技术装备、完善的辅助设计计算机辅助设计系统，固定的工作场所。 (2) 企业管理组织机构、标准体系、质量体系、档案管理体系健全	承担消防专项设计工程项目的类型和规模不受限制

续表

资质标准	资质要求	资历和荣誉	技术条件	技术装备及管理水平	承包业务范围
一	甲级		(3) 在主要专业技术人员配备表规定的人员中，非注册人员应当具备中级以上工程类专业技术职称，且取得省级公安消防机构颁发的消防专业培训合格证书		
一	乙级	(1) 具有独立企业法人资格。 (2) 社会信誉良好，注册资本不少于100万元人民币	(1) 专业配备齐全、合理，主要专业技术人员专业和数量符合所申请专项资质标准中"主要专业技术人员配备表"的规定。 (2) 企业主要技术负责人或总工程师应具有大学本科以上学历，8年以上从事消防设施工程设计经历，并主持完成过质量合格的大型消防设施工程（且含有火灾自动报警系统和自动灭火系统）设计项目不少于1项，具备一级注册建筑师（注册电气工程师、注册公用设备工程师）或高级工程类专业技术职称，且取得省级公安消防机构颁发的消防专业培训合格证书。 (3) 在主要专业技术人员配备表规定的人员中，非注册人员应当具备中级以上工程类专业技术职称，且取得省级公安消防机构颁发的消防专业培训合格证书	(1) 有必要的技术装备，完善的工程计算机辅助设计系统，固定的工作场所。 (2) 企业管理组织机构、标准体系、质量体系、档案管理体系健全	可承担建筑规模为中型以下的工业与民用建筑的消防设施工程专项设计

市政行业建设项目设计规模划分表（与综合管廊工程相关）

表 5-4

序号	建设项目		单位	大型	中型	小型	备注
1	给水工程	净水厂	万 m³/d	≥10	10～5	<5	地表水或地下水取水，如需处理才可供水，按净水厂规模确定；如不需处理，直接取地下水，按泵站规模确定。给水工程专业丙级资质设计任务范围仅限管道工程。给水工程含再生水利用工程
		管网 泵站	万 m³/d	≥20	20～5	<5	
		管网 管道	管径（mm）	≥1600	1600～1000	<1000	
2	排水工程	处理厂	万 m³/d	≥8	8～4	<4	排水工程专业丙级资质设计任务范围仅限管道工程。排水工程含再生水利用工程
		管网 泵站	万 m³/d	≥10	10～5	<5	
		管网 管道	管径（mm）	≥1500	1500～1000	≤1000	
3	燃气工程	城市燃气输配系统	万 m³/年	≥10000（高、次高、中、低压）	<10000（次高、中、低压）	小区管网及户内管（中、低压）	门站、储备站、调压站、各级压力管网系统的整体项目均属大型项目
		人工气源厂					
		城市液化石油气储备站	瓶/日罐装能力	≥30	<30	—	含燃气汽车加气站
4	热力工程	热源厂	MW	≥4000	1000～4000	<1000	以供热、制冷为主，单台≤25MW的小型热电厂也属大型项目
			t/h	热水锅炉，≥3×58 蒸汽锅炉，≥3×75	热水锅炉，3×14～3×58 蒸汽锅炉，3×20～3×75	—	
		热网系统	mm	城市供热一级网 DN≥800mm；热力站≥500	城市供热一级网 DN<800mm	城市供热二级网 DN≤400mm	
		供热面积	万 m²	≥500	150～500	<150	

一般来说，施工图设计承担单位的设计资质不能低于该项目初步设计承担单位的设计资质。对于城市地下综合管廊工程来说，初步设计承担单位应具有国家建设行政主管部门颁发的甲级工程设计证书（不设行业限制），那么在独立遴选该项目的施工图设计单位时，也应该以其具有甲级工程设计证书为基本要求，同时考察其信誉与业绩。

按费用规模衡量，综合管廊施工图设计属于公开招标范畴。鉴于施工图设计可能出现的一般性错漏碰缺和延迟交图等风险外，还有设计潜在的缺陷风险、绩效风险、技术落后风险、升级障碍风险等。其中，缺陷风险包括设计单位的能力缺陷和设计成品的质量缺陷，而绩效风险则主要表现为设计单位在施工图设计过程中把握技术经济综合效益控制方面的能力，即所谓限额设计或保证施工图预算不突破初步设计概算的能力。因此，较好的方式是将通过考察的设计单位作为邀请投标对象，采用邀请招标的方式实现施工图设计单位采购。

目前，综合管廊工程的设计单位多为市政、建筑设计院，例如上海市政工程设计研究总院、中国市政工程华北设计研究总院、北京市市政工程设计研究总院、中国市政工程中南设计研究总院、中国市政工程西南设计研究总院、中国市政工程东北设计研究总院、中国市政工程西北设计研究总院、中国城市建设研究院有限公司、中国城市规划设计研究院、北京城建设计发展集团、济南市市政工程设计研究院、广西华蓝设计（集团）有限公司、广州市市政工程设计研究总院、西安市政设计研究院、深圳市市政设计研究院、中国航空规划设计研究总院等。

（2）勘察单位

《工程勘察资质标准》包括工程勘察相应类型、主要专业技术人员配备、技术装备配备及规模划分等内容。工程勘察范围包括建设工程项目的岩土工程、水文地质勘察和工程测量。

工程勘察资质分为三个类别（表5-5、表5-6）：

①工程勘察综合资质

工程勘察综合资质是指包括全部工程勘察专业资质的工程勘察资质。工程勘察综合资质只设甲级。

②工程勘察专业资质

工程勘察专业资质包括：岩土工程专业资质、水文地质勘察专业资质和工程测量专业资质；其中，岩土工程专业资质包括：岩土工程勘察、岩土工程设计、岩土工程物探测试检测监测等岩土工程（分项）专业资质。岩土工程、岩土工程设计、岩土工程物探测试检测监测专业资质设甲、乙两个级别；岩土工程勘察、水文地质勘察、工程测量专业资质设甲、乙、丙三个级别。

工程勘察资质

表5-5

资质标准	资质要求	资历和业绩	技术条件	技术装备及管理水平	承包业务范围
工程勘察综合资质	甲级	（1）符合企业法人条件，具有10年及以上工程勘察资历。 （2）实缴注册资本不少于1000万元人民币。 （3）社会信誉良好，近3年未发生过一般及以上质量安全责任事故。 （4）近5年内独立完成过的工程勘察项目应满足以下要求：岩土工程勘察、设计、物探测试检测监测项目甲级各不少于5项，水文地质勘察或工程测量甲级项目不少于5项，且质量合格	（1）专业配备齐全、合理。主要专业技术人员数量不少于"工程勘察行业主要专业技术人员配备表"规定的人数。 （2）企业主要技术负责人或总工程师应当具有大学本科以上学历，10年以上工程勘察经历，作为项目负责人主持过本专业工程勘察甲级项目不少于2项，具备注册土木工程师（岩土）执业资格或本专业高级专业技术职称。 （3）在"工程勘察主要专业技术人员配备表"规定的人员中，注册人员应作为专业技术负责人主持过所申请工程勘察类型甲级以上项目不少于2项；主导专业非注册人员中，每个主导专业至少有1人作为专业技术负责人主持过相应类型的工程勘察甲级项目不少于2项，其他非注册人员应作为专业技术负责人主持过相应类型的工程勘察乙级以上项目不少于3项，其中甲级项目不少于1项	（1）有完善的技术装备，满足"工程勘察主要技术装备配备表"规定的要求。 （2）有满足工作需要的固定工作场所及室内试验场所，主要固定场所建筑面积不少于3000m²。 （3）有完善的技术、人事、经营、设备物资、财务和档案管理制度，通过ISO 9001质量管理体系认证	承担各类建设工程项目的岩土工程、水文地质勘察、工程测量业务（海洋工程勘察除外），其规模不受限制（岩土工程勘察丙级项目除外）

续表

资质标准	资质要求	资历和荣誉	技术条件	技术装备及管理水平	承包业务范围
工程勘察专业资质	甲级	(1) 符合企业法人条件，具有5年及以上工程勘察资历。 (2) 实缴注册资本不少于300万元人民币。 (3) 社会信誉良好，近3年末发生过一般及以上质量安全责任事故。 (4) 近5年内独立完成过的工程勘察项目应满足以下要求：岩土工程专业资质：岩土工程勘察甲级项目不少于3项或乙级项目不少于5项，岩土工程设计甲级项目不少于4项、乙级项目不少于5项，岩土工程物探测试检测监测甲级项目不少于2项或乙级项目不少于4项，且质量合格。岩土工程（分项）专业资质、水文地质勘察专业资质、工程测量专业资质：完成过所申请工程专业类型甲级项目不少于3项或乙级项目不少于5项，且质量合格。	(1) 专业配备齐全、合理。主要专业技术人员数量、"工程勘察主要专业技术人员配备表"规定的人数。 (2) 企业主要技术负责人或总工程师应当具有大学本科以上学历，10年以上工程勘察经历，作为项目负责人主持过本专业甲级项目不少于2项，具备注册土木工程师（岩土）执业资格或本专业高级专业技术职称。 (3) "工程勘察主要专业技术人员配备表"规定的人员中，注册人员应作为上项目负责人主持过所申请工程勘察类型乙级以上项目不少于2项；主导专业非注册人员作为上项目负责人主持过所申请工程勘察类型乙级以上项目不少于2项，其中，每个主导专业至少有1名专业技术人员作为专业负责人主持过所申请工程勘察类型甲级项目不少于2项	(1) 有完善的技术装备，满足"工程勘察主要技术装备配备表"规定的要求。 (2) 有满足工作需要的固定工作场所及室内试验场所。 (3) 有完善的质量、安全管理体系和技术、经营、设备物资、人事、财务、档案等管理制度	承担本专业资质范围内各类建设工程项目的工程勘察业务，其规模不受限制

续表

资质标准	资质要求	资历和荣誉	技术条件	技术装备及管理水平	承包业务范围
工程勘察专业资质	乙级	(1) 符合企业法人条件。(2) 社会信誉良好，实缴注册资本不少于150万元人民币	(1) 专业配备齐全、合理。主要专业技术人员数量不少于"工程勘察行业主要专业技术人员配备表"规定的人数。(2) 企业主要技术负责人或总工程师应当具有大学本科以上学历，10年以上工程勘察经历，作为项目负责人主持过本专业工程勘察乙级项目不少于2项或甲级项目不少于1项，具备注册土木工程师（岩土）执业资格或本专业高级专业技术职称。(3) 在"工程勘察专业主要专业技术人员配备表"规定的人员中，注册人员应作为专业技术负责人主持过申请工程勘察类型乙级项目不少于2项或甲级项目不少于1项；主导专业非注册人员作为专业技术负责人主持过所申请工程勘察类型乙级以上项目不少于2项或中级以上专业技术职称。	(1) 有与工程勘察项目相应的能满足工程勘察主要技术装备要求的技术装备，满足"工程勘察技术装备配备表"规定的要求。(2) 有满足工作需要的固定工作场所。(3) 有较完善的质量、安全管理体系和技术、经营、设备物资、人事、财务、档案等管理制度	承担本专业资质范围内各类项目乙级规模以下规模的工程勘察业务
	丙级	(1) 符合企业法人条件。(2) 社会信誉良好，实缴注册资本不少于80万元人民币	(1) 专业配备齐全、合理。主要专业技术人员数量不少于"工程勘察行业主要专业技术人员配备表"规定的人数。(2) 企业主要技术负责人或总工程师应当具有大专以上学历，10年以上工程勘察经历，作为项目负责人主持过本专业工程勘察经历项目不少于2项；具备注册土木工程师（岩土）执业资格或中级以上技术职称。(3) 在"工程勘察专业主要专业技术人员配备表"规定的人员中，主导专业非注册人员作为专业技术类型的项目不少于2项	(1) 有与工程勘察项目相应的能满足工程勘察主要技术装备要求的技术装备，满足"工程勘察技术装备配备表"规定的要求。(2) 有满足工作需要的固定工作场所。(3) 有较完善的质量、安全管理体系和技术、经营、设备物资、人事、财务、档案等管理制度	承担本专业资质范围内各类建设工程项目丙级规模的工程勘察业务

续表

资质标准	资质要求	资历和荣誉	技术条件	技术装备及管理水平	承包业务范围
工程勘察劳务资质	1. 工程钻探	(1) 符合企业法人条件。 (2) 社会信誉良好，实缴注册资本不少于50万元人民币	(1) 企业主要技术负责人具有5年以上从事工程管理工作经历，并具有初级以上专业技术职称或高级工以上职业资格。 (2) 具有经考核培训合格的钻工、描述员、测量员、安全员等技术工人，工种齐全且不少于12人	(1) 有必要的技术装备，满足"工程勘察配备表"规定的技术装备要求。 (2) 有满足工作需要的固定工作场所。 (3) 质量、安全管理体系和技术、经营、设备物资、人事、财务、档案等管理制度健全	承担相应的钻探工程勘察劳务业务
	2. 凿井	(1) 符合企业法人条件。 (2) 社会信誉良好，实缴注册资本不少于50万元人民币	(1) 企业主要技术负责人具有5年以上从事工程管理工作经历，并具有初级以上专业技术职称或高级工以上职业资格。 (2) 具有经考核或培训合格的钻工、电焊工、电工、安全员等技术工人，工种齐全且不少于13人	(1) 有必要的技术装备，满足"工程勘察配备表"规定的技术装备要求。 (2) 有满足工作需要的固定工作场所。 (3) 质量、安全管理体系和技术、经营、设备物资、人事、财务、档案等管理制度健全	承担相应的凿井等工程勘察劳务业务

工程勘察项目规模划分表

表 5-6

序号	项目名称	项目规模		
		甲级	乙级	丙级
1	岩土工程勘察	1. 国家重点项目的岩土工程勘察。 2. 按《岩土工程勘察规范》GB 50021 岩土工程勘察等级为甲级的工程。 3. 下列工程项目的岩土工程勘察： （1）按《建筑地基基础设计规范》GB 50007 地基基础设计等级为甲级的工程项目。 （2）需要采取特别措施处理精细或非均质地层，极不稳定的地基；建于严重不良地质作用的特殊性岩土上的大、中型项目。 （3）有强烈地下水运动干扰、有特殊工艺要求的超精密设备基础工程、大型深埋处理工程、核废料深埋处理工程、涵洞等深埋过江（河）地下管线、大型竖井、巷道、平洞、隧道、地铁、城市轻轨和城市隧道、大型地下洞室、超重型设备、大型基础托换，基础补强工程，1级垃圾填埋场、一、二级工业废渣堆场。 （4）大深沉井、沉箱、安全等级为一级的桩基、墩基、特大型、大型桥梁基础，架空索道基础。 （5）其他工程设计规模为特大型、大型的建设项目	1. 按《岩土工程勘察规范》GB 50021 岩土工程勘察等级为乙级的工程项目。 2. 下列工程项目的岩土工程勘察： （1）按《建筑地基基础设计规范》GB 50007 地基基础设计等级为乙级的工程项目。 （2）中型深埋过江（河）地下管线，高度<100m 的高涵洞等深埋处理工程，房屋建筑和市政工程中边坡高度<15m 的岩质边坡工程和高度<10m 的土质边坡工程，其他工程中边坡高度<30m 的岩质边坡工程和高度>15m 的土质边坡工程，中桥、中型竖井、巷道、平洞、隧道、中型地下洞室、地下储库工程，中型基础托换、基础补强工程，Ⅱ级垃圾填埋场，三级工业废渣堆场。 （3）中型沉井、沉箱、安全等级为二级的桩基、墩基、中型桥梁基础。 （4）其他工程设计规模为中型的建设项目	1. 按《岩土工程勘察规范》GB 50021 岩土工程勘察为丙级的工程。 2. 下列工程项目的岩土工程勘察： （1）按《建筑地基基础设计规范》GB 50007 地基基础设计等级为丙级的工程项目。 （2）小桥、涵洞，安全等级为三级的桩基、墩基，Ⅲ级垃圾填埋场，四、五级工业废渣堆场。 （3）其他工程设计规模为小型的建设项目

续表

序号	项目名称	项目规模		
		甲级	乙级	丙级
1	岩土工程 — 岩土工程设计	1.国家重点项目的岩土工程设计。 2.安全等级为一级、二级的基坑工程，安全等级为一级的边坡工程。 3.一般土层处理后地基承载力达到300kPa及以上的地基处理设计，特殊性岩土作为中型及以上建筑物的地基持力层的地基处理设计。 4.不良地质作用和地质灾害的治理设计。 5.复杂程度按有关规范规程划分为中等以上或复杂工程项目的岩土工程设计。 6.建（构）筑物纠偏设计及基础托换设计。 7.填海工程的岩土工程设计。 8.其他勘察等级为甲、乙级工程的岩土工程设计	1.安全等级为三级的基坑工程，安全等级为三级的边坡工程。 2.一般土层处理后地基承载力300kPa以下的地基处理设计，特殊性岩土作为小型建筑物地基持力层的地基处理设计。 3.复杂程度按有关规范规程划分为简单工程项目的岩土工程设计。 4.其他勘察等级为丙级工程项目的岩土工程设计	
	岩土工程物探、测试、检测、监测	1.国家重点项目和有特殊要求的岩土工程物探、测试、检测、监测。 2.大型跨江、跨海桥梁桥址的工程物探、桥桩基测试、岩溶地区、水域工程物探，复杂地质和地形条件下探查地下目的物的深度和精度要求较高的工程物探。 3.地铁、轻轨、隧道工程、水利水电工程和高速公路工程的岩土工程物探、测试、检测、监测。 4.安全等级为一级的基坑工程、边坡工程的岩土工程监测。 5.建筑物纠偏、加固工程中的岩土工程监测，重特大抢险工程的岩土工程监测。 6.一般土层处理后，地基承载力达到300kPa及以上的地基处理检测，单桩最大加载在10000kN及以上的桩基检测。 7.按《岩土工程勘察规范》GB 50021岩土工程勘察等级为乙级以上工程的工程项目涉及的波速测试、地脉动测试。 8.块体基础振动测试	1.安全等级为二、三级的基坑工程、边坡工程的监测。 2.一般土层处理后，地基承载力300kPa以下的地基处理检测，单桩最大加载在10000kN以下的桩基检测。 3.独立的岩土工程物探、测试、检测项目，无特殊要求的岩土工程监测项目。 4.按《岩土工程勘察规范》GB 50021岩土工程勘察等级为丙级及以下的岩土工程项目涉及的波速测试、地脉动测试	

续表

序号	项目名称	项目规模		
		甲级	乙级	丙级
2	水文地质勘察	1.国家重点项目、国外投资或中外合资项目的水源勘察和评价。 2.大、中城市规划和大型企业选址的供水水源可行性研究及水资源评价。 3.供水量1000m³/d及以上的水源工程勘察和评价。 4.水文地质条件复杂的水资源评价。 5.干旱地区、贫水地区水资源勘察。 6.未开发地区、未建设项目水文地质勘察。 7.设计规模为大型的建设项目水文地质勘察。 8.按照《建筑与市政工程地下水控制技术规范》JGJ/T 111复杂程度为复杂的降水工程或止水工程的止水工程	1.小城市规划和中、小型企业选址的供水水源可行性研究及水资源评价。 2.供水量2000～10000m³/d的水源勘察及评价。 3.水文地质条件中等复杂的水资源评价。 4.设计规模为中型的建设项目水文地质勘察。 5.按照《建筑与市政工程地下水控制技术规范》JGJ/T 111复杂程度为中等及以下的降水工程或止水工程	1.水文地质条件简单，供水量2000m³/d及以下的水源勘察和评价。 2.设计规模为小型的建设项目水文地质勘察
3	工程测量	1.国家重点项目的首级控制测量，变形及以上监测。 2.三等及以上GNSS控制测量、四等及以上水准测量。 3.大、中城市规划定测量线、放地。 4.20km²及以上的大比例尺地形图地形测量。 5.国家大型、重点、特殊项目精密工程测量。 6.20km及以上的线路工程测量。 7.总长度20km及以上综合地下管线测量。 8.以下工程的变形与形变监测：地基基础设计等级为甲级的建筑变形、重要古建筑变形，大型市政桥梁变形。 9.大中型、重点、特殊水利水电工程测量。 10.地铁、轻轨隧道工程测量	1.四等GNSS控制测量，一、二级导线测量，三、四等水准测量线、放地。 2.小城镇规划定测量线、放地。 3.10～20km²的大比例尺地形图地形测量。 4.一般工程的精密工程测量。 5.5～20km的线路工程测量。 6.总长度20km以下综合地下管线测量。 7.以下工程的变形与形变监测：地基基础设计等级为乙、丙级的建筑变形，地表、道路沉降，中小型市政桥梁变形，一般管线变形。 8.小型水利水电工程测量	1.一级、二级GNSS控制测量，三级导线测量，五等水准测量。 2.10km²及以下比例尺地形图地形测量。 3.5km及以下线路工程测量。 4.长度不超过5km的单一地下管线测量。 5.水域测量或水利水电局部工程测量。 6.其他小型工程的施工测量或面积较小的施工放样等

③工程勘察劳务资质

工程勘察劳务资质包括：工程钻探和凿井。工程勘察劳务资质不分等级。

（3）施工单位

《工程监理企业资质管理规定》（建设部令第158号）第七条规定工程施工招标应当具备下列条件：

1）按照国家有关规定需要履行项目审批手续的，已经履行审批手续；

2）工程资金或者资金来源已经落实；

3）有满足施工招标需要的设计文件及其他技术资料；

4）法律、法规、规章规定的其他条件。

第八条规定工程施工招标分为公开招标和邀请招标。

依法必须进行施工招标的工程，全部使用国有资金投资或者国有资金投资占控股或者主导地位的，应当公开招标，但经国家发展改革委或者省、自治区、直辖市人民政府依法批准可以进行邀请招标的重点建设项目除外；其他工程可以实行邀请招标。

第十五条规定招标人可以根据招标工程的需要，对投标申请人进行资格预审，也可以委托工程招标代理机构对投标申请人进行资格预审。实行资格预审的招标工程，招标人应当在招标公告或者投标邀请书中载明资格预审的条件和获取资格预审文件的办法。资格预审文件一般应当包括资格预审申请书格式、申请人须知，以及需要投标申请人提供的企业资质、业绩、技术装备、财务状况和拟派出的项目经理与主要技术人员的简历、业绩等证明材料。

市政公用工程施工总承包资质分为特级、一级、二级、三级（表5-7）。

（4）监理单位

根据《工程监理企业资质管理规定》（建设部令第158号）第六条，工程监理企业资质分为综合资质、专业资质和事务所资质。其中，专业资质按照工程性质和技术特点划分为若干工程类别。综合资质、事务所资质不分级别。专业资质分为甲级、乙级，市政公用专业资质可设立丙级。

第八条规定工程监理企业资质相应许可的业务范围如下：

1）综合资质

可以承担所有专业工程类别建设工程项目的工程监理业务。

2）专业资质

①专业甲级资质

可承担相应专业工程类别建设工程项目的工程监理业务。

表 5-7

市政公用工程施工总承包资质

资质等级	资质要求	企业资信能力	企业主要管理人员和专业技术人员要求	科技进步水平	代表工程业绩	技术装备	承包工程范围
特级		1. 企业注册资本金 3 亿元以上。 2. 企业净资产 3.6 亿元以上。 3. 企业近三年建筑业营业税上缴均在 5000 万元以上。 4. 企业银行授信额度近三年均在 5 亿元以上。	1. 企业经理具有 10 年以上从事工程管理工作经历。 2. 技术负责人具有 15 年以上从事工程技术管理工作经历，且具有工程序列高级职称或一级注册建造师或注册工程执业资格；主持完成过两项及以上施工总承包一级资质要求的代表工程的技术工作或代表工程设计资质要求的代表工程或合同额 2 亿元以上的工程总承包业绩。 3. 财务负责人具有高级会计师职称或注册会计师执业资格。 4. 企业具有注册一级建造师（一级项目经理）50 人以上。 5. 企业具有本类别相关的行业工程设计甲级资质标准要求的专业技术人员。	1. 企业具有省部级（或相当于省部级水平）以上的企业技术中心。 2. 企业近三年科技活动经费支出平均达到营业额的 0.5%以上。 3. 企业具有国家级工法 3 项以上；近五年具有与工程建设相关的、能够推动企业技术进步的专利 3 项以上，累计有效专利 8 项以上，其中至少有一项发明专利。 4. 企业近十年获得过国家级科技进步奖项或主编过工程建设国家或行业标准。 5. 企业已建立内部局域网或管理信息平台，实现了内部办公、信息发布、数据交换的网络化；已建立并开展上述业务。	近十年承担过下列 7 项中的 4 项市政公用工程的施工总承包或承担本类别各项施工工程总承包，工程质量合格。 1. 累计修建城市道路（含城市主干道、城市快速路、城市环路、不含城际间公路）长度 30km 以上，或累计修建城市道路面积 200 万 m² 以上。 2. 累计修建直径 1m 以上的供、排、中水管道（含净宽 1m 以上方沟）工程 30km 以上，或累计修建直径 0.3m 以上的中、高压燃气管道 30km 以上，或累计修建道路 30km 以上的热力管道 30km 以上。 3. 累计修建内径 5m 以上地铁隧道工程 5km 以上，或修建地下交通工程 3 万 m² 以上，或修建合同额 6000 万元以上的地铁车站工程 3 座以上。 4. 累计修建城市桥梁工程的桥梁面积 15 万 m² 以上；或修建单跨 40m 以上的城市桥梁 5 座以上。 5. 修建日处理 30 万 t 以上的污水处理厂工程 3 座以上，或日供水 50 万 t 以上的供水厂工程 2 座以上。		1. 取得施工总承包特级资质的企业可承担本类别各级施工总承包、设计及开展工程总承包和项目管理业务。 2. 取得房屋建筑、公路、铁路、港口与航道、市政公用、水利水电等专业中任意 1 项施工总承包特级资质和其中 2 项施工总承包一级资质，即可承担上述各专业工程的施工总承包、工程总承包和项目管理业务，以及开展相应设计主导专业的施工图设计业务。 3. 取得房屋建筑、矿山、冶炼、石油化工、电力等专业中任意 1 项施工总承包特级资质和其中 2 项施工总承包一级资质，即可承接上述

续表

资质等级	资质要求 企业资信能力	企业主要管理人员和专业技术人员要求	科技进步水平	代表工程业绩	技术装备	承包工程范围
特级			通了企业外部网站，使用了综合项目管理信息系统和人事管理系统，工程设计相关软件，实现了档案管理和设计文档管理	6.修建合同额5000万元以上的城市生活垃圾处理工程3项以上。 7.合同额8000万元以上的市政综合工程（含城市道路、桥梁、以及供水、排水、中水、燃气、热力、电力、通信等管线）总承包项目5项以上，或合同额为2000万美元以上的国（境）外市政公用工程项目1项以上		各专业工程的施工总承包，工程总承包和项目管理业务，以及开展相应设计主导型的施工图设计齐备的施工图设计业务。 4.特级资质的企业，限承担施工单项合同额6000万元以上的房屋建筑工程
一级	净资产1亿元以上	1.市政公用工程专业一级注册建造师不少于12人。 2.技术负责人具有10年以上从事工程施工技术管理工作经历，且具有市政工程相关专业高级职称；市政工程相关专业中级以上职称人员不少于30人，且专业齐全		近10年承担过下列7类中的4类工程的施工，工程质量合格。 1.累计修建城市主干道25km以上或修建城市次干道路以上道路面积150万m²以上；或累计修建城市广场硬质铺装面积10万m²以上。 2.累计修建城市桥梁面积10万m²以上；或修建单跨40m以上的城市桥梁3座。 3.累计修建直径1m以上的排水管道（含净宽1m以上方沟）工程20km以上；或修建直径0.6m以上供水、中水管道20km以上	具有下列3项中的2项机械设备： 1.摊铺宽度8m以上沥青混凝土摊铺设备2台	可承担各类市政公用工程的施工

续表

资质等级	企业资信能力	企业主要管理人员和专业技术人员要求	科技进步水平	代表工程业绩	技术装备	承包工程范围
一级		3.持有岗位证书的施工现场管理人员不少于50人，且施工员、质量员、安全员、机械员、造价员、劳务员等人员齐全。 4.经考核或培训合格的中级工以上技术工人不少于150人		建直径0.3m以上的中压燃气管道工程20km以上；或累计修建直径0.5m以上的热力管道工程20km以上。 4.修建8万t/d以上的污水处理厂或10万t/d以上的供水厂工程2项；或修建20万t/d以上的排水、10万t/d以上的给水泵站4座。 5.修建500t/d以上的城市生活垃圾处理工程2项。 6.修建断面20m²以上的城市隧道工程3km以上。 7.单项合同额3000万元以上的市政综合工程项目2项	2.100kW以上平地机2台； 3.直径1.2m以上顶管设备2台	
二级	净资产4000万元以上	1.市政公用工程专业注册建造师不少于12人。 2.技术负责人具有8年以上从事施工技术管理工作经历，且具有市政公用工程相关专业高级职称或市政公用工程一级注册建造师执业资格；市政工程相关专业中级以上职称人员不少于15人，且专业齐全		近10年承过下列7类中的4类工程的施工，其中至少有第1类所列工程，工程质量合格。 1.累计修建城市道路10km以上；或累计修建城市道路面积50万m²以上。 2.累计修建城市桥梁面积5万m²以上；或修建单跨20m以上的城市桥梁第2座		可承担下列市政公用工程的施工： 1.各类城市道路工程，单跨45m以下的城市桥梁。 2.15万t/d以下的供水工程；10万t/d以下的污水处理工程，25万t/d以下的给水泵站，15万t/d以下的污水泵站，雨水给水排水及中水管道工程

续表

资质等级	资质要求					
	企业资信能力	企业主要管理人员和专业技术人员要求	科技进步水平	代表工程业绩	技术装备	承包工程范围
二级	净资产1000万元以上	3. 持有岗位证书的施工现场管理人员不少于30人，且施工员、质量员、安全员、机械员、造价员、劳务员等人员齐全。4. 经考核或培训合格的中级工以上技术工人不少于75人		3. 累计修建排水管道工程10km以上；或累计建供水、中水管道工程10km以上；或累计修建燃气管道工程10km以上。4. 修建4万t/d以上的污水处理厂或5万t/d以上的供水工程2项；或修建5万t/d以上的给水、排水泵站4座。5. 修建200t/d以上的城市生活垃圾处理工程2项。6. 累计修建城市隧道工程1.5km以上。7. 单项合同额2000万元以上的市政综合工程项目2项		3. 中压以下燃气管道，调压站；供热面积150万m²以下热力工程和各类供热力管道工程。4. 各类城市生活垃圾处理工程。5. 断面25m²以下隧道工程和地下交通工程。6. 各类城市广场、地面停车场硬质铺装。7. 单项合同额4000万元以下的市政综合工程。
三级		1. 市政公用工程专业注册建造师不少于5人。2. 技术负责人具有5年以上从事工程施工技术管理工作经历，且具有市政工程相关专业中级以上职称或市政公用工程注册建造师执业资格；市政工程相关专业中级以上职称人员不少于8人				可承担下列市政公用工程的施工：1. 城市道路工程（不含快速路）：单跨25m以下的城市桥梁工程。2. 8万t/d以下的给水厂；6万t/d以下的污水处理厂；10万t/d以下的给水泵站，10万t/d以下的污水泵站，雨水

续表

资质要求\资质等级	企业资信能力	企业主要管理人员和专业技术人员要求	科技进步水平	代表工程业绩	技术装备	承包工程范围
三级		3.持有岗位证书的施工现场管理人员不少于15人，且施工员、质量员、安全员、机械员、造价员、劳务员等人员齐全。 4.经考核或培训合格的中级工以上技术工人不少于30人。 5.技术负责人（或注册建造师）主持完成过本类别资质二级以上标准要求的工程业绩不少于2项				泵站，直径1m以下供水管道，直径1.5m以下污水及中水管道。 3. 2kg/cm²以下中压、低压燃气管道，调压站，供热面积50万m²以下热力工程，直径0.2m以下热力管道。 4.单项合同额2500万元以下的城市生活垃圾处理工程。 5.单项合同额2000万元以下地下交通工程（不包括轨道交通工程）。 6. 5000m²以下城市广场、地面停车场硬化铺装。 7.单项合同额2500万元以下的市政综合工程

注：1.市政公用工程包括给水工程、排水工程、燃气工程、热力工程、道路工程、桥梁工程、城市隧道工程、地铁隧道工程、地下交通工程、公共交通工程、轨道交通工程、环境卫生工程、照明工程、绿化工程。
2.市政综合工程指城市道路和桥梁、供水、排水、中水、燃气、热力、电力、通信、照明等中的任意两类以上的工程。
3.市政工程相关专业职称包括城市道路与桥梁、给水排水、结构、机电、燃气等专业职称。

目前，综合管廊工程中标施工企业大多数均为央企、中冶、中铁、中建、中冶中交位居前列，可见在地下综合管廊建设中，国有性质的企业占据绝对主导地位。

② 专业乙级资质

可承担相应专业工程类别二级以下（含二级）建设工程项目的工程监理业务。

③ 专业丙级资质

可承担相应专业工程类别三级建设工程项目的工程监理业务。

市政公用工程类别和等级如表5-8所示。

市政公用工程类别和等级表　　　　表5-8

序号	工程类别		一级	二级	三级
1	市政公用工程	城市道路工程	城市快速路、主干路，城市互通式立交桥及单孔跨径100m以上桥梁；长度1000m以上的隧道工程	城市次干路工程，城市分离式立交桥及单孔跨径100m以下的桥梁；长度1000m以下的隧道工程	城市支路工程、过街天桥及地下通道工程
2		给水排水工程	10万t/d以上的给水厂；5万t/d以上污水处理工程；3m³/s以上的给水、污水泵站；15m³/s以上的雨水泵站；直径2.5m以上的给水排水管道	2万~10万t/d的给水厂；1万~5万t/d污水处理工程；1~3m³/s的给水、污水泵站；5~15m³/s的雨水泵站；直径1~2.5m的给水管道，直径1.5~2.5m的排水管道	2万t/d以下的给水厂；1万t/d以下污水处理工程；1m³/s以下的给水、污水泵站；5m³/s以下的雨泵站；直径1m以下的给水管道；直径1.5m以下的排水管道
3		燃气热力工程	总储存容积1000m³以上液化气贮罐场（站）；供气规模15万m³/d以上的燃气工程；中压以上的燃气管道、调压站；供热面积150万m²以上的热力工程	总储存容积1000m³以下的液化气贮罐场（站）；供气规模15万m³/d以下的燃气工程；中压以下的燃气管道、调压站；供热面积50万~150万m²的热力工程	供热面积50万m²以下的热力工程
4		垃圾处理工程	1200t/d以上的垃圾焚烧和填埋工程	500~1200t/d的垃圾焚烧和填埋工程	500t/d以下的垃圾焚烧和填埋工程
5		地铁轻轨工程	各类地铁轻轨工程		
6		风景园林工程	总投资3000万元以上	总投资1000万~3000万元	总投资1000万元以下

注：表中的"以上"含本数，"以下"不含本数。

3）事务所资质

可承担三级建设工程项目的工程监理业务，但是，国家规定必须实行强制监理的工程除外。

工程监理企业可以开展相应类别建设工程的项目管理、技术咨询等业务。

5.3.3 合理制定评标条件

《工程监理企业资质管理规定》(建设部令第158号)第四十条规定评标可以采用综合评估法、经评审的最低投标标价法或者法律法规允许的其他评标方法。

采用综合评估法的,应当对投标文件提出的工程质量、施工工期、投标价格、施工组织设计或者施工方案、投标人及项目经理业绩等,能否最大限度地满足招标文件中规定的各项要求和评价标准进行评审和比较。以评分方式进行评估的,对于各种评比奖项不得额外计分。

采用经评审的最低投标价法的,应当在投标文件能够满足招标文件实质性要求的投标人中,评审出投标价格最低的投标人,但投标价格低于其企业成本的除外。

综合管廊项目评标办法一般采用的是综合评估法。现将综合评估法基本评审要点进行概述。

(1)评标办法(表5-9、表5-10)

形式、资格、响应性评审 表5-9

	条款号	评审因素	评审标准
1	形式评审标准	投标人名称	与营业执照、资质证书一致
		投标函签字盖章	有法定代表人或其委托代理人签字或加盖单位章
		投标文件格式	符合"投标文件格式"要求
		报价唯一	只能有一个有效报价
2	资格评审标准	营业执照	符合资格审查文件的规定
		资质等级	
		财务状况	
		类似项目业绩	
		信誉	
		设计负责人	
		施工负责人	
		其他要求	
3	响应性评审标准	投标报价	投标函符合"投标人须知"规定
		投标内容	投标函符合"投标人须知"规定
		工期	投标函符合"投标人须知"规定
		质量标准	投标函符合"投标人须知"规定
		投标保证金	符合"投标人须知"规定

续表

条款号		评审因素	评审标准
3	响应性评审标准	权利义务	符合"合同条款及格式"规定的权利义务
		设计深度	符合"发包人要求"的设计任务书规定
		报名资料费	符合"招标公告"规定

投标文件得分详细评审标准　　　　表5-10

条款号		条款内容	编列内容
1		分值构成（总分100分）	设计招标文件
条款号		评分因素	评分标准
2	设计文件	营业执照	符合资格审查文件的规定
		资质等级	
		财务状况	
		类似项目业绩	
		信誉	
		设计负责人	
		施工负责人	
		其他要求	
3	响应性评审标准	投标报价	投标函符合"投标人须知"规定
		投标内容	投标函符合"投标人须知"规定
		工期	投标函符合"投标人须知"规定
		质量标准	投标函符合"投标人须知"规定
		投标保证金	符合"投标人须知"规定
		权利义务	符合"合同条款及格式"规定的权利义务
		设计深度	符合"发包人要求"的设计任务书规定
		报名资料费	符合"招标公告"规定

（2）技术标评审阶段选择承包商的原则和标准

技术标评审是业主选择承包商的第二步。在技术标评审阶段，综合管廊项目的业主应选择那些提出可行的、可靠的技术方案和项目执行计划的承包商。评价承包商的技术方案和项目执行计划，主要是评价项目方案的可行性、项目进度的可靠性、质量保证体系、HSE体系、项目的主要人员情况、材料与设备的技术性能，分析承包商提出的对招标文件的技术异议和建议方案。

①项目方案的可行性

项目方案的可行性是技术标评审时业主重点评审的内容,包括设计方案的可行性、采购方案的可行性、施工方案的可行性和试车方案的可行性。如果承包商提出的项目方案不可行,业主一般不会将工程项目交给这样的承包商进行建设。

设计方案的可行性评审,主要审查承包商运用相关技术进行设计的成熟程度以及项目投产后装置运转的可靠性和安全性。采购方案的可行性评审,主要是对承包商提出的设备采购计划、材料采购计划、选择施工分承包商计划、海外采购的报关程序等进行评审。施工方案的可行性评审,主要是评审土石方工程、混凝土工程、钢筋工程、钢结构工程等土建工程和设备安装、电气仪表安装的施工方法,主要施工机具的性能和数量选择,施工场地及临时设施的安排,施工顺序及其相互衔接等。试车方案的可行性评审,主要看承包商是否有完整的试车服务功能、合理的试车程序和规范标准。

②项目进度的可靠性

项目进度的可靠性包括设计进度、采购进度、施工进度和试车进度的可靠性。设计进度的可靠性评审,可以通过分析设计进度安排的合理性、设计装备情况、各设计专业之间的衔接和设计阶段投入技术人员的数量及其水平进行衡量。采购进度的可靠性,可以通过分析采购程序和采购进度安排的合理性、采购各阶段投入的人员数量来进行衡量。施工进度的可靠性,可以通过分析施工进度安排的合理性、施工机械和装备水平、施工各个阶段投入的劳动力数量和管理人员数量和水平来衡量。试车进度的可靠性,可以通过分析试车进度安排的合理性、试车阶段投入技术人员的数量和水平来衡量。

③质量保证体系

评审质量保证体系,主要是分析承包商是否拥有一整套专门保证项目质量,并符合ISO900X认证体系的质量保证体系,然后再对承包商所提供的质量保证体系的可操作性进行评估。

④HSE体系

评审HSE体系,主要是分析承包商在该项目中采用的保证安全生产、劳动保健、保护环境、维持地区可持续发展等方面的运行模式,评价HSE体系的标准和实际应用中的可操作性。

⑤项目主要人员的情况

项目主要人员是指承包商拟派往综合管廊项目的主要管理人员和主要技术人员。评价项目主要管理人员的情况,主要是分析承包商拟派往该项目的项目经理、工艺经理、设计经理、采购经理、施工经理、试车经理及其他主要管理人员的工作经验和能力、职务和职称的情况。评价项目主要技术人员的情况，主要是分析承包商拟派往该项目的技术负责人、项目工程师、各专业的主要设计人员、项目进度控制工程师、费用控制工程师、质量控制工程师、HSE控制工程师、风险管理工程师及其他主要技术人员的工作经验和能力、职务和职称的情况。

⑥工程材料及设备的技术性能

评审工程材料及设备的技术性能，主要是评审承包商用于拟建综合管廊项目的主要工程材料和设备的样本、型号、规格和制造厂家名称、地址等，判断其技术性能是否可靠并达到设计要求的标准。

⑦分包商的技术能力和施工经验

招标文件一般要求承包商列出其拟选定的专业工程分包商、设计分包商、施工分包商等。因此，评审分包商的技术能力和施工经验，可以分析这些分包商的能力和经验，甚至调查主要分包商过去的业绩和声誉。

⑧技术异议

评审承包商提出的技术异议，主要是评审投标书中对某些技术要求有何保留性意见或不可接受条件，评审投标人对招标文件中哪些部分有自己的运行方式和运行技术，这是技术标评审的重点之一。

⑨建议方案

建议方案评审主要是对承包商按招标文件规定提交的建议方案进行技术评审，分析其可行性、技术的先进性和应用的成熟性。

（3）商务标评审阶段选择总承包商的原则和标准

①标价与全寿命周期费用的净现值

在施工招标和评标中，标价通常是业主在商务标评审阶段选择承包商的重要依据之一。对综合管廊项目来说，业主在商务标评标时，除了应考虑承包商的投标报价之外，还应该考虑承包商提供方案的项目全寿命周期费用的净现值，综合这两个方面的情况来择优选择承包商。项目的投标报价越低，全寿命周期费用的净现值越小，对业主越有利。

②担保条件

在综合管廊项目中，EPC模式下业主要求承包商提供的担保主要包括投标担保和履约担保。为了保护自身的正当利益，在商务标评审阶段，业主会严格审查承包商提供的担保条件。

投标担保可以采用投标保证金或投标保函的方式，投标担保的金额一般为投标人投标报价的1%~2%。履约担保宜采用银行保函的方式，而不宜采用保证金的方式。通过分析银行提供的履约保函，业主可以进一步审查承包商在银行的信用状况。但如果采用保证金的方式,业主就无法对此进行审查,而且承包商的一大笔现金将被冻结,不利于流动资金周转,这对财务能力本来就比较有限的承包商来说无疑是雪上加霜。对于不同类型的EPC项目,履约保函的担保金额一般取合同总价的10%~20%不等。通过履约担保,约束了承包商在设计、采购、施工、试车,甚至缺陷修补全过程中必须正常履行合同规定的所有义务。

5.3.4 潜在投标人综合素质评价

应对潜在投标人的综合素质评价予以重视,设定项目经理、总监理师、总设计师等的资格条件,在合理前提下予以安排标前面试环节。

5.3.5 初始信任的关注

为确保选择的最佳承包商(供应商)是可信任的机构,可对初始信任的基本要素进行评价,如市场声誉、技术能力、装备水平、管理能力、纠纷诉讼率、高管团队印象等条件。

(1)信誉要求

可以对投标人的信誉要求设定一定要求,如:

①投标人未处于被责令停业、投标资格被取消或财产被接管、冻结和破产状态;

②投标人没有因骗取中标或严重违约以及发生重大工程质量、安全生产事故等问题,未存在被有关部门暂停投标资格并在暂停期内的;

③投标人、法定代表人、拟派项目经理、拟派技术负责人未被列入失信被执行人黑名单的,提供"信用中国"网站(www.creditchina.gov.cn)相关查询页,经查询有失信记录的将被取消投标资格。

(2)其他要求

①投标人注册地区级或以上检察机关出具的《行贿犯罪档案查询结果告知函》(内容涵盖投标人、法定代表人、项目经理、技术负责人、授权委托人,以发布招标公告报名日期内开具的为准),经查询有行贿犯罪记录的将被取消投标资格;

②拟派项目经理、技术负责人、法定代表人的授权委托人须提供投标人近一年以来为其缴纳的社会保险证明(证明必须是网上下载的网页的单位整体缴纳清单或个人缴费明细表,或由当地社保部门出具的查询明细表原件并加盖社保部门印章,或个人、集体对账单);

③单位负责人为同一人或存在控股、管理关系的不同单位,不得同时参加

本项目同一标段的投标；

④以自筹方式为资金来源的综合管廊工程一般不接受联合体投标。

5.4 综合管廊PPP项目分析

5.4.1 PPP项目库中执行阶段项目分析

从财政部政府和社会资本合作中心项目库中可知，综合管廊整体入库项目共254个，其中省级项目共30个，占比12%，国家级项目共61个，占比24%，其他项目163个，占比64%。管廊项目在PPP项目库中表现出级别不高的现象，其主要原因在于处于识别和准备阶段的项目总数与处于采购阶段和执行阶段的项目总数相当，而处于前期阶段的项目尚不能确定是否真实开展，因此级别尚待确定。尽管入库项目整体的级别不高，但从处于执行阶段的项目来看，项目级别则以国家级为主，这说明真正能够落地的管廊项目的项目级别均比较高。对执行阶段的项目进行分析可以得出表5-11。

管廊PPP执行阶段项目概况　　　　表5-11

形式	类别	数量
投资金额	1亿~10亿元	64
	10亿~20亿元	42
	20亿~30亿元	33
	30亿~40亿元	16
	40亿~50亿元	10
	50亿元以上	3
项目级别	国家级	56
	省级	26
	其他	86
回报方式	可行性缺口补助	162
	政府付费	14
	使用者付费	5
合作期限	10~15年	33
	16~20年	40
	21~25年	33
	26~30年	73

续表

形式	类别	数量
合作期限	30年以上	2
运作方式	BOT	163
	TOT	2
	TOT+BOT	4
	其他	12
采购社会资本方式	公开招标	152
	竞争性磋商	27
	竞争性谈判	0
	单一来源采购	2

执行阶段项目共181个，其表现有如下几个较为显著的特点：第一，项目投资额普遍较大；第二，整体项目级别较高；第三，项目回报方式主要依赖于政府付费和补助，市场化程度较低；第四，整体合作期限较长；第五，项目运作模式以BOT占主导。

5.4.2 PPP项目库中执行项目社会资本属性分析

（1）社会资本中标项目数量

目前，在执行阶段的综合管廊项目中，中标数量排名靠前的社会资本中大多数企业均为央企。数量方面，中建、中铁和中冶的中标数量位居前三位，可见在地下综合管廊PPP领域，国有性质的企业占据绝对主导地位。

（2）社会资本投资人模式

执行阶段的综合管廊项目中，70%的项目投资人采取联合体的形式进行投标，这与管廊项目工程量大、技术难度高、投资金额多的特点紧密相连。社会资本要么为全方面具备设计、施工、运营、融资能力的单一主体，要么以联合体的模式进行投标，具体组合模式则以"工程施工企业＋工程设计研究院"为主，"工程施工企业＋工程设计研究院＋金融机构""工程施工企业＋金融机构"为辅。

5.4.3 综合管廊PPP项目招标文件中风险识别与控制措施

地下综合管廊PPP项目因集中在城市地下区域进行建设，存在一些特殊的风险，这些风险因素对于社会资本投资范围确认、项目设施建设、项目投入运营等产生较大影响。因此，政府如能在招标文件中充分揭示风险，明确合理且具体的风险分配规则以及有效的风险控制措施,对于充分调动社会资本参与热情,吸引社会资本投标以及保障项目顺利落地实施具有积极意义。

风险分配应遵循以下原则:(a)将风险分配给有控制力的一方承担;(b)风险分配结果对吸引投资和项目运营有积极效果;(c)引发风险的一方应承担相应的后果并控制风险(表5-12)。

综合管廊PPP项目招标文件风险识别与控制措施 表5-12

序号	风险点	具体内容	控制措施
1	管线改迁风险	新建综合管廊通常涉及原有管线改迁问题,其中原有管线可能包括军事线缆、电信线缆、高压电缆等行业垄断单位的管线,改迁难度较大,处理不当将严重影响综合管廊的建设工期,甚至可能导致项目失败	由于管线权属单位多为军事机构与垄断性行业单位,政府基于法定职权对此有控制力,社会资本不具备平等谈判地位,宜由政府承担。具体招标文件中可以规定:(1)政府负责征地拆迁及军缆、通信、高压电缆等行业垄断项目的管线迁改,费用由政府承担。(2)社会资本在项目红线范围内进行管廊设施投资建设,投资范围不包括征地拆迁及军缆、通信、高压电缆等军事、行业垄断项目的管线迁改
2	地下情况不明风险	因综合管廊里程长且全程在地下作业,真实的地下情况(包括文物分布情况等)难以全部掌握,不确定的地下情况使项目建设能否按既定方案实施存在不确定性	有时社会资本作为有充分经验的专业机构对风险有控制力,如社会资本有能力对地下河流、地质土质等情况进行分析判断,相应的风险应由社会资本承担。有时政府有能力协调文物部门判断地下文物分布情况,相应的风险更适宜政府承担。具体招标文件中可以规定:(1)社会资本承担专业领域内发生的地质条件不明原因造成项目延期、建设方案变化等后果,因此增加的融资费用、施工费用等相关费用不计入项目投资。(2)因专业领域外地下情况、发现文物等非社会资本原因造成项目延期、建设方案变化等后果,因此增加的融资费用、施工费用等相关费用计入项目投资
3	规划风险	因城市建设规划不足或规划变更,可能会使管廊在建设过程中遇到断头路、建筑物、地铁等无法克服的障碍,出现管廊无法连通或管线无法入廊等后果	具体招标文件中可以规定:政府应提前调查项目用地情况,避免出现断头路、修建地铁、其他建筑物等导致管廊无法修通的情况,确实出现该情况的,政府应及时修改规划,排除障碍,保障项目正常建设。如因相关道路障碍、建筑物障碍、修建地铁等无法克服的原因导致管廊无法连通或管线无法入廊等后果,使项目设施无法正常运营的,双方提请终止合作,政府提供相应补偿
4	费用风险	费用风险主要包括两点:(1)费率风险,即缺少政府层面的入廊费和维护费收费标准,增加了管廊建设单位与	(1)就费率风险而言,政府显然是有控制能力的一方,由政府承担相应风险也能消除社会资本顾虑吸引投资。具体招标文件中可以规定:政府在项目工程完工前以地方性法规形式出台强制收费政策

续表

序号	风险点	具体内容	控制措施
4	费用风险	管线单位确认费用谈判时的磋商成本。(2)费用收取风险，包括管线单位拒绝缴费、延期缴费以及无力缴费等情况。因管线单位多为公用事业企业，管廊建设单位无法正常收费时，事实上又无法同时使用履行抗辩权，仍应持续提供服务，故无法正常收费风险较大	(2)就费用收取风险而言，表面上看项目公司作为有权收费主体应承担相应风险，但如前文所述，社会资本面对的是公用事业企业，对收费一事并无实际的控制能力。政府作为地方行政管理单位，有时可能甚至是公用事业企业的出资方或者主管方，一般情况下强于社会资本实际控制费用收取风险的能力。此外，政府采取相应控制措施也能消除社会资本顾虑吸引投资。因此，应将该风险进行合理分配。 具体招标文件中可以规定：政府积极采取措施代项目公司收取费用，如有入廊单位拖延或拒绝缴费的，政府作为地方行政组织，应积极协调收费。如果地方政府财政允许，或地方政府对管理能力有信心，可以在招标文件中承诺：经多次协调未果且逾期一定时限的，由政府垫付欠费和滞纳金，政府垫付后有权向欠费单位追偿。 当然在不具备收费条件的地区，政府出于吸引投资的原因，也可以在具体招标文件中规定：建设费用按照财政审计结果分摊到全部运营期内并由财政支付，运营维护费用按照成本＋酬金模式据实结算，由财政按年支付
5	第三方建设项目影响管廊设施风险	主要指修建城市其他建设工程需要搬迁、改建综合管廊设施；由于城市发展等原因，政府需要在项目涉及的管廊上进行改扩建；城市其他建设工程因毗邻综合管廊设施，建设行为可能对在建或已建成管廊设施带来影响。这类风险将主要导致投资或运营维护成本额外增加	具体招标文件中可以规定：(1)城市其他建设工程需要搬迁、改建综合管廊设施时，应报经城市建设主管部门批准后方可实施，相关投资及费用由政府按实核算并向项目公司支付。(2)城市其他建设工程毗邻综合管廊设施，应按有关规定及合理的标准预留安全间距，并应采取施工安全保护措施，政府在审批时应确保项目设施不受影响
6	危爆性生产行为影响管廊设施风险	管廊设施在地下敷设，不能排斥第三方在地上或周边区域开展，如排放、倾倒腐蚀性液体、气体、爆破等危爆性生产经营活动，使管廊设施安全性存在风险	具体招标文件中可以规定：政府负责要求和协调相关部门，在管理本项目及周边区域从事排放、倾倒腐蚀性液体、气体、爆破等可能危害管廊管理安全的行为时，应要求上述行为实施方事先向政府报告，并提供项目公司认可的施工安全保护方案，并负责监督执行。 对于政府无法控制的外来风险，由双方共同分担，但因为管廊运营涉及公益，政府出于职责应主动采取控制与补救措施。具体招标文件中可以规定：因发生自然灾害、重特大事故、环境公害及人为破坏等突发情况造成项目设施无法正常使用的，政府应积极协调入廊单位共同抢修，抢修费用由政府承担，属于责任事故的，由政府向责任人追偿

续表

序号	风险点	具体内容	控制措施
7	政府审批风险	严格意义上讲,审批风险并不是综合管廊PPP项目特有的风险,但因为政府审批事关项目标的物、建设行为合法性、能否成功融资等问题,严重约束项目实施。因此本书将政府审批风险作为特别风险提出	具体招标文件中可以规定政府应负责提供:(1)项目建设审批文件。包括但不限于项目立项和可研报告批复、环境影响评价报告批复、建设用地规划许可证、建筑工程规划许可证、施工许可证;国有土地划拨决定书或用地预审批复,如涉及土地征用而尚未取得国有土地划拨决定书的,需提供政府土地征用的批文、征地公告等。如果涉及调整土地利用总体规划,需提供政府对土地利用总体规划调整的批复;其他防洪、地震、人防等部门批复的文件。(2)PPP文件。包括但不限于市政府同意项目采用PPP模式实施的决定;项目实施方案;项目所涉及的主要政策文件、法律法规汇编;物有所值评价报告及财政可承受能力论证报告;近三年财政决算报表;财政部门出具将本项目政府财政支出纳入年度预算和中期财政规划的函件

第6章 施工管理

工程应按照经审查合格的设计文件和经审查批准的施工方案施工。

施工临时设施应根据工程特点合理设置,并制定详细方案。对不宜间断施工的项目,应有备用动力和设备。

综合管廊工程的施工管控应符合下列规定:

①各施工工序应按施工技术标准进行质量控制,每道施工工序完成后,经施工单位自检符合规定后,才能进行下道工序施工。各专业工种之间的相关工序应进行交接检验,并应记录。

②对于监理单位提出检查要求的重要检验批,应经监理工程师检查认可,才能进行下道工序。

6.1 综合管廊平面管理及协调

综合管廊呈条形布置,一般位于绿化带或道路下方,与道路交通关系密切,施工组织流动性大,因此,平面管理比较复杂,综合管廊工程平面布局策划至关重要。结合规划和设计图的平面布局,综合管廊总体施工部署主要考虑:分区分段、临时道路、临电、基坑支护、材料场地布置、交通组织、环境保护、大直径管线安装等。

(1) 施工部署原则

综合管廊施工部署应结合每个项目工程特点,为确保工期、质量、安全等各项目标实现,遵循"先地下后地上、先深后浅、先主干线后支线、先主后辅"的总体施工原则,在施工总体部署上遵循:平面场地分区、管廊分段;突出重点,同步实施。分路段划分施工区域,一般5km左右为一个施工区域,每个施工区根据施工位置、地基处理、基坑支护、管廊截面形式、工期要求等因素划分为若干个施工段(招投标阶段研究得出一般1~3km为一个施工段);施工组织必须紧紧抓住"打通综合管廊结构路由"这一主线，抓住地基处理、管廊结构、隧道、桥梁等重点内容，才能确保工序最优化、工期受控。

（2）道路规划

一般市政工程受征地拆迁、管线保护以及现状道路、河道等影响，使得各施工工序之间的合理衔接被打破，平面管理变得复杂化。为确保各专业主要工序之间和不同专业之间的衔接和交叉作业有序展开，必须统筹做好施工临时道路规划。

施工临时道路一般设置在管廊侧面正式道路区域内，施工组织应综合考虑现状道路、关键节点线路、深基坑的位置关系、经济因素、工期要求等各方面因素，在施工阶段进行详细规划；施工临时道路的设置应遵循如下原则：

①设置在有综合管廊带的道路另一侧；

②设置在远离排洪渠的道路另一侧，避免重车荷载对深基坑的影响；

③施工便道尽量考虑利用现状道路；

④综合考虑周边环境、施工总体部署等因素，施工便道的设置位置可以进行调整，具体以现场实际情况为准。

（3）现场临时设施

施工现场应设立办公区，且设在工程重点区域；现场施工大型临时设施根据工程分段施工顺序，采取移动式布置方式，一个钢筋、模板加工场地覆盖直径应不超过1.5km。为了保证施工区域整洁、有序、形象良好、组织有序，现场平面必须进行统一动态管理，平面布置遵循统一布局、统一调度、统一标识标志原则，同时完善规章制度，保证施工现场井然有序、有条不紊。

建筑材料堆放遵循尽量减小场地占用原则，充分利用现有的施工场地，紧凑有序、强化调度；施工设备和材料堆场按照"就近堆放"和"及时周转"的原则，尽量减少材料场内二次搬运；施工现场工具、构件、材料的堆放必须按照总平面布置图，按品种、分规格设置标识牌。

6.2 质量管理

综合管廊主要包括管廊结构、入廊管线及附属设施，各专业组织方式多种多样，实施时间跨度很大，因此，质量管理应根据项目特点进行针对性策划，各个阶段都有各自不同的施工内容，都应制定好对应施工内容质量管控重点和措施；此外由于入廊管线安装位置和空间的统筹规划对后续运营安全和效率息息相关，必须将全过程入廊管线的空间使用和位置规划纳入综合管廊质量管理中强化管控。

（1）抓住重点质量问题及影响因素

综合管廊内部入廊管线多、承受荷载大，能源介质和各类管线正常运行对管廊内部环境要求高，同时管廊内还综合了各类附属设施，因此，应首先预防和减小渗漏水对综合管廊的影响，综合管廊应重点控制的主要质量问题和主要影响因素如下：

①墙体振捣不密实，出现渗水、漏水；

②管廊通风口由于水分蒸发快等因素，出现裂缝；

③底板倒角气体排出不畅，容易导致蜂窝麻面；或未采用专用模板，导致尺寸偏差大或表面质量差；

④不均匀沉降导致伸缩缝部位渗漏水；

⑤管廊引出线口或预埋管口防水措施不到位导致结构渗水、漏水；

⑥混凝土保护层尺寸、管廊净空尺寸偏差超差；

⑦未针对不同的模板采取对应的模板支撑和加固措施，平整度超差；

⑧埋件尺寸、位置超差。

（2）综合管廊施工质量控制技术措施

1）创新综合管廊施工技术

随着科学技术的发展进步，建筑工程中不断有新的材料和技术出现，综合管廊施工单位可利用先进施工材料和技术做好综合管廊施工功能性和可行性规划，利用现代化技术提高综合管廊整体规划水平。另外，在GIS技术等发展过程中，建设单位还需要注意先进技术的引进，提高综合管廊施工精细化水平，使综合管廊施工质量得到保证。

2）施工材料和设备质量控制

施工材料质量对管廊工程施工质量有重要影响，在施工材料选择方面，必须要给予严格检查和测试，淘汰不合格材料，确保工程建设材料符合要求。在工程建设中还需要对设施设备有足够重视度，有些施工单位为了节约成本，选择低质量设备，在施工中不断出现问题，因此，应尽量选择质量好的设备。另外，施工中还需要注意设备的检修和维护，减少设备隐患，避免安全事故等问题出现。

3）做好混凝土施工质量控制

管廊施工中还需要使用较多的混凝土，混凝土施工质量控制同样十分关键。施工过程中首先要注意混凝土供应商的选择，严格按照设计标准控制混凝土主体结构配合比，确保混凝土配合比满足相关要求。混凝土浇筑前施工人员还需要准确计算混凝土的需求量和时间表，要求供应商做好准备。在浇筑过程中处理好杂物，对模板和钢筋进行检查，确保其满足施工要求。当前主体结构混凝土施工有底板、侧墙和顶板等工序，必须要注意这些方面的控制。混凝土浇筑工作量大，还需要注意各个方面的关系处理，维持混凝土浇筑的顺利进行，确保浇筑质量满足要求。

（3）健全管理体系和责任制落实

1）健全体系

当前我国各个城市综合管廊建设实际情况，市政管廊建设单位只有严格按照国家相关规范以及标准做好市政管廊施工建设，才能够使市政综合管廊施工质量得到提升，实现对施工中各类问题的有效处理，确保市政综合管廊施工进度和质量满足要求。

按照《工程建设施工企业质量管理规范》GB/T 50430，结合项目承建单位质量方针和目标，完善项目施工管理机构职能部门的人员配置和职责分工。

①成立项目质量管理机构，全面负责施工过程的质量管理；

②结合项目特点，明确质量分级管理职责及任务分工；

③保证质量监督与管理指令畅通，并得到有效执行。

2）完善制度

综合管廊施工区域广、战线长，发挥团队作用确保质量管理满足要求，遵循质量管理标准化原则及制度至关重要。市政管廊工程施工想要确保其施工质量，需要在施工单位质量控制的基础上与监理单位质量监督控制相结合，利用法律手段做好市政工程进度、质量、成本和合同等方面的管理，使监理单位的价值和作用得到充分发挥，提高施工监督管理有效性，更好地满足市政工程质量要求。项目应制定以下基本管理制度并确保执行落实：

①项目质量管理制度；

②创优规划；

③质量样板引路制度；

④质量考核细则；

⑤实体质量监督与检查制度；

⑥商品混凝土质量监督管理办法；

⑦过程质量控制与监督检查制度；

⑧质量通病与防治措施；

⑨管廊施工质量标准化检查与评分；

⑩混凝土结构养护及试件留置与管理办法；

⑪工程检测与试验管理办法；

⑫成品保护办法。

因此，梳理综合管廊施工中常见的质量问题，整理综合管廊施工质量管理要点，如表6-1所示。

综合管廊施工质量管理要点

表6-1

序号	施工方式	质量控制要点	质量问题原因	备注
1	明挖现浇	土方工程质量： ①基坑开挖： 制定周密的土方开挖方案，确定开挖机械、开挖顺序、支撑施工步骤等内容，并报监理工程师审批后方可执行。 ②基坑回填： 填土前，应将基坑的松散土及垃圾、杂物等清理干净，并把基层鏊平。在本土料下基坑前，应对土料的含水量进行检测，按规范规定进行土方回填。 主体结构质量： ①原材料质量保证：建立相应的主要原材料综合检验网络，确保对混凝土质量的控制。 ②钢筋工程质量保证：为确保对钢筋工程的加工制作质量控制，焊接的质量控制，绑扎的质量控制，建立相应的钢筋工程质量控制程序。 ③混凝土工程质量保证：为确保混凝土的浇注、养护、拆模满足设计和规范要求，提高混凝土耐久性措施、混凝土防止混凝土裂缝技术措施，制定防止质量通病的预防处理措施等。 ④模板工程质量保证：为保证混凝土结构、构件的位置、形状、尺寸符合要求，保证工程结构和构件各部分形状尺寸和相互位置的正确，满足混凝土具有设计要求的强度和密实度，模板要求接缝不漏浆。 ⑤隐蔽工程质量保证：把各项隐蔽工程检查验收关，做好隐蔽验收记录，对于隐检中提出的质量问题认真进行处理，经复验符合要求后，方可办理签证手续，进行下道工序施工	①过分强调工期，轻视管廊质量 ②质量管理力度较差 ③施工单位缺乏责任心	现浇综合管廊施工流程： ①施工前的准备； ②选择合理的地点开展测量放样； ③基坑施工和基坑换填施工； ④混凝土垫层浇筑，将防水材料铺设到底面； ⑤应用C20细石混凝土完成保护层施工； ⑥接缝防水处理； ⑦顶板防水钢筋混凝土浇筑； ⑧防水混凝土浇筑； ⑨顶板防水处理； ⑩基坑回填

第9章 施工管理

479

续表

序号	施工方式	质量控制要点	质量问题原因	备注
1	明挖现浇	止水设施安装、防水施工质量： ①止水带和止水钢板的安装必须符合施工要求。 ②防水处理具体的工艺流程为：完成顶板防水处理；由上到下完成防水施工：底部防水施工后，应用聚合物水泥浆从下到上依次开展防水施工。侧墙防水施工：完成侧墙防水钢筋砼塑板保护层施工后，防水卷材，从内到外依次开展：聚合物水泥砂浆、防水卷材、混凝土保护层的施工。 ③防水砂浆材料要求保证质量合格和各项指标满足施工要求。 ④防水混凝土材料要求满足各项施工要求，必须保证混凝土的抗侵蚀性符合国家标准规定。 ⑤防水卷材材料要求满足各项施工要求。 机电设备安装质量： ①人员资质保证检查。 ②施工设备保证检查。 ③材料、物资保证检查。 ④施工技术保证检查		
2	预制装配	垫层处理质量： 预制管廊拼装时，应在垫层上铺10mm厚黄砂，用于垫层找平和减少摩擦，或隔一定距离铺设找平钢板，以减小摩擦力，确保管节安装顺畅。若采用悬空拼装，为消除综合管廊各节段之间的不均匀沉降，应采用高强度水泥浆进行灌浆		预制构件生产的主要工艺流程为：模具制作→模具安装→钢筋加工和钢骨架加工→预埋件安装→混凝土浇筑前的隐蔽检查，包括模具、钢筋、预埋件→混凝土配制、运输、布料、振捣、养护→构件脱模、驳运、修补、堆放→构件成品检验、入库→构件成品保护、发货运输

续表

序号	施工方式	质量控制要点	质量问题原因	备注
2	预制装配	首节段拼装： 作为整孔拼装的参考节段，首节段整孔拼装时的轴线和高程控制至关重要。若高程控制不当，可能导致后续管廊底板离垫层过大或过小而无法继续拼装。应采取施工措施保证首节段水平及竖向位置安装精确，且首节段就位后须加固定，以防止安装下一节时位置变动 主体结构防水施工： 通过采用防水混凝土、合理的混凝土级配、优质的外加剂、合理的结构分缝、科学的细部设计来解决综合管廊钢筋混凝土主体的防渗 构件间的连接施工要点： 预制综合管廊构件间的连接可靠性决定了整个工程的质量优劣。故无论总设计还是施工，均应选取可靠的连接方式，以保证工程质量的顺利实现 构件制作施工的要点： 全预制综合管廊构件的制作一般分为两类：一类为卧式整体浇筑；另一类为立式整体浇筑。施工中，应根据结构自身技术特点及构件断面类型，采用匹配的施工制作工艺，以满足不同管廊的技术要求 预制构件的安装施工要点： 安装预制构件时，一般采用龙门吊或汽车吊作为吊装机械。两种吊装形式均能满足吊装要求。其中汽车吊吊装工艺顺序如下：机械就位→警戒布置→预制管廊吊装→吊装下沟槽定位→摘钩、收臂。 龙门吊吊装工艺顺序如下：吊装前龙门吊及吊具的检查及维护→构件运输→进入基坑吊装范围→现场技术人员在垫层顶面测放管廊轴线和构件中→在插口凹槽处粘贴好楔形密封条，挂钩、起吊→以构件的中心线对准垫层顶面中轴线，定位→手拉葫芦辅助就位		

续表

序号	施工方式	质量控制要点	质量问题原因	备注
2	预制装配	施工工艺： 采用人工辅助定位方式将待安装管节与已施工管廊对齐，定位精度应满足设计要求。预制管节安装定位完成后应及时进行连接，拼装一段距离后应定期校核激光束的位置，使预制管廊始终沿设计方向拼装。超大截面预制管廊施工时，应尽可能减小线边到管廊中心的距离。 预制管廊施工工艺为：确定混凝土垫层上管廊安装中心线和边线→在管廊插口处安装楔形胶条，挂钩，起吊→将预制管廊的安装线对准施工安装中心线定位→专用设备安装就位→检查综合管廊的整体平整度和垂直度→综合管廊接口处防水处理→检查合格后就位进行下一段管廊起吊		
3	盾构	对于周边环境复杂，需穿越河流以及埋深较大的综合管廊系统化工程，采用盾构法修建具有技术和进度上的优势 盾构机具的选型： ①盾构机的选型：在盾构机选型时，盾构机应当充分满足工程地质水文条件及周边环境要求，同时还要考虑盾构机型的使用效率，还要有一定的技术参数余量。 ②刀盘及刀具的选择：盾构掘进线路中涉及软土地层段、复合地层段和岩层段，岩层主要以灰岩微风化层为主，岩质坚硬，天然抗压强度高，因此施工中会造成刀具磨损严重，频繁更换刀具，刀盘和土仓内形成泥饼等情况发生。应结合具体施工地质条件选择刀盘刀具及刀具数量		①盾构掘进路线路的选择要遵守综合管廊设计原则，盾构井的施工要遵守基坑开挖和支护的原则。 ②盾构机的选型与工程特点相符合，在穿越不同地质地的施工要采取灵活应对措施，勤监测勤纠偏，做好各项应急措施，确保工程的顺利进行。 ③沿掘进路线做好地面沉降监测工作，当监测数据出现警戒值时要采取相对应的解决措施，防止对周边建筑物（构筑物）造成不必要的损害。

续表

序号	施工方式	质量控制要点	质量问题原因	备注
3	盾构	穿越软土地层的技术要点： 软土地层主要涉及淤泥层、淤泥质土层、淤泥质粉细砂层等，地层地下水丰富，地层渗透系数大，透水性强，既要自稳性极差。且由于地下水丰富，地层渗透系数大，透水性强，既要防止地面沉降坍塌，又要防止盾尾泄漏。为了保证施工质量，应采取相应的技术措施 穿越高强度硬岩层的技术要点： 当隧道穿越硬岩层时，岩层结构完整，岩质坚硬，对破岩难度较大。因此盾构机应有足够的刀盘驱动扭矩和盾构推力，以及合理的刀盘、刀具设计，机具本身应具备足够的强度和耐磨性能要求。同时为了保证施工质量，应采取相应的技术措施 穿越复合地层等特殊地段的技术要点： 由于盾构在上软下硬复合地段掘进时，遇到的主要问题是由于刀盘受力不均，盾构本身的姿态容易改变，从而引起对盾构的姿态控制及掘进方向的控制比较困难。为了保证施工质量，应采取相应的技术措施 穿越流溪河段技术要点： 盾构区间隧道在流溪河段掘进施工时，在这种地层掘进施工时需采取必要的技术措施，以防出现盾尾漏浆、江底大面积塌陷、隧道上浮等现象 地面沉降控制： 掘进线路近距离穿过房屋和桥梁基础建（构）筑物时需严加保护，地面建筑对地层的沉降要求很高，盾构如何安全通过而减小对建筑物的损害，成为控制盾构法施工质量的一个重点		④盾构设备组装工序： 洞门密封止水帘布安装→盾构托架、反力架下井→横梁下井及始发井轨道铺设→盾构机台车下井→平板车下井→连接桥下井→管片2环下井→螺旋机下井→盾构机中盾下井→前盾下井与中盾对接→盾尾下井→刀盘下井与前盾对接→盾尾下井→反力架安装→调试始发（如始发井长度不够需要分体始发）

续表

序号	施工方式	质量控制要点	质量问题原因	备注
4	顶管	长距离顶管施工技术 穿越复杂地层的处理： 顶管段穿越地层为残积土层和全风化、强风化泥质粉砂岩，局部穿越粉砂、砾石、中风化、微风化泥质粉砂岩。地质复杂多变，遇到硬夹杂交替，顶进采用破岩和破碎功能的顶管掘进机进行掘进，遇到须更换滚刀、卡刀盘、堵仓时，辅以气压平衡进行人工更换刀具和清理障碍 顶管进出洞口时防止漏水、漏浆及顶管机偏头 特殊地段地面沉降及隆起的控制 进出洞措施与质量控制： 顶管进出洞防水土流失处理：为使顶管进出洞口不发生水土流失，导致工程受损，在进出洞口安装可靠的止水装置是十分必要的 顶管偏差的校正措施与质量控制： 顶管误差校正逐步进行，形成误差后不可立即将已顶制的管子校正到位，应缓慢进行，使管子逐渐复位，不能猛纠硬调，以防产生相反的结果。常用的方法有以下4种：①超挖纠偏法；②顶纠偏法；③千斤顶纠偏法；④小泄压孔辅助纠偏		顶管工程工艺流程：地面机械设备安装→井底标高测量→后靠背安装→导轨测量安装→钢板桩支护→沉井预留凿除→吊装顶头→设备调试→安装进洞止水（若需要）→装顶管及调试→顶进→调整格栅出泥量→出泥至单节管规定位置→续装顶管→顶进→出机顶头

针对综合管廊施工中常见的质量问题，全过程工程咨询单位重点对施工企业在施工过程中可能导致的质量问题进行检查，加强施工质量管理。

6.3 进度管理

（1）主要影响因素

城市综合管廊作为可以有效利用地下空间、系统整合地下管线布置、改善市容景观的功能综合性地下构筑物，其施工组织影响施工进度的因素主要有：人为因素、材料设备因素、技术因素、地基因素、气候因素、资金因素等，如表6-2所示。

施工项目进度影响因素表　　　　　　　表6-2

种类	影响因素
施工单位内部因素	● 施工组织不合理，人力、机械设备调配不当，解决问题不及时； ● 施工技术措施不当或发生事故； ● 质量不合格引起返工； ● 与相关单位协调不善； ● 项目经理管理水平低； ● 施工管理人员、技术人员和施工从业人员的专业素质低，各专业施工队伍间的配合差等
相关单位因素	● 建设单位在项目筹划、准备和实施阶段的决策和管理效力； ● 勘察设计图纸供应不及时或技术资料不准确等； ● 业主要求设计变更； ● 实际工程量增减变化； ● 材料供应、运输不及时或质量、数量规格不符合要求； ● 水电通信等部门、分包单位信息不对称或沟通不畅； ● 资金没有按时拨付等
不可预见因素	● 施工现场实际水文地质状况与地勘资料偏差较大； ● 严重自然灾害； ● 政策调整等因素

根据综合管廊项目的施工特点，在对综合管廊项目进行WBS工作分解时，首先按照项目实施规律，对项目全过程进行阶段式分解，将管廊施工分解出四个阶段性任务，依次为项目准备阶段、项目建设阶段、项目试运行阶段、竣工验收阶段。一个施工段上的综合管廊项目施工阶段WBS任务分解如图6-1所示。

根据管廊项目分解后施工任务，进行项目责任分工及资源配置，将工作内容和责任目标落实到具体责任单位或个人，根据工程施工特点和工程量，配备若干合理数量的专业施工队伍，例如：测量监测队、土工施工队、维护结构施工队、

图6-1 单施工段综合管廊项目施工WBS任务分解图

管廊结构施工队、管线安装施工队、线缆安装施工队、建筑工程施工队、装饰工程施工队、设备安装施工队、电气工程施工队、自控工程施工队等。最终保证项目工期要求。

（2）综合管廊施工进度策划

综合管廊作为一种长条状地下结构，工程量大、涉及专业多。为保证在要求的施工期内完成施工，需要对综合管廊进行合理的区段划分，不同的施工工艺、不同区段划分也有不同的要求。就综合管廊采用明挖法施工进行举例说明。

①明挖法施工部署

明挖法施工综合管廊在进行总体布局时，考虑到地下空间利用、出廊管线的整体规划以及管廊出地面结构的布置，综合管廊总是沿道路布置且多利用道路绿化部分进行地上地下的连接；目前城市地下综合管廊与道路的关系大致可以分为两种情况：位于道路外侧绿化带区域或位于道路分隔带及车行道下方；另外根据道路是新建道路还是现有道路，又可以分为道路与综合管廊同时施工和道路改扩建工程的综合管廊施工。

属于道路改扩建的综合管廊施工由于很多情况下都无法完全封闭交通，在进行综合管廊施工工期部署时必须要考虑到现状道路运行对施工的影响，并提前做好交通疏导方案以及其他相关施工手续，在保证正常施工的前提下尽量减少对道路通行的影响，另外也要提前熟悉原道路的地下管线布置情况，提前做好需改线管线的施工方案，并将其纳入综合管廊工期部署进行综合考虑。

对于新建道路的综合管廊施工工期部署则需要与道路施工进行统筹考虑，通常道路施工主要内容包括：地基处理、雨污水管、人行地道、过路涵洞、给水管、道路结构等，在综合管廊施工前需要明确综合管廊与其他新建管线的相对位置关系，特别是像雨污水等重力式自流管线，在道路范围内结构高差较大，本着地下工程施工先深后浅的基本原则，在施工前需对雨污水管线与综合管廊沿道路方向进行施工标高对比，由此来决定施工的先后；还有部分区段需要考虑综合管廊与横穿道路结构的相对位置（是否影响综合管廊施工），最终根据综合管廊与道路其他结构及管线在空间上的关系确定施工顺序以及区段划分。

②明挖现浇工艺施工段的划分

明挖现浇综合管廊施工中应合理地按不同的结构断面形式进行分区，尽量对每种结构形式都安排单独的施工作业人员，这样不仅可以熟能生巧，提高施工队伍的工作效率，也能在一定程度上减少模板等周转材料的浪费，加快整体的施工进度。

根据混凝土结构特点以及项目地质、气候条件等因素，综合管廊可以按照每隔一定的长度（约20～30m）设置一道变形缝，以满足混凝土裂缝控制要求；在施工过程中可以随开挖随施工，施工调配、组织灵活方便。

综合管廊在施工过程中可根据变形缝划分情况，采用目前技术成熟的"跳舱法"——"隔段施工、分层浇筑、整体成型"开展施工，保证伸缩缝的成型质量。具体方法为中间段综合管廊在前后两段结构施工完后再开始施工。如工期紧，也可交叉跳舱施工，即在前后两段底板浇筑完成后开始进行中间段底板施工，同时施工前后两段的侧墙和顶板、中间段底板和前后两段的侧墙和顶板施工完后，再施工中间段侧墙和顶板。"跳舱法"施工避免了多段管廊同时施工时的相互干扰，且便于变形缝处止水带的固定，能加快施工进度，保证施工质量。

除了标准段外，综合管廊还不可避免地会遇到与其他结构相互交叉的情况。由于都属于埋地结构，大大增加了结构的埋深，相应地增加了施工的难度。要保证此段综合管廊的施工进度，除了安排独立施工队负责施工、提前准备好施工物资材料外，还需对周围穿过的管线进行信息收集，特别是燃气管线，要准确了解通气时间，深基坑段的施工尽量减少基坑的暴露时间，避免因基坑暴露时间太长而受外部环境影响导致基坑失稳（图6-2）。

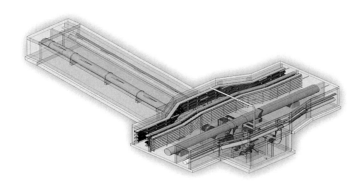

图6-2　综合管廊交叉段示意图

③明挖预制拼装工艺施工段划分

明挖预制拼装按照预制场地位置可以分为现场预制与工厂预制两种。明挖预制拼装中预制节段划分需要考虑预制模具的尺寸、起吊与运输设备的能力、接缝处理的成本等方面的问题，经过不断的现场实践与探索，现有预制拼装综合管廊一般采用1～3m的节段长度进行施工。

在施工段的划分上，明挖预制拼装与明挖现浇施工一样具有很强的灵活性，并且由于预制构件已基本完成收缩，现场施工按照预制构件接口方式选择是否需要单独设置变形缝，一般刚性接口需要单独设置变形缝，而如果采用柔性接口则可以选择不再单独设置变形缝，如需设置也在明挖现浇20～30m的基础上适当放宽。

明挖预制拼装由于构件尺寸小，现场基本可以在任何满足施工条件段开始施工，但也需要考虑机械设备的配备情况，并通过局部的现浇段连接相邻预制安装区段，这样也在一定程度上解决了安装过程中累积偏差对结构的整体影响。

（3）综合管廊进度控制要点

1）明挖现浇结构施工进度控制

基坑支护作为明挖现浇法施工的一个重要工序，施工过程中必须严格按照设计要求进行施工，并按要求对基坑变形进行监测，做好应急预案；明挖现浇法施工对现场排水要求比较严格，施工过程中必须监测地下水位情况，及时了解当地的天气情况，做好应急排水设施，避免基坑浸泡造成工期损失。

2）明挖预制拼装结构施工进度控制

明挖预制拼装施工中预制厂的生产能力与施工进度控制息息相关，施工中需根据工程量选择具备相应生产能力的预制厂，必要时可以采用多家预制厂作为预制件储备，保证现场不会因预制件不足而导致窝工，影响施工进度。

由于综合管廊呈带状布置，明挖预制施工中不管是现场加工预制还是工厂加工预制都需要进行预制件的运输，现场需提前做好交通运输方案，同时积极与交通部门协商，保证运输顺畅；根据施工计划及工程量合理安排运输车辆，确保不影响现场安装进度；做好现场吊装机械的合理配备，根据预制拼装构件的重量确定吊装机械，根据现场施工面及预制件的生产与运输能力确定机械数量。

3）附属设施施工进度控制

附属设施应与入廊管线统筹规划，合理分配安装空间，做好平面优化，避免互相影响导致返工；通风、照明、排水等设施可以为同期施工的入廊管线施工提供便利条件。此外，管廊附属设施各系统一般按200m进行分区，施工时，一个防火分区内的附属设施应同步施工、同步完成，并保证每个分区的附属设施系统尽早正常运行，为综合管廊入廊管线成果保护、系统调试、连通创造条件。

4）综合管廊管线入廊进度控制

综合管廊能容纳多种管道及线缆，但是管廊内部的施工空间有限，在进行管线入廊施工过程中需综合考虑管线的专业特点与结构特点，管线从投料口吊装入廊。

(4) 长春市××综合管廊施工进度控制

××综合管廊项目总投资50828.43万元，全长2761.547m，管廊主体采用明挖现浇施工。根据××综合管廊项目工期目标要求，本项目总工期目标需要满足2015年8月启动、2016年4月开工、2018年2月竣工、2018年3月投入使用的项目进度实施条件。经施工各方同意，将××综合管廊项目的起止时间确定为2015年8月2日至2018年2月28日。受长春市自然气候条件影响和专业施工条件要求制约，每年的11月1日至次年的4月14日为长春地区季节性非施工期，不宜进行室外施工，特别是混凝土浇筑，为保证工程质量，结合行业管理经验和项目进展情况，将2016年11月1日至2017年4月14日设定为××综合管廊项目的季节性非施工期，不计入项目总工期目标。基于以上因素，通过计算得出××综合管廊项目的总工期目标为776天。

1）综合管廊项目施工进度计划

①项目任务分解

对目标项目进行WBS工作分解，是项目管理的重要核心内容，也是编制项目计划、实施项目控制的重要基础。在阶段性分解基础上，以单位工程或任务为单位进行二次分解，此后按照施工工序、工艺流程或任务时序将工作任务分解成可控制、易管理的独立单元。考虑到综合管廊工程的施工特点，为充分利用资源节省工期，在二次分解中将管廊主体及其入廊管线施工划分为五个合理区间段作为单位工程进行分解。

逐级分解后，××综合管廊项目施工阶段WBS任务分解如图6-3所示。

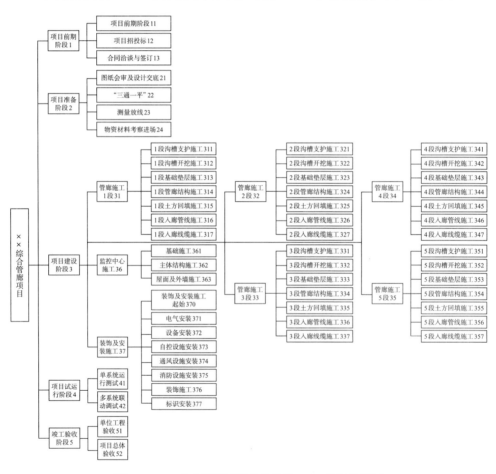

图6-3　××综合管廊项目施工阶段WBS任务分解图

②项目责任分工及资源配置

以WBS任务分解表为基础制定项目任务责任分配表，对项目实施过程中的各项任务进行责任分配，将工作内容和责任目标落实到具体责任单位或个人，是提高管理效率、实现项目目标的重要手段。本项目的责任分工，根据××综合管廊项目的管理模式、项目特点和各责任单位或个人在单项任务中的权限和作用，将项目责任分为：审批、负责、监督、参与4种，体现在项目任务分配表中，即如表6-3所示。

为优质高效地完成项目建设任务，××综合管廊项目部在分设7个行政职能部门的基础上，根据工程施工特点和工程量，配备了11个专业施工队伍，分别为：测量监测队、土工施工队、维护结构施工队、管廊结构施工队、管线安装施工队、线缆安装施工队、建筑工程施工队、装饰工程施工队、设备安装施工队、电气工程施工队、自控工程施工队。

③项目进度计划

项目进度计划根据项目控制目标不同维度和层级的划分可以细分为多个种类，单就施工阶段的进度计划，可分为施工总体进度计划、单位工程施工进度计划、分部工程施工进度计划等不同层级，重点阐述综合管廊建设项目施工阶段的总体进度计划及控制措施。

网络图计划技术既能全面明确地反映项目任务间的相互关系、分清主次、找出项目关键节点和主要矛盾，又能体现各项任务的机动时间，是目前工程项目建设领域公认的项目进度计划编制手段，在提高建设工程项目管理水平和控制效果等方面发挥了重要作用。本项目选用单节点网络图技术绘制项目计划网络图，绘制出的项目计划初始网络图如图6-4所示。

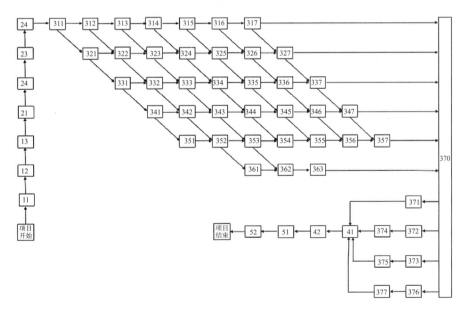

图6-4 ××综合管廊项目施工进度计划初始网络图

表 6-3

×× 综合管廊项目施工阶段工作任务责任分配表

WBS编码	工作任务	管廊建设工作领导小组	业主代表(全咨单位)	项目监理	项目经理	安全副经理	生产副经理	技术负责人	专家顾问小组	标准化工作领导小组	工程技术部	安全质量环保部	资源保障部	计划财务部	综合办公室	工程实验室	测量监测队	土木施工队	维护结构施工队	管廊结构施工队	管线安装施工队	线缆安装施工队	建筑工程施工队	装饰工程施工队	电气工程施工队	设备安装施工队	自控工程施工队
1	项目前期阶段																										
11	项目前期	☆	●																								
12	项目招投标	☆	☆	☆	●				☆																		
13	合同洽谈与签订	☆	☆	☆	●				☆		▲		▲	▲	●												
2	项目准备阶段																										
21	图纸会审及设计交底	☆	☆	☆	★	☆	☆	●	☆	☆	●	☆			▲												
22	"三通一平"		☆	☆	★	☆	☆	☆	☆	☆	●	☆	▲	▲	●	▲	▲	●									
23	测量放线	☆	☆	☆	★	☆	☆	☆	☆	☆	●	☆		▲	▲	●	●										
24	物资材料进场	☆	☆	☆		☆	☆	☆	☆	☆		☆	●		▲												
3	项目建设阶段																										
311、321、331、341、351	沟槽支护施工	☆	☆	☆	★	☆	●	●	☆	☆	●	☆	▲	▲			▲		●								

续表

WBS编码	工作任务	管廊建设工作领导小组	业主代表(全咨单位)	项目监理	项目经理	安全副经理	生产副经理	技术负责人	专家顾问小组	标准化工作领导小组	工程技术部	安全质量环保部	资源保障部	计划财务部	综合办公室	工程实验室	测量监测队	土木施工队	维护结构施工队	管廊结构施工队	管线安装施工队	线缆安装施工图	建筑工程施工队	装饰工程施工队	电气工程施工队	设备安装施工队	自控工程施工队
312、322、332、342、352	沟槽开挖施工	☆	☆	☆	★	☆	●	●	☆	☆	●	☆	▲	▲		▲	▲	●									
313、323、333、343、353	基础垫层施工	☆	☆	☆	★	☆	●	●	☆	☆	●	☆	▲	▲		▲	▲		●								
314、324、334、344、354	管廊结构施工	☆	☆	☆	★	☆	●	●	☆	☆	●	☆	▲	▲		▲	▲			●							
315、325、335、345、355	土方回填施工	☆	☆	☆	★	☆	●	●	☆	☆	●	☆	▲	▲		▲	▲	●									
316、326、336、346、356	入廊管线施工	☆	☆	☆	★	☆	●	●	☆	☆	●	☆	▲	▲		▲	▲				●						
317、327、337、347、357	入廊线缆施工	☆	☆	☆	★	☆	●	●	☆	☆	●	☆	▲	▲		▲	▲					●					

续表

WBS编码	工作任务	管廊建设工作领导小组	业主代表(全咨单位)	项目监理	项目经理	安全副经理	生产副经理	技术负责人	专家顾问小组	标准化工作领导小组	工程技术部	安全质量环保部	资源保障部	计划财务部	综合办公室	工程实验室	测量监测队	土木施工队	维护结构施工队	管廊结构施工队	管线安装施工队	线缆安装施工图	建筑工程施工队	装饰工程施工队	电气工程施工队	设备安装施工队	自控工程施工队
361	基础施工	☆	☆	☆	★	☆	●	●	☆	☆	●	☆	▲	▲		▲	▲	●									
362	主体结构施工	☆	☆	☆	★	☆	●	●	☆	☆	●	☆	▲	▲		▲	▲						●				
363	屋面及外墙施工	☆	☆	☆	★	☆	●	●	☆	☆	●	☆	▲	▲		▲								●			
370	装饰及安装施工起始	☆	☆	☆	★	☆	●	●	☆	☆	●	☆	▲	▲		▲								▲	▲	▲	▲
371	电气安装	☆	☆	☆	★	☆	●	●	☆	☆	●	☆	▲	▲		▲									●		
372	设备安装	☆	☆	☆	★	☆	●	●	☆	☆	●	☆	▲	▲		▲										●	
373	自控设施安装	☆	☆	☆	★	☆	●	●	☆	☆	●	☆	▲	▲		▲											●
374	通风设施安装	☆	☆	☆	★	☆	●	●	☆	☆	●	☆	▲	▲												●	
375	消防设施安装	☆	☆	☆	★	☆	●	●	☆	☆	●	☆	▲	▲							●						●
376	装饰施工	☆	☆	☆	★	☆	●	●	☆	☆	●	☆	▲	▲										●	▲		
377	标识安装	☆	☆	☆	★	☆	●	●	☆	☆	●	☆	▲	▲										●			
4	项目试运行阶段																										

续表

WBS编码	工作任务	管廊建设工作领导小组	业主代表(全咨单位)	项目监理	项目经理	安全副经理	生产副经理	技术负责人	专家顾问小组	标准化工作领导小组	工程技术部	安全质量环保部	资源保障部	计划财务部	综合办公室	工程实验室	测量监测队	土木施工队	维护结构施工队	管廊结构施工队	管线安装施工队	线缆安装施工图	建筑工程施工队	装饰工程施工队	电气工程施工队	设备安装施工队	自控工程施工队
41	单系统运行测试	☆	☆	☆	★	☆	●	●	☆	☆	●	☆	▲	▲		▲					▲	▲	▲	▲	▲	▲	▲
42	多系统联动调试	☆	☆	☆	★	☆	●	●	☆	☆	●	☆	▲	▲		▲					▲		▲		▲	▲	▲
5	竣工验收阶段																										
51	单位工程验收	☆	☆	☆	★	☆	●	●	☆	☆	●	☆	▲	▲	▲	▲	▲	▲	▲	▲	▲	▲	▲	▲	▲	▲	▲
52	项目总体验收	☆	☆	☆	★	☆	●	●	☆	☆	●	☆	▲	▲	▲	▲	▲	▲	▲	▲	▲	▲	▲	▲	▲	▲	▲

注：★表示审批责任；●表示负责责任；☆表示监督责任；▲表示参与责任。

先根据施工工艺和活动规律确定任务关系顺序，再根据机械设备、人力资源及生产材料周转情况确定任务执行顺序。其中：各施工段沟槽支护施工、沟槽开挖施工、基础垫层施工、管廊结构施工、土方回填施工的顺序关系的依据是管廊施工工艺流程，入廊管线施工、入廊线缆施工的顺序关系的依据是活动规律，各施工段和施工任务间的流水作业顺序则是受施工机械设备、人力资源、生产材料周转等条件制约的结果。项目中各项任务的顺序关系及计划工期详见表6-4。

××综合管廊项目施工任务工期估算及时序关系一览表　　表6-4

WBS代码	任务名称	任务工期（天）	紧前工作	紧后工作
1	项目前期阶段			
11	项目前期	182	项目开始	12
12	项目招投标	38	11	13
13	合同洽谈与签订	10	12	21
2	项目准备阶段			
21	图纸会审及设计交底	3	13	22
22	"三通一平"	12	21	23
23	测量放线	5	22	24
24	物资材料进场	7	23	311
3	项目建设阶段			
311	1段沟槽支护施工	18	24	312、321
312	1段沟槽开挖施工	17	311	313、322
313	1段基础垫层施工	13	312	314、323
314	1段管廊结构施工	42	313	315、324
315	1段土方回填施工	19	314	316、325
316	1段入廊管线施工	10	315	317、326
317	1段入廊线缆施工	7	316	327、370
321	2段沟槽支护施工	18	311	322、331
322	2段沟槽开挖施工	18	312、321	323、332
323	2段基础垫层施工	13	313、322	324、333
324	2段管廊结构施工	41	314、323	325、334
325	2段土方回填施工	20	315、324	326、335
326	2段入廊管线施工	10	316、325	327、336
327	2段入廊线缆施工	7	317、326	337、370
331	3段沟槽支护施工	18	321	332、341

续表

WBS代码	任务名称	任务工期（天）	紧前工作	紧后工作
332	3段沟槽开挖施工	16	322、331	333、342
333	3段基础垫层施工	13	323、332	334、343
334	3段管廊结构施工	39	324、333	335、344
335	3段土方回填施工	17	325、334	336、345
336	3段入廊管线施工	10	326、335	337、346
337	3段入廊线缆施工	7	327、336	347、370
341	4段沟槽支护施工	18	331	342、351
342	4段沟槽开挖施工	19	332、341	343、352
343	4段基础垫层施工	13	333、342	344、353
344	4段管廊结构施工	40	334、343	345、354
345	4段土方回填施工	22	335、344	346、355
346	4段入廊管线施工	10	336、345	347、356
347	4段入廊线缆施工	7	337、346	351、370
351	5段沟槽支护施工	25	341	352
352	5段沟槽开挖施工	24	342、351	353、361
353	5段基础垫层施工	20	343、352	354、362
354	5段管廊结构施工	58	344、353	355
355	5段土方回填施工	26	345、354	356
356	5段入廊管线施工	14	346、355	357
357	5段入廊线缆施工	9	347、356	370
361	基础施工	15	352	362
362	主体结构施工	27	353、361	363
363	屋面及外墙施工	31	362	370
370	装饰及安装施工起始		317、327、337、347、357、363	371、372、373、376
371	电气安装	30	370	41
372	设备安装	45	370	374
373	自控设施安装	21	370	375
374	通风设施安装	15	372	41
375	消防设施安装	20	373	41
376	装饰施工	31	370	377
377	标识安装	7	376	41

续表

WBS代码	任务名称	任务工期（天）	紧前工作	紧后工作
4	项目试运行阶段			
41	单系统运行测试	10	371、374、375、377	42
42	多系统联动调试	100	41	5
5	竣工验收阶段			
51	单位工程验收	10	42	52
52	项目总体验收	3	51	项目结束

××综合管廊项目施工进度计划主要由网络图和时间参数构成，最早开始时间 $ES=$ 紧前工作的 EF（注：多个紧前工作选择其中数值最大的 EF）$+1$；最早结束时间 $EF=ES+$ 任务工期 -1。计算步骤：设项目首任务的 ES 为 0，按箭线方向，依次计算各项任务的 ES 和 EF。最晚开始时间 $LS=LF-$ 任务工期 $+1$；最晚结束时间 $LF=$ 紧后工作的 LS（注：多个紧后工作选择其中数值最小的 LS）-1。计算步骤：设项目终任务的 LF 为目标总工期，按逆箭线方向，依次计算各项任务的 LS 和 LF。根据任务工期的推算结果编制出的项目施工进度初始计划，如图6-5所示。

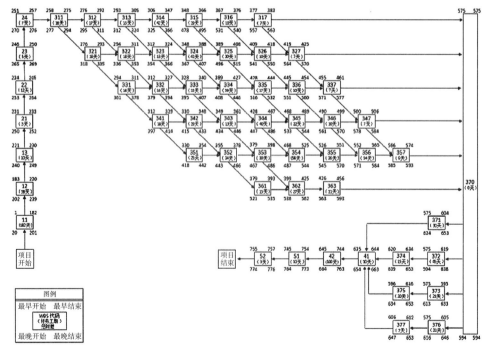

图6-5　××综合管廊项目施工进度初始网络图计划

项目施工进度初始计划时间参数计算结果如表6-5所示。

××综合管廊项目施工进度初始计划时间参数表　　表6-5

WBS代码	任务名称	工期（d）	最早		最晚		任务总时差
			开始	结束	开始	结束	
1	项目前期阶段						
11	项目前期	182	1	182	20	201	19
12	项目招投标	38	183	220	202	239	19
13	合同洽谈与签订	10	221	230	240	249	19
2	项目准备阶段						
21	图纸会审及设计交底	3	231	233	250	252	19
22	"三通一平"	12	234	245	253	264	19
23	测量放线	5	246	250	265	269	19
24	物资材料进场	7	251	257	270	276	19
3	项目建设阶段						
311	1段沟槽支护施工	18	258	275	277	294	19
312	1段沟槽开挖施工	17	276	292	295	311	19
313	1段基础垫层施工	13	293	305	312	324	19
314	1段管廊结构施工	42	306	347	325	366	19
315	1段土方回填施工	19	348	366	478	495	129
316	1段入廊管线施工	10	367	376	531	540	164
317	1段入廊线缆施工	7	377	383	557	563	180
321	2段沟槽支护施工	18	276	293	318	335	42
322	2段沟槽开挖施工	18	294	311	336	353	42
323	2段基础垫层施工	13	312	324	354	366	42
324	2段管廊结构施工	41	348	388	367	407	19
325	2段土方回填施工	20	389	408	496	515	107
326	2段入廊管线施工	10	409	418	541	550	132
327	2段入廊线缆施工	7	419	425	564	570	145
331	3段沟槽支护施工	18	294	311	361	378	67
332	3段沟槽开挖施工	16	312	327	379	394	67
333	3段基础垫层施工	13	328	340	395	407	67
334	3段管廊结构施工	39	389	427	408	446	19
335	3段土方回填施工	17	428	444	516	532	88
336	3段入廊管线施工	10	445	454	551	560	106

续表

WBS代码	任务名称	工期(d)	最早开始	最早结束	最晚开始	最晚结束	任务总时差
337	3段入廊线缆施工	7	455	461	571	577	116
341	4段沟槽支护施工	18	312	329	397	414	85
342	4段沟槽开挖施工	19	330	348	415	433	85
343	4段基础垫层施工	13	349	361	434	446	85
344	4段管廊结构施工	40	428	467	447	486	19
345	4段土方回填施工	22	468	489	533	544	65
346	4段入廊管线施工	10	490	499	561	570	71
347	4段入廊线缆施工	7	500	506	578	584	78
351	5段沟槽支护施工	25	330	354	418	442	88
352	5段沟槽开挖施工	24	355	378	443	466	88
353	5段基础垫层施工	20	379	398	467	486	88
354	5段管廊结构施工	58	468	525	487	544	19
355	5段土方回填施工	26	526	551	545	570	19
356	5段入廊管线施工	14	552	565	571	584	19
357	5段入廊线缆施工	9	566	574	585	593	19
361	基础施工	15	379	393	521	535	142
362	主体结构施工	27	399	425	536	562	137
363	屋面及外墙施工	31	426	456	563	593	137
370	装饰及安装施工起始	0	575	575	594	594	19
371	电气安装	30	575	604	624	653	49
372	设备安装	45	575	619	594	638	19
373	自控设施安装	21	575	595	613	633	38
374	通风设施安装	15	620	634	639	653	15
375	消防设施安装	20	596	616	634	653	48
376	装饰施工	31	575	605	616	646	41
377	标识安装	7	606	612	647	653	41
4	项目试运行阶段						
41	单系统运行测试	10	635	644	654	663	19
42	多系统联动调试	100	645	744	664	763	19
5	竣工验收阶段						
51	单位工程验收	10	745	754	764	773	19
52	项目总体验收	3	755	757	774	776	19

此进度计划的计算总工期为757天,比项目总工期目标(776天)少19天,具备实施条件。

2)长春市××综合管廊项目施工进度控制

项目执行过程中,由于主、客观条件的不断变化,导致项目实际进度偏离计划进度的现象极其普遍,只有全面掌握项目现状,采取有效措施及时管控,才能调整项目进度、规避项目实施风险。针对长春市××综合管廊项目施工进度建立了一套科学完善的管控体系,并通过了专家顾问团的评估和项目部的审核,应用于工程实际,为确保项目目标的顺利实现提供了坚强的保障。

①项目进度控制体系

长春市××综合管廊项目施工进度控制体系分为进度保障体系和进度责任体系,其中保障体系包括思想保障、组织保障、制度保障、经济保障、资源保障、检查保障、动态控制七个系统,主要是为项目施工进度计划的有序实施创造条件;进度责任系统涵盖项目部所有成员单位、部门及个人,主要是明确各单位、部门和人员在项目实施进程中的责任与义务,为实现项目目标奠定基础。

②项目进度控制流程

为确保进度计划顺利实施,在系统中建立并规范了动态监测、进度报告和进度巡检机制,并制定了科学的项目进度控制流程,具体参见图6-6。

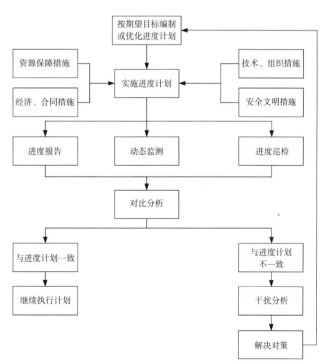

图6-6 ××综合管廊项目进度流程图

③项目进度管控手段

项目动态监测机制：项目进度计划的实施过程也是各类信息和数据极速流动的过程，通过定期或不定期的动态监测，有计划、有针对性地采集特定信息和数据，并在此基础上对目标信息和数据进行科学地甄别、分析和研究，从而实现掌握项目实施状态、预判项目发展方向、规避项目风险的目的。采用日常监测和定期监测相结合的方式进行，监测范围涵盖所有在建WBS任务，监测重点主要包括以下几个方面：监测WBS任务实施情况，重点监测施工质量、施工安全、施工环境和关键任务施工进度；监测各项任务之间逻辑关系的演变和关键路径的变化情况；监测各项任务的资源配置和需求变化情况；监测可能影响项目进度的事件及其发展趋势。

项目进度报告机制：为有效控制项目进度、及时规避项目风险，在持续动态监测的同时，采用自下而上的项目进度报告机制，创建出一个及时、快捷的项目进度信息审阅传递系统。这一系统主要以各类项目进度报表为媒介，通过对施工进度数据的汇总、整理、分析、填报、审阅、上报等活动，整合和传递项目进度基础数据信息，为各级决策者和管理者提供真实准确的决策和管理依据，从而达到项目管控的目的。根据项目控制需要，项目进度报告实行三级报表制度，即日报、周报、月报制度。报表采用统一规范格式，主要填报内容包括以下几个方面：任务实际完成和累计完成的工程量；实际投入的劳动力和机械台班数量；施工材料、周转材料及各类资源的使用情况；比较分析实际工程量与计划工程量、实际投入与计划投入、实际用量与计划用量之间的差距、差异及形成原因。

项目进度巡检机制：项目进度巡检机制是对上述两项管控手段的补充，其目的旨在落实项目决策、监督和管理者在项目实施过程中的监督、检查和指导责任，准确掌握项目真实状况，核实动态监测和进度报告结果，及时发现并解决问题，为项目纠偏、预防风险提供佐证和依据。进度巡检方式包括定期巡查、不定期巡查、随机抽查和定向检查四种。

项目进度优化机制：根据体系设计，通过上述项目进度控制机制的实施，项目经理部和进度控制组从不同角度获得了大量的项目实施信息，为深化项目研究奠定了坚实基础。通过对上述信息的有效筛选和整合，找出进度偏差关键信息，在此基础上与项目进度计划进行科学对比和分析，找出引起该偏差的关键事件和原因，及时采取相应措施消除产生问题的原因，并判断其是否是关键任务、是否会影响到项目总工期和后续任务的执行，根据判断结果决定项目实施方向，优化机制流程如图6-7所示。

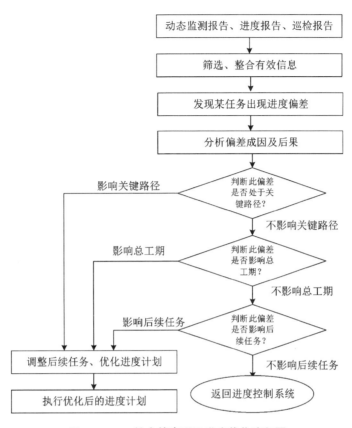

图6-7 ××综合管廊项目进度优化流程图

④项目进度保障措施

组织保障措施：根据项目目标和特点，在管控体系中建立和完善项目监测、检查和保障机制，制定切实可行的施工组织设计和项目进度计划，确定以流水施工法组织现场施工的组织原则，并按照专业分工原则，科学配置专业施工队伍，严格人员配备标准、坚决杜绝无证上岗，尽量调动和发挥专业施工队伍和作业人员潜能。例如：在项目建设阶段中，负责沟槽开挖任务的土工施工队同时负责土方回填的任务，支模作业人员同时负责拆模作业等。坚持"谁实施谁负责"，进度、质量、安全、环保与经济利益挂钩原则，在总体进度计划框架下把任务目标分解到各个责任单位和部门，由各责任单位和部门逐级制定单位、分部、分项工程进度计划，确定控制措施和方法，做到整体系统和局部系统的组织、人员、资源和措施落实到位，形成全员、全方位、全过程的项目保障体系，使项目实施全过程均处于有序可控的状态，为项目的顺利实施奠定基础。

资源保障措施：××综合管廊项目的资源保障从人力资源、机械、设备及材料、资金等方面分别制定和采取保障措施。其中，人力资源包括项目实施中各级别、各专业、各层次的管理和施工人员；机械、设备及材料保障包括不同用途的生产器械，安装设备、管材、线缆、钢筋、水泥、砂石等施工材料和周转材料，例如模板、钢板桩等，临时用水、临时用电、临时道路等临时设施，项目流动资金、人工费等。

经济、合同保障措施：建立规范完善的经济奖惩制度，在项目质量、安全和费用条件约束下，运用经济杠杆对项目进度执行情况进行考核，工期提前予以奖励，工期拖延给予处罚，应急赶工给予合理的赶工费用。严格监管人员进场，材料、设备供应时间，对因此造成的损失，根据合同进行索赔。严格控制合同变更，所有设计和工程变更经严格审查后均按规定程序补进合同文件；在项目实施过程中，及时预防和处理合同风险，对因人工、材料和机械设备价格波动或因工期延误等问题导致合同不能正常履行的，尽量协调消除影响，分清责任并依据合同约定及时调整或协商解决。

技术保障措施：技术保障是项目目标得以实现的前提和基础。结合项目实际，就技术保障提出以下措施：a.聘请专家顾问团，全程提供技术支持。b.编制实施性施工组织设计、施工进度计划、"施工手册"、关键工序工艺细则及作业指导书，并结合实际进行方案调整和计划优化。c.严格设计和技术交底制度，从上至下逐级交底，务必使施工管理和作业人员充分掌握工程内容、施工方案、工艺要求、技术标准、施工程序、质量标准、工期要求、安全措施等，做到心中有数，施工有据。d.建立完善项目动态监测、进度巡检、进度报告机制，严格执行质量、安全及文明施工和隐蔽工程检查制度，利用有效信息数据分析项目实施现状，发现问题及时处理。e.引进项目管理软件，科学管控项目实施过程。f.建立健全质量管控体系，组织骨干力量成立质量QC攻关小组，围绕施工难点和重点工序展开工作，并将攻关成果不断用于施工实践，以实现提高施工水平和工程质量。g.严格执行施工技术文件和资料管理规定，建立资料管理制度，明确管理责任。

安全文明施工保障措施：××综合管廊项目的安全文明施工保障包含安全施工、文明施工和施工环境保护三个方面内容。为使安全文明施工覆盖项目实施全过程，重点采取以下保障措施：a.严格执行《中华人民共和国建筑法》《建设工程安全生产管理条例》等法律、法规和各项规章制度，结合本项目实际情况制定了《安全生产、文明施工责任制度》《安全生产、文明施工检查制度》《安全生产应急预案》等规定和制度，共同组成××综合管廊项目施工现场安全文明管理体系，全面保障项目的施工安全、文明施工秩序、项目周边环境。b.在进行施工方案比选时，不仅要充分考虑工艺技术的先进性、经济性和实施条件，还要着重考虑施工的安全可靠性和文明施工要求，以及其对施工现场周边环境的影响，采用符合安全文明标准及环保要求的施工工艺和技术，例如整体吊装技术和泵送混凝土的采用等。c.建立有效的宣传和监督机制，充分利用网络或各类宣传设施，积极开展安全生产和文明施工教育，对违反安全生产和文明施工法规制度的行为，严惩不贷，从而形成自觉遵守、互相监督、积极共建的安全文明施工环境。

施工进度风险防控措施：对于施工进度风险的防控，由项目经理部负责在项目或任务实施前，组织相关部门对项目进度风险进行全面排查、逐一列举和分析研究，并根据风险因素发生的可能性、影响范围、损失预测及其对项目总体目标的影响，对风险源进行定性识别。在初步确定风险事件后，结合项目进度计划评估事件风险，如果该风险事件影响到关键任务并造成了工期拖延，或者风险事件的影响对非关键任务造成的滞后超过了总时差，则将该事件视为风险因素。根据前期施工经验，总结××综合管廊项目施工过程中影响进度的风险事件主要有三项：一是雨期施工风险；二是各专业配合风险；三是突发事件风险。针对不同的风险事件建议采取的对策及措施如下：雨期施工风险属于自然环境风险范畴，主要以预防为主，一般做法是定时反馈气象信息，根据气象条件及时调整局部施工计划，避开会因雨水问题产生质量问题的施工任务，制定相应应急预案，采取积极的防雨排涝措施，做好施工现场排水，保证场地道路通畅，并对配电装置采取防雨防潮措施，安装并及时查检接地保护装置，对临时设施、预制钢构件、已运至现场的施工原材料和已建成工程采取有效防雨防锈措施；关注作业人员的生活和精神状况，及时解决因窝工引发的困难。专业配合风险属于非技术风险范畴，主要发生在土建施工和设备安装施工期间各施工队伍之间的交接和配合上。通过严格执行各项规章制度，加强管控和现场监督，定期召开协调会等方法，此风险事件即可得到很好的控制。突发事件风险隐蔽性强，一旦发生严重损失，从施工安全和人员安全角度考虑，必须做到预防措施与应急措施并举，通行做法上需要满足制定应急预案、逐级落实责任、集体演练三个基本条件，并提高全员的风险和自救意识，尽一切努力杜绝和降低各类风险事件对项目实施的影响，才能把危险和损失降到最低。

6.4 安全管理

（1）安全管理概述

综合管廊工程依托城市道路工程，具有工程规模大、战线长、周期长、参与人员多、环境复杂多变等显著特点，一般采取分区分段同步组织施工的方式；另外综合管廊内部空间狭窄，交叉作业多，密闭空间作业给操作人员带来较大的安全隐患。因此，在项目前期，应建立危险源清单，制定并动态调整重大危险源及其相应措施，确保重大危险源始终处于受控状态。综合管廊工程重大危险源主要如下：

施工阶段：基坑坍塌、暗挖施工坍塌、模板支撑架坍塌、预制管节吊装机械倾覆、大直径管道吊装物体打击或机械伤害、触电、中毒、窒息等。

运营阶段：火灾、盗窃、通风系统故障、高压电磁伤害等。

（2）重大危险源识别与对策

对施工阶段重大危险要制定专项方案，采取"两个控制"，即前期控制、施工过程控制。前期控制重点是工程开工前在编制施工组织设计或专项施工方案时，针对工程的各种危险源制定防控措施；施工过程控制重点是严格执行专项方案，按照规定监督检查，认真落实整改，当发生较大变化时，应及时修订施工方案，履行审批程序并交底后执行。对运营阶段重大危险源，要建立安全责任制，制定并落实管线运行、检查、维护、维修制度、手册和规程，熟悉各种管线操控方案及技术，制定应急预案，做好演练与改进，同时要确保管廊附属设施系统正常运行，建立与入廊管线单位的沟通机制，保持信息畅通，根据管线运行状态及时调整运营维保措施。

施工安全的保证在施工过程中与施工质量息息相关、十分重要，通过文献综述，对影响综合管廊施工安全的因素进行梳理，可分为物的因素、环境因素和管理因素，具体见表6-6。

城市综合管廊施工安全风险因素   表6-6

序号	施工安全因素		解决措施
1	物的因素	设计问题	①严格把控施工组织设计的内容，消除存在的漏洞 在工程施工前，要对项目进行科学分析后进行施工组织设计的编制，为了保证其实施的合理严谨性，要组织审查工作，针对安全风险解决措施层面，要按照规范要求结合技术工作人员的经验进行审查，保证其措施的有效性。 ②针对安全施工编制专项实施方案 综合管廊项目中存在安全隐患的施工风险较大的工程，要根据规范标准制定安全施工专项方案，对照安全风险点——具体落实对应的安全防护措施
2		技术问题	
3		材料质量问题	
4		施工工艺和设备问题	
5		管线堵塞、迁移、防腐等问题	
6	环境因素	气温因素	编制专项的安全施工方案
7		风的因素	
8		降雨因素	

续表

序号	施工安全因素		解决措施
9	管理因素	工人缺乏安全意识	①建立多媒体+实名制管理体系 为了施工安全相关要求的及时广泛传达，采用多媒体集成一体化方式进行管理，更加便捷、高效、准确。 为了对施工进场工作人员进行有效管理，避免信息记录传达的失误，采用智能信息化的实名制门禁管理系统，与多媒体集成系统进行关联，方便信息的及时更新。 管廊工程下井作业具有一定的危险性和专业性，专业技术人员才可进入，为了防止没有权限的无关人员进入，设置下井门禁系统。 ②VR技术体验 为提高施工人员的安全意识，杜绝不按安全要求施工现象的发生，引进VR技术进行现实模拟，鼓励施工人员体验。 ③"安全之星"制度的学习应用 为提高一线工人遵守安全管理要求的积极性，可通过采取一系列奖励方式，如评价"安全之星"给予发送奖品、奖金的方式鼓励工人之间形成竞争意识，作出安全行为表率
10		工人缺乏安全知识或技能	
11		管理者缺乏组织管理能力	
12		企业缺乏预防事故的安全设备	
13		企业缺乏职业素质培训	
14		预防不及时	
15		安全设施缺少或有缺陷	
16		安全标志缺少	
17		报警仪失效	

针对综合管廊施工安全风险因素，全过程工程咨询单位可检查施工单位采取的施工安全措施，提出建议，提高施工安全保证。另就某现浇综合管廊工程危险源识别分析举例，列出重大危险源清单（表6-7）。

某明挖现浇综合管廊项目重大危险源清单　　　　表6-7

序号	重大危险源	可能造成危害	技术措施
1	SMW工法桩桩间有空隙 注：SMW工法是指在水泥土搅拌桩内插入芯材，如H型钢、钢板桩或钢筋混凝土构件等组成的复合型构件	导致基坑开挖阶段渗漏、涌土、喷砂	①每根桩施工前应用水准尺检查导向架和搅拌轴的垂直度，保证桩的垂直度； ②控制搅拌桩施工质量主要环节：水泥用量、提升速度、喷浆的均匀性和连续性及施工机械的性能； ③相邻搭接搅拌桩应连续施工，施工间歇不得超过24h
2	基坑纵向边坡失稳、支撑失稳	滑坡、基坑坍塌	①挖土遵循"分层、分段、对称、均衡、限时"的原则，控制好每小段的挖土长度和深度，每段长度控制在3～6m，每层开挖深度不大于1m，开挖过程中注意设置纵坡，保证土体开挖的纵向坡不陡于1:1。

续表

序号	重大危险源	可能造成危害	技术措施
2	基坑纵向边坡失稳、支撑失稳	滑坡、基坑坍塌	②明挖土方支撑安装与土方开挖做到紧密配合，遵循"短开挖、快支护、严治水、勤测量、分层分段、先撑后挖"的原则，分段开挖，上层土方开挖完成后立即安装下层支撑，施工加预应力。每段挖土、支撑、施工加预应力的施工时间控制在12h内完成。 ③土方挖至设计坑底时，严格控制其超挖量，局部超挖部分采用垫层混凝土进行回填，不许用基坑土回填，并及时施工混凝土垫层，封闭坑底。 ④基坑放坡处降水至设计要求，坡顶土方及时清理，严禁堆载
3	基坑降水引起周围地面沉降	工程延误、造价增加、影响地面交通	①基坑降水由具备相应资质的设计单位进行深化设计，且设计单位具有基坑降水工程业绩。中标后，深化设计方案须按市建交委的规定报送相关部门审批，方案经调整、完善直至审批通过后，方可进行施工。 ②施工前对降水方案进行验算和专家评估，确保降水实施效果；在进度计划安排中留出充分的降水施工时间，预降水时间不少于15天。 ③施工中布设观察井，随时观察地下水位变化情况。根据开挖情况，在保证基坑底稳定的情况下，只开启部分深井，以满足开挖段安全的需要，开井的井位和数量根据基坑开挖施工工况不断调整，按需开井。 ④施工中加强监控量测，并协同第三方监测，密切关注基坑周边地表沉降变化，发现问题及时采取补救措施。 ⑤抽取承压水必须把潜水封在隔水层以上，也就是封井必须严密，如果潜水沿井管周围的空隙被抽掉，将引起显著的地面沉降
4	基坑围护结构位移过大，周围建（构）筑物、管线沉降、断裂	造成基坑坍塌，人员伤亡、工程延误、造价增加	①基坑施工开挖实行先撑后挖，跨度较大的基坑中部加设钢格构桩与大直径钢管支撑搭接，以便增强横向支撑的刚度。 ②重要管线处，在地面采取跟踪注浆措施。在地面埋设注浆管，通过注浆管灌注浆液，然后洗管。仔细监测地面沉降情况，如沉降仍然较大，则应继续注浆，直至地面沉降稳定为止。 ③施工中加强监控量测，并协同第三方监测，密切关注基坑周边地面、建筑物、管线变化，发现问题及时采取补救措施。 ④基坑采用分层、分段、分部、对称、平衡的方式开挖，确保基坑开挖各施工分部之间钢架支撑的连接质量，及早封闭。当基底上层与设计不符或扰动、水浸时，应做好记录，并会同有关单位研究处理

续表

序号	重大危险源	可能造成危害	技术措施
5	结构质量控制不当	结构渗漏、影响运营	①严把材料质量关，优选混凝土配合比，采用掺加优质粉煤灰或磨细矿渣及TMS高效复合减水剂，提高混凝土的防裂抗裂能力。 ②防水混凝土应连续浇筑，少留施工缝，施工缝处设"凹"形接缝及止水带。在进行后续混凝土浇筑前，应将混凝土接缝进行凿毛并刷素水泥浆。及时养护，进行温度控制，防止干缩裂缝和温差裂缝的产生
6	施工用电管理不当	人员伤亡、工程延误	①临时设施及变压器等供电设施，应按《施工现场临时用电安全技术规范》的规定，采取防护措施，并增设屏障、遮栏、围栏、保护网。 ②凡可能漏电伤人或易受雷击的电器设备，均设置接地装置或避雷装置，并派专业人员检查、维护、管理；配电箱开关有操作指示和安全警示。 ③加强施工内外用电管理。切实执行照明、高压电力线路的架设标准，保证绝缘良好。各种电动机械和电器设备均设置漏电保护器，确保用电安全
7	基坑临边防护不够	人员伤亡	①围护结构、挖土洞口设置围栏、防护网，上下基坑楼梯有扶手；大开挖段工程施工人员应按规范施工，防止坡顶重物下落造成伤害。 ②对施工过程中的"四口"（楼梯口、电梯口、通道口、预留口）加强防护措施，井口的临边防护栏按照《建筑施工安全检查标准》JGJ 59—2011严格执行。通道口、楼梯口、吊装口设置防护栏杆并安装立网，预留口加盖防护
8	施工设备使用、起重吊装操作违规	人员伤亡、设备损坏	①设备进场安装结束后，必须检验合格并发放安全准用证后方可使用；设备操作和指挥人员必须经考核持证上岗；严格按照设备的操作规程操作，遵守规定，作业时要信号统一、口令明确。 ②增加限位装置。 ③机械定期维修，确保作业安全；对施工人员进行安全教育，司机每天上岗前要对设备和配套工具检查，排除安全隐患。 ④定期组织机电设备以及车辆安全大检查。对每次检查中查出的安全问题按照"三不放过"原则进行调查处理，制定防范措施，防止机械事故的发生
9	大雨或大风等不良天气	工程延误	①基坑四周做好排水系统并定期检查，配备足够的排水设备，保持降水设施正常运转。 ②洪水季节工地设专人负责观察洪水水位变化情况，发现异常立即报警和采取有效措施。防止地表雨水倒灌基坑，并及时抽排基坑内积水，避免基坑浸泡。 ③基坑开挖全过程坚持信息化施工，在雨季、汛期加大监测密度，做好应急准备

6.5 投资管理

综合管廊项目在投资控制上要以主动控制为主，严格执行管理程序，在合同范围内，协助业主实现投资目标控制。

投资控制目标：认真审查承包人提交的现金流动计划，现场核实工程数量和计量，审查签发付款证书。严格审查计日工、额外工程、设计变更、价格调整，认真仔细地做好施工现场记录，当承包人要求额外补偿索赔时，做好各种证据、资料的记录、整理，为业主把好费用关，控制好工程费用，力求工程费用不超工程概算费用。

（1）投资控制的内容

根据总投资对项目进行分析，根据批准实施的施工进度计划，编制年、月资金使用计划，并控制其执行。

①进行已完工作量的审核；

②审核承包商提交的各种付款申请单；

③审核承包商提出的工程新增合同项目与单价；

④对设计变更、施工方案变更进行经济分析；

⑤对应用先进的技术进行经济比较，在不影响工程质量和进度的前提下，寻求节约投资的途径；

⑥处理索赔事宜，审核索赔金额；

⑦参与合同修改和补充工作，审核工程变更金额，并分析研究对投资控制的影响；

⑧定期向业主提供投资有关报表和报告；

⑨拟定节约奖励、违约罚款等办法和依据；

⑩协调业主和承包商的关系，处理违约事件。

（2）工程变更控制

①在施工中严格控制设计变更，严防通过设计变更扩大建设规模，增加建设内容、提高建设标准。

②对必须变更的，应先作工程量和造价的增减分析，必须经业主的同意，设计单位审查签证，发出相应修改设计图纸和说明后，监理工程师才可发出通知。在审查施工组织方案时要求承包单位同时进行造价分析比较。从而调整原合同所确定的工程造价。当造价超过部分在预算中调剂有困难时，原投资估算是报经有关部门批准的，还必须报经原批准部门的批准后方可更改，再发出通知。

③从造价、质量、工期等方面全面综合审查工程变更方案。在工程变更实施前，总监理工程师与业主方及施工方协调认识，确定工程变更价款。造价工程师进驻施工现场，项目总监组织监理人员熟悉设计图纸、招标文件、施工合同、工程量清单、合同单价及总价。

④在施工图纸齐全、施工工艺明确的前提下，项目监理部认真编制投资监控实施细则，将投资控制目标分解到单位工程、分项工程，明确各分部分项工程投资控制的月度、季度投资控制分解目标及监控工作计划、方法和岗位职责分工，建立投资控制网，进行分项动态管理。

⑤综合管廊项目开工前要组织工程投资分析会，分析管廊工程投资容易突破部分，作为投资控制重点；对工程计划费用与实际开支费用进行分析比较，向建设单位提出控制的合理化建议和方法。分析和预测工程风险及可能诱发索赔的因素，制定事前防范对策。

⑥施工过程跟踪计量监控：派驻注册造价工程师驻地专职负责工程的计量及投资审核，对实施过程进行实地跟踪监控、计量、记录、审核，做到计量及时、规范、准确。

⑦投资动态监控：在中间计量过程中，对招标合同价款、实施变更增减量变化幅度等统计数据进行归纳、存档并输入电脑进行分析，以便快速提供经济数据；将实际投资与计划投资作对比分析；如出现投资偏差，及时采取措施纠偏。定期向业主报告工程投资控制情况，并定期向业主提供动态投资适时报表，实现对投资的动态监控。

⑧投资审核监控：严格按规定履行计量与支付手续；建立设计交底和图纸会审制度、工程变更报审制度，对任何的工程变更，要求承包单位进行多方案的技术经济比较，从造价、技术、质量和工期等方面审查工程变更方案的合理性。妥善做好索赔管理；整理工程投资有关监理资料，按规定要求存档。

（3）对工程投资的预控（有计划的主动控制）

①工程投资事前控制

工程建设投资事前控制的目的是进行风险预测，并采取相应的防范对策，尽量减少承包商提出索赔的可能。

熟悉设计图纸、设计要求、标底标书，分析合同构成因素，了解工程费用最易突破的部分和环节，从而明确投资监控的重点。

认真细致地审阅设计图纸及相关说明，在不违背规范，不影响功能、效果的前提下，对设计提出合理的改进建议。

预测工程风险及可能发生索赔的诱因，制定防范对策，减少向业主索赔的发生。

熟悉合同中有关监理工程师在工程计量与工程款支付方面的职责、权限条款。按合同规定的条件，提醒业主如期履行合同相关条款，尽可能不要违约，造成给对方索赔的条件。

工程材料及设备、配件凡业主、采购或招标的，如需监理参与，应积极配合协助业主压价；审核合同条款，消除可能对业主不利的条款或协助业主进行工程材料、设备、配件的招标工作。

若是承包商自购材料，应由供应商送样品，经货比三家，按质优价廉的原则，由设计、业主、监理、施工共同选定确认签字，由承包商采购。

② 工程投资的事中监控

协助业主及时协调解决承包商提出的问题及配合要求，在施工中主动做好设计、材料、设备、土建及其他外部协调、配合，尽量不给承包商造成索赔的条件。

在施工过程中，对已完成经报验达到合同要求的质量标准并签证的工程按分部分项细目进行认真计量，以便检查核对承包商提交的月度结算单（含工程变更部分）。对完成一半或已完成但未报验或报验不合格的分部分项工程不予计量和支付。

专业监理工程师除严格材料和工程质量检验签字外，还要严格分部分项工程的计量把关，认真核对，并及时向业主代表报告，在取得共识后，三方共同签字确认。

完善价格信息制度，及时掌握政府调价的范围和制度。

经常关注并研究工程造价的动态情况，时刻掌握增费数据，严格预控可能增加的工程费用的因素发生，当情况变化较大将可能造成费用超支时，要及时报告业主，并建议准备增加投资，或降低标准。

③ 工程投资的事后控制

认真审核承包商提交的工程结算书，在确认工程计量的条件下，细致审核决算资料。

公正、合理地按程序处理承包商提出的索赔。

专业监理工程师及时收集、整理有关施工和监理的原始资料，为处理费用索赔提供证据。

（4）工程量计量控制

① 工程量原则上每月计量一次，计量周期为上月24日至本月23日。

② 承包单位于每月23日前，根据工程实际进度及监理工程师签认的分项工程，填写《某月完成工程量报审表》，报项目监理部审核。

③ 监理工程师对承包单位的申报进行审核，必要时与承包单位协商，所计

量的工程量经监理工程师同意,由专业监理工程师签认。

④对某些特定的分项、分部工程的计量方法则由项目监理部、建设单位和承包单位协商约定。

⑤对一些不可预见的工程量,如地基基础处理、地下不明障碍物处理等,监理工程师会同承包单位如实进行计量。

(5)工程款支付控制

①工程款预付

承包单位填写《工程款支付申请表》,报项目监理部。

项目总监理工程师审核是否符合建设工程施工或合同的约定,并及时签发工程量预付款的《工程款支付证书》。

监理工程师应按合同的约定,及时抵扣工程付款。

②支付工程款

监理工程师应要求承包单位根据经计量确认的当月完成工程量,按建设工程施工合同的约定计算月工程进度款,并填写《( )月工程进度工程款报审表》报项目监理部,监理工程师审核签认后,在监理月报中向建设单位报告。

应要求承包单位根据当期易发生且经审核签认的《( )月工程款报审表》《工程变更费用报审表》《费用索赔审批表》等计算当期工程款,填写《工程款支付申请表》,报项目监理部。

监理工程师应根据建设施工合同及有关规定、定额进行审核,确认应支付的工程进度款、设计变更及洽商款、索赔款等。

监理工程师审核后,由项目总监理工程师签发《工程款支付证书》,报建设单位。

③竣工结算控制

工程竣工,经建设单位组织有关各方验收合格后,承包单位应在规定时间内向项目监理部提交竣工结算资料。

监理工程师应及时进行审核,并与承包单位、建设单位协商和协调,提出审核意见。

总监理工程师根据各方协商结论,签发竣工结算《工程款支付证书》。

建设单位收到总监理工程师签发的结算支付证书后,应及时按合同约定与承包单位办理竣工结算有关事项。

(6)针对综合管廊项目资金运用的合理化建议

①针对管廊工程特点控制投资内容,应把优化施工方法和合理安排施工进度作为降低成本的突出举措,首先应制定合理而详尽的施工计划,按照此计划安

排原材料的进场和供应计划，分批次进场，在供货合同中明确各组件的详细进场时间和付款进度，先需要的先安排生产和供货，这样既能合理使用资金又能降低保管费用。在优化施工方法方面建议在分析工程成本结构的基础上，改进施工方法。对于管廊工程，作为业主方来说通过控制设计、施工工艺材料、设备、管理等方面节约投资，通过掌握并详细审查施工图预算，对施工阶段先按年、季进行分解，监理单位现场监理部与业主共同编制各阶段（年、季）工程投资使用计划。根据业主与总承包单位签订的施工合同中总的投资目标，工程总进度计划和分项、分部工程划分，分别制定出可行的年、季、月投资计划。通过此分析，使业主能够大体掌握资金流向及额度，平衡资金，保证各分部工程按形象进度保质、保量完成。

② 对于管廊工程，配合协助业主做好采购招标工作，使采购的设备、材料完全满足设计要求。

③ 考虑不可预见因素，严格控制设计变更、减少索赔事件发生，严格按施工图预算控制进度款支付，保证资金不突破预计计划。为保证工程顺利进行，劳务费用方面业主应监控承包单位、各分包单位及时支付，这也是保证工程按计划完成的关键，所以说，此项资金业主应进行监控，并监督施工单位进行资金分配。

④ 为保证该工程在规定的工期内完成，资金使用要有合理的计划安排。对于工程降水、基坑支护、地下室混凝土浇筑、人防工程、主体工程、机电设备安装等资金使用量较大的项目，先期可以考虑给施工单位预付一部分工程款，在施工合同中注明预付款的起扣点，以免资金超拨，同时工程款支付严格按施工合同履行。

(7) 施工投资控制措施

① 技术措施

对设计变更严格把关，并对设计变更进行技术经济分析和审查认可。

进一步寻找通过设计、施工工艺材料、设备、管理等多方面挖潜节约投资的可能，并对查出的问题进行整改，组织审核降低投资的技术措施。

加强设计交底和施工图会审工作，把问题解决在施工之前。

② 合同措施

参与处理索赔事宜时以合同为依据。

参与合同的修改、补充工作，并分析研究给予投资控制的影响。

监督、控制、处理工程建设中的有关问题时以合同为依据。

第7章 运营维护管理

7.1 总体策划

7.1.1 综合管廊的运营范围策划

目前，国内综合管廊的运营范围主要有以下内容：

第一是出租管廊内空间。出租管廊空间的方式多适用于强弱电管线单位。由于目前我国电力行业是垄断性很强的行业，电力运营商处于极为强势的地位和状态。对于电力行业可以采取出租管廊空间，让其自设电力管线并自行运行的形式。同时，由于通信等弱电管线的敷设、维修和运营通常具有较强的技术专业性，因而弱电管线的敷设、维保和运营最好也由电信运营商自行完成，综合管廊运营管理公司只收取管廊空间占用租费。

第二是出租管廊内管线。综合管廊运营商可以依法根据合同约定向热力和供水运营商出租属于自己作为产权主体的管线并收取管线租金。综合管廊运营商还可以向供水和热力运营商提供相应的管线输配服务并收取相应费用。

第三是出售廊内建成管线。综合管廊运营管理公司也可根据管廊产权单位授权出售管廊内全部或部分由管廊产权单位投资建设的已建成管线，回收管线建设费用。并就管线维护管理问题与管线购买单位进一步理清权责，加强监管。

第四是管廊的日常维护管理，即物业管理。管廊的物业管理主要包括日常清洁、管廊和管线维护保养、管廊内安保等内容，可由综合管廊运营商自行承担，也可委托专业物业管理公司进行管理。根据中关村地下综合管廊的管理经验，管廊的物业管理可由综合管廊运营商分设一个部门，专门从事综合管廊的日常物业管理事务。管廊物业管理产生的运营成本由管廊管理公司负担，物业费的收取工作由公司相应部门负责。管廊安保可由管廊管理公司成立安保部或将安保业务外包给其他专业安保公司承担，由安保公司提供安保人员，经过专门培训后上岗，并接受安保公司和该部门的双重领导。

7.1.2 综合管廊的运营管理模式策划

日本每个建有综合管廊的地区都制定了《综合管廊防灾安全管理手册》。该手册中包含了《综合管廊管理要领》和指导日常维护管理的《综合管廊管理规则》和《综合管廊保安细则》。各规则主要规定的内容有：管线设备入沟的必要条件、钥匙的保管、联络及通报、应急处理、费用负担、定期巡视等，这些做法我们已借鉴实施。

综合管廊建好后还要管理维护才能发挥它的效益。综合管廊这种集约性的市政基础设施管线敷设方式为建成后的运营维护提供了便利条件。所以，技术上问题不大，不是主要矛盾。

综合管廊的运营管理模式主要是组织形式、如何构建、如何运作的问题。这些问题处理好了，才能使技术上的优势发挥作用。综合管廊运营管理的总的原则是"协作型构建、专业公司运作、物业式管理"。

综合管廊运营管理应在产权单位的组织下成立专门的运营公司。可以采用招标的方式确定综合管廊运营管理单位，负责综合管廊的日常维护和管理。也可由综合管廊产权单位与综合管廊承租单位共同组建城市专业管理单位，负责综合管廊的日常维护和管理。

该公司应在各方协调、职能完善的原则下组成。确保各专业配套完备。既包括专业技术人员的完备，也包括技术设备的完备。同时，在运营管理公司的运作上要责权明晰，保障有力。

综合管廊日常维护和管理应包括以下内容：防止综合管廊遭受人为破坏；保障综合管廊内的通风、照明、排水、防火、通信等设备正常运转；建立完善的报警系统；建立具有快速抢修能力的施工队伍等。

目前，国内市政综合管廊的运营管理模式主要有以下几种：

第一种是全资国有企业运营模式。由地方政府出资组建或直接由已成立的政府直属国有投资公司负责融资建设，项目建设资金主要来源于地方财政投资、政策性开发贷款、商业银行贷款、组织运营商联合共建等多种方式。项目建成后由国有企业为主导通过组建项目公司等具体模式实施项目的运营管理。目前这种模式较为常见，天津、杭州、顺德、青岛高新区等城市采取此种运作模式。

第二种是股份合作运营模式（PPP模式）。由政府授权的国有资产管理公司代表政府以地下空间资源或部分带资入股并通过招商引资引入社会投资商，共同组建股份制项目公司。以股份公司制的运作方式进行项目的投资建设以及后期运营管理。这种模式有利于解决政府财政的建设资金困难，同时政府与企业互惠互利，实现政府社会效益和社会资金经济效益的双赢。柳州、南昌等城市采取的是这种运作模式。

第三种是享有政府授予特许经营权的社会投资商独资管理运营模式。这种模式下政府不承担综合管廊的具体投资、建设以及后期运营管理工作，所有这些工作都由被授权委托的社会投资商负责。政府通过授权特许经营的方式给予投资商综合管廊的相应运营权及收费权，具体收费标准由政府在通盘考虑社会效益以及企业合理合法的收益率等前提下确定，同时可以辅以通过土地补偿以及其他政策倾斜等方式给予投资运营商补偿，使运营商实现合理的收益。运营商可以通过政府竞标等形式进行选择。这种模式政府节省了成本，但为了确保社会效益的有效发挥，政府必须加强监管。佳木斯、南京、抚州等城市采取的是这种运作模式。以这几种模式为基础，各地根据自身的实际衍生出多种具体的操作方式。

7.1.3 运营维护管理制度建设

综合管廊作为具有公共属性的城市能源通道，功用优点十分突出，运维管理十分复杂，涉及政府、投资建设主体、运营管理单位和入廊管线单位等多个主体，一般需要城市政府牵头、各部门和各单位积极配合，制定一套完整的、涵盖综合管廊从规划建设到运营维护管理全生命周期的配套政策和制度保障体系，其中包括规划、建设、运营、维护、管理、收费、考核等多个方面，确保综合管廊的运营维护管理安全、高效、规范和健康发展。

（1）政府配套政策和制度体系

完善的制度规范是城市地下综合管廊的规划、建设和可持续运营维护管理的重要法制保障。2013年9月，国务院发布《关于加强城市基础设施建设的意见》，2014年6月，国务院办公厅下发《关于加强城市地下管线建设管理的指导意见》，均对推进城市地下综合管廊建设提出了指导性意见。但国务院颁布的相关文件均属于政策性质，不属于行政法规。因此，行业主管部门应当完善当地配套措施政策和法律法规，包括建设运营管理制度（含强制入廊政策）、建设费用和运营费用合理分担政策、运营维护管理绩效考核办法和有效进行标准体系建设、投入机制建设和监督机制建设及其他制度机制建设等。

（2）运营管理企业内部管理制度

综合管廊运营管理企业内部管理制度是保障综合管廊日常管理维护工作专业化、规范化、精细化的必要措施和手段。由于目前综合管廊运营管理在国内没有一套完整的、适用的管理制度流程，运营管理单位必须根据实际情况建立包括《进出综合管廊管理制度》《入廊管线单位施工管理制度》《安全管理制度》《日常巡查巡检管理规定》《设施设备运行管理制度》《岗位责任管理制度》等在内的管理制度体系，将综合管廊维护管理的内容、流程、措施等进行深入和细化，保障综合管廊能高效规范的运行。企业内部需要建立的规章制度主要包括（但不限于）以下内容：

《进出综合管廊管理制度》：规定进出综合管沟及其配电站的所需手续、钥匙的管理。旨在加强综合管廊各系统管理，确保设备安全运行。

《入廊管线单位施工管理制度》：包括入廊工作申请程序、入廊施工管理规定、廊内施工作业规范、动火作业管理规定、安装工程施工管理规定，对入廊管线单位申请管线入廊和在管廊内的施工做出相应规定。

《安全管理制度》：包括安全操作规程、安全检查制度、安全教育制度，对如何建立应急联动机制，如何实施突发事件的应急处理，事故处理程序、安全责任制等做出详细规定。

《岗位责任管理制度》：主要规定了综合管廊运营管理企业日常维护工作人员的岗位设置，各岗位的责任范围和要求。

《设备运行管理制度》：规定综合管廊设备运行巡视内容、资料管理、安全（消防）设施管理，保障设备安全、高效运行。

《监控中心管理制度》：对监控设施设备、值班情况进行管理规范，实现综合管廊运行管理智能化管控。

《档案资料管理制度》：对综合管廊的工程资料、日常管理资料、入廊管线资料予以分类、整理、归档、保管及借阅管理。

《前期介入管理制度》：对综合管廊的规划设计、施工建设，从运营管理的角度提出合理化建议。

《接管验收管理制度》：对综合管廊的分项工程和整体竣工验收和接管验收做出规定，以便符合后续的运营管理和使用。

（3）管廊实行有偿使用制度

目前的管廊使用维护阶段出现管理费和维护费无法合理摊牌的问题。因此，将运维过程的收益和成本进行合理预算分析，制定合理的管廊租售价格标准，然后由市政管廊行政主管部门根据实际和理论分析结果，制定核准并广泛实施。

（4）建立健全的运维档案

运维管理的档案制度，可以确保设备永远处于可控运行的良好状态。目前，信息化手段和工具逐渐增多，如3D技术、BIM、GPS、RFID等，都可以用于辅助管廊管理者进行管廊日常活动的维护管理和统筹安排。通过电子档案，提高各专业维护的责任制度，同时配合各个专业进行实际维护工作。

7.1.4 运营维护成本策划

综合管廊建设产生的费用主要包含建设费用和管理费用，目前大部分管廊都是由政府全额投入，虽然初始建设费用可以纳入道路建设资金，但每年产生的管理费用，会对接收单位带来较重的负担。根据国内的实践，部分建设费用和日常管理费用应由管线单位承担，由于各类管线分属不同主管部门，收费难度大。

以管廊使用市场化、安全性、效益性为目的，结合成本测算、信息模拟管理手段，将管廊运营管理的要求，管廊利用效率，接管使用的便捷性、长久性在管廊的规划、设计及建设过程中充分体现，充分发挥管廊的经济效益和社会效益。

（1）运维管理费用构成

首先，地下综合管廊管理费用包括：日常维护费用、建筑产品的折旧费、建筑监测费。各项设备设施的日常管理费用包括：设备维护费、设备大修费、检验试验费、维护人员人工费、税费税金等。按照全寿命周期成本管理理论，以上成本可以归纳为固定成本。此外，在维护过程中会产生更新设备设施的情况，包括新建设施、新设备安装等，以及意外情况造成的经济新费用。

（2）管理资金的分担

从费用构成可知，综合管廊运维过程基本可分为地下综合管廊自身的运营费用与所收容管线的运营费用，因此，在管理资金的分担上，需要由地下综合管廊的管理者与各管线的专业单位来共同分担。此外，综合管廊各个专业的自主运维过程的管理费用等，属本专业自己的运营成本，应该由专业公司独立承担建安管理和维护费用。应该说上述这种费用分担方法是合理的，由于各类管线在安装、运营与维护方面存在较大的差别，而且存在信息不对称问题，不便于统一收取管理费用，由管线单位自行承担可以节省管理工作量并且有效节约成本，管理公司承担地下综合管廊共有部分的运营管理费用也便于集中管理以节约成本。目前，管廊建设的维护成本问题亟待解决。针对中水管线，为绿色建筑提供接口，收取开管费和运行费。对于会流入综合管廊的二级开发项目，针对不同的项目属性，收取一定的地下管廊特殊服务费，是维护运行管理的重要方式。

首先，综合管廊的管廊通道本体，由管道工作管理者和管线维护者共同使用，因此其日常维护修理的相应费用应该主要由各个专业单位进行分摊。对于分仓部分，则由使用主体承担主要费用；对于共舱部分，则根据自己专业的建设费、运维次数和管道磨损程度按比例进行分摊。

其次，对于综合管廊内的设备设施，需要由管廊管理者主动进行维护，由其他专业单位进行费用分摊支持设备设施的修缮和更新。最后，综合管廊的日常巡检、办公、运营过程的电费，可以由道路管理者执行该项工作，而由所有专业单位和管廊管道的使用者进行资产分摊。

7.1.5 BIM等信息技术应用策划

将GIS（地理信息系统）应用于城市建设和管理是当代城市发展的方向，上海已经着手开发研究地下空间信息基础平台以及相关关键技术。在此大背景下，综合管廊的基本情况数据必须融入整个地下空间基础信息平台。同时，综合管廊的规划、建设、运营、管理也非常需要以信息技术为支撑。

运用于综合管廊日常运营管理的主要信息技术有：基于GIS技术的综合信息平台，三维应用分析系统，信息共享服务平台，信息采集标准、维护规范等。

在设计阶段应将综合管廊后期运营平台的设置考虑在内，引入基于GIS、互联网+、BIM、物联网为基础的智慧化运营管理平台，实现综合管廊信息化监控、智慧化管理，确保管线安全入舱，运维管理高效。

7.2 运行管控

全过程工程咨询单位应下设综合管廊运营管理咨询部，负责管廊系统的运营维护阶段的咨询工作。

7.2.1 运营维护方式的选择

综合管廊建成后的运行维护方式，可供选择的有：国有公营模式；国有私营模式；私有私营模式。根据综合管廊的投资形式以及负担城市生产生活供应保障的重要性等特点分析，一般采取国有私营模式较为妥当。

国有私营模式的主要特点是在政府与企业之间建立一种委托代理的新型关系。这样，第一，可克服和解决政府多头管理、分散操作产生的各种问题；第二，可运用公司机制提高设备设施经营的效率；第三，可吸取国际上各种投资与经营模式的不同优势，与国际惯例接轨。

7.2.2 运行维护目标

①全过程工程咨询单位将根据综合管廊项目规划、设计文件和相关规范技术要求，实现经营期内综合管廊的目标。确保综合管廊内建设、运行、维护环境的要求和各类管线安全运行要求。

②培养和引进优秀的管理和技术人才，增强全过程工程咨询单位核心竞争力。

③全面规范和健全管理制度，强化科学管理，审查并督促公司各部门健全、完善管理制度，制定更加科学合理的工作流程，进一步完善各类应急救援预案。

7.2.3 运营维护保障措施

（1）领导高度重视

全过程工程咨询单位应建议综合管廊运营维护公司选派德才兼备、经验丰富的高级人才担任公司领导职务，形成坚强有力的团队领导能力。

（2）协助完善各项管理制度

包括：保持职工待遇，保证职工队伍稳定；保证建设资金按时筹措到位，确保各项工程顺利进行；大力加强对外宣传，积极发展新用户，简化相关办理手续，提高工作效率；完善岗位标准体系，强化责任制，推进岗位管理标准化、制度化、专业化；科学客观评价各部门工作绩效，激发部门和员工工作主动性、积极性和创造性，建立事前谋划、事中控制、事后考评的管理系统；优化业务流程，丰富管理方法，推动管理创新，提升企业综合管理水平；建立企业奖励制度；成立专业化的设备检修维护队伍。精心检修和及时维护各类设施设备，保证检修质量；建立一套完整的管理系统，完善各项数据库建设，实现管理信息现代化。提高管理水平，提高服务档次，堵塞管理漏洞。同时，通过积极推广和应用信息技术，建设好公司计算机系统的软、硬件设施，不断提高工作效率和服务水平。

7.2.4 智慧化运营管理平台

建立数字化平台可以实现平台上各个专业的协同工作，避免维修碰撞，减少错误，提高管廊利用率。同时，数字化平台可以采用先进的BIM技术，提供管廊的可视化模型，对具体的质量信息进行数字模拟计算，辅助管理科技。更方便各个专业同时查看基于BIM的运维管理系统，以实现资源共享动态控制为方向，实现高效的零失误运维管理。例如日本部分管线共同沟全部采用信息化管理运作，管沟内及管沟每一个出入口都装设了大量感应器和探测器，突发情况即时反映在主控室，对管线的运行情况一目了然。另外，当人员或动物进入管沟时将被及时发现并准确定位。管线共同沟的工作环境是自动监控的，一旦出现水管道泄漏、管沟进水或者沟内空气含氧量下降等情况，共同沟的抽水泵或排气系统就会自动启动。如果其他管线出现问题，也有相应措施和预案，管理人员即可按照预案采取应对措施。

7.2.5 节能措施管控

（1）早期介入管理

由于综合管廊运营维护管理是新兴的城市市政基础设施管理行业，入廊管线单位对其全面了解和社会宣传有一个滞后期，而作为建筑设计学科的专业设计还没有把综合管廊运营维护管理的相关内容纳入进来。当前，综合管廊的设计人员只能从自身的社会实践中去学习和掌握，而相当一部分综合管廊设计人员对运营维护管理知之不多。由于受知识结构的局限，其在制定设计方案时，往往只是从设计技术角度考虑问题，不可能将今后综合管廊运营维护管理中的合理要求考虑得全面，或者很少从综合管廊的长期使用和正常运行的角度考虑问题，造成综合管廊建成后给运营维护管理和入廊管线单位使用带来诸多问题。另外，因政策、规划或资金方面的原因，综合管廊的设计和开工的时间相隔较长，少则一年，多则三年。由于人们对城市地下空间建筑物功能的要求不断提高，建筑领域中的设计思想不断进步和创新，这使原有的设计方案很快显得落后。我国早期建设的综合管廊由于缺少规划设计阶段和施工建设阶段的介入，在接管和管线入廊后大量问题暴露出来，除了施工质量问题外，还有设计没有从运营角度去考虑的问题。如设计者在设计综合管廊时根本没有考虑通信管线单位设备安装、管线盘线和出舱孔位置，致使管线入廊后无法满足使用要求或随意开孔，给管廊防水安全带来很大隐患。这些细节却给运营管理单位和入廊管线单位带来很多烦恼，同时也影响了管线单位入廊的积极性。同时，综合管廊的末端传感应考虑在恶劣、潮湿环境下不受影响的技术、材料，如分布式光纤传感技术。

因此，各地在取得综合管廊规划建设许可证的同时，应当提前选聘综合管廊运营管理单位。运营管理企业作为综合管廊使用的管理和维护者，对管廊在使用过程中可能出现的问题比较清楚，应当提前介入设计和施工阶段。

早期介入的内容有：

1）可行性研究阶段

根据管廊建设投资方式、建设主体和入廊管线等确定管廊运营管理模式。

根据规划和入廊管线类别确定管廊运营管理维护的基本内容和标准。

根据管廊的建设规模、概算和入廊管线种类等初步确定有偿使用费标准。

2）规划设计阶段

就管廊的结构布局、功能方面提出改进建议。

就管廊配套设施的合理性、适应性提出意见或建议。

提供设施、设备的设置、选型和管理方面的改进意见。

就管廊管理用房、监控中心等配套建筑、设施、场地的设置、要求等提出建议。

对于分期建设的管廊，对共用配套设施、设备等方面的配置在各期之间的过渡性安排提供协调意见。

3）建设施工阶段

与建设单位、施工单位就施工中发现的问题共同商榷并落实整改方案。

配合设备安装，现场进行监督，确保安装质量。

对管廊及附属建筑的装修方式、用料及工艺等方面提出意见。

了解并熟悉管廊的基础、隐蔽工程等施工情况。

根据需要参与建造期有关工程联席会议等。

4）竣工验收阶段

参与重大设备的调试和验收。

参与管廊主体、设备、设施的单项、分期和全面竣工验收。

指出工程缺陷，就改良方案的可能性及费用提出建议。

（2）承接查验

综合管廊的承接查验是对新建综合管廊竣工验收的再验收，直接关系到今后管廊运营维护管理工作能否正常开展的一个重要步骤。参照住房和城乡建设部颁布的《房屋接管验收标准》和《物业承接查验办法》，对综合管廊进行以主体结构安全和满足使用功能为主要内容的再检验。

综合管廊接管验收应从今后运营维护保养管理的角度验收，也应站在政府和入廊管线单位使用的立场上对综合管廊进行严格的验收，以维护各方的合法权益；接管验收中若发现问题，要明确记录在案，约定期限督促建设主体单位对存在的问题加以解决，直到完全合格；主要事项如下：

确定管廊承接查验方案。

移交有关图纸资料，包括竣工总平面图，单体建筑、结构、设备竣工图，配套设施、地下管网工程竣工图等竣工验收资料。

查验共用部位、共用设施设备，并移交共用设施设备清单及其安装、使用和维护保养等技术资料。

确认现场查验结果，解决查验发现的问题；对于工程遗留问题提出整改意见。

签订管廊承接查验协议，办理管廊交接手续。

（3）管线入廊管理

1）强制入廊

已建成综合管廊的道路或区域，除根据相关技术规范或标准无法入廊的管线以及管廊与外部用户的连接挂线外，该道路或区域所有管线必须统一入廊。对于不纳入综合管廊而采取自行敷设的管线，规划建设主管部门一律不予审批。

2) 入廊安排

管廊项目本体结构竣工，消防、照明、供电、排水、通风、监控和标识等附属设施完善后，纳入管廊规划的管线即可入廊。

入廊管线单位应在综合管廊规划之初，编制入廊管线规划方案，报相关部门和规划设计单位备案；并在确定管线入廊前3个月内编制设计方案和施工图，报相关部门和管廊运营管理单位备案后，开展入廊实施工作。

需要大型吊装机械施工的或管廊建成后无法预留足够施工空间的管线，安排与管廊主体结构同步施工。

燃气、大型压力水管、污水管等存在高危险的管线入廊，管廊运营管理单位应事先告知相关管线单位。

3) 入廊协议

在管线入廊前，管廊运营管理单位应当与管线单位签订入廊协议，明确以下内容：

入廊管线种类、数量和长度。

管线入廊时间。

有偿使用收费标准、计费周期。

滞纳金计缴方式方法。

费用标准定期调整方式方法。

紧急情况费用承担。

各方的责任和义务。

其他应明确的事项。

4) 入廊管理

在管线入廊施工前，管线单位应当办理相关入廊手续，施工过程中遵守相关管理办法、管理规约和管廊运营管理单位的相关制度。

管线单位应当严格执行管线使用和维护的相关安全技术规程，制定管线维护和巡检计划，定期巡查自有管线的安全情况并及时处理管线出现的问题。

管线单位应制定管线应急预案，并报管廊运营管理单位备案；管线单位应与管廊运营管理单位建立应急联动机制。

管线单位在管廊内进行管线重设、扩建、线路更改等变更时，应将施工方案报管廊运营管理单位备案。

(4) 日常维护管理

1) 地下综合管廊日常维护

主体工程养护：巡检观测管廊墙体、底板和顶板的收敛、膨胀、位移、脱落、开裂、渗漏、霉变、沉降等病症，并制定相应的养护、防护、维修、整改方案加以维护。

设备设施养护：巡查维护综合管廊的通风、照明、排水、消防、通信、监控等设备设施，确保设备设施正常运行。

管线施工管理：综合管廊出入的审批与登记、投料口开启与封闭、管沟气体检测、安全防护措施与设施、管廊施工跟踪监督、管廊施工质量检测等，加强组织管理、提供优质服务。

管线安全监督：巡检控制管廊内各类管线的跑、冒、漏、滴、腐、压、爆等安全隐患，责成相关单位及时维修整改；预防并及时制止各类自然与人为破坏。

应急管理：对综合管廊可能发生的火灾、水灾、塌方、有害气体、盗窃、破坏等事故建立快速反应机制，以严格周密的应急管理制度、扎实持久的智能监督控制、训练有素的应急处理队伍、第一问责的反应机制、计划有序的综合处理构建完善的应急管理体系。

客户关系管理：建立综合管廊客户档案，建立良好的合作关系，定期进行客户意见调查、快速处理客户投诉、建立事故处理常规运作组织、协调客户之间工作配合关系、促进管廊使用信息沟通。

环境卫生管理：建立综合管廊生态系统、管线日常清洁保洁制度，详细观测/测量/记录管廊生态变化数据，加强四害消杀、防毒、防病、防传染、防污染工作，根据管廊生态环境变化，采取科学措施，做相应调整。

地下综合管廊日常维护费用包括开展以上工作所发生的运行人员费、水电费、主体结构及设备保养维修费等费用。

2) 管廊本体及附属设施维护

① 综合管廊的巡查与维护

综合管廊属于地下构筑物工程，管廊的全面巡检必须保证每周至少一次，并根据季节及地下构筑物工程的特点，酌情增加巡查次数。对因挖掘暴露的管廊廊体，按工程情况需要酌情加强巡视，并装设牢固围栏和警示标志，必要时设专人监护。

a.巡检内容主要包括：

各投料口、通风口是否损坏，百叶窗是否缺失，标识是否完整；

查看管廊上表面是否正常，有无挖掘痕迹，管廊保护区内不得有违章建筑；

对管廊内高低压电缆要检查电缆位置是否正常，接头有无变形漏油，构件是否失落，排水、照明等设施是否完整，特别要注意防火设施是否完善；

管廊内支吊架、接地等装置无脱落、锈蚀、变形；

检查供水管道是否有漏水；

检查热力管道阀门法兰、疏水阀门是否漏气，保温是否完好，管道是否有水击声音；

通风及自动排水装置运行良好，排水沟是否通畅，潜水泵是否正常运行；

保证廊内所有金属支架都处于零电位，防止引起交流腐蚀，特别加强对高压电缆接地装置的监视。

巡视人员应将巡视管廊的结果，记入巡视记录簿内并上报调度中心。根据巡视结果，采取对策消除缺陷：在巡视检查中，如发现零星缺陷，不影响正常运行，应记入缺陷记录簿内，据以编制月度维护小修计划；在巡视检查中，如发现有普遍性的缺陷，应记入大修缺陷记录簿内，据以编制年度大修计划；巡视人员如发现有重要缺陷，应立即报告行业主管部门和相关领导，并做好记录，填写重要缺陷通知单。

运行管理单位应及时采取措施，消除缺陷；加强对市政施工危险点的分析，与施工单位签订"施工现场安全协议"并进行技术交底。及时下发告知书，杜绝对综合管廊的损坏。

如阀门的活动和润滑，设备和管道标志的清洁物的粉刷，管线保护带的管理，排水沟的疏通。

b.日常巡检和维修中重点检查内容：

检查管道线路部分的里程桩、温度压力等主要参数，管道切断阀、穿跨越结构、分水器等设备的技术状况，发现沿线可能危及管道安全的情况；测量管线的保护电位和维护阴极保护装置；检查和排除专用通信线故障；

管道泄漏和保温层损害的地方；

及时做好管道设施的小量维修工作，如阀门的活动和润滑，设备和管道标志的清洁和刷漆，连接件的紧固和调整，线路构筑物的粉刷，管线保护带的管理，排水沟的疏通，管廊的修整和填补等。

②综合管廊附属系统的维护管理

综合管廊内附属系统主要包括控制系统、火灾消防与监控系统、通风系统、排水系统和照明系统等，各附属系统的相关设备必须经过有效及时的维护和操作，才能确保管廊内所有设备的安全运行。因此附属系统的维护在综合管廊的维护管理中起到非常重要的作用。

控制中心与分控站内的各种设备仪表的维护需要保持控制中心操作室内干净、无灰尘杂物，操作人员定期查看各种精密仪器仪表，做好保养运行记录；发现问题及时联系专业技术人员；建立各种仪器的台账，来人登记记录，保证控制中心及各分控站的安全。

通风系统指通风机、排烟风机、风阀和控制箱等，巡检或操作人员按风机操作规程或作业指导书进行运行操作和维护，保证通风设备完好、无锈蚀，线路无损坏，发现问题及时汇报相关人员，及时修理。

排水系统主要是潜水泵和电控柜的维护，集水坑中有警戒、启泵和关泵水位线，定期查看潜水泵的运行情况，是否受到自动控制系统的控制，如有水位控制线与潜水泵的启动不符合，及时汇报，以免造成大面积积水影响管廊的运行。

照明系统的相关设备较多，包括：电缆、箱变、控制箱、PLC、应急装置、灯具和动力配电柜等设备。保证设备的清洁、干燥、无锈蚀、绝缘良好，定期对各仪表和线路进行检查，管廊内和管廊外的相关电力设备全部纳入维护范围。

电力系统相关的设备和管线维护应与相关的电力部门协商，按照相关的协议进行维护。

火灾消防与监控系统，确保各种消防设施完好，灭火器的压力达标，消防栓能够方便快速地投入使用，监控系统安全投入。

以上设备需根据有效的设备安全操作规程和相关程序进行维护，操作人员经过一定的专业技术培训才能上岗，没有经过培训的人员严禁操作相关设备。同时，在综合管廊安全保护范围内禁止从事排放、倾倒腐蚀性液体、气体；爆破；擅自挖掘城市道路；擅自打桩或者进行顶进作业以及危害综合管廊安全的其他行为。如确需进行的应根据相关管理制度制定相应的方案，经行业主管部门和管廊管理公司审核同意，并在施工中采取相应的安全保护措施后方可实施。管线单位在综合管廊内进行管线重设、扩建、线路更改等施工前，应当预先将施工方案报管廊管理公司及相关部门备案，管廊管理公司派遣相应技术人员旁站确保管线变更期间其他管线的安全。

3）入廊管线巡查与维修

①管线巡查

入廊管线虽然避免了直接与地下水和土壤的接触，但仍处于高湿有氧的地下环境，因此对管线应当进行定期测量和检查。用各种仪器发现日常巡检中不易发现或不能发现的隐患，主要有管道的微小裂缝、腐蚀减薄、应力异常、埋地管线绝缘层损坏和管道变形、保温脱落等。检查方式包括外部测厚与绝缘层检查、管道检漏、管线位移、土壤沉降测量和涂层、保护层取样检查。对线路设备要经常检查其动作性能。仪表要定期校验，保持良好的状况。紧急关闭系统务必做到不发生误操作。设备的内部检查和系统测试按实际情况，每年进行1～4次。汛期和冬季要对管廊和管线做专门的检查维护。主要检查和维修内容如下：管廊的排水沟、集水坑、沉降缝、变形缝和潜水泵的运行能力等；了解管廊周围的河流、水库和沟壑的排水能力；维修管廊运输、抢修的通道；配合检修通信线路，备足维修管线的各种材料；汛期到后，应加强管廊与管道的巡查，及时发现和排除险情；要特别注意裸露管道的防冷冻措施；检查地面和地上管段的温度补偿措施；检查和消除管道泄漏的地方；注重管廊交叉地段的维护工作。

②管线维修

对于损坏或出现隐患的管线要及时进行维修。管道的维修工作按其规模和性质可分为：例行性（中小修）、计划性（大修）、事故性（抢修），一般性维修（小修）属于日常性维护工作的内容。

a.例行性维修

处理管道的微小漏油（砂眼和裂缝）；检修管道阀门和其他附属设备；检修和刷新管道阴极保护的检查头、里程桩和其他管线标志；检修通信线路，清刷绝缘子，刷新杆号；清除管道防护地带的深根植物和杂草；洪水后的季节性维修工作；露天管道和设备涂漆。

b.计划性维修

更换已经损坏的管段，修焊孔和裂缝，更换绝缘层；更换切断阀等干线阀门；检查和维修水下穿越；部分或全部更换通信线和电杆；修筑和加固穿越、跨越河道两岸的护坡、保坎、开挖排水沟等土建工程；有关更换阴极保护站的阳极、牺牲阳极、排流线等电化学保护装置的维修工程；管道的内涂工程等。

c.事故性维修

事故性维修指管道发生爆裂、堵塞等事故时被迫全部或部分停产进行的紧急维修工程，亦称抢险。抢修工程的特点是，它没有任何事先计划，必须针对发生的情况，立即采取措施，迅速完成，这种工程应当由经过专门训练，配备成套专用设备的专业队伍施工。必要情况下，启动应急救援预案，确保管廊及内部管道、线路、电缆的运行安全。

以上全部工作由管线产权单位负责，管廊管理公司负责巡检、通报和必要的配合。

（5）运维阶段风险识别管控

加强风险管理意识，管廊维护需要管理者和专业工作人员共同进行，不同专业会存在技术盲区。因此，需要有明确的区域意识，对所有参与者建立健全安全责任制，完善应急预案，落实抢修机械、设备、物资、人员等的基础情况，消除安全隐患。

1) 入廊风险

综合管廊在修建完成以后，首先面临的问题就是大多数管线单位是否愿意把管线纳入管廊。因为相比传统的直埋或者架立方式敷设的管线，其运营成本较低，现若把已经埋好的管线拆掉重新纳入管廊，不仅需花费拆迁费，还须向管廊运营公司缴纳管廊使用费、维护费等。但是从长远的利益角度来讲，管线纳入综合管廊的运营方式随着使用年限的增加会更加便宜合理，且对城市未来的规划、发展，社会意义更加重大。

2) 入廊收费风险

管线纳入综合管廊所面临的第个二问题就是有偿使用问题。综合管廊有偿使用如何收费、怎样收费，政府部门该不该补贴，补贴多少，这些都是运营阶段面临的难题。

不同的管线运营成本不同、收益不同、占用管廊资源也不尽相同，如何制定管线单位可接受的价格则是入廊收费最大的风险。

3) 经营管理风险

经营管理风险则是体现在综合管廊运营模式选择的合理性，综合管廊经营企业结构的合理性，经营管理制度是否完善，管理人员的管理经验，管理人员的管理能力以及管理者疏于管理造成重大或者持续性的经营问题，导致运营混乱、运营成本增加、收益降低的风险。

4) 运营成本风险

综合管廊运营成本主要包括给水、排水、热力、电力、通信、燃气及其他管线的综合运营成本。管廊的运营费用风险主要来自：主体结构出现质量问题需要维护的费用风险，配套设施需要经常维护的费用风险，管线事故、设备故障、人为破坏所引起的额外费用风险，以及在管廊运营期间，项目的实际运维成本超出计划成本等引发的风险。

5) 金融风险

金融风险指根据项目所在地金融市场的稳定情况，中央政府对利率的宏观调控导致利率发生变化的可能性，市场通货膨胀率发生的大小，整体物价水平上升的可能性以及货币的购买能力下降等诸多情况导致项目成本增加等风险。

6) 需求风险

需求风险则是由于宏观经济、社会环境、人口变化、法律法规调整等因素促使市场需求变化，使项目落成后的需求量达不到设计要求，或者运营期间出现部分管线单位撤离,使得供大于求,致使管廊闲置,导致项目收益不足等风险。

7) 股权变更风险

股权变更风险指管廊运营期间,有投资单位撤资、变卖、转让、股权变更等,使管廊运营权、所有权产生纠纷,对项目产生影响等风险。

8) 环境风险

环境风险主要指综合管廊运营过程中,对环境造成影响和损害,或者达不到有关部门规定的环保标准等风险。

综上所述,运营阶段的风险有:入廊风险、入廊收费风险、经营管理风险、运营成本风险、金融风险、需求风险、股权变更风险、环境风险等。

7.2.6 相关及支持性文件

管廊运行安全操作规程;管廊管线操作规程;管线及设备完好标准;管廊结构完好标准;管线及设备购置申请报告;管线及设备台账;管线及设备验收报告;管线及外购件请购单;管线及设备维修保养记录;管线及设备维修通知单;管线及设备维修交接班表;管线及委托加工协议;管线及设备日点检记录;管线及设备事故报告表;管线及设备大中修记录;管线及年度设备保养及大中修计划;管线及设备技术状况普查表等。

7.3 运维阶段的综合管廊项目案例分析

案例:广州大学城综合管廊项目

(1) 项目概况

广州大学城地下综合管廊是广东规划建设的第一条共同管廊,也是目前国内距离最长、规模最大、体系最完整的管廊。该管廊与大学城建设紧密相关,采取统一规划、统一建设、统一布线的方式,集中铺设电力、通信、燃气、给水排水等市政管线。自2003年开始,到2005年共建设综合管廊18km。大学城主线三舱综合管廊规划在小谷围岛中环路中央隔离绿化地下,沿中环路呈环状结构布局,全长约10km,沟宽7m,高2.8m;支线管廊8km。

(2) 管理主体

大学城综合管廊作为市政基础设施的一部分,由政府主导建设,由财政拨款,建成以后作为资产注入广州大学城投资经营管理有限公司(国有公司)。该公司的主要业务是大学城经营性和准经营性市政公用设施、公共服务设施和高校后勤基础设施以及在大学城城市公共资源范围内相关项目的投资、经营管理及资本运营。公司投资项目涉及大学城的能源供应、市政设施和商业设施。如分布式能源系统、中水厂、信息枢纽等。公司主业是大学城供冷供热系统和中水系统经营，是盈利的。在综合管廊管理方面，一直处于亏损状态。

大学城投资经营管理有限公司委托广州钢铁企业集团有限公司下属的一个机电设备公司进行管廊管理。管理人员约20人，实行24h三班两倒。每年用于维护管理的收费约200万元。其中人工费100多万元，电费50多万元，其他（耗材等）20万～30万元。

（3）相关制度和标准制定

广州于2005年出台了《广州大学城综合管沟收费标准》（穗价函〔2005〕77号），该标准对广州大学城综合管廊管线入廊费、综合管廊日常维护费用进行了详细的规定（表7-1），其中，①饮用净水水管（直径600mm）每米收费标准为562.28元；②杂用水水管（直径400mm）每米收费标准为419.65元；③供热水水管（直径600mm）每米收费标准为1394.09元；④供电电缆每孔米收费标准为102.70元；⑤通信管线每孔米收费标准为59.01元。

管线入廊截面空间比例及费用　　　　　　表7-1

管线	饮用净水	供电	通信	杂用水	供热水
截面空间比例（%）	12.70	35.45	25.40	10.58	15.87
金额（万元/年）	31.98	89.27	63.96	26.64	39.96

（4）运营状况与原因

大学城管廊初步估计土建成本约4亿元。该管廊预计使用过程中年折旧费用约1000万元，维护运营费用200万元左右。由于没有相关产权，所以只能收取租金，而租金收取由于缺乏相关的政策，各个市政企业也一直没有缴纳，其租金仅200万元左右。对于一个正常的投资主体，投资4亿元的项目通常要求每年10%约4000万元的投资回报，而广州大学城综合管廊希望收取的年租金约200万元，仅仅与运营维护费用相当，尚且未能如愿。

广州综合管廊的建设方提出，关键问题在于缺乏相关的政策法规（控制综合管廊周围的市政直埋、地下综合管廊的租金和转让、办理权属等），由于相关法律法规的缺失，开发建设管廊之后无法取得相关产权；无法强制市政管线采用综合管廊，发挥综合管廊的优势；出租租金缺乏物价局的规定；而作为上市公司的各管线公司，则希望减少费用，增加固定资产。